Die tarifvertragliche Unkündbarkeit

Zivilrechtliche Schriften

Beiträge zum Wirtschafts-, Bank- und Arbeitsrecht

Herausgegeben von Peter Kreutz und Dieter Reuter

Band 31

PETER LANG

Frankfurt am Main · Berlin · Bern · Bruxelles · New York · Oxford · Wien

Robert Pape

Die tarifvertragliche Unkündbarkeit

Zugleich ein Beitrag zu den Grenzen der Tarifautonomie im Kündigungsschutzrecht und zum partiell zweiseitig-zwingenden Charakter des § 1 Abs. 2 und 3 KSchG

PETER LANG
Europäischer Verlag der Wissenschaften

Die Deutsche Bibliothek - CIP-Einheitsaufnahme

Pape, Robert:

Die tarifvertragliche Unkündbarkeit : zugleich ein Beitrag zu den Grenzen der Tarifautonomie im Kündigungsschutzrecht und zum partiell zweiseitig-zwingenden Charakter des § 1 Abs. 2 und 3 KSchG / Robert Pape. - Frankfurt am Main ; Berlin ; Bern ; Bruxelles ; New York ; Oxford ; Wien : Lang, 2002
(Zivilrechtliche Schriften ; Bd. 31)
Zugl.: Kiel, Univ., Diss., 2001
ISBN 3-631-38796-2

D 8
ISSN 0941-147X
ISBN 3-631-38796-2

www.peterlang.de

Meinen Eltern

Vorwort

Den Anstoß zu dieser Arbeit gab ein Seminar zum Kündigungsschutzrecht, in dessen Rahmen Herr Knut Bröhl, Richter im 2. Senat am Bundesarbeitsgerichts, über die praktischen Schwierigkeiten der Kündigung tarifvertraglich unkündbarer Arbeitnehmer referierte. Die in diesem Vortrag aufgestellten Thesen sind später unter dem Schlagwort der „Orlando-Kündigung" in die arbeitsrechtliche Literatur eingegangen (Bröhl, Festschrift für Schaub, 1998, S. 55ff.).

Die Arbeit hat der Rechtswissenschaftlichen Fakultät der Christian-Albrechts Universität zu Kiel im Sommersemester 2001 als Dissertation vorgelegen.
Literatur und Rechtsprechung sind bis zum Stand September 2001 berücksichtigt.

Mein besonderer Dank gilt meinem Doktorvater, Herrn Prof. Dr. Dieter Reuter, für die Hilfe bei der Wahl des Dissertationsthemas, für die Betreuung der Arbeit und für die Empfehlung zur Aufnahme in diese Schriftenreihe.
Herrn Prof. Dr. Peter Bengelsdorf möchte ich für die rasche Anfertigung des Zweitgutachtens danken.

Schließlich gebührt mein Dank meinen Eltern, die mich stets unterstützt haben und die meinen Werdegang mit großer Anteilnahme verfolgt haben. Ihnen habe ich diese Arbeit gewidmet.

Neumünster, im Oktober 2001 — Robert Pape

Inhaltsverzeichnis

4. Teil: Grundfragen der außerordentlichen Kündigung des unkündbaren Arbeitsverhältnisses ... 160

Abkürzungsverzeichnis

a.A.	anderer Ansicht
AcP	Archiv für die civilistische Praxis
a.E.	am Ende
a.F.	alte Fassung
AFG	Arbeitsförderungsgesetz
a.a.O.	am angegebenen Ort
Abs.	Absatz
AiB	Arbeitsrecht im Betrieb
Anh.	Anhang
Anm.	Anmerkung
AOGÖ	Gesetz zur Ordnung der Arbeit in öffentlichen Verwaltungen und Betrieben vom 23.3.1934
AP	Arbeitsgerichtliche Praxis, Nachschlagewerk des Bundesarbeitsgerichts, Loseblattsammlung
AR-Blattei	Arbeitsrechts-Blattei, Loseblattsammlung,
ArbG	Arbeitsgericht
ArbGG	Arbeitsgerichtsgesetz
ArbRGgw	Arbeitsrecht der Gegenwart
ArbuR	Arbeit und Recht (Zeitschrift)
ARS	Arbeitsrechtssammlung, Entscheidungen des Reichsarbeitsgerichts und der Landesarbeitsgerichte
ARSt	Arbeitsrecht in Stichworten (Zeitschrift)
Art.	Artikel
ATO	Allgemeine Tarifordnung für Arbeiter und Angestellte vom 1.4.1938
AZR	Registerzeichen Revisionen, Bundesarbeitsgericht
BAG	Bundesarbeitsgericht
BAGE	Entscheidungen des Bundesarbeitsgerichts, Amtliche Sammlung
BAT	Bundesangestelltentarifvertrag vom 23.2.1961
BAT-O	Bundesangestelltentarifvertrag für die neuen Bundesländer
BB	Betriebs-Berater (Zeitschrift)
BBG	Bundesbeamtengesetz
BBiG	Berufsbildungsgesetz
Bd.	Band
BDA	Bundesverband der Deutschen Arbeitgeberverbände
BerzGG	Bundeserziehungsgeldgesetz
BeschFG	Beschäftigungsförderungsgesetz
Beschl.	Beschluß

BetrVG	Betriebsverfassungsgesetz
BGB	Bürgerliches Gesetzbuch
BGBl.	Bundesgesetzblatt
BGH	Bundesgerichtshof
BGHZ	Entscheidungen des Bundesgerichtshofs in Zivilsachen, Amtliche Sammlung
BHO	Bundeshaushaltsordnung
Bl.	Blatt
BlStSozArbR	Blätter für Steuerrecht, Sozialversicherung und Arbeitsrecht
BMT-G II	Bundesmanteltarifvertrag für Arbeiter von gemeindlichen Verwaltungen und Betrieben vom 3.1.1962
BVerfG	Bundesverfassungsgericht
BVerfGE	Entscheidungen des Bundesverfassungsgerichts, Amtliche Sammlung
DB	Der Betrieb (Zeitschrift)
ders.	derselbe
dies.	dieselben
DJT	Deutscher Juristentag
DÖV	Die öffentliche Verwaltung (Zeitschrift)
DZWir	Deutsche Zeitschrift zum Wirtschaftsrecht
DVBl.	Deutsches Verwaltungsblatt (Zeitschrift)
EGBGB	Einführungsgesetz zum BGB
EFZG	Entgeltfortzahlungsgesetz
ErfurtKomm	Erfurter Kommentar zum Arbeitsrecht
et al.	et alia (und andere)
e.V.	Eingetragener Verein
EWiR	Entscheidungen zum Wirtschaftsrecht, Loseblattsammlung
EzA	Entscheidungssammlung zum Arbeitsrecht, Loseblattsammlung
f.	folgend, für
ff.	folgende
Fn.	Fußnote
GewO	Gewerbeordnung
GG	Grundgesetz für die Bundesrepublik Deutschland
GK-BetrVG	Betriebsverfassungsgesetz, Gemeinschaftskommentar
GK-KR	Großkommentar zum Kündigungsrecht
GS	Großer Senat
GWB	Gesetz gegen Wettbewerbsbeschränkungen
Heidelberg-Komm	Heidelberger Kommentar zum Kündigungsschutzgesetz
HGB	Handelsgesetzbuch
HGrG	Haushaltsgrundsätzegesetz

h.L. .... herrschende Lehre
hrsg. .... herausgegeben
Hrsg. .... Herausgeber
idF .... in der Fassung
IG .... Industriegewerkschaft
InsO .... Insolvenzordnung
JbArbR .... Jahrbuch des Arbeitsrechts
JuS .... Juristische Schulung (Zeitschrift)
JZ .... Juristenzeitung
Kap. .... Kapitel
KO .... Konkursordnung
KR .... Gemeinschaftskommentar zum Kündigungsrecht
KSchG .... Kündigungsschutzgesetz vom 10.08.1959, zuletzt geändert durch das Gesetz zur Vereinfachung und Beschleunigung des arbeitsgerichtlichen Verfahrens (Arbeitsgerichtsbeschleunigungsgesetz) vom 30.03.2000
KSchR .... Kündigungsschutzrecht, Kommentar für die Praxis zu Kündigungen und anderen Formen der Beendigung des Arbeitsverhältnisses
LAG .... Landesarbeitsgericht
LAGE .... Entscheidungen der Landesarbeitsgerichte, Loseblattsammlung
MDR .... Monatszeitschrift für Deutsches Recht
MTArb .... Manteltarifvertrag für Arbeiterinnen und Arbeiter des Bundes und der Länder vom 6.12.1996
MTB-II .... Manteltarifvertrag für Arbeiter des Bundes vom 27.2.1964
MTL-II .... Manteltarifvertrag für Arbeiter der Länder vom 27.2.1964
MTV .... Manteltarifvertrag
MünchArbR .... Münchener Handbuch zum Arbeitsrecht
MünchKomm ..... Münchener Kommentar zum Bürgerlichen Gesetzbuch
MuSchG .... Mutterschutzgesetz
mwN .... mit weiteren Nachweisen
n.F. .... neue Fassung
n.v. .... nicht veröffentlicht
NJW .... Neue Juristische Wochenschrift (Zeitschrift)
Nr. .... Nummer
NZA .... Neue Zeitschrift für Arbeitsrecht
NZfA .... Neue Zeitschrift für Arbeitsrecht (bis 1933)
ORDO .... Jahrbuch für die Ordnung von Wirtschaft und Gesellschaft
PersVG .... Personalvertretungsgesetz
PK-BAT .... Praxiskommentar zum Bundesangestelltentarifvertrag
RAG .... Reichsarbeitsgericht

RAGE	Entscheidungen des Reichsarbeitsgerichts, Amtliche Sammlung
RAT	Reichsangestelltentarifvertrag
Rdnr.	Randnummer
RdA	Recht der Arbeit (Zeitschrift)
RG	Reichsgericht
RGBl.	Reichsgesetzblatt
RGRK	Kommentar zum Bürgerlichen Gesetzbuch, herausgegeben von den Mitgliedern des Bundesgerichtshofs
Rspr.	Rechtsprechung
RzK	Rechtsprechung zum Kündigungsrecht
S.	Seite
Sa	Registerzeichen Berufungssachen, Landesarbeitsgerichte
SAE	Sammlung arbeitsrechtlicher Entscheidungen (Zeitschrift)
SchwbG	Schwerbehindertengesetz
SeemG	Seemannsgesetz
SGB	Sozialgesetzbuch
SprAuG	Sprecherausschussgesetz
sog.	sogenannt
SR	Sonderregelung
TO.A	Tarifordnung für Angestellte vom 1.4.1938
TO.B	Tarifordnung für Arbeiter vom 1.4.1938
TVAL II	Tarifvertrag für die Arbeitnehmer bei den Stationierungsstreitkräften im Gebiet der Bundesrepublik Deutschland
TVG	Tarifvertragsgesetz
TVVO	Verordnung über Tarifverträge, Arbeiter und Angestelltenausschüsse und Schlichtung von Arbeitsstreitigkeiten
TzBfG	Teilzeit- und Befristungsgesetz vom 21.12.2000
Urt.	Urteil
vgl.	vergleiche
WissR	Wissenschaftsrecht (Zeitschrift)
WSI	Wirtschafts- und Sozialwissenschaftliches Institut in der Hans-Böckler- Stiftung, Herausgeber
ZfA	Zeitschrift für Arbeitsrecht
ZGR	Zeitschrift für Unternehmens- und Gesellschaftsrecht
ZIP	Zeitschrift für Wirtschaftsrecht und Insolvenzpraxis
ZRP	Zeitschrift für Rechtspolitik
ZTR	Zeitschrift für Tarifrecht

Hochgestellte Zahlen innerhalb der Fußnoten bezeichnen die verwendete Auflage des jeweiligen Werkes

§ 1 Einleitung

I. Einführung und Begriff der Unkündbarkeit

Kaum eine andere Rechtsmaterie des Privatrechts unterliegt einem ähnlich raschem Wandel wie das Arbeitsrecht[1]. Was schon für das Sonderrecht der abhängigen Arbeit[2] im allgemeinen zutrifft, gilt in verstärktem Maße speziell für dessen menschlich wohl „sensibelsten Bereich"[3], den arbeitsrechtlichen Kündigungsschutz. Je nach der rechtspolitischen Grundüberzeugung wird entweder der Schutz der Arbeitgeberrechte oder die Wahrung der Arbeitnehmerinteressen stärker in den Vordergrund des gesetzgeberischen Wirkens gestellt. Die rasche Ablösung der kündigungsschutzrechtlichen Neuerungen des Arbeitsrechtlichen Beschäftigungsförderungsgesetztes vom 25. September 1996[4] durch das Gesetz zur Sicherung der Arbeitnehmerrechte vom 19. Dezember 1998[5] legt ein beredtes Zeugnis von der unsteten Entwicklung dieses Rechtsgebiets und der sprunghaften Arbeitsweise des Gesetzgebers ab.

Daneben verwirklichen die Tarifvertragsparteien durch die Etablierung eigener Bestandsschutzkonzepte seit jeher ihre eigenen Gerechtigkeitsvorstellungen bei der Regelung der Kündigung, als dem denkbar schärfsten Konfliktfall zwischen Arbeitnehmer und Arbeitgeber. Aber auch hier sind die verfolgten Interessen gegenläufig. Während die Arbeitgeberverbände kündigungsschutzverstärkende Bestimmungen möglichst zurückdrängen wollen, zielt die gewerkschaftliche Tätigkeit auf einen weitgehenden Ausbau des gesetzlichen Kündigungsschutzes[6].

Das geltende Gesetzesrecht bietet für eine tarifvertragliche Ausgestaltung des Bestandsschutzes vielfältige Anknüpfungspunkte. Genannt seien etwa nur die durch § 622 Abs. 4 Satz 1 BGB eröffnete Möglichkeit der abweichenden Regelung der Kündigungsfristen oder die nunmehr von § 1 Abs. 4 KSchG ausdrücklich erwähnten Richtlinien über die Gewichtung der Sozialdaten bei der betriebsbedingten Kündigung[7]. Auf der Grundlage der nahezu einhelligen Auffas-

---

1 *Beuthien*, Festschrift f. E.Wolf, 1985, S. 17; *Gamillscheg*, Arbeitsrecht I[6], Vorwort, S. V; *Zöllner/Loritz*, Arbeitsrecht[5], § 6 V (S. 78f.).

2 Dazu *Hueck/Nipperdey*, Arbeitsrecht Bd. I[7], § 1 I (S. 3); *Schaub*, Arbeitsrechtshandbuch[9], § 1 Rdnr. 1; *Söllner*, Arbeitsrecht[12], § 1 I (S. 1); *Zöllner/Loritz*, Arbeitsrecht[5], Vor § 1 (S. 1).

3 So *Zöllner*, ZfA 1994, S. 423 (433).

4 BGBl. I S. 1476ff.

5 BGBl. I S. 3843ff.; zur Gesetzesänderung *Bader/Bram/Dörner/Wenzel*, KSchG, § 1 aktuell Rdnr. 1ff.; kritisch dazu *Schiefer*, DB 1999, S. 48 (49ff.); siehe auch *Klein*, BDA-Nachrichten Nr. 96 v. 11.12. 1998, S. 2f.: „Rückkehr in die Steinzeit"; zur unsystematischen Arbeitsweise des Gesetzgebers schon *Preis*, NZA 1997, S. 1073.

6 Zu diesen „kontradiktorischen Interessen" siehe GK-KR/*Preis*, Grundlagen B. Rdnr. 13.

7 Siehe dazu etwa *Giesen*, ZfA 1996, S. 145 (158f.); Wiedemann/*Wiedemann*, TVG[6], § 1

sung, nach der der Kündigungsschutz zugunsten der Arbeitnehmerseite für Verbesserungen zugänglich ist, übernehmen tarifvertragliche Regelungen allerdings nicht nur die Aufgabe, den gesetzlichen Schutzrahmen sachnäher auszugestalten, sondern erstrecken die Sicherung der Arbeitnehmer auch in den kündigungsschutzfreien Raum. So sind etwa Bestimmungen denkbar, die die von § 1 Abs. 1 KSchG vorausgesetzte sechsmonatige Wartezeit abkürzen oder den Kündigungsschutz ohne zeitliche Verzögerung unmittelbar mit dem Eintritt in das Arbeitsverhältnis eingreifen lassen[8]. Noch unter der Herrschaft des Beschäftigungsförderungsgesetzes wurde den Koalitionen angeraten, dem durch die Erhöhung des Schwellenwerts in der Kleinbetriebsklausel des § 23 Abs. 1 Satz 2 KSchG vorangetriebenen „Rückbau der Filterfunktion"[9] des KSchG durch kompensatorische Tarifklauseln zu begegnen[10].

Am deutlichsten tritt der kündigungsverstärkende Charakter tarifvertraglicher Regelungen hingegen bei Vereinbarungen hervor, die das arbeitgeberseitige Kündigungsrecht nach einer festgelegten Mindestbeschäftigungsdauer und dem Erreichen einer bestimmten Lebensaltersstufe durch die Zuerkennung einer sogenannten Unkündbarkeitsstellung zusätzlich beschränken. Der Arbeitnehmer wird zu einem unkündbaren Arbeitnehmer[11]. Derartige Regelungen finden sich weitgehend unverändert seit Beginn der zwanziger Jahre, zuerst in den Tarifwerken des öffentlichen Dienstes und danach auch in den Tarifverträgen vieler privater Wirtschaftszweige.

Allerdings bezeichnet der in der arbeitsrechtlichen Terminologie vielfach gebrauchte Begriff der Unkündbarkeit nur unzureichend seinen eigentlichen Regelungsgegenstand[12]. Zunächst bleiben die arbeitnehmerseitigen Kündigungsrechte gänzlich unangetastet. Bezogen auf den Einzelarbeitsvertrag wirken Kündigungsausschlußklauseln also nur einseitig. Aber auch dem geschützten Arbeitnehmer wird nicht eine Rechtsposition eingeräumt, aufgrund derer ihm überhaupt nicht mehr gekündigt werden kann. Die Unkündbarkeit verleiht nicht etwa den Status der absoluten Unkündbarkeit[13], sondern kennzeichnet in aller

---

Rdnr. 536; ErfurtKomm/*Ascheid*, § 1 KSchG Rdnr. 563.

8 Siehe *BAG* (Urt.v. 13.6. 1996), AP Nr. 21 zu § 1 TVG Tarifverträge: Lufthansa [Leitsatz 1, 2 und unter II 1 der Gründe], allerdings enthielt der Tarifvertrag keine ausdrückliche generelle Vorverlagerung des allgemeinen Kündigungsschutzes, sondern eine inzidente Erstreckung von Kündigungsverboten in den kündigungsschutzfreien Bereich.

9 So die Wirkungsweise des BeschFG in kündigungsschutzrechtlicher Hinsicht nach der Terminologie von *Otto*, Festschrift f. Wiese, 1998, S. 353 (354ff.).

10 *Preis*, NZA 1997, S. 1256 (1259); ablehnend aber *Löwisch*, DB 1998, S. 877 (881).

11 KR[5]/*Fischermeier*, § 624 BGB Rdnr. 22.

12 Kritisch *Adam*, NZA 1999, S. 846 (847); *Bredemeier/Neffke*, BAT/BAT-O, § 53 Rdnr. 2.

13 Anders *Bötticher*, Festschrift f. Molitor, 1962, S. 123 (124), der den vertraglichen Bestandsschutz als einen absoluten bezeichnet, „ (...) wenn man das Sicherheitsventil der außerordentlichen Kündigung außer Betracht läßt."; unklar auch *LAG Hamm* (Urt.v. 26.11. 1998), RzK 5 Nr. 20 [Leitsatz 1]: „absoluter Kündigungsausschluß".

Regel nur den Ausschluß des arbeitgeberseitigen Rechts zur ordentlichen Kündigung nach Maßgabe des § 1 Abs. 1 und 2 KSchG[14]. Schlechthin unkündbare Arbeitnehmer sind dem deutschen Arbeitsrecht fremd. Lediglich der Bundesangestelltentarif enthält eine besondere Ausformung der Unkündbarkeit[15], die auch Teile des außerordentlichen Kündigungsrechts des Arbeitgebers erfaßt. Der tarifvertragliche Bestandsschutz ist daher in der weitaus überwiegenden Anzahl der Fälle ein relativer in bezug auf die Gesamtheit der Kündigungsrechte des Arbeitgebers, ein absoluter hingegen nur im Hinblick auf das ordentliche Kündigungsrecht[16]. In terminologischer Hinsicht sollte daher besser der Begriff der ordentlichen Unkündbarkeit[17] verwendet werden. Doch ist die Bezeichnung derart gebräuchlich, daß sich schon fast von einer Art gewohnheitsrechtlicher Begriffsgeltung sprechen läßt[18]. So verwendet etwa die Tarifklausel des § 53 Abs. 3 BAT den Begriff „unkündbar" im Sinne der ordentlichen Unkündbarkeit[19]. Für den Bereich des öffentlichen Dienstes wird der tarifvertragliche Kündigungsschutz sogar generell mit dem Begriff der Unkündbarkeit gekennzeichnet[20].

Die in der Tariflandschaft anzutreffenden Klauseln unterscheiden in der Regel nicht nach dem zugrundeliegenden Kündigungsgrund, erfassen also personen-, verhaltens- und betriebsbedingte Kündigungen gleichermaßen[21]. Hierbei gehört, wie *Oetker* zutreffend formuliert hat, insbesondere der Ausschluß der betriebsbedingten Kündigung zum „tarifpolitischen Urgestein"[22]. Nach der Vorstellung der Tarifvertragsparteien soll lediglich das Recht des Arbeitgebers, sich im Wege der außerordentlichen Kündigung des Arbeitsverhältnisses nach § 626

---

14 *BAG* (Urt.v. 18.9. 1997), AP Nr. 5 zu § 53 BAT [Leitsatz]; *BAG* (Urt.v. 16.2. 1962), AP Nr. 11 zu § 4 TVG Günstigkeitsprinzip [Leitsatz 2]; *Söllner,* Arbeitsrecht[12], § 35 II 3 (S. 296); *Zöllner/Loritz,* Arbeitsrecht[5], § 21 IV (S. 274); KR[5]/*Fischermeier,* § 626 BGB Rdnr. 71; *Däubler,* Tarifvertragsrecht[3], Rdnr. 948; *Preis/Hamacher,* Festschrift Arbeitsgerichtsbarkeit Rheinland-Pfalz, 1999, S. 245 (246); *Mauer/Schüßler,* BB 2001, S. 466.

15 So *Conze,* Anm. II 2 b zu *BAG* (Urt.v. 14.5. 1987), AP Nr. 12 zu § 1 TVG Tarifverträge: Lufthansa, zur Vorschrift des § 55 Abs. 2 BAT; ausführlich dazu unten § 7 I 2c aa.

16 *Schmidt,* AR-Blattei, Kündigung VII C I; siehe auch *Rüthers,* Festschrift f. E. Wolf, 1985, S. 565 (576).

17 So etwa KR[5]/*Etzel,* § 1 KSchG Rdnr. 680; *Mauer/Schüßler,* BB 2001, S. 466.

18 Selbst das *BVerfG* (Beschl.v. 8.2. 1999), NZA 1999, S. 597 (598) spricht im Rahmen der ordentlichen Unkündbarkeit vom „unkündbaren Arbeitnehmer".

19 In diesem Sinne bereits die Formulierungen in § 16 Abs. 4 TO.A und § 21 Abs. 5 TO.B, siehe dazu unten § 7 I 2b; speziell zum Begriff der Unkündbarkeit im Recht des öffentlichen Dienstes siehe *Böhm/Spiertz/Sponer/Steinherr,* BAT, § 53 Rdnr. 54.

20 *Barth,* BAT-Handbuch, Rdnr. 964; *BAG* (Urt.v. 16.9. 1999), AP Nr. 159 zu § 626 BGB [Leitsatz 1].

21 *Trittin,* ArbuR 1995, S. 51 (52).

22 *Oetker,* Arbeitsrechtlicher Bestandsschutz, 1996, S. 14f., 24; *ders.,* RdA 1997, S. 9 (13); siehe auch *Stark,* Verfassungsfragen einer Arbeitsplatzsicherung durch Tarifvertrag, 1989, S. 98; *Zachert,* ArbuR 1995, S. 1 (2).

BGB von seinem Arbeitnehmer zu trennen, erhalten bleiben. Dem unkündbaren Arbeitnehmer kann deshalb nur noch beim Vorliegen eines wichtigen Grundes gekündigt werden[23].

II. Die verschiedenen Problemebenen

Trotz ihrer Tarifüblichkeit darf nicht übersehen werden, daß derartige Kündigungsklauseln im geltenden Gesetzesrecht, das nur zeitlich befristete Kündigungsverbote kennt, keine Entsprechung aufweisen und daher einen Fremdkörper bilden. Sie sind eine spezifische Eigenart des tarifvertraglichen Kündigungsschutzes, indem durch sie versucht wird, das Arbeitsverhältnis über den gesetzlichen Normalrahmen hinaus zu perpetuieren. Sie stellen deshalb bei genauerer Betrachtung Grenzfälle in der Lehre vom Dauerschuldverhältnis dar[24].

Der Wortlaut einer entsprechenden Tarifklausel ist einfach und klar, das von den Tarifpartnern angestrebte Regelungsziel eines weitgehenden Bestandsschutzes offensichtlich. Dies und die inzwischen weitgehende dogmatische Durchdringung des außerordentlichen Kündigungsrechts legen den Schluß nahe, Wissenschaft und Rechtsprechung haben zur rechtlichen Bewältigung der Unkündbarkeit geeignete Lösungsansätze entwickelt[25]. Verwundern muß daher, daß dies jedoch über weite Strecken nicht der Fall ist. Vielmehr rankt sich um diese Rechtsfigur noch immer ein recht diffuses Meinungsspektrum. Die auf den ersten Blick recht simple Reduzierung der Lösungsmöglichkeiten auf die außerordentliche Kündigung birgt in ihrer Umsetzung auf das Einzelarbeitsverhältnis und in der Beurteilung einer konkreten Kündigungssituation eine beträchtliche Anzahl von Problemen und Streitfragen in sich.

Selbst einzelne Autoren vermeiden es, sich festzulegen. Bezeichnend dafür sind die von *Schwerdtner* in verschiedenen Zusammenhängen gemachten Ausführungen. Ursprünglich findet man die Ansicht, daß jeglicher Verzicht auf das ordentliche Kündigungsrecht zu einer gravierenden Herabsetzung der Anforderungen an den wichtigen Grund führen müsse[26]. In späteren Äußerungen wird hingegen betont, ein derartiger Ansatz sei abzulehnen, weil sich daraus eine tendenzielle Gefährdung des bezweckten Bestandsschutzes ergebe[27]. Einer frühen Kommentierung des außerordentlichen Kündigungsrechts durch denselben Autor kann man schließlich die Feststellung entnehmen, daß die tarifvertragli-

---

23 ErfurtKomm/*Müller-Glöge*, § 622 BGB Rdnr. 106; KR[5]/*Fischermeier*, § 626 BGB Rdnr. 61; *Hueck/v.Hoyningen-Huene*, KSchG[12], § 1 Rdnr. 9.

24 Siehe dazu *Bydlinski*, Zulässigkeit und Schranken langdauernder Vertragsbindungen, 1991, S. 5.

25 Siehe auch die Bemerkung von *Bröhl*, Festschrift f. Schaub, 1998, S. 55 (56).

26 *Schwerdtner*, DB 1979, Beilage Nr. 12, S. 1 (4).

27 *Schwerdtner*, Festschrift f. Kissel, 1994, S. 1077 (1083); MünchKomm[3]/*Schwerdtner*, § 626 Rdnr. 59.

che Unkündbarkeit zumindest bei der betriebsbedingten Kündigung aufgrund einer Betriebsstillegung nicht aufrecht erhalten werden kann. In diesem Fall sei eine ordentliche Kündigung zuzulassen[28].

Zur besseren Anschauung mag hier exemplarisch ein vielbeachtetes[29] Urteil aus der jüngsten Kündigungsrechtsprechung des für das Kündigungsrecht zuständigen Zweiten Senats[30] des *Bundesarbeitsgerichts* vom 5. Februar 1998 angeführt werden[31], das jedoch den vollen Umfang der bestehenden Schwierigkeiten nur vage erahnen läßt. Der Entscheidung lag folgender, hier vereinfacht wiedergegebener Sachverhalt zugrunde:

Die Klägerin war bei der Beklagten seit 1984 als Sekretärin des ersten Geschäftsführers beschäftigt. Kraft vertraglicher Inbezugnahme auf den Manteltarifvertrag für die Beschäftigten der Wohnungswirtschaft konnte sie aufgrund ihrer langjährigen Zugehörigkeit zum Betrieb und der Erreichung eines bestimmten Lebensalters nur noch aus „wichtigem Grund" nach § 626 BGB gekündigt werden. Nachdem der erste Geschäftsführer im Jahre 1996 aus dem Betrieb ausgeschieden war, wurde dessen Position nicht wieder besetzt. Die Aufgaben der Geschäftsführung wurden insgesamt von dem verbliebenen Geschäftsführer wahrgenommen. Die Beklagte beschloß daraufhin, den Arbeitsplatz der ersten Geschäftsführersekretärin entfallen zu lassen und erklärte der Klägerin die außerordentliche Kündigung mit Auslauffrist. Die Tarifnorm des § 17 Abs. 4 Satz 1 MTV vom 28.5. 1993, die der Unkündbarkeit der Sekretärin zugrunde lag, lautet: „Beschäftigte, die mindestens 10 Jahre dem Betrieb angehören und 55 Jahre alt sind, oder die 15 Jahre dem Betrieb angehören und 50 Jahre alt sind, sind nur aus wichtigem Grund kündbar."

Das *Bundesarbeitsgericht* hatte sich in seiner Urteilsfindung unter anderem mit folgenden Fragen aus dem Problemkreis der Unkündbarkeit zu befassen:

(1) zählt der betriebsbedingte Fortfall der Beschäftigungsmöglichkeit zu dem vom Arbeitgeber zu tragenden Unternehmerrisiko oder stellt er einen wichtigen Grund im Sinne der § 626 Abs. 1 BGB dar?,

(2) mußte die erklärte außerordentliche Kündigung mit der gesetzlich oder tarifvertraglich geltenden Kündigungsfrist als Auslauffrist gekoppelt werden?,

(3) ist eine Verwirkung des außerordentlichen Kündigungsrechts durch die Nichteinhaltung der Kündigungserklärungsfrist des § 626 Abs. 2 BGB möglich?,

---

28 MünchKomm[1]/*Schwerdtner*, § 626 Rn. 17.

29 *Höland*, Anm. zu *BAG* (Urt.v. 5.2. 1998), AP Nr. 143 zu § 626 BGB; *Walker*, Anm. zu *BAG* (Urt.v. 5.2. 1998), EzA zu § 626 BGB n. F. Unkündbarkeit Nr. 2; *Schleusener*, Anm. zu BAG (Urt.v. 5.2. 1998), SAE 1998, S. 218ff.; *Wiedemann*, Anm. zu *BAG* (Urt.v. 5.2. 1998) EWiR § 626 BGB 2/98, S. 537; *Neumann*, Festschrift f. Dieterich, 1999, S. 415 (424); *Thannheiser*, AiB 1998, S. 601ff.

30 JbArbR Bd. 38 (2000), S. 193: nach dem Organisationsplan des *BAG* ist der 2. Senat unter anderem zuständig für die Rechtsmaterien der Beendigung von Arbeitsverhältnissen durch Kündigung oder in anderer Weise.

31 *BAG* (Urt.v. 5.2. 1998), AP Nr. 143 zu § 626 BGB.

(4) kann trotz des entgegenstehenden Wortlauts auch bei unkündbaren Arbeitnehmern eine Anwendung der § 102 Abs. 3-5 BetrVG erfolgen und
(5) ist der Arbeitgeber auch im Rahmen der außerordentlichen betriebsbedingten Kündigung gehalten, eine soziale Auswahl, orientiert an einer entsprechenden Anwendung des § 1 Abs. 3 KSchG, vorzunehmen?

Diese kurze Auflistung der in der Entscheidung erörterten Rechtsfragen belegt den nach wie vor vorhandenen Klärungsbedarf im Zusammenhang mit dem Ausschluß der ordentlichen Kündigung. Reduzierung der Kündigungsmöglichkeiten bedeutet nicht etwa auch eine Reduzierung kündigungsrechtlicher Probleme.

Rechtssprechung und Literatur lassen sich bei der Bewältigung der auftretenden Schwierigkeiten im wesentlichen von zwei Gedanken leiten. Der mit der Tarifklausel angestrebte erhöhte Bestandsschutz des Arbeitsverhältnisses darf nicht zu einer Benachteiligung des gesicherten Arbeitnehmers führen. Gleichzeitig muß aber gewährleistet sein, daß der Arbeitgeber vor einer unzumutbaren, das heißt unverhältnismäßigen Belastung, geschützt wird[32]. Um einen Ausgleich der widerstreitenden Interessen, des Bestandsschutzinteresses des Arbeitnehmers einerseits und des Auflösungsinteresses des Arbeitgebers andererseits, herbeizuführen, ist das Rechtsinstitut der unter engen Voraussetzungen zulässigen außerordentlichen fristgebundenen Kündigung geschaffen worden.

Durch die Herausbildung dieser positivrechtlich nicht verankerten Kündigungsart[33] ist in gesetzessystematischer Hinsicht ein neuer Typus der arbeitgeberseitigen Kündigung geschaffen worden. Dieser tritt neben die drei tradierten Formen der Arbeitgeberkündigung[34], die befristete ordentliche Kündigung (§ 620 Abs. 2 BGB), die außerordentliche fristlose Kündigung (§ 626 BGB) und die gebundene[35] ordentliche Kündigung (§ 1 Abs. 2 KSchG). Jedoch ist es allein mit dieser besonderen Rechtsfolgenbestimmung nicht gelungen, alle Konfliktfälle einer befriedigenden Lösung zuzuführen. Bestehende Unstimmigkeiten hat die Rechtsprechung nach und nach durch eine restriktive Interpretation und eine dadurch bedingte völlige Aushöhlung des normativen Gehalts der Regelung des § 626 BGB aufzulösen versucht. Es läßt sich feststellen, daß von der Vorschrift bei der Anwendung auf das unkündbare Arbeitsverhältnis allenfalls noch ein

---

32 Dazu allgemein etwa ErfurtKomm/*Dieterich*, Art. 12 GG Rdnr. 34.

33 Siehe etwa AR-Blattei SD/*Adomeit/Spinti*, Kündigung IX Rdnr. 4, die im Zusammenhang mit der Umdeutung einer unwirksamen außerordentlichen Kündigung feststellen, daß das deutsche Recht eine außerordentliche befristete Kündigung nicht kennt.

34 Dazu *Otto*, Personale Freiheit und soziale Bindung, 1978, S. 57; siehe auch *ders.*, AcP Bd. 174 (1974), S. 502 (503).

35 Die Kündigung muß nach § 1 Abs.2 KSchG sozial gerechtfertigt sein, ist also an das Vorliegen einer der genannten Gründe „gebunden“. Hingegen bedarf die ordentliche Kündigung außerhalb des KSchG keiner sozialen Rechtfertigung, sie ist daher „ungebunden“; siehe *Otto*, Personale Freiheit und soziale Bindung, 1978, S. 57, 98; KSchR[4]/*Kittner*, § 1 KSchG Rdnr. 1; vgl. schon *Bötticher*, RdA 1951, S. 81 (83).

Torso übrig geblieben ist. Alle in § 626 BGB positiv verankerten Besonderheiten der außerordentlichen Kündigung, wie etwa die Bestimmung des wichtigen Grundes in Abhängigkeit zur ordentlichen Kündigungsfrist, der Grundsatz der entfristeten Kündigung und die Kündigungserklärungsfrist nach § 626 Abs. 2 BGB, kommen nicht oder nur noch eingeschränkt zur Anwendung[36]. Daneben besteht die Tendenz, die außerordentliche Kündigung immer mehr der ordentlichen Kündigung anzunähern. Schon die Aufzählung der in der vorstehenden Entscheidung behandelten Problemkomplexe zeigt, daß es sich im wesentlichen um typische Fragen aus dem Bereich der ordentlichen Kündigung handelt. Die Angleichung an das ordentliche Kündigungsrecht wird von der Rechtsprechung mittlerweile fast vollständig im Sinne einer „Gesamtlösung" betrieben[37]. Richtig sieht *Schwerdtner* daher das eigentliche Dilemma in der Tatsache begründet, daß das dauernde Streben nach Vollständigkeit der Parallele von erklärter außerordentlicher und tarifvertraglich ausgeschlossener ordentlicher Kündigung immer neue Probleme mit sich bringt[38]. Die aus der Lösungskonzeption der herrschenden Auffassung hervorgegangene außerordentliche fristgebundene Kündigung stellt dabei in der Tat eine eigentümliche und sonderbare „Bereicherung der arbeitsrechtlichen Werkzeugkiste" dar[39].

Das Phänomen der Unkündbarkeit beschränkt sich jedoch nicht in der Lösung kündigungsschutzrechtlicher Probleme auf der Ebene des Individualarbeitsrechts. Betrachtet man die arbeitsrechtliche Normenhierarchie mit ihren verschiedenen Gestaltungsfaktoren[40], so ist der Themenkomplex vielmehr auch auf der Ebene des kollektiven Arbeitsrechts verortet. Die hier im Mittelpunkt des Interesses stehenden Kündigungsausschlußklauseln in Tarifverträgen werden in Form von Rechtsnormen vereinbart, denen durch §§ 1 Abs. 1 und 4 Abs. 1 TVG normative Geltung beigelegt wird. Die Befugnis der Tarifvertragsparteien, durch kollektive Verträge die Arbeits- und Wirtschaftsbedingungen ihrer Mitglieder in eigener Verantwortung zu regeln[41], besteht jedoch nicht schrankenlos. Insbesondere sind die Tarifpartner an zwingendes Gesetzesrecht und aufgrund der gesetzesgleichen Wirkung des Tarifvertrags auf die Normunterworfenen auch an die Grundrechte gebunden. Der rechtlichen Würdigung von Unkündbarkeitsklauseln im konkreten Kündigungsschutzstreit systematisch vorgelagert

---

36 *Schleusener*, Anm. zu *BAG* (Urt. v. 5.2. 1998), SAE 1998, S. 218 (222).

37 So die Wertung von Wiedemann/*Wiedemann*, TVG[6], § 1 Rdnr. 539 zu *BAG* (Urt. v. 5.2. 1998), AP Nr. 143 zu § 626 BGB; siehe auch *Heidsiek*, BB 2001, S. 419 (420): „Gleichstellungspraxis des BAG".

38 *Schwerdtner*, Festschrift f. Kissel, 1994, S. 1077 (1094).

39 So ein häufig gebrauchtes Bild, siehe *Schwerdtner*, Festschrift f. Kissel, 1994, S. 1077 (1090); *Bröhl*, Festschrift f. Schaub, 1998, S. 55 (56); vgl. auch *Pieper*, NZA 1986, S. 277 (279).

40 Dazu etwa *Zöllner/Loritz*, Arbeitsrecht[5], § 6 I (S. 65).

41 Siehe Wiedemann/*Wiedemann*, TVG[6], Einleitung Rdnr. 1.

ist deshalb die Kontrolle derartiger Klauseln auf ihre Vereinbarkeit mit den durch die Rechtsordnung gezogenen Grenzen der tarifvertraglichen Regelungsmacht. In kollektivrechtlicher Hinsicht ist deshalb die Frage bedeutsam, ob die den Koalitionen durch Art. 9 Abs. 3 GG gewährte Tarifautonomie auch die Befugnis einschließt, das ordentliche Kündigungsrecht des Arbeitgebers in Gestalt von Beendigungsnormen vollständig auszuschließen[42]. Auf kaum einen anderen Bereich des Bestandsschutzes trifft demnach das vielfach gebrauchte Bild von dem Kündigungsschutzrecht als dem „Nervenzentrum des Arbeitsvertragsrechts“[43] in dem Maße zu, wie auf den tarifvertraglich etablierten Sonderkündigungsschutz. Denn neben dem zweiseitigen Interessenkonflikt zwischen Arbeitnehmer und Arbeitgeber sind unmittelbar auch Interessen der vertragsschließenden Koalitionen hinsichtlich der Reichweite ihrer Regelungsbefugnis betroffen.

Somit läßt sich die rechtliche Behandlung von tarifvertraglichen Unkündbarkeitsvereinbarungen auf zwei grundsätzliche Fragestellungen reduzieren[44]. Zuerst ist zu untersuchen, inwieweit Kündigungsbeschränkungen abstrakt, das heißt auf den Tarifabschluß bezogen, überhaupt Wirksamkeit für das betreffende Einzelarbeitsverhältnis entfalten können. Daran schließt sich die Prüfung, wie die in einer bestimmten Kündigungssituation ausgesprochene konkrete Kündigung mit dem zur Verfügung stehenden kündigungsschutzrechtlichen Instrumentarium zu behandeln ist.

III. Gegenstand der Erörterungen und Gang der Darstellung

Die Untergliederung in eine kollektiv- und in eine individuellarbeitsrechtliche Ebene ist aber nur der ideelle dogmatische Ausgangspunkt der Untersuchung. Die entsprechenden Tarifklausel können nicht völlig isoliert auf ihre Wirksamkeit betrachtet werden, ohne nicht auch die bei einer konkreten Kündigung auf-

42 Die bis 1998 umfassendste Darstellung zur Unkündbarkeit von *Weng*, Kündigung von Arbeitsverhältnissen mit langer Bindung, 1980, klammert diese Fragestellung völlig aus der Betrachtung aus; auch *v.Koppenfels*, Kündigung bei unkündbaren Arbeitnehmern, 1998, reduziert ihre Untersuchung allein auf die individuellarbeitsrechtliche Seite.

43 Erstmals *Schwerdtner*, Vorwort zu *Coen*, Das Recht auf Arbeit und der Bestandsschutz des gekündigten Arbeitsverhältnisses, 1979, S. VII; MünchKomm[3]/*Schwerdtner*, § 622 Anh. Rdnr. 1; *Reuter*, ORDO Bd. 33 (1982), S. 165 (165); *ders.*, Festschrift f. Hilger/Stumpf, 1983, S. 573 (574); *Preis*, Prinzipien des Kündigungsrechts, 1987, S. 1; *Fromm*, Die arbeitnehmerbedingten Kündigungsgründe, 1995, Vorwort; *Oetker*, Arbeitsrechtlicher Bestandsschutz, S. 5; *Lammermann*, Probleme der betriebsbedingten Kündigung, 1996, S. 1; *Trappehl/Lambrich*, RdA 1999, S. 243 (243); GK-KR/*Preis*, Grundlagen B. Rdnr. 2.

44 Die Notwendigkeit dieser Vorgehensweise wird insbesondere von *Gentges*, Prognoseprobleme im Kündigungsschutzrecht, 1995, S. 295 betont; ähnliche Überlegungen finden sich bei *Kania/Kramer*, RdA 1995, S. 287 und *Pieper*, NZA 1986, S. 277 (279).

tretenden verschiedenen Interessenkollisionen zu berücksichtigen. Die Reichweite des zwingenden Gesetzesrechts ist abhängig von den Auswirkungen eines vollständigen Ausschlusses des ordentlichen arbeitgeberseitigen Kündigungsrechts im jeweiligen Einzelfall. Tarifvertragsrecht und Kündigungsschutzrecht greifen hier ineinander über und sind in einem System gegenseitiger Abhängigkeiten und Wechselwirkungen miteinander verbunden[45].

Aufgabe der vorliegenden Arbeit ist es deshalb zunächst, die zahlreichen Wertungswidersprüche, die durch den Ausschluß der ordentlichen Kündigung entstehen, aufzuzeigen, bevor die genaue Grenze der Reglungsbefugnis der Tarifvertragsparteien bestimmt werden kann. Einer kritischen Würdigung bedarf dabei insbesondere der grundsätzliche Ansatzpunkt der herrschenden Auffassung, nach dem das verbleibende außerordentliche Kündigungsrecht ausreicht, Arbeitnehmer- und Arbeitgeberinteressen zu einen sachgerechten Ausgleich zu bringen. Dabei ist zu überlegen, ob ein in sich stimmiges, Friktionen vermeidendes Lösungssystem nicht durch einen teilweisen Rückgriff auf das ordentliche Kündigungsrecht zu verwirklichen ist.

Der erste Teil der Untersuchung widmet sich in einem kurzen Überblick den verschiedenen Formen kündigungsbeschränkender Bestimmungen und der Möglichkeit der Verstärkung des gesetzlichen Kündigungsschutzes durch tarifvertragliche Regelung[46]. Wie bereits herausgestellt, sind Unkündbarkeitsklauseln keine tariflichen Neuerungen. Es handelt sich um gewachsenes Recht. Um diese Entwicklung nachzuzeichnen, wird im zweiten Teil der Darstellung ein kurzer Abriß der Geschichte der Unkündbarkeit im öffentlichen Dienst und in der Privatwirtschaft gegeben[47]. Der dritte Teil befaßt sich mit den Grundlagen der tarifvertraglichen Unkündbarkeit. Dabei steht die grundsätzliche Frage im Vordergrund, woraus sich die Regelungsbefugnis der Tarifvertragsparteien zu einer Verbesserung des materiellen Kündigungsschutzes ergibt[48]. Im folgenden Teil der Arbeit werden die Schwierigkeiten, die sich bei der Anwendung des außerordentlichen Kündigungsrechts auf das unkündbare Arbeitsverhältnis ergeben, behandelt. Dabei stehen die Bestimmung des wichtigen Grundes in Abhängigkeit von der Bindungsdauer und das in § 626 Abs. 1 BGB angeordnete fristlose Wirksamwerden der außerordentlichen Kündigung im Mittelpunkt[49]. Die Aufarbeitung und Analyse wichtiger Entscheidungen des *Reichsarbeitsgerichts* und des *Bundesarbeitsgerichts*, sowie der Stellungnahmen des arbeitsrechtlichen Schrifttums zu der Rechtsfigur der ordentlichen Unkündbarkeit sind

---

45 Zum Begriff der Wechselwirkung der einzelnen arbeitsrechtlichen Rechtsquellen und Gestaltungsfaktoren vgl. *Zöllner/Loritz*, Arbeitsrecht[5], § 6 II 1 (S. 75).

46 Siehe unten 1. Teil, §§ 2-6.

47 Siehe unten 2. Teil, §§ 7-11.

48 Siehe unten 3. Teil, §§ 12-14.

49 Siehe unten 4. Teil, §§ 15-18.

Gegenstand des fünften Teils[50]. Im sechsten Teil der Darstellung werden die Auswirkungen der tarifvertraglichen Unkündbarkeit auf die drei Kategorien von Kündigungsgründen untersucht. Dabei wird, aufbauend auf einer umfassenden Kritik der bisher vorhandenen Lösungsansätze, ein eigenes Konzept zur Auflösung der vorhandenen Problemlagen entwickelt[51]. Der siebte und achte Teil befaßt sich mit weiteren Wertungswidersprüchen, die sich aus dem Ausschluß der ordentlichen Kündigung ergeben. Dies sind einmal das Konkurrenzverhältnis von ordentlicher Unkündbarkeit zur Verpflichtung des Arbeitgebers zur Sozialauswahl in § 1 Abs. 3 KSchG und der mit dem Kündigungsausschluß verbundene Wegfall sonstiger Schranken des ordentlichen Kündigungsrechts[52]. Das die gesamte Untersuchung beherrschende Spannungsverhältnis von ordentlicher zu außerordentlicher Kündigung gibt dabei zudem zu der Gelegenheit Anlaß, die Anwendungs- und Geltungsbereiche dieser beiden Kündigungsarten exakter voneinander abzugrenzen. Am Ende werden die vorhandenen Untersuchungsergebnisse und die wesentlichen Aussagen des eigenen konzeptionellen Ansatzes in Thesenform zusammengefaßt[53].

50 Siehe unten 5. Teil, §§ 19-26.
51 Siehe unten 6. Teil, §§ 27-32.
52 Siehe unten 7.Teil, §§ 33-37; 8. Teil, §§ 38-40.
53 Siehe unten 9.Teil.

1. Teil: Ausgestaltung und Bedeutung des tarifvertraglichen Kündigungsschutzes

§ 2 Der Begriff der Kündigungsbeschränkung

I. Begriffsbestimmung

Die Ausübung des arbeitgeberseitigen Kündigungsrechts ist durch die Etablierung eines Systems von gesetzlichen Kündigungsbeschränkungen nachhaltig erschwert. Das freie Kündigungsrecht, das sich durch die Befugnis zur voraussetzungslosen Kündigung auszeichnet[1], wird dadurch weitgehend verdrängt.

Der Begriff der Kündigungsbeschränkung umschreibt eine Fülle von arbeitsrechtlichen Bestimmungen. Dabei ist zu beachten, daß sich hinter dem Begriff der Kündigungsbeschränkung kein einheitliches, in sich geschlossenes rechtliches Regelungsinstrumentarium zur Begrenzung oder Abmilderung der Folgen der arbeitgeberseitigen Kündigung verbirgt. Die möglichen Formen der Kündigungsbeschränkungen nach geltendem Recht sind vielfältig. Die Einschränkung der Kündigungsfreiheit des Arbeitgebers beruht auf einem, in zahlreichen arbeitsrechtlichen Gesetzen angesiedelten komplexen Normengeflecht, das auf verschiedenen Regelungsmechanismen aufbaut und dem unterschiedliche Gestaltungsprinzipien zugrunde liegen[2].

Kündigungsbeschränkungen beschneiden die Lösungsfreiheit im Dauerschuldverhältnis[3]. Im Bereich des Arbeitsrechts kann man unter diesem Begriff die Summe all derjenigen Normen zusammenfassen, die, mit Rücksicht auf den allgemeinen und besonderen Sozialschutz, dem freien Kündigungsrecht des Arbeitgebers dadurch Schranken entgegensetzen, daß die Kündigung unter besonderen Voraussetzungen entweder völlig ausgeschlossen, an inhaltliche Voraussetzungen geknüpft, einem speziellen Verfahren unterstellt oder in ihrer Auswirkung abgemildert oder abgefedert wird[4].

Hauptregelungszweck von Kündigungsbeschränkungen ist der Schutz des Arbeitnehmers. Die einseitige Beschränkung des Kündigungsrechts zulasten des Arbeitgebers erfolgt aus der Erwägung heraus, daß der Arbeitnehmer von den Auswirkungen einer Kündigung in der Regel härter und nachhaltiger getroffen wird als der Arbeitgeber[5]. Aus dieser Schutzfunktion von Kündigungsbeschrän-

---

[1] *Gentges*, Prognoseprobleme im Kündigungsschutzrecht, 1995 S. 73.

[2] Umfassend dazu *Preis*, Prinzipien des Kündigungsrechts, 1987, S. 51ff.; Überblick bei GK-KR/*Preis*, Grundlagen J. Rdnr. 16.

[3] *Zöllner*, BAG Festschrift, 1979, S. 745 (747).

[4] *Hueck/v.Hoyningen-Huene*, KSchG[12], Einleitung Rdnr. 2.

[5] Siehe etwa *Floretta*, Festschrift Kahn-Freund, 1980, S. 433 (438f.); *Löwisch*, KSchG[8], Vorbemerkung zu § 1 Rdnr. 2; GK-KR/*Preis*, Grundlagen B. Rdnr. 3.

kungen ist der teleologisch orientierte Begriff des Kündigungsschutzrechts ableitbar. Dieser beschreibt die kündigungsbeschränkenden Normen nicht von ihrem inhaltlichen Regelungsgehalt sondern von ihrem Schutzzweck her[6] und ist damit als negativer Abwehrbegriff zu verstehen[7]. Die Summe der Normen des Kündigungsschutzes ist folglich mit der Summe der kündigungsbeschränkenden Normen identisch und wird auch mit dem Terminus des Kündigungsschutzes im weiteren Sinne umschrieben[8]. Der Schutz der gesetzlichen Bestimmungen vor Nachteilen durch eine ausgesprochene Kündigung zielt dabei grundsätzlich in zwei Richtungen. Das Gesetz kann von seiner Regelungsintention her einen Schutz vor Kündigungen bezwecken und es kann der Zweck bloß in einem Schutz des Kündigungsgegners bei Kündigungen bestehen[9]. Ein Schutz vor Kündigungen wird durch die Einführung von Kündigungsgründen und Kündigungsverboten erreicht, während etwa Kündigungsfristen und kollektivrechtliche Vorschriften über die Beteiligung des Betriebsrats dem Schutz bei Kündigungen dienen.

II. Formelle und materielle Kündigungsbeschränkungen

Grundlegend für das Verständnis des Kündigungsschutzrechts ist die Differenzierung zwischen formellen und materiellen Kündigungsbeschränkungen.

1. Formelle Beschränkungen des Kündigungsrechts

Als formelle Kündigungsbeschränkungen pflegt man solche Bestimmungen zu bezeichnen, die den Arbeitgeber nur an bestimmte, die Art und Weise der Kündigung betreffende Regeln binden, nicht aber die Kündigung selbst einer inhaltlichen Überprüfung unterziehen. Diese unterwerfen das Recht der Kündigung nur bestimmten Verfahrensregeln, beschränken es selbst jedoch nicht[10]. Der Schutzmechanismus derartiger Bestimmungen bewirkt demnach lediglich einen Schutz bei Kündigungen. Hierher gehören zum einen die für alle ordentlichen Kündigungen geltenden Regeln über Kündigungsfristen und Kündigungstermine. Zum anderen zählen dazu Bestimmungen, die die Wirksamkeit einer Kündigung von der Beteiligung einer dritten Institution abhängig machen, wie etwa die kollektivrechtlichen Vorschriften über die Beteiligung des Betriebsrats bei Kündigungen.

---

6 *Nikisch*, Arbeitsrecht Bd. I[3], § 51 I 2 (S. 749); MünchArbR/*Berkowsky*, § 127 Rdnr. 29.

7 *Schrank*, Der Fortbestand des Arbeitsverhältnisses, 1982, S. 2.

8 *Zöllner/Loritz*, Arbeitsrecht[5], § 23 I 1 (S. 290); *Hueck/von Hoyningen-Huene*, KSchG[12], Einleitung Rdnr. 2; *Hueck/Nipperdey*, Arbeitsrecht Bd. I[7], § 62 I (S. 617).

9 Siehe *Schrank*, Der Fortbestand des Arbeitsverhältnisses, 1982, S. 8.

10 MünchArbR/*Berkowsky*, § 127 Rdnr. 26; *Preis*, Prinzipien des Kündigungsrechts, 1987, S. 54, Fn. 19.

2. Materielle Beschränkungen des Kündigungsrechts

Unter materiellen Kündigungsbeschränkungen versteht man hingegen diejenigen Regelungen, die die Kündigung einer inhaltlichen Bewertung der sie rechtfertigenden Umstände durch das Erfordernis eines bestimmten Kündigungsgrundes unterziehen und anhand dieser inhaltlichen Kontrolle eine bestimmte Kündigung entweder gänzlich ausschließen oder nur in beschränktem Maße zulassen[11]. Die Einführung materieller oder sachlicher Kündigungsbeschränkungen[12] führt dazu, daß abstrakte Kündigungen[13], ohne eine Möglichkeit der Überprüfung des Kündigungsanlasses, nicht mehr zulässig sind. Allein derartige Regelungen sind in der Lage, einen wirksamen Schutz vor Kündigungen zu liefern. Sie bilden den eigentlichen Kernbestand der kündigungsschutzrechtlichen Normen und lassen sich als Kündigungsschutz im engeren Sinne kennzeichnen[14].

In der rechtstechnischen Umsetzung wird der Schutz vor Kündigungen einmal dadurch erreicht, daß die Wirksamkeit einer Kündigung von dem Vorliegen eines bestimmten Kündigungsgrundes abhängig gemacht wird. Das Recht des Arbeitgebers zur Auflösung des Arbeitsverhältnisses wird somit auf die in der Schutznorm umschriebenen Tatbestände begrenzt. Die Ausübung des Kündigungsrechts bedarf also stets einer besonderen Rechtfertigung. Ferner kann das Kündigungsrecht schlechthin ausgeschlossen werden. In diesen Fällen wird der materielle Kündigungsschutz durch die Einführung von Kündigungsverboten verwirklicht.

Als Kündigungsgrund bezeichnet man jeden Lebenssachverhalt, der den gesetzlichen Tatbestand einer materiellen Kündigungsschutznorm erfüllt[15]. Das Vorliegen eines objektiv nachprüfbaren Grundes ist somit Voraussetzung für jeden Kündigungsgrund[16]. Das Erfordernis eines Kündigungsgrundes findet sich sowohl bei der außerordentliche Kündigung als auch bei der ordentlichen Kündigung im Anwendungsbereich des KSchG. Für die vorzeitige Beendigung des Arbeitsverhältnisses durch eine fristlose Kündigung verlangt das Gesetz in § 626 Abs. 1 BGB als Kündigungsgrund das Vorliegen eines wichtigen Grundes. Nach § 1 Abs. 1 KSchG unterliegt die ordentliche Kündigung[17] dem Erfor-

---

11 MünchArbR/*Berkowsky*, § 127 Rdnr. 25; *Preis*, Prinzipien des Kündigungsrechts, 1987, S. 12, 54, Fn. 19; *Fromm*, Die arbeitnehmerbedingten Kündigungsgründe, 1995, S. 620.

12 So der Begriff bei *Molitor*, Die Kündigung[2], S. 199.

13 Vgl. zum Begriff AR-Blattei SD/*Adomeit/Spinti*, Kündigung IX Rn. 9.

14 *Zöllner/Loritz*, Arbeitsrecht[5], § 23 I 2 (S. 290).

15 AR-Blattei SD/*Adomeit/Spinti*, Kündigung IX Rdnr. 12; *Gentges*, Prognoseprobleme im Kündigungsschutzrecht, 1995, S. 87; anders MünchArbR/*Berkowsky*, § 131 Rdnr. 5 der unter Kündigungsgrund die fehlende Möglichkeit der Weiterbeschäftigung versteht; siehe auch *Herschel*, ArbuR 1971, S. 257 (260).

16 *Stahlhacke/Preis/Vossen*, Kündigungsschutz[7], Rdnr. 620.

17 § 1 KSchG gilt nur für die ordentliche Kündigung, dies ergibt sich aus einem Umkehr-

dernis einer sozialen Rechtfertigung. Wann eine Kündigung sozial ungerechtfertigt ist, ergibt sich dabei aus der Grundsatznorm des § 1 Abs. 2 KSchG, der drei Sozialwidrigkeitstatbestände[18] in Form des personen-, verhaltens- und betriebsbedingten Kündigungsgrundes normiert. In Abgrenzung zum wichtigen Grund, der nach § 626 Abs. 1 BGB Voraussetzung für eine vorzeitige Vertragsbeendigung ist, wird für die Trias der Kündigungsgründe in § 1 Abs. 2 KSchG die Bezeichnung des „einfachen"[19], des „triftigen"[20], des „angemessenen"[21] oder des „sachlichen"[22] Kündigungsgrundes angeboten.

Im Hinblick auf ihre Begrenzungsfunktion der Arbeitgeberkündigung, weisen materielle Kündigungsbeschränkungen in Gestalt von Kündigungsverboten einen noch stärkeren Schutz auf als Kündigungsgründe. Kündigungsverbote zeichnen sich dadurch aus, daß der Kreis der eine Kündigung rechtfertigenden Kündigungsgründe eingeschränkt oder gänzlich ausgeschlossen wird. Selbst das Vorliegen eines einfachen beziehungsweise eines wichtigen Kündigungsgrundes vermag beim Eingreifen eines Kündigungsverbotes den Ausspruch einer Kündigung nicht zu rechtfertigen. Kündigungsverbote werden mit Rücksicht auf eine typische Gefährdungslage errichtet, in die der von der Kündigung betroffene Arbeitnehmer ohne ein entsprechendes Verbot geraten würde. Sie stehen damit im engem Zusammenhang zum besonderen Kündigungsschutz und dokumentieren einen spezifischen sozialen Schutzauftrag. Bei dem Kündigungsverbot kann es sich um ein zeitlich unbegrenztes oder ein zeitlich beziehungsweise sachlich begrenztes Verbot handeln[23].

Die Einführung von Kündigungsgründen führt somit zu einem relativen Kündigungsschutz[24]. Die Kündigung bedarf einer jeweiligen Überprüfung, ob sie dem Tatbestand eines speziellen Kündigungsgrundes unterfällt. Hier ist Platz für eine individualisierte Betrachtungsweise im Einzelfall. Hingegen führen Kündigungsverbote je nach der einzelnen Reichweite des Verbots zu einem ab-

---

schluß zu § 13 Abs. 1 Satz 1 KSchG, *Löwisch,* KSchG[8], § 1 Rdnr. 52. Dies bedeutet allerdings nicht, daß eine außerordentliche Kündigung nicht auch sozial gerechtfertigt sein muß. Dem Begriff des wichtigen Grundes bei der außerordentlichen Kündigung ist die soziale Rechtfertigung immanent, *Zöllner/Loritz,* Arbeitsrecht[5], § 23 IV 2 (S. 293).

18 MünchKomm[3]/*Schwerdtner,* § 622 Anh. Rdnr. 249.

19 MünchArbR/*Wank,* § 117 Rdnr. 14.

20 *BAG* (Urt. v. 31.1. 1956) AP Nr. 15 zu § 1 KSchG [unter 1 der Gründe]; MünchKomm[3]/*Schwerdtner,* § 622 Anh. Rdnr. 252; *Preis,* Vertragsgestaltung im Arbeitsrecht, 1993, S. 337, im Anschluß an *G. Müller,* ZfA 1982, S. 475 (483, 498); vgl. auch die Begründungen des Regierungsentwurfs zum KSchG vom 23.1.1951 in RdA 1951, S. 61 (63): „Das Gesetz wendet sich nicht gegen Entlassungen, die aus triftigen Gründen erforderlich sind (...)".

21 *Rüthers,* Die Unbegrenzte Auslegung[5], Vorwort S. X.

22 ErfurtKomm/*Ascheid,* § 1 KSchG Rdnr. 131.

23 KR[5]/*Spilger,* § 622 Rdnr. 86f., 97.

24 *Preis,* Prinzipien des Kündigungsrechts, 1987, S. 93.

soluten Kündigungsschutz[25], da sie bestimmte oder alle Formen der Kündigung schlechthin oder zeitlich limitiert ausschließen.

§ 3 Vom Grundsatz der Kündigungsfreiheit zur Ausprägung eines gebundenen Freiheitsrechts

Die Entwicklung des gesetzlichen Kündigungsschutzes läßt sich plastisch durch das Spannungsverhältnis von freier und gebundener Kündigung charakterisieren[26]. Bezieht man in die Betrachtung zusätzlich die in Tarifverträgen vielfältig anzutreffenden Regelungen über den Ausschluß der ordentlichen Kündigung ein, so bilden das freie Kündigungsrecht einerseits und die Unkündbarkeit andererseits Anfang- und Endpunkt in der schrittweisen Herausbildung des Kündigungsschutzrechts[27].

Das Arbeitsverhältnis ist ein Dauerschuldverhältnis[28], das, abgesehen von den Fällen der vorherigen Befristung, auf unbestimmte Zeit eingegangen wird und das grundsätzlich keine zeitliche Begrenzung aufweist[29]. Es erschöpft sich nicht in einem einmaligen Leistungsaustausch, sondern ist neben seiner zeitlichen Dimension auch durch eine andauernde Pflichtenanspannung gekennzeichnet[30]. Um eine unbegrenzte zeitliche Bindung der Parteien zu vermeiden, bedarf es zu seiner Beendigung eines besonderen Rechtsaktes[31]. Dieser kann einmal darin bestehen, daß das Arbeitsverhältnis einverständlich durch Übereinkunft der Vertragsparteien in Gestalt eines Aufhebungsvertrags aufgelöst wird. Diese Möglichkeit setzt allerdings die Mitwirkung des jeweils anderen Vertragspartners voraus und ist gerade deshalb in einer Vielzahl von Lebenssachverhalten ein denkbar ungeeignetes Instrument zur Lösung von den vertraglichen Verpflichtungen. Deshalb sieht das Gesetz einen besonderen einseitigen Gestaltungsakt in Form der Kündigung vor, der es den Vertragspartnern ermöglicht, ohne Einverständnis des anderen Teils vom Arbeitsverhältnis Abstand zu neh-

---

25 *Preis,* Prinzipien des Kündigungsrechts, 1987, S. 92.

26 Siehe dazu etwa MünchArbR/*Berkowsky,* § 129 Rdnr. 1; *Preis,* Prinzipien des Kündigungsrechts, 1987, S. 12, die die Entwicklung des Kündigungsschutzes an dem Begriffspaar der Kündigungsfreiheit und dem Prinzip der „ultima-ratio", festmachen.

27 Siehe HeidelbergKomm[3]/*Höland,* Einleitung Rdnr. 1; zu diesen beiden Extremen auch *Zöllner,* Festschrift f. Söllner, 2000, S. 1297 (1300).

28 *Hueck/Nipperdey,* Arbeitsrecht, Bd. I[7], § 22 V (S. 134); *Oetker,* Das Dauerschuldverhältnis, 1994, S. 153; MünchArbR/*Richardi,* § 8 Rdnr. 17; ErfurtKomm/*Ascheid,* § 1 KSchG Rdnr. 137.

29 *Schaub,* Arbeitsrechtshandbuch[9], § 38 Rdnr. 1; vgl. MünchKomm[4]/*Kramer,* Einleitung vor § 241 Rdnr. 96: „(...) weil es seiner Idee nach zeitlich unbegrenzt gedacht werden kann."

30 Allgemein *Esser/Schmidt,* Schuldrecht Bd. I/1[7], § 15 II 4 (S. 260).

31 Siehe nur *Koch,* Festschrift f. Zweigert, 1981, S. 851 (856f.).

men[32]. Die Kündbarkeit ist dabei Kennzeichen aller Dauerschuldverhältnisse[33] und damit auch des Arbeitsverhältnisses.

Das Rechtsinstitut der Kündigung ist für den Regelfall des nicht befristet abgeschlossenen Arbeitsverhältnisses ein sowohl für den Arbeitgeber als auch für den Arbeitnehmer notwendiges Korrelat, um unvorhergesehenen Entwicklungen und dadurch bedingten Einwirkungen auf die vertragliche Beziehung flexibel begegnen zu können[34]. Durch die Möglichkeit der Kündigung bleibt es den Parteien unbenommen, die ansonsten weiterentstehenden gegenseitigen Rechte und Pflichten zeitlich zu begrenzen[35]. Zu den Besonderheiten des Arbeitsverhältnisses zählt es jedoch, daß die Beendigung durch den Arbeitgeber einem speziellen gesetzlichen Bestandsschutzkonzept unterworfen ist. Nach geltender Rechtslage unterliegt das Kündigungsrecht des Arbeitgebers einer ganzen Reihe von formellen und materiellen Einschränkungen.

Der historische Gesetzgeber des BGB ist für den Anwendungsfall der arbeitgeberseitigen Kündigung eines Arbeitsverhältnisses noch von der Grundannahme eines prinzipiell freien Rechts zur einseitigen Lossagung vom Vertrag ausgegangen. Das belegt schon ein flüchtiger Blick in die §§ 620-630, dem Kündigungsrecht des BGB. Bis zum 1. Weltkrieg war das Arbeitsrecht völlig von der wirtschaftlich liberalen Grundhaltung des Bürgerlichen Rechts geprägt[36]. Im Bereich der Kündigung herrschte formale Gleichheit zwischen Arbeitgeber und Arbeitnehmer. Ausdruck dieses Grundverständnisses ist die, auch heute noch gültige, Vorschrift des § 105 GewO. Diese bestimmt:

„Die Festsetzung der Verhältnisse zwischen den selbständigen Gewerbetreibenden und den Arbeitnehmern ist (...) Gegenstand freier Übereinkunft."

In dieser Bestimmung wird die „idealistische Rechtsidee von der Gleichheit" [37] der Vertragsparteien besonders klar herausgestellt. Die Parteien des Arbeitsverhältnisses sollten frei von gesetzgeberischen Reglementierungen in Form von inhaltlichen Beschränkungen nicht nur über dessen Begründung, sondern auch über dessen einseitige Auflösung entscheiden können. Dieses gesetzlich garan-

---

32 *Stahlhacke/Preis/Vossen*, Kündigungsschutz[7], Rdnr. 3.

33 *Fikentscher*, Schuldrecht[9], Rn. 36; *Oetker*, Das Dauerschuldverhältnis, 1994, S. 247, 708; kritisch allerdings *Gernhuber*, Das Schuldverhältnis, 1989, S. 390.

34 Vgl. *Herschel*, Festschrift f. Nikisch, 1958, S. 49.

35 Zur Zeitbegrenzung als Aufgabe der Kündigung KR[5]/*Etzel*, § 1 KSchG Rdnr. 1.

36 *Hueck/Nipperdey*, Arbeitsrecht, Bd. I[7], § 62 I (S. 617); KSchR[4]/*Kittner*, Einleitung Rdnr. 18; *Hueck/v.Hoyningen-Huene*, KSchG[12], Einleitung Rdnr. 1, § 1 Rdnr. 1; *Preis*, Prinzipien des Kündigungsrechts, 1987, S. 53.

37 So PK-BAT/*Schmalz*, Vor § 53 Rn. 1; vgl. zur „Arbeitsvertragsfreiheit" des § 105 GewO auch *Rieble*, Arbeitsmarkt und Wettbewerb, 1996, Rdnr. 163; zu historischen Vorläufern des § 105 GewO *Richardi*, Betriebsverfassung und Privatautonomie, 1973, S. 10; zur Bedeutung von § 105 GewO siehe auch *Adomeit*, Festschrift f. Hilger/Stumpf, 1983, S. 1 (4).

tierte Freiheitsrecht war nur durch die Wirkung formaler Schranken in Gestalt einiger verstreut anzutreffender Regelungen über die bei einer Kündigung einzuhaltenden Fristen abgemindert[38]. Kündigungsfristen bezweckten zudem nicht ausschließlich den Schutz des Arbeitnehmers, sondern erfüllten primär eine Ordnungsfunktion[39]. Daneben bestand nur hinsichtlich der fristlosen Kündigung des Arbeitsverhältnisses nach § 626 BGB das Erfordernis des „wichtigen Grundes"[40].

Von dieser Vorstellung des grundsätzlich freien Kündigungsrechts infolge eines liberal geprägten Kündigungsmodells legen auch heute noch bestimmte Regelung des Dienstvertragsrechts des BGB Zeugnis ab. Nach der Fassung des § 620 Abs. 2 BGB scheint die Kündigung nur an bestimmte Kündigungsfristen gebunden zu sein scheint, unterliegt ansonsten jedoch keinen sachlichen Einschränkungen oder Erfordernissen. *Heinze* etwa macht den damaligen, heute „überholten Rechtszustand", nach dem die ordentliche Kündigung nicht durch das Vorliegen eines Kündigungsgrundes gerechtfertigt sein mußte, an der heute gültigen Fassung des § 622 BGB fest[41]. Abgesehen von diesen wenigen vom Arbeitgeber zu beachtenden Einschränkungen des Kündigungsrechts galt im Arbeitsrecht daher der Grundsatz der Kündigungsfreiheit[42]. Das Arbeitsverhältnis konnte ohne Rücksicht auf das Vorliegen eines sachlichen Grundes allein aufgrund des freien Willensentschlusses des Arbeitgebers aufgelöst werden kann. Dieser das Kündigungsrecht der damaligen Zeit beherrschende Grundsatz ist von *Dietz* mit dem „Prinzip der wertfreien Kündigung" zutreffend gekennzeichnet worden[43]. Dieser Rechtszustand der gesetzlich garantierten Kündigungsfreiheit findet spätestens mit Erlaß des KSchG im Jahre 1951 und der dadurch bedingten, sozialstaatlich motivierten Limitierung des Kündigungsrechts des Arbeitgebers sein Ende[44].

---

38 Vgl. die damaligen Regelungen der §§ 66 ff. HGB, §§ 611 ff. BGB, 133a GewO. Sie stellten jedoch keinen effektiven Schutz vor Kündigungen dar, da sie allesamt dispositiv ausgestaltet waren, MünchArbR/*Berkowsky*, § 127 Rdnr. 2; *Preis*, Prinzipien des Kündigungsrechts, 1987, S. 13.

39 So *Wank*, Arbeiter und Angestellte, 1992, S. 72.

40 *Preis*, Prinzipien des Kündigungsrechts, 1987, S. 13 weist in diesem Zusammenhang darauf hin, daß es sich dabei jedoch nicht um eine Beschränkung des Kündigungsrechts, sondern vielmehr um eine Rechtfertigung für eine Durchbrechung des Grundsatzes „pacta sunt servanda" handelt; zum heutigen Verständnis *Oetker*, Das Dauerschuldverhältnis, S. 269.

41 *Heinze*, Festschrift f. Söllner, 1990, S. 63 (71).

42 *Hueck/von Hoyningen-Huene*, KSchG[12], Einleitung Rdnr. 1; *Preis*, Prinzipien des Kündigungsrechts, 1987, S. 54.

43 *Dietz*, NJW 1951, S. 941 (941).

44 *Hueck/Nipperdey*, Arbeitsrecht Bd. I[7], § 64 I (S. 627f.); *Heinze*, Festschrift f. Söllner, 1990, S. 63 (71); *Oetker*, Arbeitsrechtlicher Bestandsschutz, 1996, S. 13.

Inwieweit heute im Arbeitsrecht noch ein Grundsatz der Kündigungsfreiheit besteht, der als Auslegungsregel oder gar Prinzip bei der Rechtsfindung im Rahmen konkreter kündigungsschutzrechtlicher Probleme angewendet werden kann, oder ob dieser Grundsatz als rein geschichtliche Erscheinung zu begreifen ist, wird unterschiedlich beurteilt[45]. Kaum vertretbar erscheint es jedoch, in der Existenz von allgemeinem und besonderem Kündigungsschutz gerade eine Bestätigung des Prinzips der Kündigungsfreiheit zu erblicken[46].

Jedenfalls läßt sich für den Anwendungsbereich des KSchG feststellen, daß durch die Etablierung von Kündigungsgründen als Voraussetzung für den wirksamen Ausspruch einer Kündigung und durch die für den Arbeitnehmer bestehende Möglichkeit, die Kündigung einer gerichtlichen Kontrolle zu unterziehen, dem Arbeitgeber die freie Entscheidung über die Kündigung erheblich erschwert wird. Ein Prinzip der Kündigungsfreiheit existiert damit nicht mehr[47], mag auch die Formulierung des § 1 Abs. 1 KSchG auf eine andere Deutung hinweisen[48]. Die soziale Rechtfertigung der Kündigung wird dadurch zu einer vom Arbeitgeber zu beweisenden Ausnahme[49]. Entsprechendes gilt für Kündigungen von Arbeitnehmern, die aufgrund ihrer besonderen Schutzbedürftigkeit in den Genuß kündigungsrechtlicher Sondergesetze mit einem speziellen Bestandsschutzkonzept kommen.

Der Grundsatz der Kündigungsfreiheit erlangt dort Bedeutung, wo der Gesetzgeber mit Rücksicht auf berechtigte Interessen des Arbeitgebers einen kündigungsschutzfreien Raum gelassen hat. Dies gilt sowohl für die Nichtanwendung des KSchG während der Wartezeit[50] als auch für die Ausklammerung von Kleinbetrieben aus dem Geltungsbereich des allgemeinen Kündigungsschutzes. Diese legislatorische Grundentscheidung gilt es zu berücksichtigen, wenn in diesem Bereich ein auf Art. 12 GG, § 242 BGB gestützter „Kündi-

---

45 Ablehnend: *Preis*, Prinzipien des Kündigungsrechts, 1987, S. 55f., 69f.; *Oetker*, Das Dauerschuldverhältnis, 1994, S. 577; MünchArbR/*Berkowsky*, § 127 Rdnr. 23; vgl. auch *Schrank*, Der Fortbestand des Arbeitsverhältnisses, 1982, S. 27; von einem Grundsatz der Kündigungsfreiheit gehen aus: *Hueck/v.Hoyningen-Huene*, KSchG[12], Einleitung Rdnr. 2; *Boemke*, NZA 1993, S. 532 (537f.); AR-Battei SD/*Adam*, Kündigung I B Rdnr. 134; *BAG* (Urt. v. 16.2. 1989), AP Nr. 46 zu § 138 BGB [unter I der Gründe]; siehe auch *Rüthers*, Die Unbegrenzte Auslegung[5], Vorwort S. X.

46 So aber *Boemke*, NZA 1993, S. 532 (537f.).

47 *Oetker*, Arbeitsrechtlicher Bestandsschutz, 1996, S. 14.

48 Siehe *Löwisch*, KSchG[8], § 1 Rdnr. 401.

49 MünchArbR/*Berkowsky*, § 127 Rdnr. 23.

50 Zur Kündigungsfreiheit in der Wartezeit siehe etwa KR[5]/*Etzel*, § 1 KSchG Rdnr. 133f.

gungsschutz zweiter Klasse"[51] oder ein Prinzip der „grundrechtlich gebundenen Kündigungsfreiheit"[52] etabliert werden soll.

Der geltenden Rechtslage wird man am ehesten durch eine von *Preis* gewählte Terminologie gerecht[53]. Das Kündigungsschutzrecht wird danach von einer „relativen Kündigungsfreiheit" beherrscht, nach der das Kündigungsrecht des Arbeitgebers von einem dichten Bestand von Kündigungsbeschränkungen abhängig ist. Das Recht des Arbeitgebers hat sich zu einem gebundenen Freiheitsrecht entwickelt[54]. Im Anwendungsbereich des KSchG kann man diese Bindung aufgrund der Abhängigkeit der Kündigung von einer sozialen Rechtfertigung als soziale Bindung kennzeichnen[55]. Bestimmungen, die das Kündigungsrecht sachlich binden, können als Sachbindungsnormen bezeichnet werden[56]. Ihre Besonderheit besteht darin, daß sie die Kündigung einer inhaltlichen Überprüfung unterwerfen. Außer Regelungen über Kündigungsgründe zählen dazu im weitesten Sinne auch Kündigungsverbote, die eine Kündigung für einen bestimmten Lebenssachverhalt oder zeitlich beschränkt ausschließen. Durch Kündigungsverbote wird eine erhebliche Steigerung der sachlichen Bindung herbeigeführt. Die Kündigung kann nur noch auf wenige Gründe gestützt werden, oder unterfällt, wie im Fall des Totalausschlusses des ordentlichen Kündigungsrechts, allein einer Kontrolle auf das Vorliegen eines wichtigen Grundes nach § 626 Abs. 1 BGB.

Um eine Verstärkung des materiellen Kündigungsschutzes herbeizuführen, greifen Tarifverträge diesen Mechanismus auf und nehmen eine weitere inhaltliche Beschränkung des Kündigungsrechts vor. Durch die Errichtung von Kündigungsverboten kommt es zu einer weit über das gesetzliche Kündigungsschutzrecht hinausgehende Sachbindung der Arbeitgeberkündigung.

---

51 *Wlotzke,* BB 1997, S. 414 (414); *Hanau,* ZRP 1996, S. 349 (353); ähnlich *Otto,* Festschrift f. Wiese, 1998, S. 353 (375): Verbot von Kündigungen, die „evident sozialwidrig" wären; ablehnend etwa *Stahlhacke,* Festschrift f. Wiese, 1998, S. 513 (533).

52 *Oetker,* ArbuR 1997, S. 41 (51).

53 *Preis,* Prinzipien des Kündigungsrechts, 1987, S. 54.

54 KSchR[4]/*Kittner,* § 1 KSchG Rdnr. 1.

55 *Otto,* Personale Freiheit und soziale Bindung, 1978, S. 60, 98.

56 *Schrank,* Der Fortbestand des Arbeitsverhältnisses, 1982, S. 27.

§ 4 Möglichkeiten der Verstärkung des gesetzlichen Kündigungsschutzes durch Regelungen des Tarifvertrags

I. Rechtsquellen des Kündigungsschutzes

Neben den gesetzlichen Regelungen existiert eine Reihe weiterer Rechtsquellen des Kündigungsschutzrechts in Form von vertraglichen Kündigungsschranken[57]. Ganz im Vordergrund stehen dabei tarifvertragliche Vorschriften der Arbeitgeberkündigung. Diese bilden empirisch gesehen den größten und wichtigsten Teil des außergesetzlichen Kündigungsschutzes. Im Rahmen von kollektivvertraglichen Abmachungen besteht ferner die Möglichkeit, die Arbeitgeberkündigung durch freiwillige Betriebsvereinbarungen zu regeln. Auf der Ebene des Arbeitsvertrags können schließlich Arbeitgeber und Arbeitnehmer zusätzliche individualvertragliche Kündigungsschranken errichten. Die volle Bandbreite des Bestandsschutzes eines Arbeitsverhältnisses ergibt sich deshalb erst aus einer Zusammenschau von gesetzlichen und vertraglich geschaffenen Kündigungsbestimmungen.

II. Der Mindeststandard des gesetzlichen Kündigungsschutzes

Der durch das KSchG vermittelte Kündigungsschutz bildet nach allgemeiner Auffassung nur die untere Grenze der möglichen Absicherung des Arbeitnehmers vor arbeitgeberseitigen Kündigungen. Der eingeräumte Schutz vor Kündigungen garantiert nach diesem Verständnis lediglich einen vom Gesetzgeber für erforderlich gehaltenen Mindestschutz vor Entlassungen[58]. Aus dieser Qualifizierung des allgemeinen Kündigungsschutzes ergeben sich zwei wichtige Konsequenzen.

In seiner Eigenschaft als soziales Minimum[59] ist der gesetzliche Kündigungsschutz mit zwingender Wirkung allein zugunsten des Arbeitnehmers ausgestattet[60]. Deshalb sind günstigere Vereinbarungen, durch die die Rechtsstellung des Arbeitnehmers verbessert wird, grundsätzlich möglich[61]. Dies gilt zunächst für den Geltungs- und Anwendungsbereich des KSchG. Dieser läßt in den §§ 1

---

57 KSchR[4]/*Däubler,* Einleitung Rdnr. 347; *Preis,* NZA 1997, S. 1256 (1259); GK-KR/*Preis,* Grundlagen J. Rdnr. 3: mit „wachsender Bedeutung".

58 *Löwisch,* KSchG[8], Vorbemerkung zu § 1 Rdnr. 92; *Tech,* Günstigkeitsprinzip, 1987, S. 165.

59 So die Formulierung bei KSchR[4]/*Däubler,* Einleitung Rdnr. 355.

60 Zum gesetzlichen Geltungsanspruch umfassend unten § 12 IV 2.

61 KR[5]/*Etzel,* § 1 KSchG Rdnr. 28; KSchR[4]/*Kittner,* § 1 KSchG Rdnr. 5; GK-KR/*Dörner,* § 1 KSchG Rdnr. 6; *Hueck/v.Hoyningen-Huene,* KSchG[12], §1 Rdnr. 3; ErfurtKomm/*Ascheid,* § 1 KSchG Rdnr. 20; *Löwisch,* KSchG[8], Vorbemerkung zu § 1 Rdnr. 92f., 96; *Preis,* NZA 1997, S. 1256 (1259).

Abs. 2, 14, 23 Abs. 1 Satz 2 Schutzlücken, die durch vertragliche Abreden geschlossen werden können. Aber auch die von § 1 Abs. 2 KSchG geforderte Bindung der ordentlichen Kündigung an einen sie sozial rechtfertigenden Kündigungsgrund stellt nach dieser Betrachtungsweise nur einen Mindeststandard dar, der weitere Verbesserungen nicht ausschließt. Erreicht werden kann dies etwa durch die Beschränkung oder den gänzlichen Ausschluß der Befugnis zur ordentlichen Kündigung. Aus dieser Sichtweise ergibt sich die allgemeine Akzeptanz vertraglicher Unkündbarkeitsvereinbarungen. Hingegen dürfen vertragliche Regelungen den gewährten Schutz nicht zum Nachteil des Arbeitnehmers unterlaufen[62]. Eine Verkürzung kündigungsschutzrechtlicher Positionen durch abweichende Individualvereinbarungen ist deshalb nicht zulässig. Entsprechende einzelvertragliche Bestimmungen wären nichtig. Das KSchG entfaltet seine zwingende Wirkung aber auch gegenüber rangniedrigeren Normen in Gestalt von Tarifverträgen oder Betriebsvereinbarungen[63].

Auch außerhalb des KSchG ist eine Verstärkung des gesetzlichen Kündigungsschutzes grundsätzlich möglich[64]. Es können die formalen Rechtsschranken der ordentlichen Kündigung wie Kündigungsfristen und Kündigungstermine abweichend geregelt werden. Denkbar sind außerdem Formvorschriften oder eine Einflußnahme auf die Verfahrensbindung der Kündigung durch eine Erweiterung der Beteiligungsrechte des Betriebsrats.

Die in prozeßpraktischer Hinsicht wichtigste Folge aller vereinbarten sonstigen Kündigungsbeschränkungen ergibt sich aus § 13 Abs. 3 KSchG[65]. Danach sind die Vorschriften des allgemeinen Kündigungsschutzes auf Nichtigkeitsgründe außerhalb der § 1 Abs. 2 und 3 KSchG nicht anwendbar. Die Unwirksamkeit einer Kündigung kann deshalb unabhängig von der zeitlichen Beschränkung der Klagefrist des § 4 Satz 1 KSchG und der Fiktionswirkung des § 7 KSchG geltend gemacht werden.

Autonome Regelungen der Kündigung sind zudem für den Arbeitnehmer vorteilhaft, weil sie schriftlich fixiert sind. Für Tarifverträge und Betriebsvereinbarungen folgt dies aus den zwingenden Vorschriften der §§ 1 Abs. 2 TVG, 77 Abs. 2 Satz 1 BetrVG, die dem Grundsatz der Normenklarheit dienen[66]. Aber auch einzelvertragliche Kündigungsbeschränkungen sind in der Regel im Arbeitsvertrag schriftlich niedergelegt. Für schriftlich festgehaltene Vereinbarungen gilt die Vermutung der Vollständigkeit und Richtigkeit[67]. Dem Arbeitgeber wird demnach die volle Darlegungs- und Beweislast bei einer behaupteten Un-

---

62 KR[5]/*Etzel*, § 1 KSchG Rdnr. 25; *Löwisch*, KSchG[8], Vorbemerkung zu § 1 Rdnr. 94f., 97; ErfurtKomm/*Ascheid*, § 1 KSchG Rdnr. 15.

63 ErfurtKomm/*Ascheid*, § 1 KSchG Rdnr. 18.

64 *Löwisch*, DB 1998, S. 877 (878).

65 GK-KR/*Preis*, Grundlagen J. Rdnr. 17; *Preis*, NZA 1997, S. 1256 (1258).

66 Siehe für den Tarifvertrag *Löwisch/Rieble*, TVG, § 1 Rdnr. 374.

67 Siehe auch Wiedemann/*Wiedemann*, TVG[6], § 1 Rdnr. 228.

vollständigkeit oder Unrichtigkeit der festgehaltenen Vereinbarung auferlegt[68]. Dadurch wird allerdings nicht der Streit um die Auslegung einer tarifvertraglichen Schutznorm im Einzelfall beseitigt. Der Normtext führt, wie insbesondere für Kündigungsausschlußklauseln zutreffend angemerkt wird[69], nur zu einer Argumentationslastverteilung. Wie noch zu zeigen sein wird, liegt darin eine der Hauptschwierigkeiten in der Anwendung von Unkündbarkeitsabreden auf die unterschiedlichen Kategorien von Kündigungsgründen.

III. Autonome Regelungen des Kündigungsschutzes

1. Tarifvertraglicher Kündigungsschutz

Am umfangreichsten ist innerhalb der autonomen Regelungen der tarifvertragliche Kündigungsschutz angelegt. Gesetzliche Kündigungsschutznormen sind aufgrund ihrer einseitig-bindenden Geltungsanordnung grundsätzlich für verbessernden Regelungen durch Tarifvertrag zugänglich. Nur in Einzelfällen ist dabei dem Gesetzesrecht eine abschließende, die Rechtssetzungsmacht der Koalitionen verdrängende Regelung zu entnehmen[70]. Von dieser Offenheit gegenüber dem vom Gesetzgeber vorgegebenen Schutzrahmen können daher auch die tarifunterworfenen Arbeitnehmer profitieren. Das *Bundesarbeitsgericht*[71] stellt dazu in einem obiter dictum lapidar fest, daß es

„(...) den Tarifpartnern freisteht, ob sie den Kündigungsschutz der Arbeitnehmer verstärken."

In der Rechtspraxis wird durch die Regelung von tarifvertraglichen Kündigungsbeschränkungen von der Möglichkeit der Verbesserung des Kündigungsschutzes in vielfältiger Weise Gebrauch gemacht[72]. Der das Arbeitsverhältnis in Wirklichkeit stabilisierende Kündigungsschutz kann folgerichtig nicht allein aus den Regelungen des KSchG und kündigungsrechtlichen Spezialgesetzen entnommen werden, sondern ergibt sich aus der Verknüpfung von gesetzlichem und kollektiv gesetztem Kündigungsschutz. Für einen vollständigen, in sich geschlossenen Überblick über die bestehenden Kündigungsschranken ist somit eine Betrachtung der tarifvertraglichen Regelungen unerläßlich[73]. Ohne die Beachtung des tarifvertraglich verankerten Schutzes, ist das Gesamtsystem des geltenden Kündigungsschutzrechts nicht zu erfassen.

Durch Tarifvertrag können die Freiräume ausgefüllt werden, die der staatliche Gesetzgeber nicht oder nicht umfassend geregelt hat. Tarifverträge vermö-

---

68 *Preis,* NZA 1997, S. 1256 (1259).

69 *Neuner,* Anm. I zu *BAG* (Urt. v. 17.9.1998), EzA Nr. 3 zu § 626 BGB Unkündbarkeit.

70 *Säcker/Oetker,* Grundlagen und Grenzen der Tarifautonomie, 1992, S. 185.

71 *BAG* (Urt. v. 20.10.1993), AP Nr. 3 zu § 41 SGB VI [unter B I 6b der Gründe].

72 Siehe nur Wiedemann/*Wiedemann,* TVG[6], § 1 Rdnr. 534.

73 *Oetker,* Arbeitsrechtlicher Bestandsschutz, 1996, S. 14f.; vgl. *Bengelsdorf,* Aufhebungsvertrag und Abfindungsvereinbarung, 1992, S. 1.

gen sachnähere Regelungen zu schaffen, die auf die besonderen Bedürfnisse der einzelnen Wirtschaftszweige und Branchen sinnvoll abgestimmt sind[74]. Gegenüber dem staatlichen Kündigungsschutz kommt ihnen daher eine Ergänzungs- und Konkretisierungsfunktion zu. Beendigungsregelungen in Tarifverträgen tragen damit einmal der aus der Schutzbedürftigkeit des Arbeitnehmers entspringenden Schutzfunktion[75] der Tarifautonomie Rechnung. Gleichzeitig erfüllen sie durch die spezifische Ausgestaltung der Beendigung der Arbeitsverhältnisse innerhalb des Geltungsbereichs eines Tarifvertrags ein bedeutende Ordnungsaufgabe. Teilweise sind tarifvertragliche Bestimmungen zur Arbeitgeberkündigung auch Vorbild für gesetzliche Kündigungsschutznormen gewesen. Die prägende Kraft und die Bedeutung des Tarifvertrags bei der Gestaltung des Kündigungsschutzes ist deshalb auch vom *Bundesarbeitsgericht* betont worden[76].

Tarifvertragliche Regelungen der Arbeitgeberkündigung können sich sowohl auf das „Wie“ als auch auf das „Ob“ einer Kündigung erstrecken[77]. Der Regelungsumfang erfaßt deshalb formelle und materielle Kündigungsschranken gleichermaßen. Auf diese Weise kann ein abgestuftes Schutzsystem errichtet werden[78]. Den bedeutendsten Regelungskomplex innerhalb der tarifvertraglichen Verstärkung des Kündigungsschutzes nimmt dabei die ordentliche Unkündbarkeit ein. Der Ausschluß des arbeitgeberseitigen ordentlichen Kündigungsrechts kommt in Tarifverträgen am häufigsten vor und stellt die praktisch bedeutsamste Kündigungsbeschränkung dar[79].

2. Systematisierung der tarifvertraglichen Kündigungsklauseln

a) Schriftformklauseln

Der Gesetzgeber hat durch die Neufassung des § 623 BGB[80] den bis dahin bestehenden Grundsatz der Formfreiheit der Kündigung[81] beseitigt. Die Wirksamkeit einer Kündigung unterliegt nunmehr einem konstitutiven Schriftformerfordernis nach § 126 Abs. 1 BGB. Eine lediglich mündlich ausgespro-

---

74 KSchR[4]/*Däubler,* Einleitung Rdnr. 352.

75 Dazu Wiedemann/*Wiedemann,* TVG[6], Einleitung Rdnr. 3.

76 *BAG GS* (Urt. v. 12.10. 1960), AP Nr. 16 zu § 620 BGB Befristeter Arbeitsvertrag [unter C 2 der Gründe].

77 *Boemke,* Schuldertrag und Arbeitsverhältnis, 1999, S. 414f.; *Löwisch/Rieble,* TVG, § 1 Rdnr. 73f.

78 Umfassend dazu *Löwisch,* DB 1998, S. 877ff.; Wiedemann/*Wiedemann,* TVG[6], § 1 Rdnr. 534ff.; *Schaub,* Arbeitsrechtshandbuch[9], § 127 Rdnr. 6ff.

79 *Höland,* Anm. I zu *BAG* (Urt. v. 5.2.1998), AP Nr. 143 zu § 626 BGB.

80 Arbeitsgerichtsbeschleunigungsgesetz vom 20.1. 2000, BGBl. I S. 333ff.

81 So zur alten Rechtslage: ErfurtKomm/*Müller-Glöge,* § 620 BGB Rdnr. 238; *Stahlhacke/Preis/Vossen,* Kündigungsschutz[7], Rdnr. 58.

chene Kündigung ist nach § 125 Satz 2 BGB nichtig und bleibt wirkungslos[82]. Die Regelung erfaßt alle Arten der Kündigung und gilt deshalb sowohl für die ordentliche und die außerordentliche Kündigung als auch für die Änderungskündigung[83]. Die zahlreichen tarifvertraglichen Schriftformklauseln[84], die bisher die Kündigung einem Formzwang unterworfen haben, werden durch die gesetzliche Neuerung weitestgehend obsolet. Eigenständige Bedeutung behalten diese Klauseln dann, wenn sie über das Erfordernis der Schriftform der Kündigungserklärung hinausgehen. Dies gilt einmal für qualifizierte Schriftformklauseln, die auch die schriftliche Mitteilung der Kündigungsgründe zur Wirksamkeitsvoraussetzung erheben[85]. Ebenso verhält es sich, wenn im Falle von anzeigepflichtigen Massenentlassungen gemäß §§ 17ff. KSchG die Wirksamkeit der Kündigung von einem Aushang einer Liste im Betrieb, dem schwarzen Brett, abhängig gemacht wird[86].

b) Regelungen der Kündigungsfristen und Kündigungstermine

Die tarifvertragliche Regelungsbefugnis erstreckt sich auch auf die Länge der Kündigungsfrist und den Kündigungstermin als formelle Schranken der ordentlichen Kündigung. Durch Tarifvertrag können die Grundkündigungsfrist des § 622 Abs. 1 BGB, die nach der Dauer der Betriebszugehörigkeit gestaffelten Kündigungsfristen in § 622 Abs. 2 BGB und die Kündigungsfrist im Probearbeitsverhältnis nach § 622 Abs. 3 BGB verlängert werden. Die Tarifmacht zur Verlängerbarkeit ergibt sich im Grunde schon aus der Konzeption des gesetzlichen Kündigungsschutzes als Mindestbedingung für eine Kündigung[87] und aus der Zuordnung der Kündigungsfristen zum allgemeinen Kündigungsrecht[88]. Ist schon der gänzliche Ausschluß des ordentlichen Kündigungsrechts nach überwiegender Auffassung ohne weiteres möglich, so muß dies erst recht für den weniger belastenden Eingriff in Arbeitgeberrechte durch ein Hinausschieben der Kündigungswirkung gelten. Darüber hinaus ordnet § 622 Abs. 4 Satz 1 BGB ausdrücklich die Möglichkeit abweichender tarifvertraglicher Regelungen an, wovon auch die Legitimation zur Verlängerung der Kündigungsfristen umfaßt

---

82 *Löwisch,* KSchG[8], Vorbemerkung zu § 1 Rdnr. 57.

83 *Preis/Gotthardt,* NZA 2000, S. 348 (349f.).

84 Dazu *Löwisch,* DB 1998, S. 877; *Stahlhacke/Preis/Vossen,* Kündigungsschutz[7], Rdnr. 58; MünchArbR/*Berkowsky,* § 129 Rdnr. 11; *Löwisch/Rieble,* TVG, § 1 Rdnr. 581; Wiedemann/*Wiedemann,* TVG[6], § 1 Rdnr. 542; HeidelbergKomm[3]/*Dorndorf,* § 1 Rdnr. 117; umfassend: *Kliemt,* Formerfordernisse im Arbeitsvertrag, 1995, S. 309ff.

85 Dazu *Stahlhacke/Preis/Vossen,* Kündigungsschutz[7], Rdnr. 75.

86 Siehe etwa *Wiedemann/Stumpf,* TVG[5], § 1 Rdnr. 231; Staudinger[13]/*Preis,* Vorbem. zu §§ 620ff. Rdnr. 53.

87 Im Ergebnis ebenso Wiedemann/*Wiedemann,* TVG[6], § 1 Rdnr. 544; *Däubler,* Tarifvertragsrecht, Rdnr. 938; *Löwisch,* DB 1998, S. 877 (880); *Löwisch/Rieble,* TVG, § 1 Rdnr. 569.

88 Dazu *Hueck/v.Hoyningen-Huene,* KSchG[12], Einleitung Rdnr. 72.

wird. Die eigentliche Bedeutung der tarifvertraglichen Öffnungsklausel liegt indes in der nur den Tarifpartnern eingeräumten Befugnis auch kürzere als die gesetzlich festgeschriebenen Kündigungsfristen zu vereinbaren[89]. Darüber hinaus stellt § 622 Abs. 4 Satz 1 BGB unmißverständlich klar, daß ein Tarifvertrag auch die tatbestandlichen Voraussetzungen, nach denen der Arbeitnehmer einen Anspruch auf die Gewährung einer gegenüber dem gesetzlichen Normalrahmen verlängerten Kündigungsfrist hat, abweichend von § 622 Abs. 1-3 BGB regeln kann[90].

Von der Befugnis zur abweichenden Regelung der Kündigungsfristen wird in fast allen geltenden Tarifverträgen Gebrauch gemacht[91]. Die tarifvertraglichen Bestimmungen sind dabei in einer Großzahl der einzelnen Wirtschaftsbereiche großzügiger als die gesetzlichen Mindestkündigungsfristen[92]. Die tarifvertraglichen Kündigungsfristen orientieren sich dabei durchweg an der Regelung des § 622 Abs. 2 BGB und normieren einen stufenweisen Übergang von kurzen zu längeren Kündigungsfristen in Abhängigkeit von der Beschäftigungsdauer in einem Betrieb. Dabei ist zu beachten, daß die Stufenregelung des § 622 Abs. 2 BGB ihrerseits auf dem Modell einer tarifvertraglichen Kündigungsfristenregelung beruht. § 11 des Manteltarifvertrages für die chemische Industrie vom 24. Juni 1992 diente dem Gesetzgeber im Gesetzgebungsverfahren insoweit als Vorbild[93].

Eine Besonderheit besteht hinsichtlich der Regelung des § 622 Abs. 2 Nr. 7 BGB, die für die Schwelle zu einer siebenmonatigen Kündigungsfrist auf eine 20jährige Betriebszugehörigkeit abstellt. In der tariflichen Praxis kommt es hier in einer Vielzahl der Fälle zu einer Kollisionslage mit Unkündbarkeitsklauseln. Nach einer 20jährigen Beschäftigungsdauer in einem Betrieb ist vielfach schon die ordentliche Kündigung gänzlich ausgeschlossen und somit eine eigenständige Regelung der Kündigungsfrist für eine solche Dauer der Betriebszugehörigkeit praktisch bedeutungslos[94]. Lange Kündigungsfristen können schließlich auch losgelöst von der Stufenregelung punktuell für betriebsbedingte Kündigungen geschaffen werden, die aufgrund rationalisierungsbedingtem Arbeitskräfteabbau notwendig werden[95].

Auch die Kündigungstermine sind einer abweichenden Vereinbarung durch tarifvertragliche Regelung zugänglich[96]. Im Gegensatz zu § 622 Abs. 1 BGB

---

89 Wiedemann/*Wiedemann*, TVG[6], § 1 Rdnr. 546; *Stahlhacke/Preis/Vossen*, Kündigungsschutz[7], Rdnr. 377.

90 *Preis/Kramer*, DB 1993, S. 2125 (2128f.); Wiedemann/*Wiedemann*, TVG[6], § 1 Rdnr. 545; *Stahlhacke/Preis/Vossen*, Kündigungsschutz[7], Rdnr. 378.

91 KSchR[4]/*Däubler*, Einleitung Rdnr. 354; *Löwisch*, DB 1998, S. 877.

92 *Stein*, Tarifvertragsrecht, Rdnr. 551.

93 *Preis/Kramer*, DB 1993, S. 2125.

94 *Stein*, TVR, Rdnr. 551; Gegenbeispiele allerdings bei *Löwisch*, DB 1998, S. 877, Fn. 8.

95 *Säcker/Oetker*, Grundlagen und Grenzen der Tarifautonomie, 1992, S. 189f.

96 *Preis/Kramer*, DB 1993, S. 2125 (2128); *Stahlhacke/Preis/Vossen*, Kündigungsschutz[7],

kann geregelt werden, daß eine Kündigung ausschließlich zum Monatsende und nicht auch zum Fünfzehnten eines Monats erfolgen darf. Ebenfalls zulässig ist etwa eine Bestimmung nach der eine Kündigung nur zu einem bestimmten Wochentag ausgesprochen werden darf[97].

c) Erweiterung der Beteiligungsrechte des Betriebsrats

Nach der Regelung des § 102 Abs. 6 BetrVG können Arbeitgeber und Betriebsrat Bestimmungen darüber treffen, daß Kündigungen durch den Arbeitgeber der Zustimmung des Betriebsrates bedürfen. Die Nichtbeachtung des Zustimmungserfordernisses zieht die Unwirksamkeit der ausgesprochenen Kündigung nach sich. § 102 Abs. 6 BetrVG unterscheidet in seinem Anwendungsbereich nicht zwischen ordentlicher und außerordentlicher Kündigung. Die Vereinbarungsbefugnis der Betriebspartner erstreckt sich deshalb nach überwiegender Ansicht auf beide Kündigungsformen[98].

Problematisch und umstritten ist hingegen die Frage, ob durch tarifvertragliche Regelung der Ausspruch einer ordentlichen oder außerordentlichen Kündigung an die Zustimmung des Betriebsrats gebunden werden kann. Übereinstimmung ist lediglich darin gegeben, daß durch tarifvertragliche Regelung die dem Betriebsrat durch das BetrVG eingeräumten Beteiligungsrechte nicht eingeschränkt oder gar aufgehoben werden dürfen. Die Vorschriften des BetrVG haben zwingende Wirkung zugunsten der Belegschaft und stellen Mindestanforderungen über die Beteiligung des Betriebsrates dar, von denen nicht zum Nachteil der Arbeitnehmer abgewichen werden dar [99]. Hinsichtlich des Umfangs der Erweiterung der Beteiligung des Betriebsrates werden in der Literatur drei Gestaltungsformen der erweiterten Mitbestimmung diskutiert[100]. Es kann eine reine Verfahrenssicherung verankert werden. Danach hat eine Zustimmung zur Kündigung immer dann zu erfolgen, wenn sie auch nach den Bestimmungen des allgemeinen Kündigungsschutzes zulässig wäre. Weiter besteht die Möglichkeit, daß der Betriebsrat seine Zustimmung zur Kündigung beim Eingreifen besonderer Gründe verweigern kann. Man spricht in diesem Zusammenhang von einem gebundenen Zustimmungsverweigerungsrecht. Bei der stärksten Beteiligungsform, der paritätischen Mitbestimmung, ist die Wirksamkeit der Kündigung hingegen vollständig an die Zustimmung des Betriebsrats geknüpft.

Rdnr. 378, 380.

97 *Löwisch*, DB 1998 S. 877.

98 Siehe etwa *Richardi*, BetrVG[7], § 102 Rdnr. 272f.

99 *Richardi*, BetrVG[7], Einleitung Rdnr. 135, 140; GK-BetrVG[6]/*Kraft* vor § 92 Rdnr. 9; KR[5]/*Etzel*, § 102 BetrVG Rdnr. 244a; *v.Hoyningen-Huene*, Betriebsverfassungsrecht[4], § 2 IV b (S. 19).

100 *Rieble*, ArbuR 1993, S. 39 (47); siehe auch KSchR[4]/*Däubler*, Einleitung Rdnr. 370ff.

Die überwiegende Ansicht geht davon aus, daß die betriebliche Mitbestimmung auch einer verbessernden Regelung durch Tarifvertrag zugänglich ist und folgert daraus die Kompetenz zu einer kollektivvertraglichen Erweiterung der Mitwirkungsrechte des Betriebsrats bei Kündigungen[101].

Eine Bindung der Kündigung an die Zustimmung des Betriebsrats entsprechend § 102 Abs. 6 BetrVG ist danach auch durch tarifvertragliche Regelung möglich. Dafür spricht immerhin, daß es vom Standpunkt der herrschenden Auffassung, die von der Wirksamkeit des vollständigen Ausschlusses der ordentlichen Kündigung ausgeht, systemwidrig wäre, die Zulässigkeit einer im Verhältnis zur ordentlichen Unkündbarkeit weniger einschneidenden Kündigungsschranke zu verneinen. Diese Argumentation knüpft folglich an die grundsätzliche Berechtigung der Tarifpartner an, das ordentliche Kündigungsrecht durch Tarifvertrag auszuschließen. Wenn dies möglich sei, so müsse auch eine minder intensiv wirkende Tarifklausel vereinbart werden können, die die Kündigung durch eine Erweiterung der Mitwirkungsrechte des Betriebsrates lediglich erschwert[102].

Zur Begründung wird darüber hinaus auf die Vorschriften der §§ 1 Abs. 1 5. Alt., 3 Abs. 2 TVG zurückgegriffen. Danach können auch betriebsverfassungsrechtliche Fragen Regelungsgegenstand eines Tarifvertrages sein[103]. Die Nichterwähnung einer tarifvertraglichen Erweiterungsmöglichkeit in § 102 Abs. 6 BetrVG könne entstehungsgeschichtlich nicht dahin verstanden werden, der Gesetzgeber habe sich gegen eine Erweiterung durch Tarifvertrag aussprechen wollen[104].

Teilweise wird die Regelungsmacht der Tarifparteien zu einer Erweiterung der Beteiligungsrechte des Betriebsrates abgelehnt[105]. Gefordert wird eine aus-

---

[101] *BAG* (Urt. v. 21.6. 2000), AP Nr. 121 zu § 102 BetrVG 1972 [unter II 4a der Gründe]; *BAG* (Beschl. v. 10.2. 1988), AP Nr. 53 zu § 99 BetrVG 1972 [Leitsatz 1 und unter B II 3a der Gründe]; *BAG* (Beschl. v. 18.8. 1987), AP Nr. 23 zu § 77 BetrVG 1972 [unter III 2b der Gründe]; *Löwisch/Rieble*, TVG, § 1 Rdnr. 583; Wiedemann/*Wiedemann*, TVG[6], § 1 Rdnr. 553; KSchR[4]/*Däubler*, Einleitung Rdnr. 370; KR[5]/*Etzel*, § 102 BetrVG Rdnr. 244; Staudinger[13]/*Preis*, Vorbem. zu §§ 620ff. Rdnr. 75; *Fitting/Kaiser/Heither/Engels*, BetrVG[20], § 1 Rdnr. 216f., 223, § 102 Rdnr. 75; *Meier-Krenz*, Erweiterung von Beteiligungsrechten des Betriebsrats, 1988, S. 174ff., 183; *Säcker/Oetker*, Grundlagen und Grenzen der Tarifautonomie, 1992, S. 195ff.; *Richardi*, BetrVG[7], Einleitung Rdnr. 141.

[102] *Wiedemann/Stumpf*, TVG[5], § 1 Rdnr. 240; *Rieble*, ArbuR 1993, S. 39 (41); gegen diese Begründung *Meier-Krenz*, Erweiterung von Beteiligungsrechten des Betriebsrats, 1988, S. 176.

[103] *BAG* (Urt. v. 21.6. 2000), AP Nr. 121 zu § 102 BetrVG 1972 [unter II 4a der Gründe]; *BAG* (Beschl. v. 18.8. 1987) AP Nr. 23 zu § 77 BetrVG 1972 [unter III 2b der Gründe] heißt es: „Bei einem anderen Verständnis hätte § 1 Abs. 1 TVG praktisch keine Bedeutung mehr."

[104] *Meier-Krenz*, Erweiterung von Beteiligungsrechten des Betriebsrats, 1988, S. 178f.; *Richardi*, BetrVG[7], Einleitung Rdnr. 141; *Wiedemann/Stumpf*, TVG[5], § 1 Rdnr. 239.

[105] GK-BetrVG[6]/*Kraft* vor § 92 Rdnr. 19ff., § 102 Rdnr. 193; *Hueck/Nipperdey*, Arbeits-

drückliche gesetzliche Ermächtigung der Sozialparter[106]. Hingegen sieht § 102 Abs. 6 BetrVG eine Ausdehnung der Mitbestimmungsrechte ausdrücklich nur für die Betriebspartner vor. Die Regelung des § 1 Abs. 1 TVG enthalte keine voraussetzungslose Ermächtigungsnorm für die Regelung betriebsverfassungsrechtlicher Fragen durch die Tarifvertragsparteien. Ihr könne vielmehr nur entnommen werden, was überhaupt Gegenstand tarifvertraglicher Normen sein kann[107]. Dafür spricht, daß das TVG im Grundsatz nur formelles Recht enthält und nichts über die inhaltlichen Grenzen der Tarifmacht aussagt.

Eine weitergehende erschöpfende Analyse und Auseinandersetzung mit dieser Streitfrage kann hier nicht erfolgen. Mit Rücksicht auf die im Rahmen dieser Darstellung noch bedeutende Frage nach dem abschließenden Charakter eines vom Gesetzgeber geschaffenen Regelungswerkes soll allerdings der ausschlaggebende Gesichtspunkt für die Entwicklung einer zufriedenstellenden Lösung kurz umrissen werden. Die tarifvertragliche Erweiterung der Mitbestimmungsrechte des Betriebsrates ist eng mit der grundsätzlichen Ausgangsfrage[108] verbunden, ob das BetrVG nur Mindestnormen für die Beteiligung des Betriebsrates oder zweiseitig-zwingende Regelungen positiviert hat, die einen abschließenden Charakter aufweisen[109]. Entscheidend gegen die Ausdehnung der tarifvertraglichen Regelungsmacht läßt sich anführen, daß das BetrVG einen ausgewogenen Ausgleich von Arbeitnehmer- und Arbeitgeberinteressen herbeigeführt hat und damit eine betriebsverfassungsrechtliche Gesamtordnung geschaffen hat, deren Organisationsnormen grundsätzlich abschließend sind[110]. Die Zulassung einer durch Tarifvertrag begründeten Zustimmungspflicht würde in diese Ordnung eingreifen. Abweichende Bestimmungen setzen eine ausdrückliche Ermächtigungsgrundlage für die Sozialpartner voraus.

d) Regelungen über die Gründsätze der Sozialauswahl

Eine tarifvertragliche Einflußnahme auf die bei einer betriebsbedingten Kündigung vorzunehmende Sozialauswahl ist in zweierlei Hinsicht denkbar[111]. Neben

---

recht Bd. II/1[7], § 15 V 2 (S. 296).

106 Wie beispielsweise in den §§ 3, 38 Abs. 1 Satz 3, 47 Abs. 4, 55 Abs. 4, 72 Abs. 4, 76 Abs. 8, 86 BetrVG.

107 *Reuter,* Festschrift f. Mestmäcker, 1996, S. 271 (290); *ders.* Festschrift f. Schaub, 1998, S. 605 (619); *ders.* ORDO Bd. 48 (1997), S. 437 (443f.); *Richardi,* BetrVG[7], Einleitung Rdnr. 143.

108 So *Spilger,* Tarifvertragliches Betriebsverfassungsrecht, 1987, S. 25ff.

109 So *v.Hoyningen-Huene,* Betriebsverfassungsrecht[4], § 2 IV c (S. 19); für einseitig-zwingende Regelungen dagegen beispielsweise *Stein,* TVR, Rdnr. 567f.

110 *v.Hoyningen-Huene,* Betriebsverfassungsrecht[4], § 2 IV c (S. 20); *Reuter,* Festschrift f. Schaub, 1996, S. 605 (619) spricht von der „Qualität einer ordnungspolitischen Grundentscheidung".

111 MünchArbR/*Berkowsky,* § 129 Rdnr. 15, 19; Wiedemann/*Wiedemann,* TVG[6], § 1 Rdnr. 536, 538.

der Möglichkeit, die bei einer betriebsbedingten Kündigung zu berücksichtigenden Sozialdaten in einer Betriebsvereinbarung nach Maßgabe der § 95 BetrVG, 1 Abs. 2 Nr.1a KSchG oder in einer personalvertretungsrechtlichen Dienstvereinbarung zu regeln, können auch Tarifverträge Bestimmungen enthalten, die die Grundsätze der sozialen Auswahl nach § 1 Abs. 3 KSchG festlegen. Darunter fallen insbesondere die zwischen einem einzelnen Arbeitgeber und der Gewerkschaft abgeschlossenen Haustarifverträge[112]. Durch die tarifvertraglichen Auswahlrichtlinien wird eine kollektivrechtliche Verklammerung der sozialen Auswahl erreicht[113]. Solche Regelungen müssen sich jedoch an der durch den Gesetzgeber in § 1 Abs. 3 KSchG vorgegebenen Grundwertung orientieren[114]. Ausreichende und ausgewogene Berücksichtigung müssen deshalb zumindest die drei Grunddaten der sozialen Auswahl, Betriebszugehörigkeit, Lebensalter und Unterhaltsverpflichtungen finden[115]. Tarifvertragliche Auswahlrichtlinien dürfen dabei auch nicht eine abschließende Beurteilung der Gewichtung der Sozialdaten vorwegnehmen. Vielmehr müssen sich hinreichend Platz für eine Einzelfallentscheidung des Arbeitgebers lassen[116].

Ferner besteht die Möglichkeit im Rahmen von Unkündbarkeitsklauseln auch das Recht des Arbeitgebers zur betriebsbedingten Kündigung auszuschließen. Sollen derartige Klauseln kündigungsschutzrechtliche Wirkung entfalten, müssen sie zu einer Herausnahme der tarifvertraglich gesicherten Arbeitnehmer aus dem Auswahlkreis der bei § 1 Abs. 3 KSchG zu berücksichtigenden Arbeitnehmer führen. Ob dem Tarifvertrag die Kraft zur Verdrängung der Grundsätze über die Sozialauswahl beigemessen werden kann, ist heftig umstritten[117].

e) Erstreckung in den kündigungsschutzfreien Bereich

Uneinheitlich wird die Frage beantwortet, inwieweit der materielle Kündigungsschutz auch in den vom KSchG offen gelassenen kündigungsschutzfreien Bereich erstreckt werden kann. Hier sind abweichende tarifvertragliche Regelungen der Wartezeit des § 1 Abs. 1 KSchG und der Kleinbetriebsklausel des § 23 Abs. 1 Satz 2 KSchG denkbar. So könnte die Frist des § 1 Abs. 1 KSchG entweder verkürzt oder auf Null reduziert werden. Möglich wäre auch eine Unterschreitung der Schwellenzahl von in der Regel fünf beschäftigten Arbeitnehmer in § 23 Abs. 1 Satz 2 KSchG.

---

112 *Löwisch,* KSchG[8] § 1 Rdnr. 387.

113 KR[5]/*Etzel,* § 1 KSchG Rdnr. 725.

114 ErfurtKomm/*Ascheid,* § 1 KSchG Rdnr. 570; *Löwisch,* DB 1998, S. 877 (882).

115 *Stahlhacke/Preis/Vossen,* Kündigungsschutz[7], Rdnr. 678a; *Löwisch/Rieble,* TVG § 1 Rdnr. 582; *Löwisch,* KSchG[8], § 1 Rdnr. 385; Wiedemann/*Wiedemann,* TVG[6], § 1 Rdnr. 536.

116 *Rieble,* NJW 1991, S. 65 (69).

117 Umfassend dazu unten § 35.

Die herrschende Auffassung bejaht die tarifvertragliche Regelungsmacht auch in diesem vom Gesetzgeber offen gelassenen Bereich[118]. Auch die Vorschriften über den Geltungsbereich und den personellen Anwendungsbereich des KSchG seien nur insofern zwingend, als sie verschlechternde Abreden zulasten des Arbeitnehmers untersagen. Einer Vorverlagerung des KSchG stünden sie nicht entgegen. Jede andere Sichtweise würde eine verfassungsrechtlich nicht haltbare Einschränkung der durch Art. 9 Abs. 3 GG gewährleisteten Tarifautonomie darstellen.

Löwisch ist dieser Argumentation mit einer Reihe von beachtenswerten Argumenten entgegengetreten, indem er die besondere Schutzfunktion der gesetzlichen Regelungen zugunsten des Arbeitgebers betont[119]. Zwar erkennt er die Befugnis der Parteien des Einzelarbeitsvertrags an, die Wartezeit zu verkürzen oder auszuschließen, beziehungsweise den Kündigungsschutz auf im Kleinbetrieb beschäftige Arbeitnehmer zu erstrecken[120]. Ein Schutz des Arbeitgebers vor individuell ausgehandelten Abreden sei entsprechend dem Rechtssatz „volenti non fit inuria" nicht notwendig. Der Arbeitgeber bedürfe keines Schutzes vor sich selbst[121]. Bei tarifvertraglichen Bestimmungen sei jedoch die Normwirkung des Tarifvertrags zu berücksichtigen, die zu einer Geltung der Regelungen losgelöst vom Willen des Arbeitgebers führt. Sowohl die Wartezeit als auch die Herausnahme von Kleinbetrieben aus dem allgemeinen Kündigungsschutz müssen deshalb vor dem Hintergrund ihrer Schutzwirkung für den Arbeitgeber betrachtet werden. Die Wartezeit stellt eine Erprobungsphase des Arbeitsverhältnisses dar. Der Arbeitgeber soll vor dem Einsetzen des materiellen Kündigungsschutzes frei entscheiden können, ob er das Beschäftigungsverhältnis auch über die sechsmonatige Frist hinaus fortsetzen möchte[122]. Die Vorschrift des § 23 Abs. 1 Satz 2 KSchG beruht auf der spezifischen Interessenlage des Kleinunternehmers, die der engen persönlichen Verbundenheit der Arbeitsvertragsparteien im Kleinbetrieb, der geringen wirtschaftlichen Belastbarkeit und dem ausgeprägten Bedürfnis nach Flexibilität am Arbeitsmarkt entspringt. Beide Vorschriften dienten daher in besonderem Maße der unternehmerischen

---

118 *BAG* (Urt. v. 14.5. 1987), AP Nr. 5 zu § 1 KSchG 1969 [unter B I der Gründe]; KR[5]/*Etzel*, § 1 KSchG Rdnr. 28, 107; *Stahlhacke/Preis/Vossen*, Kündigungsschutz[7], Rdnr. 209; Wiedemann/*Wiedemann*, TVG[6], § 1 Rdnr. 539a; HeidelbergKomm[3]/*Dorndorf*, § 1 Rdnr. 62; *Däubler*, Tarifvertragsrecht[3], Rdnr. 946; KSchR[4]/*Däubler*, Einleitung Rdnr. 362; *Preis*, NZA 1997, S. 1256 (1259); GK-KR/*Preis*, Grundlagen J. Rdnr. 12.

119 *Löwisch*, DB 1998, S. 877 (881f.); *ders.*, KSchG[8], § 1 Rdnr. 38, § 23 Rdnr. 24; *ders.*, BB 1997, S. 782 (790).

120 *Löwisch*, KSchG[8], § 1 Rdnr. 37, § 23 Rdnr. 24.

121 *Löwisch*, KSchG[8], Vorbemerkung zu § 1 Rdnr. 96; *ders.*, BB 1997, S. 782 (790).

122 *Löwisch*, DB 1998, S. 877 (882); *ders.*, KSchG[8], § 1 Rdnr. 38; GK-KR/*Dörner*, § 1 KSchG Rdnr. 22; dieser Schutzzweck der Wartezeit ist freilich nicht unumstritten, ablehnend etwa HeidelbergKomm[3]/*Dorndorf*, § 1 Rdnr. 60.

Entscheidungsfreiheit des Unternehmers, die auch von tarifvertraglichen Regelungen nicht unterlaufen werden dürfe.

Inwieweit die Vorschriften der §§ 1 Abs. 1, 23 Abs. 1 Satz 2 KSchG tatsächlich eine abschließende gesetzliche Regelung vorsehen, die verbessernde tarifvertragliche Abreden von vornherein ausschließen, soll hier jedoch keiner abschließenden Klärung zugefügt werden. Jedoch zeigt die Diskussion, um die tarifvertragliche Ausdehnung des Bestandsschutzes in diesen Bereich, daß das herkömmliche Verständnis des allgemeinen Kündigungsschutzes, der stets für eine Verstärkung seiner Schutzwirkung zugänglich ist, zumindest nach einer Auffassung auf seine Grenzen stößt. Im weiteren Verlauf der Darstellung wird zu zeigen sein, daß sachgerechte Lösungen auch im Bereich der ordentlichen Unkündbarkeit allein durch das Abstellen auf den Schutzcharakter des KSchG nicht zu erzielen sind.

f) Faktische Erschwerungen der Kündigung

In Entsprechung zu der Wirkungsweise gesetzlicher Abfindungs- und Entschädigungsregelungen können auch Tarifverträge lediglich faktische Schranken für eine Kündigung beinhalten[123]. Derartige Vereinbarungen lassen das ordentliche Kündigungsrecht des Arbeitgebers unberührt, verknüpfen die Kündigung aber mit einer finanziellen Ausgleichsleistung. Dadurch wird allein eine indirekte Einflußnahme auf das Kündigungsrecht des Arbeitgebers herbeigeführt[124]. Üblich sind Abfindungsklauseln vor allem in Zusammenhang mit Rationalisierungsschutzabkommen[125]. Durch die aufgegebene Verpflichtung zu Kompensationszahlungen an den Arbeitnehmer sollen die durch den Verlust des Arbeitsplatzes entstehenden wirtschaftlichen Nachteile zumindest teilweise abgefedert werden.

Die frühen tarifvertraglichen Entschädigungsregelungen übten dabei auch eine Vorbildfunktion für gesetzliche Bestimmungen aus. So verdankt der Begriff des Sozialplans, der sich heute in § 112 Abs. 1 Satz 2 BetrVG findet, seine Bezeichnung den früheren Rationalisierungsschutzabkommen, die entsprechende Vorläuferregelungen aufwiesen[126].

g) Materielle Kündigungsbeschränkungen

Materielle tarifvertragliche Kündigungsbeschränkungen enthalten die in nahezu jedem Tarifvertrag anzufindenden und mittlerweile zum Standartrepertoire gewordenen Kündigungsklauseln, die dem Kündigungsrecht des Arbeitgebers

---

[123] *Säcker/Oetker*, Grundlagen und Grenzen der Tarifautonomie, 1992. S. 18.

[124] *Säcker/Oetker*, Grundlagen und Grenzen der Tarifautonomie, 1992, S. 74 unterscheiden daher folgerichtig direkte und indirekte Regelungen des Kündigungsrechts.

[125] *Däubler*, Tarifvertragsrecht[3], Rdnr. 947; zu entsprechenden Klauseln siehe etwa Wiedemann/*Wiedemann*, TVG[6], § 1 Rdnr. 405.

[126] *Gamillscheg*, Kollektives Arbeitsrecht Bd. I, S. 582.

selbst unmittelbar Schranken durch die Reduzierung oder den gänzlichen Ausschluß von Kündigungsgründen entgegensetzen[127].

Materielle tarifvertragliche Kündigungsregelungen beziehen sich in der Tarifpraxis sowohl auf das ordentliche als auch auf das außerordentliche Kündigungsrecht. Tarifüblich sind Regelungen, die entweder das ordentliche Kündigungsrecht des Arbeitgebers auf wenige Kündigungsgründe beschränken oder gänzlich ausschließen. Weniger häufig anzutreffen sind hingegen Tarifverträge, in denen zusätzlich auch eine Beschränkung des Rechts zur außerordentlichen Kündigung enthalten ist. Fast durchweg ist dabei der Ausschluß der Kündigung an das Erreichen eines bestimmten Lebensalters und einer bestimmten Dauer der Zugehörigkeit zum Betrieb gekoppelt.

3. Die Schutzwirkung tarifvertraglicher Kündigungsklauseln

Tarifvertragliche Kündigungsklauseln unterscheiden sich in dem Grad ihrer Schutzwirkung erheblich.

(1) Die Schutzqualität eines tarifvertraglich vereinbarten Formerfordernisses der Kündigung ist gering. Als formale Schranke der Kündigung läßt sie den Grundsatz der materiellen Kündigungsfreiheit unberührt[128]. Den Zweck des Schriftformerfordernisses, vor übereilten Kündigungen zu schützen und dadurch Spontankündigungen des Arbeitgebers vorzubeugen[129], erfüllt jetzt schon § 623 BGB[130]. Tarifvertragliche Formbindungen beinhalten nur insoweit eine Verbesserung, als die Angabe von Kündigungsgründen vom Formzwang mit umfaßt wird. Der Arbeitnehmer wird dadurch in die Lage versetzt, genauer zu prüfen, ob die ausgesprochene Kündigung sozial gerechtfertigt ist und ob er das Risiko eingehen will, einen Kündigungsschutzprozeß anzustrengen[131]. Er kann so die zwingende halbseitige Kostentragungspflicht nach § 12a Abs. 1 Satz 1 ArbGG vermeiden.

Die Nichteinhaltung der tarifvertraglich vorgeschriebenen Form stellt einen sonstigen Rechtsunwirksamkeitsgrund im Sinne des § 13 Abs. 3 KSchG dar[132]. Soweit es sich, wie in der Regel, um ein konstitutives Schriftformerfordernis

---

127 Ausführlich zur historischen Entwicklung und zur gegenwärtigen Tarifpraxis in §§ 7f.

128 Zur Bestandsschutzfunktion des neuen § 623 BGB siehe *Böhm*, NZA 2000, S. 561 (564) im Anschluß an *Trittin/Backmeister*, DB 2000, S. 618 (621); vgl. auch *Richardi/Annuß*, NJW 2000, S. 1231 (1232).

129 KR[5]/*Friedrich*, § 13 KSchG Rdnr. 273, 279.

130 Zum Normzweck des § 623 BGB *Preis/Gotthardt*, NZA 2000, S. 348 (349); *Rolfs*, NJW 2000, S. 1227 (1228); *Schaub*, Arbeitsrechtshandbuch[9], Nachtrag Rdnr. 3; *Trittin/Backmeister*, DB 2000, S. 618 (621); GK-KR/*Preis*, § 623 BGB Rdnr. 1ff.

131 *Stahlhacke/Preis/Vossen*, Kündigungsschutz[7], Rdnr. 75 a.E.

132 KR[5]/*Friedrich*, § 13 KSchG Rdnr. 264; ebenso bei Verstoß gegen § 623 BGB, siehe *Rolfs*, NJW 2000, S. 1227 (1228).

handelt[133] und nicht um Regelungen, die lediglich der Klarstellung und Beweissicherung dienen, ist die Angabe des Kündigungsgrundes Wirksamkeitsvoraussetzung für die Kündigung. Bei Fehlen der schriftlichen Mitteilung ist die Kündigung nach § 125 Satz 1 BGB nichtig[134]. Die tarifliche Form steht der gesetzlichen insoweit gleich[135]. Eines Rückgriffs auf § 134 BGB bedarf es daher nicht. Allerdings steht es dem Arbeitgeber frei, die Kündigung nochmals unter Beachtung der vorgeschriebenen Form auszusprechen. Von tarifvertraglichen Formerfordernissen geht daher kaum arbeitnehmerschützende Wirkung aus. Formbindungen stellen daher das schwächste Instrumentarium des Tarifvertrags bei der Erhöhung des gesetzlichen Schutzstandards dar.

(2) Regelungen der Kündigungsfristen und der Kündigungstermine dienen dem Zweck, eine sofortigen Lösung des Arbeitsverhältnisses zu vermeiden. Das Kündigungsrecht des Arbeitgebers bleibt formal betrachtet unangetastet, das Arbeitsverhältnis endet jedoch erst mit Ablauf der Kündigungsfrist. Kündigungserklärung und Kündigungswirkung fallen zeitlich auseinander. Der Arbeitnehmer soll sich auf die Beendigung seiner Beschäftigungszeit einstellen können und es soll ihm ermöglicht werden, ohne erhebliche wirtschaftliche Nachteile einen neuen Arbeitsplatz zu finden[136], was allerdings nur in Zeiten der Vollbeschäftigung realisierbar erscheint. Kündigungsfristen haben danach die Funktion, dem Dispositions- und Anpassungsinteresse des Arbeitnehmers Rechnung zu tragen[137]. Daneben dient die Kündigungsfrist auch dem berechtigten Interesse des Arbeitgebers, eine sinnvolle Personalplanung zu betreiben[138].

Kündigungsfristen und Kündigungstermine beschränken aber nicht die grundsätzliche Kündigungsfreiheit des Arbeitgebers. Sie unterwerfen die Kündigung lediglich einer Zeitbindung[139] und dienen nicht der Aufrechterhaltung des Vertrages auf Dauer. Auf diese Weise bewirken sie einen zeitlich limitierten Kündigungsschutz. Diese Schutzfunktion der Kündigungsfrist wird von der herrschenden Meinung in Rechtsprechung und Literatur insbesondere im Zusammenhang mit der ausnahmsweise zulässigen außerordentlichen Kündigung tarifvertraglich unkündbarer Arbeitnehmer betont[140]. Die Kündigungsfrist dient

---

[133] HeidelbergKomm[3]/*Dorndorf*, § 1 Rdnr. 117; *Däubler*, Tarifvertragsrecht[3], Rdnr. 935; *Löwisch/Rieble*, TVG, § 1 Rdnr. 546.

[134] *Kliemt*, Formerfordernisse im Arbeitsvertrag, 1995, S. 252ff.; *Stahlhacke/Preis/Vossen*, Kündigungsschutz[7], Rdnr. 75; KR[5]/*Friedrich*, § 13 KSchG Rdnr. 264; *Hanau/Kania*, Ungleichbehandlung von Arbeitgebern und Angestellten, 1994 S. 103.

[135] *Hueck/Nipperdey*, Arbeisrecht Bd. I[7], § 56 III 2 (S. 547).

[136] Staudinger[13]/*Preis*, § 622 Rdnr. 9; MünchKomm[3]/*Schwerdtner*, § 622 Rdnr. 1; ErfurtKomm/*Müller-Glöge*, § 622 Rdnr. 1.

[137] *Oetker*, Das Dauerschuldverhältnis, 1994, S. 262.

[138] MünchKomm[3]/*Schwerdtner*, § 622 Rdnr. 1; ErfurtKomm/*Müller-Glöge*, § 622 Rdnr. 1.

[139] *Schrank*, Der Fortbestand des Arbeitsverhältnisses, 1982, S. 168.

[140] Staudinger[13]/*Preis*, § 622 Rdnr. 9; ErfurtKomm/*Müller-Glöge*, § 622 BGB Rdnr. 3; *v.Koppenfels*, Kündigung bei unkündbaren Arbeitnehmern, 1998, S. 160f., 170ff.

dann als Kompensation für den Verlust des autonom geschaffenen Bestandsschutzes. Allerdings können Kündigungsfristen nicht dem Kündigungsschutz im engeren Sinne zugeordnet werden[141]. Es fehlt insoweit an einer sachlichen Bindung der Kündigung.

Der Tarifvertrag kann durch die Etablierung langer Kündigungsfristen die Zeitbindung der Kündigung intensivieren. Allerdings sollte diese Zeitschranke nicht überbewertet werden. Materielle Kündigungsschranken werden dadurch nicht ersetzt. Besondere Bedeutung haben längere Kündigungsfristen aber in den Fällen, in denen nach §§ 1 Abs. 1, 23 Abs. 1 Satz 2 KSchG kein allgemeiner Kündigungsschutz existiert oder der Arbeitnehmer nicht in den Genuß tarifvertraglicher Bestandsschutzregelungen kommt.

Die Nichteinhaltung der tarifvertraglichen Kündigungsfrist durch den Arbeitgeber ist, genau wie die Nichtbeachtung der gesetzlichen Kündigungsfrist, ein sonstiger Unwirksamkeitsgrund im Sinne des § 13 Abs. 3 KSchG[142]. Die Berufung auf die im Tarifvertrag festgesetzte Kündigungsfrist führt allerdings nicht dazu, daß die Kündigung insgesamt für unwirksam erklärt wird. Durch Umdeutung der erfolgten Kündigung nach § 140 BGB wird diese so behandelt, als ob sie unter Einhaltung der festgelegten tarifvertraglichen Frist ausgesprochen worden ist. Es läuft dann die reguläre Frist. Die Kündigung wird zum nächstmöglichen Termin wirksam[143].

(3) Räumt man mit der herrschenden Auffassung dem Tarifvertrag die Kompetenz zur Begründung einer Zustimmungspflicht des Betriebsrats ein, kann dadurch eine beträchtliche Steigerung des Verfahrensschutzes herbeigeführt werden. Trifft eine derartige Verfahrenssicherung mit einer Unkündbarkeitsvereinbarung zusammen, wird dem Arbeitnehmer ein Schutz eingeräumt der von seinem Umfang her mit dem betriebsverfassungsrechtlicher Funktionsträger nach §§ 15 Abs. 1 KSchG, 103 BetrVG vergleichbar ist.

(4) Soweit der Tarifvertrag Richtlinien über die soziale Auswahl nach § 1 Abs. 3 KSchG enthält, ist damit in aller Regel keine einschneidende Verbesserung des gesetzlichen Kündigungsschutzes verbunden. Die Tarifvertragsparteien können zwar bei der Auswahlentscheidung, die von ihnen für besonders wichtig und schützenswert gehaltenen Sozialdaten in den Vordergrund stellen und ihnen eine herausragende Bedeutung beimessen, jedoch sind sie an die Beachtung der drei Grunddaten Lebensalter, Dauer der Betriebszugehörigkeit und Unterhaltsverpflichtungen gebunden. Ob für einen Arbeitnehmer dadurch eine

---

141 *Hueck/v.Hoyningen-Huene,* KSchG[12], Einleitung Rdnr. 72; *Oetker,* Arbeitsrechtlicher Bestandsschutz, 1996, S. 13; *Preis,* Vertragsgestaltung im Arbeitsrecht, 1993, S. 169; anderer Ansicht allerdings *v.Koppenfels,* Kündigung bei unkündbaren Arbeitnehmern, 1998, S. 174f.

142 KR[5]/*Friedrich,* § 13 Rdnr. 265, 225; *Löwisch,* KSchG[8], § 13 Rdnr. 53; Heidelberg-Komm[3]/*Dorndorf,* § 13 Rdnr. 132.

143 KR[5]/*Friedrich,* § 13 Rdnr. 265; *Löwisch,* KSchG[8], Vorbemerkung zu § 1 Rdnr. 67.

Verstärkung seines materiellen Kündigungsschutzes herbeigeführt wird, kann nur im konkreten Einzelfall beurteilt werden, eine generalisierende Aussage verbietet sich hier.

Eine spürbare Verbesserung des Kündigungsschutzes wird allerdings dann erzeugt, wenn man mit der herrschenden Auffassung in der Literatur den tarifvertraglich unkündbaren Arbeitnehmer mangels Vergleichbarkeit bei der Sozialauswahl unberücksichtigt läßt. Alle tarifvertraglich ungesicherten Arbeitnehmer müßten bei betriebsbedingten Kündigungen dann vor ihm entlassen werden[144].

(5) Soweit man eine tarifvertragliche Vorverlagerung des allgemeinen Kündigungsschutzes befürwortet, ist damit eine deutliche Steigerung des Bestandsschutzes verbunden. Der Arbeitgeber kann dann von seiner in diesem Bereich ansonsten bestehenden Kündigungsfreiheit keinen Gebrauch machen. Es kommt zu einer Ausdehnung des allgemeinen Kündigungsschutzes entsprechend den §§ 1 ff. KSchG. Gerade in der Zeit in der durch die Anhebung der Schwellenzahl des § 23 Abs. 1 Satz 2 KSchG der allgemeine Kündigungsschutz durch den Gesetzgeber zurückgenommen worden ist, wurde derartigen Kündigungsklauseln eine besondere Bedeutung vorausgesagt[145].

(6) Tarifvertragliche Bestimmungen über Abfindungszahlungen bei Kündigungen sind den mittelbaren Kündigungsbeschränkungen zuzuordnen, die die Ausübung des Kündigungsrechts für den Arbeitgeber mit Nachteilen verbinden[146]. Sie sind deshalb nicht Bestandteil des eigentlichen Kündigungsschutzes, führen aber zu einem vermögensmäßigen Bestandsschutz für den Arbeitnehmer[147]. Ihre kündigungsschützende Wirkung ist gering. Nur in extrem gelagerten Ausnahmefällen vermögen sie eine kündigungshemmende Einflußnahme auf den Arbeitgeber auszulösen. Dennoch erfüllen sie eine wichtige Ergänzungsfunktion zum gesetzlichen Regelungsinstrumentarium. Sie können die Schutzlücke schließen, welche durch die allein in Abhängigkeit von der Betriebsgröße nach §§ 111 ff. BetrVG gewährten Vergünstigungen gerissen wird[148].

Tarifvertragliche Abfindungsvereinbarungen unterscheiden sich von den individuellen Abfindungsregelungen der §§ 9 Abs. 1 Satz 1, 13 Abs. 1 Satz 3, 10 KSchG dadurch, daß sie nicht die Sozialwidrigkeit der Kündigung voraussetzen. Vielmehr liegt stets eine sozial wirksame Kündigung vor. Durch die Einführung derartiger Klauseln wird eine Entschädigung für das rechtmäßigerweise

144 Umfassend dazu unten § 35.

145 *Preis*, NZA 1997, S. 1256 (1259); siehe schon oben § 1 I.

146 Zum mittelbaren Kündigungsschutz MünchArbR/*Berkowsky*, § 127 Rdnr. 27; *Ernst*, Aufhebungsverträge, 1993, S. 23; siehe auch *Oetker*, Das Dauerschuldverhältnis, 1994, S. 454: „prohibitive Kündigungsbeschränkungen".

147 Zur Unterscheidung von rechtlichem und vermögensmäßigem Bestandsschutz vgl. *Jickeli*, Der langfristige Vertrag, 1996, S. 328.

148 KSchR[4]/*Däubler*, Einleitung Rdnr. 377.

in Anspruch genommene Kündigungsrecht gewährt, die dem geltenden Kündigungsschutzrecht, sieht man von der kollektivrechtlichen Abfindung in § 113 BetrVG einmal ab, grundsätzlich fremd ist[149].

(7) Dem Ausschluß oder der Einschränkung von Kündigungsrechten des Arbeitgebers kommt die intensivste Wirkung bei der Verstärkung des gesetzlichen Kündigungsschutzes durch Tarifvertrag zu[150]. Unkündbarkeitsvereinbarungen zeichnen sich durch ihren materiellen Schutzgehalt aus, der die Sachbindung der Kündigung durch eine Reduzierung von Kündigungsgründen erhöht. Das Arbeitsverhältnis erhält eine optimale Verfestigung. Ein Lösungsrecht steht dem Arbeitgeber nur bei Vorliegen eines wichtigen Grundes nach § 626 BGB zur Verfügung. Unkündbarkeitsabreden sind deshalb als Beendigungsverbote zu qualifizieren[151]. Wohl überwiegend wird vertreten, daß der geschützte Arbeitnehmer nur bei einer endgültigen Betriebsstillegung, einer andauernden Arbeitsunfähigkeit aufgrund von Krankheit oder wegen wiederholter Verhaltensstörungen entlassen werden kann[152]. Wieweit der tarifvertragliche Schutz im einzelnen reicht, und ob der Ausschluß des ordentlichen Kündigungsrechts weiteren Schranken unterfällt, ist im einzelnen streitig[153].

4. Kündigungsschutz im Einzelarbeitsvertrag und in Betriebsvereinbarungen

Kündigungsschutzverstärkende Vereinbarungen finden sich außer in Tarifverträgen auch in Einzelarbeitsverträgen und in Betriebsvereinbarungen. Ohne diese wäre ein Überblick über die autonomen Regelungen des Kündigungsschutzes unvollständig.

a) Einzelvertraglicher Kündigungsschutz

Auf der Ebene des Einzelarbeitsvertrags existieren Regelungen über die Beendigung des Arbeitsverhältnisses sowohl in vorformulierten Arbeitsbedingungen als auch in individuellen Vertragsabreden. Sie können die formellen und materiellen Schranken der Arbeitgeberkündigung betreffen.

Durch die Regelung des § 622 Abs. 5 Satz 2 BGB ist ausdrücklich klar gestellt, daß auch eine einzelvertragliche Verlängerung der Kündigungsfristen möglich ist. Der Arbeitnehmer wird durch das Verbot asymmetrischer Kündigungsfristen in § 622 Abs. 6 BGB zudem vor einer zu seinen Lasten wirkenden Ungleichbehandlung geschützt. Gleichzeitig kann dieser Bestimmung der allgemeine Rechtsgrundsatz entnommen werden, daß einseitige Kündigungser-

---

149 Zu § 113 BetrVG vgl. allgemein *Zöllner,* Gutachten D 52. DJT, 1978, S. 145.
150 Siehe *Wank,* Das Recht auf Arbeit, 1980, S. 108.
151 *Löwisch/Rieble,* TVG, § 1 Rdnr. 74.
152 Siehe nur *Gentges,* Prognoseprobleme im Kündigungschutzrecht, 1995, S. 290.
153 Siehe unten §§ 28, 39.

schwernisse zu Lasten des Arbeitnehmers unwirksam sind[154]. Dies gilt vor allem für einen einseitigen Kündigungsausschluß[155].

Kündigungsklauseln in Arbeitsverträgen regeln auch unmittelbar das Kündigungsrecht des Arbeitgebers. Zahlreich anzutreffen sind etwa Fixierungen wichtiger Kündigungsgründe im Sinne des § 626 Abs. 1 BGB, die den Arbeitgeber bei Vorliegen zu einer fristlosen Kündigung berechtigen sollen[156]. In derartigen Vereinbarungen dürfte aber nur selten eine Verbesserung des Kündigungsschutzes für den Arbeitnehmer liegen, weil die Gefahr besteht, daß die von § 626 Abs. 1 BGB zwingend vorgeschriebene Interessenabwägung im Einzelfall umgangen wird. Deswegen bedarf es einer eingehenden Prüfung, ob in der Aufzählung einzelner Kündigungsgründe eine noch zulässige Konkretisierung des wichtigen Grundes liegt[157]. Erwägenswert ist die Überlegung, ob die Vorformulierung des Kündigungsgrundes unter Umständen geeignet ist, die Notwendigkeit einer vorausgehenden Abmahnung zu verneinen[158].

Einzelvertragliche Absprachen können sich auch auf das ordentliche Kündigungsrecht beziehen. Hier sind unterschiedliche Gestaltungsformen möglich[159]. Zunächst wird das ordentliche Kündigungsrecht grundsätzlich durch den Abschluß eines zeitlich oder infolge einer Zweckbestimmung befristeten Arbeitsverhältnisses ausgeschlossen, wenn sich die Parteien nicht ausdrücklich das Recht zur ordentlichen Kündigung vorbehalten[160]. Folge ist ein, wenngleich zeitweiliger, Schutz vor dem Ausspruch ordentlicher Kündigungen. Der Zusage einer Lebens- oder Dauerstellung ist hingegen nicht ohne weiteres zu entnehmen, daß die ordentliche Kündigung zugunsten des Arbeitnehmers ausgeschlossen sein soll[161]. Es kommen abgestufte Schutzzwecke in Betracht, die unter Berücksichtigung der Umstände des Einzelfalls und des Parteiwillens ermittelt

---

154 *LAG Hamm* (Urt. v. 15.3. 1989), DB 1989, S. 1191 (1192); *Kania/Kramer,* RdA 1995, S. 287 (291f.); *Stahlhacke/Preis/Vossen,* Kündigungschutz[7], Rdnr. 373; MünchKomm[3]/*Schwerdtner,* § 622 Rdnr. 96; *Schaub,* § 124 Rdnr. 42; kritisch allerdings *Preis,* Vertragsgestaltung im Arbeitsrecht, 1993, S. 161f.

155 *Kania/Kramer,* RdA 1995, S. 287 (292); *Stahlhacke/Preis/Vossen,* Kündigungsschutz[7], Rdnr. 201.

156 *Preis,* Vertragsgestaltung im Arbeitsrecht, 1993, S. 68.

157 Staudinger[13]/*Preis,* § 626 Rdnr. 45; *Stahlhacke/Preis/Vossen,* Kündigungsschutz[7], Rdnr. 469; GK-KR/*Dörner,* § 626 BGB Rdnr. 15.

158 *Preis,* Vertragsgestaltung im Arbeitsrecht, 1993, S. 68.

159 *Preis/Hamacher,* Festschrift Arbeitsgerichtsbarkeit Rheinland-Pfalz, 1999, S. 245 (247).

160 KR[5]/*Spilger,* § 622 BGB Rdnr. 117; *Stahlhacke/Preis/Vossen,* Kündigungsschutz[7], Rdnr. 204; ErfurtKomm/*Müller-Glöge,* § 622 BGB Rdnr. 111; GK-KR/*Preis,* Grundlagen J. Rdnr. 7.

161 *Hueck/Nipperdey,* Arbeitsrecht Bd. I[7], § 57 IV (S. 566, Fn. 13); Staudinger[13]/*Preis,* § 624 Rdnr. 13; *Stahlhacke/Preis/Vossen,* Kündigungschutz[7], Rdnr. 202; GK-KR/*Preis,* Grundlagen J. Rdnr. 5; *Schaub,* Arbeitsrechthandbuch[9], § 38 Rdnr. 3f; hingegen unterscheiden *Kania/Kramer,* RdA 1995, S. 287 (292) zwischen Lebens- und Dauerstellung; ähnlich KSchR[4]/*Däubler,* Einleitung Rdnr. 388.

werden müssen. Dabei kommt dem beim Erklärungsempfänger erzeugten Vertrauen in eine gesteigerte Kündigungsschutzposition ausschlaggebende Bedeutung bei[162]. Schließlich kann das ordentliche Kündigungsrecht auch ohne daß es einer Befristung oder der Vereinbarung einer Lebensstellung bedarf durch einzelvertragliche Abreden eingeschränkt oder gänzlich ausgeschlossen werden[163]. Am bedeutendsten sind Vertragsklauseln, die dem Arbeitgeber das Recht zur ordentlichen Kündigungsrecht bereits für die Zeit vor Arbeitsantritt versagen[164]. Anzutreffen sind außerdem Vereinbarungen, nach denen der Arbeitnehmer nach Ablauf einer bestimmten Frist nicht mehr ordentlich gekündigt werden kann[165] oder Unkünbarkeitsvereinbarungen, die Anreize für besonders qualifizierte Mitarbeiter bieten sollen[166]. Hingegen ist der Ausschluß der ordentlichen Kündigung zugunsten älterer Arbeitnehmer eine typische Erscheinungsform tarifvertraglicher Kündigungsbeschränkungen, wenngleich auch solche Gestaltungsmöglichkeiten vorkommen können.

Im Gegensatz zum Ausschluß der ordentlichen Kündigung bei unkündbaren Arbeitnehmern setzt die Anwendung des § 624 BGB eine zweiseitige Bindung und eine vertragliche Laufzeit bis zum Tod des Dienstverpflichteten oder für eine längere Zeit als fünf Jahre voraus[167]. Allerdings ist auch in dieser Konstellation für den Arbeitgeber das ordentliche Kündigungsrecht für die Dauer der vertraglichen Bindung ausgeschlossen[168].

Im Arbeitsleben kommt dem einzelvertraglichen Kündigungsschutz insbesondere deshalb eine herausragende Bedeutung zu, weil nicht nur der gesetzliche Schutz verstärkt werden kann, sondern verbessernde Abreden auch gegenüber tarifvertraglichen Kündigungsbestimmungen zulässig sind[169]. Selbst wenn bereits im Tarifvertrag ein besonderer Kündigungsschutz normiert ist, enthält dieser aufgrund des in § 4 Abs. 3 TVG verankerten Günstigkeitsprinzips für die Arbeitsvertragsparteien nur Mindestbedingungen, die lediglich einseitig-zwingend wirken[170]. Dadurch kann ein besonderer einzelvertraglicher Bestandsschutz des Arbeitsverhältnisses geschaffen werden.

---

162 Staudinger[13]/*Preis*, § 624 Rdnr. 14.

163 *Pauly*, ArbuR 1997, S. 94 (95f.); *Stahlhacke/Preis/Vossen*, Kündigungsschutz[7], Rdnr. 201; KR[5]/*Spilger*, § 622 BGB Rdnr. 116, 118; KR[5]/*Etzel*, § 1 KSchG Rdnr. 28; ErfurtKomm/*Müller-Glöge*, § 622 BGB Rdnr. 11; *Löwisch*, KSchG[8], Vorbemerkung zu § 1 Rdnr. 96; MünchArbR/*Berkowsky*, § 129 Rdnr. 37.

164 *Kania/Kramer*, RdA 1995, S. 287 (287, 293f.); siehe etwa *LAG Hamm* (Urt.v. 15.3. 1989), DB 1989, S. 1191; *Berger-Delhey*, DB 1989, S. 380 (380).

165 ErfurtKomm/*Ascheid*, § 1 KSchG Rdnr. 58; *Pauly*, ArbuR 1997, S. 94 (95).

166 *Preis/Hamacher*, Festschrift Arbeitsgerichtsbarkeit Rheinland-Pfalz, 1999, S. 245 (247).

167 Staudinger[13]/*Preis*, § 624 Rdnr. 13.

168 Staudinger[13]/*Preis*, § 624 Rdnr. 26.

169 Siehe auch MünchArbR/*Berkowsky*, § 129 Rdnr. 36.

170 Zur Anwendung des Günstigkeitsprinzips auf Beendigungsnormen *Tech*, Günstigkeitsprinzip, 1987, S. 79f.; *Däubler*, Tarifvertragsrecht[3], Rdnr. 190; *ders.*, ArbuR 1996,

b) Kündigungsbeschränkungen in Betriebsvereinbarungen

Die Arbeitgeberkündigung ist schließlich auch einer Regelung durch Betriebsvereinbarung zugänglich. Praktisch bedeutsam ist dabei vor allem die Festlegung von Richtlinien über die personelle Auswahl bei Kündigungen nach § 95 Abs. 1 BetrVG und die durch § 102 Abs. 6 BetrVG festgeschriebene Möglichkeit, die Kündigung an eine Zustimmung des Betriebsrat zu koppeln[171].

Bei Nichteingreifen der Tarifüblichkeitssperre des § 77 Abs. 3 BetrVG ist grundsätzlich auch die Erweiterung des Kündigungsschutzes durch die Etablierung von materiellen Kündigungsbeschränkungen denkbar[172]. Da derartige Kündigungsschranken in Form von freiwilligen Betriebsvereinbarungen nach § 88 BetrVG vereinbart werden müssen, ist ihre praktische Relevanz aber eher gering[173]. Dafür spricht zudem, daß die ordentliche Kündigung vielfach bereits durch Tarifvertrag ausgeschlossen ist oder üblicherweise ausgeschlossen wird und somit einer Regelung durch Betriebsvereinbarung die Schranke des § 77 Abs. 3 BetrVG entgegensteht[174]. Die Regelung von tarifvertraglichen Kündigungsfristen hindert allerdings nicht den Abschluß von Betriebsvereinbarungen mit Kündigungsausschlüssen, weil Kündigungsfristen und Kündigungssperren unterschiedliche Regelungsgegenstände betreffen und deshalb nicht miteinander vergleichbar sind[175]. Der Tarifvorbehalt greift dann nicht ein. Bedeutung kommt der Unkündbarkeit in Betriebsvereinbarungen in der Praxis in betrieblichen Rationalisierungsabkommen zu, die einen zeitlich limitierten Kündigungsausschluß vorsehen[176].

S. 347 (348); *Kempen/Zachert*, TVG[3], § 4 Rdnr. 166; Wiedemann/*Wiedemann*, TVG[6], § 1 Rdnr. 271.

171 Siehe zum Kündigungsschutz durch Betriebsvereinbarung etwa MünchArbR/*Berkowsky*, § 129 Rdnr. 28ff.; *Schaub*, Arbeitsrechtshandbuch[9], § 123 Rdnr. 88ff.

172 KR[5]/*Spilger*, § 622 BGB Rdnr. 115; GK-KR/*Dörner*, § 1 KSchG Rdnr. 6; *Löwisch*, KSchG[8], Vorbemerkung zu § 1 Rdnr. 93; *Preis*, NZA 1997, S. 1256 (1259); KR[5]/*Etzel*, § 1 KSchG Rdnr. 29; *Herschel*, DB 1960, S. 1215 (1216); andere Auffassung aber MünchArbR/*Berkowsky*, § 129 Rdnr. 34.

173 *Preis*, NZA 1997, S. 1256 (1259).

174 *Kania/Kramer*, RdA 1995, S. 287 (290).

175 KSchR[4]/*Däubler*, Einleitung Rdnr. 384; *Kania/Kramer*, RdA 1995, S. 287 (290).

176 *Kania/Kramer*, RdA 1995, S. 287 (290).

§ 5 Gefahren einer tarifvertraglichen Verstärkung des Kündigungsschutzes

Im Arbeitsleben wird das Arbeitsverhältnis grundsätzlich auf unbestimmte Zeit abgeschlossen[177]. Die Fortdauer des Arbeitsverhältnisses steht dabei jedoch unter dem Vorbehalt der Kündigung durch eine Vertragspartei. Die drohenden Nachteile einer Kündigung können gravierende Auswirkungen haben. Deshalb hat insbesondere der Arbeitnehmer, als der in der Regel sozial schwächere Vertragspartner, ein berechtigtes Interesse an der Perpetuierung seines Arbeitsverhältnisses. Schließen die Tarifpartner die ordentliche Kündigung aus oder koppeln sie die ordentliche Kündigung an lange Kündigungsfristen, so bezwecken sie damit eine dauerhafte und enge Bindung zwischen Arbeitgeber und Arbeitnehmer und tragen den Stabilisierungsinteressen des Arbeitnehmers Rechnung.

Die auf diese Weise geschaffenen langfristigen Vertragsbindungen bergen aber ein erhöhtes Gefahrenpotential in sich[178]. Zunächst gilt es die typischen Risikomomente eines jeden Dauerschuldverhältnisses zu berücksichtigen[179]. Die von den Vertragsparteien bei Abschluß des Arbeitsverhältnisses zugrundegelegten tatsächlichen Bedingungen können sich während der Laufzeit des Vertrags einschneidend ändern. Die Vertragspartner können dadurch in ihren Kontinuitätserwartungen enttäuscht werden. Hinzu tritt die Überlegung, daß das Arbeitsverhältnis ein Minimum an wechselseitig zum Ausdruck gebrachtem Vertrauen voraussetzt[180]. Auch dieses Vertrauen kann im Laufe des Vertragsverhältnisses zerstört werden.

Bei langen Bindungen verstärkt sich die Unvorhersehbarkeit der späteren Entwicklung noch erheblich[181]. Je länger das Vertragsverhältnis andauern soll, desto unsicherer wird eine Prognose über die künftige Entwicklung. Die Voraussetzungen für eine geeignete Entscheidungsgrundlage verschlechtern sich dadurch. Die Folgen treffen zunächst unmittelbar den Arbeitgeber, der in seiner Befugnis zur Kündigung stark eingeschränkt ist und der deshalb sein Auflösungsinteresse nicht mehr gleichermaßen wie im ordentlich kündbaren Arbeitsverhältnis befriedigen kann. Negative Auswirkungen rechtlicher oder faktischer Natur können sich aber auch für den durch die lange Vertragsbindung geschützten Arbeitnehmer sowie für andere im Betrieb beschäftige Arbeitnehmer und für Arbeitssuchende ergeben[182].

---

177 *Schaub*, Arbeitsrechtshandbuch[9], § 38 Rdnr. 1.

178 *Kania/Kramer*, RdA 1995, S. 287 (287, Fn. 3); *Preis*, Vertragsgestaltung im Arbeitsrecht, 1993, S. 31.

179 Dazu allgemein *Hönn*, Kompensation gestörter Vertragparität, 1982, S. 166f.

180 Siehe *Belling*, RdA 1996, S. 223 (229).

181 *Bydlinski*, Zulässigkeit und Schranken langdauernder Vertragsbindungen, 1997, S. 5.

182 Zur Kündigung und Drittinteressen siehe auch *Wank*, RdA 1993, S. 79 (82).

I. Gefahren für die Parteien des Arbeitsvertrages

Tarifvertragliche Kündigungsbeschränkungen regeln in erster Linie die Rechtsbeziehung von tarifgebundenem Arbeitgeber zu tarifgebundenem Arbeitnehmer. Sie gestalten ein zweiseitiges Rechtsverhältnis weiter aus. Durch die tarifvertragliche Verbesserung des gesetzlichen Kündigungsschutzstandards sollen nach dem Willen der tarifschließenden Parteien allein die Kündigungsrechte des Arbeitgebers beschnitten werden. Auf den ersten Blick entfalten Kündigungsverbote daher nachteilige Wirkungen allein für den Arbeitgeber. Er kann sein Interesse an der Beendigung der vertraglichen Bindung nicht mehr durch den Ausspruch einer ordentlichen Kündigung befriedigen. Es entsteht dadurch eine dem gesetzlichen Kündigungsschutz fremde, atypische Bindung. Bei einer eingehenderen Prüfung ergeben sich jedoch Zweifel, ob die rechtlichen Folgen eines Kündigungsausschlusses stets allein zu einer Begünstigung des Arbeitnehmers führen[183].

Im Falle des tarifvertraglichen Ausschlusses der ordentlichen Kündigung verbleibt dem Arbeitgeber lediglich die Möglichkeit, den Arbeitnehmer bei Vorliegen eines wichtigen Grundes zu entlassen. Unkündbarkeitsklauseln verweisen mit dieser Formulierung den Arbeitgeber regelmäßig allein auf das außerordentliche Kündigungsrecht nach § 626 BGB. Nach der ständigen Rechtsprechung des *Bundesarbeitsgerichts* muß eine andere Regelungsabsicht, etwa die Zulassung einer ordentlichen Kündigung unter erschwerenden Voraussetzungen, den tarifvertraglichen Bestimmungen eindeutig zu entnehmen sein. Lehnt sich eine Tarifklausel an den Wortlaut des § 626 BGB an oder enthält sie lediglich die Aussage, ein Arbeitnehmer ist nur bei Vorliegen eines wichtigen Grundes kündbar, so ist danach im Zweifel davon auszugehen, daß diese Begriffe im Sinne des § 626 BGB verwendet worden sind[184]. Ausschlaggebend ist dann der Begriff in seiner allgemeingültigen Bedeutung, wie er auch von der gesetzlichen Regelung gebraucht wird. Danach scheidet auch die Auslegungsvariante aus, nach der mit dieser Formulierung nur die Anforderungen an den ordentlichen Kündigungsgrund verschärft werden sollen[185]. Diese herrschende Auslegungsregel führt dazu, daß der Arbeitgeber das Arbeitsverhältnis nur dann kündigen kann, wenn das weitere Festhalten an den arbeitsvertraglichen Verpflichtungen

---

183 Siehe auch *Schäfer,* BB 1985, S. 1994 (1997).

184 *BAG* (Urt. v. 8.6. 2000), AP Nr. 163 zu § 626 BGB [unter B I 1d der Gründe]; *BAG* (Urt. v. 16.9. 1999), AP Nr. 159 zu § 626 BGB [unter II 2 der Gründe]; *BAG* (Urt. v. 12.9. 1974), EzA Nr. 3 zu § 1 TVG Auslegung [Leitsatz 4]; *BAG* (Urt. v. 29.8. 1991), EzA Nr. 82 zu § 102 BetrVG [unter II 2a der Gründe]; *BAG* (Urt. v. 17.5. 1984), AP Nr. 3 zu § 55 BAT [unter II 2d der Gründe]; *LAG Köln* (Urt. v. 29.4. 1994), DB 1994, S. 2632; zustimmend KR[5]/*Fischermeier,* § 626 BGB Rdnr. 72.

185 So etwa *Güntner,* RdA 1974, S. 153 (160); siehe auch MünchKomm[3]/*Schwerdtner,* § 626 Rdnr. 149; *Frohner,* BlStSozArbR 1977, S. 353; *Winterfeld,* Anm. 2 zu (Urt. v. 29.8. 1991), EzA Nr. 82 zu § 102 BetrVG.

die Grenze der Zumutbarkeit überschreiten würde. Auf unvorhergesehene Änderungen vermag der Arbeitgeber daher nicht mehr flexibel zu reagieren. Er kann das Arbeitsverhältnis nur noch bei Vorliegen extremer Belastungen auflösen[186]. Dies gilt um so mehr als mit der ordentlichen Unkündbarkeit in aller Regel neben dem Ausschluß der Beendigungskündigung auch ein Ausschluß der ordentlichen Änderungskündigung verbunden ist.

Dieser Mangel an Anpassungsmöglichkeiten im Personalbereich kann den Arbeitgeber in seiner wirtschaftlichen Betätigungsfreiheit stark einschränken. Zur Verdeutlichung seien zwei Beispiele angeführt. Es kann infolge von Umsatzrückgang oder Auftragsmangel für die Sicherung eines Unternehmens notwendig werden, einen Betrieb stillzulegen. Gleichfalls kann die Erwartung, der Arbeitnehmer werde auch in Zukunft ein konstantes Arbeitspensum erledigen können, krankheitsbedingt enttäuscht werden. Der in einer Unkündbarkeitsklausel zu Tage tretende Parteiwille führt, zu Ende gedacht, unweigerlich dazu, daß der Arbeitgeber sich von der vertraglichen Verpflichtung zur Lohnfortzahlung auch im Falle einer erfolgten Betriebsstillegung nicht lösen kann, da betriebsbedingte Kündigungsgründe nach der Gesetzessystematik nur eine ordentliche Kündigung rechtfertigen. Entsprechendes gilt auch im Fall der krankheitsbedingten Kündigung. Für den Arbeitgeber würde so ein nicht hinnehmbarer Zustand geschaffen[187]. Die herrschende Auffassung begegnet dieser Gefahr der Aufrechterhaltung eines sinnentleerten Arbeitsverhältnisses, indem sie eine außerordentliche Kündigung aus allen drei der in § 1 Abs. 2 KSchG aufgeführten Kündigungsgründen zuläßt und unter den Begriff des wichtigen Grundes in § 626 Abs. 1 BGB subsumiert. Auf Arbeitgeberseite entstehen dadurch aber kaum beherrschbare Abgrenzungsprobleme hinsichtlich der Frage, wann ein Kündigungssachverhalt den Anforderungen des wichtigen Grundes genügt.

Obwohl tarifvertragliche Kündigungssperren gerade den Zweck verfolgen, den Arbeitnehmer über den gesetzlich vermittelten Kündigungsschutz hinaus zu einer Verfestigung seines Arbeitsplatzes zu verhelfen, kann der Wegfall der ordentlichen Kündigungsmöglichkeit auch zu einer Benachteiligung des Arbeitnehmers führen. Eine streng am Wortlaut haftende Anwendung der jeweiligen Kündigungsklausel, die nur eine Kündigung aus wichtigem Grund zuläßt, kann für den Arbeitnehmer unerträgliche Folgen nach sich ziehen.

Bisher wird in der Literatur besonders auf zwei mögliche Benachteiligungen hingewiesen[188]. Eine Lösung allein über § 626 BGB führt in letzter Konsequenz dazu, daß dem gesicherten Arbeitnehmer auch bei betriebsbedingten Kündigungen nur fristlos gekündigt werden könnte. Ist die Weiterbeschäftigung für den Arbeitgeber unzumutbar, kann er dem Arbeitnehmer ohne Einhaltung einer Kündigungsfrist kündigen. Der vermeintliche Schutzzweck der Kündigungsab-

---

186 Dazu etwa Staudinger[13]/*Preis*, § 626 Rdnr. 5.

187 *Pieper*, NZA 1986, S. 277 (279).

188 Siehe nur Erman[10]/*Belling*, § 626 Rdnr. 87.

rede verkehrt sich dann geradezu in sein Gegenteil. Hinzu tritt das Problem, daß § 626 Abs. 1 BGB das Zumutbarkeitsurteil über die Fortsetzung des Arbeitsverhältnisses in direkte Beziehung zur zukünftigen Bindungsdauer setzt. Danach müßte einem unkündbaren Arbeitnehmer eher außerordentlich gekündigt werden können, als einem ungesicherten Kollegen.

Die Reduzierung der Lösungsmöglichkeit auf § 626 BGB wirft auch noch weitere Probleme auf. Sämtliche sonstige Kündigungsschranken der ordentlichen Kündigung stehen nicht mehr zur Verfügung, weil die ordentliche Kündigung als mildere Maßnahme gegenüber der außerordentlichen Kündigung entfällt. Dies gilt sowohl für die besonderen Beteiligungsrechte des Betriebsrats bei ordentlichen Kündigungen als auch für das spezielle Auswahlverfahren der Sozialauswahl im Rahmen der betriebsbedingten Kündigung.

II. Mögliche Drittbelastungen

1. Belastungen tarifvertraglich ungeschützter Arbeitnehmer

Allerdings erschöpft sich die Wirkung tarifvertraglicher Kündigungsbeschränkungen nicht allein auf das Verhältnis von Arbeitgeber zu Arbeitnehmer. Über ihre Einflußnahme auf das einzelne Arbeitsverhältnis hinaus weisen sie auch einen belastenden Drittbezug auf. Zu einer Interessenkollision kann es einmal mit Arbeitnehmern kommen, die nicht unter den Geltungsbereich des jeweiligen Tarifvertrags fallen oder die Voraussetzungen des Sonderkündigungsschutzes noch nicht erfüllen. Dies gilt zunächst für die Reduzierung der Kündigungsmöglichkeiten des Arbeitgebers bei einer betriebsbedingten Kündigung. Stehen die tarifvertraglich geschützten Arbeitnehmer für eine ordentliche Kündigung nicht mehr zur Verfügung vergrößert sich die Chance, daß außenstehende Arbeitnehmer von einer Kündigung betroffen werden. Dadurch wird die von § 1 Abs. 3 KSchG grundsätzlich geschützte Verbleibechance aller vergleichbaren Arbeitnehmer eines Betriebs zulasten der letzten Gruppe verringert.

Neuerdings ist zu Recht darauf aufmerksam gemacht worden, daß auch durch den Ausschluß verhaltens- oder personenbedingter Kündigungsgründe eine belastende Drittwirkung erzeugt werden kann[189]. Dies gilt zum Beispiel für die dem Arbeitgeber durch § 2 Abs. 1 BeschäftigtenschutzG auferlegte Schutzpflicht[190], Beschäftigte vor sexuellen Belästigungen am Arbeitsplatz zu schützen. Die in § 4 Abs. 1 Nr.1 BeschäftigtenschutzG genannte, einschneidendste arbeitsrechtliche Maßnahme, der Ausspruch einer Kündigung gegenüber dem störenden Arbeitnehmer, kann nicht etwa durch das tarifliche Kündigungsverbot

---

189 *Neuner*, Anm. IV 2 zu *BAG* (Urt. v. 17.9.1998), EzA Nr. 3 zu § 626 BGB Unkündbarkeit.

190 Siehe *Schaub*, Arbeitsrechtshandbuch[9], § 166 Rdnr. 44; ErfurtKomm/*Schlachter*, § 2 BeschäftigtenschutzG Rdnr. 1.

unterlaufen werden. Diese Reaktionsmöglichkeit muß trotz der durch den Ausschluß des ordentlichen Kündigungsrechts geschaffenen erhöhten Anforderungen an eine verhaltensbedingte Kündigung erhalten bleiben. Hier kann der oder die Diskriminierte nicht darauf verwiesen werden, daß nur in schweren Fällen eine außerordentliche Kündigung möglich ist[191]. Entsprechendes gilt auch für das Entlassungsverlangen des Betriebsrats bei einer ernstlichen Störung des Betriebsfriedens im Sinne des § 104 BetrVG. Obwohl hier der Verurteilung des Arbeitgebers zum Ausspruch einer außerordentlichen Kündigung die Ausschlußfrist des § 626 Abs. 2 BGB entgegensteht[192], darf das tarifvertragliche Kündigungsverbot nicht dazu führen, daß eine Entfernung des den Betriebsfrieden störenden Arbeitnehmers unmöglich gemacht wird. In dieser Situation muß auch eine ordentliche Kündigung möglich sein. Ähnliche Überlegungen sind anzustellen, wenn etwa personenbedingte Kündigungen unkündbarer Arbeitnehmer wegen einer Infektionsgefahr der übrigen Arbeitnehmer zu beurteilen sind. Hier darf die dem Arbeitgeber durch § 618 BGB auferlegte, unabdingbare (§ 619 BGB) Fürsorgepflicht nicht durch eine Berufung auf die tarifvertragliche Kündigungssperre ausgehebelt werden. Diese Lastwirkungen in bezug auf nichtprivilegierte Arbeitnehmer sind deshalb zwingend bei der Bestimmung der Reichweite des tarifvertraglichen Sonderkündigungsschutzes zu beachten.

2. Belastung Arbeitssuchender

Nicht übersehen werden darf zudem, daß bereits durch den gesetzlichen Bestandsschutz die Arbeitsmarktchancen von außenstehenden Arbeitnehmer, die keinen Arbeitsplatz innehaben, erheblich eingeschränkt werden. In wettbewerbsrechtlicher Hinsicht entfaltet der Kündigungsschutz eine halbseitige, das heißt eine nur zugunsten des Arbeitnehmers zwingende Ausschließlichkeitsbindung[193]. Der gesetzliche Bestandsschutz impliziert dadurch eine Sperrwirkung[194] und damit eine Marktzutrittsschranke zu Lasten Arbeitsloser[195].

Es dürfte gesicherter ökonomischer Erkenntnis entsprechen, daß ein verstärkter Kündigungsschutz negative Auswirkungen auf das Einstellungsverhalten des

---

191 Zu den Voraussetzungen der außerordentlichen Kündigung in diesen Fällen etwa HeidelbergKomm[3]/*Dorndorf*, § 1 Rdnr. 833; *Schaub*, Arbeitsrechtshandbuch[9], § 166 Rdnr. 45.

192 GK-BetrVG[6]/*Kraft*, § 104 Rdnr. 17; ErfurtKomm/*Hanau/Kania*, § 104 BetrVG Rdnr. 5; *Fitting/Kaiser/Heither/Engels*, BetrVG[20], § 104 Rdnr. 15; anders aber KR[5]/*Etzel*, § 104 BetrVG Rdnr. 46, der die zweiwöchige Frist ab Rechtskraft der gerichtlichen Auflage erneut zu laufen lassen beginnt.

193 *Rieble*, Arbeitsmarkt und Wettbewerb, 1996, Rdnr. 1020ff.; siehe auch *Oetker*, Das Dauerschuldverhältnis, 1994, S. 31f.

194 *Lieb*, Festschrift f. Hilger/Stumpf, 1983, S. 409 (423f.).

195 Siehe *Oetker*, RdA 1997, S. 9 (20); allgemein *ders.*, Das Dauerschuldverhältnis, 1994, S. 514ff.

Arbeitgebers ausübt[196]. Unterschiedlich wird allein die Frage beantwortet, ob und gegebenenfalls inwieweit daraus Rückschlüsse auf Inhalt und Umfang des Kündigungsschutzes, insbesondere auch in seiner Ausformung durch die Rechtsprechung, gezogen werden müssen[197]. Ein über den gesetzlichen Schutzstandard hinausgreifender tarifvertraglicher Bestandsschutz birgt die Gefahr, daß diese externen Effekte noch weiter verstärkt werden. Tarifvertraglichen Schutznormen können daher unerwünschte Nebenfolgen in bezug auf die Verteilungsgerechtigkeit hinsichtlich der vorhandenen Arbeitsplätze nicht abgesprochen werden[198].

Besonders deutlich wird dies bei den speziellen Kündigungsschutzklauseln zugunsten älterer Arbeitnehmer. Derartige Alterssicherungsbestimmungen führen einerseits zu einer weitgehenden Verfestigung der Arbeitsverhältnisse langjährig Beschäftigter. Andererseits schwinden die Vermittlungschancen älterer, arbeitssuchender Arbeitnehmer oder auch die Einstellungsmöglichkeiten jüngerer, oft leistungsfähigerer Arbeitnehmer[199]. Es ist folgerichtig daraufhin gewiesen worden, daß gerade die Schutznormen zur Alterssicherung zu einer Form der Zweiklassengesellschaft innerhalb der Beschäftigungsgruppe der älterer Arbeitnehmer führen können[200].

Ob diese Konträrfolgen[201] eines verstärkten Bestandsschutzes unmittelbar die Regelungsbefugnis der Tarifvertragsparteien zu einer Erweiterung des gesetzlichen Kündigungsschutzes hemmend beeinflussen, kann an dieser Stelle nicht weiter verfolgt werden. Dennoch sollten bei der Beschäftigung mit der Reichweite des tarifvertraglichen Bestandsschutzes diese nachteilhaften Folgen für Außenstehende nicht außer Acht gelassen werden. Mögen sie auch nicht als ein Hauptkriterium gegen einen erweiterten Kündigungsschutz ins Feld geführt werden, so können sie zumindest als flankierendes Argument bei der Behandlung offener Wertungsfragen von Bedeutung sein.

---

196 *Rieble,* Arbeitsmarkt und Wettbewerb, 1996, Rdnr. 1083; *Zöllner,* Gutachten D, 52. DJT, 1978, S. 118; *ders.,* JuS 1988, S. 329 (336); *Hanau,* Deregulierung des Arbeitsrechts, 1997, S. 6f.; *Schwerdtner,* ZfA 1977, S. 47 (77); *Löwisch,* KSchG[8], Vorbemerkung zu § 1 Rdnr. 3; *Franz/Rüthers,* RdA 1999, S. 32 (35f.); anderer Auffassung *Däubler,* Bestandsschutz und Beschäftigung, 1999, S. 13 (22ff.).

197 Bejahend insbesondere *Reuter,* 25 Jahre BAG, 1979, S. 405 (419ff.); *ders.,* ORDO Bd. 33 (1982), S. 165 (189ff.); *Schwerdtner,* ZfA 1977, S. 47 (78ff.).

198 *Gaul/Eschler/Bohner,* Aktuelle Aspekte des Arbeitsrecht, 1987, 1987, S. 3 (14); *Schlemmer,* Festschrift f. Molitor, 1988, S. 309 (318f.); *Weismann,* Das Arbeitsrecht im Spannungsverhältnis zwischen Arbeitsplatzbesitzern und Arbeitslosen, 1988, S. 302; *Wank,* Arbeiter und Angestellte, 1992, S. 127f.; *Dichmann,* in: Wandel der Arbeitswelt, 1988, S. 228 (245); *Wiedemann,* 25 Jahre BAG, 1979, S. 635 (639f.).

199 *Rüthers,* Festschrift f. E. Wolf, 1985, S. 565 (576); *Wank,* Arbeiter und Angestellte, 1992, S. 128.

200 *Schellhaaß,* ZfA 1984, S. 139 (161).

201 Siehe dazu *Wank,* Das Recht auf Arbeit, 1980, S. 82.

§ 6 Zusammenfassung zum 1. Teil

1. Von einem Prinzip der Kündigungsfreiheit läßt sich im Bereich von Arbeitsverhältnissen nicht mehr sprechen. Das arbeitgeberseitige Recht der Kündigung ist vielmehr ein durch den Kündigungsschutz gebundenes Recht. Schutz vor oder bei Kündigungen wird in erster Linie durch eine Vielzahl gesetzlichen Bestimmungen erreicht, die man unter dem Begriff der gesetzlichen Kündigungsbeschränkungen zusammenfassen kann. Neben dem gesetzlichen Kündigungsschutz, der von seiner Regelungskonzeption als eine Art Minimalschutz ausgewiesen ist, besteht grundsätzlich die Möglichkeit, durch tarifvertragliche Regelungen die Geltung eines weitreichenderen Kündigungsschutzes zu etablieren.
2. Den wirklichen positiven Bestand an Kündigungsschutz eines konkreten Arbeitsverhältnisses kann man nicht ohne Beachtung der tarifvertraglichen Normen ermitteln, denen in der Rechtswirklichkeit besonderes Gewicht zukommt. Der kündigungsschutzrechtliche Bestandsschutz eines Arbeitsverhältnisses ist daher das Ergebnis des Ineinandergreifens von gesetzlichem und tarifvertraglichem Kündigungsschutz.
3. Neben tarifvertraglichen Unkündbarkeitsklauseln stehen den Tarifpartnern eine ganze Reihe von weiteren Möglichkeiten der Verstärkung des Kündigungsschutzes durch tarifvertragliche Regelungen zur Verfügung. Vergleichbar dem gesetzlichen Regelungssystem lassen sich Abstufungen in der Beschränkungsintensität des arbeitgeberseitigen Kündigungsrechts durch Tarifvertrag feststellen. In Anlehnung an die gebräuchliche Unterteilung des gesetzlichen Schutzinstrumentariums kann man tarifvertragliche Kündigungsbeschränkungen in solche mit formellem und materiellem Regelungsgehalt unterteilen. Hinsichtlich der personellen Ausrichtung existiert ein allgemeiner und ein besonderer tarifvertraglicher Kündigungsschutz.
4. Formelle tarifvertragliche Kündigungsbeschränkungen finden sich in Tarifnormen, die etwa die Form der Kündigung, Kündigungsfristen, Kündigungstermine und Regelungen der Sozialauswahl zum Regelungsgegenstand haben. Materielle tarifvertragliche Kündigungsbeschränkungen beinhalten einen partiellen oder vollständigen Ausschluß des ordentlichen Arbeitgeberkündigungsrechts und beziehen sich in der Tarifpraxis auch auf das Recht zur außerordentlichen Kündigung. Nach dem Willen der Tarifvertragsparteien soll das Arbeitverhältnis dadurch eine zusätzliche Stabilisierung erfahren.
5. Durch die Verwendung von Kündigungsschutzklauseln, die dem arbeitgeberseitigen Kündigungsrecht direkte Grenzen setzten, wird ein besonderer Kündigungsschutz zugunsten der tarifgebundenen Arbeitnehmer geschaffen. Man kann von einem tarifvertraglichen Sonderkündigungsschutz

oder einem besonderen tarifvertraglichen Kündigungsschutz sprechen. Durch diesen werden bestimmte, von den Tarifvertragsparteien als schützenswert erachtete, Arbeitnehmergruppen gegenüber der gesetzlichen Normallage des KSchG privilegiert. Die übrigen tarifvertraglichen Kündigungsregelungen statuieren hingegen einen allgemeinen tarifvertraglichen Kündigungsschutz, der grundsätzlich allen tarifgebundenen Arbeitnehmern zugute kommt.

6. Die durch den Ausschluß des arbeitgeberseitigen ordentlichen Kündigungsrechts errichteten langfristigen Vertragsbindungen weisen ein erhöhtes Gefahrenpotential auf. Dies gilt nicht nur für die am Arbeitsverhältnis unmittelbar beteiligten Vertragsparteien. Kündigungsausschlüsse können auch Auswirkungen auf die Rechtsstellung tarifvertraglich nicht abgesicherter Arbeitnehmer haben. Unkündbarkeitsvereinbarungen dürfen nicht in die unabdingbaren Rechtspositionen Dritter eingreifen. Daneben weisen Unkündbarkeitsabreden auch externe Effekte auf. Sie beeinflussen die Verteilungsgerechtigkeit der vorhandenen Arbeitsplätze zu Lasten der Arbeitssuchenden.

2. Teil: Geschichtliche Entwicklung und Erscheinungsformen von tarifvertraglichen Unkündbarkeitsklauseln

Die überwiegende Mehrheit der geltenden Tarifverträge beinhalten einen Ausschluß des ordentlichen Kündigungsrechts bei Vorliegen bestimmter Voraussetzungen[1]. Bei Unkündbarkeitsklauseln handelt es sich jedoch um kein tarifvertragliches Novum. Tarifliche Regelungen der ordentlichen Arbeitgeberkündigung sind nicht etwa Erfindungen moderner und moderater Tarifabschlüsse[2]. Es handelt sich vielmehr um eine gewachsene Rechtsfigur mit langer rechtsgeschichtlicher Tradition, deren Wurzeln bis in die Zeit um 1920 zurückreichen. Die wesentlichen Grundzüge dieser Entwicklung, die zu einem heute in vielen Tarifverträgen anzutreffenden Instrumentarium geführt haben, sollen hier nachgezeichnet werden. In dem sich anschließenden Abschnitt werden dann die verschiedenartigen Unkündbarkeitsklauseln, die in den unterschiedlichen Tarifverträgen des öffentlichen Dienstes und der Privatwirtschaft anzutreffen sind, einer inhaltlichen Systematisierung unterworfen.

§ 7 Geschichtliche Entwicklung

Neben den Kündigungsfristen gehört die Unkündbarkeit zum zentralen Regelungsbereich tarifvertraglicher Tätigkeit[3]. Die rechtshistorische Entwicklung[4], die zu einer Herausbildung von Unkündbarkeitsvereinbarungen in Tarifverträgen geführt hat, erfolgte in zwei grundsätzlich getrennten Stufen. Eine Vorreiterstellung nahm dabei das öffentliche Dienstrecht ein, das den Ausbau des tarifvertraglichen Kündigungsschutzrechts maßgeblich vorangetrieben hat[5]. Seit Beginn der zwanziger Jahre lassen sich in den einschlägigen Tarifverträgen der

---

1 Wiedemann/*Wiedemann*, TVG[6], § 1 Rdnr. 534, 537; *Stahlhacke/Preis/Vossen*, Kündigungsschutz[7], Rdnr. 207; *Hueck/v.Hoyningen-Huene*, KSchG[12], § 1 Rdnr. 9; *Zöllner/Loritz*, Arbeitsrecht[5], § 22 II 4 (S. 280); *Gajewski*, Aktuelle Aspekte des Arbeitsrechts, 1987, S. 311 (339); *Thannheiser*, AiB 1998, S. 601; *Preis/Hamacher*, Festschrift Arbeitsgerichtsbarkeit Rheinland-Pfalz, 1999, S. 245 (247), GK-KR/*Preis*, Grundlagen J. Rdnr. 10.

2 Insofern unzutreffend *Wiedemann*, 25 Jahre BAG, 1979, S. 635 (639).

3 KSchR[4]/*Däubler*, § 113 InsO Rdnr. 31.

4 Die bis heute wohl umfassendste Darstellung zur Entwicklungsgeschichte von Unkündbarkeitsklauseln und ihren Vorläufern findet sich bei *Weng*, Kündigung von Arbeitsverhältnissen mit langer Bindung, 1980, S. 6ff.; einen knappen Überblick zur Entwicklung im öffentlichen Dienst geben *Scheuring*, Anm. 2 zu *BAG* (Urt. v. 17.5. 1984), AP Nr. 3 zu § 55 BAT und *Clemens/Scheuring/Steingen/Wiese*, BAT, Vorbemerkung zu Abschnitt XII, Erl. II 1.

5 *Conze*, ZTR, 1987, S. 99; *Schwerdtner*, ZfA 1977, S. 47 (74).

Angestellten und Arbeiter des öffentlichen Dienstes Bestimmungen finden, die das arbeitgeberseitige Recht zu ordentlichen Kündigung betreffen[6]. Sie beanspruchen ihren Platz unter den „traditionellen Besonderheiten" des Rechts des öffentlichen Dienstes[7]. Der daraus entstandene Begriff des Dauerangestellten[8] ist für die gesamte weitere Entwicklung prägend geworden. Bereits vor der Kodifizierung des KSchG im Jahre 1951 wurde in den einschlägigen Bestimmungen das ordentliche Kündigungsrecht entweder sachlich gebunden oder gänzlich ausgeschlossen. Seit dem Ende der sechziger Jahre folgte dann nach dem Vorbild der Dienstrechtsstruktur im öffentlichen Dienst die Etablierung spezifischer Regelungen in den Tarifverträgen der privaten Wirtschaft. Es erscheint daher geboten, die Entwicklung des Rechts der Unkündbarkeit in zwei getrennten Abschnitten zu untersuchen.

I. Entwicklung der Unkündbarkeit im öffentlichen Dienst

1. Der Ausgangspunkt: Angleichung des Bestandsschutzes von Arbeitnehmern an die Lebenszeitstellung der Beamten

Seit jeher sind verbessernde Kündigungsbestimmungen fester Bestandteil von tarifvertraglichen Regelungen im Sektor des öffentlichen Dienstes. In ihnen lassen sich etwa Bestimmungen über die bei einer Kündigung einzuhaltende Form, über verlängerte Kündigungsfristen und auch über den teilweisen oder gänzlichen Ausschluß von Kündigungsgründen finden. Durch derartige Bestimmungen ist der Gedanke einer besonderen Arbeitsplatzsicherheit in die Tarifverträge eingeflossen. Die Intensität mit der dies geschehen ist, geht weit über den Bestandsschutz des traditionellen Arbeitsrechts hinaus[9]. Um diese Sonderstellung erklären zu können, ist es notwendig, die gewachsenen Eigentümlichkeiten des öffentlichen Dienstes herauszustellen, die zu einer grundlegenden Unterscheidung zum Recht der privaten Wirtschaft geführt haben.

Das öffentliche Dienstrecht unterschied sich in seinen Anfängen in erster Linie durch das Fehlen einer mit der Privatwirtschaft vergleichbaren Wettbewerbssituation. Man war in sehr viel geringerem Maße darauf angewiesen, auf wechselnde Marktverhältnisse flexibel reagieren zu können. Zudem bestand bei der Erfüllung öffentlicher Aufgaben kaum ein Konkurrenzverhältnis zu privaten

---

6 *Weller*, RdA 1986, S. 222 (229, Fn. 75); *Wendeling-Schröder*, Festschrift f. Kehrmann, 1997, S. 321 (322).

7 *Wendeling-Schröder*, Festschrift f. Kehrmann, 1997, S. 321f.; *Wiedemann/Stumpf*, TVG[5], § 1 Rdnr. 8.

8 Siehe *Schaub*, Arbeitsrechtshandbuch § 38 Rdnr. 10; *Molitor*, Die Kündigung[2], S. 190.

9 *Clemens/Scheuring/Steingen/Wiese*, BAT, Vorbemerkung zu Abschnitt XII, Erl. II 1; *Däubler*, Das Arbeitsrecht 2[11], Rdnr. 1784; siehe auch PK-BAT/*Schmalz*, § 53 Rdnr. 35.

Anbietern[10]. In der Zeit der Weimarer Republik kam es zu einer beträchtlichen Ausdehnung der Staatsaufgaben, vor allem im Bereich der Daseinsvorsorge[11], und zu einem dadurch bedingten erhöhten Personalbedarf. Die Folge war ein Anwachsen der Beschäftigungszahl von Arbeitern und Angestellten im öffentlichen Dienst[12]. Aufgrund der Aufgabenvielfalt und des großen Bedarfs an Bediensteten war das Bedürfnis nach Anpassung des Personalbedarfs an die Auftragslage folglich nicht in dem Maße ausgeprägt, wie dies im Bereich der privaten Wirtschaft der Fall gewesen ist.

Hinzu kommt, daß das Arbeitsverhältnis der Arbeiter und Angestellten des öffentlichen Dienstes seit seinen Anfängen mit dem Beamtenverhältnis aufs engste verknüpft ist. Arbeitnehmer und Beamten bilden im öffentlichen Dienst seit jeher einen einheitlichen Personalkörper und erledigen anfallende Aufgaben arbeitsteilig[13]. Sie arbeiten gemeinsam „unter dem Dach des öffentlichen Dienstes"[14] und führen oftmals gleiche oder ähnliche Tätigkeiten aus. Diese rein tatsächliche Annäherung hat sehr bald zu der Forderung nach einer rechtlichen Angleichung von Arbeitnehmern und Beamten geführt. Das Beamtenrecht hat daher das Recht der öffentlichen Arbeitnehmer von Beginn an stark beeinflußt, wobei aber auch das Recht des öffentlichen Dienstes auf die Rechtsstellung der Beamten zurückgewirkt hat, so daß sich von einer wechselseitigen Beeinflussung sprechen läßt[15]. Dabei ist die Tendenz erkennbar, die jeweils günstigere tarifrechtliche beziehungsweise gesetzliche Regelung nach dem Grundsatz der Meistbegünstigung für das Rechtsverhältnis der anderen Beschäftigungsgruppe zu übernehmen[16]. So erfolgte eine schrittweise Annäherung von Beamtenrecht und des Rechts der Tarifkräfte. Diese begann bereits mit der Einführung des Reichsangestelltentarifvertrags (RAT) vom 2. Mai 1924[17], der eine Reihe von beamtenrechtlichen Grundsätzen sinngemäß übernommen hat[18].

Durch die Verankerung des Lebenszeitprinzips ist im Beamtenrecht traditionell vor allem der Schutz vor Entlassungen besonders stark ausgeprägt. Diesen Grundsatz wollte man sinngemäß auf die Arbeitsverhältnisse des öffentlichen Dienstes übertragen und damit auch den Arbeitnehmern eine dem Beamtenstatus entsprechende Sicherung des Arbeitsverhältnisses garantieren. Genau wie

---

10 Dazu aus neuerer Sicht etwa *Schwerdtner*, ZfA 1977, S. 47 (76).

11 *Minz/Conze*, ZTR 1995, S. 243; siehe auch *Hofmann*, ZTR 1992, S. 54 (55).

12 *Däubler*, Das Arbeitsrecht 2[11], Rdnr. 1719.

13 *Otto*, Das Recht der Angestellten und Arbeiter im Öffentlicher Dienst[6], S. 100; *Wacke*, Öffentliches Dienstrecht, 1939, S. 10; *Hueck/Nipperdey*, Arbeitsrecht Bd. I[7], § 13 I (S. 80); *Schaub*, Arbeitsrechtshandbuch[9], § 38 Rdnr. 5.

14 *Minz/Conze*, ZTR 1995, S. 243 (244).

15 *Minz/Conze*, ZTR 1995, S. 243.

16 *Kröger*, NJW 1975, S. 953; siehe auch *Schaub*, Arbeitsrechtshandbuch[9], § 38 Rdnr. 5: „(...) eine dem Beamtenrecht angenäherte Betrachtungsweise".

17 Reichsbesoldungsblatt 1924, Nr. 881, S. 113ff.

18 *Jung*, Die Zweispurigkeit des öffentlichen Dienstes, 1971, S. 45.

die Beamten sollten auch die Arbeitnehmer in den Genuß einer weitestgehend gesicherten Rechtsposition kommen[19]. Die Folge war die Etablierung von speziellen Kündigungsvorschriften in allen einschlägigen Tarifverträgen des öffentlichen Dienstes. Bezeichnend ist dabei, daß die Tarifwerke des öffentlichen Dienstes mit der Etablierung des Tarifvertragssystems besonders eng verbunden sind. In nahezu allen Entwicklungsstufen, die das Tarifvertragssystem seit der Zeit um 1918 genommen hat, lassen sich Regelungen von Kündigungsbeschränkungen zugunsten der Beschäftigten im öffentlichen Dienst finden.

2. Stufen der Entwicklung im öffentlichen Dienst

a) Der Kündigungsschutz im Reichsangestelltentarifvertrag

Tarifverträge haben im öffentlichen Dienst bis zum Ende des Ersten Weltkriegs eine eher untergeordnete Rolle gespielt. Der Grund lag in der grundsätzlichen Ablehnung des Dienstherrn begründet, Gewerkschaftsmitglieder einzustellen.[20] Jedoch setzte sich in der Weimarer Republik der Tarifvertragsgedanke zunehmend durch. Zudem wurde der Tarifvertrag, der bis dahin als unbenannter Schuldvertrag noch weitgehend nach den schuldrechtlichen Bestimmungen des BGB behandelt worden war[21], in Form der am 23. Dezember 1918 erlassenen Verordnung über Tarifverträge, Arbeiter- und Angestelltenausschüsse und Schlichtung von Arbeitsstreitigkeiten (TVVO)[22], erstmals auf eine gesetzliche Grundlage gestellt. Vor diesem Hintergrund zeichnete sich eine Änderung der Bedeutung der Tarifverträge für den öffentlichen Dienst mit dem Erlaß größerer Tarifwerke seit dem Jahre 1920 ab[23]. Aus kündigungsschutzrechtlicher Sicht ist insbesondere der Reichsangestelltentarifvertrag (RAT) vom 2. Mai 1924 erwähnenswert. Dieser enthielt neben ausführlichen Regelungen der Kündigungsfristen auch einen Schutz vor willkürlichen Entlassungen. Die einschlägige Vorschrift des § 43 Abs. 2 RAT lautete:

> „Nach einer ununterbrochenen Dienstzeit von 10 Jahren darf eine Kündigung nur bei Vorhandensein eines wichtigen Grundes erfolgen, der sowohl in der Person des Angestellten wie in den Verhältnissen der Verwaltung liegen kann; als solcher gilt insbesondere Wegfall oder erhebliche Einschränkung der dienstlichen Aufgaben oder der zu ihrer Erfüllung im Haushaltsgesetz bewilligten Mittel."

---

19 Siehe etwa *Weng*, Kündigung von Arbeitsverhältnissen mit langer Bindung, 1980, S. 11.

20 *Otto*, Das Recht der Angestellten und Arbeiter im Öffentlicher Dienst[6], S. 29.

21 *Wiedemann/Stumpf*, TVG[5], § 1 Rdnr. 1.

22 RGBl. 1919, S. 446ff.; TVVO stellt die übliche Abkürzung dar, siehe *Dreschers*, Entwicklung des Rechts des Tarifvertrags, 1994, S. 75.

23 Zu erwähnen sind die beiden bedeutenden Tarifverträge für das Deutsche Reich und Preußen vom 4. 6. und 6.11. 1920, vgl. *Otto*, Das Recht der Angestellten und Arbeiter im Öffentlicher Dienst[6], S. 29.

Die Formulierung „wichtiger Grund" läßt an den Kündigungsgrund der außerordentlichen Kündigung in § 626 Abs. 1 BGB denken. Danach wäre in § 43 Abs. 2 RAT ein außerordentliches Kündigungsrecht normiert worden, das das gesetzliche Recht zur fristlosen Kündigung hinsichtlich der Kündigungsgründe konkretisiert. Jedoch ergibt sich ein anderes Bild aus einer systematischen Betrachtung unter Einbeziehung der Vorschrift des § 45 RAT. Diese bestimmte in bezug auf die fristlose Kündigung:

„Das Recht zur fristlosen Entlassung aus einem wichtigen Grunde nach den geltenden gesetzlichen Bestimmungen wird durch § 43 nicht berührt."

Aus der Zusammenschau der beiden Vorschriften wird deutlich, daß es sich bei dem Kündigungsverbot des § 43 Abs. 2 RAT um die Verankerung von Kündigungsgründen handelt, die vom heutigen dogmatischen Verständnis her als ordentliche Kündigungsgründe zu qualifizieren wären. Insoweit ist hier ein an Kündigungsgründe gebundenes ordentliches Kündigungsrecht normiert, das starke Ähnlichkeiten mit dem Kündigungsrecht in § 1 Abs. 2 KSchG aufweist. Die Kündigungsgründe können sowohl in der Person des Angestellten, als auch in Verhältnissen der Verwaltung liegen. Eine Unkündbarkeitsklausel nach der heutigen Begriffsbestimmung, die den gänzlichen Ausschluß der ordentlichen Kündigung meint, liegt insoweit nicht vor. Nicht zu verkennen ist jedoch, daß durch die Etablierung besonderer Kündigungsgründe die sonst nur an Kündigungsfristen gebundene ordentliche Kündigung beschränkt wird. Lagen die in § 42 Abs. 2 RAT aufgeführten Gründe nicht vor, so konnte nicht ordentlich gekündigt werden. Eine Kündigung, losgelöst von einem sie rechtfertigenden Grund, war nicht mehr möglich. Im Bereich der ungebundenen ordentlichen Kündigung genoß der Angestellte daher in der Tat Unkündbarkeit. Im gegenüber konnte keine ordentliche Kündigung ausgesprochen werden, die nur an die formale Schranke einer Kündigungsfrist gebunden war. Der RAT beseitigte für die geschützten Arbeitnehmer deshalb die ordentliche ungebundene Kündigung. *Scheuring* erblickt daher in § 43 Abs. 2 RAT eine „grundsätzliche Sicherung" der Arbeitsverhältnisse für die Zeit bis zum Ausscheiden aus dem Beschäftigungsverhältnis durch das Erreichen der Altersgrenze[24]. Insoweit ist es durchaus folgerichtig, § 43 Abs. 2 RAT als den Ausgangspunkt für die Entwicklung von Unkündbarkeitsklauseln anzusehen[25]. Hinsichtlich des Rechts zur außerordentlichen Kündigung enthielt § 45 RAT noch eine weitere erwähnenswerte Vorschrift. Diese bestimmte:

„Das Recht zur fristlosen Entlassung erlischt mit dem Ablauf des 7. Tages von dem Tage ab, an dem die für die Entlassung zuständige Dienststelle Kenntnis von dem Entlassungsgrund erlangt hat."

---

24 *Scheuring*, Anm. 2 zu *BAG* (Urt. v. 3.7.1996) AP Nr. 3 zu § 55 BAT.

25 So *Conze*, ZTR, 1987, S. 99; siehe auch *Wendeling-Schröder*, Festschrift f. Kehrmann, 1997, S. 321 (322).

Hier ist ein Verwirkungstatbestand positiviert worden, den man als einen frühen Vorläufer der heutigen gesetzlichen Bestimmung des § 626 Abs. 2 BGB ansehen kann. Insofern leistete das öffentliche Dienstrecht auch hier Schrittmacherdienste für die später, durch das Arbeitrechtsbereinigungsgesetz[26] geschaffene gesetzliche Regelung.

b) Die Unkündbarkeit in den Tarifordnungen des öffentlichen Dienstes

Nach der Machtergreifung durch die Nationalsozialisten am 30. Januar 1933[27] wurde das junge Tarifvertragswesen sehr schnell wieder beseitigt[28]. Am 2. Mai 1933 wurden Gewerkschaften und Arbeitgeberverbände durch die neuen Machthaber aufgelöst[29]. Damit fielen die bisherigen Träger des Tarifvertrages weg. Die Verbände wurden ersetzt durch staatliche Stellen, in Form der sogenannten Treuhänder der Arbeit, die die Aufgaben der Koalitionen übernahmen und treuhänderisch weiterführten[30]. Der Tarifvertrag wurde abgelöst durch das Instrument der Tarifordnung. Die Tarifordnung hatte nicht mehr den Charakter einer autonomen Rechtssetzung der Tarifvertragsparteien. Sie wurde einseitig von dem zuständigen Treuhänder der Arbeit erlassen und war somit Rechtssetzung der Exekutiven in Form einer Rechtsverordnung[31].

Am 1. April 1938 traten, erlassen durch den Reichshänder[32] für den öffentlichen Dienst, die drei großen Tarifordnungen für den öffentlichen Dienst, die allgemeine Tarifordnung für Arbeiter und Angestellte (ATO), die Tarifordnung für Angestellte (TO.A) und die Tarifordnung für Arbeiter (TO.B) in Kraft[33]. In ihnen sind die Arbeitsbedingungen der Arbeitnehmer des öffentlichen Dienstes, also das materielle öffentliche Dienstrecht[34], erstmals einer einheitlichen Regelung zugeführt worden[35]. Der Gedanke eines speziellen Kündigungsschutzes ist in der TO.A und der TO.B über die Regelungen des § 43 Abs. 2 RAT hinaus

---

26 Vom 1.9. 1969, BGBl. I S. 1106ff.

27 Vgl. *Hattenhauer*, Geistesgeschichtliche Grundlagen des deutschen Rechts[4], Rdnr. 666.

28 Wiedemann/*Oetker*, TVG[6], Geschichte Rdnr. 15.

29 *Hueck/Nipperdey*, Arbeitsrecht Bd. II/1[7], § 7 IV (S. 119f.), § 13 III (S. 219); *Dreschers*, Entwicklung des Rechts des Tarifvertrags, 1994, S. 91.

30 Wiedemann/*Oetker*, TVG[6], Geschichte Rdnr. 16; zum Treuhändergesetz etwa *Richardi*, Festschrift f. Dieterich, 1999, S. 497.

31 Dies ergibt sich aus § 18 des Gesetzes zur Ordnung der Arbeit in öffentlichen Verwaltungen und Betrieben vom 23.3. 1934 (AOGÖ), RGBl. I, S. 220; siehe dazu *Wacke*, Öffentliches Dienstrecht, 1939, S. 4; *Hueck/Nipperdey*, Arbeitsrecht Bd. II/1[7], § 7 IV (S. 120); Wiedemann/*Oetker*, TVG[6], Geschichte Rdnr. 16.

32 Reichshänder für den öffentlichen Dienst war Ministerialrat *Kurt Melcher*, Mitkommentator der drei Tarifwerke vom 1.4. 1938.

33 Reichsarbeitsblatt 1938, Nr. 12, S. VI 471ff.; siehe auch *Hueck/Nipperdey*, Arbeitsrecht Bd. I[7], § 13 I (S. 81, Fn.3).

34 So *Wacke*, Öffentliches Dienstrecht, 1939, S. 3f.

35 *Melcher/Schilling*, Kommentar zur TO-A, 1940, S. 9.

weiter entwickelt worden. Die TO.A enthielt in § 16 Abs. 4 die erste formulierte Unkündbarkeitsklausel im Sinne des heutigen Begriffsverständnisses. Sie kann gleichsam als die „Urklausel" aller späteren Unkündbarkeitsvereinbarungen, sowohl im BAT als auch in den Manteltarifverträgen des privaten Sektors, angesehen werden. Eine inhaltsgleiche Vorschrift fand sich im übrigen für Arbeiter des öffentlichen Dienstes in § 21 Abs. 5 TO.B. § 16 Abs. 4 TO.A lautete:

„Nach einer Dienstzeit von 25 Jahren ist das Gefolgschaftsmitglied unkündbar, wenn es Reichsbürger ist. Die Zulässigkeit der fristlosen Entlassung aus wichtigem Grund bleibt bestehen."

Diese Vorschrift machte den Ausschluß der ordentlichen Kündigung von zwei Voraussetzungen, der 25jährigen Dienstzeit und der Reichsbürgerschaft abhängig. Anders als der spätere § 55 Abs. 1 BAT, reduziert § 16 Abs. 4 TO.A die Möglichkeit der außerordentlichen Kündigung auch nicht auf personen- und verhaltensbedingte Kündigungsgründe[36]. Auffallend ist weiter, daß im Gegensatz zu heute gebräuchlichen Klauseln, das Erreichen eines bestimmten Lebensalters nicht Voraussetzung für die Unkündbarkeit war. Wichtiger erschien zur damaligen Zeit die Frage nach dem Reichsbürgerrecht. Neben ihrer grundlegenden Bedeutung für das Recht der Unkündbarkeit gibt die Vorschrift daher leider auch ein Beispiel für die völkische Rassenideologie des Dritten Reichs. Die erreichte Unkündbarkeit konnte nämlich auch wieder verloren gehen. Der Verlust des Reichsbürgerrechts führte unweigerlich auch zum Verlust der Unkündbarkeit. Daneben war dies ein Grund zur fristlosen Entfernung des Angestellten aus dem Dienst nach Maßgabe des § 17 Abs. 1d) ATO[37]. Die wahre Bedeutung des Abstellens auf die Reichsbürgerschaft lag darin, Nichtariern die Unkündbarkeit vorzuenthalten. Diese konnten die besonders gesicherte Rechtsposition nicht erlangen, auch wenn der Umstand, daß diese nicht Reichsbürger waren, lange Zeit unerkannt geblieben ist[38].

---

[36] *Scheuring,* Anm. 2 zu *BAG* (Urt. v. 17.5. 1984), AP Nr. 3 zu § 55 BAT.

[37] *Melcher/Schilling,* Kommentar zur TO-A, 1940, S. 165; die maßgebliche Vorschrift des § 17 Abs. 1d) ATO lautete: „Eine fristlose Entlassung aus wichtigem Grund ist bei allen Gefolgschaftsmitgliedern insbesondere zulässig, (...) d) wenn das Gefolgschaftsmitglied das Reichsbürgerrecht oder die Reichsangehörigkeit verliert."; bereits vor Schaffung der TO.A und TO.B hat die Rechtsprechung bei jüdischer Abstammung die Entlassung von öffentlichen Dienstnehmern anerkannt, *Wacke,* Öffentliches Dienstrecht, 1939, S. 92.

[38] *Melcher/Schilling,* Kommentar zur TO-A, 1940, S. 165.

c) Das Kündigungsschutzsystem des Bundesangestelltentarifvertrags

Nach der Wiederherstellung des Tarifvertragswesens in der Bundesrepublik Deutschland dauerte es einige Zeit, bis an die Stelle der alten Tarifordnungen neue Regelungswerke traten. Am 1. April 1961 trat nach jahrelangen Verhandlungen schließlich der Bundesangestelltentarif (BAT) in Kraft[39]. Als lange in Kraft befindlicher und eine große Anzahl von Arbeitnehmern erfassender Manteltarifvertrag kommt ihm heute im Rechtsleben die Rolle eines „Spezialgesetzbuches" zu[40]. Zu Recht wird darauf hingewiesen, daß der BAT nicht selten von den tarifunterworfenen Arbeitnehmern als geltendes Bundesrecht angesehen wird[41].

Die Tarifvertragsparteien wollten hier dem unkündbaren Angestellten eine noch gesichertere Rechtsposition verleihen als dies der RAT und die TO.A bereits getan haben[42]. Neben dem BAT existieren für den Bereich des öffentlichen Dienstes noch eine Reihe weiterer Tarifverträge[43], die vergleichbare Kündigungsschutznormen aufweisen[44]. Die Darstellung wird hier auf eine Analyse der Regelungen des BAT beschränkt, dem die größte praktische Bedeutung zukommt[45]. Die maßgebende Vorschrift, die den Status der Unkündbarkeit verleiht, ist § 53 Abs. 3 BAT. Hierbei handelt es sich wohl um die bekannteste[46] und berühmteste Unkündbarkeitsklausel überhaupt. § 53 Abs. 3 BAT lautet:

„Nach einer Beschäftigungszeit (§ 19) von 15 Jahren frühestens jedoch nach Vollendung des 40. Lebensjahres ist der Angestellte unkündbar."

---

39 Siehe dazu etwa *Gröbing*, ArbuR 1961, S. 334f.; speziell zum Kündigungsschutz im BAT: *Scheuring*, Der BAT, Zeitschrift f. Arbeits- und Sozialpolitik, 1961, S. 74f.; allgemein zum Ausschluß von Kündigungsgründen durch Tarifverträge des öffentlichen Dienstes *Hanau/Kania*, Ungleichbehandlung von Arbeitern und Angestellten, 1994, S. 98ff.

40 Wiedemann/*Wiedemann*, TVG[6], Einleitung Rdnr. 150.

41 Siehe *Wiedemann*, Festschrift f. Dieterich, 1999, S. 661 (677).

42 *Clemens/Scheuring/Steingen/Wiese*, BAT, Vorbemerkung zu Abschnitt XII, Erl. II 1; *Scheuring*, Anm. 2 zu *BAG* (Urt. v. 3.7.1996) AP Nr. 3 zu § 55 BAT; siehe auch *Hofmann*, ZTR 1992, S. 54 (58).

43 Die Arbeiter des Bundes unterfielen bisher dem MTB II vom 27.2. 1964, die Arbeiter der Länder dem MTL II vom 27.2. 1964. Nunmehr ist das Tarifrecht der Arbeiter bei Bund und Ländern einheitlich durch den Manteltarifvertrag für Arbeiterinnen und Arbeiter des Bundes und der Länder (MTArb) vom 6.12. 1996 geregelt. Für Arbeiter von gemeindlicher Verwaltungen und Betriebe gilt weiterhin der BMT-G II vom 3.1. 1962, Sonderregelungen existieren darüber hinaus auch für die Bereiche der Post und der Bahn, siehe *Schaub*, Arbeitsrechtshandbuch[9], § 15 Fn. 4, § 186 Rdnr. 28f.

44 § 52 Abs. 1 BMT-G II sowie die bisherigen Regelungen der §§ 60 Abs. 2 MTB II, 60 Abs. 2 MTL II, siehe *Conze*, ZTR 1987, S. 99, Fn. 5.

45 Siehe etwa *Däubler*, Das Arbeitsrecht 2[11], Rdnr. 1781.

46 So Wiedemann/*Wiedemann*, TVG[6], § 1 Rdnr. 537; *Däubler*, Tarifvertragsrecht[3] Rdnr. 948; *Reuter*, ORDO Bd. 33 (1982), S. 165 (178); *Zwanziger*, DB 2000, S. 2166.

Für bestimmte Berufsgruppen können die Unkündbarkeitsvoraussetzungen auch modifiziert sein. Beispielsweise gilt für Angestellte im Bereich des Bundesministeriums für Verteidigung nach der tätigkeitsspezifischen Sonderregelung SR 2e I des BAT eine Kündigungsschutznorm, nach der die Unkündbarkeit bereits nach einer Dienstzeit von zehn Jahren und der Vollendung des 37. Lebensjahres eintritt[47].

aa) Die Unkündbarkeitsvoraussetzungen nach dem BAT

Nach dem Normtext des § 53 Abs. 3 BAT bedarf es für den Ausschluß des ordentlichen Kündigungsrechts des Vorliegens zweier Unkündbarkeitsvoraussetzungen[48]. Die Unkündbarkeit setzt neben einer Beschäftigungszeit von 15 Jahren auch die Vollendung des 40. Lebensjahres voraus. Damit kommt dem Lebensalter des Angestellten, als einem der beiden Eckpfeiler für das Erreichen der Rechtsposition der Unkündbarkeit, anders als in den Regelungen von RAT und TO.A, besonderes Gewicht zu.

Von zentraler Bedeutung ist weiter der Begriff der Beschäftigungszeit. Schätzungen zufolge hat ein Arbeitnehmer im öffentlichen Dienst durchschnittlich 23.000 Dienststunden gearbeitet, bevor er die Unkündbarkeit erreicht[49]. Während § 43 Abs. 2 RAT und § 16 Abs. 4 TO.A noch auf das Erreichen einer bestimmten Dienstzeit von zehn beziehungsweise 25 Jahren abstellten, hat sich der BAT für eine abweichende Berechnungsmethode anhand der Beschäftigungszeit entschieden. Beide Begriffe sind nach dem BAT zu unterscheiden. Während nach § 19 BAT die Beschäftigungszeit die Bezeichnung für die Vordienstzeit bei demselben öffentlichen Arbeitgeber ist, meint der Begriff der Dienstzeit nach § 20 BAT die Tätigkeit im öffentlichen Dienst schlechthin. Tragender Gedanke für die Einführung dieser Unterscheidung war das Ziel, Personalströmungen innerhalb des öffentlichen Dienstes zu vermeiden und eine dauernde Beschäftigung in derselben Dienststelle zu erreichen[50]. Für eine Verbesserung der kündigungsschutzrechtlichen Position ist deshalb stets die Tätigkeit bei einem bestimmten Arbeitgeber maßgebend. Der Begriff des Arbeitgebers meint den formellen Arbeitgeber im Rechtssinne. Ausschlaggebend ist die Beschäftigung bei ein und derselben Gebietskörperschaft[51]. Dabei erstreckt sich nach Ansicht des *Bundesarbeitsgerichts* der Begriff des Arbeitsverhältnisses sowohl auf die Beschäftigung als Angestellter als auch auf diejenige als Arbeiter. Die alleinige Geltung des BAT ist danach nicht Voraussetzung für das Erreichen der Un-

---

47 *Barth,* BAT-Handbuch, Rdnr. 966, 41.

48 So in der Terminologie des *BAG* (Urt. v. 16.10. 1987), AP Nr. 2 zu § 53 BAT [unter III 1 der Gründe].

49 *Adomeit,* Festschrift f. Zöllner, 1998, Bd. II, S. 669 (683).

50 *Otto,* Das Recht der Angestellten und Arbeiter im öffentlichen Dienst[6], S. 71.

51 PK-BAT/*Mosebach,* § 19 Rdnr. 6.

kündbarkeit[52]. Neben dem schon erwähnten Status der Unkündbarkeit ist die Beschäftigungszeit etwa auch etwa für die Länge der tariflichen Kündigungsfristen von Bedeutung[53].

Im Gegensatz zu der ursprünglichen Fassung ist § 53 Abs. 3 BAT im Jahre 1987[54] um eine dritte Unkündbarkeitsvoraussetzung ergänzt worden. Danach konnten teilzeitbeschäftigte Arbeitnehmer den Status der Unkündbarkeit nur erlangen, wenn ihre arbeitsvertraglich vereinbarte durchschnittliche wöchentliche Arbeitszeit mindestens die Hälfte der regelmäßigen Arbeitszeit eines entsprechenden vollbeschäftigten Angestellten betrug. Durch die Einführung dieses einschränkenden Erfordernisses war es unterhälftig teilzeitbeschäftigten Arbeitnehmern im Sinne des § 2 Abs. 2 BeschFG nach dem Tarifwortlaut nicht möglich, die durch § 53 Abs. 3 BAT garantierte Rechtsposition zu erlangen. Jedoch hat das *Bundesarbeitsgericht* die dritte Unkündbarkeitsvoraussetzung wegen Verstoßes gegen § 2 Abs.1 BeschFG als Verbotsgesetz im Sinne des § 134 BGB und wegen Verstoßes gegen Art. 3 Abs. 1 GG für nichtig erklärt[55]. Ein sachlicher Grund für die unterschiedliche Behandlung von Teilzeit- und Vollzeitbeschäftigten sei nicht ersichtlich gewesen. Eine Differenzierung könne insbesondere nicht allein anhand des Kriteriums der Länge der Arbeitszeit erfolgen. Eine andere Beurteilung ergab sich nach Auffassung des *Bundesarbeitsgerichts* auch nicht aus der Befugnis der Tarifvertragsparteien, gemäß § 6 Abs. 1 BeschFG von den Vorschriften des BeschFG zuungunsten des Arbeitnehmers abzuweichen. Insoweit seien die Parteien des Tarifvertrages an die Grundrechte und damit auch an Art. 3 Abs.1 GG gebunden. Die Tarifpartner im öffentlichen Dienst haben diese Rechtsprechung zum Anlaß genommen, die dritte Voraussetzung der Unkündbarkeit aus dem Normtext des § 53 Abs. 3 BAT zu streichen[56].

Der Umfang, der durch § 53 Abs. 3 BAT gewährten Sicherung vor Kündigungen, wird in seiner ganzen Bandbreite erst aus dem tariflichen Gesamtzusammenhang mit den Vorschriften der §§ 54, 55 BAT deutlich. § 54 BAT normiert das außerordentliche Kündigungsrecht für Arbeitgeber und Angestellte. Dabei lehnt sich die tarifliche Regelung an das in § 626 BGB verankerte außerordentliche Kündigungsrecht an und stimmt mit diesem fast wörtlich

---

52 *BAG* (Urt. v. 9.7. 1992), AP Nr. 3 zu § 19 BAT [Leitsatz 1 und unter I 2a der Gründe].

53 Zur Bedeutung der Beschäftigungszeit siehe PK-BAT/*Mosebach*, § 19 Rdnr. 1.

54 Durch § 1 Nr. 8 des 59. Änderungstarifvertrags zum BAT vom 12.11.1987, siehe *Böhm/Spiertz/Sponer/Steinherr*, BAT, Vorbemerkung zu § 53 Rdnr. 1.

55 *BAG* (Urt. v. 18.9. 1997), AP Nr. 5 zu § 53 BAT [Leitsatz und unter II 1b, 3 der Gründe]; so auch schon die Vorinstanz: *LAG Köln* (Urt. v. 3.7. 1996), AP Nr. 4 zu § 53 BAT; siehe auch: *ArbG Freiburg i. Br.*, (Urt. v. 19.9. 1995), ZTR 1996, S. 29; BAT/*Hamer*, § 53 Rdnr. 11; kritisch dazu unter dem Gesichtspunkt der Tarifzensur *Adomeit*, Festschrift f. Zöllner, 1998, Bd. II, S. 669 (683).

56 Durch den 74. Änderungstarifvertrag zum BAT vom 5.5.1998 mit Wirkung zum 1.1. 1998, siehe *Clemens/Scheuring/Steingen/Wiese*, BAT, § 53, Erl. 11.

überein. Man könnte aus der neutralen Formulierung „unkündbar" in § 53 Abs. 3 BAT den Schluß ziehen, daß Arbeitnehmer nach Erfüllung der Unkündbarkeitsvoraussetzungen auch vor außerordentlichen Kündigungen gemäß § 54 BAT geschützt sein sollen. Allerdings enthält §55 BAT eine Sonderregelung für die außerordentliche Kündigung von unkündbaren Arbeitnehmern, die die Vorschrift des § 54 Abs. 1 BAT modifiziert und nur teilweise für anwendbar bestimmt[57]. Diese Bestimmung enthält eine besondere Ausformung der Unkündbarkeit, die über den klassischen Ausschluß der ordentlichen Kündigung weit hinausreicht[58].

§ 55 BAT erklärt auch den unkündbaren Angestellten für fristlos kündbar, schränkt jedoch den Kreis der Kündigungsgründe, die den Arbeitgeber zum Ausspruch einer außerordentlichen Kündigung berechtigen, erheblich ein. Nach § 55 Abs. 1 BAT ist eine Beendigungskündigung aus wichtigem Grund nur aus personen- und verhaltensbedingten Gründen möglich. Diese Kategorien von Kündigungsgründen sind ersichtlich der Systematik des § 1 Abs. 2 KSchG nachempfunden[59]. § 55 Abs. 2 Satz 1 BAT schließt hingegen eine betriebsbedingte Kündigung aus wichtigem Grund aus. Allerdings enthält § 55 Abs. 2 Satz 2 BAT von diesem Grundsatz wiederum eine Ausnahmeregelung. In diesen Fällen ist eine betriebsbedingte Änderungskündigung zum Zwecke der Herabgruppierung um eine Vergütungsgruppe innerhalb der sechsmonatigen Kündigungsfrist des Unterabs. 3 zulässig. Nach ganz überwiegender Auffassung handelt es sich dabei nicht etwa um die Normierung einer ordentlichen, sondern einer außerordentlichen fristgebundenen Änderungskündigung[60]. Das *Bundesarbeitsgericht* hat der teilweise vertretenen, abweichenden Ansicht, bei den Gründen in Abs.2 Satz 2 handele es sich um „minder wichtige" Gründe[61], die zu einer ordentlichen Änderungskündigung berechtigen, eine Absage erteilt[62]. Schließlich schränkt § 55 Abs. 2 Unterabs. 2 BAT die außerordentliche Kündigungsmöglichkeit in § 55 Abs. 1 BAT zusätzlich für personenbedingte Kündigungsgründe aufgrund einer dauernden Leistungsminderung ein. In diesen Fällen ist das außerordentliche Kündigungsrecht auf die Herabgruppierung um eine Vergütungsgruppe beschränkt. Es kommt nur eine außerordentliche Änderungs-

---

57 Zu entsprechenden Vorschriften im Bereich des öffentlichen Dienstes siehe *Böhm/ Spiertz/Sponer/ Steinherr*, BAT, § 55 Rdnr. 4.

58 *Conze*, Anm. II 2a zu *BAG* (Urt. v. 14.5. 1987), AP Nr. 12 zu § 1 TVG Tarifverträge: Lufthansa, zu der vergleichbaren Norm § 22 Abs. 2 des MTV Nr. 3 für das Bordpersonal der Lufthansa.

59 *Böhm/Spiertz/Sponer/Steinherr*, BAT, § 55 Rdnr.5

60 *Conze*, ZTR 1987, S. 99 (103); *Böhm/Spiertz/Sponer/Steinherr*, BAT, § 55 Rdnr. 18; BAT/*Hamer*, § 55 Rdnr. 2.

61 Siehe dazu unten § 21.

62 *BAG* (Urt. v. 17.5. 1984), AP Nr. 3 zu § 55 BAT [unter I 2d der Gründe] gegen die Auffassung des *LAG Niedersachsen* (Urt. v. 13.1. 1970), 6 (5) Sa 537/69 (n.v.).

kündigung in Betracht[63]. Nach den Ausschlußtatbeständen des § 55 Abs. 2 Unterabs.2 Satz 2 a) und b) BAT ist allerdings auch dieses Kündigungsrecht ausgeschlossen, wenn die Leistungsminderung auf einem Arbeitsunfall, einer Berufskrankheit oder auf einer durch langjährige Beschäftigung verursachten Abnahme der geistigen und körperlichen Kräfte beruht.

Der sich aus dem Ineinandergreifen der Regelungen der §§ 53, 54 und 55 BAT ergebende Schutz vor Kündigungen gestaltet sich für einen unkündbaren Arbeitnehmer somit folgendermaßen. Die ordentliche Kündigung ist schlechthin ausgeschlossen, die außerordentliche Kündigung wird auf personen- und verhaltensbedingte Kündigungsgründe beschränkt, während betriebsbedingte Gründe und eine Leistungsminderung nur zu einer außerordentlichen fristgebundenen Änderungskündigung berechtigen.

bb) Die Wiedereinstellungsklausel zugunsten der unkündbaren Angestellten

Im übrigen bringt der Status der Unkündbarkeit noch ein weiteres, oftmals übersehendes Privileg mit sich, das die Sonderbehandlung der unkündbaren Arbeitnehmer im öffentlichen Dienst zusätzlich unterstreicht. § 59 Abs. 5 BAT enthält zugunsten der die Unkündbarkeitsvoraussetzungen erfüllenden Angestellten eine alters- und dienstzeitbezogene Wiedereinstellungsklausel[64]. Nach dieser Vorschrift soll nach der Wiederherstellung der Berufsfähigkeit des Angestellten auf dessen Antrag bei seiner früheren Dienststelle der Angestellte wiedereingestellt werden, wenn dort für ihn ein geeigneter Arbeitsplatz vorhanden ist. Diese Tarifnorm dient neben den eigentlichen Unkündbarkeitsvorschriften ebenfalls der sozialen Sicherung des Angestellten im öffentlichen Dienst und trägt insbesondere dem Umstand Rechnung, daß die Vermittlungschancen für ältere ehemalige Beschäftigte nach einer längeren Zeit der Erwerbsunfähigkeit vehement verschlechtert sind[65]. Die Vorschrift ist jedoch nur als Sollvorschrift ausgelegt. Einen zwingenden Rechtsanspruch auf eine erneute Einstellung kann der Arbeitnehmer daraus nicht geltend machen. Der Arbeitgeber braucht den Arbeitnehmer dann nicht einzustellen, wenn gewichtige Gründe dagegen sprechen und ferner die soziale Situation des gekündigten Arbeitnehmers eine Wiedereinstellung nicht gebietet[66]. Bei der Entscheidung über die Wiedereinstellung muß der Arbeitgeber sich an dem Rechtsgedanken des § 315 Abs. 1 BGB orientieren[67].

---

63 *Böhm/Spiertz/Sponer/Steinherr*, BAT, § 55 Rdnr. 3, 27; *Clemens/Scheuring/Steingen/Wiese*, BAT, § 55, Erl. 6.

64 Zu weiteren Varianten tariflicher Wiedereinstellungsklauseln siehe *Otto*, Festschrift f. Kraft 1998, S. 451 (467ff.); KSchR^4/*Däubler*, Einleitung Rdnr. 379.

65 *BAG* (Urt. v. 24.1. 1996), AP Nr. 7 zu § 59 BAT [unter B II 3b der Gründe].

66 *BAG* (Urt. v. 24.1. 1996), AP Nr. 7 zu § 59 BAT [Leitsatz 2 und unter B II 3a der Gründe].

67 *Clemens/Scheuring/Steingen/Wiese*, BAT, § 59 Erl. 13.

cc) Weitere Gründe für die Unkündbarkeit im öffentlichen Dienst

Neben der Bestrebung, durch die tarifvertragliche Unkündbarkeit eine Angleichung an den Beamtenstatus zu erreichen, verfolgen Kündigungsausschlußklauseln im öffentlichen Dienst noch weitere Ziele. Mit der Einräumung einer kündigungsschutzrechtlichen Sonderposition wird dem unkündbaren Arbeitnehmer eine Gegenleistung für Betriebstreue und langjährige Berufserfahrung gewährt[68]. Hingegen dürfte dahinter eine andere, den Unkündbarkeitsklauseln teilweise zugedachte Funktion eher von minderer Bedeutung sein. Diese soll zusätzlich darin bestehen, einen Ausgleich dafür herzustellen, daß im Bereich des öffentlichen Dienstes keine Konjunkturlöhne gezahlt werden[69].

Aus haushaltsrechtlicher Sicht stützt sich die Regelung der Unkündbarkeit auf den Gedanken, daß bei demjenigen Arbeitnehmer, der eine Beschäftigungsdauer von 15 Jahren aufweisen kann, regelmäßig davon auszugehen ist, daß seine Stelle auch für das kommende Haushaltsjahr erneut im Haushaltsplan ausgewiesen sein wird (§§ 11 Abs. 1 Nr. 3 HGrG, 14 Abs. 1 Nr. 3 BHO)[70].

3. Das „Prinzip der Unkündbarkeit" im öffentlichen Dienst

a) Der positivrechtliche Befund

Betrachtet man die Stationen, die das Recht der Unkündbarkeit im öffentlichen Dienst genommen hat, so wird die von den einschlägigen Tarifwerken beabsichtigte Annäherung der Rechtsstellung des Beschäftigten an den Beamtenstatus besonders deutlich. Wie bereits ausgeführt, haben Unkündbarkeitsklauseln in Tarifverträgen des öffentlichen Dienstes die Funktion, eine Angleichung an das Lebenszeitprinzip der Beamten herbeizuführen[71]. Darauf hat *Molitor* schon 1951, noch vor Einführung des BAT unter der Geltung der Tarifordnungen TO.A und TO.B[72], aufmerksam gemacht[73]. Der weitaus größte Anteil der Beamten ist im Regelfall auf Lebenszeit ernannt. Sowohl das Grundgesetz als auch das BBG und die Landesbeamtengesetze sind darauf abgestimmt. Die Anstel-

---

68 *Wendeling-Schröder*, WissR Bd. 27 (1994), S. 167 (168); erwogen von *LAG Köln* (Urt. v. 3.7. 1996), AP Nr. 4 zu § 53 BAT [Bl. 1486, S.1] und *BAG* (Urt. v. 18.9. 1997), AP Nr. 5 zu § 53 BAT [unter II 2c der Gründe]; siehe auch *Adomeit*, Festschrift f. Zöllner, 1998, Bd. II, S. 669 (683).

69 So *Conze*, ZTR 1987, S. 99, Fn. 2; für diese Ausgleichsfunktion aber PK-BAT/*Mosebach*, § 53 Rdnr. 35.

70 *Clemens*, Anm. 2 zu *BAG* (Urt. v. 16.10. 1987), AP Nr. 2 zu § 53 BAT.

71 *Conze*, ZTR 1987, S. 99; *Otto*, Das Recht der Angestellten und Arbeiter im öffentlichen Dienst[6], S. 81; *Hofmann*, ZTR 1992, S. 54 (58); *Wendeling-Schröder*, Festschrift f. Kehrmann, 1997, S. 321 (322).

72 Zur Fortgeltung der Tarifordnungen in der Bundesrepublik *Weng*, Kündigung von Arbeitsverhältnissen mit langer Bindung, 1980, S. 18f.

73 *Molitor*, Die Kündigung[2], S. 190.

lung des Beamten auf Lebenszeit folgt aus der Eigenschaft des Beamtenverhältnisses als besonders ausgeformtes öffentlich-rechtliches Dienst- und Treueverhältnis[74]. Die Lebenszeitstellung soll Unabhängigkeit und Neutralität des öffentlichen Dienstes nach außen gewährleisten[75]. Dem Beamten selbst soll sie Sicherheit bei der Wahrnehmung der ihm übertragenden Aufgaben vermitteln[76]. Neben dem Alimentationsprinzip dient gerade das Lebenszeitprinzip dazu, daß sich der Beamte dem öffentlichen Dienst als Lebensberuf hingeben und so für eine stabile und gesetzestreue Verwaltung sorgen kann[77]. Verfassungsrechtlich gesehen zählt die Lebenszeitstellung zu den hergebrachten Grundsätzen des Berufsbeamtentums und steht deshalb unter dem besonderen Schutz von Art. 33 Abs. 5 GG[78]. Das *Bundesverfassungsgericht* hat schon relativ früh einen Kernbestand an Strukturprinzipien herausgearbeitet, der die hergebrachten Grundsätze des Berufsbeamtentums konkretisiert. Zu diesem Kernbestand hat es auch die „lebenslange Anstellung" des Beamten gerechnet, die auch schon unter der Geltung der Weimarer Verfassung zu den wichtigsten Grundsätzen des Beamtenverhältnisses gezählt hat[79]. Weder nachlassende Leistung noch der Wegfall von dienstlichen Aufgaben oder die Schließung einer Behörde berechtigen den Dienstherrn zu einer Entlassung[80]. Der Beamte genießt einen umfassenden Schutz seines Arbeitsplatzes, sieht man einmal von der Entlassungsmöglichkeit aufgrund von disziplinarrechtlichen Maßnahmen ab. *Däubler* spricht in diesem Zusammenhang von einem „quasi-totalen Arbeitsplatzschutz" der Beamten[81].

Diesen Schutzstandard wollen Regelungen wie § 53 Abs. 3 BAT und insbesondere auch der Ausschluß der betriebsbedingten außerordentlichen Beendigungskündigung in § 55 Abs. 2 Satz 2 BAT auf Bedienstete im öffentlichen Dienst übertragen. Die besonders großzügige Gewährung von Kündigungsschutz, vor allem durch die Regelung des § 55 Abs. 2 BAT ist wohl vor allem durch die Vollbeschäftigung in den 60iger Jahren zu erklären und deshalb nach zutreffender Ansicht als „Ausdruck goldener Jahre" zu begreifen[82].

---

74 *BAG* (Urt.v. 18.9. 1997), AP Nr. 5 zu § 53 BAT [unter II 2b der Gründe]; *Hueck/Nipperdey*, Arbeitsrecht Bd. I^7, § 9 V 2 (S. 51); *Schaub*, Arbeitsrechtshandbuch^9, § 15 Rdnr. 2; zur Ausgestaltung als besonderes Treueverhältnis *BVerfG* (Beschl. v. 22.5. 1975), E 39, S. 334 [Leitsatz 1, 2].

75 *Battis*, BBG^2, § 5 Rdnr. 3.

76 *Hofmann*, ZTR 1992, S. 54 (58).

77 So für die Alimentierung *BVerfG* (Beschl. v. 30.3. 1977), E 44, S. 249 (265).

78 *BAG* (Urt. v. 18.9. 1997), AP Nr. 5 zu § 53 BAT [unter II 2b der Gründe]; *Battis*, BBG^2, § 5 Rdnr. 3; kritisch zum „Ethos des Berufsbeamtentums" *Schwerdtner*, ZfA 1977, S. 47 (75).

79 *BVerfG* (Urt. v. 27.4. 1959), E 9, S. 268 (286) – Bremisches Personalvertretungsgesetz.

80 *Däubler*, Das Arbeitsrecht 2^{11}, Rdnr. 1771.

81 *Däubler*, Das Arbeitsrecht 2^{11}, Rdnr. 1772.

82 So ErfurtKomm/*Müller-Glöge*, § 626 BGB Rdnr. 239.

Im Bereich des öffentlichen Dienstes läßt sich in der Tat von einem „Prinzip der Unkündbarkeit“[83] sprechen, das im Hinblick auf den Bestandsschutz zu einer weitgehenden Angleichung an die Lebenszeitstellung der Beamten geführt hat. In Anlehnung an die Bezeichnung Beamter auf Lebenszeit erscheint daher der Begriff des „Angestellten auf Lebenszeit“[84] als eine treffende Beschreibung der kündigungsschutzrechtlichen Sonderposition von Arbeitnehmern im Bereich des öffentlichen Dienstes. Mehr noch als im Bereich des allgemeinen gesetzlichen Kündigungsschutzes kommt darin das Verständnis des Arbeitsverhältnisses des BAT-Angestellten als einer Art „Lebensbund“[85] zum Ausdruck.

b) Grundsätzliche Kritik

Die vorangetriebene „Verbeamtung“ der Arbeitsverhältnisse der Bediensteten im öffentlichen Dienst darf allerdings nicht über die Tatsache hinwegtäuschen, daß diese Entwicklung gerade in neuerer Zeit vielfältiger Kritik ausgesetzt ist. Neben den Zweifeln, die an der Lebenszeitstellung des Beamten geäußert werden gerät auch zunehmend die Verabsolutierung des Arbeitsplatzschutzes der Bediensteten im öffentlichen Dienst in den Mittelpunkt der Diskussion[86]. Getragen wird diese Auseinandersetzung von Reformbestrebungen, die die Errichtung eines einheitlichen Personalrechts des öffentlichen Dienstes fordern[87]. Die bestehende Zweiteilung der Beschäftigungsverhältnisse im öffentlichen Dienst sei nicht mehr zeitgemäß und durch die tatsächliche Entwicklung überholt. Insbesondere das starre und unflexible Laufbahnprinzip und mangelnde Leistungsanreize stehen im Mittelpunkt der Kritik. Dabei handelt es sich im wesentlichen um eine rechtspolitische Diskussion. Die Frage nach der grundsätzlichen Berechtigung der Sonderstellung des Beamtenverhältnisses im öffentlichen Dienst kann hier deshalb nicht weiter verfolgt werden. Aus kündigungsschutzrechtlicher Sicht sind allein die erweiterten tarifvertraglichen Kündigungsschutzbestimmungen der §§ 53 Abs. 3, 55 BAT von Interesse. Es fragt sich, ob die Tarifpartner im öffentlichen Dienst nicht einen übermäßigen Bestandsschutz errichtet haben, der auch mit den gewachsenen Besonderheiten des öffentlichen Dienstrechts nicht zu rechtfertigen ist. Nach überwiegend vertretener Ansicht ist dies zumindest im Hinblick auf § 55 Abs. 2 BAT anzunehmen, weil durch diese Regelung in unzulässiger Weise in den Unzumutbarkeitsgrundsatz eingegriffen werde, der auch im öffentlichen Dienst Geltung beansprucht[88]. Der Ausschluß

---

[83] *Minz/Conze,* ZTR 1995, S. 243 (244); *Conze,* ZTR 1987, S. 99.

[84] *Conze,* ZTR 1987, S. 99 (107).

[85] Dazu *Rüthers,* NJW 1998, S. 1433 (1436).

[86] *Schwerdtner,* ZfA 1977, S. 47 (75); vgl. auch *Adomeit,* Festschrift f. Zöllner, Bd. II, 1998, S. 669 (683).

[87] Siehe dazu *Däubler,* Das Arbeitsrecht 2[11] Rdnr. 1814ff.; *Minz/Conze,* ZTR 1995, S. 243ff.

[88] Siehe etwa nur *Säcker/Oetker,* Grundlagen und Grenzen der Tarifautonomie, 1992,

jeglicher betriebsbedingter Beendigungskündigung ist damit nur schwer in Übereinstimmung zu bringen. In neuerer Zeit gerät aber auch die Kündigungsausschlußklausel des § 53 Abs. 3 BAT in den Blickpunkt der Kritik[89].

II. Entwicklung der Unkündbarkeit im Bereich der privaten Wirtschaft

1. Der Ausgangspunkt: Rationalisierung und Rationalisierungsschutz

Im Gegensatz zur Entwicklung eines speziellen tariflichen Kündigungsschutzes im öffentlichen Dienstrecht hat die Ausformung von gleichartigen Bestimmungen in Tarifverträgen der privaten Wirtschaft erst sehr viel später begonnen. Die Kündigungsschutzregelungen des BAT traten bereits im Jahre 1961 in Kraft und gelten seitdem nahezu unverändert fort. Die Verankerung von Unkündbarkeitsklauseln in den Tarifwerken der unterschiedlichen Wirtschaftszweige setzte hingegen erst rund 14 Jahre später ein. Während im öffentlichen Dienst die Forderung nach einer Angleichung der Rechtsposition von Bediensteten der öffentlichen Hand an den Beamtenstatus Triebfeder für den Ausbau des Kündigungsschutzes gewesen ist, stand im privaten Bereich vor allem der Schutz vor Anpassung des Arbeitskräftevolumens an den technologischen Wandel im Vordergrund. Ausgangspunkt war die grundsätzliche Überlegung, wie Schutzmechanismen zugunsten der Belegschaft bei der Einführung neuer Technologien oder bei der Durchführung betrieblicher Rationalisierungsvorhaben verwirklicht werden können. Die Bestrebungen der Gewerkschaften, einen speziellen Schutz vor Entlassungen durch Tarifvertrag einzuführen, wird nur vor diesem Hintergrund verständlich. Das Entstehen tariflicher Kündigungsbestimmungen außerhalb des öffentlichen Dienstes ist daher aufs engste mit dem Spannungsverhältnis von Rationalisierung und Rationalisierungsschutz verbunden. Es lassen sich zwei Phasen der Entwicklung unterscheiden. Während in der ersten Zeit der reaktive Rationalisierungsschutz im Vordergrund stand, wurden später präventive Schutzmechanismen eingeführt[90]. Mittlerweile finden sich auch im öffentlichen Dienst besondere Schutzbestimmungen bei Rationalisierungsmaßnahmen. Diese verdrängen als später in Kraft getretene tarifliche Spezialvorschriften die Bestimmung des § 55 BAT[91].

S. 184, Fn. 52; umfassend dazu unten § 28 I 9.

89 Siehe *Adam*, NZA 1999, S. 846ff.

90 Dazu *Beck*, ArbuR 1981, S. 333 (334).

91 Siehe *Böhm/Spiertz/Sponer/Steinherr*, BAT, § 55 Rdnr. 7 und *Clemens/Scheuring/Steingen/Wiese*, BAT, Vorbemerkung zu Abschnitt XII, Erl. IV 13, § 55 Erl. 2a zum Tarifvertrag über den Rationalisierungsschutz für Angestellte; zu Rationalisierungsschutzabkommen im öffentlichen Dienst siehe auch *Dälken*, Tarifvertraglicher Bestandsschutz gegen Rationalisierungsmaßnahmen, 1986, S. 70f.; *Lingemann/Grothe*, NZA 1999, S. 1072 (1076).

Den Begriff der Rationalisierung kennt das Gesetz im Rahmen der Mitbestimmung in wirtschaftlichen Angelegenheiten in § 106 Abs. 3 Nr. 4 BetrVG. Als Rationalisierung bezeichnet man unternehmerisches Handeln, das darauf gerichtet ist, durch technische oder organisatorische Maßnahmen in Form der Einführung neuer Fabrikations- und Arbeitsmethoden, die wirtschaftliche Produktivität eines Unternehmens zu steigern[92]. Rationalisierungsmaßnahmen sind in der freien Marktwirtschaft Auswirkungen des ökonomischen Prinzips, das eine an Gewinnmaximierung orientierte Unternehmensführung zu berücksichtigen hat. Dieses zielt auf den Erhalt der Wettbewerbsfähigkeit und der Rentabilität eines Unternehmens ab[93]. Das geltende Kündigungsschutzrecht trägt diesem Prinzip weitgehend durch den Grundsatz der unternehmerischen Dispositionsfreiheit Rechnung.

2. Tarifvertragliche Schutzmechanismen vor Rationalisierung

a) Die Vorläufer heutiger Unkündbarkeitsklauseln

Mit Hilfe von Rationalisierungsschutzabkommen oder Rationalisierungsschutztarifverträgen[94] versuchen die Tarifpartner den zukünftigen Rationalisierungsvorhaben der Unternehmensführung selbst oder den nachteiligen Auswirkungen einer Rationalisierung für die Belegschaft zu begegnen. Es soll auf diese Weise eine spezielle tarifvertragliche Sicherung der betroffenen Arbeitnehmer vor den sozialen, gesellschaftlichen und persönlichen Folgen einer rationalisierungs-bedingten Kündigung geschaffen werden. Bei Rationalisierungsschutzabkommen handelt sich in der Regel um sehr umfangreiche Verträge, die hauptsächlich Kündigungs-, Verdienst-, und Statussicherungsregelungen zum Gegenstand haben[95]. Der bestehende Interessengegensatz bei der Einführung neuer Technologien macht deutlich, daß derartige Regelungen von vornherein nur Kompromißcharakter haben können. Rationalisierungsschutzregelungen müssen folglich die gegenläufigen Bestrebungen auf Arbeitgeber- und Arbeitnehmerseite bei der Modernisierung von Unternehmen berücksichtigen und zu einem gerechten Ausgleich bringen. Ziel eines Rationalisierungsschutzvertrages kann es daher

---

92 KR[5]/*Etzel*, § 1 KSchG Rdnr. 615; *Richardi*, BetrVG[7], § 106 Rdnr. 45; ErfurtKomm/*Hanau/Kania*, § 106 Rdnr. 11; HeidelbergKomm[7]/*Weller/Dorndorf*, § 1 Rdnr. 1003; *Schaub*, Arbeitsrechtshandbuch[9], § 131 Rdnr. 69.

93 *Güntner*, RdA 1974, S. 153 (154); zum Zusammenhang von Rationalisierung und ökonomischem Prinzip siehe etwa *W. Lück*, DB 1984, S. 997.

94 Siehe *Löwisch/Rieble*, TVG, § 1 Rdnr. 518.

95 MünchArbR/*Berkowsky*, § 129 Rdnr. 22f.; ErfurtKomm/*Müller-Glöge*, § 622 BGB Rdnr. 110; KR[5]/*Etzel*, § 1 KSchG Rdnr. 618; AR-Blattei D/*Schmidt*, Kündigung VII, C III; *Borrmann*, Schutz des sozialen Besitzstandes bei Rationalisierungsmaßnahmen, 1971, S. 131f.; *Schaub*, Arbeitsrechtshandbuch[9], § 123 Rdnr. 86; *Stahlhacke/Preis/Vossen*, Kündigungsschutz[7], Rdnr. 207; *Preis*, Arbeitsrecht, § 58 VIII 2 (S. 590); siehe auch *Wiedemann/Stumpf*, TVG[5], § 1 Rdnr. 191; *Gift*, RdA 1969, S. 72.

nur sein, einen vernünftigen Ausgleich zwischen den notwendigen technischen oder organisatorischen Maßnahmen eines Unternehmens und der Sicherung der vorhandenen Arbeitsplätze zu schaffen.

Von diesen Zielvorstellungen der Tarifvertragsparteien zeugt die Präambel des „Tarifvertrag zur Abwendung sozialer Härten bei Rationalisierungsmaßnahmen" vom 20.12.1967 zwischen der IG Druck und Papier und der Bundesvereinigung der Deutschen graphischen Verbände e.V.[96]:

> „Die Nutzung der technischen Entwicklung und der Rationalisierung dient der Wirtschaftlichkeit der Betriebe und der Steigerung der Produktivität der Volkswirtschaft. Sie ist deshalb u.a. in der Lage, den erreichten Lebensstandart zu sichern und zu verbessern. Um jedoch soziale Härten zu vermeiden oder zu mildern , die im Zuge von Rationalisierungsmaßnahmen eintreten können, haben die Tarifvertragsparteien die folgenden Bestimmungen vereinbart."

In den Zeiten der Vollbeschäftigung beschränkten sich die Tarifvertragsparteien im wesentlichen darauf, bei betriebsbedingten Kündigungen, die infolge von Rationalisierungsmaßnahmen erfolgten, einen finanziellen Ausgleich in Form von Kompensationszahlungen durch den Arbeitgeber vorzusehen[97]. Derartige Bestimmungen finden sich auch heute noch vielfältig in Tarifverträgen[98]. Die frühen tariflichen Regelungswerke zur Abfederung von wirtschaftlichen Nachteilen für den betroffenen Arbeitnehmer enthielten zum Teil auch einen speziellen Kündigungsschutz von älteren Arbeitnehmern, die nach Ansicht der Tarifpartner von einer Kündigung besonders einschneidend getroffen worden wären. Der zu dieser Zeit verankerte Kündigungsschutz stellte jedoch in der Regel kein wirklich geeignetes Mittel zur Vermeidung von betriebsbedingten Entlassungen älterer Arbeitnehmer dar.

Exemplarisch für ein solches Tarifwerk sei hier das Rationalisierungsschutzabkommen vom 27. Mai 1968, geschlossen durch den Vorstand des Gesamtverbandes der metallindustriellen Arbeitgeberverbände und der Industriegewerkschaft Metall („Rat-Abkommen"), angeführt. Dieses enthielt in § 7 Abs. 4 folgende Kündigungsschutzbestimmung[99]:

> „Arbeitnehmer, die das 55., aber noch nicht das 60. Lebensjahr vollendet haben und mindestens 10 Jahre ununterbrochen dem Betrieb angehören, sollen als Folge der in § 3 genannten Maßnahmen nicht entlassen werden."

---

96 Abgedruckt in RdA 1968, S. 222.

97 *Dälken*, Tarifvertraglicher Bestandsschutz gegen Rationalisierungsmaßnahmen, 1986, S. 4; *Borrmann*, Schutz des sozialen Besitzstandes bei Rationalisierungsmaßnahmen, 1971, S. 131; *Säcker/Oetker*, Grundlagen und Grenzen der Tarifautonomie, § 2 B I (S. 11); *Dreschers*, Entwicklung des Rechts des Tarifvertrags, 1994, S. 288.

98 Siehe die Beispiele bei Wiedemann/*Wiedemann*, TVG[6], § 1 Rdnr. 405.

99 Zitiert nach *Gift*, RdA 1969, S. 72; siehe auch *Weng*, Kündigung von Arbeitsverhältnissen mit langer Bindung, 1980, S. 30; zur Entstehungsgeschichte *Hagen*, BB 1970, S. 129f.; vollständiger Abdruck bei *Borrmann*, Schutz des sozialen Besitzstandes bei Rationalisierungsmaßnahmen, 1971, Anhang S. I-IV.

In dem Entwurf der IG-Metall des Rationalisierungsabkommens war noch eine andere Fassung der Vorschrift vorgeschlagen worden, die allerdings nicht Inhalt des Tarifvertrages wurde, weil die vertragsschließenden Parteien sich auf die Verabschiedung einer derart weitreichenden Kündigungsschutzbestimmung nicht einigen konnten. § 4c des Entwurfes hatte folgenden schlichten Wortlaut:

„Arbeitnehmer im Lebensalter von 55 bis einschließlich 59 Jahren dürfen nicht entlassen werden.“[100].

Unverkennbar ist die Ähnlichkeit des § 7 Abs. 4 Rat-Abkommen mit der Unkündbarkeitsklausel des § 53 Abs. 3 BAT, wenn als Voraussetzung für den erweiterten Kündigungsschutz an die sozialen Faktoren Lebensalters und Betriebszugehörigkeit angeknüpft wird. Weiter läßt sich an dieser Bestimmung aber auch beispielhaft der eigentliche Entstehungsgrund der frühen Kündigungsschutzvorschriften in den Tarifverträgen der privaten Wirtschaft aufzeigen. Regelungszweck für die Einführung einer solchen Bestimmung war nur die Verhinderung oder Erschwerung von Kündigungen, die aufgrund von Rationalisierungsmaßnahmen im Sinne des § 3 des Rat-Abkommens notwendig werden. Die Vorschrift sollte demnach allein vor drohenden Kündigungen aufgrund von geplanten Rationalisierungen schützen. Ihr Anwendungsbereich betraf damit allein die Kündigung aufgrund von betriebsbedingten Gründen. Das ordentliche arbeitgeberseitige Kündigungsrecht aufgrund von verhaltens- und personenbedingten Gründen blieb damit, anders als nach dem BAT, unangetastet. Das aus Sicht der Arbeitnehmer wohl größte Defizit zeigt sich allerdings in der Ausgestaltung der Vorschrift als Sollregelung[101]. Der Kündigungsschutz älterer Arbeitnehmer ist aufgrund der gewählten Formulierung nicht obligatorisch ausgestaltet. Ein zwingendes Kündigungsverbot ist somit in der Vorschrift nicht enthalten[102]. Auf das Recht des Arbeitgebers zur betriebsbedingten Kündigung wird nicht unmittelbar Einfluß genommen. Für die Verpflichtung des Arbeitgebers ist der Begriff der „Rechtspflicht als Obliegenheit“ gebraucht worden[103]. Die Tarifpartner konnten sich nicht auf eine Regelung einigen, die, wie beispielsweise § 4c des Entwurfs, einen zwingenden Schutz vor ordentlichen betriebsbedingten Kündigungen vorsah. Die Kündigungsregelung des § 7 Abs. 4 beinhaltet lediglich einen Appell an die tarifgebundenen Arbeitgeber, von dem ihnen zustehenden Kündigungsrecht in einer schonenden Weise Gebrauch zu machen. Man sah zwar die Schwierigkeiten, die damit verbunden waren, einem älteren Arbeitnehmer in Zeiten der wirtschaftlichen Rezession einen neuen Arbeitsplatz ver-

100 Zitiert nach *Gift*, RdA 1969, S. 72.
101 Zu tarifvertraglichen Sollvorschriften *Schaub*, Arbeitsrechtshandbuch[9], § 204 Rdnr. 21.
102 Siehe zu dieser Vorschrift auch *Borrmann*, Schutz des sozialen Besitzstandes bei Rationalisierungsmaßnahmen, 1971, S. 188f.
103 So die Formulierung von *Weisemann*, DB 1995, S. 198 (200).

mitteln zu können[104], konnte sich jedoch nur zu einer halbherzigen Lösung durchringen. Allerdings war das betriebsbedingte Kündigungsrecht trotz der Ausformung der Kündigungsklausel als Sollbestimmung nicht völlig in das freie Belieben des Arbeitgebers gestellt. Die Vorschrift enthielt für den Arbeitgeber vielmehr eine Verpflichtung, den betroffenen Arbeitnehmer nur dann zu kündigen, wenn sich für diesen überhaupt keine Beschäftigungsmöglichkeit mehr ergab[105].

Daß es sich bei der nur fakultativ wirkenden Regelung des § 7 Abs. 4 Rat-Abkommen um keinen Einzelfall handelt, belegen ähnliche Vorschriften aus den Rationalisierungsschutzabkommen im graphischen Gewerbe. So lautete beispielsweise § 6 Abs.3 des Rationalisierungsabkommens vom 20.12. 1967[106]:

„Ab Vollendung des 60. Lebensjahres und 25jähriger Betriebszugehörigkeit soll nur dann gekündigt werden, wenn anderweitige Beschäftigung im Betrieb nicht möglich ist."

b) Die ersten Unkündbarkeitsklauseln

Nachdem die Tarifpartner bis zu diesem Zeitpunkt im wesentlichen auf die Instrumentarien der Abfindungsklausel und der fakultativen Kündigungsbeschränkung zurückgegriffen haben und von echten Kündigungsverboten nur zaghaft Gebrauch machten, gingen sie seit den frühen 70iger Jahren immer stärker dazu über, das ordentliche Arbeitgeberkündigungsrecht selbst unmittelbar zu begrenzen. Nach einer Phase des wirtschaftlichen Abschwungs und dem Einsetzen der Beschäftigungskrise am Anfang des Jahres 1974 kam es zu einer erheblichen Ausbreitung der Massenarbeitslosigkeit[107].

Konnte in den Zeiten der Vollbeschäftigung noch davon ausgegangen werden, daß Abfindungszahlungen in der Regel als Überbrückungshilfe für den Arbeitnehmer bis zur Aufnahme einer neuen Beschäftigung als soziale Sicherung ausreichen würde, so mußte man sich von dieser Vorstellung auf Gewerkschaftsseite jedoch in den Zeiten der technologischen und strukturellen Unterbeschäftigung verabschieden. Der drohenden Freisetzung von Arbeitnehmern durch Automation und Veränderung der Produktionsgrundlagen mußte jetzt durch andere, effektivere Mittel begegnet werden[108]. Kompensationszahlungen oder verlängerte Kündigungsfristen waren nicht mehr geeignet, dem Schutzauftrag des Tarifvertrags ausreichend Rechnung zu tragen. Es ging nicht länger

---

104 *Hagen*, BB 1970, S. 129 (133).

105 So die Auffassung von *Borrmann*, Schutz des sozialen Besitzstandes bei Rationalisierungsmaßnahmen, 1971, S. 188f., der zu dieser Interpretation der Vorschrift durch Vergleich mit ähnlichen Bestimmungen anderer Rationalisierungsabkommen gelangt.

106 RdA 1968, S. 222 (223); eine ähnliche Bestimmung enthielt auch das Rationalisierungsschutzabkommen der IG Druck und Papier und dem Hauptverband der Papier und Pappe verarbeitenden Industrie e.V. vom 9.4. 1968, siehe RdA 1968, S. 222.

107 *Bispinck*, 50 Jahre Tarifvertragsgesetz, in: WSI-Tarifhandbuch 1999, S. 113 (116f.).

108 *Dreschers*, Entwicklung des Rechts des Tarifvertrags, 1994, S. 288.

darum, einen Ausgleich für den Verlust erlittener Nachteile der Kündigung zu schaffen, sondern um die Frage, wie die Beibehaltung des konkreten Arbeitsplatzes, also die Sicherung des status quo erreicht werden konnte[109].

Neben den bis dahin üblichen, nur an den Folgewirkungen der Kündigung orientierten Abfindungen bei betriebsbedingten Kündigungen und anderen Ausgleichszahlungen bei einer Verschlechterung der Arbeitsbedingungen, gerieten seit dieser Zeit zunehmend andere Methoden der Arbeitsplatzsicherung in den Blickpunkt des gewerkschaftlichen Interesses. Zu nennen sind Versuche, Rationalisierungen durch einen unmittelbaren Zugriff auf die unternehmerische Entscheidung in Form der erweiterten Mitbestimmung abzuwehren. Daneben wollten die Gewerkschaften durch die Einführung sogenannter Besetzungsregelungen einen weitreichenden Arbeitsplatzschutz schaffen. Besetzungsregelungen existieren in der tariflichen Praxis seit jeher in den zwei verschiedenen Ausprägungen der quantitativen und der qualitativen Besetzungsregel[110]. Durch quantitative Besetzungsregelungen soll festgelegt werden, welche Anzahl von Arbeitnehmern an einem bestimmten Produktionsvorgang mindestens zu beteiligen ist oder an einer bestimmten Maschine mindestens zu beschäftigen ist. Dadurch soll eine Festschreibung des Arbeitsplatzvolumens erreicht werden, das von der Arbeitgeberseite nicht durch Arbeitsplatzabbau unterschritten werden darf. Qualitative Besetzungsregeln stellen an die an einem Arbeitsablauf oder einer bestimmten Tätigkeit mitwirkenden Arbeitnehmer besondere Qualifikationsvoraussetzungen. Besonders im Bereich der Druckindustrie fanden sich Regelungen, nach denen die Arbeit an Geräten der Druckherstellung vorrangig oder ausschließlich durch Fachkräfte der Druckindustrie durchgeführt werden mußten[111]. Dadurch werden die Fachkräfte vor der voranschreitenden Technisierung der Arbeitsabläufe geschützt. Die Arbeitnehmer sind auch dann an den entsprechenden Geräten zu beschäftigen, wenn sie wegen einer Vereinfachung der Arbeitsabläufe an sich überqualifiziert sind. Auch diese Regelungen dienen daher der Besitzstandswahrung der Arbeitnehmer[112].

Schließlich suchte man nach weiteren Möglichkeiten einer Arbeitsplatzsicherung durch einen tarifvertraglichen Ausbau des gesetzlichen Kündigungsschutzes[113]. Durch die Verbesserung des gesetzlichen Schutzstandards sollten anste-

---

109 *Säcker/Oetker,* Grundlagen und Grenzen der Tarifautonomie, 1992, S. 11; *Koller,* ZfA 1978, S. 45f.; *Schlemmer,* Festschrift f. Karl Molitor, 1988, S. 309 (318); siehe auch *Bispinck,* 50 Jahre Tarifvertragsgesetz, in: WSI-Tarifhandbuch 1999, S. 113 (117f.).

110 *Dreschers,* Entwicklung des Rechts des Tarifvertrags, 1994, S. 288f.; *Reuter,* ZfA 1978, S. 1 (2); *Löwisch/Rieble,* TVG, § 1 Rdnr. 516; Wiedemann/*Wiedemann,* TVG^6, Einleitung Rdnr. 326, 331; zu letzteren auch *Schleusener,* Die Zulässigkeit qualitativer Besetzungsregelungen in Tarifverträgen, 1997, S. 21, 23.

111 Siehe *Biedenkopf,* Tarifautonomie, 1964, S. 110f.

112 *Schleusener,* Die Zulässigkeit qualitativer Besetzungsregelungen in Tarifverträgen, 1997, S. 26.

113 Andere Tarifbranchen haben freilich auch einen anderen Weg beschritten, beispielsweise

hende Rationalisierungsvorhaben zwar nicht durch eine unmittelbare Einflußnahme auf die unternehmerische Entscheidung selbst verhindert werden, jedoch wollte man eine Sicherung vor den Folgen einer dadurch bedingten Kündigung erreichen. Der tarifvertraglichen Verstärkung des Kündigungsschutzes lag dabei folgende Überlegung zugrunde. Rationalisierungsmaßnahmen sind Umsetzungen von unternehmerischen Entscheidungen, die den Arbeitgeber grundsätzlich zu einer betriebsbedingten Kündigung berechtigen können[114]. Der gesetzliche Kündigungsschutz vermittelt einem Arbeitnehmer nur insoweit einen Schutz gegen den rationalisierungsbedingten Verlust seines Arbeitsplatzes, als die Voraussetzungen einer betriebsbedingten Kündigung nicht gegeben sind[115]. In der Regel ist der Arbeitnehmer deshalb bei betriebsbedingten Rationalisierungsmaßnahmen wegen des betriebsbedingten Kündigungsrechts des Arbeitgebers weitgehend schutzlos gestellt. Der Arbeitgeber braucht lediglich nachzuweisen, daß der Wegfall eines bestimmten Arbeitsplatzes Folge der Umsetzung seiner Unternehmerentscheidung ist und daß er die Grundsätze über die soziale Auswahl nach § 1 Abs. 3 KSchG beachtet hat. Somit lag es nahe, einen Schutz vor der rationalisierungsbedingten Freisetzung von Arbeitskräften durch einen unmittelbaren Zugriff auf die Befugnis des Arbeitgebers zur betriebsbedingten Kündigung zu schaffen.

Im Gegensatz zu lediglich obligatorisch wirkenden Kündigungsklauseln, wie etwa § 7 Abs. 4 des Rat-Abkommen, beinhalteten deshalb viele der seit dieser Zeit geschlossenen Tarifverträge zwingende Kündigungsschutznormen zugunsten der Arbeitnehmerschaft, die direkt auf den Kündigungsgrund einwirken[116]. Man kann den Beginn einer Etablierung von tarifvertraglichen Bestimmungen, die das ordentliche Kündigungsrecht des Arbeitgebers beschränken oder völlig aufheben, etwa auf das Ende des Jahres 1973 datieren[117]. Dabei sind derartige Vorschriften oftmals hinsichtlich ihrer Voraussetzungen dem Vorbild ähnlicher Schutzvereinbarungen im öffentlichen Dienst nachempfundenen worden. Dies hatte zur Folge, daß ein Schutz vor ordentlichen Kündigungen in aller Regel an das Erreichen einer bestimmten Altersgrenze und an eine bestimmte Dauer der Betriebszugehörigkeit geknüpft war. Eine Sicherung vor rationalisierungsbedingten Kündigungen kam damit fast ausnahmslos nur älteren Arbeitnehmern zugute.

---

durch die Etablierung von Unterstützungskassen, siehe etwa *Schlemmer*, Festschrift f. Karl Molitor, 1988, S. 309 (318f.).

114 *Löwisch*, KSchG[8], § 1 Rdnr. 310ff.; ausführlich *Borrmann*, Schutz des sozialen Besitzstandes bei Rationalisierungsmaßnahmen, 1971, S. 20f.

115 *Dälken*, Tarifvertraglicher Bestandsschutz gegen Rationalisierungsmaßnahmen, 1986, S. 69.

116 *Weng*, Kündigung von Arbeitsverhältnissen mit langer Bindung, 1980, S. 30.

117 *Wiedemann/Stumpf*, TVG[5] § 1 Rdnr. 8; *Schellhaaß*, ZfA 1984, S. 139 (147); siehe auch die Angaben in RdA 1976, S. 255; RdA 1976, S. 322 (323).

Ein anschauliches Bild der Entwicklung bietet der Tarifabschluß in der Metallindustrie[118]. Einer der ersten Tarifverträge dieser Art war der Manteltarifvertrag vom 20. Oktober 1973 zwischen dem Verband der Metallindustrie Baden-Württemberg e.V. und der Industriegewerkschaft Metall vom 20. Oktober 1973[119]. Dieser enthielt eine besondere Vorschrift der Alterssicherung in § 9 Nr. 2[120]:

„Einem Arbeitnehmer, der das 53. aber noch nicht das 65. Lebensjahr vollendet hat und dem Betrieb mindestens 3 Jahre angehört, kann nur noch aus wichtigem Grund gekündigt werden."

Für den einzelnen Arbeitnehmer kommt ein derartiger Kündigungsschutz einer Art Beschäftigungsgarantie gleich[121]. Insofern entspricht die Wirkungsweise eines solchen Kündigungsverbots faktisch derjenigen einer quantitativen Besetzungsregelung. Auf diese Weise wird auf die unternehmerische Entscheidung mittelbar eingewirkt[122]. Ist für den Arbeitgeber die Kündigungsmöglichkeit eingeschränkt oder gänzlich ausgeschlossen, so strahlt dies auf die Umsetzungsfähigkeit des unternehmerischen Konzepts aus. Die Versagung der Kündigung hindert den Arbeitgeber daran, seine Unternehmerentscheidung auch im Wege der Kündigung durchzusetzen.

Trotz des eingeschränkten personellen Anwendungsbereichs der Bestimmung, ist mit § 9 Nr.2 des Manteltarifvertrags die gewerkschaftliche Vorstellung von einem wirksamen Schutz vor ordentlichen Kündigungen erstmals verwirklicht worden. Die Vorschrift kennzeichnet gleichzeitig einen Wendepunkt in der tarifvertraglichen Praxis der privaten Wirtschaft und markiert den Ausgangspunkt für einen regelrechten Siegeszug solcher oder inhaltlich ähnlicher Bestimmungen in nahezu allen einschlägigen Manteltarifverträgen der unterschiedlichsten Wirtschaftszweige. Seit dieser Zeit sind Unkündbarkeitsklauseln zu einem festen Bestandteil in der Tariflandschaft geworden, die sich durch einen besonderen Facettenreichtum auszeichnen. In der Folgezeit sind auch Tarifwerke verabschiedet worden, die eine Sicherung vor Rationalisierungsmaßnahmen nicht mehr allein älteren Arbeitnehmern zugute kommen lassen, sondern den erweiterten Kündigungsschutz voraussetzungslos allen tarifgebundenen Arbeitnehmern zuerkennen. Des weiteren ist heute der tarifliche Sonderkündigungsschutz vielfach von dem ursprünglichen Ziel des Schutzes vor Rationalisierungsmaßnahmen abgekoppelt worden und zu einem eigenständigen Instrument der Alterssicherung ausgebaut worden. Betrachtet man die heutige Ta-

---

118 *Schlemmer*, Festschrift f. Karl Molitor, 1988, S. 309 (318).

119 Abgedruckt in RdA 1974, S. 174ff.

120 RdA 1974, S. 174 (176).

121 *Borrmann*, Schutz des sozialen Besitzstandes bei Rationalisierungsmaßnahmen, 1971, S. 192.

122 Nach *Däubler*, Das Arbeitsrecht 2[11], Rdnr. 1274 eine der drei grundsätzlichen Formen des Arbeitsplatzschutzes.

riflandschaft, so fällt auf, daß ein erweiterter tarifvertraglicher Kündigungsschutz zur festen Regel geworden ist. Das Fehlen einer tariflichen Alterssicherung, wie etwa im BAT-Ost[123], ist eine selten vorkommende Ausnahme.

§ 8 Systematisierung der Erscheinungsformen von Unkündbarkeitsklauseln

Die nachfolgende Darstellung vermittelt einen kurzen Überblick über die zahlreichen und inhaltlich stark differierenden tarifvertraglichen Kündigungsschutznormen. Unkündbarkeitsklauseln bezwecken den Schutz unterschiedlicher Personengruppen. Für eine Systematisierung der verschiedenenartigen Kündigungsschutzklauseln wird deshalb zunächst auf die durch sie erfaßten Arbeitnehmergruppen abgestellt. Als weiteres Unterscheidungskriterium kann die Intensität der durch sie geschaffenen Sachbindung der Kündigung herangezogen werden.

I. Der Schutzzweck der Unkündbarkeitsklauseln

Unkündbarkeitsklauseln bilden Normen des besonderen Kündigungsschutzes in Form von materiellen Kündigungsbeschränkungen. Der besondere Kündigungsschutz dient dabei im wesentlichen dem Schutz dreier Personengruppen. Zur Zeit sind Kündigungsbeschränkungen vor allem zum Schutz der tarifgebunden Arbeitnehmer vor Rationalisierung, zum Schutz von älteren Arbeitnehmern und zugunsten gewerkschaftlicher Vertrauensleute vereinbart[124].

1. Schutz der Belegschaft vor Rationalisierungsmaßnahmen

Wie bereits dargelegt, bildeten in der privaten Wirtschaft Rationalisierungsschutzabkommen den eigentlichen Ausgangspunkt für die Verankerung von Kündigungsverboten. Jedoch waren diese in der Anfangszeit des Rationalisierungsschutzes auf das Verbot von ordentlichen Kündigungen zugunsten älterer Arbeitnehmer beschränkt. Später sind durch die Tarifvertragsparteien auch Rationalisierungsschutzabkommen im eigentlichen Sinne vereinbart worden, die nicht mehr an persönliche Merkmale des Arbeitnehmers, wie das Vorliegen eines bestimmten Lebensalter und eine vorgegebene Länge der Betriebszugehörigkeit, anknüpfen. Sie enthalten in der Regel einen vollständigen, wenn auch

---

[123] Dazu *Däubler*, Das Arbeitsrecht 2[11], Rdnr. 1784.

[124] Siehe etwa die kurzen Zusammenfassungen bei Schaub, Arbeitsrechtshandbuch[9], § 123 Rdnr. 85; KR[5]/*Spilger*, § 622 BGB Rdnr. 112ff.; KR[5]/*Friedrich*, § 13 KSchG Rdnr. 261ff.; KSchR[4]/*Däubler*, Einleitung Rdnr. 364, 369; GK-KR/*Preis*, Grundlagen J. Rdnr. 10, 12, 15.

unter Umständen zeitlich begrenzten, Ausschluß von ordentlichen betriebsbedingten Kündigungen. Hier sind auch andere tarifvertragliche Vereinbarungen denkbar, wie etwa das in einer Sanierungsabrede enthaltende vorübergehende Verbot betriebsbedingter Kündigungen unter gleichzeitiger Einschränkung des tariflichen Gehalts für die Dauer eines betrieblichen Sanierungsverfahrens[125].

In der tariflichen Praxis spielt außerdem zunehmend der Ausschluß der ordentlichen betriebsbedingten Kündigung bei gleichzeitiger Verkürzung der Wochenarbeitszeit ohne vollen Lohnausgleich eine bedeutende Rolle[126]. Derartige Formen des Kündigungsausschlusses zur Beschäftigungssicherung finden sich erstmals in den Tarifabschlüssen des Jahres 1994[127] und in den im Rahmen des „Bündnis für Arbeit" abgeschlossenen Tarifverträgen[128]. Exemplarisch sei hier auf den Tarifvertrag zwischen der Volkswagen AG und der Industriegewerkschaft Metall vom 1. Januar 1994 hingewiesen, der einen Verzicht auf betriebsbedingte Entlassungen während seiner Laufzeit enthält. Dessen § 5 bestimmt[129]:

„Für die Laufzeit der Vereinbarung sind betriebsbedingte Kündigungen ausgeschlossen."

Weiter finden sich beschäftigungssichernde Abreden bei denen für einen begrenzten Kündigungsverzicht auch Einkommenseinbußen auf Arbeitnehmerseite hingenommen werden. So erlaubt der Tarifvertrag des Einzelhandels Nordrhein-Westfalens aus dem Jahre 1998 die betriebliche Möglichkeit zur Absenkung der Einkommensbestandteile um maximal zwölf Prozent für die maximale Dauer von zwölf Monaten bei Unternehmen bis zu 20 Mitarbeitern. Im Gegenzug ist für die Laufzeit des Vertrages das Recht zur ordentlichen Kündigung ausgeschlossen[130].

2. Unkündbarkeitsklauseln zum Schutz älterer Arbeitnehmer

Entstehungsgeschichtlich betrachtet standen hingegen die besonderen Sicherungsklauseln zum Schutz älterer Arbeitnehmer in den Tarifwerken des öffentlichen Dienstes am Ausgangspunkt der Entwicklung von Unkündbarkeitsklauseln. Sie dürften auch heute deren Hauptanwendungsfall bilden und sind in der derzeitigen Tariflandschaft sowohl im öffentlichen Dienst als auch in der Privatwirtschaft am häufigsten anzutreffen[131]. In der privaten Wirtschaft steht

---

125 Vgl. zu einzelvertraglichen Abreden *Martens*, Festschrift f. Zeuner, 1994, S. 101 (116f.).

126 KSchR[4]/*Däubler*, Einleitung Rdnr. 361; *Oetker*, Festschrift f. Wiese, 1998, S. 333 (340); *Löwisch*, DB 1998, S. 877; *Bader/Bram/Dörner/Wenzel*, KSchG, § 1 Rdnr. 296a; *Preis/Hamacher*, Festschrift Arbeitsgerichtsbarkeit in Rheinland-Pfalz, 1999, S. 245 (257).

127 *Bispinck*, 50 Jahre Tarifvertragsgesetz, in: WSI-Tarifhandbuch 1999, S. 113 (120).

128 *Oetker*, Arbeitsrechtlicher Bestandsschutz, 1996, S. 24.

129 Abgedruckt in NZA 1994, S. 111 (112).

130 WSI-Tarifhandbuch 1999, S. 37.

131 *Kania/Kramer*, RdA 1995, S. 287.

heute neben dem ursprünglichen Zweck von Unkündbarkeitsklauseln, die Etablierung eines verstärkten Schutzes vor rationalisierungsbedingten Entlassungen zu begründen, das Ziel im Vordergrund, eine generelle Absicherung älterer Arbeitnehmer mit einer langen Betriebszugehörigkeit vor ordentlichen Kündigungen zu erreichen.

Derartige Bestimmungen werden deshalb auch mit dem aussagekräftigen Begriff der „Alterssicherungsbestimmungen" gekennzeichnet[132], die verliehene Unkündbarkeit auch als „altersbedingte Unkündbarkeit" bezeichnet[133] und die geschützten Arbeitnehmer als „alters-"[134] oder „verdienstgesicherte"[135] Arbeitnehmer qualifiziert. Tarifverträgen zum Schutz älterer Arbeitnehmer können insbesondere zwei Schutzzwecke zugeordnet werden.

a) Das Schutzbedürfnis älterer Arbeitnehmer

Diesen Kündigungsschutznormen liegt zunächst der Gedanke einer gesteigerten Schutzbedürftigkeit von älteren Arbeitnehmern zugrunde[136]. Arbeitnehmer mit vorangeschrittenem Lebensalter werden im Arbeitsrecht häufig als eine eigene Problemgruppe eingestuft[137]. Zwar können ältere Mitarbeiter häufig besondere Berufserfahrung oder spezielle Qualifikationen vorweisen und bieten deshalb für die Betriebe wertvolles Potential. Dennoch belegen die Arbeitslosenstatistiken, daß ältere Arbeitnehmer häufiger arbeitslos werden als Angehörige jüngerer Altersstufen[138]. Über weite Teile wird das Arbeitgeberlager von der Vorstellung beherrscht, ältere Arbeitnehmer seien nicht in dem Maße belastbar wie ihre jüngeren Kollegen, es könne zu einem altersbedingten Abfall der Leistungsfähigkeit kommen und ältere Arbeitnehmer seien anfälliger für Erkrankungen[139]. Zudem besteht für diesen Personenkreis, vor allem in Zeiten rückläufiger Arbeitsnachfrage, geringere Chancen der Weitervermittlung an einen anderen Arbeitgeber[140]. Trotz ihrer erhöhten Schutzbedürftigkeit hat es der Gesetzgeber

---

132 *Frohner*, BlStSozArbR 1977, S. 353.

133 *Kania/Kramer*, RdA 1995, S. 287.

134 *Schwerdtner*, Festschrift für Kissel 1994, S. 1077.

135 KR[5]/*Spilger*, § 622 BGB Rdnr. 112.

136 *v.Koppenfels*, Kündigung bei unkündbaren Arbeitnehmern, 1998, S. 79.

137 *Zöllner*, Gutachten D 52. DJT, 1978, S. 169ff.; *Däubler*, Das Arbeitsrecht 2[11], Rdnr. 1509; anders jedoch *Schellhaaß*, ZfA 1984, S. 139 (146); aber auch *Zöllner*, Gutachten D 52. DJT, 1978, S. 170 warnt vor einem überzogenen arbeitsrechtlichen „Altersfetischismus".

138 *Schellhaaß*, ZfA 1984, S. 139 (146); *Däubler*, Das Arbeitsrecht 2[11], Rdnr. 1509, mit statistischen Nachweisen aus dem Jahr 1996 in Fn. 125.

139 *Däubler*, Das Arbeitsrecht 2[11], Rdnr. 1509; *v.Koppenfels*, Kündigung bei unkündbaren Arbeitnehmern, 1998, S. 79.

140 *BAG* (Urt. v. 24.1.1996), AP Nr. 7 zu § 59 BAT [unter B II 3b der Gründe]; siehe schon den Hinweis von *Hagen*, BB 1970, S. 129 (133) zum Rationalisierungsschutzabkommen in der Metallindustrie; *Zöllner*, Gutachten D 52. DJT, 1978, S. 170.

bisher versäumt ein eigenes System von Sonderschutzrechten zugunsten dieser Arbeitnehmergruppe zu verankern[141]. Dem Fehlen eines eigenständigen Schutzsystems wird zumindest auf dem Gebiet des Kündigungsschutzes durch tarifvertragliche Kündigungsbestimmungen, die der Alterssicherung dienen, entgegengewirkt[142].

Allerdings knüpfen dabei die tarifvertraglichen Sicherungsklauseln nicht allein an das Lebensalter des Arbeitnehmers an. Entscheidende Voraussetzung ist immer auch das Erreichen einer bestimmten Dauer der Zugehörigkeit zum Betrieb, in der Regel eine Zeit von 15 oder 20 Jahren. Ältere Arbeitnehmer werden deshalb auch durch Tarifverträge nicht schlechthin vor ordentlichen Kündigungen geschützt. Durch das zusätzliche Erfordernis einer bestimmten Betriebszugehörigkeit soll erreicht werden, daß nur langjährig beschäftigte Arbeitnehmer in den Genuß einer erhöhten Arbeitsplatzsicherheit kommen.

Das Vorbild der tarifvertraglichen Alterssicherung lieferte ferner Anlaß zu gewerkschaftlichen Forderungen an den Gesetzgeber im Arbeitsrecht. So verabschiedete der DGB auf seinem 10. Ordentlichen Bundeskongreß im Jahre 1975 eine Entschließung, nach der bei der Schaffung eines einheitlichen Arbeitsgesetzbuchs die generelle Unkündbarkeit von älteren Arbeitnehmern im Kündigungsschutzrecht zu verankern ist[143]. Dieser Anregung ist der Gesetzgeber freilich bis heute nicht nachgekommen.

b) Unkündbarkeitsklauseln als Ausdruck des Vertrauensschutzgrundsatzes

Neben dem eigentlichen tarifvertraglichen Schutzzweck von Unkündbarkeitsklauseln, älteren und langgedienten Arbeitnehmern einen Sonderkündigungsschutz zu gewähren, tragen derartige Tarifbestimmungen auch dem schutzwürdigen Vertrauen der Arbeitnehmer am Fortbestand ihres Arbeitsverhältnisses Rechnung. Es entspricht in der Regel den natürlichen Überzeugungen eines langjährig Beschäftigten, bei anstehenden personellen Maßnahmen bevorzugt behandelt zu werden. Mit wachsender Dauer der Betriebszugehörigkeit steigt daher das Bestandsschutzinteresse des Arbeitnehmers an[144]. Hier begegnet man einer Ausprägung des tarifvertraglichen Kündigungsschutzes, die enge Verbindungslinien zum Vertrauensgrundsatz aufweist. Der in Abhängigkeit von der Länge der Betriebszugehörigkeit und einer bestimmten Altersgrenze gesteigerte Kündigungsschutz ist Bestandteil des auch im Kündigungsschutzrecht geltenden und zu berücksichtigenden Vertrauensschutzprinzips[145]. Dies belegen die nach der Länge der Beschäftigungsdauer gesteigerten Kündigungsfristen und

---

141 *Däubler*, Das Arbeitsrecht 2[11], Rdnr. 1510.

142 *Däubler*, Das Arbeitsrecht 2[11], Rdnr. 1512.

143 *Wenning-Morgenthaler*, BlStSozArbR 1985, S. 193, mwN in Fn. 9.

144 *Löwisch*, KSchG[8], § 1 Rdnr. 354; siehe auch *Oetker*, Das Dauerschuldverhältnis, 1994, S. 273.

145 *Preis*, Vertragsgestaltung im Arbeitsrecht, 1993, S. 31.

das Gewicht des Kriteriums der Betriebszugehörigkeit im Rahmen der Sozialauswahl nach § 1 Abs. 3 KSchG. Nicht zuletzt stellen tarifvertragliche Unkündbarkeitsklauseln eine besondere kollektivrechtliche Ausprägung des Vertrauensgrundsatzes dar[146]. Der Arbeitnehmer baut in der Erwartung, mit fortschreitender Zugehörigkeit zum Betrieb eine den gesetzlichen Normalrahmen übersteigende Sicherung seines Arbeitsplatzes zu erfahren, oft schon unabhängig von der Kenntnis einer entsprechenden tarifvertraglichen Regelung das Vertrauen auf, vom Arbeitgeber wegen bestimmter Umstände nicht, oder nicht ohne weiteres gekündigt werden zu können. Jedoch reicht, worauf *Preis* ausdrücklich hinweist, allein die fortschreitende Dauer der Zugehörigkeit zum Betrieb nicht aus, um beim Arbeitnehmer das Vertrauen hervorzurufen, schlechthin vor ordentlichen Kündigungen geschützt zu sein[147]. Vielmehr bedarf es dazu einer ausdrücklich verankerten Regelung im Tarifvertrag. Die ordentliche Unkündbarkeit kann deshalb nicht allein durch einen dahingehenden Vertrauenstatbestand auf Arbeitnehmerseite erwirkt werden. Tarifvertragliche Regelungen, die die ordentliche Kündigung unter bestimmten Voraussetzungen einschränken oder ausschließen, befriedigen deshalb das schutzwürdige Vertrauen des langjährig Beschäftigten an einem erhöhten Kündigungsschutz über das durch den Vertrauensschutzgrundsatz geforderte Maß hinaus.

c) Ausstrahlungswirkung von Unkündbarkeitsklauseln in den kündigungsschutzfreien Bereich?

Das *Bundesverfassungsgericht* hat in seiner Entscheidung zur Verfassungsmäßigkeit der Kleinbetriebsklausel des § 23 Abs. 1 Satz 2 KSchG unter anderem die Forderung aufgestellt, daß auch in kündigungsschutzfreien Betrieben ein Mindestschutz vor willkürlichen oder sachlich nicht begründbaren Kündigungen gewährt werden muß, der in seiner Intensität aber nicht dem durch § 1 Abs. 2 KSchG vermittelten Schutz entsprechen darf[148]. Das Vertrauen, das ein langjährig Beschäftigter in den Fortbestand seines Arbeitsverhältnisses setzt, darf daher bei der Beurteilung der Wirksamkeit einer Kündigung nicht unberücksichtigt bleiben. Allerdings hat es das *Bundesverfassungsgericht* versäumt, konkrete Anhaltspunkte dafür zu liefern, wann von dem Vorliegen eines besonderen schutzwürdigen Interesses auszugehen ist. *Hanau* möchte zur näheren Konkretisierung dieses „Kündigungsschutzes zweiter Klasse" auf die tarifvertraglichen Bestimmungen zur Alterssicherung abstellen[149]. Nach seiner Auffassung kann man diese als Indiz dafür werten, wann von einer bevorzugten Behandlung von älteren Arbeitnehmern auszugehen ist, die nicht unter den Schutzbereich

---

146 *v.Koppenfels*, Kündigung bei unkündbaren Arbeitnehmern, 1998, S. 105f.

147 *Preis*, Prinzipien des Kündigungsrechts, 1987, S. 373.

148 *BVerfG* (Beschl. v. 27.1.1998), AP Nr. 17 zu § 23 KSchG 1969 [unter B I 3b cc der Gründe].

149 *Hanau*, Festschrift f. Dieterich, 1999, S. 201 (208).

des KSchG fallen. Weisen die Arbeitnehmer in kündigungsschutzfreien Betrieben den typischen Unkündbarkeitsvoraussetzungen entsprechende Sozialdaten auf, so müsse dies auch im Rahmen einer Kündigung Berücksichtigung finden. Auch nach *Hanaus* Auffassung können diese Arbeitnehmer aber auf keinen Fall einem tarifvertraglich unkündbaren Arbeitnehmer gleichgestellt werden[150]. Insoweit bezieht sich die Forderung *Hanaus* allein auf den Tatbestand und nicht auf die Rechtsfolge der einschlägigen Kündigungsschutzklausel. Die bei der Kündigung vorzunehmende Interessenabwägung müsse aber der Länge der Betriebszugehörigkeit älterer Arbeitnehmer besondere Beachtung beimessen.

Die Orientierung an den tarifvertraglichen Bestimmung des Ausschlusses der ordentlichen Kündigung ist indes abzulehnen. Dies ergibt sich schon daraus, daß die bei einer Kündigung im Kleinbetrieb vorzunehmende Interessenabwägung nicht durch eine von den Unkündbarkeitsklauseln vorgegebene Interessenbewertung überlagert werden darf. Man würde sonst Gefahr laufen, einen vom *Bundesverfassungsgericht* für verfassungsrechtlich geboten gehaltenen Mindestkündigungsschutz auf tarifliche Regelungen zurückzuführen, die häufig Kompromißcharakter aufweisen. Zudem sind die materiellen Kündigungsschranken in den verschiedenen Tarifverträgen so unterschiedlich ausgestaltet, daß sich für die Umsetzung dieser Forderung kein praktikabler Maßstab finden ließe. *Hanau* spricht sich zwar für eine Orientierung an § 53 Abs. 3 BAT aus[151], will einen verfassungsrechtlichen Mindestkündigungsschutz somit von dem Erreichen des 40. Lebensjahres und einer 15jährigen Betriebszugehörigkeit abhängig machen. Doch auch dieses Vorgehen ist Bedenken ausgesetzt. Warum beispielsweise ein 39jähriger Arbeitnehmer mit 18jähriger Betriebszugehörigkeit in bezug auf den verfassungsrechtlichen Kündigungsschutz schlechter behandelt werden soll als sein, die Unkündbarkeitsvoraussetzungen erfüllender Kollege ist sachlich nicht zu begründen.

Neben diesen Gesichtspunkt der mangelnden gerechtigkeitspolitischen Überzeugungskraft[152] entsprechender tariflicher Regelungen tritt noch ein weiteres Argument. Den Tarifvertragsparteien fehlt überhaupt die Befugnis zu Regelung der Rechtsverhältnisse von Außenstehenden[153]. Sie dürfen daher auch keine Wertungsvorgaben etablieren, die Ausstrahlungswirkung auf Nichtmitglieder haben können. Entsprechende Regelungen, wie die vorgeschlagene Analogie zu § 53 Abs. 3 BAT, würden damit von vornherein an einem Legitimationsdefizit leiden.

---

150 *Hanau,* Festschrift f. Dieterich, 1999, S. 201 (209).

151 *Hanau,* Festschrift f. Dieterich, 1999, S. 201 (208).

152 Zu den Schwierigkeiten Lebensalter und Dauer der Betriebszugehörigkeit in einen sachgerechten Ausgleich zu bringen vgl. etwa *Wank,* Arbeiter und Angestellte, 1992, S. 126ff.

153 Siehe *Reuter,* Festschrift f. Schaub, 1998, S. 605, (611f.).

Unkündbarkeitsklauseln kann daher keine Ausstrahlungskraft in den kündigungsschutzfreien Bereich hinein beigemessen werden. Die Bewertung im Einzelfall, wann eine langjährige schützenswerte Mitarbeit im Sinne der Diktion des *Bundesverfassungsgerichts* vorliegt, kann nicht durch die starren Alters- und Betriebszugehörigkeitsgrenzen des BAT oder vergleichbarer tarifvertraglicher Regelungen ersetzt werden.

3. Sonderkündigungsschutz gewerkschaftlicher Vertrauensleute

Neben Unkündbarkeitsklauseln zum Schutz älterer Arbeitnehmer und beschäftigungssichernden Abreden existieren Kündigungsbeschränkungen, die in Tarifverträgen zum Schutz gewerkschaftlicher Vertrauensleute vereinbart werden. Gewerkschaftliche Vertrauensleute sind die Interessenvertreter ihrer Gewerkschaft und fungieren als Kontakt- und Anlaufstelle der Gewerkschaften zu den gewerkschaftlich organisierten Arbeitnehmern eines Betriebs[154]. Sie sind damit die „Träger der Gewerkschaftsarbeit in den Betrieben"[155]. Nach der Definition des § 21 Nr.1 der Satzung der Deutschen Postgewerkschaft e.V. vom 20 November 1999 sind Vertrauensleute[156]

„ (...) Träger gewerkschaftlicher Meinungs- und Willensbildung im Betrieb. Sie sind Bindeglied zwischen Mitgliedern und gewerkschaftlichen Organisationseinheiten. Sie arbeiten im Rahmen der Satzung an der Gestaltung und Festigung der Deutschen Postgewerkschaft mit und vertreten die Gewerkschaftspolitik im Betrieb auf der Grundlage der Beschlüsse und Forderungen der Deutschen Postgewerkschaft."

Aufgrund ihrer Tätigkeit im Interesse der Gewerkschaften und der ihnen durch die Satzungen der Gewerkschaft zugedachten Aufgaben[157] sind gewerkschaftliche Vertrauensleute stärker als sonstige Arbeitnehmer dem Unmut und der Mißgunst des Arbeitgebers ausgesetzt. Sie trifft daher ein gegenüber den sonstigen Arbeitnehmern verstärktes Versetzungs- und Kündigungsrisiko[158]. In tatsächlicher Hinsicht ist ihre Schutzbedürftigkeit somit durchaus mit denen von Mitgliedern der betriebsverfassungsrechtlichen Interessensvertretungen vergleichbar. Dennoch hat der Gesetzgeber keinen besonderen Kündigungsschutz für diese Arbeitnehmergruppe geschaffen[159]. Die tarifvertragliche Absicherung

---

154 *Schaub*, Arbeitsrechtshandbuch[9], § 191 Rdnr. 14; *Gamillscheg*, Kollektives Arbeitsrecht Bd. I, 1997, S. 160; zur Entwicklung Wiedemann/*Wiedemann*, TVG[6], Einleitung Rdnr. 445.

155 So die Formulierung des Handbuchs für Vertrauensleute der Industriegewerkschaft-Metall, zitiert nach *Kraft*, ZfA 1976, S. 243 (244, Fn. 4).

156 Zitiert nach der Satzung der Deutschen Postgewerkschaft e.V., herausgegeben von ihrem Hauptvorstand, Abteilung Organisation/Vertrauensleute, Frankfurt am Main, 1999.

157 Siehe zu den Aufgaben etwa den Katalog des § 21 Nr. 1 a)- e) der Satzung der Deutschen Postgewerkschaft e.V. vom 20 November 1999.

158 KR[5]/*Friedrich*, § 13 KSchG Rdnr. 263a; KSchR[3]/*Kittner*, Einleitung Rdnr. 310.

159 Wiedemann/*Wiedemann*, TVG[6], Einleitung Rdnr. 445.

durch spezielle tarifvertragliche Schutzbestimmungen soll deshalb dazu beitragen, daß gewerkschaftliche Vertrauensleute unabhängig von arbeitgeberseitigen Repressalien und ohne die Gefahr einer Kündigung die ihnen von der Gewerkschaft übertragene Funktion ungestört wahrnehmen können. Zu diesem Zweck wird in Tarifverträgen zugunsten gewerkschaftlicher Vertrauensleute beispielsweise die Kündigung eines Vertrauensmanns von der Unterrichtung oder der Anhörung der Gewerkschaft abhängig gemacht, die Änderungskündigung ausgeschlossen oder der Ausspruch ordentlicher betriebsbedingter Kündigungen untersagt[160]. Vereinzelt bestehen gewerkschaftliche Forderungen nach einer noch weiteren Intensivierung des Kündigungsschutzes durch eine Gleichstellung der Vertrauensleute mit Betriebsratsmitgliedern. Gefordert wird ein dem § 15 Abs. 1 KSchG entsprechender Schutzstandart[161]. Die gewerkschaftlichen Interessenvertreter wären dann vor jeder ordentlichen Arbeitgeberkündigung geschützt. Ihnen gegenüber könnte nur außerordentlich nach § 626 BGB bei Vorliegen eines wichtigen Grundes gekündigt werden.

Ein solches generelles Verbot ordentlicher Kündigungen ist in § 5 des Tarifvertrags über die Rechte, die Pflichten und den Schutz der Vertrauensleute der Gewerkschaft ÖTV vom 1. Juli 1980 enthalten[162]:

> „Die ordentliche Kündigung eines gewählten Vertrauensmannes ist unzulässig. Die außerordentliche Kündigung ist nur mit Zustimmung des Betriebsrats möglich. Die Bestimmung gilt als Vereinbarung gemäß § 102 Abs. 6 BetrVG für den Personenkreis der Vertrauensleute für die Dauer deren Amtszeit."

II. Umfang der Sachbindung von Unkündbarkeitsklauseln

Kündigungsbeschränkungen führen zu einer Erhöhung der Bindungswirkung des Arbeitsverhältnisses[163]. Hinsichtlich des Umfangs der durch Tarifverträge vermittelten Bindungswirkung kann zunächst zwischen Tarifnormen unterschieden werden, die sich allein auf das ordentliche arbeitgeberseitige Kündigungsrecht beziehen und solchen, die auch in die Befugnis zur außerordentlichen Kündigung eingreifen[164]. Unkündbarkeitsklauseln beziehen sich nicht ausnahmslos auf alle drei möglichen Kategorien von Kündigungsgründen. Vielmehr differieren sie inhaltlich stark voneinander, indem sie entweder einen voll-

---

160 *Struck*, Die rechtliche Zulässigkeit von Tarifverträgen zugunsten gewerkschaftlicher Vertrauensleute, 1981, S. 25; Wiedemann/*Wiedemann*, TVG[6], Einleitung Rdnr. 450; KR[5]/*Friedrich*, § 13 KSchG Rdnr. 263a; KSchR[4]/*Däubler*, Einleitung Rdnr. 369.

161 Siehe *Kraft*, ZfA 1976, S. 243f.; *Struck*, Die rechtliche Zulässigkeit von Tarifverträgen zugunsten gewerkschaftlicher Vertrauensleute, 1981, S. 26.

162 Wiedergegeben bei *BAG* (Urt. v. 8.10. 1997), NZA 1998, S. 492 (492); siehe zu dieser Klausel *Bauer/Haußmann*, NZA 1998, S. 854 (856).

163 *Preis*, Vertragsgestaltung im Arbeitsrecht, 1993, S. 31.

164 Vgl. auch die Einteilung bei AR-Blattei D/*Schmidt*, Kündigung VII, C I.

ständigen oder einen partiellen Ausschluß von Kündigungsgründen enthalten. In bezug auf die zeitliche Dauer des gewährten Schutzes kann man eine Unterteilung in zeitlich unbeschränkt und lediglich temporär wirkende Kündigungsverbote vornehmen.

1. Regelfall: Beschränkung der ordentlichen Kündigung

Regelmäßig beziehen sich tarifvertragliche Kündigungsklauseln allein auf das arbeitgeberseitige Recht zur ordentlichen Kündigung und lassen das außerordentliche Kündigungsrecht unangetastet[165]. Dies mag vor allem auf zwei Gründen beruhen. Zum einen ist der Ausschluß des ordentlichen Kündigungsrechts das entwicklungsgeschichtlich gesehen primäre tarifvertragliche Instrument zur Begrenzung der Arbeitgeberkündigung. Zum anderen besteht bei einem Übergriff in die Befugnis zur außerordentlichen Kündigung die Gefahr, daß die tarifvertragliche Klausel in Konflikt mit der von der überwiegenden Ansicht in Rechtsprechung und Literatur vertretenen Auffassung der Unabdingbarkeit des außerordentlichen Kündigungsrechts gerät.

a) Vollständiger Ausschluß des ordentlichen Kündigungsrechts

Viele der derzeitigen Manteltarifverträge enthalten einen unter bestimmten Voraussetzungen gewährten Totalausschluß des ordentlichen Kündigungsrechts. Fast alle Manteltarifverträge, die Kündigungsklauseln zur Alterssicherung enthalten, stellen dabei kumulativ auf die Vorliegen einer festgesetzten Anzahl von Dienst- oder Beschäftigungsjahren und das Erreichen eines bestimmten Lebensalters ab. Diese Bestimmungen differenzieren in der Regel auch nicht hinsichtlich der in § 1 Abs. 2 KSchG festgeschriebenen personen-, verhaltens- und betriebsbedingten Kündigungsgründe, sondern enthalten einen generellen ordentlichen Kündigungsausschluß[166]. Mit der Erfüllung der tatbestandlichen Voraussetzungen tritt Unkündbarkeit ein. Sämtliche Kündigungsmöglichkeiten nach dem KSchG sind für den Arbeitgeber gesperrt. Er kann nur eine außerordentliche Kündigung aussprechen. Tarifvertragliche Kündigungsverbote sind zudem nicht allein auf die ordentliche Beendigungskündigung beschränkt, sondern schließen in aller Regel auch die ordentliche Änderungskündigung durch den Arbeitgeber aus[167].

---

165 *Säcker/Oetker*, Grundlagen und Grenzen der Tarifautonomie, 1992, S. 185; MünchArbR/*Berkowsky*, § 129 Rdnr. 13.

166 *Trittin*, ArbuR 1995, S. 51 (52).

167 KR[5]/*Spilger*, § 622 BGB Rdnr. 110; KSchR[4]/*Däubler*, Einleitung Rdnr. 366; *Stahlhacke/Preis/Vossen*, Kündigungsschutz[7], Rdnr. 208; ErfurtKomm/*Müller-Glöge*, § 622 BGB Rdnr. 108.

b) Partieller Ausschluß von Kündigungsrechten

Unter einem partiellen Kündigungsausschluß versteht man die Beschränkung des ordentlichen beziehungsweise des außerordentlichen Kündigungsrechts in sachlicher Hinsicht[168]. Das Kündigungsrecht wird nicht gänzlich ausgeschlossen sondern nur teilweise eingeschränkt. Die Kündigungsklauseln enthalten einen Ausschluß bestimmter Lebenssachverhalte aus den zur ordentlichen Kündigung berechtigenden Gründen. So sind in Tarifverträgen Klauseln anzutreffen, die sich nur auf einen Teilbereich der in § 1 Abs. 2 KSchG festgeschriebenen Kategorien von Kündigungsgründen beziehen. Häufig wird dabei das arbeitgeberseitige Recht zur ordentlichen Kündigung allein auf die personen- und verhaltensbedingten Kündigungsgründe beschränkt[169]. So verbieten etwa Tarifverträge zugunsten gewerkschaftlicher Vertrauensleute allein die ordentliche betriebsbedingte Kündigung, lassen aber den Ausspruch der ordentlichen Kündigung, etwa wegen Krankheit oder Verhaltensverstößen uneingeschränkt zu. Kündigungsbeschränkungen in Form eines partiellen Kündigungsverbots finden sich beispielsweise auch in den besonderen Kündigungsausschlüssen der Bauindustrie. Die §§ 4, 5.4 des Tarifvertrags für das Baugewerbe in der Fassung vom 26. September 1984 bestimmen, daß das Arbeitsverhältnis in der gesetzlich vorgeschriebenen Schlechtwetterzeit, also für den Zeitraum vom 1. November eines Jahres bis zum 31. März des Folgejahres, aus witterungsbedingten Gründen nicht gekündigt werden darf[170]. Hier kann die Situation eingreifen, daß eine sinnvolle Beschäftigung für den Arbeitnehmer während dieser Zeit nicht mehr besteht und dennoch die Möglichkeit der betriebsbedingten Kündigung nach den tarifvertraglichen Vorgaben ausgeschlossen ist. Die Tarifvertragsparteien können zudem spezielle Diskriminierungsverbote verankern oder sogenannte anlaßbezogene Kündigungsverbote festschreiben, wie etwa das Verbot, Kündigungen aus Anlaß einer Arbeitsunfähigkeit auszusprechen[171]. Partielle Kündigungssperren können die ordentliche Kündigung auch auf die Kündigung wegen Leistungsminderung reduzieren.

---

168 *Kania/Kramer*, RdA 1995, S. 287 (291) mit Beispiel; *Stahlhacke/Preis/Vossen*, Kündigungsschutz[7], Rdnr. 207; KR[5]/*Etzel*, § 1 KSchG Rdnr. 28; KSchR[4]/*Däubler*, Einleitung Rdnr. 363; Wiedemann/*Wiedemann*, TVG[6], § 1 Rdnr. 535; *Säcker/Oetker*, Grundlagen und Grenzen der Tarifautonomie, 1992, S. 185f; AR-BlatteiD/*Schmidt*, Kündigung VII, C I.

169 *Schaub*, Arbeitsrechtshandbuch[9], § 127 Rdnr. 8; KR[5]/*Etzel*, § 1 KSchG Rdnr. 28.

170 Dazu etwa *Wank*, Anm. A I zu *BAG* (Urt. v. 15.3. 1984), AP Nr. 2 zu § 1 KSchG 1969 Soziale Auswahl; weiteres Beispiel bei *Löwisch*, DB 1998, S. 877, Fn. 21: § 12 Nr. 2 des Bundesrahmentarifvertrags für das Baugewerbe.

171 *Stahlhacke/Preis/Vossen*, Kündigungsschutz[7], Rdnr. 207.

So bestimmte § 36 Abs. 3 des Manteltarifvertrags des WDR vom 8. August 1979[172]:

„Nach 10 Beschäftigungsjahren ist eine Kündigung durch den WDR mit einer Frist von zwölf Monaten zum Schluß eines Kalenderjahres nur noch zulässig, wenn der Arbeitnehmer infolge Leistungsminderung den Betriebserfordernissen nicht mehr entspricht."

Weiter kann die betriebsbedingte Kündigung etwa auf den Fall der Betriebsstillegung beschränkt werden oder eine krankheitsbedingte Kündigung nur bei einer eingetretenen Erwerbsunfähigkeit zulässig sein[173].

c) Temporärer Ausschluß des ordentlichen Kündigungsrechts

Es ist ferner möglich, ein Kündigungsverbot auch in zeitlich limitierter Weise zu vereinbaren und somit keinen dauerhaften, sondern nur einen zeitweisen Kündigungsschutz zu gewähren[174]. Eine zeitlich befristete Kündigungssperre enthält etwa der Tarifvertrag der Volkswagen AG aus dem Jahre 1994[175], der für die Laufzeit des Vertrages nur den Ausspruch von betriebsbedingten Kündigungen ausschließt, hingegen das arbeitgeberseitige Recht zur Kündigung aus personen- und verhaltensbedingten Kündigungsgründen unangetastet läßt. Aufgrund der generellen Formulierung „betriebsbedingte Kündigungen" und dem Schutzzweck der Beschäftigungssicherung liegt der Schluß nahe, daß sich die Klausel nach Auffassung der Tarifpartner auch auf das Recht zur außerordentlichen betriebsbedingten Kündigungen beziehen soll. Die Klausel enthält dann einen vollständigen Ausschluß ordentlicher und außerordentlicher betriebsbedingter Kündigungen. Das angeführte Beispiel zeigt zudem, daß auch eine Kombination von partiellen und temporären Kündigungsverboten möglich und üblich ist.

2. Eingriff in die Befugnis zur außerordentlichen Kündigung

Den stärksten Schutzeffekt vor Kündigungen weisen Tarifnormen auf, die nicht nur einen vollständigen Ausschluß ordentlicher Kündigungsgründe anordnen, sondern auch das arbeitgeberseitige Recht zur außerordentlichen Kündigung beschneiden. Paradigmatisch ist hier auf den durch das Zusammenspiel von § 53 Abs. 3 und § 55 Abs. 2 BAT vermittelten Kündigungsschutz von Angestellten im öffentlichen Dienst hinzuweisen. Diese Vorschriften beinhalten einen absoluten Schutz vor betriebsbedingten Beendigungskündigungen. Auch in der Pri-

---

172 Abgedruckt bei *Otto*, RdA 1984, S. 261 (274).

173 Siehe KSchR[4]/*Däubler*, Einleitung Rdnr. 363; *Löwisch*, KSchG[8], Vorbemerkung zu § 1 Rdnr. 92.

174 *Kania/Kramer*, RdA 1995, S. 287 (291); *Stahlhacke/Preis/Vossen*, Kündigungsschutz[7], Rdnr. 207; *Preis*, Arbeitsrecht, §58 VIII 2 (S. 590); AR-Blattei D/*Schmidt*, Kündigung VII, C I.

175 Abgedruckt in NZA 1994, S. 111 (112).

vatwirtschaft existieren Kündigungsverbote, die das Recht zur außerordentlichen Kündigung begrenzen. So finden sich Bestimmungen, die festschreiben, daß weder die andauernde Arbeitsunfähigkeit infolge fortdauernder Krankheit noch ein unverschuldeter Arbeitsunfall einen wichtigen Grund zur Kündigung darstellen. § 27 Abs.1 Satz 2 des Tarifvertrages für die Arbeiter der Deutschen Bundespost in der ab Juli 1993 geltenden Fassung bestimmt[176]:

„Andauernde Arbeitsunfähigkeit wegen anhaltender Krankheit ist kein wichtiger Grund im vorstehenden Sinne."

Allerdings ist die Wirksamkeit derartiger Beschränkungen des außerordentlichen Kündigungsrechts unter dem Gesichtspunkt des Unzumutbarkeitsprinzips erheblichen Bedenken ausgesetzt. So hat etwa der Arbeitgeberkreis der BAT-Kommission schon im Jahre 1977 gegen § 55 BAT eingewandt[177]:

„Da es sich bei § 626 Abs. 1 BGB um eine zwingende, durch Vertrag nicht ausschließbare oder einschränkbare Vorschrift handelt, äußern die Besprechungsteilnehmer Bedenken, ob durch § 55 BAT – in Gestalt einer Beschränkung des Kündigungsrechts auf eine außerordentliche Kündigung aus in der Person oder in dem Verhalten des Angestellten liegenden Gründen – das Recht zur fristlosen Kündigung für Fälle wirksam ausgeschlossen werden konnte, in denen aus betrieblichen Erfordernissen unter Anlegung eines strengen Maßstabes die Fortsetzung des Arbeitsverhältnisses unzumutbar geworden ist (z. B. bei Stillegung eines Betriebs, ohne daß eine Weiterbeschäftigung in einem anderen Betrieb oder Verwaltungszweig desselben Arbeitgebers möglich wäre)."

3. Die Unkündbarkeit als „wohlerworbenes Recht"

Die entstandenen tarifvertraglichen Kündigungsschutzpositionen vermitteln einen besonderen Bestandsschutz im Hinblick auf rückwirkende Tarifverträge. Unter dem Gesichtspunkt des allgemeinen Vertrauensschutzprinzips genießen sie Schutz vor einer Entziehung in der Zukunft durch einen die Unkündbarkeitsvoraussetzungen abändernden Tarifvertrag. Ist ein Arbeitnehmer unter der Geltung eines Tarifvertrags unkündbar geworden, so kann ihm diese Stellung nicht durch eine neuere Kollektivregelung genommen werden, die die Anforderungen an den Ausschluß der ordentlichen Kündigung erhöht[178]. Die Unkündbarkeit zählt zu den erwachsenen Individualrechten und damit zu den

---

176 Siehe dazu *Lepke*, Kündigung bei Krankheit[9], S. 44 (weiter Beispielen in Fn. 6); eine ähnliche Bestimmung, die sowohl die Kündigung wegen anhaltender Krankheit als auch wegen unverschuldetem Arbeitsunfall verbietet, findet sich in 17 Nr. 2 des Manteltarifvertrags für das Bankgewerbe, siehe *Löwisch*, DB 1998, S. 877 (878, Fn. 25).

177 Zitiert nach *Böhm/Spiertz/Sponer/Steinherr*, BAT, § 55 Rdnr. 4.

178 *BAG* (Urt. v. 16.2.1962), AP Nr. 11 zu § 4 TVG Günstigkeitsprinzip [Leitsatz 2] – Fall der Hamburger Hochbahn; dazu *Gamillscheg*, Festschrift f. Fechner, 1973, S. 135 (146f.); *Söllner*, Arbeitsrecht[12], §17 III 2 (S. 152); Wiedemann/*Wank*, TVG[6], § 4 Rdnr. 254; *Schaub*, Arbeitsrechtshandbuch[9], § 199 Rdnr. 35.

unentziehbaren Rechtspositionen der Arbeitnehmer[179]. So kann nicht etwa eine bisher geforderte zehnjährige durch eine 20jährige Betriebszugehörigkeit ersetzt werden. Eine derartige Rückwirkung ist als rechtswidrig zu qualifizieren[180]. Wirksam ist hingegen eine tarifvertragliche Bestimmung, die rückwirkend die ordentliche Unkündbarkeit durch eine Präzisierung der Ausnahmetatbestände näher konkretisiert, ohne jedoch in bereits bestehende Unkündbarkeitsstellungen einzugreifen[181]. Dabei handelt es sich um keinen Fall der echten Rückwirkung sondern nur um eine unechte oder tatbestandliche Rückanknüpfung. Bemerkenswert ist in diesem Zusammenhang weiter, daß am Ausgangspunkt der Entwicklung der Rechtsprechung[182] auf dem Gebiet des Schutzes „wohlerworbener" tarifvertraglicher Rechte vor nachträglicher Entziehung ein Fall der Unkündbarkeit stand[183].

4. Der Schutz vor einer funktionswidrigen Umgehung

Die Unkündbarkeit schützt den tarifvertraglich abgesicherten Arbeitnehmer nur dann vor dem Ausspruch einer Kündigung, wenn die geforderten Unkündbarkeitsvoraussetzungen bereits zum Zeitpunkt des Zugangs der Kündigungserklärung vorliegen[184]. Hier gelten dieselben Grundsätze, die auch für die Berechnung der Wartezeit gemäß § 1 Abs. 1 KSchG maßgebend sind[185]. Dem Arbeitgeber ist es deshalb nicht verwehrt, kurz vor Eintritt der Unkündbarkeit eine ordentliche Kündigung auszusprechen, auch wenn der Arbeitnehmer innerhalb des Laufs der Kündigungsfrist die Voraussetzungen der Unkündbarkeit erfüllen wird.

Allerdings ist der Arbeitnehmer vor einer objektiv funktionswidrigen Umgehung des tarifvertraglichen Kündigungsverbots geschützt. Eine solche hat das *Bundesarbeitsgericht* dann angenommen, wenn gegenüber einem kurz vor der Unkündbarkeit stehenden Arbeitnehmer nicht zum nächstmöglichen Kündigungstermin, sondern erst zu einem späteren Kündigungstermin gekündigt wird

---

179 *Schaub*, Arbeitsrechtshandbuch[9], § 199 Rdnr. 35; *Wiedemann/Stumpf*, TVG[5], Einl. Rdnr. 227.

180 Wiedemann/*Wiedemann*, TVG[6], § 1 Rdnr. 146.

181 *BAG* (Urt. v. 15.11.1995), AP Nr. 20 zu § 1 TVG Tarifverträge: Lufthansa [Leitsatz 3].

182 *BAG* (Urt. v. 16.2.1962), AP Nr. 11 zu § 4 TVG Günstigkeitsprinzip [Leitsatz 2] – Fall der Hamburger Hochbahn .

183 *Hromadka*, Anm. II 3 zu *BAG* (Urt. v. 15.11. 1995), AP Nr. 20 zu § 1 TVG Tarifverträge: Lufthansa.

184 *BAG* (Urt. v. 16.10. 1987), AP Nr. 53 zu § 53 BAT [Leitsatz 1 und unter II 1 der Gründe]; *Schwerdtner*, Festschrift f. Kissel, 1994, S. 1077 (1078); *Kania/Kramer*, RdA 1995, S. 287 (296).

185 *Schwerdtner*, Festschrift f. Kissel, 1994, S. 1077 (1078); siehe zur Berechnung der Wartezeit gemäß § 1 Abs. 1 KSchG etwa nur *Löwisch*, KSchG[8], § 1 Rdnr. 50.

und dem Arbeitgeber für eine derart frühe Kündigung kein sozial gerechtfertiger Kündigungsgrund zur Verfügung steht[186].

Das *Bundesarbeitsgericht* hat wegen der Rechtsnormeigenschaft der Unkündbarkeitsbestimmungen die für die Gesetzesumgehung entwickelten Grundsätze konsequent auf den tarifvertraglichen Kündigungsschutz übertragen. Dabei knüpft das Gericht ausdrücklich an seine Rechtsprechung zur Umgehung des Kündigungsschutzes durch Befristungen an[187]. Danach kommt eine Gesetzesumgehung dann in Betracht, wenn der Sinn und Zweck einer zwingend geltenden Rechtsnorm dadurch vereitelt wird, daß eine abweichende rechtliche Gestaltungsmöglichkeit mißbräuchlich angewendet wird, ohne daß dem Rechtsanwender dafür ein sich aus der Rechtsordnung ergebender sachlicher Grund zur Seite steht. Der Arbeitgeber kann die ordentliche Kündigung deshalb dann nicht mit einer längeren Kündigungsfrist koppeln, wenn die Gewährung einer solchen dazu führen würde, daß der Zeitpunkt für das Erreichen der Unkündbarkeitsstellung in den Lauf der längeren Kündigungsfrist fallen würde. Der Arbeitgeber kann sich in einem solchen Fall nicht darauf berufen, daß eine verlängerte Kündigungsfrist grundsätzlich dem Anpassungsschutz des Arbeitnehmers dient[188]. Eine solche Kündigung ist tarifwidrig und deshalb unwirksam.

Für einzelvertragliche Kündigungsbeschränkungen ergibt sich eine identische Rechtsfolge aus dem § 242 BGB zu entnehmenden Verbot der unzulässigen Rechtsausübung[189].

III. Vergleich mit dem gesetzlichen Kündigungsschutz

Bemerkenswert am tarifvertraglichen Regelungssystem von materiellen Kündigungsbeschränkungen ist zunächst, daß die Tarifverträge nicht das Instrumentarium des Kündigungsgrundes aufgreifen, sondern fast durchweg generelle oder partielle Kündigungsverbote beinhalten. Es sind, soweit ersichtlich, kaum Bestimmungen zu finden, die die in § 1 Abs. 2 KSchG festgeschriebenen Kündigungsgründe näher konkretisieren und verbindlich festlegen, welche konkreten Anlässe zu einer Kündigung berechtigen oder welche Gründe eine Kündigung nicht zu rechtfertigen vermögen. Nur sehr vereinzelt enthalten Tarifverträge eine Aufzählung, wann Verhaltensweisen „in der Regel unzumutbar" im Sinne

---

186 *BAG* (Urt. v. 16.10. 1987), AP Nr. 53 zu § 53 BAT [Leitsatz 2 und unter II 2b der Gründe]; folgend *Böhm/Spiertz/Sponer/Steinherr,* BAT, § 53 Rdnr. 57f.; *Stahlhacke/Preis/Vossen,* Kündigungschutz[7], Rdnr. 207; KSchR[4]/*Däubler,* Einleitung Rdnr. 367; *Schwerdtner,* Festschrift f. Kissel, 1994, S. 1077 (1078); *Kania/Kramer,* RdA 1995, S. 287 (296f); GK-KR/*Preis,* Grundlagen J. Rdnr. 10.

187 *BAG* (Urt. v. 16.10. 1987), AP Nr. 53 zu § 53 BAT [unter II 2a der Gründe].

188 *BAG* (Urt. v. 16.10. 1987), AP Nr. 53 zu § 53 BAT [unter II 2b der Gründe].

189 *Kania/Kramer,* RdA 1995, S. 287 (297).

des § 626 Abs. 1 BGB sein sollen[190]. Insoweit sind tarifvertragliche Kündigungsbeschränkungen mit dem gesetzlichen Kündigungsschutz vergleichbar, der sich ebenfalls fast vollständig von dem Prinzip der Enumeration von Kündigungsgründen gelöst hat.

Von vereinzelten Ausnahmen abgesehen, läßt der tarifvertragliche Kündigungsschutz im Gegensatz zu gesetzlichen Kündigungsverboten in der Regel das Recht zur außerordentlichen Kündigung unberührt und beschränkt sich auf einen Eingriff in das Recht zur ordentlichen Kündigung. Während etwa die §§ 9 Abs. 1 MuSchG, 18 Abs. 1 Satz 1 BErzGG einen vollständigen Ausschluß der außerordentlichen Arbeitgeberkündigung anordnen[191], beinhaltet der BAT lediglich eine Einschränkung des außerordentlichen Kündigungsrechts. Ein Totalausschluß der außerordentlichen Kündigung ist in Tarifverträgen nicht anzutreffen.

Generelle Kündigungsverbote in arbeitsrechtlichen Spezialgesetzen sind von bestimmten Voraussetzungen abhängig und weisen eine zeitliche Begrenzung auf[192]. Auch tarifvertragliche Kündigungsverbote werden nicht voraussetzungslos allen tarifgebundenen Arbeitnehmern gewährt. Hier ist, wie bereits herausgestellt, in aller Regel das Erreichen eines gewissen Lebensalters, gekoppelt an eine Mindestbeschäftigungszeit im Betrieb Voraussetzung, um in den Genuß der erhöhten Arbeitsplatzsicherheit zu kommen. Da die tarifvertraglichen Kündigungsbestimmungen zugunsten älterer Arbeitnehmer oder gewerkschaftlicher Vertrauensleute deren besonderem Schutzbedürfnis entspringt läßt sich in Parallele zum gesetzlichen Kündigungsschutz von statusbezogenen Sonderkündigungsschutznormen sprechen, die ihre Schutzwirkung allein an personenbezogenen Merkmalen ausrichtet[193]. Insoweit unterscheiden sich tarifvertragliche Regelungen von Arbeitgeberkündigungen nicht grundlegend von gesetzlichen Kündigungsverboten.

Der entscheidende Unterschied von tarifvertraglichen Unkündbarkeitsabreden gegenüber gesetzlichen Kündigungsverboten besteht in der fehlenden zeitlichen Begrenzung ihrer Schutzwirkung. Der besondere gesetzliche Kündigungsschutz ist, abgesehen von einem eventuellen Nachwirkungsschutz wie beispielsweise in § 15 Abs. 1 Satz 2 KSchG normiert, nur vorübergehender Natur. Mit dem Wegfall der spezifischen Gefährdungslage oder der gesteigerten Schutzbedürftigkeit, die der Gesetzgeber zum Anlaß für die Errichtung einer entsprechenden Kündigungsschranke genommen hat, endet auch das Verbot ordentlicher Kündigungen. Anders verhält es sich hingegen bei dem für ältere Ar-

---

190 Etwa Abs. 7 der Durchführungsbestimmung zu § 14 des Manteltarifvertrags der Druckindustrie, siehe *Löwisch,* DB 1998, S. 877 (878, Fn. 26).

191 Siehe *Stahlhacke/Preis/Vossen,* Kündigungsschutz^{7}, Rdnr. 799, 861.

192 MünchArbR/*Wank,* § 116 Rdnr. 128.

193 Zum statusbezogenen gesetzlichen Kündigungsschutz *Preis,* NZA 1997, S. 1256 (1259); *Stahlhacke/Preis/Vossen,* Kündigungsschutz^{7}, Rdnr. 1038.

beitnehmer üblichen Totalausschluß des ordentlichen Kündigungsrechts. Mit Erreichen des vorgeschriebenen Lebensalters und der vorgegebenen Dauer der Betriebszugehörigkeit kommt der Arbeitnehmer dauerhaft in den Genuß eines verbesserten Kündigungsschutzes. Es läßt sich insoweit von statischen Kündigungsbeschränkungen sprechen, die bei Erfüllung der tarifvertraglich geforderten Voraussetzungen ihre Wirkung für die Zukunft unentziehbar entfalten. Die Position der Unkündbarkeit kann dem Arbeitnehmer bis zu seinem Ausscheiden aus dem Arbeitsverhältnis nicht wieder genommen werden. Unter Berücksichtigung der üblichen Altersgrenzen für eine Unkündbarkeitsstellung sind so unkündbare Arbeitsverhältnisse für einen Zeitraum von über zehn Jahren durchaus denkbar.

Die tarifvertraglichen Bestimmungen zur Alterssicherung durchbrechen insoweit den gesetzlich geregelten Normalfall, nach dem die Schutznormen des besonderen Kündigungsschutzes lediglich eine zeitlich befristete Geltung aufweisen. Eine dem tarifvertraglich geschaffenen Kündigungsschutz entsprechende Kündigungssperre ist dem gesetzlichen Kündigungsschutz grundsätzlich fremd. Aber auch die Intensität mit der Tarifverträge die Bindungswirkung des Arbeitsverhältnisses erhöhen, widerspricht den ansonsten anzutreffenden gesetzlich geregelten Ausschlüssen des ordentlichen Kündigungsrechts, wie sie sich insbesondere im besonderen Kündigungsschutz betriebsverfassungsrechtlicher Funktionsträger wiederfinden. Selbst der nach § 15 Abs. 1 KSchG den Amtsträgern der Betriebsverfassung gewährte „volle" Kündigungsschutz[194] erfährt nach der Ausnahmebestimmung des § 15 Abs. 4 KSchG eine Einschränkung. Mit dem Wegfall des Betriebs oder der Betriebsabteilung endet auch der Sonderkündigungsschutz nach § 15 Abs. 1 KSchG. Das Bestehen des Betriebs ist Mindestvoraussetzung für den Schutz des Arbeitsplatzes vor Verlust. Nach § 15 Abs. 4 KSchG bildet die Existenz des Betriebs oder der Betriebsabteilung die Grenze der kündigungsrechtlichen Absicherung des Betriebsrats[195]. Die klassische Unkündbarkeitsklausel enthält hingegen in der Regel keine § 15 Abs. 4 KSchG vergleichbare Öffnungsklausel, die im Falle einer Kündigung aufgrund Betriebsstillegung den Kündigungsschutz zurücknimmt[196]. Somit beinhalten Unkündbarkeitsabreden nicht nur einen in zeitlicher Hinsicht evident gesteigerten Bestandsschutz sondern fast durchweg auch einen ausnahmslosen Schutz vor ordentlichen Kündigungen. Sie vermitteln dadurch eine Arbeitsplatzsicherheit, die dem gesetzlichen Kündigungsschutz fremd ist[197].

194 Siehe HeidelbergKomm³/*Dorndorf*, § 15 Rdnr. 1.
195 *G. Müller*, ZfA 1990, S. 607 (609, 626).
196 Zu Ausnahmen etwa *Löwisch*, DB 1998, S. 877, Fn. 19.
197 So auch *Däubler*, Das Arbeitsrecht 2¹¹, Rdnr. 1784; siehe auch die Einschätzung von *Otto*, RdA 1984, S. 261 (275).

§ 9 Statistische Angaben

Das tatsächliche Ausmaß der neben dem allgemeinen und besonderen gesetzlichen Kündigungsschutz bestehenden tarifvertraglichen Kündigungsbeschränkungen läßt sich am umfassendsten durch die Nennung einiger statistischer Angaben vermitteln. Die Zahlen stammen in der Regel aus einer Tarifauswertung, die das Bundesministerium für Arbeit und Sozialordnung durchgeführt hat. Die für die einzelnen Jahre erhobenen Prozentsätze beziehen sich dabei nur abstrakt auf den Anteil der Arbeitnehmer, die unter einen Tarifvertrag mit entsprechenden Klauseln zur Alterssicherung fallen. Mit diesem Prozentsatz darf der Prozentanteil derjenigen Arbeitnehmer, die tatsächlich die Unkündbarkeitsvoraussetzungen erfüllt haben und damit unkündbar waren, nicht verwechselt werden[198]. Dieser wird in den Tarifauswertungen nicht mitgeteilt und ist, soweit ersichtlich, auch sonst nicht zahlenmäßig erfaßt. Er dürfte aber angesichts der Tatsache, daß die Alterssicherungsklauseln ein vorangeschrittenes Lebensalter voraussetzen, erheblich unter der jeweiligen Prozentzahl liegen. *Weng* hat durch Rückrechnung für das Jahr 1980 die einigermaßen verläßlichen Zahlen von 1,05 Millionen unkündbaren Arbeitnehmern im öffentlichen Dienst und 650.000 unkündbaren Arbeitnehmern in der privaten Wirtschaft ermittelt[199].

Mit dem Beginn einer verstärkten Verankerung der Alterssicherung im Jahre 1973 existierte gegen Ende des Jahres 1974 ein tariflicher Altersschutz für rund 43% der tarifgebundenen Arbeitnehmer[200]. Dabei war bereits zugunsten von 32% der Arbeitnehmer ein Ausschluß der ordentlichen Arbeitgeberkündigung vorgesehen[201].

Im Jahre 1975 stieg dieser Prozentsatz schon erheblich an. Nach einer Auswertung der Tarifverträge für die wichtigsten 460 Tarifbereiche, in denen etwa 90% aller Arbeitnehmer beschäftigt waren, fielen 46% der erfaßten Arbeitnehmer unter einen Tarifvertrag, der nach einer bestimmten Dauer der Betriebszugehörigkeit und einem bestimmten Lebensalter die Unkündbarkeit vorsah. Die Dauer der Betriebszugehörigkeit betrug dabei in der Regel zehn oder 15 Jahre und das zu erreichende Lebensalter meist 40, 50 oder 55 Jahre[202].

---

198 Siehe schon den Hinweis von *Jedzig*, Der Bestandsschutz des Arbeitsverhältnisses im Krankheitsfall, 1984, S. 485, Fn. 713. Dieser Fehler unterläuft *v.Koppenfels*, Kündigung bei unkündbaren Arbeitnehmern, 1998, S. 19, Fn. 3. Sie kommt auf diese Weise zu einem völlig verzerrten Bild des Ausmaßes der tarifvertraglichen Unkündbarkeit in der Bundesrepublik.

199 *Weng*, Kündigung von Arbeitsverhältnissen mit langer Bindung, 1980, S. 47f., das für die Berechnung zugrundegelegte Zahlenmaterial findet sich auf S. 48, Fn. 1.

200 *Wiedemann/Stumpf*, TVG[5], § 1 Rdnr. 8;

201 Siehe die Angaben in RdA 1975, S. 255.

202 Siehe die Angaben in RdA 1975, S. 255.

Im Jahre 1977 betrieb die Deutsche Bundespost bereits Werbung, indem sie die besondere Arbeitsplatzsicherheit ihrer Beschäftigten hervorhob. Bereits jeder dritte Arbeitnehmer soll nach ihren eigenen Aussagen zum damaligen Zeitpunkt ordentlich unkündbar gewesen sein[203].

Einen vorläufigen Höhepunkt erreichte die tarifvertragliche Alterssicherung im Jahre 1990. Nach der damaligen Tarifauswertung von 430 westdeutschen Tarifverträgen, die für rund 18,4 Millionen Beschäftigte Geltung beanspruchten, betrug die Zahl der Arbeitnehmer, die unter einen Tarifvertrag mit besonderem Kündigungsschutz fielen, bereits 66%[204]. Im Jahre 1993 ist der tarifvertragliche Schutz älterer Arbeitnehmer durch einen Ausschluß der ordentlichen Kündigung hingegen auf 54% der erfaßten Arbeitnehmer zurückgegangen[205]. Bis zum Ende des Jahres 1996 ist der Prozentsatz schließlich wieder leicht angestiegen. Nach der Tarifauswertung für das Jahr 1996 war für immerhin 56% der erfaßten Arbeitnehmer in Tarifverträgen das ordentliche Kündigungsrecht des Arbeitgebers für ältere Arbeitnehmer ausgeschlossen[206].

Im Jahre 1999 wiesen 40 der insgesamt 81 Tarifverträge der wichtigsten 43 Wirtschaftszweige in den alten und neuen Bundesländern einen Kündigungsschutz für ältere Arbeitnehmer auf[207]. Eine Auswertung ergibt hinsichtlich der tatbestandlichen Voraussetzungen für das Eingreifen der tarifvertraglichen Alterssicherung folgendes Bild. Regelmäßig setzt die Unkündbarkeit neben dem Erreichen eines bestimmten Lebensalters auch die Ableistung einer vorgegebenen Anzahl von Dienst- oder Beschäftigungsjahren voraus. In der weitaus überwiegenden Zahl der Fälle muß der Arbeitnehmer entweder 50 oder 55 Jahre alt sein, bevor er unkündbar werden kann. Vereinzelt ist schon die Vollendung des 52., 53. oder 45. Lebensjahres ausreichend. Die Arbeiter und Angestellten der Deutschen Post AG können hingegen schon ab einem Lebensalter von 40 Jahren den verstärkten Kündigungsschutz für sich beanspruchen[208]. Für die Dauer des Beschäftigungsverhältnisses wird in der Regel entweder eine Zeit von zehn, 15 oder 20 Jahren gefordert. Teilweise beträgt diese Zeit auch elf oder zwölf Jahre. Eine bemerkenswerte Ausnahme bildet insoweit § 4.4 des Manteltarifvertrages der Metallindustrie in Nordwürttemberg/Nordbaden, der schon eine Betriebszugehörigkeit von drei Jahren und die Vollendung des 53. Lebensjahres ausreichen läßt[209]. Hingegen ist das Erreichen einer bestimmten

---

203 Siehe *Schwerdtner*, ZfA 1977, S. 47 (74).

204 Übersicht über das Recht der Arbeit[4], Kap. 2, Rdnr. 365, 478.

205 Übersicht über das Recht der Arbeit[5], Kap. 2, Rdnr. 478.

206 Übersicht über das Recht der Arbeit[6], Kap. 2, Rdnr. 478.

207 Siehe die Angaben zu den einzelnen Tarifverträgen in WSI- Tarifhandbuch 1999, S. 134ff.

208 WSI-Tarifhandbuch 1999, S. 147-150.

209 WSI-Tarifhandbuch 1999, S. 185; der Tarifvertrag ist abgedruckt bei *Löwisch*, Arbeitsrecht[4], S. 462ff.

Altersgrenze nicht einmal immer Voraussetzung für den Status der Unkündbarkeit, wie etwa das Beispiel des § 52 Abs.1 BMT-G II zeigt. Nach dieser Bestimmung ist allein eine Dienstaltersstufe von 15 Jahren Unkündbarkeitsvoraussetzung[210]. Daneben existieren auch eine Reihe von Spezialformen der ordentlichen Unkündbarkeit, die sowohl die tatbestandlichen Voraussetzungen als auch die Rechtsfolgen des besonderen Kündigungsschutzes betreffen. So wird beispielsweise ein Betrieb mit mindestens 15 nach § 7 BetrVG wahlberechtigten Arbeitnehmern gefordert und eine ordentliche Kündigung bei einer Betriebsstillegung zum Zeitpunkt der endgültigen Betriebsstillegung für zulässig erklärt[211]. In manchen Tarifverträgen reicht alternativ entweder eine erhöhte Dauer der Betriebszugehörigkeit oder ein bestimmtes Lebensalter kombiniert mit einer niedrigeren Dauer der Betriebszugehörigkeit für die Unkündbarkeit aus[212]. Schließlich wird in einem Additionsverfahren neben der Vollendung des 50. Lebensjahres zusätzlich gefordert, daß die Summe aus Lebensjahren und Dauer der Betriebszugehörigkeit mindestens 68 beträgt[213].

---

210 Bundesmanteltarifvertrag für Arbeiter gemeindlicher Verwaltungen und Betriebe vom 3.1. 1962, WSI-Tarifhandbuch 1999, S. 188; wiedergegeben bei *Weng*, Kündigung von Arbeitsverhältnissen mit langer Bindung, 1980, S. 23, Fn. 1; die Vorläufervorschrift des § 50 Abs. 1 BMT-G I, die die Unkündbarkeit ebenfalls schon nach einer Dienstzeit von 15 Jahren eingreifen ließ, lag der Entscheidung des *BAG* (Urt. v. 8.10. 1957), AP Nr. 15 zu § 626 BGB zugrunde. Ein weiteres Beispiel bildete früher § 30 Abs. 4 des Tarifvertrags der nichtbundeseigenen Eisenbahnen in der Bundesrepublik Deutschland in der Fassung vom 22.12.1950, nach der die Unkündbarkeit von einer Dienststufe von 25 Jahren abhing; diese Vorschrift war ausschlaggebend für *BAG* (Urt. v. 8.10. 1957), AP Nr. 16 zu § 626 BGB.

211 Tarifvertrag der Privaten Recycling- und Entsorgungswirtschaft Bundesgebiet West und Ost, WSI- Tarifhandbuch 1999, S. 197.

212 Tarifvertrag der Privaten Reisebürobetriebe Bundesgebiet Ost und West, Tarifvertrag des Privaten Versicherungsgewerbes Bundesgebiet Ost und West, WSI-Tarifhandbuch 1999, S. 198, 212.

213 Tarifvertrag der Süßwarenindustrie Baden-Württemberg, WSI-Tarifhandbuch 1999, S. 202.

§ 10 Rechtsvergleichender Anhang: Vergleich mit der seniority im US-amerikanischen Arbeitsrecht

Auch die gewerkschaftliche Tätigkeit in den Vereinigten Staaten ist geprägt von dem tarifpolitischen Ziel, verbessernde kündigungsrechtliche Positionen zugunsten der Gewerkschaftsmitglieder zu etablieren. Von grundsätzlichem Interesse ist daher die nahe Verwandtschaft der im deutschen Recht anzutreffenden Unkündbarkeitsklauseln mit den im US-amerikanischen Recht beheimateten Regeln der sogenannten „seniority".

I. Begriff und Bedeutung der seniority für das Kündigungsrecht

Unter einem „seniority-system" versteht man ein spezielles Auswahlsystem, das berufliche Vergünstigungen und bevorzugte Behandlung durch den Arbeitgeber im wesentlichen von der Dauer der Betriebszugehörigkeit des betroffenen Arbeitnehmers abhängig macht[214]. Nach einer Begriffsbestimmung des US-Supreme Courts in einer Entscheidung aus dem Jahre 1980 ist ein „seniority-system" [215]:

„ (...) ein Konzept, nach dem die Arbeitnehmer mit zunehmender Betriebszugehörigkeit mehr Rechte und Vergünstigungen erhalten."

Derartige Regelungen sind seit geraumer Zeit fester Bestandteil fast aller zwischen Gewerkschaft und Unternehmen geschlossenen Tarifverträge[216]. Eine entscheidende Rolle spielt die durch die „seniority-rules" gewährte bevorzugte Stellung nicht nur für Beförderung, Entlassungen und Wiedereinstellung, sondern auch für die Auswahlentscheidung bei Mehrarbeit und Kurzarbeit[217].

Der wohl wichtigste Anwendungsfall besteht für die seniority jedoch im Bereich des Kündigungsschutzes. Das besondere Auswahlkonzept bestimmt auch maßgeblich den Schutz, den ein Arbeitnehmer bei anstehenden betriebsbedingten Kündigungen, den sogenannten „layoffs"[218], genießt. Nach Ansicht von

---

214 *Fenske*, Das Verbot der Altersdiskriminierung im US-amerikanischen Arbeitsrecht, 1998, S. 38.

215 California Brewers Association v. Bryant, 1980, zitiert nach *Fenske*, Das Verbot der Altersdiskriminierung im US-amerikanischen Arbeitsrecht, 1998, S. 197.

216 *Gamillscheg*, Anm. 2 zu *BAG* (Urt. v. 11.3. 1976,) EzA Nr. 1 zu § 95 BetrVG.

217 *Jadeson*, Das Arbeitsrecht der Vereinigten Staaten, 1952, S. 70; *Peterson*, Die amerikanischen Gewerkschaften, 1957, S. 207, 267; *Gamillscheg*, Anm. 2 zu *BAG* (Urt. v. 11.3.1976), EzA Nr. 1 zu § 95 BetrVG macht des weiteren darauf aufmerksam, daß dies im Grunde „für alle Lebenslagen", z.B. auch für die Gewährung eines Parkplatzes, gilt; vgl. auch *Soltwedel (et al.)*, Regulierung auf dem Arbeitsmarkt der Bundesrepublik, 1990, S. 60f.; zur Bedeutung der seniority bei Wiedereinstellungen siehe *Lück*, Probleme der Sozialauswahl nach § 1 Abs. 3 KSchG, 1993, S. 46f.

218 *Zunft*, Superseniority, 1982, S. 3.

Gamillscheg bildet das Prinzip der Seniorität im Arbeitsrecht der Vereinigten Staaten sogar das „Rückgrat des Kündigungsschutzes“ überhaupt[219]. Der Schutz vor Kündigungen, die zum Zweck des Personalabbaus notwendig sind, wächst entscheidend mit der Dauer der Betriebszugehörigkeit an. Vereinfacht gesprochen läßt sich sagen, daß derjenige Arbeitnehmer der zuletzt eingestellt worden ist, bei anstehenden Kündigungen aus wirtschaftlichen Gründen auch zuerst wieder entlassen wird. Das für den Kündigungsschutz damit dominierende Merkmal der Betriebszugehörigkeit hat dazu geführt, daß von seniority-rules auch als „Last-hired-first-fired agreements“ gesprochen wird[220].

II. Parallelen zum deutschen Sonderkündigungsschutz

Den Regeln der seniority entsprechen im deutschen Recht die Richtlinien über die personelle Auswahl bei Kündigungen in Betriebsvereinbarungen nach Maßgabe des § 95 Abs. 1 BetrVG oder entsprechende Auswahlrichtlinien in Tarifverträgen. Die seniority-rules beschränken die in kündigungsschutzrechtlicher Hinsicht erheblichen Sozialdaten dabei freilich allein auf die Dauer der Betriebszugehörigkeit und blenden etwa das Lebensalter des Arbeitnehmers aus der Betrachtung aus. Hingegen sind Unkündbarkeitsklauseln mit ihnen auf den ersten Blick nicht ohne weiteres vergleichbar. Sie unterscheiden sich von seniority-rules insofern, als daß sie unter eng umgrenzten Voraussetzungen gerade eine ordentliche Kündigung schlechthin ausschließen und nicht nur einen Auswahlmaßstab beinhalten. Zwei Arbeitnehmer, die unkündbar sind, genießen den gleichen kündigungsrechtlichen Schutz, unabhängig davon, ob einer von ihnen eine längere Betriebszugehörigkeit aufweist. Dennoch kann auch die seniority im amerikanischen Recht praktisch zu einer Unkündbarkeit bestimmter Arbeitnehmergruppen führen. Dies ist etwa für gewerkschaftliche Vertreter im Betrieb, den sogenannten „shop stewards“ der Fall[221]. Durch die tarifliche Zuerkennung einer „super-seniority“[222], die einer Einordnung in die höchste Stufe der Betriebszugehörigkeit entspricht, werden diese bei Kündigungen auch gegenüber Arbeitnehmern mit tatsächlich längerer Zugehörigkeit zum Betrieb bevorzugt behandelt[223]. Die „super-seniority“ hat damit eine Funktion, die im

---

[219] *Gamillscheg*, Anm. 2 zu *BAG* (Urt. v. 11.3.1976), EzA Nr. 1 zu § 95 BetrVG; *Wank*, Das Recht auf Arbeit, 1984, S. 120.

[220] *Belling*, Das Günstigkeitsprinzip im Arbeitsrecht, 1984, S. 125 Fn. 85; *Gamillscheg*, ZfA 1977, S. 239 (279); *Däubler*, Festschrift f. Gnade, 1992, S. 95; siehe auch *Zunft*, Superseniority, 1982, S. 4. *Soltwedel (et al.)*, Regulierung auf dem Arbeitsmarkt der Bundesrepublik, 1990, S. 61.

[221] *Gamillscheg*, Kollektives Arbeitsrecht Bd. I, 1997, S. 169f.; *Zunft*, Superseniority, 1982, S. 12.

[222] Zu Begriff und Bedeutung umfassend *Zunft*, Superseniority, 1982, S. 11ff.

[223] *Gamillscheg*, Anm. 2 zu BAG (Urt. v. 11.3.1976), EzA Nr. 1 zu § 95 BetrVG; *ders.*, ZfA 1977, S. 239 (279).

deutschen Tarifrecht Kündigungsklauseln zugunsten gewerkschaftlicher Vertrauensleute erfüllen. Des weiteren kann eine Parallele zum besonderen Kündigungsschutz von Mitgliedern der betrieblichen Intereressenvertretung in § 15 KSchG gezogen werden[224].

Vergleichend kann darüber hinaus festgestellt werden, daß auch dem deutschen Arbeitsrecht der Begriff der Seniorität nicht völlig fremd ist. So kommt es zu einem Anwachsen der Rechte des Arbeitnehmers mit steigender Zugehörigkeit zum Betrieb. In Verbindung mit einem höheren Lebensalter greifen dann zusätzliche „Senioritätsrechte“ ein[225].

Abschließend läßt sich festhalten, daß auch im Recht der Vereinigten Staaten tarifvertragliche Regelungen existieren, die vergleichbar den Unkündbarkeitsvereinbarungen im deutschen Recht privilegierendes Sonderkündigungsschutzrecht schaffen. Dabei kommt der Dauer der Zugehörigkeit zum Betrieb die allein entscheidende Bedeutung zu.

§ 11 Zusammenfassung zum 2. Teil

1. Einen wesentlichen Bestandteil der Tarifverträge in der privaten Wirtschaft und im öffentlichen Dienst bilden Bestimmungen, die den gesetzlichen Kündigungsschutz verstärken. Dabei spielen die sogenannten Unkündbarkeitsklauseln in der Praxis die wichtigste Rolle. Diese enthalten einen teilweisen oder vollständigen Ausschluß des ordentlichen arbeitgeberseitigen Kündigungsrechts. Der Arbeitgeber soll nur beim Vorliegen eines wichtigen Grundes nach § 626 Abs. 1 BGB zur Kündigung berechtigt sein.
2. Der Ursprung der derzeitigen Kündigungsausschlußklauseln reicht bis in die 20er Jahre des 20. Jahrhunderts zurück, in eine Zeit also, in der das staatliche Arbeitsrecht noch keinen allgemeinen Kündigungsschutz kannte. Ihr Regelungsziel war die Verdrängung der sachlich ungebundenen Kündigung nach Maßgabe des BGB. Auch nach der Kodifizierung eines allgemeinen Kündigungsschutzes durch das KSchG im Jahre 1951 wurden Unkündbarkeitsklauseln in die Tarifwerke übernommen. Dabei wurde es allerdings versäumt, für eine Abstimmung mit den Schranken der ordentlichen Kündigung zu sorgen. Daraus resultieren die noch heute ungelösten Schwierigkeiten bei der rechtlichen Handhabung von Unkündbarkeitsklauseln.

---

224 *Gamillscheg*, Anm. 2 zu BAG (Urt. v. 11.3.1976), EzA Nr. 1 zu § 95 BetrVG.

225 *Däubler*, Das Arbeitsrecht 2[11], Rdnr. 1511 zählt dazu etwa die Verlängerung der Kündigungsfristen, eine bevorzugte Stellung bei der Sozialauswahl im Rahmen der betriebsbedingten Kündigung, die Erhöhung von Sozialplanleistungen und die Unverfallbarkeit von Anwartschaften auf die betriebliche Altersversorgung.

3. Die geschichtliche Entwicklung von tarifvertraglichen Unkündbarkeitsklauseln vollzog sich in zwei voneinander getrennten Phasen im öffentlichen Dienst und in der privaten Wirtschaft. Während im öffentlichen Dienst die Annäherung der Rechtsstellung der Arbeitnehmer an das Lebenszeitprinzip der Beamten den wesentlichen Anstoß zu einem Ausbau des Kündigungsschutzes gab, stand in der Privatwirtschaft die Suche nach einem effektiven Rationalisierungsschutz am Anfang der Entwicklung vergleichbarer Regelungen.
4. Die Tarifgeschichte von Unkündbarkeitsklauseln im öffentlichen Dienst ist geprägt durch die einschlägigen Bestimmungen der drei großen Tarifwerke RAT, TO.A und dem BAT. Die Vorschriften des RAT und des TO.A haben den Kündigungsschutz der Bediensteten zu einem zentralen Regelungsgegenstand der Tarifwerke gemacht. Der BAT hat den Schutz vor Kündigungen weiter ausgebaut und perfektioniert.
5. Die erste Kodifizierung einer tarifvertraglichen Unkündbarkeitsklausel im deutschen Rechtskreis findet sich in § 16 Abs. 4 TO.A, die als eine Urform aller später folgenden Bestimmungen anzusehen ist. Eine Vorläuferbestimmung findet sich in § 43 Abs. 2 RAT. Der BAT enthält heute in den §§ 53ff. einen generellen Ausschluß der ordentlichen und einen partiellen Ausschluß der außerordentlichen Arbeitgeberkündigung.
6. Der durch den BAT vermittelte Kündigungsschutz ist nahezu umfassend ausgestaltet und führt zu einer Verfestigung des Arbeitsverhältnisses des Angestellten im öffentlichen Dienst, die in Hinsicht auf den Schutz vor Entlassungen mit der von Beamtenverhältnissen vergleichbar ist. Der Sonderkündigungsschutz nach dem BAT schafft in kündigungsschutzrechtlicher Hinsicht ein beamtenähnliches Verhältnis.
7. Kündigungsschutzklauseln bestanden in der privaten Wirtschaft vorerst nur in Form fakultativer Sollvorschriften als ergänzende Schutzvorschriften, die nur in sehr beschränktem Maße vor betriebsbedingten Rationalisierungen zu schützen vermochten. Erst seit Ende des Jahres 1973 wurden Unkündbarkeitsklauseln nach dem Vorbild des BAT auch in tarifvertraglichen Bestimmungen der Privatwirtschaft geschaffen. Unkündbarkeitsnormen wurden dabei zuerst als Rationalisierungsschutzinstrumentarium eingesetzt. Später bestand ihr Zweck dann allgemein in der Absicherung älterer Arbeitnehmer. Sie sind heute fester Bestandteil fast aller Manteltarifverträge.
8. Tarifvertragliche Kündigungsklauseln bezwecken im wesentlichen den Schutz dreier Arbeitnehmergruppen. Sie beinhalten entweder eine besondere Sicherung älterer Arbeitnehmer, einen Schutz der Belegschaft vor Rationalisierung und teilweise auch eine kündigungsschutzrechtliche Absicherung von gewerkschaftlichen Vertrauensleuten.

9. Systematisch kann man zwischen Klauseln unterscheiden, die allein das Recht der ordentlichen Kündigung aufheben und Klauseln, die auch in das Recht der außerordentlichen Kündigung eingreifen. Es ist weiter zwischen generellen, partiellen und temporären Kündigungsschutzklauseln zu differenzieren.
10. Das Tarifrecht der Vereinigten Staaten enthält mit den seniority-rules, insbesondere mit der Erscheinungsform der super-seniority, eine in ihrer Wirkungsweise den Unkündbarkeitsklauseln vergleichbare Rechtsfigur.

3. Teil: Die Etablierung von Unkündbarkeitsklauseln und die Dogmatik ihrer Schutzwirkung

Im Bereich der Grundlagen des Rechts der ordentlichen Unkündbarkeit stehen zwei Themenkomplexe im Mittelpunkt. Zunächst ist der Frage nachzugehen, woraus sich die generelle Kompetenz der Tarifpartner zur Etablierung verbessernder Bestimmungen auf dem Gebiet des Kündigungsschutzes ableiten läßt. Dafür ist es notwendig, näher auf das grundsätzliche Verhältnis von staatlicher Gesetzgebung zu tarifvertraglicher Regelung einzugehen. Des weiteren werden die materiellen und prozessualen Folgen einer entgegen dem tarifvertraglichen Kündigungsausschluß erklärten ordentlichen Kündigung untersucht. Diese ergeben sich einerseits aus der Rechtsnormeigenschaft der kündigungsschutzrechtlichen Bestimmungen und andererseits aus der Einordnung der Schutznorm als sonstiger Unwirksamkeitsgrund im Sinne des § 13 Abs. 3 KSchG.

§ 12 Die Kompetenz der Tarifvertragsparteien zur Verstärkung des Kündigungsschutzes

I. Das Verbot der Unterschreitung des gesetzlichen Schutzniveaus

Die grundsätzliche Regelungsbefugnis der Tarifvertragsparteien zu verbessernden Regelungen im Bereich des gesetzlichen Kündigungsschutzes ist unbestritten und dürfte gesicherter Rechtserkenntnis entsprechen. Fast ebenso einhellig ist man der Auffassung, daß durch kollektivvertragliche Regelung die kündigungsschutzrechtliche Position der Arbeitnehmer nicht verkürzt werden darf[1]. Eine Unterschreitung des gesetzlichen Schutzniveaus ist danach nicht anzuerkennen. Damit wäre etwa eine Abschwächung des durch § 1 Abs. 2 KSchG vermittelten materiellen Kündigungsschutzes genauso unvereinbar wie eine Ausdehnung der Kleinbetriebsklausel auf Betriebe mit weniger als zehn Arbeitnehmern oder eine Verlängerung der Wartezeit des § 1 Abs. 1 KSchG über die sechsmonatige Frist hinaus.

Eine Abänderung zuungunsten des Arbeitnehmers ist lediglich dann anzuerkennen, wenn das Gesetzesrecht eine ausdrückliche Ermächtigung zur Verschlechterung des gesetzlichen Schutzstandards enthält. So können beispiels-

---

1 GK-KR/*Dörner*, § 1 KSchG Rdnr. 5; Wiedemann/*Wiedemann*, TVG[6], § 1 Rdnr. 535; *Löwisch/Rieble*, TVG, § 1 Rdnr. 570; *Löwisch*, KSchG[8], Vorbemerkung zu § 1 Rdnr. 94; *Hueck/v.Hoyningen-Huene*, KSchG[12], § 1 Rdnr. 7; ErfurtKomm/*Ascheid*, § 1 Rdnr. 15; *Stahlhacke/Preis/Vossen*, Kündigungsschutz[7], Rdnr. 210; KR[5]/*Etzel*, § 1 KSchG Rdnr. 25; KSchR[4]/*Däubler*, Einleitung Rdnr. 355f.; *Maus*, TVG § 1 Rdnr. 147.

weise nach § 622 Abs. 4 Satz 1 BGB die gesetzlichen Kündigungsfristen abgekürzt oder bis zu einem vollständigen Kündigungsfristausschluß reduziert werden[2]. Auf diese Weise ist es möglich eine entfristete ordentliche Kündigung zu schaffen.

Nur vereinzelt wird diese einseitige Ausrichtung auf den Arbeitnehmerschutz als unvereinbar mit dem Grundgedanken der verfassungsrechtlich garantierten Regelungsbefugnis der Tarifvertragsparteien angesehen. *Biedenkopf* sieht keine zwingende Notwendigkeit darin, etwa Bestimmungen über die betriebsbedingte Kündigung aus der tarifautonomen Rechtssetzung zu Lasten des Arbeitgebers auszuklammern[3]. Dies sei zumindest solange nicht zu beanstanden, als der gesetzliche Kündigungsschutz nicht in seinem Wesen angetastet wird und entsprechende Regelungen einer Überprüfbarkeit durch Außenstehende standhält[4]. *Biedenkopf* gelangt zu diesem Ergebnis, indem er den Kündigungsschutz in den Bereich der verteilenden Schutzgesetzgebung einordnet[5], bei dem anders als bei gesetzlichen Regelungen zur Existenzsicherung[6] auch eine Unterschreitung der gesetzlichen Mindestbedingungen möglich sein soll. Indes kann dieser Auffassung nicht gefolgt werden. Neben der grundsätzlichen Schwierigkeit, eine gesetzliche Bestimmung eindeutig in einen der zwei Bereiche einzuordnen[7], stellt sich speziell für eine Verschlechterung des Kündigungsschutzes die Frage, wann ein Eingriff in den Wesensgehalt der gesetzlichen Regelung vorliegt. Die geforderte Subsidiarität der staatlichen Bestimmung im Kernbereich wird zudem von neueren arbeitsrechtlichen Bestimmungen ausdrücklich angeordnet, wie die Vorschrift über die tarifvertragliche Regelung der Sozialauswahl im Rahmen von Auswahlrichtlinien nach § 1 Abs. 4 KSchG belegt. Eine weitere Vertiefung der Problematik zu verschlechternden Tarifregelungen kann hier jedoch nicht erfolgen.

Erhebliche Schwierigkeiten ergeben sich bei der Beantwortung der Frage, wieweit die privilegierende Regelungsbefugnis für die jeweiligen konkreten kündigungsschutzrechtlichen Bestimmungen im einzelnen reicht. Erinnert sei

---

2 Wiedemann/*Wiedemann*, TVG[6], § 1 Rdnr. 546; *Löwisch/Rieble*, TVG, § 1 Rdnr. 573; *Stahlhacke/Preis/Vossen*, Kündigungsschutz[7], Rdnr. 379.

3 *Biedenkopf*, Grenzen der Tarifautonomie, 1964, S. 207.

4 *Biedenkopf*, Grenzen der Tarifautonomie, 1964, S. 208, Fn. 408. Auch *Borrmann*, Der Schutz des sozialen Besitzstandes der Arbeitnehmer bei Rationalisierungsmaßnahmen, 1971, S. 287f. spricht sich für die Zulässigkeit von verschlechternden tarifvertraglichen Regelungen aus. Eine Grenze soll insoweit bestehen, als daß die Tarifvertragsparteien nicht die ungebundene ordentliche Kündigung einführen dürfen. Im Ergebnis ebenso infolge seiner grundsätzlichen Kritik am einseitig-zwingenden Gesetzesrecht *Hanau*, Festschrift der Rechtswissenschaftlichen Fakultät der Universität zu Köln, 1988, S. 183 (205ff.).

5 *Biedenkopf*, Grenzen der Tarifautonomie, 1964, S. 156f.

6 *Biedenkopf*, Grenzen der Tarifautonomie, 1964, S. 154f.

7 So auch *Hueck/Nipperdey*, Arbeitsrecht Bd. II/1[7], § 19 A I 3 (S. 371).

nur an die unterschiedlichen Auffassungen hinsichtlich der Möglichkeit einer tarifvertraglichen Erweiterung der Mitbestimmungsrechte der betrieblichen Interessenvertretung bei Kündigungen[8]. Ist bisher die Kompetenz der Koalitionen zu verbessernden Kündigungsschutzbestimmungen noch mit dem kurzen Hinweis auf den vom Gesetzgeber geschaffenen Mindeststandart auf dem Gebiet des Kündigungsschutzes begründet worden[9], so soll hier die Herleitung dieser Kompetenz genauer hinterfragt werden. Ganz im Mittelpunkt der Betrachtung steht dabei der Ausschluß der ordentlichen Arbeitgeberkündigung durch Tarifvertrag. Es soll gezeigt werden, daß zumindest der in der tarifvertraglichen Praxis häufig anzutreffende Totalausschluß der ordentlichen Kündigung, der neben der personen- und verhaltensbedingten auch die betriebsbedingte Kündigung erfaßt, auf einige erste dogmatische Bedenken stößt.

II. Verfassungsrechtliche Vorgaben

Die in Art. 9 Abs. 3 GG verfassungsrechtlich verankerte kollektive Koalitionsfreiheit umfaßt mit der institutionellen Koalitionsfreiheit nicht nur die Bildung und den Bestand von Koalitionen an sich, sondern schützt mit der Anerkennung der Koalitionsbetätigungsfreiheit auch die spezifisch koalitionsmäßige Betätigung[10]. Neben anderen Betätigungsfeldern wie etwa dem Schlichtungswesen und dem Recht zum Arbeitskampf zählt zur Koalitionsbetätigungsfreiheit auch die Tarifautonomie[11]. Unter dem Terminus der Tarifautonomie versteht man die Befugnis der Koalitionen zur tarifvertraglichen Regelung[12]. Wesentlicher Zweck der Betätigungsfreiheit ist der Abschluß von Tarifverträgen[13]. Die Tarifvertragsparteien werden folglich in ihrem Recht, „zur Förderung der Arbeits- und Wirtschaftsbedingungen" Tarifverträge abzuschließen, verfassungsrechtlich geschützt. Dieses Begriffspaar umfaßt sämtliche Bedingungen und Umstände, die direkt oder indirekt die Leistung von abhängiger Arbeit betreffen[14]. Zu diesen Umständen und Bedingungen zählen auch solche Regelungen, die herkömmlicher weise in einem Einzelarbeitsvertrag vereinbart werden können[15]. In

---

8 Siehe dazu schon oben § 4 III 2 c.

9 Siehe oben § 4 II.

10 *BVerfG* (Urt. v. 18.11.1954), E 4, S. 96 (106); siehe auch *Hueck/Nipperdey*, Arbeitsrecht Bd. II/1[7], § 9 II (S. 137f.), § 13 VII 2 (S. 231f.); *Löwisch/Rieble*, TVG, Grundl. Rdnr. 12; *Kissel*, Festschrift f. Söllner, 2000, S. 491 (500); *Dörner*, Festschrift f. Däubler, 1999, S. 31 (33).

11 *Schaub*, Arbeitsrechtshandbuch[9], § 188 Rdnr. 18.

12 *BVerfG* (Urt. v. 6.5. 1964), E 18, S. 18 (28); Wiedemann/*Wiedemann*, TVG[6], Einleitung Rdnr. 1; *Löwisch/Rieble*, TVG, Grundl. Rdnr. 16.

13 *BVerfG* (Beschl. v. 26.6. 1991), E 84, S. 212 (224); *BVerfG* (Beschl. v. 24.4. 1996), E 94, S. 268 (283).

14 *Säcker/Oetker*, Grundlagen und Grenzen der Tarifautonomie, 1992, S. 98.

15 *Säcker/Oetker*, Grundlagen und Grenzen der Tarifautonomie, 1992, S. 72.

den Bereich der „Arbeits- und Wirtschaftsbedingungen“ fallen danach alle tarifvertraglichen Bestimmungen, die das Recht der arbeitgeberseitigen Kündigung unmittelbar oder mittelbar berühren. Dazu gehören neben Regelungen der Kündigungsfristen und Verpflichtungen zu finanziellen Ausgleichsleistungen bei Ausspruch der Kündigung auch die Vereinbarung über die Zulässigkeit der ordentlichen Kündigung selbst[16]. Bestimmungen, die sich auf die Regelung der ordentlichen arbeitgeberseitigen Kündigung beziehen, fallen damit, ohne Rücksicht auf das zwingende Gesetzesrecht im Einzelfall, unzweifelhaft in den Regelungsbereich der „Arbeits- und Wirtschaftsbedingungen“ nach Art. 9 Abs. 3 GG. Schranken ergeben sich insoweit, als das in Art. 9 Abs. 3 Satz 2 GG verankerte Diskriminierungsverbot bei der Ungleichbehandlung von Arbeitnehmern oder Arbeitnehmergruppen zu beachten ist[17]. Teilweise wird schon daraus ein zwingendes Argument gegen die volle Wirksamkeit von Unkündbarkeitsvereinbarungen abgeleitet, soweit sich diese negativ auf die Sozialauswahl nicht- oder andersorganisierter Arbeitnehmer auswirken[18].

Der Koalitionsbetätigungsfreiheit des Art. 9 Abs. 3 GG wird auf einfachgesetzlicher Ebene durch die Regelung des § 1 Abs. 1 TVG Rechnung getragen[19]. Die Tarifvertragsparteien können neben Inhalt und Abschluß von Arbeitsverhältnissen auch deren Beendigung durch Tarifvertrag regeln.

III. Vorgaben des TVG

1. Begriff der Beendigungsnorm

Einen ersten Hinweis auf die tarifliche Regelungsmacht zu verbessernden Bestimmungen im Bereich des Kündigungsschutzes kann man aus der Formulierung des TVG selbst entnehmen. Nach § 1 Abs. 1 TVG enthält der Tarifvertrag unter anderem:

„ (...) Rechtsnormen, die (...) die Beendigung von Arbeitsverhältnissen (...) ordnen können.“

Durch diese Formulierung hat der Gesetzgeber klargestellt, daß auch Regelungen über die Beendigung von Arbeitsverhältnissen zum normativen Teil des Tarifvertrages gerechnet werden und hat gleichzeitig bestätigt, was auch schon unter der Geltung der TVVO von 1918 gesicherter Rechtsauffassung entsprach[20]. Mangels ausdrücklicher Erwähnung der Beendigungsnormen in der TVVO wurden derartigen Bestimmungen dem Typus der Inhaltsnormen zuge-

---

16 *Säcker/Oetker*, Grundlagen und Grenzen der Tarifautonomie, 1992, S. 74, 89; *Löwisch*, DB 1998, S. 877 (878); *Rieble*, ZTR 1993, S. 54 (58).

17 Wiedemann/*Wiedemann*, TVG^6, § 1 Rdnr. 535.

18 MünchArbR/*Löwisch*, § 238 Rdnr. 77f.; *Löwisch/Rieble*, TVG, § 1 Rdnr. 566.

19 *Löwisch/Rieble*, TVG, Grundl. Rdnr. 18.

20 *Hueck/Nipperdey*, Arbeitsrecht Bd. II/1^7, § 15 II 8a (S. 281); *Dreschers*, Entwicklung des Rechts des Tarifvertrags, 1994, S. 299; *Wiedemann/Stumpf*, TVG^5, § 1 Rdnr. 228.

rechnet[21]. Zu den sogenannten Individualnormen[22] des Tarifvertrages, die im Gegensatz zu den betrieblichen und betriebsverfassungsrechtlichen Normen das einzelne Arbeitsverhältnis näher ausgestalten und die Bedingungen des individuellen Arbeitsvertrags zwischen Arbeitgeber und Arbeitnehmer festlegen, rechnet § 1 Abs. 1 TVG somit neben den Inhalts- und Abschlußnormen auch die Beendigungsnormen. Bereits *Sinzheimer*[23], auf den die grundlegende Unterscheidung von Individualnormen und Solidarnormen zurückgeht, zählte zu den Individualnormen auch die Bestands- und Ergänzungsnormen und erkannte damit den Koalitionen auch das Recht zu, sich mit Regelungen der Kündigung zu befassen.

Beendigungsnormen sind seit den Anfängen des Tarifvertragswesens in fast allen Manteltarifverträgen zu finden[24] und beanspruchen einen besonderen Platz in Rationalisierungsschutzabkommen. In der Literatur ist eine Definition der Beendigungsnormen aber kaum zu finden. Überwiegend stößt man nur auf eine Auflistung von Klauseln aus der tarifvertraglichen Praxis, die den Beendigungsnormen zugeordnet werden[25]. Hier soll eine allgemeine Begriffsbestimmung versucht werden. Unter dem Typus der Beendigungsnorm kann man alle Regelungen des Tarifvertrages zusammenfassen, deren Funktion darin besteht, die arbeitsrechtlichen Instrumente der Beendigung des Arbeitsverhältnisses inhaltlich näher auszuformen und den Besonderheiten des jeweiligen Wirtschaftszweigs anzupassen[26]. Der Tarifvertrag kann damit festlegen, „Wie“ und „Ob“ das Arbeitsverhältnis beendet werden kann[27].

Zu diesen Instrumenten zählen neben Vereinbarungen über die Dauer des Arbeitsverhältnisses und Befristungsabreden[28] auch alle Regelungen, die das Recht des Arbeitgebers zur Kündigung betreffen[29]. Für die Bandbreite möglicher Normen über die arbeitgeberseitige Kündigung kann hier auf die im ersten Teil systematisierten Tarifbestimmungen verwiesen werden[30]. Das durch den

---

21 Siehe etwa *Kaskel*, NZfA 1922, S. 398 (399).

22 Dazu MünchArbR/*Löwisch*, § 251 Rdnr. 28; *Löwisch/Rieble*, TVG, § 1 Rdnr. 24.

23 *Sinzheimer*, Der korporative Arbeitsnormenvertrag I, 1907, S. 33f., 37ff.

24 Siehe *Dreschers*, Entwicklung des Rechts des Tarifvertrags, 1994, S. 299.

25 So etwa *Maus*, TVG, § 1 Rdnr. 144; *Hueck/Nipperdey*, Arbeitsrecht Bd. II/1[7], § 15 II 7b (S. 281f.); *Kempen/Zachert*, TVG[3], § 1 Rdnr. 32; Wiedemann/*Wiedemann*, TVG[6], § 1 Rdnr. 511ff.

26 In diese Richtung auch *Wiedemann/Stumpf*, TVG[5], § 1 Rdnr. 234.

27 *Löwisch/Rieble*, TVG, § 1 Rdnr. 73.

28 *Gamillscheg*, Kollektives Arbeitsrecht Bd. I, 1997, S. 581; *Löwisch/Rieble*, TVG, § 1 Rdnr. 67, 74; differenzierend *BAG* (Urt. v. 14.2. 1990), AP Nr. 12 zu § 1 BeschFG 1985 [Leitsatz 1 und unter I 2a der Gründe]: als Abschluß- oder Beendigungsnormen denkbar.

29 *Hueck/Nipperdey*, Arbeitsrecht Bd. II/1[7], § 15 II 8b (S. 281f.); *Kempen/Zachert*, TVG[3], § 1 Rdnr. 32; Wiedemann/*Wiedemann*, TVG[6], § 1 Rdnr. 534.

30 Siehe dazu oben § 8; zur Entwicklung im Bereich einzelner Beendigungsnormen vgl. *Dreschers*, Entwicklung des Rechts des Tarifvertrags, 1994, S. 300ff.

Ausschluß der ordentlichen Arbeitgeberkündigung geschaffene Kündigungsverbot kann somit dem Typus der tarifvertraglichen Beendigungsnormen zugerechnet werden und unterfällt dem durch § 1 Abs. 1 TVG inhaltlich umschriebenen Regelungsbereich[31].

2. Eigenständiger Typus der Individualnormen?

Trotz der Positivierung in § 1 Abs. 1 TVG ist bisher im Schrifttum nicht endgültig entschieden, ob die Beendigungsnormen einen dritten eigenständigen Typus der Tarifnormen, neben Inhalts- und Abschlußnormen, darstellen.

Vielfach werden die Beendigungsnormen in der Literatur immer noch, wie zur Zeit der TVVO[32], als unselbständige Untergliederung der Inhaltsnormen angesehen[33]. Beendigungsnormen sollen, da sie den Inhalt des Arbeitsverhältnisses regeln, den Inhaltsnormen im weiteren Sinne zuzuordnen sein[34]. Danach kommt der gesetzlichen Verankerung in § 1 Abs. 1 TVG nur eine klarstellende Funktion zu, die nichts an der grundsätzlichen Qualifizierung der Beendigungsnormen als Inhaltsnormen ändert[35]. Mithin wären nur zwei Arten von Tarifnormen über das Arbeitsverhältnis in Form der Inhalts- und Abschlußnormen zu unterscheiden[36]. Die Gegenansicht stuft die Beendigungsnormen nicht als Unterfall der Inhaltsnormen ein, sondern sieht in ihnen einen dritten eigenständigen Typus der tarifvertraglichen Normen[37].

Dabei handelt es sich um eine begriffsjuristische Kontroverse, aus der sich keinerlei abweichende Rechtsfolgen ergeben[38]. Auch für den Typus der Beendigungsnormen ist die unmittelbare und zwingende Wirkung in § 4 Abs. 1 TVG ausdrücklich angeordnet. Aufgrund der zusätzlichen Aufzählung in § 1 Abs. 1 TVG und der großen praktischen Bedeutung von Beendigungsnormen in der gegenwärtigen Tariflandschaft bestehen jedoch keinerlei Bedenken an einer

---

31 *Säcker/Oetker,* Grundlagen und Grenzen der Tarifautonomie, 1992, S. 127f., 168, 322; *Löwisch,* DB 1998, S. 877 (878); *Löwisch/Rieble,* TVG, § 1 Rdnr. 74.

32 So etwa *Kaskel,* NZfA 1922, S. 398 (399).

33 *Hueck/Nipperdey,* Arbeitsrecht Bd. II/1[7], § 15 II 8a (S. 281), § 15 II 5a (S. 253); *Kraft,* ZfA 1976, S. 243 (246); AR-Blattei D/*Buchner,* Tarifvertrag V Inhalt, B I 3f.; *Gamillscheg,* Kollektives Arbeitsrecht Bd. I, 1997, S. 541, 577; Staudinger[13]/*Richardi,* Vorbem. zu §§ 611 ff. Rdnr. 638; *Preis/Steffan,* Festschrift f. Kraft, 1998, S. 477 (482); ebenso MünchArbR/*Berkowsky,* § 129 Rdnr. 20 für Regelungen der Kündigungsgründe; *Däubler,* Tarifvertragsrecht[3], Rdnr. 170 führt in Fn. 2 als Beispiel für eine Inhaltsnorm eine Unkündbarkeitsklausel an; so auch für die Regelungstypen von Betriebsvereinbarungen GK-BetrVG[6]/*Kreutz,* § 77 Rdnr. 173.

34 *Hromadka/Maschmann,* Arbeitsrecht Bd. II, § 13 Rdnr. 22.

35 *Däubler/Hege,* Tarifvertragsrecht[2], Rdnr. 403.

36 So etwa *Zöllner/Loritz,* Arbeitsrecht[5], § 35 I (S. 386).

37 *Wiedemann/Stumpf,* TVG[5], § 1 Rdnr. 228; so wohl auch *Löwisch/Rieble,* TVG § 1 Rdnr. 73f und MünchArbR/*Löwisch,* § 253 Rdnr. 45f.

38 So zutreffend *Dreschers,* Entwicklung des Rechts des Tarifvertrags, 1994, S. 300.

Qualifizierung derartiger Bestimmungen als selbständige Normart. Beendigungsnormen stellen somit, neben Inhalts- und Abschlußnormen, den dritten eigenständigen Typus der Regelungen im normativen Teil des Tarifvertrages dar.

3. Kündigungsklauseln als Doppelnormen

Darüber hinaus erfahren Kündigungsbestimmungen in Tarifverträgen, die in die nach § 1 Abs. 3 KSchG gesetzlich verankerte soziale Auswahl eingreifen[39], in der Literatur noch eine zusätzliche Qualifizierung. Um diesen Kündigungsschutzklauseln wegen eines unzulässigen Eingriffs in die rechtlich geschützte Verbleibechance nicht- oder andersorganisierter Arbeitnehmer im Betrieb nicht die Wirksamkeit versagen zu müssen, wird eine Einordnung derartiger Bestimmungen in den Kreis der Betriebsnormen nach § 1 Abs. 1 TVG vorgenommen[40]. Sie gelten dann gemäß §§ 3 Abs. 2, 4 Abs. 1 Satz 2 TGV unabhängig von der Tarifgebundenheit der Arbeitnehmer für alle Betriebe, deren Arbeitgeber tarifgebunden sind. Dies soll nach herrschender Auffassung jedenfalls soweit gelten, als diese gemäß § 1 Abs. 4 KSchG Richtlinien über die soziale Auswahl enthalten. Vereinzelt wird sogar angenommen, daß jeglicher Eingriff in die Sozialauswahl durch tarifvertragliche Regelung nur in Form von Betriebsnormen zulässig sei[41] und somit auch materielle Kündigungsbeschränkungen als Betriebsnormen qualifiziert werden müssen. Dagegen spricht allerdings die Überlegung, daß auch ein Außenseiter nicht zum Nachteil eines schutzbedürftigeren Arbeitnehmers bevorzugt werden darf. Die Qualifizierung als Betriebsnorm verlagert dadurch die entstehenden Probleme nur auf eine größere Gruppe von Arbeitnehmern, löst die eigentliche Konkurrenzsituation hingegen nicht auf[42].

Gegen die grundsätzliche Einordnung von Beendigungsnormen als Betriebsnormen bestehen hingegen keine Bedenken. Kündigungsklauseln werden dadurch zu Normen mit Doppelcharakter. Die Zulässigkeit von derartigen Doppelnormen ist grundsätzlich zu bejahen[43]. Die Normarten des § 1 Abs. 1 TVG stehen zueinander nicht in einem Ausschließlichkeitsverhältnis.

---

39 Dazu ausführlich unten § 35.

40 *Fischermeier*, NZA 1997, S. 1089 (1095); KR[5]/*Etzel*, § 1 KSchG Rdnr. 725; *Löwisch/Rieble*, TVG, § 1 Rdnr. 582; Wiedemann/*Wiedemann* TVG[6], § 1 Rdnr. 580; *Weller*, RdA 1986, S. 222 (229); *Ascheid*, RdA 1997, S. 333 (340).

41 *Löwisch/Rieble*, TVG, § 1 Rdnr. 567.

42 Im Ansatz ebenso *Gamillscheg*, Kollektives Arbeitsrecht Bd. I, 1997, S. 690.

43 *Säcker/Oetker*, Grundlagen und Grenzen der Tarifautonomie, 1992, S. 105f., 122.; Wiedemann/*Wiedemann* TVG[6], § 1 Rdnr. 276; siehe bereits *Wiedemann/Stumpf*, TVG[5], § 1 Rdnr. 117.

4. Instrument zum Ausschluß der ordentlichen Kündigung

Aus der Erwähnung der Beendigungsnormen in der Aufzählung des § 1 Abs. 1 TVG darf nun allerdings nicht geschlossen werden, daß jegliche tarifvertragliche Vereinbarung über das Kündigungsrecht des Arbeitgebers zulässig wäre. Dies belegt schon der Hinweis darauf, daß nach ganz herrschender Meinung das außerordentliche Kündigungsrecht nach § 626 BGB tariffest ist, und damit der Disposition der Tarifvertragsparteien entzogen ist[44]. Über die Grenze der Zumutbarkeit hinaus darf auch der Arbeitgeber nicht an einem Arbeitsverhältnis festgehalten werden. Das Mittel der fristlosen Kündigung kann dem Arbeitgeber nicht vorenthalten werden. Hier ist auch eine Einschränkung zugunsten der Arbeitnehmer nicht möglich.

Aus der Erstreckung der Vereinbarungsbefugnis der Tarifvertragsparteien auf die Beendigung von Arbeitsverhältnissen darf folglich nicht auf eine unbeschränkte Tarifmacht für den Bereich der Kündigung geschlossen werden. Durch § 1 Abs. 1 TVG wird vielmehr nur klargestellt, daß Kündigungen überhaupt tarifvertraglich geregelt werden können. Der genaue Inhalt und die Grenzen der Regelungsbefugnis wird durch das Tarifvertragsgesetz selbst nicht aufgezeigt. Man kann daher § 1 Abs. 1 TVG nicht etwa als Ermächtigungsnorm für eine unbeschränkte Rechtssetzung im Bereich der Arbeitgeberkündigung begreifen. In der Bestimmung werden nur Normsetzungsinstrumente[45] angeführt, zu denen auch die Beendigungsnormen zählen. In diesem Sinne besteht die Funktion von § 1 Abs. 1 TVG nicht darin, eine Befugnis der Sozialpartner zu abweichenden Regelungen zu begründen, sondern darin, zu beschreiben, was überhaupt Inhalt von Tarifverträgen sein kann[46]. Die konkrete tarifvertragliche Kündigungsregelung muß daher in jedem Einzelfall an den vom Gesetzesrecht vorgegebenen Wertungsgrundlagen gemessen und auf diese abgestimmt werden.

Während sich diese Erkenntnis vom Abstimmungsbedarf für den Fall der außerordentlichen Kündigung allgemein durchgesetzt hat, wird in bezug auf die ordentliche Kündigung meist begründungslos[47] oder lediglich unter Hinweis auf deren Mindestschutzcharakter von der Möglichkeit zu verbessernden Regelungen für den Arbeitnehmer ausgegangen. Diese Begründung allein greift indes zu kurz, weil sie geeignet ist, den Blick davor zu verschließen, daß durch das ein-

---

44 Siehe dazu ausführlich unten § 16 II 1.

45 Siehe *Reuter*, Festschrift f. Mestmäcker, 1996, S. 271 (290).

46 *Biedenkopf*, Grenzen der Tarifautonomie, 1964, S. 105; anders aber *Otto*, RdA 1984, S. 261 (275), der in § 1 Abs. 1 TVG eine Ermächtigungsnorm zum Ausbau des Bestandsschutzes erblickt; ebenso *Zwanziger*, DB 2000, S. 2166 (2167).

47 Beispielhaft dafür etwa *v.Koppenfels*, Kündigung bei unkündbaren Arbeitnehmern, 1998, S. 19 und *Schwerdtner*, Festschrift für Kissel 1994, S. 1077, die feststellen: „Das ordentliche Kündigungsrecht ist bei Arbeitsverträgen nachgiebiges Recht, es kann also abbedungen werden."

seitige Abstellen auf den tarifgebundenen Arbeitnehmer andere schützenswerte Interessen entweder gar nicht oder nicht genügend berücksichtigt werden. Festzuhalten bleibt, daß mit der positivrechtlichen Anerkennung von Beendigungsnormen in §1 Abs. 1 TVG nichts über die Reichweite von möglichen Kündigungsregeln in bezug auf das ordentliche Arbeitgeberkündigungsrecht ausgesagt ist.

IV. Das Konkurrenzverhältnis von Tarifvertrag und Gesetzesrecht

Grundlegend für eine dogmatische Ableitung der Befugnis zum Kündigungsausschluß durch die Tarifvertragsparteien ist die Frage nach der Reichweite des Geltungsanspruchs des Kündigungsschutzgesetzes in Beziehung zum Tarifvertrag. Eine Lösung kann nur anhand des grundsätzlichen Konkurrenzverhältnisses von ranghöherem Gesetzesrecht zu rangniederem Tarifvertragsrecht gesucht werden. Für die Behandlung des Konkurrenzverhältnisses werden in der arbeitsrechtlichen Literatur zwei verschiedene Lösungswege diskutiert [48]. Der eine ermittelt die Reichweite von gesetzlicher Regelung zu tarifvertraglicher Regelung anhand des Günstigkeitsprinzips, der andere stellt auf den jeweiligen Geltungsanspruch der gesetzlichen Regelung ab.

1. Das Günstigkeitsprinzips

a) Das Günstigkeitsprinzip als allgemeine Kollisionsnorm

Man kann sich auf den Standpunkt stellen, daß der durch den Gesetzgeber vorgefaßte gesetzliche Rahmen grundsätzlich nur einen Minimalstandard zugunsten des sozial schwächeren Arbeitnehmers festschreibt. Von diesem kann nicht zu seinen Ungunsten, wohl aber zu seinem Vorteil abgewichen werden. Solange sich aus einer gesetzlichen Norm nicht eindeutig der gesetzgeberische Wille zu einer abschließenden Regelung ergibt, besteht danach eine Vermutung, für die Freiheit zu abweichenden Regelungen durch Tarifvertrag.

In der Literatur wird deshalb für eine Auflösung des Konkurrenzverhältnisses vielfach ausschließlich auf das Günstigkeitsprinzip zurückgegriffen. Damit wird dessen grundsätzliche Anwendbarkeit auch für das Verhältnis von Tarifvertrag zu staatlicher Rechtsordnung bejaht[49]. Für die Reichweite von zwingenden

---

[48] Zur dogmatischen Ableitung der beiden Ansichten siehe die kurze Zusammenfassung bei *Gamillscheg*, Kollektives Arbeitsrecht Bd. I, § 18 V 1a (S. 836).

[49] *Wlotzke*, Das Günstigkeitsprinzip, 1957, S. 14; *Däubler/Hege*, Tarifvertragsrecht², Rdnr. 174; MünchArbR/*Richardi*, § 8 Rdnr. 22, 29; *Gamillscheg*, Kollektives Arbeitsrecht Bd. I, 1997, S. 298, 835f.; *ders.* ArbuR 1981, S. 105 (108); *Belling*, Das Günstigkeitsprinzip im Arbeitsrecht, 1984, S. 163f. tritt für eine Anwendung des Günstigkeitsprinzips bei der sogenannten „Minimalgesetzgebung" kraft Natur der Sache ein, während im Bereich der „verteilenden arbeitsrechtlichen Schutzgesetzgebung" die Anwendung nur bei gesetz-

Gesetzen gilt danach das Günstigkeitsprinzip als Auslegungsgrundsatz. Dieses Betrachtungsweise wäre dann folgerichtig auch auf das Verhältnis von KSchG und tarifvertraglichen Beendigungsregelungen zu übertragen[50]. Die Befugnis der Tarifvertragsparteien, den Kündigungsschutz durch einen Ausschluß des ordentlichen Kündigungsrechts zu verstärken, würde sich nach dieser Sichtweise unmittelbar dem Günstigkeitsprinzip entnehmen lassen, weil der durch ein Kündigungsverbot vermittelte Schutz umfangreicher und damit günstiger ausgestaltet ist, als lediglich eine Kontrolle der Kündigung anhand der Sozialwidrigkeitstatbestände des § 1 Abs. 2 KSchG.

Das Günstigkeitsprinzip stellt nach dieser Auffassung eine universelle Kollisionsregelung für das Zusammentreffen von Rechtsquellen verschiedener Wertigkeit dar. § 4 Abs. 3 TVG ist lediglich als ein normierter Anwendungsfall dieser Regelung zu begreifen[51]. Eine solche Kollisionsnorm ist auch anderen Rechtsordnungen nicht fremd. So gilt etwa in Frankreich der dem Günstigkeitsprinzip verwandte „ordre puplic relatif" für die gesamte Normenhierarchie[52]. Im Internationalen Privatrecht wird unter dem Begriff des „better law approach" eine Auslegungsregel verstanden, die der materiell besseren Lösung bei zwei kollidierenden Rechtsordnungen den Vorzug gibt und die günstigere Sachnorm für anwendbar erklärt[53].

Die Existenz eines solchen generellen Günstigkeitsprinzips als Kollisionsinstrument wird auch für das Arbeitsrecht bejaht[54]. Seine Rechtfertigung wird überwiegend in dem arbeitsrechtlichen Schutzprinzip erblickt[55]. Die Funktion eines solchen allgemeingültigen Günstigkeitsprinzips besteht darin, die Kollision von Rechtsquellen verschiedener Ordnung, die einen identischen Regelungsbereich betreffen, aufzulösen. Danach gelangt die den Betroffenen am stärksten privilegierende Rechtsquelle zur Geltung, die ungünstigere Regelung

---

licher Zulassung, die auch im Wege der Auslegung ermittelt werden kann, erfolgen soll; im Grundsatz auch *Tech,* Günstigkeitsprinzip, 1987, S. 23, 26, für eine behutsame Anwendung im Bereich des Kündigungsschutzrechts allerdings auf S. 166.

50 Für die Anwendbarkeit des Günstigkeitsprinzips auf das Verhältnis von KSchG und Tarifvertrag ausdrücklich KR[5]/*Etzel,* § 1 KSchG Rdnr. 618; für das Verhältnis von KSchG und Einzelarbeitsvertrag *Stahlhacke/Preis/Vossen,* Kündigungsschutz[7], Rdnr. 662.

51 So etwa Wiedemann/*Wank,* TVG[6], § 4 Rdnr. 386; *Preis,* Vertragsgestaltung im Arbeitsrecht, 1993, S. 32; *ders.,* Arbeitsrecht, § 19 III (S. 174).

52 *Birk,* RdA 1995, S. 71 (75); vgl. auch den kurzen Hinweis von *Gamillscheg,* Kollektives Arbeitsrecht Bd. I, § 18 V 1 (S. 835): « l'âme du droit du travail ».

53 Siehe etwa *Kegel/Schuring,* Internationales Privatrecht[8], § 3 XI 2b (S. 179); *Firsching/v.Hoffmann,* Internationales Privatrecht[5], § 2 Rdnr. 10, 47.

54 *Wlotzke,* Das Günstigkeitsprinzip, 1957, S. 11; *Nikisch,* DB 1963, S. 1254 (1254); ihm folgend *Belling,* Das Günstigkeitsprinzip im Arbeitsrecht, 1984, S. 33

55 Wiedemann/*Wank,* TVG[6], § 4 Rdnr. 386, dort und in Rdnr. 388 auch Hinweise auf andere Herleitungen des Günstigkeitsprinzips.

tritt hingegen zurück[56]. Auch das *Bundesarbeitsgericht* hat sich für die Geltung eines universellen Günstigkeitsprinzips ausgesprochen. Besonders deutlich kann man dies den Ausführungen des *Großen Senats*[57] in seiner Entscheidung zur ablösenden Betriebsvereinbarung vom 16. September 1986 entnehmen. Das Gericht entwickelte seinen Standpunkt im Anschluß an *Wiedemann/Stumpf* [58] folgendermaßen:

„Das in § 4 Abs. 3 TVG nur unvollkommen geregelte Günstigkeitsprinzip ist Ausdruck eines umfassenden Grundsatzes, der unabhängig von der Art der Rechtsquelle und auch außerhalb des TVG Geltung beansprucht. Alle arbeitsrechtlichen Gestaltungsfaktoren können im Verhältnis zu rangniedrigeren Regelungen, soweit solche nicht von vornherein ausgeschlossen sind (§ 77 Abs. 3 BetrVG), Verbesserungen nicht ausschließen, sie können nur einseitig zwingendes Recht schaffen.“

b) Kritik an der Anwendung des Günstigkeitsprinzips

Ausweislich der gesetzlichen Verankerung in § 4 Abs. 3 TVG bezieht sich das Günstigkeitsprinzip auf das Verhältnis von Tarifvertrag und Regelungen im Einzelarbeitsverhältnis. Hier erschöpft sich seine Funktion nicht in einer reinen Auslegungsregel, sondern setzt der kollektivrechtlichen Regelungsbefugnis unmittelbar Schranken[59]. Einmal wird auf diese Weise die zwingende Wirkung des Tarifvertrages begrenzt. Darüber hinaus ist klargestellt, daß die Sozialpartner mit den tarifvertraglichen Regelungen keine Höchstbedingungen, sondern nur Mindestbedingungen festlegen[60]. Sie schaffen nur eine tarifliche Mindestniveaugarantie. Das einfachgesetzlich positivierte Günstigkeitsprinzip in § 4 Abs. 3 TVG wirkt demnach aus dem Blickwinkel der Tarifvertragsparteien rechtsbeschränkend. Das Günstigkeitsprinzip beruht hier auf dem Gedanken, daß es dem Arbeitnehmer nicht verwehrt sein soll, in eigener Initiative mit dem Arbeitgeber für ihn günstigere Bedingungen seines Arbeitsvertrags auszuhandeln. Es trägt damit in besonderem Maße der Arbeitsvertragsfreiheit Rechnung[61]. Aufgrund der einseitig-zwingenden Wirkung der tarifvertraglichen Normen tritt der Arbeitnehmer dem Arbeitgeber mit einer gestärkten Verhandlungsposition gegenüber. Die typische Ungleichgewichtslage zwischen Arbeitgeber und Arbeitnehmer wird auf diese Weise kompensiert. Solange der Tarif-

---

56 *Tech*, Günstigkeitsprinzip, 1987, S. 4; siehe auch *Biedenkopf*, Grenzen der Tarifautonomie, 1964, S. 146.

57 *BAG GS* (Beschluß v. 16.9.1986), AP Nr. 17 zu § 77 BetrVG 1972 [unter C II 3a der Gründe]; auch *Gamillscheg*, Kollektives Arbeitsrecht Bd. I, § 18 V 1 (S. 835, Fn. 328) beruft sich auf diese Entscheidung.

58 *Wiedemann/Stumpf*, TVG^5, § 4 Rdnr. 214.

59 MünchArbR/*Richardi*, § 8 Rdnr. 29, § 12 Rdnr. 9; *Richardi*, Kollektivgewalt und Individualwille, 1986, S. 360f., 365; Wiedemann/*Wank*, TVG^6, § 4 Rdnr. 387.

60 *Löwisch/Rieble*, TVG, § 4 Rdnr. 156; *Richardi*, Gutachten B, 61. DJT 1996, S. 78.

61 *Biedenkopf*, Grenzen der Tarifautonomie, 1964, S. 147; *Löwisch/Rieble*, TVG, § 4 Rdnr. 158.

vertrag aber nicht schützt, sondern den Weg zu günstigeren individuellen Abreden abschneidet, tritt er nach § 4 Abs. 3 TVG zurück.

Für die Geltung eines weiterreichenden Günstigkeitsprinzips für das Verhältnis von Gesetz zu Tarifvertrag finden sich in § 4 Abs. 3 TVG hingegen keine normativen Anhaltspunkte. Auch läßt sich ansonsten eine Basis für die Ableitung eines allgemeinen Günstigkeitsprinzips zur Auflösung des Konkurrenzverhältnisses zwischen gesetzlicher und tarifvertraglicher Regelung schwerlich finden[62]. Im Verhältnis der Tarifpartner untereinander kann zudem keine, dem Verhältnis von Arbeitgeber und Arbeitnehmer vergleichbare, Ungleichgewichtslage bei der Verhandlungsführung festgestellt werden. Es fehlt an dem Kriterium der typischen Abhängigkeit des einen Vertragspartners[63]. Hinzu tritt die Überlegung, daß die einseitige Ausrichtung auf die Verbesserung zugunsten der Arbeitnehmer dem staatlichen Neutralitätsgebot widersprechen würde[64]. Am gewichtigsten erscheint indes der Einwand, durch die Anwendung des Günstigkeitsprinzips werde eine Kumulierung von zwei Schutzprinzipien, dem gesetzlichen und dem kollektivrechtlichen, herbeigeführt[65].

Neben den angedeuteten Schwierigkeiten, einen solchen allgemeinen Auslegungsgrundsatz dogmatisch herzuleiten, spricht gegen diese Lösung auch die folgende Überlegung. Das Günstigkeitsprinzip hilft nur in den Fällen weiter, in denen feststeht, daß überhaupt von einer rechtlichen Regelung abgewichen werden darf. Nur dann kann überhaupt ein Günstigkeitsvergleich in Anlehnung an § 4 Abs. 3 TVG vorgenommen werden. Hingegen ist es als Instrument zur Ermittlung derjenigen Bestimmungen, bei denen dies der Fall ist, wegen seiner pauschalierenden Aussagen generell untauglich. So wird auch von den Verfechtern der Anwendbarkeit eines Günstigkeitsprinzips nicht bestritten, daß es unbedingt zwingende gesetzliche Regelungen gibt, die auch zugunsten des Arbeitnehmers nicht abgeändert werden können. Bezeichnenderweise ziehen aber gerade die Anhänger dieser Lösung die Reichweite des unabdingbaren Gesetzesrechts weniger weit. So kann es beispielsweise nach *Gamillscheg*[66] den Tarifvertragspartnern unter Berücksichtigung des Günstigkeitsprinzips nicht verwehrt werden, auch das Maß der Unzumutbarkeit für eine fristlose Kündigung nach § 626 BGB näher auszugestalten oder das Recht der außerordentlichen Kündigung zu beschränken. Ist insoweit aber unbestritten, daß es Ausnahmen vom Günstigkeitsgrundsatz gibt, so kann man schlechterdings von einem Prinzip, im Sinne eines allgemeingültigen Rechtsgedankens, nicht mehr sprechen.

---

62 In diese Richtung auch *Häfele,* Die Zulassung befristeter Arbeitsverhältnisse durch § 1 BeschFG, 1988, S. 107.

63 *Biedenkopf,* Grenzen der Tarifautonomie, 1964, S. 147.

64 *Biedenkopf,* Grenzen der Tarifautonomie, 1964, S. 149f.

65 *Biedenkopf,* Grenzen der Tarifautonomie, 1964, S. 151f.

66 *Gamillscheg,* Kollektives Arbeitsrecht Bd. I, § 18 V 1a (S. 836f.).

Der Komplexheit der gesetzlichen Regelungen würde die generelle Anwendung des Günstigkeitsprinzips des weiteren auch nicht gerecht werden. Diesem Weg zur Auflösung des Konkurrenzverhältnisses von Gesetzesrecht und tariflicher Regelung ist folglich eine Absage zu erteilen[67]. Das Günstigkeitsprinzip ist damit auf die Auflösung des Konkurrenzverhältnisses von Tarifvertrag und arbeitsvertraglicher Individualvereinbarung zu beschränken[68]. Hier bildet es eine unmittelbare Schranke der Kollektivmacht. Ein universelles Günstigkeitsprinzip ist hingegen im Arbeitsrecht nicht anzuerkennen[69].

Die Befugnis der Tarifvertragsparteien zum Ausschluß der ordentlichen Kündigung kann daher nicht einfach durch einen Rückgriff auf das Günstigkeitsprinzip hergeleitetet werden. Es bedarf einer Nachprüfung, ob das ordentliche gebundene Kündigungsrecht in § 1 Abs. 2 KSchG in jeglicher Hinsicht für verbessernde und damit günstigere Regelungen durch Tarifvertrag zugänglich ist.

2. Die gesetzliche Geltungsanordnung

a) Die verschiedenen Geltungsansprüche

In der arbeitsrechtlichen Literatur wird überwiegend eine am Günstigkeitsprinzip orientierte, generalisierende Aussage über das Konkurrenzverhältnis von Tarifvertrag und Gesetzesrecht vermieden[70]. Es ist also nicht jeweils von der die Rechtsstellung des Arbeitnehmers verbessern- den Regelung auszugehen. Vielmehr steht eine differenzierte Betrachtungsweise im Vordergrund. Dogmatischer Ausgangspunkt ist hier nicht ein einheitlicher Kollisionsgrundsatz, der von Ausnahmen durchbrochen wird, sondern eine am „Geltungswillen des Gesetzes“[71] festgemachte Norminterpretation. Grundlegend ist dabei die Erkenntnis, daß ohne eine exakte Analyse der speziellen gesetzlichen Bestimmung, von der durch Tarifvertrag abgewichen werden soll, keine tragfähige Aussage über

---

67 Grundlegend *Biedenkopf,* Grenzen der Tarifautonomie, 1964, S. 147ff., 169ff.; ebenso: *Säcker,* in: Sozialrecht und Tarifrecht, 1984, S. 64 (87f.); *Säcker/Oetker,* Grundlagen und Grenzen der Tarifautonomie, 1992, S. 173; *Henssler,* ZfA 1998, S. 1 (18f.); *Stein,* ArbuR 1998, S. 1 (6); *Häfele,* Die Zulassung befristeter Arbeitsverhältnisse durch § 1 BeschFG, 1988, S. 107ff.; *Hueck/Nipperdey,* Arbeitsrecht Bd. II/1[7], § 19 A I 3a (S. 371, Fn. 7); MünchKomm[3]/*Müller-Glöge,* § 611 Rdnr. 211; MünchArbR/*Wank* § 117 Rdnr. 24 gegen die Anwendbarkeit bei § 626 BGB; *Hromadka,* Festschrift f. Kissel, 1994, S. 417 (418) sieht im einseitig-zwingenden Gesetzesrecht einen Ausfluß des Günstigkeitsprinzips.

68 *Säcker/Oetker,* Grundlagen und Grenzen der Tarifautonomie, 1992, S. 173

69 So jetzt auch *Däubler,* Tarifvertragsrecht[3], Rdnr. 367.

70 *Säcker/Oetker,* Grundlagen und Grenzen der Tarifautonomie, 1992, S. 173; *Löwisch/Rieble,* TVG, § 1 Rdnr. 218ff.

71 So die Umschreibung von *Gamillscheg,* Kollektives Arbeitsrecht Bd. I, 1997, S. 836, der selbst aber für die Geltung des Günstigkeitsprinzips eintritt.

deren Geltungsbereich in Beziehung zur tarifvertraglichen Regelung getroffen werden kann.

Das Gesetzesrecht weist verschiedene Abstufungen seines Geltungsanspruchs gegenüber dem Tarifvertrag auf. Anhand einer Normanalyse der einschlägigen gesetzlichen Bestimmung kann eine Zuordnung zu einer der verschiedenen Kategorien vorgenommen werden. Die Zuordnung einer gesetzlichen Norm ist entscheidend für eine Aussage über die Reichweite ihres Geltungsbereichs.

Wie in der hergebrachten Zivilrechtsdogmatik ist auch im Arbeitsrecht die Unterscheidung von zwingendem und nachgiebigem Gesetzesrecht, dem „ius cogens" und „ius dispositivum"[72], grundlegend für die Bestimmung des Verhältnisses von vertraglicher Regelungsbefugnis zu gesetzlicher Bestimmung[73]. Die mögliche Geltungsanordnung einer gesetzlichen Regelung ist im Arbeitsrecht jedoch variantenreicher ausgestaltet. Der arbeitsrechtlichen Eigentümlichkeit des Tarifvertrages wird dadurch Rechnung getragen, daß neben zwingendem und dispositivem Recht eine weitere Kategorie in Form des tarifdispositiven Gesetzesrecht etabliert worden ist. Aber auch die klassische Zweiteilung von zwingendem und nachgiebigem Recht wird der Bandbreite möglicher gesetzlicher Geltungsanordnungen allein nicht mehr gerecht. Die Rechtsentwicklung hat hier zu einer noch weiteren Differenzierung geführt[74]. Vor allem auf die besondere Zweckbestimmung arbeitsrechtlicher Schutznormen ist die weitere Unterscheidung von einseitig- und zweiseitig-zwingendem Gesetzesrecht zurückzuführen.

Hinsichtlich der Geltungskraft arbeitsrechtlicher Gesetze lassen sich danach folgende vier Kategorien unterscheiden[75]:

(1) Das zweiseitig-zwingende Gesetzesrecht zeichnet sich dadurch aus, daß von ihm überhaupt nicht, also auch nicht zugunsten des Arbeitnehmers abgewichen werden kann[76]. Diese Geltungsanordnung gilt sowohl für einzelvertragli-

---

72 Siehe Palandt[60]/*Heinrichs*, Einleitung Rdnr. 27.

73 Siehe auch *Fenn*, Festschrift f. Söllner, 2000, S. 333 (344f.).

74 Dies gilt auch für das Bürgerliche Recht. Vgl. etwa die halbseitig-zwingende Vorschrift des § 651 m (bis 23.7. 2001 § 651 l) BGB für das Reisevertragsrecht; siehe dazu *Zöllner*, JuS 1988, S. 329 (332); weitere Beispiele bei Palandt[60]/*Heinrichs*, Einleitung Rdnr. 27.

75 *Hromadka*, Festschrift f. Kissel, 1994, S. 417 (418); Wiedemann/*Wiedemann*, TVG[6], Einleitung Rdnr. 357; Wiedemann/*Wank*, TVG[6], § 4 Rdnr. 632ff.; *Löwisch/Rieble*, TVG, § 1 Rdnr. 218ff.; *Schaub*, Arbeitsrechtshandbuch[9], § 31 Rdnr. 8ff.; *Hueck/Nipperdey*, Arbeitsrecht Bd. II/1[7], § 19 A I 2 (S. 371f.), § 19 D I (S. 397ff.); *Preis*, Arbeitsrecht, § 16 I 2 (S. 141f.); *Chong-Bock*, Der Vorrang der Tarifautonomie gegenüber Gesetz, Richterrecht und Betriebsvereinbarung, 1982, S. 20; *Hromadka/Maschmann*, Arbeitsrecht Bd. II, § 13 Rdnr. 186.

76 Wiedemann/*Wiedemann*, TVG[6], Einleitung Rdnr. 357; *Löwisch/Rieble*, TVG, § 1 Rdnr. 218; gleichbedeutend sind die Begriffe des beidseitig-zwingenden Gesetzesrechts, siehe *Hromadka*, Festschrift f. Kissel, 1994, S. 417 (418); des vollkommen-zwingenden Ge-

che als auch für tarifvertragliche Regelungen[77]. Für die Tarifparteien hat dies zur Folge, daß der jeweilige Sachbereich, der durch die staatliche Norm erfaßt wird, einer tarifvertraglichen Regelung nicht zugänglich ist und damit der Tarifautonomie vollständig entzogen wird. Die gesetzliche Bestimmung wird dadurch tarifzwingend.

(2) Im Unterschied dazu ist beim einseitig-zwingendem Gesetzesrecht eine individualvertragliche oder tarifvertragliche Abweichung zugunsten des Arbeitnehmers zulässig. Hingegen ist eine Verschlechterung der gesetzlichen Arbeitsbedingungen ausgeschlossen[78].

(3) Tarifdispositives Gesetzesrecht trägt in besonderem Maße der Tarifautonomie Rechnung. Aufgrund der ausgeglichenen und gleichrangigen Verhandlungspositionen von Gewerkschaft und Arbeitgeberverband beim Zustandekommen von Tarifverträgen geht der Gesetzgeber für manche Regelungsbereiche davon aus, daß eine begrenzte und möglichst schonende Abweichung von der Gesetzesnorm auch zulasten der Arbeitnehmer hingenommen werden kann. Die größere Sachnähe und die Vermutung einer dem Tarifvertrag innewohnenden Richtigkeitsgewähr[79] oder doch zumindest einer Richtigkeitschance[80] rechtfertigen die Befugnis der Tarifpartner, in angemessenen Grenzen die gesetzlichen Regelungen auch zum Nachteil des Arbeitnehmers zu unterschreiten. Tarifdispositives Gesetzesrecht verleiht daher den Tarifvertragsparteien, und nur diesen, die Befugnis, den Arbeitnehmer gegenüber den gesetzlichen Bestimmung schlechter zu stellen. Für individualvertragliche Abreden und Betriebsvereinbarungen ist das tarifdispositive Recht hingegen zwingend ausgestaltet[81]. Tarifdispositive Gesetze entfalten deshalb eine in personeller Hinsicht gespaltene Rechtswirkung[82].

(4) Das allseitig-dispositive Gesetzesrecht läßt Abweichungen sowohl zugunsten als auch zu Lasten des Arbeitnehmers zu und unterscheidet dabei nicht zwischen Regelungen in Individualvertrag oder Kollektivvereinbarun-

---

setzesrechts, siehe *Schaub,* Arbeitsrechtshandbuch[9], § 31 Rdnr. 9; bzw. des schlechthin zwingenden Gesetzesrechts, siehe *Hueck/Nipperdey,* Arbeitsrecht Bd. II/1[7], § 19 A I 3a (S. 371f.).

77 MünchArbR/*Löwisch,* § 252 Rdnr. 88; *Maus,* TVG, § 1 Rdnr. 53a.

78 Wiedemann/*Wiedemann,* TVG[6], Einleitung Rdnr. 382; *Löwisch/Rieble,* TVG, § 1 Rdnr. 225; MünchArbR/*Löwisch,* § 252 Rdnr. 96; *Schaub,* Arbeitsrechtshandbuch[9], § 31 Rdnr. 9 hält das einseitig-zwingende Gesetzesrecht kennzeichnend für liberal-soziale Wirtschaftsverfassungen.

79 Siehe etwa Wiedemann/*Wiedemann,* TVG[6], Einleitung Rdnr. 389; ErfurtKomm/*Schaub,* § 1 TVG Rdnr. 157.

80 Dazu *Kempen/Zachert,* TVG[3], Grundlagen Rdnr. 88f.

81 *Canaris,* Festschrift f. Dietz, 1973, S. 199 (199); *Säcker/Oetker,* Grundlagen und Grenzen der Tarifautonomie, 1992, S. 174; MünchArbR/*Löwisch,* § 252 Rdnr. 109; *Preis,* Arbeitsrecht, § 19 I 3 (S. 142).

82 Wiedemann/*Wiedemann,* TVG[6], Einleitung Rdnr. 357.

gen[83]. Es enthält Ergänzungsbestimmungen und Auslegungsregeln, die subsidiär dann eingreifen, wenn der entsprechende Regelungsbereich offen geblieben ist.

Die Befugnis zur tarifvertraglichen Regelung findet ihr „Widerlager"[84] somit auf einfachgesetzlicher Grundlage in den Vorschriften des einseitig-zwingenden, des tarifdispositiven und des allseitig-dispositiven Gesetzesrechts. Im Kündigungsrecht ist ein nach der Intensität und der Richtung der Schutzwirkung abgestufter Geltungsanspruch des Gesetzes anzutreffen. So sind etwa die formellen Kündigungsschranken der Kündigungsfristen des § 622 Abs. 2 BGB durch die Tariföffnungsklausel des § 622 Abs. 4 Satz 1 BGB tarifdispositv ausgestaltet. Das außerordentliche Kündigungsrecht nach § 626 BGB ist nach ganz überwiegender Ansicht zweiseitig-zwingender Natur, so daß sich hier jegliche tarifvertragliche Abweichung von vornherein verbietet. § 1 KSchG weist hingegen nach herrschender Auffassung lediglich einen einseitig-zwingenden Charakter auf. Diesen Normbefund gilt es zu überprüfen.

b) Das arbeitsrechtliche Schutzprinzip als Auslegungshilfe

Um den Geltungsanspruch einer gesetzlichen Regelung zu ermitteln, greift man im Arbeitsrecht auf das Arbeitnehmerschutzprinzip zurück. Diese Erwägung beruht auf dem tradierten Verständnis des Arbeitsrechts als Schutzrecht, das über weite Strecken der Absicherung des schwächeren Vertragspartners des Arbeitnehmers dient. Die Schutzbedürftigkeit des Arbeitnehmers läßt sich demgemäß als arbeitsrechtlicher Grundsachverhalt kennzeichnen[85].

Prägend für den Begriff des Arbeitnehmers ist der Begriff der Abhängigkeit. Aufgrund des Arbeitsvertrags ist der Arbeitnehmer dem Arbeitgeber gegenüber zur Erbringung von abhängiger Arbeit verpflichtet. Daraus resultiert nicht nur, da die Konkretisierung der arbeitsvertraglichen Pflichten weitgehend dem Arbeitgeber übertragen ist, die sachliche Abhängigkeit des Arbeitnehmers[86], sondern das für den Arbeitnehmerbegriff konstitutive Element der persönlichen Abhängigkeit[87]. Neben der persönlichen Abhängigkeit ist häufig auch eine wirtschaftliche Abhängigkeit des Arbeitnehmers vom Arbeitgeber anzutreffen[88].

---

[83] *Löwisch/Rieble,* TVG, § 1 Rdnr. 230; Wiedemann/*Wiedemann,* TVG[6], Einleitung Rdnr. 383; *Hromadka,* Festschrift f. Kissel, 1994, S. 417 (418); *Hueck/Nipperdey,* Arbeitsrecht Bd. II/1[7], § 19 A I 2 (S. 371) spricht von schlechthin dispositiven Normen.

[84] Siehe *Löwisch,* DB 1998, S. 877 (878).

[85] *Zöllner/Loritz,* Arbeitsrecht[5], § 1 I (S. 2); *Hueck/Nipperdey,* Arbeitsrecht Bd. I[7], § 7 III (S. 25f.); *Wank,* Arbeitnehmer und Selbständige, 1988, 52.

[86] Siehe *Reuter,* Festschrift f. Dieterich, 1999, S. 473 (474); vgl. auch *Söllner,* Festschrift f. Zöllner Bd. II, 1998, S. 949 (962f.).

[87] *BAG* (Urt. v. 30.9.1998), AP Nr. 103 zu § 611 Abhängigkeit [unter I der Gründe]; HeidelbergKomm[3]/*Dorndorf,* § 1 Rdnr. 7; *Schaub,* Arbeitsrechtshandbuch[9], § 2 Rdnr. 5.

[88] *Wank,* Arbeitnehmer und Selbständige, 1988, S. 49f.; *Hueck/Nipperdey,* Arbeitsrecht Bd. I[7], § 7 III (S. 26); *Schaub,* Arbeitsrechtshandbuch[9], § 2 Rdnr. 5.; siehe auch *Schellhaaß,* ZfA, 1984, S. 139 (141).

Diese Erscheinungsform der Abhängigkeit ist zwar nicht begriffsnotwendig mit der Arbeitnehmereigenschaft verknüpft[89], geht in der Praxis aber vielfach mit der Stellung als Arbeitnehmer einher. Der Begriff des Arbeitnehmers im KSchG entspricht dem Begriff in seiner allgemeingültigen Bedeutung, die er durch Rechtsprechung und Lehre erfahren hat[90]. Damit knüpft auch das KSchG an das Merkmal der persönlichen Abhängigkeit an.

Diese Abhängigkeitsbeziehung erzeugt eine Ungleichgewichtslage, die das Risiko eines einseitigen Diktats von Inhalt und Umfang der einzelnen Bedingungen des Arbeitsvertrags mit sich bringt. Aus der „realen Imparität der Arbeitsvertragsparteien“[91] folgt typischerweise ein Machtungleichgewicht zwischen Arbeitgeber und Arbeitnehmer. Mag diese Grundannahme auch vielfältiger Kritik ausgesetzt sein[92], so darf dennoch nicht unbeachtet bleiben, daß sie vielen arbeitsrechtlichen Schutzgesetzen zugrunde liegt. Insoweit wird zutreffend davon ausgegangen, daß die Ungleichgewichtslage in der Arbeitswelt zwar nicht bei jedem, wohl aber beim typischen Arbeitnehmer[93] zu einem erhöhten Schutzbedürfnis führt. Darauf beruht auch der Umstand, daß die Anwendung des KSchG von der Schutzbedürftigkeit im Einzelfall unabhängig ist[94].

Dem gesteigerten Schutzbedürfnis des Arbeitnehmers wird durch eine umfangreiche Schutzgesetzgebung Rechnung getragen[95]. Arbeitnehmerschutzgesetzen liegt deshalb einheitlich das arbeitsrechtliche Schutzprinzip[96] zugrunde, das darauf abzielt, die strukturelle Unterlegenheit des Arbeitnehmers beim Abschluß von Arbeitsverträgen zu beseitigen und damit eine Kompensation der beschriebenen Ungleichgewichtslage herbeiführen soll. Ein solcher Schutz ist allerdings nur dann sinnvoll, wenn der Arbeitnehmer nicht genötigt werden kann, auf die gewährte Sicherung zu verzichten. Es muß daher sicher gestellt werden, daß der

---

89 *BAG* (Urt. v. 30.9.1998), AP Nr. 103 zu § 611 Abhängigkeit [unter I der Gründe].

90 *Stahlhacke/Preis/Vossen*, Kündigungschutz[7], Rdnr. 600; *Löwisch*, KSchG[8], § 1 Rdnr. 3; HeidelbergKomm[3]/*Dorndorf*, § 1 Rdnr. 5.

91 MünchArbR/*Richardi*, § 6 Rdnr. 15.

92 Siehe zur Kritik an der „Ungleichgewichtsthese“ nur *Zöllner*, AcP Bd. 176 (1976), S. 221 (229ff.).

93 So *Rieble*, Arbeitsmarkt und Wettbewerb, 1996, Rdnr. 101; *Plander*, Der Betriebsrat als Hüter des zwingenden Rechts, 1982, S. 62; ähnlich ErfurtKomm/*Preis*, § 611 BGB Rdnr. 258; siehe auch *Käppler*, NZA 1991, S. 745 (747).

94 Allgemein zur „Gleichwohl-Gewährung“ des Arbeitsrechtsschutzes *Rieble*, Arbeitsmarkt und Wettbewerb, 1996, Rdnr. 104.

95 Vgl. etwa die Fallgruppen bei MünchArbR/*Richardi*, § 6 Rdnr. 17ff.; zur Einteilungen des arbeitsrechtlichen Schutzes in der Literatur *Wank*, Arbeitnehmer und Selbständige, 1988 S. 56f.

96 *Wiedemann*, Das Arbeitsverhältnis als Austausch- und Gemeinschaftsverhältnis, 1966, S. 21ff.; *Biedenkopf*, Grenzen der Tarifautonomie, 1964, S. 122f.; Wiedemann/*Wiedemann*, TVG[6], Einleitung Rdnr. 360; *Rieble*, Arbeitsmarkt und Wettbewerb, 1996, Rdnr. 179; kritisch zu einem umfassenden Rechtsgrundsatz allerdings MünchArbR/*Richardi*, § 6 Rdnr. 25.

Arbeitnehmer auch tatsächlich in den Genuß des Arbeitnehmerschutzes kommt. Diesem Ziel dient die zwingende Ausgestaltung arbeitnehmerschützender Normen[97]. Die zwingende Wirkung der arbeitsrechtlichen Schutzgesetzgebung will nach der wohl einhelligen Auffassung jedoch nur verschlechternde, im Zweifel allerdings keine verbessernden individuellen oder kollektivrechtlichen Absprachen ausschließen. Im Bereich der kollektivrechtlichen Regelungen korrespondiert dieser Grundsatz seinerseits mit dem Schutzauftrag des Tarifvertrages. Gesetze sollen das „Notwendige" an sozialer Sicherung gewährleisten, während Tarifverträge das „sozial Angemessene" regeln[98].

Das Arbeitnehmerschutzprinzip kann deshalb bei der Bestimmung des Geltungsanspruchs eines Gesetzes als Auslegungsregel[99], Orientierungsgebot[100] oder Argumentationstopos[101] herangezogen werden. Soweit danach eine Einordnung einer gesetzlichen Bestimmung in den Kreis der arbeitnehmerschützenden Gesetze erfolgt ist, besteht die Vermutung für den lediglich einseitig-zwingenden Charakter dieser Regelung[102].

Dabei darf jedoch nicht übersehen werden, daß im Einzelfall die Qualifizierung einer arbeitsrechtlichen Norm als einseitig-zwingend erhebliche Schwierigkeiten bereiten kann[103]. Soweit der Schluß von der Schutznormqualität auf die einseitig-zwingende Geltung einer Bestimmung nicht erfolgen kann, wird auf die herkömmlichen Auslegungsmethoden zurückgegriffen[104]. Der Geltungsanspruch einer Norm wird dann im Wege der Auslegung ermittelt. Anhand des Gesetzeswortlauts, der systematischen Stellung, dem Sinn und Zweck und der Entstehungsgeschichte des Gesetzes muß sich mit einer erforderlichen Eindeutigkeit der Geltungswille des Gesetzgebers ergeben[105].

---

97 *Plander,* Der Betriebsrat als Hüter des zwingenden Rechts, 1982, S. 62.

98 „Dualistisches Prinzip", siehe *Wiedemann/Stumpf,* TVG[5], Einl. Rdnr. 40; *Wiedemann,* Das Arbeitsverhältnis als Austausch- und Gemeinschaftsverhältnis, 1966, S. 21.

99 *Hueck/Nipperdey,* Arbeitsrecht, Bd. I[7], § 7 I (S. 26f.), § 48 I 1 (S. 391, Fn. 6.).

100 Wiedemann/*Wiedemann,* TVG[6], Einleitung Rdnr. 360.

101 MünchArbR/*Richardi,* § 6 Rdnr. 25.

102 *Säcker/Oetker,* Grundlagen und Grenzen der Tarifautonomie, 1992, S. 176, 182; *Däubler,* Tarifvertragsrecht[3], Rdnr. 367; MünchArbR/*Richardi,* § 9 Rdnr. 46; *Zachert,* in: Die Wirkung des Tarifvertrags in der Krise, 1991, S. 17 (40); vgl. auch die Fassung des § 16a DDR-Arbeitsgesetzbuch 1990: „Soweit es in diesen Gesetzen nicht ausdrücklich vorgesehen ist, kann von den Vorschriften dieses Gesetzes nicht zuungunsten des Arbeitnehmers abgewichen werden.", wiedergegeben bei *Ramm,* Entwürfe zu einem deutschen Arbeitsgesetzbuch, 1992, S. 486.

103 *Säcker/Oetker,* Grundlagen und Grenzen der Tarifautonomie, 1992, S. 178; *Kempen/Zachert,* TVG[3], § 1 Rdnr. 205, 211.

104 *BAG* (Urt. v. 25.9.1987), E 56, S. 155 (162); Wiedemann/*Wiedemann,* TVG[6], Einleitung Rdnr. 359; *Säcker/Oetker,* Grundlagen und Grenzen der Tarifautonomie, S. 182; *Kempen/Zachert,* TVG[3], Grundl. Rdnr. 25.

105 So ausdrücklich *BAG* (Urt. v. 25.9.1987) E 56, S. 155 (162); kritisch zur „Eindeutigkeit" der gesetzlichen Bestimmung und dem damit verbundenen Abstellen auf eine überwie-

c) Die Einordnung des allgemeinen Kündigungsschutzes

Das KSchG enthält keine Bestimmung, die ausdrücklich den halbseitig-zwingenden Charakter des § 1 KSchG festschreibt[106]. Im Hinblick auf die eben beschriebene Vermutungswirkung scheint der Normbefund über den Geltungsanspruch des § 1 KSchG jedoch eindeutig. Zieht man das Arbeitnehmerschutzprinzip als Auslegungshilfe heran, so bestehen keine Zweifel an der Qualifizierung des § 1 KSchG als einseitig-zwingende Schutznorm. Einer der Hauptanwendungsfälle des Arbeitnehmerschutzes ist die Absicherung des Arbeitnehmers vor einem jederzeitigen Verlust seines Arbeitsplatzes durch die Gewährung eines allgemeinen Kündigungsschutzes[107]. Dieser Schutz wird als „tragendes Prinzip der Arbeitsverfassung“[108] und als „Grundpfeiler der gesamten Arbeitsrechtsordnung“[109] gekennzeichnet. Ihm kommt die Funktion zu, die Abhängigkeit des Arbeitnehmers vom Arbeitgeber in einem wesentlichen Bereich zu begrenzen[110]. Er trägt dem Umstand Rechnung, daß der Arbeitnehmer grundsätzlich für das Bestreiten seiner privaten Lebensführung von dem Erhalt seines Arbeitsplatzes abhängig ist. Das *Bundesarbeitsgericht*[111] hat dies mit den Worten umschrieben, der allgemeine Kündigungsschutz sei notwendig, um

„(...) dem Arbeitnehmer seinen Arbeitsplatz zu erhalten, das freie Kündigungsrecht des Arbeitgebers zu begrenzen und zwingend in bestimmten Formen zu regeln.“

Auch ein Blick in die Entstehungsgeschichte zum KSchG bestätigt die Einordnung in den Bereich der staatlichen Schutzgesetzgebung. Ausweislich der amtlichen Begründung zum Regierungsentwurf des KSchG vom 23.1.1951[112] war es das erklärte Ziel des Gesetzgebers:

„(...) dem Arbeitnehmer den Arbeitsplatz und die Betriebszugehörigkeit in den Grenzen des sozial und wirtschaftlich vertretbaren zu sichern.“

Die Qualifizierung des KSchG als ein Gesetz, das dem arbeitsrechtlichen Schutzprinzip Rechnung trägt, dürfte damit entstehungsgeschichtlich außer

---

gende Wahrscheinlichkeit, das an Kategorien des Beweismaßes erinnert, *Däubler*, Tarifvertragsrecht[3], Rdnr. 367.

[106] *Neuhausen*, Der im voraus erklärte Verzicht des Arbeitnehmers auf Kündigungsschutz, 1992, S. 20.

[107] *Wiedemann*, Das Arbeitsverhältnis als Austausch- und Gemeinschaftsverhältnis, 1966, S. 21f.; siehe auch HeidelbergKomm[3]/*Dorndorf*, § 1 Rdnr. 212f.

[108] *Wiedemann*, Das Arbeitsverhältnis als Austausch- und Gemeinschaftsverhältnis, 1966, S. 67.

[109] *Kissel*, Standortfaktor Arbeitsrecht, 1999, S. 149; siehe auch *Zöllner/Loritz*, Arbeitsrecht[5], § 21 IV (S. 274).

[110] MünchArbR/*Richardi*, § 6 Rdnr. 21; anders jetzt aber *Richardi*, Festschrift f. Söllner, 2000, S. 957 (972).

[111] *BAG GS* (Urt. v. 12.10. 1960), AP Nr. 16 zu § 620 BGB Befristetes Arbeitsverhältnis [unter C 2 der Gründe].

[112] Abgedruckt in RdA 1951, S. 61 (64).

Frage stehen[113]. Das Gesetz selbst verdeutlicht den zugrundeliegenden Schutzgedanken in § 1 KSchG durch die Verwendung des Begriffs der sozialen Rechtfertigung[114]. Die Grundsatznorm des § 1 KSchG wäre damit als eine „ausgesprochene Schutzbestimmung" nur zugunsten des Arbeitnehmers zwingend[115]. Von dieser könnten die Tarifpartner somit zum Vorteil des Arbeitnehmers abweichen. Der Ausschluß des ordentlichen arbeitgeberseitigen Kündigungsrechts wäre danach zulässig und wird auch von der ganz herrschenden Meinung in Rechtsprechung und Literatur, aufbauend auf ähnlichen Argumentationsmustern, bejaht.

Möglicherweise bestehen aber Bedenken an der Pauschalität dieses Normbefunds. Das eben gefundene Auslegungsergebnis kann im Ergebnis nicht mehr bestätigen als die Richtigkeit der Annahme, daß überhaupt privilegierende tarifvertragliche Kündigungsregelungen in dem Bereich des allgemeinen Kündigungsschutzes geschaffen werden können. Dies besagt nicht mehr, als daß dem Arbeitgeber nicht jede der ihm nach § 1 Abs. 2 KSchG zustehenden Kündigungsmöglichkeiten auch zwingend erhalten bleiben muß[116]. Weniger eindeutig ist hingegen die Frage zu behandeln, ob dem Arbeitgeber, wie im Falle des Totalausschlusses der ordentlichen Kündigung, das Recht zur gebundenen fristgemäßen Beendigung des Arbeitsverhältnisses schlechthin abgeschnitten werden darf. An dieser Stelle ist es notwendig, sich zu vergegenwärtigen, aus welchen Gründen der Gesetzgeber zweiseitig-zwingende gesetzliche Regelungen schafft und welche Regelungszwecke er damit verfolgt.

d) Gründe für die Positivierung zweiseitig-zwingenden Gesetzesrechts

Eine beidseitig-zwingende Bestimmung wird immer dann in Betracht kommen, wenn der Gesetzgeber von der unbedingten Gebotenheit nur einer möglichen Regelung mit Rücksicht auf ihre Richtigkeit und Zweckmäßigkeit überzeugt ist. Hier sind drei Fallgruppen denkbar, die *Hromadka*[117] für das Arbeitsrecht im

---

113 *Neuhausen,* Der im voraus erklärte Verzicht des Arbeitnehmers auf Kündigungsschutz, 1992, S. 21.

114 Zur unzureichenden begrifflichen Einordnung des Begriffs „sozial" siehe exemplarisch *Preis,* Prinzipien des Kündigungsrechts, 1987, S. 415ff., für die soziale Auswahl in § 1 Abs. 3 KSchG.

115 *Hueck/v.Hoyningen-Huene,* KSchG[12], § 1 Rdnr. 7; Wiedemann/*Wiedemann,* TVG[6], Einleitung Rdnr. 373; *Säcker/Oetker,* Grundlagen und Grenzen der Tarifautonomie, 1992, S. 186; *Neuhausen,* Der im voraus erklärte Verzicht des Arbeitnehmers auf Kündigungsschutz, 1992, S. 21; *Kempen/Zachert,* TVG[3], Grundl. Rdnr. 212; *Löwisch,* ZfA 1996, S. 293 (307); ErfurtKomm/*Ascheid,* § 1 KSchG Rdnr. 20; *Preis,* NZA 1997, S. 1256 (1259); GK-KR/*Dörner,* § 1 KSchG Rdnr. 6.

116 Siehe dazu *Säcker/Oetker,* Grundlagen und Grenzen der Tarifautonomie, 1992, S. 185.

117 *Hromadka,* Festschrift f. Kissel, 1994, S. 417 (420).

Anschluß an die von *Larenz*[118] für die zwingenden Normen des Bürgerlichen Rechts gegebenen Begründungen herausgearbeitet hat.

(1) Zunächst müssen Normen immer dann notwendigerweise zweiseitig-zwingenden Charakter aufweisen, wenn überhaupt nur eine gesetzliche Regelung in der Lage ist, einen Interessengegensatz zwischen den Parteien des Arbeitsverhältnisses sinnvoll zu lösen. Folglich handelt es sich dabei um Regelungen, die einen hohen Gerechtigkeitsgehalt aufweisen.

(2) Des weiteren wird der Gesetzgeber eine Norm dann zweiseitig-zwingend ausgestalten, wenn in verstärktem Maße Drittinteressen oder Interessen der Allgemeinheit von dem zu regelnden Lebenssachverhalt betroffen sind.

(3) Schließlich zählen zum zweiseitig-zwingenden Gesetzrechts diejenigen Bestimmungen, die abweichende Regelungen durch Individualarbeitsvertrag oder Tarifvertrag erst ermöglichen. Dazu zählen die Institute, welche die Privatautonomie und die Tarifautonomie gewährleisten. Im Tarifvertragsrecht gehört hierher die Regelung des Günstigkeitsprinzips in § 4 Abs. 3 TVG, die die sachliche Vorrangkompetenz der Arbeitsvertragsparteien vorschreibt[119].

Anhand dieser drei Fallgruppen läßt sich eine erste grobe Grenze aufzeigen, an der ein Ausschluß des ordentlichen arbeitgeberseitigen Kündigungsrechts einen bedenklichen Punkt erreichen kann. Zumindest für den Bereich der ordentlichen betriebsbedingten Kündigung kann man in der Tat die Frage zulassen, ob der Gesetzgeber den Interessenkonflikt zwischen unternehmerischer Entscheidungsfreiheit und Bestandsschutz nicht abschließend geregelt hat[120]. Für die Ausschließlichkeit der gesetzlichen Regelung kann immerhin angeführt werden, daß nach dem gesetzgeberischen Willen der Schutz vor Kündigungen nur

„(...) in den Grenzen des sozial und wirtschaftlich vertretbaren (...)“[121]

verwirklicht werden sollte. Ein über die Schranken des allgemeinen Kündigungsschutzes hinausgehender Bestandsschutz würde nach den Vorstellungen des Gesetzgebers zumindest nicht mehr in den Grenzen des noch „wirtschaftlich Vertretbaren“ liegen. Mit der inhaltlichen Ausformung des Kündigungsgrundes des dringenden betrieblichen Erfordernisses und der Verpflichtung, eine soziale Auswahl vorzunehmen, hat der Gesetzgeber diesen Bereich sehr umfangreich ausgestaltet[122] und zugleich eine legislative Grundentscheidung getroffen.

---

118 *Larenz,* Bürgerliches Recht Allgemeiner Teil[7], § 1 V (S. 32).

119 Wiedemann/*Wiedemann,* TVG[6], Einleitung Rdnr. 212; *Zöllner/Loritz,* Arbeitsrecht[5], § 38 III 6 (S. 432).

120 Unter Wettbewerbsgesichtspunkten wird dies teilweise sogar für die personen- und verhaltensbedingte Kündigung erwogen, vgl. *Rieble,* Arbeitsmarkt und Wettbewerb, 1996, Rdnr. 1034.

121 Abgedruckt in RdA 1951, S. 61 (64).

122 Siehe auch *Otto,* RdA 1984, S. 261 (274f.).

Schwerdtner spricht in diesem Zusammenhang von der Unabdingbarkeit der sozialstaatlich limitierten Kündigungsfreiheit[123]. Gerade die getroffene Regelung scheint einen adäquaten Ausgleich zwischen Arbeitgeber- und Arbeitnehmerinteressen zu beinhalten. Nicht umsonst rechnet *Biedenkopf* den Kündigungsschutz zur verteilenden Schutzgesetzgebung, die eine angemessene Verteilung von Lasten und Risiken zwischen den Parteien des Arbeitsverhältnisses anstrebt[124]. Neben den eigentlichen Schutzzweck des KSchG tritt auch die Anerkennung der berechtigten Auflösungsinteressen des Arbeitgebers. Das KSchG will damit in einem gewissen Umfang auch die Unternehmerfreiheit wahren[125]. Hier stößt man auf einen Gedanken, der mit dem Begriff der Ambivalenz des Kündigungsrechts umschrieben werden kann. Alle Kündigungsschutznormen gewährleisten danach nicht nur einen spezifischen Arbeitnehmerschutz sondern garantieren dem Arbeitgeber das Recht, unter Einhaltung aller formellen und materiellen Schranken eine Kündigung wirksam aussprechen zu können[126].

Bedenken an der einseitig-zwingenden Wirkung bestehen auch im Hinblick auf das Verfahren der Sozialauswahl in § 1 Abs. 3 KSchG. Der Kündigungsschutz tritt hier aus seiner ansonsten zweiseitigen Ausrichtung auf die Interessen von Arbeitgeber und Arbeitnehmer heraus und nimmt eine kollektive Dimension an. Die durch den Ausschluß der ordentlichen Kündigung herbeigeführte Verfestigung von Arbeitsverhältnissen tarifgebundener Arbeitnehmer kann zu einer Kollision mit den Interessen außenstehender Arbeitnehmer führen[127]. Mit Rücksicht auf den im Institut der sozialen Auswahl angelegten Maßstab der Verteilungsgerechtigkeit kann erwogen werden, daß die Vorschrift des § 1 Abs. 3 KSchG die Regelungsbefugnis der Tarifvertragsparteien von vornherein beschränkt[128]. Ein Ausschluß von betriebsbedingten ordentlichen Kündigungen würde dann nicht mehr innerhalb der Grenzen des „sozial Vertretbaren“ liegen, wenn mit der tarifvertraglichen Unkündbarkeitsklausel in die durch § 1 Abs. 3 KSchG gewährleistete Verbleibechance der übrigen Arbeitnehmer im Betrieb in unzulässiger Weise eingegriffen wird. Zudem gilt es, eine der Hauptfunktionen der sozialen Auswahl nach § 1 Abs. 3 KSchG zu berücksichtigen. Die Sozialauswahl verfolgt den Zweck, denjenigen Arbeitnehmer zu ermitteln, der unter Berücksichtigung der sozialen Auswahlkriterien auf die Aufrechterhaltung seines Arbeitsverhältnisses am wenigsten angewiesen ist[129]. Das Verfahren der sozialen Auswahl schützt den sozial schwächeren Arbeitnehmer vor dem Aus-

---

123 *Schwerdtner,* DB 1979, Beilage Nr. 12, S. 1 (3).

124 *Biedenkopf,* Grenzen der Tarifautonomie, 1964, S. 157.

125 *Linck,* Die soziale Auswahl bei betriebsbedingter Kündigung, 1990, S. 43.

126 MünchArbR/*Berkowsky,* § 127 Rdnr. 30f.

127 Dazu ausführlich unten §§ 33ff.

128 So AR-Blattei SD/*Linck,* Kündigungsschutz I B, Rdnr. 35.

129 *Berkowsky,* Die betriebsbedingte Kündigung[4], § 8 Rdnr. 5.

spruch einer betriebsbedingten Kündigung. Die Regelung des § 1 Abs. 3 KSchG muß damit selbst als Ausdruck des arbeitsrechtlichen Schutzprinzips begriffen werden[130]. Dieses verbietet aber gerade eine Unterschreitung des gesetzlichen Schutzniveaus durch autonome Regelungen.

Diese Zweifel an einer einseitig-zwingenden Geltungsanordnung des allgemeinen Kündigungsschutzes können nicht mit der stereotypen Formel von dem Schutzcharakter der gesetzlichen Regelung beiseite geschoben werden. Ein allein auf den tarifgebundenen Arbeitnehmer ausgerichtetes Schutzprinzip würde alle auftretenden Interessenkonflikte einseitig zugunsten des Unkündbaren auflösen[131]. Hier greift ein Gedanke, den *Wank* in Zusammenhang mit der Rechtsfortbildung arbeitnehmerschützender Gesetze den „Verbrauch des Schutzgedankens durch das geltende Recht" treffend gekennzeichnet hat[132].

Den gesetzlichen Kündigungsschranken kommt für den geregelten Bereich zudem nicht nur eine Schutzsondern auch eine Ordnungsfunktion zu. Der ehemalige Präsident des Bundesarbeitsgerichts *Gerhard Müller* hat dies mit dem ordnungspolitischen Charakter des §1 Abs. 2 KSchG umschrieben[133]. Besonders deutlich wird dies wiederum bei der ordentlichen betriebsbedingten Kündigung. Gerade hier führt der Wegfall der ordentlichen Kündigungsmöglichkeit nur zu Wertungswidersprüchen bei der Rechtsanwendung[134]. Der vom Gesetzgeber vorgedachte Ordnungsrahmen wird durch den einseitigen Ausschluß der ordentlichen Arbeitgeberkündigung vollständig durchbrochen und führt zu einem System von Friktionen und Ungereimtheiten.

Vorläufig bleibt festzuhalten, daß zumindest der generelle Ausschluß der ordentlichen Kündigung nicht unproblematisch ist. Das Abstellen auf den reinen Schutzcharakter der gesetzlichen Regelung versagt hier. Es erscheint vor diesem Hintergrund notwendig, die Grenze der Verbesserung des Individualschutzes vor Kündigungen durch tarifvertragliche Regelungen neu zu überdenken.

V. Ableitungen aus einfachgesetzlichen Wertungsgrundlagen

Die Regelungsbefugnis zum Ausschluß der ordentlichen Kündigung wird im arbeitsrechtlichen Schrifttum vereinzelt nicht nur mit dem Schutzprinzip und dem Geltungsbereich des KSchG begründet. Eine Verbesserung des Kündigungsschutzes soll danach auch aus einfachgesetzlichen Wertungsgrundlagen abgeleitet werden können. Dabei stehen die drei Gesetzesbestimmungen der

---

130 *Berkowsky,* Die betriebsbedingte Kündigung[4], § 8 Rdnr. 7; MünchArbR/*Berkowsky,* § 135 Rdnr. 8.

131 Siehe auch *Reuter,* ORDO Bd. 33 (1982), S. 165 (193); *Weismann,* Das Arbeitsrecht im Spannungsfeld zwischen Arbeitsplatzbesitzern und Arbeitslosen, 1988, S. 302.

132 *Wank,* Arbeitnehmer und Selbständige, 1988, S. 52ff.

133 *G. Müller,* ZfA 1982, S. 475 (487).

134 Siehe etwa *BAG* (Urt. v. 5.2. 1998), AP Nr. 143 zu § 626 BGB.

§§ 620 Abs. 1, 624 und 622 Abs. 4 BGB im Vordergrund der Argumentation[135]. Vereinzelt spricht das Gesetz selbst von der Möglichkeit eines Ausschlusses der ordentlichen Kündigung.

An dieser Stelle soll untersucht werden, ob sich aus diesen Regelungen tatsächlich die uneingeschränkte Regelungsmacht zur Vereinbarung der ordentlichen Unkündbarkeit ergibt.

1. Wertungsgrundlage des § 620 Abs. 1 BGB

Um die Zulässigkeit des Ausschlusses der ordentlichen Kündigung argumentativ zu begründen, wird teilweise auf die in § 620 Abs. 1 BGB vorgesehene Möglichkeit der Befristung des Arbeitsverhältnis abgestellt[136]. Wirksam befristete Arbeitsverhältnisse enden mit dem Ablauf des Zeitraums, für den sie eingegangen sind von selbst. Eine Kündigung ist zur Auflösung des Arbeitsverhältnisses nicht erforderlich[137]. Aus dem Umkehrschluß zu § 620 Abs. 2 BGB ergibt sich, daß in der Befristungsabrede regelmäßig auch ein zumindest konkludenter, beidseitiger Ausschluß der ordentlichen Kündigungsmöglichkeit enthalten ist[138]. Für den Lauf der Befristung ist das Arbeitsverhältnis deshalb ordentlich unkündbar. Anders ist nur in den Fällen zu entscheiden, in denen sich die Parteien das Recht zur fristgemäßen Kündigung für die Dauer des befristeten Arbeitsverhältnisses ausdrücklich vorbehalten haben[139]. Auch die besonderen tarifvertraglichen Kündigungsschutzbestimmungen greifen bei der Beendigung des Vertragsverhältnisses nicht ein[140]. Unberührt bleibt von der Befristung allerdings das Recht des Arbeitgebers und des Arbeitnehmers, sich bei Vorliegen eines wichtigen Grundes nach § 626 BGB vom Arbeitsverhältnis zu lösen[141].

---

135 Teilweise wird auch auf einen Umkehrschluß zu § 622 Abs. 6 BGB (anlog) zurückgegriffen, siehe *Kania/Kramer*, RdA 1995, S. 287 (292); *Pauly*, ArbuR 1997, S. 94 (96, Fn. 15) oder auf § 622 BGB insgesamt abgestellt, so etwa *Belling*, Das Günstigkeitsprinzip im Arbeitsrecht, 1984, S. 127.

136 *Belling*, Das Günstigkeitsprinzip im Arbeitsrecht, 1984, S. 127; *Dälken*, Tarifvertraglicher Bestandsschutz gegen Rationalisierungsmaßnahmen, 1986, S. 76; KR[3]/*Wolf*, Grunds. Rdnr. 452 für den einzelvertraglichen Ausschluß.

137 *Löwisch*, KSchG[8], § 1 Rdnr. 436; *Schaub*, Arbeitsrechtshandbuch[9], § 39 Rdnr. 1.

138 *BAG* (Urt. v. 19.6.1980), AP Nr. 55 zu § 620 BGB Befristeter Arbeitsvertrag [unter 1b der Gründe]; *Kania/Kramer*, RdA 1995, S. 287 (293); *Stahlhacke/Preis/Vossen*, Kündigungsschutz[7], Rdnr. 36.

139 *BAG* (Urt. v. 19.6.1980), AP Nr. 55 zu § 620 BGB Befristeter Arbeitsvertrag [unter 1b der Gründe]; HeidelbergKomm[3]/*Höland*, Anhang Rdnr. 4; *Stahlhacke/Preis/Vossen*, Kündigungsschutz[7], Rdnr. 36.

140 Siehe dazu *I. Schmidt*, Festschrift f. Dieterich, 1999, S. 585 (598).

141 *Stahlhacke/Preis/Vossen*, Kündigungsschutz[7], Rdnr. 414; Heidelberg-Komm[3]/*Dorndorf*, § 13 Rdnr. 31.

Aus der Möglichkeit, ein Arbeitsverhältnis für eine sehr lange Zeit zu befristen, etwa bis zum Erreichen der Altersgrenze des 65. Lebensjahres, soll sich auch die Rechtsmacht der Tarifvertragsparteien zu einem ausdrücklichen Ausschluß der ordentlichen Kündigung ergeben[142].

2. Wertungsgrundlage des § 624 BGB

Ein weiterer Anknüpfungspunkt für die Zulässigkeit des ordentlichen Kündigungsausschlusses wird in der Regelung des § 624 BGB gesehen[143]. Wird ein Arbeitsverhältnis für die Lebenszeit oder für längere Zeit als fünf Jahre geschlossen, so gewährt die zwingende[144] Regelung des § 624 BGB dem Arbeitnehmer ein außerordentliches Kündigungsrecht[145] mit einer besonderen Kündigungsfrist. Dem Arbeitgeber bleibt hingegen nach der gesetzgeberischen Konzeption nur die Möglichkeit der außerordentlichen Kündigung nach § 626 BGB erhalten[146]. Auch diese Vorschrift gibt zu erkennen, daß eine sehr lange Vertragsbindung durch Ausschluß der ordentlichen Kündigung möglich ist.

3. Wertungsgrundlage des § 622 Abs. 4 BGB

Schließlich wird in der Literatur auf die in § 622 Abs. 4 BGB verankerte Tariföffnungsklausel zurückgegriffen, nach der, abweichend von § 622 Abs. 1 bis 3 BGB, andere Kündigungsfristen in einem Tarifvertrag vereinbart werden können. Die Vorschrift erklärt die Absätze 1 bis 3 somit für tarifdispositives Recht. Vom Wortlaut ist auch die tarifvertragliche Regelungsmacht zur Normierung von längeren Kündigungsfristen erfaßt. Aus der Zulässigkeit der Vereinbarung von längeren Kündigungsfristen wird nun geschlossen, daß auch ein genereller Ausschluß der ordentlichen Kündigung möglich sein muß[147]. Durch die Vereinbarung sehr langer Kündigungsfristen bleibt das ordentliche Kündigungsrecht zwar unangetastet, jedoch wird das Wirksamwerden der Kündigung zeitlich hinausgeschoben. Je weiter der Zeitpunkt des Wirksamwerdens in die Zukunft verlagert wird, desto ähnlicher wird nach dieser Auffassung eine lange Kündigungsfrist und der gänzliche Ausschluß der ordentlichen Kündigung. Eine vereinbarte Unkündbarkeit steht danach der „Steigerung einer langen Kündi-

---

142 So ausdrücklich *Dälken*, Tarifvertraglicher Bestandsschutz gegen Rationalisierungsmaßnahmen, 1986, S. 76.

143 *Belling*, Das Günstigkeitsprinzip im Arbeitsrecht, 1984, S. 127; *Dälken*, Tarifvertraglicher Bestandsschutz gegen Rationalisierungsmaßnahmen, 1986, S. 76f.;

144 Staudinger[13]/*Preis*, § 624 Rdnr. 7.

145 Staudinger[13]/*Preis*, § 624 Rdnr. 24.

146 Staudinger[13]/*Preis*, § 624 Rdnr. 26; KR[5]/*Fischermeier*, § 624 BGB Rdnr. 25.

147 *Dälken*, Tarifvertraglicher Bestandsschutz gegen Rationalisierungsmaßnahmen, 1986, S. 76; so offenbar auch *Belling*, Das Günstigkeitsprinzip im Arbeitsrecht, 1984, S. 127.

gungsfrist ins Unendliche“ gleich[148] oder bewirkt nichts anderes, als die Vereinbarung von „unendlichen Kündigungsfristen“[149].

4. Bewertung dieser Ansätze

Die einfachgesetzlichen Wertungsgrundlagen sprechen in der Tat auf den ersten Blick für die Zulässigkeit eines gänzlichen Ausschlusses der ordentlichen Kündigungsmöglichkeit des Arbeitgebers.

Hinsichtlich der Bestimmungen der §§ 620 Abs. 1, 624 BGB ist jedoch zu beachten, daß es sich dabei um Regelungen handelt, die älter sind als das KSchG. Zur Zeit des Inkrafttretens dieser Vorschriften kannte man nur das von einem Kündigungsgrund unabhängige und damit ungebundene ordentliche Kündigungsrecht. Ein Ausschluß der ordentlichen Kündigung konnte nicht mit den Wertungen des KSchG kollidieren. Zwar sind die §§ 620 Abs. 1, 624 BGB auch nach Erlaß des KSchG unverändert geblieben, doch besagt dies keinesfalls, daß ein Abstimmungsbedarf mit den Regelungen der § 1 Abs. 2 und 3 KSchG nicht bestünde[150]. Dies belegt vor allem die zur Umgehung des KSchG durch Befristungen entwickelte Rechtsfortbildung, die zur Wirksamkeit einer Befristungsabrede das Vorliegen eines sachlichen Grundes fordert[151]. Im Ergebnis bedeutet dies nichts anderes, als daß für Wirksamkeit einer Befristung ein Kündigungsgrund vorhanden sein muß. Die Befristung aus Gründen der Probe oder die Befristung zur Aushilfe entsprechen daher den verhaltens- und betriebsbedingten Kündigungsgründen[152].

Leugnet man einen Abstimmungsbedarf, so würde dies auch dazu führen, daß bei einer im Laufe der Befristung notwendigen Stillegung des Betriebs, dem befristet beschäftigten Arbeitnehmer nur außerordentlich, ohne Einhaltung einer seinem Dispositionsinteresse dienenden Kündigungsfrist gekündigt werden könnte.

Die bereits angeführten Zweifel an einer einseitig auf die Schutzinteressen der begünstigten Arbeitnehmer abstellenden Auffassung kommen auch zum

---

148 *Kania/Kramer,* RdA 1995, S. 287 (292); *Grunsky,* Das Arbeitsverhältnis im Konkurs- und Vergleichsverfahren[3] S. 21; ähnlich auch *Zachert,* ArbuR 1995, S. 1 (2) zu temporären Kündigungsverboten durch Tarifvertrag: „In der Substanz geht es nämlich um eine Verlängerung der Kündigungsfristen.“

149 So die Formulierung bei *Kania/Kramer,* RdA 1995, S. 287 (297); so jetzt auch *BAG* (Urt. v. 19.1. 2000), AP Nr. 5 zu § 113 InsO [unter II 2 der Gründe].

150 Für § 620 Abs. 1 BGB und das KSchG siehe *Wank,* Arbeitnehmer und Selbständige, 1988, S. 192f.

151 *BAG GS* (Urt. v. 12.10. 1960), AP Nr. 16 zu § 620 BGB Befristeter Arbeitsvertrag [Leitsatz 1 und unter C 2,3 der Gründe], ständige Rechtsprechung; zur neuen Rechtslage seit dem 1.1.2001 siehe jetzt § 620 Abs.3 BGB n.F. in Verbindung mit § 14 TzBfG, eingeführt durch das Teilzeit- und Befristungsgesetz vom 21.12.2000, BGBl. I S. 1966.

152 *Wank,* Arbeitnehmer und Selbständige, 1988, S. 193.

Tragen, wenn das ordentliche Kündigungsrecht aufgrund einer Befristung oder einer Anstellung auf Lebenszeit ausgeschlossen ist. So kann auch der durch eine Befristung erzielte Ausschluß der ordentlichen betriebsbedingten Kündigung dazu führen, daß ein sozial schutzbedürftigerer Arbeitnehmer vor einem befristet beschäftigten Kollegen entlassen werden muß. Entsprechendes gilt, wenn ein Arbeitnehmer auf Lebenszeit im Sinne des § 624 BGB angestellt wird. Der Sozialauswahl würde dadurch ein beträchtlicher Teil ihres Anwendungsbereichs entzogen werden[153]. Es muß deshalb gefragt werden, ob nicht der in § 1 Abs. 3 KSchG enthaltene Verteilungsmaßstab seinerseits eine zwingende Wertungsvorgabe für die Reichweite der Kündigungsausschlüsse nach den §§ 620 Abs. 1, 624 BGB zu entnehmen ist, und ob diese Arbeitnehmer nicht trotz ihrer Unkündbarkeit in den auswahlrelevanten Arbeitnehmerkreis einzubeziehen sind[154].

Die Berufung auf § 622 Abs. 4 BGB als Wertungsgrundlage für den Ausschluß der ordentlichen Kündigung vermag noch weniger zu überzeugen. Richtig ist an dieser Überlegungen sicherlich, daß durch die Etablierung sehr langer Kündigungsfristen ein dem materiellen Kündigungsschutz sehr ähnlicher Bestandsschutz des Arbeitsverhältnisses geschaffen werden kann. Trotzdem ist der Ausschluß der ordentlichen Kündigung im Falle „ewiger Kündigungsfristen" nur faktischer und nicht rechtlicher Natur. Eine Unkündbarkeitsklausel bewirkt im Gegensatz zu einer langen Kündigungsfrist nicht nur eine quantitative, sondern gerade auch eine qualitative Steigerung des Kündigungsschutz[155]. Zudem bleibt bei diesem Ansatz gänzlich unklar, wie den Interessen von Arbeitgeber und Außenseiter ausreichend Rechnung getragen werden kann. Aus § 622 Abs. 4 BGB läßt sich zwar eine kündigungsschutzfreundliche Tendenz entnehmen, für die Begründung eines völligen Ausschlusses der ordentlichen Kündigung reicht diese Wertungsvorgabe jedoch nicht aus. Schließlich wird mit dieser Herleitung der Unterschied zwischen formellem und materiellem Kündigungsschutz verwischt. Die dem Zeitschutz dienende Kündigungsfrist ist mit dem Tatbestand des Kündigungsausschlusses nicht zu vergleichen.

Die angeführten einfachgesetzlichen Wertungsgrundlagen vermögen im Ergebnis nicht mehr zu bestätigen, als daß der historischen Gesetzgeber des BGB von der Möglichkeit eines Ausschlusses des ungebundenen ordentlichen Kündigungsrechts ausgegangen ist. Für Rückschlüsse auf die an die materiellen Kündigungsbeschränkungen des § 1 KSchG gebundene ordentliche Kündigung sind diese Bestimmungen deshalb unbrauchbar. Das in diesen Bestimmungen enthaltene Wertungsfundament ist nicht ausreichend und vermag die Befugnis

---

153 Für Befristungsabreden *Löwisch*, KSchG[8], § 1 Rdnr. 349.

154 So in der Tat gegen die ganz herrschende Meinung *Löwisch*, KSchG[8], § 1 Rdnr. 349, dazu ausführlich unten § 35 IV 8b.

155 Darauf machen auch *Kania/Kramer*, RdA 1995, S. 287 (297) aufmerksam; siehe auch *Otto*, RdA 1984, S. 261 (275).

der Tarifvertragsparteien zu einem vollständigen einseitigen Kündigungsausschluß zulasten des Arbeitgebers nicht zu begründen.

5. Gesetzgeberische Hinweise

Schließlich könnte man unmittelbar aus dem Wortlaut vereinzelter arbeitsrechtlicher Bestimmungen darauf schließen, daß selbst der Gesetzgeber von der vollen Wirksamkeit eines Totalausschlusses der ordentlichen arbeitgeberseitigen Kündigung ausgeht. So spricht etwa der am 1. Oktober 1996[156] in Kraft getretene § 113 Abs. 1 Satz 1 InsO von dem

„(...) vertraglich vereinbarten Ausschluß des Rechts zur ordentlichen Kündigung (...)".

Jedoch ist zunächst zu bedenken, daß § 113 Abs. 1 Satz 1 InsO seinerseits eine Einschränkung der vereinbarten Unkündbarkeit vorsieht. Die Unkündbarkeit tritt im Falle der Insolvenz zurück, mit der Folge, daß eine ordentliche betriebsbedingte Kündigung durch den Insolvenzverwalter möglich wird. Mit dieser Vorschrift wird die zu § 22 Abs. 1 KO bestehende Streitfrage hinsichtlich der Konkursfestigkeit von Unkündbarkeitsklauseln[157] für das neue Insolvenzverfahren beigelegt. Obwohl der Wortlaut der Bestimmung nicht eindeutig ist, erfaßt § 113 Abs. 1 Satz 1 InsO nach der herrschenden Auffassung neben der einzelvertraglichen auch die tarifvertragliche Unkündbarkeit[158]. Ob allerdings aus § 113 Abs. Satz 1 InsO im Wege des Umkehrschlusses gefolgert werden kann, daß das ordentliche Kündigungsrecht ansonsten ohne jegliche Einschränkung ausgeschlossen werden kann, erscheint höchst fragwürdig. Dagegen spricht schon die systematische Erwägung, daß in einer zur Insolvenzordnung gehörenden Bestimmung keine dogmatischen Einsichten über die mögliche Reichweite von autonomen Kündigungsbeschränkungen außerhalb des Insolvenzverfahrens vermittelt werden soll[159]. Zudem ist § 113 Abs. 1 Satz 1 InsO gerade ein Beleg dafür, daß selbst nach Auffassung des Gesetzgebers eine tariflich vereinbarte Unkündbarkeit auf Grenzen stoßen kann[160].

---

156 Gemäß Art. 6 des Arbeitsrechtlichen Beschäftigungsförderungsgesetzes vom 25.9.1996, BGBl. I S. 1476ff.

157 Dafür etwa *BAG* (Urt. v. 7.6. 1984), AP Nr. 5 zu § 22 KO [unter B II 6 der Gründe]; zum Streitstand *Kania/Kramer,* RdA 1995, S. 287 (297f.).

158 *BAG* (Urt. v. 19.1. 2000), AP Nr. 5 zu § 113 InsO [Leitsatz 1 und unter II 3 der Gründe]; KR[5]/*Weigand,* § 113 InsO Rdnr. 15; *Stahlhacke/Preis/Vossen,* Kündigungsschutz[7], Rdnr. 1326; *Löwisch,* KSchG[8], Vorbemerkung zu § 1 Rdnr. 99; *Preis,* Arbeitsrecht, § 58 VII 2 (S. 591); KSchR[4]/*Däubler,* § 113 InsO Rdnr. 21; *Zwanziger,* Das Arbeitsrecht der Insolvenzordnung, 1997, § 113 Rdnr. 12; anderer Auffassung *Bichlmeier/Engberding/Oberhofer,* Insolvenzhandbuch, 1998, S. 414; vom *BVerfG* (Beschl. v. 8.2. 1999), NZA 1999, S. 597 (598) offengelassen.

159 So auch *Adam,* NZA 1999, S. 846 (850).

160 Siehe *Löwisch,* DB 1998, S. 877 (881).

Einen weiteren gesetzgeberischen Hinweis auf die Möglichkeit eines Ausschlusses der ordentlichen Kündigung enthält § 143a Abs. 1 Satz 3 SGB III[161], der mit der früheren Regelung des § 117 Abs. 1 Satz 3 AFG übereinstimmt:

„Ist die ordentliche Kündigung des Arbeitsverhältnisses durch den Arbeitgeber ausgeschlossen, so gilt bei
1. zeitlich unbegrenztem Ausschluß (...)
2. zeitlich begrenztem Ausschluß (...)".

Diese sozialversicherungsrechtliche Vorschrift greift einen in der Praxis häufig vorkommenden Fall auf und ordnet das Ruhen des Anspruchs auf Arbeitslosengeld für den Fall an, in dem der Arbeitnehmer eine Entlassungsentschädigung erhält oder zu beanspruchen hat, das Arbeitsverhältnis ohne Einhaltung einer ordentlichen Kündigungsfrist beendet worden ist und zugunsten des Arbeitnehmers ein dauernder oder temporärer Ausschluß der ordentlichen Kündigung besteht. Ihr liegt der Gedanke zugrunde, daß der Arbeitnehmer nicht gleichzeitig in den Genuß von Arbeitsentgelt in Form einer Abfindung und Arbeitslosengeld kommen soll[162]. Auch aus dieser Bestimmung kann man nicht den Schluß ziehen, daß der Gesetzgeber inzident von der Wirksamkeit eines Totalausschlusses der ordentlichen Kündigung ausgeht. Auch hier gilt, daß es der Gesetzessystematik widersprechen würde, aus einer sozialversicherungsrechtlichen Vorschrift auf die Befugnis zum Totalausschluß des ordentlichen Kündigungsrechts zu schließen. Vorrangig ist auch hier die Prüfung, wieweit die vereinbarte Unkündbarkeit im Einzelfall tatsächlich reichen kann[163].

§ 13 Ordentliche Kündigung des Arbeitsverhältnisses trotz tarifvertraglichem Kündigungsausschluß

Unabhängig von der Reichweite des tarifvertraglichen Ausschlusses der ordentlichen Kündigung im Einzelfall, stellt sich die Frage nach dem rechtlichen Schicksal einer entgegen dem Kündigungsausschluß ausgesprochenen ordentlichen Kündigung. Sieht man von der Möglichkeit einer nur rein schuldrechtlich wirkenden Kündigungsbeschränkung ab, bewirken Unkündbarkeitsklauseln, daß einer dennoch erfolgten ordentlichen Kündigung die Rechtswirksamkeit versagt bleibt. Das Arbeitsverhältnis wird durch die Kündigung nicht aufgelöst. Dieses unbestrittene Ergebnis wird in den einschlägigen literarischen Stellungnahmen jedoch uneinheitlich begründet. Dabei wird dem durch die §§ 1 Abs. 1, 4 Abs. 1 TVG angeordneten Rechtsnormencharakter der tarifvertraglichen Kün-

---

161 In das SGB III eingefügt durch das Entlassungsentschädigungs-Änderungsgesetz vom 24.3.1999, BGBl. I S. 388ff.

162 HeidelbergKomm[3]/*Neef*, Anh. zu §§ 9, 10 Rdnr. 36; KR[5]/*Wolff*, § 117 AFG Rdnr. 8.

163 Im Ergebnis ebenso *Pieper*, NZA 1986, S. 277 (279); siehe auch *Buchner*, Anm. 4 a. E. zu *BAG* (Urt. v. 28.3. 1985), EzA Nr. 96 zu § 626 BGB n.F.

digungsklauseln vereinzelt nicht hinreichend Rechnung getragen. Von weiterem Interesse ist die Frage, wie der trotz Kündigungsschutzklausel ordentlich gekündigte Arbeitnehmer seinen tarifvertraglichen Sonderkündigungsschutz im arbeitsrechtlichen Kündigungsschutzprozeß geltend machen kann.

I. Die Unwirksamkeit einer ordentlichen Kündigung

1. Die unmittelbare Wirkung des Kündigungsausschlusses

a) Die „Verfügungstheorie"

Nach der hier so genannten „Verfügungstheorie" beinhalten sowohl einzel- als auch tarifvertragliche Kündigungsausschlüsse regelmäßig eine Verfügung über das arbeitgeberseitige ordentliche Kündigungsrecht[164]. Eine Verfügung ist ein Rechtsgeschäft, das dadurch gekennzeichnet ist, daß unmittelbar auf bestehende Rechte eingewirkt wird. Dazu zählen neben Übertragung, Belastung und Inhaltsänderung auch die Aufhebung eines Rechts[165]. Danach könnte in der Vereinbarung eines tarifvertraglichen Ausschlusses der ordentlichen Kündigung die Aufhebung des Gestaltungsrechts der ordentlichen Kündigung zu sehen sein, die folglich als Verfügung zu qualifizieren wäre. Dem ordentlichen Kündigungsausschluß soll danach eine dingliche Wirkung zukommen[166]. Eine dennoch ausgesprochene ordentliche Kündigung würde sich als die Ausübung eines Rechts darstellen, daß dem Arbeitgeber nicht mehr zusteht. Die erfolgte Kündigung wäre unwirksam und die beabsichtigte Rechtsfolge der Auflösung des Arbeitsverhältnisses bliebe aus.

b) Kritische Bewertung

Diese Ansicht kann die mit der Unkündbarkeitsklausel bezweckte Rechtsfolge der Nichtigkeit einer entgegen dem Inhalt der tarifvertraglichen Bestimmung erfolgten Kündigung hinreichend erklären. Jedoch tritt damit die Qualifizierung des Tarifvertrags als Normenvertrag völlig in den Hintergrund. Die besondere Wirkungsweise der durch das TVG verliehenen Rechtsnormeigenschaft der Kündigungsklauseln wird durch diese Betrachtungsweise überhaupt nicht berücksichtigt. Durch die Gleichbehandlung von einzel- und tarifvertraglichem Kündigungsausschluß wird die besondere Eigenart des Tarifvertrags unterschlagen. Diese besteht in seiner Ausgestaltung als Normenvertrag, das heißt als ein Vertrag, der zwingende Regelungen für Dritte, die tarifunterworfenen Ar-

---

164 So ausdrücklich *Kania/Kramer*, RdA 1995, S. 287 (294); siehe allgemein *v.Stebut,* Der soziale Schutz als Regelungsproblem des Vertragsrechts, 1982, S. 87f.

165 *Medicus*, Allgemeiner Teil des BGB[7], Rdnr. 208; Palandt[60]/*Heinrichs,* Überbl. vor § 104 Rdnr. 16; *Haedicke,* JuS 2001, S. 966 (967, mwN in Fn. 3).

166 *Kania/Kramer*, RdA 1995, S. 287 (294).

beitgeber und Arbeitnehmer, beinhaltet[167]. Zwischen dem Kündigungsausschluß in einem Individualarbeitsvertrag und dem Kündigungsausschluß in einem Tarifvertrag würden sich keinerlei dogmatische Unterschiede in bezug auf ihre Wirkungsweise auf das Arbeitsverhältnis ergeben.

Deshalb ist für die Erklärung der Wirkungsweise von tarifvertraglichen Kündigungsschutzklauseln in erster Linie auf deren gesetzlich angeordnete Rechtsnormqualität abzustellen. Unkündbarkeitsklauseln sind Beendigungsnormen im Sinne des § 1 Abs. 1 TVG[168], die nach der Regelung des § 4 Abs. 1 TVG unmittelbare und zwingende Wirkung für das Arbeitsverhältnis entfalten. Durch die Geltungsanordnung der Unmittelbarkeit des § 4 Abs.1 TVG werden Tarifnormen und formelle arbeitsrechtliche Gesetze hinsichtlich ihrer Wirkungsweise auf das Arbeitsverhältnis gleichgestellt[169]. Sie gestalten das Arbeitsverhältnis „automatisch" aus, ohne daß ein weiterer Mitwirkungsakt oder gar die Kenntnis der Arbeitsvertragsparteien vom Norminhalt notwendig ist[170]. Allerdings werden die Tarifnormen dabei nicht selbst inhaltlicher Bestandteil des Arbeitsvertrages. Sie wirken vielmehr genau wie staatliche Gesetze auf diesen beherrschend ein, überlagern ihn und verdrängen dessen Inhalt, soweit er ihnen widerspricht[171]. Das bedeutet, daß sich die tariflichen Kündigungsbestimmungen auch gegenüber anderslautenden einzelvertraglichen Kündigungsabreden durchzusetzen vermögen. In der unmittelbaren Wirkung zeigt sich damit die gesetzliche Ausformung der Tarifnormen als Sätze des objektiven Rechts[172].

In der Konsequenz bedeutet dies, daß die Rechtswirkungen von gesetzlichen und tarifvertraglichen Kündigungsverboten auf das Arbeitsverhältnis identisch zu behandeln sind[173]. Ebensowenig wie ein gesetzlicher Sonderkündigungsschutz, wie beispielsweise das Verbot ordentlicher Kündigungen gegenüber Betriebsratsmitgliedern nach § 15 Abs. 1 KSchG, eine Verfügung über das arbeitgeberseitige Kündigungsrecht enthält, weisen Unkündbarkeitsklauseln verfügenden Charakter auf. Ansonsten würde die Bestimmung des § 4 Abs. 1 TVG, die ausdrücklich auch Beendigungsnormen erfaßt[174], für den Ausschluß des ordentlichen Kündigungsrechts ihre Bedeutung verlieren und für den tariflichen Sonderkündigungsschutz obsolet werden. Des weiteren ist zu bedenken,

---

167 Siehe Staudinger[13]/*Richardi*, Vorbem. zu § 611ff. Rdnr. 636.

168 Siehe oben § 12 III 1.

169 *Löwisch/Rieble*, TVG, § 4 Rdnr. 52; *Kempen/Zachert*, TVG[3], § 4 Rdnr. 9; vgl. zur Unmittelbarkeit der Wirkungsweise von Bestandsschutznormen auch *Schrank*, Der Fortbestand des Arbeitsverhältnisses, 1982, S. 263.

170 *Kempen/Zachert*, TVG[3], § 4 Rdnr. 9; Wiedemann/*Wank*, TVG[6], § 4 Rdnr. 300; *Schaub*, Arbeitsrechtshandbuch[9], § 204 Rdnr. 5.

171 Wiedemann/*Wank*, TVG[6], § 4 Rdnr. 304; *Löwisch/Rieble*, TVG, § 4 Rdnr. 52; *Kempen/Zachert*, TVG[3], § 4 Rdnr. 10

172 Wiedemann/*Wank*, TVG[6], § 4 Rdnr. 300.

173 Vgl. auch *Mayer-Maly*, Österreichisches Arbeitsrecht Bd. I, 1987, S. 166.

174 Siehe auch *Zöllner/Loritz*, Arbeitsrecht[5], § 36 II 2 (S. 396).

daß die Tarifvertragsparteien nach § 1 Abs. 1 TVG nur Rechtsnormen erlassen können, die den Inhalt, den Abschluß und die Beendigung des Arbeitsverhältnisses ordnen. Davon wird die Befugnis zur Verfügung über das ordentliche Kündigungsrecht des Arbeitgebers überhaupt nicht erfaßt.

Die „Verfügungstheorie“ vernachlässigt somit über Gebühr die Besonderheit des Tarifvertrags, die in der Ausgestaltung als Normenvertrag besteht und seine normativen Ausprägungen in den §§ 1 Abs. 1, 4 Abs. 1 TVG erfahren hat. Sie hat ihre Berechtigung allein für den einzelvertraglichen Kündigungsausschluß. Dieser enthält regelmäßig eine Verfügung über das ordentliche arbeitgeberseitige Kündigungsrecht und hat dingliche Wirkung[175]. Jedoch kann die „Verfügungstheorie“ die unmittelbare Wirkung der Tarifnormen nur unzulänglich erklären. Sie sollte deshalb auf den Kündigungsausschluß im Arbeitsvertrag beschränkt bleiben. Die unmittelbare Wirkung der Tarifklausel für das Kündigungsrecht des Arbeitgebers ergibt sich somit nicht aus einer Verfügung über das Gestaltungsrecht der ordentlichen Kündigung, sondern aus der in § 4 Abs. 1 TVG angeordneten unmittelbaren Geltung der Tarifnorm.

c) Unkündbarkeitsklauseln als Verbotsgesetze im Sinne des § 134 BGB

Die Unwirksamkeit einer entgegen dem Inhalt der Unkündbarkeitsklausel ausgesprochenen Kündigung könnte sich dann aus § 4 Abs. 1 TVG und der in § 134 BGB angeordneten Rechtsfolge der Nichtigkeit ergeben. Materielle tarifvertragliche Kündigungsbeschränkungen müßten folglich als gesetzliche Verbote im Sinne von § 134 BGB einzustufen sein. Der für § 134 BGB maßgebliche Gesetzesbegriff des BGB wird in Art. 2 EGBGB legaldefiniert. Danach versteht das BGB unter dem Begriff des Gesetzes jede Rechtsnorm. Neben formellen Gesetzen werden davon auch Gesetze erfaßt, die nur einen materiellen Gehalt aufweisen. Dazu sind alle Rechtsnormen zu zählen, die Regelungen mit einer abstrakt-generellen Geltungsanordnung beinhalten. Danach sind auch tarifvertragliche Regelungen aufgrund ihrer in § 1 Abs. 1 und § 4 Abs. 1 TVG festgelegten Rechtsnormeigenschaft als Gesetze im Sinne des Art. 2 EGBGB anzusehen und fallen folglich unter den Gesetzesbegriff des § 134 BGB[176]. Der Regelung des § 134 BGB bedürfte es allerdings dann nicht, wenn sich die Nichtigkeit einer ausgesprochenen ordentlichen Kündigung schon aus der tarifvertraglichen Norm selbst ergibt, sie insofern als eine „lex perfecta“ darstellt[177]. Das ist je-

---

[175] *Herschel*, DB 1960, S. 1215 (1215); *Stahlhacke/Preis/Vossen*, Kündigungsschutz[7], Rdnr. 206; GK-KR/*Preis*, Grundlagen J. Rdnr. 9; kritisch zur dinglichen Wirkung aber *v.Stebut*, Der soziale Schutz als Regelungsproblem des Vertragsrechts, 1982, S. 87f.

[176] Staudinger[13]/*Neumann*, Vorbem. zu §§ 620 ff. Rdnr. 74; Palandt[60]/*Heinrichs*, § 134 Rdnr. 2; Erman[10]/*Palm*, § 134 Rdnr. 8; *Höpfner*, Die normativen Wirkungen kollektivvertraglicher Inhaltsnormen, 1995, S. 111f.; *Gamillscheg*, Kollektives Arbeitsrecht Bd. I, 1997, S. 541; *Löwisch/Rieble*, TVG, § 1 Rdnr. 15.

[177] Siehe dazu *Höpfner*, Die normativen Wirkungen kollektivvertraglicher Inhaltsnormen,

doch in bezug auf die in der tariflichen Praxis anzutreffenden Unkündbarkeitsklauseln nicht der Fall. Diese enthalten in aller Regel kein ausdrücklich angeordnetes Kündigungsverbot, sondern beschränken sich darauf, festzustellen, daß eine Kündigung nur noch aus wichtigem Grund möglich ist. Für die Nichtigkeit einer Überschreitung der tarifvertraglichen Unkündbarkeit bedarf es deshalb eines Rückgriffs auf § 134 BGB. Auch die überwiegende Ansicht in der Literatur behandelt die Folgen eines Kündigungsverstoßes, allerdings ohne nähere Begründung, anhand der §§ 4 Abs. 1 TVG, 134 BGB [178].

Eine Auffassung bestreitet allerdings, daß Tarifnormen, obwohl sie dem Gesetzesbegriff des Art. 2 EGBGB unterfallen, auch Gesetze im Sinne des § 134 BGB sein können. Mit Rücksicht auf den Zweck eines Verbotsgesetzes sei eine Beschränkung auf solche Normen erforderlich, die einen „allgemeinen Geltungsanspruch" aufweisen[179]. Dies sei bei Normen in Tarifverträgen nicht der Fall. Zu ihrer Absicherung genüge daher die Regelung des Günstigkeitsprinzips in § 4 Abs. 3 TVG, die vor einer unzulässigen Unterschreitung des Tarifvertrags schützt[180].

Allerdings vermag diese Einschränkung des Gesetzesbegriffs in § 134 BGB nicht zu überzeugen. § 4 Abs. 3 TVG bietet keinen tragfähigen Anknüpfungspunkt, um die Rechtsfolge der Nichtigkeit einer entgegen der Unkündbarkeitsklausel ausgesprochenen Kündigung erklären zu können. So ist durch die Regelung des § 4 Abs. 1 TVG ein „allgemeiner Geltungsanspruch" zumindest zwischen den tarifunterworfenen Arbeitsvertragsparteien angeordnet. Zudem erscheint es unvertretbar, unter den Begriff der „abweichenden Abmachung" in § 4 Abs. 3 TVG auch einseitige Willenserklärungen wie die Kündigung zu subsumieren. Diese Auffassung entbehrt daher einer fundierten Begründung und ist abzulehnen[181].

1995, S. 115f.

178 GK-KR/*Preis*, Grundlagen J. Rdnr. 10; KR[5]/*Friedrich*, § 13 KSchG Rdnr. 263; *Schaub*, Arbeitshandbuch[9], § 191 Rdnr. 16; KSchR[4]/*Däubler*, Einleitung Rdnr. 368; *Stahlhacke/Preis/Vossen*, Kündigungsschutz[7], Rdnr. 207; AR-Blattei D/*G.Schmidt*, Kündigung VII E; *Stein*, Tarifvertragsrecht, Rdnr. 554; *Preis*, Arbeitsrecht, § 58 VII 2 (S. 590); ErfurtKomm/*Müller-Glöge*, § 626 BGB Rdnr. 106; *Neumann-Duesberg*, Anm. zu *BAG* (Urt. v. 10.1.1956), AP Nr. 3 zu § 242 BGB Verwirkung, für den Fall einer gegen § 16 Abs. 4 TO.A verstoßenden Kündigung.

179 MünchKomm[4]/*Mayer-Maly/Armbrüster*, § 134 Rdnr. 29.

180 MünchKomm[4]/*Mayer-Maly/Armbrüster*, § 134 Rdnr. 29; MünchArbR/*Richardi*, § 44 Rdnr. 5; Staudinger[13]/*Sack*, § 134 Rdnr. 24 für den Fall, daß der Tarifvertrag nicht nach § 5 TVG für allgemeinverbindlich erklärt worden ist; *BAG* (Urt. v. 29.8. 1991), EzA Nr. 82 zu § 102 BetrVG 1972 [unter II 3 der Gründe] stellt auf die §§ 4 Abs. 3 TVG, 134 BGB ab.

181 Gegen diese Ansicht auch *Höpfner*, Die normativen Wirkungen kollektivvertraglicher Inhaltsnormen, 1995, S. 111f.

2. Schuldrechtliche Kündigungsbeschränkungen

Wie bereits angedeutet, besteht die grundsätzliche Möglichkeit, einer vertraglichen Kündigungsklausel nur schuldrechtliche Wirkung beizulegen. Dadurch verpflichten sich die Parteien des Arbeitsverhältnisses lediglich zur Unterlassung zukünftiger Kündigungen[182]. Damit ist klargestellt, daß Beschränkungen des Kündigungsrechts nicht notwendig zur Unwirksamkeit der Kündigung führen müssen. Nach dem Vorbild der gesetzlich geregelten Fälle der Kündigung zur Unzeit in den §§ 627 Abs. 2 Satz 2, 671 Abs. 2 Satz 2, 723 Abs. 2 Satz 2 BGB können auch allein schuldrechtliche Verpflichtungen mit ihnen verknüpft sein. Begründer dieser Lehre von den „schuldrechtlichen Kündigungsbeschränkungen" ist *Molitor*, der als erster zwischen einer unmittelbaren und einer rein schuldrechtlichen Wirkung von Kündigungsbeschränkungen differenzierte[183]. Auch das *Bundesarbeitsgericht* hat die Gestaltungsform der schuldrechtlichen Kündigungssperre im Grundsatz anerkannt[184].

Eine unmittelbaren Kündigungsbeschränkung führt zur Unwirksamkeit einer widersprechenden Kündigung. Hingegen löst die Mißachtung einer schuldrechtlichen Beschränkung der Kündigung lediglich Schadensersatzansprüche des Gekündigten wegen Verstoßes gegen eine vertragliche Nebenpflicht aus. Die Kündigung selbst kann hingegen wirksam ausgesprochen werden[185]. Allerdings beurteilt *Molitor* die Rechtsfolgen einer schuldrechtlichen Kündigungsbeschränkung nicht einheitlich und grenzt diese auch nur unbefriedigend von den Wirkungen einer unmittelbaren Beschränkung ab. So soll die schuldrechtliche Konstruktion über den Grundsatz der Naturalrestitution gemäß § 249 Satz 1 BGB in aller Regel die Pflicht zu einer Neubegründung des Arbeitsverhältnisses nach sich ziehen. Nur ausnahmsweise, wenn die Wiederbegründung nicht möglich ist, soll nach § 251 BGB eine Entschädigung in Geld zu leisten sein[186]. Die schuldrechtliche Schranke führt lediglich auf einem Umweg[187] zu einer Rechtsfolge, die sich auch aus der Verletzung einer unmittelbaren Kündigungsbe-

---

182 Siehe etwa *Stahlhacke/Preis/Vossen*, Kündigungsschutz[7], Rdnr. 201; KR[5]/*Spilger*, § 622 Rdnr. 116; ErfurtKomm/*Müller-Glöge*, § 622 BGB Rdnr. 112; GK-KR/*Preis*, Grundlagen J. Rdnr. 4; *Mauer/Schüßler*, BB 2001, S. 466; vgl. auch *Oetker*, Das Dauerschuldverhältnis, 1994, S. 290f.

183 *Molitor*, Die Kündigung[2], S. 194f. (mwN in Fn. 1 zu rein schuldrechtlichen Auffassungen); siehe auch *v.Stebut*, Der soziale Schutz als Regelungsproblem des Vertragsrechts, 1982, S. 87f.

184 *BAG* (Urt. v. 8.10. 1959), AP Nr. 1 zu § 620 BGB Schuldrechtliche Kündigungsbeschränkung [unter II 4b der Gründe]; zeitweise beherrschte diese Sichtweise die Rechtsprechung zu Unkündbarkeitsvereinbarungen in Österreich, vgl. *Mayer-Maly*, Österreichisches Arbeitsrecht Bd. I, 1987, S. 166.

185 *Molitor*, Die Kündigung[2], S. 194f.

186 *Molitor*, Die Kündigung[2], S. 195f.

187 Dies räumt auch *Molitor*, Die Kündigung[2], S. 196 ein.

schränkung ergeben würde. Für die Vereinbarung einer schuldrechtlichen Kündigungssperre bestehen daher keine durchschlagenden Argumente[188].

Den Parteien des Arbeitsverhältnisses oder den Tarifpartnern kann daher der Wille zur Vereinbarung einer schuldrechtlichen Kündigungsbeschränkung nur in seltenen Ausnahmefällen unterstellt werden. Im Regelfall gilt die Vermutung, daß eine unmittelbare Kündigungsbeschränkung gewollt ist, die bei einem Verstoß automatisch zur Unwirksamkeit der Kündigung führt[189]. Abschließend ist festzuhalten, daß sich die Lehre von den schuldrechtlichen Kündigungsbeschränkungen aufgrund ihrer Unzulänglichkeiten nicht durchzusetzen vermocht hat[190]. Für den Bereich des tarifvertraglichen Kündigungsschutzes spielt diese Art der Kündigungsbeschränkung praktisch keine Rolle und dürfte auch ansonsten nur rechtstheoretische Bedeutung haben.

II. Prozessuale Geltendmachung

Ein durch den verstärkten Kündigungsschutz erhöhter Bestandsschutz des Arbeitsverhältnisses wäre ohne die Möglichkeit einer gerichtlichen Durchsetzung wirkungslos. Neben der tarifvertraglichen Gewährung steht daher für den Arbeitnehmer die Wahrung seines Bestandsschutzes im Mittelpunkt des Interesses[191]. Die Unwirksamkeit einer der tarifvertraglichen Kündigungssperre widersprechenden Kündigung kann der geschützte Arbeitnehmer deshalb im Klagewege geltend machen und die fehlende Auflösungswirkung der Kündigung feststellen lassen.

1. Sonstiger Unwirksamkeitsgrund gemäß § 13 Abs. 3 KSchG

Zentrale Vorschrift für die prozessuale Geltendmachung des tarifvertraglichen Kündigungsschutzes ist § 13 Abs. 3 KSchG[192]. Zu dem Kreis der sonstigen Unwirksamkeitsgründe im Sinne dieser Vorschrift zählen neben gesetzlichen Kündigungsverboten auch einzel- oder tarifvertraglich vereinbarte Beschränkungen

---

188 So auch *Ulmer,* Festschrift f. Möhring, 1975, S. 295 (308), mit weiteren Bedenken an schuldrechtlichen Kündigungsbeschränkungen.

189 AR-Blattei D/*G. Schmidt*, Kündigung VII E; *Kania/Kramer,* RdA 1995, S. 287 (294); *Mauer/Schüßler,* BB 2001, S. 466; für den Arbeitsvertrag *Herschel,* DB 1960, S. 1215 (1215); *Pauly,* ArbuR 1997, S. 94 (96); ähnlich schon *Molitor,* Die Kündigung^2, S. 194.

190 *Ulmer,* Festschrift f. Möhring, 1975, S. 295 (307).

191 Vgl. dazu allgemein *Stahlhacke,* Festschrift f. Wlotzke, 1996, S. 173.

192 Siehe *Preis,* NZA 1997, S. 1256 (1258); für eine Änderung des § 13 Abs. 3 KSchG de lege ferenda *Löwisch,* KSchG^8, Vorbemerkung zu § 1 Rdnr. 13, § 13 Rdnr. 3; *ders.,* Anm. I 2 zu *BAG* (Urt. v. 28.5.1998), AP Nr. 48 zu § 2 KSchG 1969 unter Hinweis auf §§113 Abs. 2 InsO, 1 Abs. 5 BeschFG; so auch *Schomburg,* Zeitliche Grenzen für Ausspruch und Abwehr der Arbeitgeberkündigung, 1989, S. 241f.

des Kündigungsrechts[193]. Die Nichtigkeit einer entgegen der tarifvertraglichen Unkündbarkeitsklausel ausgesprochenen Kündigung fällt damit in den Anwendungsbereich des § 13 Abs. 3 KSchG und stellt einen sonstigen Unwirksamkeitsgrund der Kündigung dar[194]. Die Bedeutung dieser Bestimmung, die die Nichtanwendbarkeit des ersten Abschnitts des KSchG anordnet, liegt darin, daß andere Mängel als die Sozialwidrigkeit der Kündigung ohne Rücksicht auf die Vorschriften der §§ 4ff., 13 Abs. 1 Satz 1 KSchG geltend gemacht werden können[195]. § 13 Abs. 3 KSchG beinhaltet daher ein gesetzlich angeordnetes Analogieverbot[196].

2. Nichteingreifen der Klagefrist des § 4 Satz 1 KSchG

Die wichtigste Konsequenz dieser Anordnung und zugleich von großer praktischer Relevanz ist das Nichteingreifen der in § 4 Satz 1 KSchG vorgeschriebenen dreiwöchigen Frist für die Erhebung der Kündigungsschutzklage. Sinn und Zweck dieser Regelung besteht darin, den Arbeitnehmer, dessen Kündigung an besonders schwerwiegenden Mängeln leidet, nicht auf die kurze Klagefrist zu verweisen[197]. Der gekündigte Arbeitnehmer kann deshalb auch nach Ablauf der dreiwöchigen Klagefrist noch gegen die Kündigung vorgehen[198]. Die Rechtsfolge des § 7 KSchG ist in diesen Fällen gesperrt. Das Verstreichenlassen der prozessualen Frist des § 4 Satz 1 KSchG hat nach § 7 KSchG die materiellrechtliche Wirkung, daß die Kündigung als von Beginn an wirksam angesehen wird. Durch die Fiktion des § 7 KSchG wird die fehlende soziale Rechtfertigung der Kündigung geheilt[199]. Diese Wirkung der Versäumung der Klagefrist kann bei einem Verstoß gegen eine tarifvertragliche Unkündbarkeitsklausel

---

193 *Hueck/v.Hoyningen-Huene,* KSchG[12], § 13 Rdnr. 84; *Schaub,* Arbeitshandbuch[9], § 191 Rdnr. 16.

194 *BAG* (Urt. v. 12.9. 1974), AP Nr. 1 zu § 44 TVAL II [unter II 3 der Gründe]; *ArbG Freiburg* (Urt. v. 24.10. 1989), ArbuR 1990, S. 263 (263); *Bader/Bram/Dörner/Wenzel,* § 13 S. 140b[1] für § 53 Abs. 3 BAT unter Berufung auf *BAG* (Urt. v. 14.11. 1980), 7 AZR 696/78 (n.v.); KSchR[4]/*Kittner,* § 13 KSchG Rdnr. 30; KSchR[4]/*Däubler,* Einleitung Rdnr. 368; KR[5]/*Friedrich,* § 13 KSchG Rdnr. 260f.; HeidelbergKomm[3]/*Dorndorf,* § 13 Rdnr. 132; ErfurtKomm/*Ascheid,* § 13 KSchG Rdnr. 132; auch eine gesellschaftsrechtliche Kündigungsbeschränkung stellt einen sonstigen Unwirksamkeitsgrund nach § 13 Abs. 3 KSchG dar, *BAG* (Urt. v. 11.3. 1998), DZWiR 1998, S. 455 (455).

195 *Löwisch,* KSchG[8], § 13 Rdnr. 57.

196 *Schomburg,* Zeitliche Grenzen für Ausspruch und Abwehr der Arbeitgeberkündigung, 1989, S. 150.

197 *Schomburg,* Zeitliche Grenzen für Ausspruch und Abwehr der Arbeitgeberkündigung, 1989, S. 149.

198 *Hueck/v.Hoyningen-Huene,* KSchG[12], § 13 Rdnr. 93; *Stahlhacke/Preis/Vossen,* Kündigungsschutz[7], Rdnr. 1181; *Löwisch,* KSchG[8], § 13 Rdnr. 57.

199 *Löwisch,* KSchG[8] , § 7 Rdnr. 1; *Hueck/v.Hoyningen-Huene,* KSchG[12], § 7 Rdnr. 1, § 4 Rdnr. 83.

nicht eintreten, zu einer Heilung der Rechtsunwirksamkeit der Kündigung kommt es daher nicht.

3. Rechtsschutz durch die allgemeine Feststellungsklage

Nach herrschender Auffassung ist es dem gekündigten Arbeitnehmer beim Vorliegen eines sonstigen Unwirksamkeitsgrundes allerdings versagt, einen § 4 Satz 1 KSchG entsprechenden Klagantrag zu stellen[200]. In dieser Situation kann der gekündigte Arbeitnehmer nicht auf die in dieser Vorschrift speziell geregelte Kündigungsschutzklage mit ihrem punktuellen Streitgegenstand zurückgreifen[201]. Wegen der Unanwendbarkeit des § 4 Satz 1 KSchG ist der Arbeitnehmer deshalb gezwungen, die allgemeine Feststellungsklage nach § 256 ZPO, die über § 46 Abs. 2 Satz 1 ArbGG auch für das arbeitsgerichtliche Verfahren Anwendung findet, zu erheben[202]. Diese muß den Antrag enthalten, festzustellen, daß das Arbeitsverhältnis bis zum Schluß der letzten mündlichen Tatsachenverhandlung fortbesteht[203]. Für die Erhebung der Feststellungsklage ist eine gesetzliche Frist nicht vorgesehen. Allerdings steht auch die allgemeine Feststellungsklage unter der immanenten Begrenzung der unzulässigen Rechtsausübung nach § 242 BGB und kann verwirken[204]. Die Verwirkung der Klagemöglichkeit setzt das Vorliegen eines Zeitmoments, eines Vertrauenstatbestands und eines Umstandsmoments voraus[205].

4. Abgrenzung zum prozessualen Vorgehen gegen eine außerordentliche befristete Kündigung

Abzugrenzen ist die hier erläuterte Bedeutung des § 13 Abs. 3 KSchG für den Ausschluß der ordentlichen Kündigung von dem prozessualen Vorgehen gegen die außerordentliche Kündigung eines unkündbaren Arbeitnehmers nach § 626

---

200 *Stahlhacke/Preis/Vossen,* Kündigungsschutz[7], Rdnr. 1183; Heidelberg-Komm[3]/*Dorndorf,* § 13 Rdnr. 137; *Hueck/v.Hoyningen-Huene,* KSchG[12], § 4 Rdnr. 71b; anderer Ansicht allerdings *Deckers,* RdA 1998, S. 326 (328f.).

201 *Hueck/v.Hoyningen-Huene,* KSchG[12], § 4 Rdnr. 71a.

202 KR[5]/*Friedrich,* § 13 KSchG Rdnr. 311; *Schaub,* Arbeitsrechtshandbuch[9], § 138 Rdnr. 11; HeidelbergKomm[3]/*Dorndorf,* § 13 Rdnr. 137; *Stahlhacke/Preis/Vossen,* Kündigungsschutz[7], Rdnr. 1183; *Hueck/v.Hoyningen-Huene,* KSchG[12], § 4 Rdnr. 71b.

203 *Deckers,* RdA 1998, S. 326 (326); *Löwisch,* KSchG[8], § 4 Rdnr. 90; *Stahlhacke/Preis/Vossen,* Kündigungsschutz[7], Rdnr. 1183.

204 *BAG* (Urt. v. 20.5. 1988), AP Nr. 5 zu § 242 BGB Prozeßverwirkung [unter II 1 der Gründe], zur Verwirkung des Klagerechts bei einer gegen § 613a Abs. 4 Satz 1 BGB verstoßenden Kündigung; *Stahlhacke/Preis/Vossen,* Kündigungsschutz[7], Rdnr. 1181; *Hueck/v.Hoyningen-Huene,* KSchG[12], § 13 Rdnr. 94; *Löwisch,* KSchG[8], § 7 Rdnr. 6; sog. „exceptio doli processualis“, siehe *Neumann-Duesberg,* Anm. 3 zu *BAG* (Urteil v. 10.1. 1956), AP Nr. 3 zu § 242 BGB Verwirkung.

205 MünchArbR/*Wank,* § 116 Rdnr. 164; KR[5]/*Friedrich,* § 13 KSchG Rdnr. 305.

BGB. Der Möglichkeit einer Kündigung aus wichtigem Grund bleibt dem Arbeitgeber auch im unkündbaren Arbeitsverhältnis erhalten. Obwohl die außerordentliche Kündigung gemäß § 13 Abs. 1 Satz 1 KSchG von den materiellen Voraussetzungen des KSchG nicht berührt wird[206], unterwirft § 13 Abs.1 Satz 2 KSchG die Geltendmachung der Rechtsunwirksamkeit den Bestimmungen des §§ 4 Satz 1, 5ff. KSchG. Der Arbeitnehmer muß deshalb die Dreiwochenfrist der Kündigungsschutzklage nach § 4 Satz 1 KSchG einhalten. Dies gilt nicht nur für die fristlose Kündigung, sondern auch dann, wenn die außerordentliche Kündigung mit Rücksicht auf den besonderen Schutzzweck der Kündigungsausschlußklausel nach der herrschenden Auffassung[207] nur befristet erfolgen kann[208].

§ 14 Zusammenfassung zum 3. Teil

1. Die von Art. 9 Abs. 3 GG gewährleistete Koalitionsbetätigungsfreiheit umfaßt auch die Regelungsbefugnis zur Verbesserung des allgemeinen Kündigungsschutzes. Derartige tarifvertragliche Kündigungsschutzklauseln sind als Beendigungsnormen im Sinne des § 1 Abs. 1 TVG zu qualifizieren. Beendigungsnormen bilden neben Inhalts- und Abschlußnormen den dritten eigenständigen Typus der Individualnormen. Aus § 1 Abs. 1 TVG können keine Rückschlüsse auf den möglichen Umfang des tarifvertraglichen Bestandsschutzes getroffen werden. Insbesondere läßt sich aus § 1 Abs.1 TVG nicht die Befugnis zum vollständigen Ausschluß der ordentlichen Kündigung herleiten.
2. Die Reichweite der tarifvertraglichen Regelungsmacht zur Verstärkung des allgemeinen Kündigungsschutzes kann nicht durch einen Rückgriff auf das Günstigkeitsprinzip bestimmt werden. Ein solcher Lösungsweg schließt differenzierte Betrachtungen von vornherein aus. Entscheidend ist auf den gesetzlichen Geltungsanspruch des § 1 Abs. 2 KSchG abzustellen, der mit Hilfe des Arbeitnehmerschutzprinzips zu ermitteln ist. Nach herkömmlicher Ansicht ist der allgemeine Kündigungsschutz lediglich einseitig-zwingend ausgestaltet, erlaubt also einen Ausschluß des ordentlichen Kündigungsrechts zugunsten des Arbeitnehmers.
3. Die Pauschalität dieses Normbefunds stößt zumindest für den völligen Ausschluß der ordentlichen Kündigung auf Bedenken. Diese ergeben sich einmal aus der Kollision mit der unternehmerischen Entscheidungsfreiheit

[206] Siehe dazu *Löwisch*, KSchG[8], § 13 Rdnr. 1.

[207] Zur außerordentlichen befristeten Kündigung siehe nur *BAG* (Urt. v. 28.3.1985), EzA Nr. 96 zu § 626 BGB n. F. [unter B IV 1 der Gründe]; *Stahlhacke/Preis/Vossen*, Kündigungsschutz[7], Rdnr. 539.

[208] HeidelbergKomm[3]/*Dorndorf*, § 13 Rdnr. 14; *Löwisch*, KSchG[8], § 13 Rdnr. 10.

des Arbeitgebers. Zudem kann die Unkündbarkeitsabrede in Konkurrenz zu den durch § 1 Abs. 3 KSchG geschützten Bestandsinteressen anderer Arbeitnehmer treten. Das alleinige Abstellen auf den Schutzcharakter des § 1 Abs. 2 KSchG versagt dort, wo der Kündigungsschutz, wie im Falle der Sozialauswahl, eine kollektive Dimension aufweist. Die aufgezeigten Konfliktsituationen deuten darauf hin, daß dem ordentlichen Arbeitgeberkündigungsrecht ein teilweise unabdingbarer Bereich zugeordnet werden muß.

4. Aus den einfachgesetzlichen Regelungsvorgaben der §§ 620 Abs. 1, 622 Abs. 4 Satz 1, 624 BGB kann keine Befugnis der Tarifvertragsparteien zu einem Totalausschluß der ordentlichen Kündigung hergeleitet werden.
5. Die Unwirksamkeit eines Verstoßes gegen den tarifvertraglichen Ausschluß der ordentlichen Kündigung ergibt sich aus §§ 4 Abs. 1 TVG, 134 BGB. Die Regelung des § 4 Abs. 3 TVG ist nicht anzuwenden.
6. Ein tarifvertragliches Kündigungsverbot ist als ein sonstiger Unwirksamkeitsgrund im Sinne des § 13 Abs. 3 KSchG zu qualifizieren. Die Geltendmachung der Nichtigkeit einer der Unkündbarkeitsvereinbarung widersprechenden Kündigung ist nicht an die Klagefrist des § 4 Satz 1 KSchG gebunden. Der besonders geschützte Arbeitnehmer muß mit der allgemeinen Feststellungsklage gegen die Verletzung der tarifvertraglichen Schutznorm vorgehen.

4. Teil: Grundfragen der außerordentlichen Kündigung des unkündbaren Arbeitsverhältnisses

In diesem Teil wird die außerordentliche Kündigung von tarifvertraglich unkündbaren Arbeitnehmern behandelt. Dabei steht neben dem hergebrachten, in § 626 BGB normierten außerordentlichen Kündigungsrecht, das im Hinblick auf die ordentliche Unkündbarkeit entwickelte Institut der außerordentlichen fristgebundenen Kündigung mit seinen spezifischen Ausprägungen und Besonderheiten im Mittelpunkt der Erörterungen. Da die tarifvertragliche Unkündbarkeit nicht schlechthin vor Kündigungen schützt[1], ist Gegenstand der folgenden Untersuchung damit das nur scheinbare Paradoxon der „Kündigung der Unkündbaren“[2].

§ 15 Das außerordentliche Kündigungsrecht als verbleibendes Lösungsinstrument

I. Fremdbestimmte Sachbindung

Der Ausschluß der ordentlichen Arbeitgeberkündigung ändert nichts daran, daß auch das Arbeitsverhältnis des unkündbaren Arbeitnehmers weiterhin vielfältigen Störungen ausgesetzt sein kann[3]. Das Störungspotential im Dauerschuldverhältnis kann allein durch den Ausschluß eines Beendigungsinstituts nicht verringert werden. Nach wie vor hat der in seinen Auflösungsmöglichkeiten beschränkte Vertragsteil ein gleichbleibendes Interesse daran, das Arbeitsverhältnis beim Vorliegen kündigungsrelevanter Sachverhalte zu beenden. Die gesteigerte zeitliche Bindung im sonderkündigungsschutzgesicherten Arbeitsverhältnis ist darüber hinaus sogar in der Lage, auftretenden Störungen ein anderes, stärkeres Gepräge zu verleihen. So kann unter Umständen die durch den Ausschluß des ordentlichen Kündigungsrechts verlängerte ordentliche Dauer des Arbeitsverhältnisses dazu führen, daß sich das Beendigungsinteresse des Arbeitgebers noch vergrößert[4].

---

1 Vgl. den schlagwortartigen Titel der Abhandlung von *Thannheiser,* AiB 1998, S. 601.

2 Siehe dazu *Wiedemann* Anm. 1 zu *BAG* (Urt. v. 5.2. 1998), EWiR § 626 BGB 2/98, S. 537; *Walker* Anm. Vor I zu *BAG* (Urt. v. 5.2. 1998), EzA Nr. 2 zu § 626 BGB Unkündbarkeit; *Preis/Hamacher,* Festschrift Arbeitsgerichtsbarkeit in Rheinland-Pfalz, 1999, S. 245f.

3 So zutreffend *Schwerdtner,* Festschrift f. Kissel, 1994, S. 1077 (1077).

4 In diese Richtung bereits *Molitor,* Die Kündigung[2], S. 299; folgend *Preis,* Anm. II 1d zu *BAG* (Urt. v. 21.6.1995), AP Nr. 36 zu § 15 KSchG 1969; *v.Koppenfels,* Kündigung bei unkündbaren Arbeitnehmern, 1998, S. 81; dies klingt auch in den Ausführungen des

Diese Grundsätze gelten für den Fall des tarifvertraglichen Kündigungsausschlusses um so mehr, als daß hier die Reduzierung der Lösungsmöglichkeiten nicht das Resultat einer einzelvertraglichen und damit individuell gewollten Vereinbarung ist. Der Kündigungsausschluß ist vielmehr in Form von Tarifnormen gleichsam von außen auferlegt worden und wirkt damit vergleichbar einer gesetzlichen Kündigungssperre auf das Arbeitsverhältnis ein. Hervorzuheben ist daher, daß die durch den tarifvertraglichen Ausschluß der ordentlichen Kündigung herbeigeführte erhöhte Sachbindung im Arbeitsverhältnis nicht auf einem eigenen Entschluß des Arbeitgebers beruht. Die Sachbindung kann nicht als individuell gewollte Selbstbindung verstanden werden. Sie ist ihrer Entstehung und ihrer Wirkungsweise nach vielmehr fremdbestimmt[5]. Kennzeichnendes Unterscheidungskriterium der tarifvertraglichen Unkündbarkeitsstellung zum individualvertraglichen Kündigungsausschluß ist damit das Element der Fremdbestimmung des erweiterten Kündigungsschutzes[6]. Der Arbeitnehmer kann den Arbeitgeber nicht etwa auf den Grundsatz „volenti non fit inuria“[7] verweisen, weil der Arbeitgeber nicht selbst in die Beschränkung seiner Auflösungsmöglichkeiten eingewilligt hat. Dies verkennt *v.Koppenfels*[8], wenn sie ausführt, auch bei der tarifvertraglichen Geltung einer Kündigungsschutzvereinbarung stamme diese zumindest indirekt aus der „Einfluß- und Interessensphäre“ des Arbeitgebers. Dieser hätte folglich wissen können, daß er sich nur unter erschwerten Voraussetzungen von einem unkündbaren Arbeitnehmer trennen kann.

Kollektivrechtliche Kündigungsbeschränkungen gelten aufgrund ihrer Normeigenschaft gerade unabhängig vom Willen und ohne Rücksicht auf die Kenntnis der Arbeitsvertragsparteien. Mit Recht hat daher das *Bundesarbeitsgericht* bereits in seiner Entscheidung vom 8. Oktober 1957 gefordert, den Umstand näher zu berücksichtigen, daß im Falle der tarifvertraglichen Unkündbar-

---

BAG (Urt. vom 14.11. 1984), AP Nr. 83 zu § 626 BGB [unter II 1a der Gründe] an; siehe dazu ausführlich noch unten § 17 I.

5 Siehe zum Merkmal der Fremdbestimmung als Besonderheit des Tarifvertrags Wiedemann/*Wiedemann*, TVG[6], Einleitung Rdnr. 1; *Zöllner*, Die Rechtsnatur der Tarifnormen nach deutschem Recht, 1966, S. 28f; *Biedenkopf*, Grenzen der Tarifautonomie, 1964, S. 29ff. spricht von der Drittbezogenheit der Normsetzung; vgl. auch *Löwisch*, ZfA 1996, S. 293 (295f.): „Selbstbestimmung durch Fremdbestimmung“; zur parallelen Rechtslage bei der Betriebsvereinbarung GK-BetrVG[6]/*Kreutz*, Rdnr. 186: „Fremdbestimmungs- und Zwangsordnung“.

6 In einem anderen Zusammenhang versteht jedoch *v.Stebut*, Der soziale Schutz als Regelungsproblem des Vertragsrechts, 1982, S. 82 den Begriff der fremdbestimmten Kündigungsbeschränkung. Er zählt dazu alle Kündigungsschranken, die von der Zustimmung eines Dritten abhängig sind.

7 Vgl. zu diesem Grundsatz im Verhältnis zur Tarifautonomie *Wiedemann*, Festschrift f. Riesenfeld, 1983, S. 301 (321).

8 *v.Koppenfels*, Kündigung bei unkündbaren Arbeitnehmern, 1998, S. 81, 105, 132.

keit die Reduzierung der Lösungsmöglichkeiten nicht vom Arbeitgeber zugesichert worden ist[9]. Etwas anderes gilt nur in denjenigen Fällen, in denen ein einzelner Arbeitgeber als Partei eines Tarifvertrags einen Firmentarifvertrag abschließt, der entsprechende Kündigungsschutzklauseln enthält. Hier ist der Arbeitgeber an der ihn bindenden Normsetzung unmittelbar beteiligt. Er unterliegt der Normwirkung des Tarifvertrags dann aufgrund einer Selbstbindung[10]. Kündigungsbeschränkungen in Verbandstarifverträgen weisen somit eine zweiseitige Fremdbindung auf, während ihre Wirkung in Firmentarifverträgen nur durch eine einseitige Fremdbindung für die Arbeitnehmer gekennzeichnet ist[11].

II. Drohende Interessenbeeinträchtigungen

Allerdings darf trotz des gleichbleibenden oder sogar gesteigerten arbeitgeberseitigen Lösungsinteresses nicht übersehen werden, daß nach dem Willen der Tarifvertragsparteien mit dem Eintritt der Unkündbarkeit einer auftretenden Störung nicht mehr gleichermaßen wie im ordentlich kündbaren Arbeitsverhältnis begegnet werden kann. Ausgangspunkt der Überlegung muß daher sein, daß es das erklärte Ziel von Unkündbarkeitsklauseln ist, es dem Arbeitgeber grundsätzlich zu verwehren, sich auf verhaltens-, personen- oder betriebsbedingte Kündigungsgründe zu stützen, die im ordentlichen kündbaren Arbeitsverhältnis jeweils nur eine ordentliche Kündigung nach Maßgabe des § 1 Abs. 2 KSchG rechtfertigen würden.

Nun unterscheiden sich ordentliche und außerordentliche Kündigung voneinander im wesentlichen durch die Intensität der Beeinträchtigung der Vertragsbeziehung[12]. Bei der außerordentlichen Kündigung muß die Störung ein Ausmaß angenommen haben, das die sofortige Auflösung des Arbeitsverhältnisses gerechtfertigt erscheinen läßt[13]. Bei der ordentlichen Kündigung muß die Störung immerhin so stark sein, daß dem Arbeitgeber ein Festhalten am Vertrag nach Ablauf der Kündigungsfrist nicht mehr angesonnen werden kann. Ordentliche und außerordentliche Kündigung stellen damit unterschiedlich starke Anforderungen an den Kündigungsgrund. Fällt aufgrund der tarifvertraglichen Schutznorm die ordentliche Kündigungsmöglichkeit ersatzlos weg, so führt dies dazu, daß der Kreis kündigungsrelevanter, also der für den Ausspruch einer Kündigung geeigneten, Störfaktoren gegenüber der gesetzlichen Normallage erheblich beschnitten wird. Als Grundsatz gilt daher, daß für die Kündigung des Unkündbaren an die Art der Störung qualitativ höhere Anforderungen zu stellen

---

9 *BAG* (Urt. v. 8.10. 1957), AP Nr. 15 zu § 626 BGB [unter II d der Gründe].

10 Wiedemann/*Oetker*, TVG[6], § 3 Rdnr. 14; siehe auch *Löwisch/Rieble*, TVG, § 2 Rdnr. 54.

11 Vgl. dazu *Zöllner*, Die Rechtsnatur der Tarifnormen nach deutschem Recht, 1966, S. 29.

12 *Hueck/v.Hoyningen-Huene*, KSchG[12], § 1 Rdnr. 124; MünchArbR/*Wank*, § 117 Rdnr.16; *Dütz*, NJW 1990, S. 2025 (2031).

13 *Ascheid*, Kündigungsschutzrecht, Rdnr. 110; Staudinger[13]/*Preis*, § 626 Rdnr. 82.

sind, als dies im ordentlich kündbaren Arbeitsverhältnis der Fall ist. Die durch die Positivierung der Kündigungsschutzklausel eintretende Interessenbeeinträchtigung auf der Seite des Arbeitgebers ist damit evident. Verkürzt läßt sie sich auf die Formel bringen, daß einem gleichbleibenden oder sogar gesteigertem Lösungsinteresse eine verringerte Zahl von Auflösungsmöglichkeiten gegenübersteht.

Da Rechtsprechung und herrschende Lehre aufgrund des von ihnen postulierten einseitig-zwingenden Charakters des ordentlichen Kündigungsrechts seit jeher von der vollen Wirksamkeit des Kündigungsausschlusses ausgehen, kann auftretenden Beeinträchtigungen des Arbeitsverhältnisses nunmehr allein mit dem verbleibenden Recht zur außerordentlichen Kündigung begegnet werden kann[14]. Einer übermäßigen Bindung wirkt das außerordentliche Kündigungsrecht schon im Vorfeld „dämpfend" entgegen[15]. Das außerordentliche Kündigungsrecht bildet auch nach der herrschender Meinung die nicht zu schließende Lücke im Schutz des Arbeitnehmers vor arbeitgeberseitigen Kündigungen. Allein dieses schärfste Mittel bleibt dem Arbeitgeber erhalten. Dadurch soll verhindert werden, daß dieser an ein für ihn unzumutbares Arbeitsverhältnis weiter gebunden bleibt. Ordentliche Kündigungsverbote sind daher gerade vor dem Hintergrund des außerordentlichen Kündigungsrechts zu würdigen[16], das nach herrschender Auffassung das einzig verbleibende „Ventil"[17] darstellt. Besonders deutlich drückt dies *Preis* für den Fall der betriebsbedingten Kündigung aus[18]:

> „Großer Rechtsprobleme werfen aber die Fälle auf, in denen das ordentliche Kündigungsrecht (tarif-) vertraglich ausgeschlossen ist und damit die außerordentliche Kündigung die einzige Möglichkeit zur Lösung des Arbeitsverhältnisses aus betriebsbedingten Gründen ist."

Deshalb ist vor allem die Rechtsprechung zum Recht der Unkündbarkeit in erster Linie eine Rechtsprechung zum Institut der außerordentlichen Kündigung. Der gleiche Befund gilt im wesentlichen auch für die einschlägigen literarischen Beschäftigungen mit diesem Thema. Auch hier sind die Stellungnahmen zu dem Phänomen der ordentlichen Unkündbarkeit fast ausschließlich von der Auseinandersetzung mit der Vorschrift des § 626 BGB geprägt. Im Mittelpunkt der Erörterungen steht seit jeher die Frage, welcher Anwendungsbereich dem Recht zur außerordentlichen Kündigung im Rahmen des ordentlich nicht mehr kündbaren Arbeitsverhältnis zukommt[19]. Problematisch erscheinen in diesem Zusam-

---

14 Vgl. *Bröhl,* Festschrift f. Schaub, 1998, S. 55 (65).

15 Siehe dazu *Gernhuber,* Das Schuldverhältnis, 1989, S. 386.

16 So zutreffend *Löwisch,* DB 1998, S. 877 (880).

17 Siehe zu dieser Funktion auch *Galperin,* DB 1964, S. 1114.

18 *Preis,* Prinzipien des Kündigungsrechts, 1987, S. 477.

19 So exemplarisch etwa der Ausgangspunkt der Untersuchungen von *Schwerdtner,* Festschrift f. Kissel 1994, S. 1077 (1077); ähnliche Überlegung bei *v.Koppenfels,* Kündigung bei unkündbaren Arbeitnehmern, 1998, S. 20.

menhang allerdings weniger diejenigen Sachverhaltskonstellationen, die auch im ordentlich noch kündbaren Arbeitsverhältnis Anlaß zu einer fristlosen Kündigung geben würden[20]. Die Kernfrage kreist vielmehr stets um den Themenkomplex, ob und gegebenenfalls unter welchen Bedingungen ein Kündigungssachverhalt zur außerordentlichen Kündigung berechtigt, der in einem ordentlich kündbaren Arbeitsverhältnis lediglich den Ausspruch der ordentlichen Arbeitgeberkündigung rechtfertigen würde[21].

Probleme ergeben sich bei der Rechtsanwendung nicht nur daraus, daß § 626 Abs. 1 BGB auf der Tatbestandsseite eine umfassende Unzumutbarkeitsprüfung vorsieht, sondern auch deshalb, weil auf der Rechtsfolgenseite der Ausspruch einer fristlosen Kündigung vorgeschrieben wird. In den Auseinandersetzungen mit der tarifvertraglichen Unkündbarkeit wird deshalb versucht, die tatbestandlichen Voraussetzungen und die in § 626 Abs. 1 BGB angeordnete sofortige Auflösung des Arbeitsverhältnisses an die durch den Ausschluß der ordentlichen Kündigung veränderten rechtlichen Rahmenbedingungen anzupassen. Allerdings entsteht durch jede Aufweichung der tatbestandlichen Voraussetzungen des außerordentlichen Kündigungsrechts die Gefahr einer erleichterten Auflösungsmöglichkeit des Arbeitsverhältnisses und dadurch die Bedrohung des tarifvertraglich geschaffenen Bestandsschutzes. Zudem ist zu bedenken, daß jegliche Anpassung des § 626 BGB an die ordentliche Unkündbarkeit mit dem zweiseitig-zwingenden Charakter des außerordentlichen Kündigungsrechts zu kollidieren droht. Ist das außerordentliche Kündigungsrecht schon im Hinblick auf die gesetzlichen Bestimmungen als die „offene Flanke“ des Kündigungsschutzes bezeichnet worden[22], so gilt dies in noch verstärktem Maße für den Bereich der tarifvertraglich vereinbarten Kündigungsbeschränkungen, denn hier ist das außerordentliche Kündigungsrecht das einzige Lösungsinstrumentarium. Somit kann auch auf Seiten der Arbeitnehmer eine Interessenbeeinträchtigung auftreten. Unter Umständen führt der Ausschluß der ordentlichen Kündigung zu einer erleichterten Zulassung der außerordentlichen Kündigung. Der vermeintliche Zuwachs an Kündigungsschutz könnte über den Umweg des § 626 BGB wieder eingeebnet werden.

---

20 *Kania/Kramer*, RdA 1995, S. 287 (294).

21 *Kania/Kramer*, RdA 1995, S. 287 (294); *Binder*, DRdA 1970, S. 185 (191).

22 MünchKomm[3]/*Schwerdtner*, § 626 Rdnr. 44.

§ 16 Die Struktur des außerordentlichen Kündigungsrechts

Die normative Struktur des in § 626 BGB festgeschriebenen Rechts zur außerordentlichen Kündigung weist mit seinem Charakter als Ausnahmerecht[23] eine Reihe von Eigentümlichkeiten und Besonderheiten auf, die es grundlegend von dem in § 1 Abs. 2 KSchG festgeschriebenen ordentlichen Kündigungsrecht unterscheiden. So kann es nach ganz herrschender Auffassung weder durch einzel- noch durch tarifvertragliche Regelung aufgehoben oder beschränkt werden und erweist sich somit als zweiseitig-zwingende Norm, an die beide Parteien unabänderlich gebunden sind. Des weiteren bereitet seine gesetzliche Ausformung als Generalklausel mit einem weithin unbestimmten Begriffsinhalt dem Rechtsanwender erhebliche Schwierigkeiten bei der Beurteilung einer kündigungsrelevanten Situation und der dabei notwendig vorzunehmenden näheren Bestimmung des wichtigen Grundes.

I. Die rechtstechnische Ausformung des außerordentlichen Kündigungsrechts

1. Die gesetzlichen Regelungsmethoden

Dem Normgeber stehen für die Bestimmung derjenigen Gründe, die eine außerordentliche Kündigung rechtfertigen sollen, grundsätzlich drei verschiedene Regelungsmethoden zur Verfügung[24].

(1) Er kann sich eines Katalogs von nicht abschließend aufgeführten Regelbeispielen zur näheren Konkretisierung des wichtigen Grundes bedienen. Die Generalklausel ist hier mit richtungsweisenden Beispielen gekoppelt. Man spricht bei dieser gesetzlichen Ausgestaltung von der sogenannten Exemplifikationsmethode. Den angeführten Beispielen lassen sich gesetzgeberische Wertungsmaßstäbe entnehmen, die für die Erfassung und Einordnung eines unbenannten Kündigungsgrundes richtungsweisend sind. Die Ermittlung eines Kündigungsgrundes, der nicht in den Regelbeispielen enthalten ist, erfolgt dann im Wege des Analogieschlusses.

(2) Des weiteren kann der Gesetzgeber die Fälle, in denen eine Kündigung gerechtfertigt ist, abschließend und erschöpfend aufzählen. Man spricht in diesem Fall von der Enumerationsmethode. Andere als die genannten Gründe berechtigen dann nicht zur Kündigung. Es gilt der Satz: „enumeratio, ergo

---

[23] *Galperin,* DB 1964, S. 1114 (1114); Staudinger[13]/*Preis,* § 626 Rdnr. 5.

[24] Dazu *Wallmeyer,* Die Kündigung des Arbeitsvertrages aus wichtigem Grund, 1962, S. 10; *Adomeit,* Kündigung und Kündigungsschutz, 1962, S. 36; *König,* RdA 1969, S. 8 (11); AR-Blattei SD/*Adomeit/Spinti,* Kündigung IX Rdnr.42ff.; KR[5]/*Fischermeier,* § 626 BGB Rdnr. 74ff.; ErfurtKomm/*Müller-Glöge,* § 626 BGB Rdnr. 4; *Fromm,* Die arbeitnehmerbedingten Kündigungsgründe, 1995, S. 107.

limitatio"[25]. Dem Vorteil der Rechtssicherheit, der Rechtsklarheit und der Vorhersehbarkeit der gerichtlichen Entscheidung steht dabei der Nachteil der fehlenden Einzelfallgerechtigkeit und das Fehlen einer vorzunehmenden Interessenabwägung entgegen. Wertende Betrachtungen anhand des konkreten Kündigungsanlasses schließt diese Methode von vornherein aus. Des weiteren ist nicht vollkommen ausgeschlossen, daß sich der den Kündigungsgrund ausfüllende Kündigungssachverhalt gar nicht konkret auf das Arbeitsverhältnis ausgewirkt und dieses entscheidend beeinträchtigt hat[26]. Der Methode der Enumeration der Kündigungsgründe bedient sich im geltenden Recht derzeit nur noch die Regelung des § 64 SeemG[27].

(3) Schließlich kann das Gesetz eine reine Generalklausel enthalten, die es im wesentlichen der Rechtsanwendung überläßt, die inhaltlichen Anforderungen an den Kündigungsgrund näher zu bestimmen und damit das Maß der Zumutbarkeit von Vertragsstörungen festzulegen.

2. Die Generalklausel des § 626 BGB

Der Gesetzgeber hat sich bei der Regelung der außerordentlichen Kündigung von Arbeitsverhältnissen der letzteren Methode bedient und § 626 BGB als regulative Generalklausel ausgeformt[28]. Von der Entstehung des BGB bis zum Inkrafttreten des Arbeitsrechtsbereinigungsgesetzes am 1. September 1969[29] forderte § 626 BGB unverändert als Voraussetzung für die fristlose Kündigung nur das Vorliegen eines „wichtigen Grundes", ohne diesen näher zu bestimmen oder begrifflich auszuformen. Durch das Arbeitsrechtsbereinigungsgesetz hat der Gesetzgeber die Vorschrift neu gefaßt. Der wichtige Grund wird nunmehr dadurch gekennzeichnet, daß Tatsachen vorliegen müssen, aufgrund derer dem Kündigenden unter Berücksichtigung aller Umstände des Einzelfalles und unter Abwägung der Interessen beider Vertragsteile, die Fortsetzung des Arbeitsverhältnisses bis zum Ablauf der Kündigungsfrist oder bis zur vereinbarten Beendigung des Arbeitsverhältnisses nicht zugemutet werden kann.

Der vor Erlaß der Neuregelung bestehende Zustand der Rechtszersplitterung auf dem Gebiet der außerordentlichen Kündigung des Arbeitsverhältnisses ist damit weitgehend zurückgedrängt worden[30]. Spezielle Regelungen existieren nur noch für Berufsausbildungsverhältnisse (§ 15 Abs. 2 BBiG) und für Kündi-

---

25 Vgl. dazu MünchKomm[4]/*Säcker,* Einleitung Rdnr. 102.

26 *Preis,* Prinzipien des Kündigungsrechts, 1987, S. 94f.

27 *Preis,* Prinzipien des Kündigungsrechts, 1987, S. 95; AR-Blattei SD/*Adomeit/Spinti,* Kündigung IX Rdnr. 63f; *Herschel,* Festschrift f. G. Müller, 1981, S. 191 (202).

28 MünchKomm[3]/*Schwerdtner,* § 626 Rdnr. 5; *Stahlhacke/Preis/Vossen,* Kündigungsschutz[7], Rdnr. 448; Soergel[12]/*Kraft,* § 626 Rdnr. 24.

29 BGBl. I S. 1106ff.

30 *Schaub,* Arbeitsrechtshandbuch[9], § 125 Rdnr. 1.

gungen im Bereich der Seeschiffahrt (§§ 64-69, 78 Abs. 4 SeemG)[31]. Der Gesetzgeber hat mit der Bestimmung des wichtigen Grundes in § 626 BGB eine Definition übernommen, die ihrerseits im wesentlichen von der Rechtsprechung entwickelt worden ist[32]. Allerdings hat auch die gesetzliche Neuformung des § 626 BGB anhand der Rechtsprechungsformel wenig zu einer begrifflichen Klärung des wichtigen Grundes beigetragen. Dies ergibt sich schon daraus, daß es nicht möglich ist, einen unbestimmten Rechtsbegriff durch weitere Begriffe näher zu erläutern[33]. Neben dem Begriff des wichtigen Grundes taucht jetzt auch ausdrücklich das Merkmal der Unzumutbarkeit auf. Dieses kennzeichnet im Ergebnis nicht mehr als das Resultat der von § 626 Abs. 1 BGB vorgeschriebenen Interessenabwägung[34]. Deshalb kann man feststellen, daß auch der neuen Formel des § 626 BGB eine begriffliche Schärfe fehlt[35].

Wohl am heftigsten hat *Adomeit* die Novellierung des § 626 BGB angegriffen[36]. Die neu eingefügte Umschreibung des wichtigen Grundes habe keinerlei neue Erkenntnis mit sich gebracht. Das Abstellen auf alle Umstände des Einzelfalls sei verfehlt, weil von keinem Rechtsanwender erwartet werden könne, diese in ihrer Gesamtheit zu erfassen. Er erblickt daher in der neuen Bestimmung „Geschwätz statt Regelung".

Allerdings sind der Neufassung der Vorschrift zumindest zwei gewichtige Hinweise auf Wertungskriterien zu entnehmen, die bei der Bestimmung des wichtigen Grundes zu berücksichtigen sind. Einmal spielt namentlich der Zeitfaktor eine entscheidende Rolle[37]. Die für § 626 vorzunehmende Unzumutbarkeitsprüfung bezieht sich, jedenfalls was das ordentlich kündbare Arbeitsverhältnis angeht, nach dem Wortlaut nicht etwa auf die Weiterbeschäftigung auf Dauer, sondern gerade nur auf die Unzumutbarkeit der Weiterbeschäftigung bis zum Ablauf der regulären gesetzlichen oder tarifvertraglichen Kündigungsfrist[38]. Damit zeigt § 626 Abs. 1 BGB zumindest eine wichtige Verbindungsli-

---

31 *Stahlhacke/Preis/Vossen*, Kündigungsschutz[7], Rdnr. 425.

32 *BAG* (Urt. v. 3.11.1955), EzA Nr. 1 zu § 626 BGB [Leitsatz 1]; siehe dazu AR-Blattei SD/*Adomeit/Spinti*, Kündigung IX Rdnr. 53; Staudinger[13]/*Preis*, § 626 Rdnr. 49; MünchKomm[3]/*Schwerdtner*, §626 Rdnr. 5; *Gernhuber*, Das Schuldverhältnis, 1989, S. 393.

33 *Preis*, Prinzipien des Kündigungsrechts, 1987, S. 101; AR-Blattei SD/*Adomeit/Spinti*, Kündigung IX Rdnr. 54; *Adomeit*, Kündigung und Kündigungsschutz, 1962, S. 36; speziell zu *Adomeit* wiederum *Preis*, Prinzipien des Kündigungsrechts, 1987, S. 3.

34 *Preis*, Prinzipien des Kündigungsrechts, 1987, S. 476; siehe auch *BAG* (Urt. v. 5.2. 1998), AP Nr. 143 zu § 626 BGB [unter II 3g der Gründe].

35 MüchKomm[3]/*Schwerdtner*, § 626 Rdnr. 53; *Stahlhacke/Preis/Vossen*, Kündigungsschutz[7], Rdnr. 448; Staudinger[13]/*Preis*, § 626 Rdnr. 50.

36 *Adomeit*, Festschrift f. Hilger/Stumpf, 1983, S. 1 (7); ähnlich AR-Blattei SD/*Adomeit/Spinti*, Kündigung IX Rdnr. 54f.

37 *Preis*, Prinzipien des Kündigungsrechts, 1987, S. 101; so auch schon vor Neufassung des § 626 BGB *Galperin*, DB 1964, S. 1114 (1116).

38 Darauf machen *Stahlhacke/Preis/Vossen*, Kündigungsschutz[7], Rdnr. 447 zutreffend

nie zum ordentlichen Kündigungsrecht auf und enthält für eine systematische Auslegung von außerordentlicher und ordentlicher Kündigung einen entscheidenden Wertungsrahmen, dem auch bei der Bestimmung des wichtigen Grundes im ordentlich nicht mehr kündbaren Arbeitsverhältnis eine entscheidende Rolle zukommt[39]. Des weiteren ordnet § 626 Abs. 1 BGB als einzige Bestimmung des Kündigungsschutzes, etwa im Gegensatz zu § 1 Abs. 2 KSchG, ausdrücklich eine umfassend vorzunehmende richterliche Interessenabwägung an[40], die unmittelbar als Ausdruck des Gerechtigkeitsgedankens empfunden werden kann[41]. Insoweit kann entgegen der Auffassung von *Adomeit* sehr wohl von einer Verbesserung gegenüber der früheren Gesetzesfassung ausgegangen werden, die lediglich auf das Vorliegen eines wichtigen Grundes abstellte[42].

Immerhin kann man aus der Verbindung von wichtigem Grund und ordentlicher Auflösungsmöglichkeit auf folgendes schließen. Ein wichtiger Grund liegt dann vor, wenn die Vertragsfortführung für den Arbeitgeber auch für die Dauer der ordentlichen Kündigungsfrist unzumutbar geworden ist. Die Unzumutbarkeit kennzeichnet dabei das Resultat der von §626 Abs. 1 BGB angeordneten Interessenabwägung. Nicht zu verkennen ist aber, daß gerade die Verknüpfung des Unzumutbarkeitsurteils mit der künftigen Bindungsdauer die besonderen Schwierigkeiten bei der Bestimmung des wichtigen Grundes im ordentlich nicht kündbaren Arbeitsverhältnis impliziert[43].

II. Die Unabdingbarkeit des außerordentlichen Kündigungsrechts

Die Unabdingbarkeit des außerordentlichen Kündigungsrechts nach § 626 BGB ist für die herrschende Meinung der wichtigste Anknüpfungspunkt für die rechtliche Behandlung des ordentlich unkündbaren Arbeitsverhältnisses[44]. Dieses bildet die Grenze der möglichen Vertragsbindung auch im Bereich der Unkündbarkeit.

---

aufmerksam; siehe auch *Gentges*, Prognoseprobleme im Kündigungsschutzrecht, 1995, S. 279f.

39 Siehe dazu noch ausführlich unten, § 17 I.

40 *Stahlhacke/Preis/Vossen*, Kündigungsschutz[7], Rdnr. 448; *Preis*, Prinzipien des Kündigungsrechts, 1987, S. 475; *Gentges*, Prognoseprobleme im Kündigungsschutzrecht, 1995, S. 282; siehe auch *Dey*, Der Grundsatz der Verhältnismäßigkeit im Kündigungsrecht, 1989, S. 40f.; *Kiel*, Die anderweitige Beschäftigungsmöglichkeit im Kündigungsschutz, 1990, S. 25ff.

41 So *Herschel*, BB 1982, S. 253 (254).

42 Ähnlich auch die Bewertung bei RGRK[12]/*Corts*, § 626 Rdnr. 7.

43 Dazu ausführlich unten, § 17 I.

44 Siehe etwa *Schwerdtner*, Festschrift f. Kissel, 1994, S. 1077 (1077f.); *v.Koppenfels*, Kündigung bei unkündbaren Arbeitnehmern, 1998, S. 19; *Preis*, NZA 1997, S. 1256 (1259).

Die Regelung des § 626 BGB ist Ausdruck eines allgemeinen Rechtsgedankens, der im Grundsatz für jedes Dauerschuldverhältnis Geltung beansprucht[45]. § 626 BGB gewährt den beiden am Arbeitsverhältnis beteiligten Parteien das Recht, bei Vorliegen von Umständen, die ein Abwarten auf den Ablauf der Kündigungsfrist oder das vertraglich vereinbarte Ende unzumutbar machen, sich ohne Einhaltung einer Kündigungsfrist von den vertraglichen Verpflichtungen zu lösen. Besonders extrem gelagerte Belastungen des Arbeitsverhältnisses muß keine der Vertragsparteien, auch nicht der Arbeitgeber, hinnehmen[46]. § 626 BGB berechtigt deshalb den durch das Vorliegen eines wichtigen Grundes beschwerten Vertragsteil zu einer sofortigen Abstandnahme vom Vertrag.

1. Der zweiseitig-zwingende Charakter des § 626 BGB (herrschende Meinung)

a) Verbot des Totalausschlusses

Nach nahezu einhelliger Auffassung in der höchstrichterlichen Rechtsprechung[47] und im arbeitsrechtlichen Schrifttum[48] bildet das außerordentliche Kündigungsrecht, obwohl es teilweise selbst zum allgemeinen Kündigungsschutzrecht gezählt wird[49], ein unverzichtbares und deshalb in jeder Richtung unabdingbares Freiheitsrecht. Es ist daher einer vertraglichen Disposition in Form eines vorherigen generellen Ausschlusses grundsätzlich entzogen. Die Indisponibilität des außerordentlichen Kündigungsrechts gilt dabei gleichermaßen für den einzelvertraglichen, wie für den kollektivvertraglich geregelten Ausschluß[50]. Hinsichtlich des gesetzlichen Geltungsanspruchs stellt sich § 626

---

45 *Gernhuber,* Das Dauerschuldverhältnis, 1989, S. 393; ErfurtKomm/*Müller-Glöge,* § 626 BGB Rdnr. 1; MünchKomm[3]/*Schwerdtner,* § 626 Rdnr. 1.

46 MünchKomm[3]/*Schwerdtner,* § 626 Rdnr. 1; Staudinger[13]/*Preis,* § 626 Rdnr. 5.

47 *RAG* (Urt. v. 9.1. 1937), ArbRS 29, S. 14 (17); *BAG* (Urt. v. 17.9. 1998), AP Nr. 148 zu § 626 BGB [unter II 4b der Gründe]; *BAG* (Urt. v. 5.2. 1998), AP Nr. 143 zu § 626 BGB [unter II 2b der Gründe]; *BAG* (Urt. v. 18.12. 1990), AP Nr. 4 zu § 174 BGB [unter II 4a der Gründe]; ferner auch *LAG Bremen* (Urt. v. 15.3. 1968), AP Nr. 56 zu § 626 BGB [Leitsatz 1 und unter I der Gründe].

48 KR[5]/*Fischermeier*, § 626 BGB Rdnr. 57; KR[5]/*Friedrich,* § 13 KSchG Rdnr. 18; MünchKomm[3]/ *Schwerdtner*, § 626 Rdnr. 65; *ders.* Festschrift f. Kissel 1994, S. 1077 (1077f.); Erman[10]/*Belling,* § 626 Rdnr. 18; Staudinger[13]/*Preis,* § 626 Rdnr. 38; Soergel[12]/*Kraft,* § 626 Rdnr. 12; RGRK[12]/*Corts,* § 626 Rdnr, 78; *Löwisch,* KSchG[8], Vorbemerkung zu § 1 Rdnr. 116; *ders.,* DB 1998, S. 877 (879); MünchArbR/*Wank,* § 117 Rdnr. 24; *Oetker,* Das Dauerschuldverhältnis, 1994, S. 456; *Zöllner/Loritz,* Arbeitsrecht[5], § 22 III 5 (S. 287f.); *Dütz,* Arbeitsrecht[4], Rdnr. 379; *Brox/Rüthers,* Arbeitsrecht[13], Rdnr. 192d; *Kania/Kramer,* RdA 1995, S. 287 (287); *Stahlhacke/Preis/Vossen,* Kündigungsschutz[7], Rdnr. 467; *Picker,* ZfA 1981, S. 1 (45f.); *Heller,* Die fristlose Entlassung als äußerste betriebliche Sanktion, 1974, S. 122.

49 *Hueck/v. Hoyningen-Huene,* KSchG[12], Einleitung Rdnr. 71.

50 Speziell zu letzterem Wiedemann/*Wiedemann,* TVG[6], § 1 Rdnr. 534, 540; *Löwisch/*

BGB somit als zweiseitig-zwingendes Gesetzesrecht dar, an das Arbeitgeber und Arbeitnehmer gleichermaßen gebunden sind[51]. Zweiseitig-zwingendes Gesetzesrecht ist aber auch für die Parteien des Tarifvertrages bindend, so daß § 626 BGB insoweit tarifzwingend ausgestaltet ist[52]. Regelungen, die den Kündigungsschutz zugunsten der Arbeitnehmer durch einen Ausschluß außerordentlicher Kündigungsmöglichkeiten verbessern und damit das Recht des Arbeitgebers zur fristlosen Kündigung beschneiden, sind nicht zulässig. Ein Dauerschuldverhältnis muß nicht nur überhaupt, sondern in manchen Fällen auch sofort beendigt werden dürfen[53].

Allerdings kann man diesen Normbefund nicht unmittelbar aus dem Wortlaut des § 626 BGB ableiten. Denn dieser enthält keine den Regelungen in den §§ 723 Abs. 3 BGB, 89a Abs. 1 Satz 2 HGB entsprechende ausdrückliche Nichtigkeitsanordnung von widersprechenden kündigungsrechtlichen Vereinbarungen. Aus dem Fehlen einer derartigen Verbotsklausel darf nun aber nicht im Wege des Umkehrschlusses die Folgerung gezogen werden, im Rahmen des außerordentlichen Kündigungsrechts nach § 626 BGB wäre ein einzel- oder tarifvertraglicher Ausschluß möglich[54]. Die Nichtigkeit von Vereinbarungen, die das in § 626 BGB verankerte Kündigungsrecht betreffen, ergibt sich vielmehr aus einer Normanalyse der Vorschrift. Für § 626 BGB folgt die Unabdingbarkeit aus der Verknüpfung des für die fristlose Kündigung notwendigen wichtigen Grundes mit dem Kriterium der Unzumutbarkeit[55]. Die Unzumutbarkeit markiert die ungeschriebene Schranke eines jeden Dauerschuldverhältnisses, außerhalb derer die weitere Fortsetzung der Vertragsbeziehung von Rechts wegen keiner Partei mehr abverlangt werden kann[56]. Die Unzumutbarkeitsmaxime ist dabei Ausdruck eines allgemeinen, für das gesamte Schuldrecht geltenden Grundsatzes. Die Rechtsordnung kann von niemandem die Bindung an ein für ihn unzumutbares Rechtsverhältnis verlangen[57]. § 626 BGB stellt sich als „uner-

---

Rieble, TVG, § 1 Rdnr. 561; *Säcker/Oetker,* Grundlagen und Grenzen der Tarifautonomie, 1992, S. 183; *Dälken,* Möglichkeiten eines tarifvertraglichen Bestandsschutzes, 1986, S. 73f.; *Löwisch,* DB 1998, S. 877 (880).

51 So ausdrücklich etwa *Säcker/Oetker,* Grundlagen und Grenzen der Tarifautonomie, 1992, S. 183; *Oetker,* Das Dauerschuldverhältnis, 1994, S. 456; ähnlich *v.Koppenfels,* Kündigung bei unkündbaren Arbeitnehmern, 1987, S. 46; *Stahlhacke/Preis/Vossen,* Kündigungsschutz^7, Rdnr. 467: „zwingende Grundnorm des Bürgerlichen Rechts".

52 Siehe dazu Wiedemann/*Wiedemann,* TVG^6, Einleitung Rdnr. 357.

53 Staudinger^{12}/*Neumann,* § 626 Rdnr. 12.

54 Dazu *Oetker,* Das Dauerschuldverhältnis, 1994, S. 455.

55 *Oetker,* Das Dauerschuldverhältnis, 1994, S. 455f.; *Adomeit,* Kündigung und Kündigungsschutz, 1962, S. 46; Zweifel an diesem Begründungsansatz allerdings bei *Gentges,* Prognoseprobleme im Kündigungsschutzrecht, 1995, S. 295.

56 *Oetker,* Arbeitsrechtlicher Bestandsschutz, 1996, S. 23; vgl. auch *Bröhl,* Festschrift f. Schaub, 1998, S. 55 (66).

57 Wiedemann/*Wiedemann,* TVG^6, § 1 Rdnr. 534, 540; *Säcker/Oetker,* Grundlagen und

läßlicher Kern" der Arbeitsvertragsfreiheit des Arbeitgebers dar und ist in bezug auf tarifvertragliche Regelungen insoweit „tariffeste Höchstarbeitsbedingung"[58]. Zur dogmatischen Absicherung dieses Ergebnisses ist eine Analogie zu den Vorschriften der §§ 723 Abs. 3, 89a Abs. 1 Satz 2 HGB erwägenswert. Diese sind Ausdruck eines allgemeinen Rechtsgedankens, der für alle Dauerschuldverhältnisse gleichermaßen Geltung beansprucht[59]. Neben der einfachgesetzlichen Einordnung des § 626 BGB als zweiseitig-zwingender Rechtssatz, sprechen des weiteren auch verfassungsrechtliche Überlegungen für dessen Unabdingbarkeit[60].

b) Verbot sonstiger (tarif-) vertraglicher Zugriffe

Neben dem Verbot des Totalausschlusses sieht die ganz herrschende Meinung auch in jeder sonstigen Einwirkung auf das außerordentliche Kündigungsrecht einen Verstoß gegen das Unabdingbarkeitsdogma und versagt derartigen einzel- oder tarifvertraglichen Abreden generell die Wirksamkeit. Darunter fallen vor allem Einschränkungen und Erweiterungen des Kündigungsrechts in Form eines direkten Zugriffs auf den Kündigungsgrund[61].

Bei sonstigen Einwirkungen auf das außerordentliche Kündigungsrecht wird im Anschluß an eine Entscheidung des *Bundesarbeitsgerichts* vom 8. August 1963[62] zwischen zumutbaren und unzumutbaren Kündigungserschwerungen differenziert[63]. Hingegen spricht sich *Schwerdtner*[64] sogar gegen die Wirksam-

---

Grenzen der Tarifautonomie, 1992, S. 183; *Schaub*, Arbeitsrechtshandbuch[9], § 123 Rdnr. 83; *Dälken*, Möglichkeiten eines tarifvertraglichen Bestandsschutzes, 1986, S. 73; *Zöllner/Loritz*, Arbeitsrecht[5], § 22 III 5 (S. 288).

58 *Löwisch/Rieble*, TVG § 1 Rdnr. 561; vgl. auch *Binder*, DRdA 1070, S. 185 (Fn. 1).

59 *Oetker*, Das Dauerschuldverhältnis, 1994, S. 603; vgl. auch *Gernhuber*, Das Schuldverhältnis, 1989, S. 394; zu § 89a Abs. 1 Satz 2 HGB siehe etwa KR[5]/*Rost*, Arbeitnehmerähliche Personen, Rdnr. 223.

60 *Säcker/Oetker*, Grundlagen und Grenzen der Tarifautonomie, 1992, S. 291; *Schleusener*, Anm. I zu *BAG* (Urt. v. 5.2.1998), SAE 1998, S. 218 (219); *Oetker*, Das Dauerschuldverhältnis, 1994, S. 457, Fn. 24; *Zöllner*, Gutachten D, 52. DJT, S. 100; siehe dazu unten § 30 II 1.

61 ErfurtKomm/*Müller-Glöge*, § 626 BGB Rdnr. 238 und 242; Erman[10]/*Belling*, § 626 Rdnr. 21; KR[5]/*Fischermeier*, § 626 BGB Rdnr. 66ff; Soergel[12]/*Kraft*, § 626 Rdnr. 14f.; MünchKomm[3]/*Schwerdtner*, § 626 Rdnr. 68; MünchArbR/*Wank*, § 117 Rdnr. 24; MünchArbR/*Berkowsky*, § 129 Rdnr. 21.

62 *BAG* (Urt. v. 8.8. 1963), AP Nr. 2 zu § 626 Kündigungserschwerung [Leitsatz 1 und unter I 2 der Gründe]; vgl. dazu auch *Wendeling-Schröder*, Festschrift f. Kehrmann 1996, S. 321 (327).

63 ErfurtKomm/*Müller-Glöge*, § 626 BGB Rdnr. 245; KR[5]/*Fischermeier*, § 626 BGB Rdnr. 64f.; RGRK[12]/*Corts*, § 626 Rdnr. 78; Soergel[12]/*Kraft*, § 626 Rdnr. 13; *Ascheid*, Kündigungsschutzrecht, Rdnr. 109; MünchArbR/*Wank*, § 117 Rdnr. 24; *Löwisch*, DB 1998, S. 877 (880).

64 MünchKomm[3]/*Schwerdtner*, § 626 Rdnr. 70, freilich unter unzutreffender Bezugnahme

keit jeglicher Kündigungserschwerung aus. Für den Bereich der tarifvertraglichen Verstärkung des Kündigungsschutzrechts sind vor allem Einschränkungen des Rechts zur außerordentlichen Kündigung in Gestalt des Ausschlusses von Kündigungsgründen von Bedeutung. Dabei lassen sich ein positives und ein negatives tarifvertragliches Regelungsmodell unterscheiden[65]. So ist es etwa denkbar, daß Tarifverträge in Anlehnung an aufgehobene Kündigungsnormen mit absoluten Kündigungsgründen abschließend und verbindlich aufzählen, welche bestimmten Gründe zu einer Kündigung berechtigen. Bei Vorliegen von anderen Kündigungssachverhalten, die nicht unter einen der fest umrissenen Entlassungstatbestände fallen, soll dem Arbeitgeber dann die Befugnis zur außerordentlichen Kündigung fehlen. Von erhöhter praktischer Relevanz ist jedoch der partielle Ausschluß der außerordentlichen Kündigungsrechts in Form der tarifvertraglichen Ausklammerung von ganzen Kategorien von Kündigungsgründen. So untersagt § 55 Abs. 2 BAT die außerordentliche betriebsbedingte Beendigungskündigung gänzlich und erlaubt nur eine betriebs- bedingte Änderungskündigung mit dem Ziel der Herabgruppierung. Mit dem Verbot der unzumutbaren Einschränkung des außerordentlichen Kündigungsrechts sind diese tarifvertraglichen Gestaltungen nicht zu vereinbaren.

2. Die Lehre Gamillschegs: § 626 BGB als einseitig-zwingende Arbeitnehmerschutznorm

Der Lehre von der Unabdingbarkeit des außerordentlichen Kündigungsrechts ist *Gamillscheg*[66] in einer oft zitierten Abhandlung mit beachtenswerten Argumenten[67] scharf entgegengetreten. Er bestreitet entscheidend die von der herrschenden Auffassung propagierte zweiseitig-zwingende Ausformung des § 626 BGB. Zunächst gelangt er aufgrund einer minutiösen Analyse der Rechtsprechung zu dem Ergebnis, daß den in der Literatur als Präjudizien angeführten Entscheidungen kaum ein wirklich überzeugendes Argument für die zweiseitig-zwingende Natur des § 626 BGB zu entnehmen sei[68]. Zudem ist seiner Meinung nach diese Rechtsauffassung mit dem die Rechtsquellenhierarchie des Arbeitsrechts beherrschenden Günstigkeitsprinzips schlechterdings nicht zu vereinbaren. Aufgrund der Verankerung dieses Prinzips in Art. 9 Abs. 3 GG sei die Auffassung von der Unabdingbarkeit des § 626 BGB auch wegen Verstoßes gegen

auf *BAG* (Urt. v. 8.8. 1963), AP Nr. 2 zu § 626 Kündigungserschwerung.

65 Siehe *Säcker/Oetker,* Grundlagen und Grenzen der Tarifautonomie, 1992, S. 184, Fn. 52.

66 *Gamillscheg,* ArbuR 1981, S. 105ff.; *ders.* Arbeitsrecht Bd. I^6, Fall 213b (S. 365); *ders.*, Kollektives Arbeitsrecht Bd. I, 1997, S. 837; siehe auch schon *Herschel,* Festschrift f. G. Müller, 1981, S. 191 (197f.).

67 So *Stahlhacke/Preis/Vossen,* Kündigungsschutz^7, Rdnr. 467, Fn. 76.

68 *Gamillscheg,* ArbuR 1981, S. 105 (106ff.).

die Koalitionsfreiheit verfassungswidrig[69]. § 626 BGB sei eine Schutznorm, die nur in eine Richtung zwingend ausgestaltet sei. Von ihr könnten die Tarifvertragsparteien zugunsten der Arbeitnehmer abweichen. *Gamillscheg* gelangt daher am Ende seiner Untersuchung zu der plastisch formulierten These, daß die Lehre von der Unabdingbarkeit des außerordentlichen Kündigungsrechts „ins Reich der Fabel“ gehöre[70]. In praktischer Hinsicht sieht er daher auch keinerlei Zweifel an der vollen Wirksamkeit von Tarifklauseln, die, wie etwa nach dem Vorbild des § 55 Abs. 2 BAT, auch außerordentliche betriebsbedingte Beendigungskündigungen des Arbeitgebers vollständig ausschließen[71].

Vereinzelt sind die Stimmen geblieben, die sich dieser Sichtweise angeschlossen haben[72]. So gibt etwa *Grimmer*[73] zu bedenken, daß es kein „rechtsteleologisch-immanentes Prinzip“ gebe, das es den Vertragsparteien verbiete, die Modalitäten der Beendigung von Dauerschuldverhältnissen näher auszugestalten. Dazu zähle auch die Vereinbarungsbefugnis hinsichtlich der außerordentlichen Kündigung.

3. Stellungnahme

a) Grundsatz: Unabdingbarkeit des § 626 BGB

Zutreffend macht *Gamillscheg* auf die Untauglichkeit der oftmals in der älteren Literatur zur Unterstützung der Unabdingbarkeitslehre angeführten Rechtsprechung aufmerksam[74]. Sie betrifft hauptsächlich Entscheidungen zur Erweiterung des außerordentlichen Kündigungs- rechts oder die Erschwerung des arbeitnehmerseitigen Kündigungsrechts, das auch nach Auffassung *Gamillschegs* insoweit zwingend ausgestaltet ist. Nicht überzeugend ist jedoch der Hinweis auf das verletzte Günstigkeitsprinzip. Es ist bereits auf die Unzulänglichkeiten eines vorbehaltlosen Rückgriffs auf das Günstigkeitsprinzip zur Ermittlung der Regelungsbefugnis der Tarifvertragsparteien im Verhältnis zum Gesetzesrecht

---

69 *Gamillscheg,* ArbuR 1981, S. 105 (108).

70 *Gamillscheg,* ArbuR 1981, S. 105 (109); vgl. speziell dazu KR[5]/*Fischermeier,* § 626 BGB Rdnr. 58; MünchKomm[3]/*Schwerdtner,* § 626 Rdnr. 65, Fn. 198; *Säcker/Oetker,* Grundlagen und Grenzen der Tarifautonomie, 1992, S. 183; *Schwerdtner,* Festschrift f. Kissel, 1994, S. 1077 (1077f.); *Oetker,* Das Dauerschuldverhältnis, 1994, S. 456f.; *ders.,* Der arbeitsrechtlichen Bestandsschutz, 1996, S. 22.

71 *Gamillscheg,* Kollektives Arbeitsrecht Bd. I, 1997, S. 837.

72 *Gentges,* Prognoseprobleme im Kündigungsschutzrecht, 1995, S. 295f.; *Bader/Bram/Dörner/Wenzel,* § 626 BGB Anm. 1; *Frömling,* Probleme des § 626 Abs. 2 BGB, 1984, S. 36f., unter Berufung auf das Günstigkeitsprinzip; *Stein,* Tarifvertragsrecht, Rdnr. 557; *Däubler,* Tarifvertragsrecht[3], Rdnr. 952.

73 *Grimmer,* ArbuR 1971, S. 179 (181f., 184).

74 Siehe jetzt aber etwa *BAG* (Urt. v. 5.2. 1998), AP Nr. 143 zu § 626 BGB [unter II 2b der Gründe].

eingegangen worden[75]. Die uneingeschränkte Anwendung des Prinzips im Verhältnis von rangniedrigerer zu ranghöherer Rechtsquelle würde zu einer einseitigen Fixierung allein auf die Arbeitnehmerinteressen führen und den arbeitsrechtlichen Schutzgedanken über Gebühr ausdehnen. Die Regelung des § 626 BGB stellt keine reine Arbeitnehmerschutznorm dar[76], für die die Vermutung der nur einseitig-zwingenden Geltungsanordnung eingreifen würde. Sie beinhaltet einen Schutzmechanismus für beide Vertragsteile[77]. Nach dem differenzierten Verständnis des Geltungsanspruchs staatlicher Arbeitsrechtsbestimmungen[78] ist § 626 BGB vielmehr gesetzgeberischer Ausdruck dafür, kollidierende Grundrechtspositionen der Arbeitsvertragsparteien zu einem gerechten Ausgleich zu bringen[79]. Insbesondere für die betriebsbedingte Kündigung bedeutet dies, daß der Arbeitgeber in wirtschaftlichen Krisensituationen in der Lage sein muß, seine unternehmerischen Entscheidungen auch auf die Personalstruktur umzusetzen und beispielsweise sein Unternehmen aufzugeben[80]. Der Ausschluß jeglicher betriebsbedingter Kündigungen würde deshalb die Grenze des Zumutbaren evident überschreiten[81].

Auch ein abschließender Katalog von Gründen zur außerordentlichen Kündigung kann durch die Tarifvertragsparteien nicht vereinbart werden. Die Bildung fest umrissener, vorab festgelegter Fallgruppen, bei deren Eingreifen das Vorliegen eines wichtigen Grundes anzunehmen ist, widerspricht einer gesetzlichen Grundentscheidung. Der Gesetzgeber hat durch die Neufassung des § 626 BGB im Zuge des Arbeitsrechtsbereinigungsgesetzes dem Regelungsmodell der absoluten Kündigungsgründe eine deutliche Absage erteilt[82]. Zwar ist der Gesetzgeber in seiner Entscheidung zwischen den Methoden zur Ausgestaltung des außerordentlichen Kündigungsrechts frei, so daß man nicht behaupten kann, der vorherige Rechtszustand wäre unvereinbar mit dem Unzumutbarkeitsgrundsatz gewesen. Zudem trat zu der enumerativen Beschränkung der außerordentlichen Kündigungsgründe, wie etwa bei gewerblichen Arbeitnehmern, eine ver-

---

75 Siehe oben § 12 IV 1b.

76 KR[5]/*Fischermeier,* § 626 BGB Rdnr. 59; GK-KR/*Dörner,* § 626 BGB Rdnr. 10; höchst unklar aber MünchArbR/*Löwisch,* § 252 Rdnr. 97, der unter der Einteilung des einseitig-zwingenden Gesetzesrechts auch § 626 BGB behandelt und diese Regelung als nicht tarifdispositive Arbeitnehmerschutzregelung darstellt, obwohl er im Ergebnis jedoch eine Beseitigung oder Erschwerung des außerordentlichen Kündigungsrechts ausschließt.

77 KR[5]/*Friedrich,* § 13 KSchG Rdnr. 18.

78 Siehe oben § 12 IV 2.

79 ErfurtKomm/*Müller-Glöge,* § 626 BGB Rdnr. 33.

80 *Zöllner,* Gutachten D, 52. DJT 1978, S. 100.

81 *Säcker/Oetker,* Grundlagen und Grenzen der Tarifautonomie, 1992, S. 291; vgl. auch *Zöller/Loritz,* Arbeitsrecht[5], § 22 III 5 (S. 288).

82 *Herschel,* Festschrift f. G. Müller, 1981, S. 191(202); Staudinger[13]/*Preis,* § 626 Rdnr. 8; MünchKomm[3]/*Schwerdtner,* § 626 Rdnr. 74.

hältnismäßig kurze ordentliche Kündigungsfrist, die es dem Arbeitgeber gestattete, beim Nichteingreifen eines absoluten Kündigungsgrundes ohne erhebliche Beeinträchtigung seiner Belange auf die ordentliche Kündigung auszuweichen[83].

Entscheidet sich der Gesetzgeber aber für die Ausformung mittels einer Generalklausel und wählt eine offene Regelung[84] des außerordentlichen Kündigungsrechts, die für die Ermittlung des wichtigen Grundes eine umfassende Interessenabwägung vorschreibt, so sind sowohl die Parteien des Einzelarbeitsverhältnisses als auch die Tarifparteien an diese Wertung gebunden[85]. Der gesetzlichen Anordnung einer Interessenabwägung ist es immanent, daß diese sowohl zugunsten des Arbeitnehmers als auch zugunsten des Arbeitgebers ausfallen kann. § 626 BGB will damit auch dem Auflösungsinteresse des Arbeitgebers Rechnung tragen. Für jede außerordentliche Kündigung ist daher eine umfassende Interessenabwägung zu fordern[86]. Dies ergibt sich aus der Bindung des wichtigen Grundes an den Unzumutbarkeitsgrundsatz. Durch die Verankerung von absoluten Kündigungsgründen schließt man die Möglichkeit, eine am Einzelfall orientierte Interessenabwägung vornehmen zu können, jedoch von vornherein aus. Somit ist einer tarifvertraglichen Regelung, die vorab nur bestimmte Gründe für eine außerordentliche Kündigung anerkennt, die Wirksamkeit zu versagen[87]. Die Tarifvertragsparteien können keine absoluten Kündigungsgründe schaffen[88]. Ein Rückfall zum Prinzip der Enumeration, etwa nach dem Vorbild des § 123 GewO a. F. ist dadurch ausgeschlossen. Gegen die Beschränkbarkeit des außerordentlichen Kündigungsrechts auf vorher festgelegte Kündigungsgründe spricht zudem, daß § 626 BGB als Lösungsinstrumentarium flexibel und anpassungsfähig ausgestaltet bleiben muß[89]. Das außerordentliche Kündigungsrecht kann daher zu Lasten des Arbeitgebers weder ausgeschlossen noch durch die Vereinbarung von Kündigungsgründen beschränkt werden.

b) Korrektur durch die Zuerkennung eines partiell-unabdingbaren ordentlichen Kündigungsrechts

Allerdings ist schon an dieser Stelle eine Korrektur der herrschenden Meinung in Erwägung zu ziehen. Es ist nicht einzusehen, warum nicht bestimmte Kündigungsgründe aus dem Anwendungsbereich des § 626 BGB durch einzel- oder

---

83 Darauf machen *Zöller/Loritz,* Arbeitsrecht[5], § 22 III 5 (S. 288) zutreffend aufmerksam.

84 So die Terminologie von *Heller,* Die fristlose Entlassung als äußerste betriebliche Maßnahme, 1974, S. 122; ebenso *Grimmer,* ArbuR 1971, S. 179 (184).

85 Dies verkennt *Däubler,* Tarifvertragsrecht[3], Rdnr. 952.

86 ErfurtKomm/*Müller-Glöge,* § 626 BGB Rdnr. 61.

87 KR[5]/*Fischermeier,* § 626 BGB Rdnr. 66; KR[5]/*Friedrich,* § 13 KSchG Rdnr. 18; MünchKomm[3]/*Schwerdtner,* § 626 Rdnr. 68; MünchArbR/*Wank,* § 117 Rdnr. 24.

88 ErfurtKomm/*Müller-Glöge,* § 626 BGB Rdnr. 61.

89 Vgl. dazu *Gernhuber,* Das Schuldverhältnis, 1989, S. 393f.

tarifvertragliche Regelungen ausgeschieden werden dürfen, wenn dafür im Gegenzug sicher gestellt ist, daß diese Gründe jedenfalls zu einer ordentlichen Kündigung nach § 1 Abs. 2 KSchG berechtigen. Zu denken ist insbesondere an die Fälle der betriebsbedingten Kündigung oder der Kündigung wegen Krankheit. Für diese Kündigungsgründe hat der Gesetzgeber gerade das ordentliche Kündigungsrecht als regelmäßiges Beendigungsinstitut vorgesehen, so daß eine Ausklammerung aus dem Kreis der außerordentlichen Kündigungsgründe kein unüberwindbares Hindernis darstellen dürfte. Man würde vom Arbeitgeber auch nicht die Bindung an ein untragbares Arbeitsverhältnis verlangen, solange auch mit der ordentlichen Kündigung dem Unzumutbarkeitsgrundsatz ausreichend Rechnung getragen werden kann[90]. In bezug auf diese Kündigungsgründe würde die Vorschrift des § 626 BGB dann in der Tat nur die Ausprägung eines einseitig-zwingenden Gesetzesrechts erfahren. Dagegen wäre sie vor allem für verhaltensbedingte Kündigungsgründe unabdingbar. In seiner Gesamtheit müßte man § 626 BGB dann einen nur partiell zweiseitig-zwingenden Charakter zuerkennen oder den Anwendungsbereich von vornherein auf verhaltensbedingte Kündigungsgründe beschränken. Vertieft werden sollen diese Überlegungen jedoch erst, wenn auch die speziellen Probleme der Anwendung des § 626 BGB auf die einzelnen Kategorien von Kündigungsgründen behandelt werden[91]. Konsequente Schlußfolgerung wäre dann die Anerkennung eines zweiseitig-zwingenden, tariffesten Kerns des ordentlichen Kündigungsrechts.

III. Die Bestimmung des wichtigen Grundes

Zunächst kann man als Kündigungsgrund im Sinne des § 626 Abs. 1 BGB jeden Lebenssachverhalt kennzeichnen, der auf das Arbeitsverhältnis mit dem Gewicht eines wichtigen Grundes einwirkt[92]. Schwierigkeiten ergeben sich aber bei der genaueren Erfassung des wichtigen Grundes. Zu dessen Ermittlung stehen sich heute im wesentlichen die von der Rechtsprechung entwickelte „Theorie vom wichtigen Grund an sich“ und die im neueren Schrifttum immer häufiger vertretene Lehre vom Stufenverhältnis der ordentlichen und außerordentlichen Kündigungsmöglichkeit gegenüber.

1. Prüfungsfolge nach der Rechtsprechung des *Bundesarbeitsgerichts*

a) Maßgebende Wertungsgesichtspunkte

Seit der durch die erweiterte Neufassung des § 626 BGB herbeigeführten Rechtsvereinheitlichung bemüht sich das *Bundesarbeitsgericht* in ständiger Rechtsprechung um eine durchsichtigere und klarere Handhabung des für die

---

90 So auch *Stein*, Tarifvertragsrecht, Rdnr. 557; vgl. auch *Löwisch*, DB 1998, S. 877 (880).

91 Siehe unten § 28 I-III.

92 MünchKomm³/*Schwerdtner*, § 626 Rdnr. 76.

fristlose Kündigung erforderlichen wichtigen Grundes. Ausschlaggebend dafür waren die grundlegende Vorarbeit von *König*[93] und die Überprüfung der arbeitsgerichtlichen Instanzrechtsprechung zum wichtigen Grund durch das Bundesarbeitsgericht als Revisionsinstanz.

König ist eindringlich für einen systematischeren Umgang mit dem arbeitgeberseitigen außerordentlichen Kündigungsrecht und für eine genauere Erfassung des wichtigen Grundes eingetreten. Er hat sich insbesondere dafür ausgesprochen, die „im Gesetz schlummernden Werturteile" durch die Bildung von Richtlinien exakter herauszuarbeiten[94]. Anhand der Aufstellung von negativen Obersätzen soll es möglich sein, einem kündigungsverdächtigen Lebenssachverhalt von Anfang an die Geeignetheit als Kündigungsgrund im Rahmen des § 626 BGB zu versagen. Derartige ausschließende Obersätze könnten dann losgelöst, ohne die Berücksichtigung der Umstände des Einzelfalls, revisionsrechtlich überprüft werden[95].

Bemerkenswert ist an den Ausführungen *Königs* im Hinblick auf den Gegenstand dieser Untersuchung der eigentliche Ausgangspunkt seiner Überlegungen. Er geht nicht von dem Normalfall des ordentlich kündbaren Arbeitsverhältnisses aus, sondern greift den Fall der ordentlichen Unkündbarkeit heraus, um daran die Unzulänglichkeiten der bisherigen Handhabung des wichtigen Grundes durch die Rechtsprechung aufzuzeigen[96]. Soweit ersichtlich, hat dieser Anknüpfungspunkt nirgendwo in der Literatur eine weitere Beachtung erfahren. Jedoch sollte diese Besonderheit, die den Ausführungen *Königs* zugrunde liegt, nicht außer Acht gelassen werden, ist sie doch Beleg dafür, daß am Ausgangspunkt der neueren Entwicklung der Rechtsprechung zur Bestimmung des wichtigen Grundes die ordentlichen Unkündbarkeit gestanden hat.

Das *Bundesarbeitsgericht* hat diese Anregungen aufgegriffen und weiterentwickelt. Dabei hat die Rechtsprechung den Ansatz *Königs* geradezu umgekehrt und sich nicht damit begnügt, negative Obersätze herauszubilden, sondern sich vielmehr von der Überlegung leiten lassen, daß es Kündigungsanlässe geben kann, denen die grundsätzliche Eignung als wichtiger Grund nicht abgesprochen werden kann. Der Terminologie *Königs* entsprechend bedeutet dies nichts anderes als die Herausformung von positiv formulierten Obersätzen[97].

Des weiteren ist der revisionsrechtliche Prüfungsmaßstab von außerordentli-

---

93 *König,* RdA 1969, S. 8ff; den Zusammenhang zwischen der Rechtsprechung des *BAG* und den Ausführungen von König betonen ausdrücklich etwa Erman[10]/*Belling,* § 626 Rdnr. 37; Staudinger[13]/*Preis,* § 626 Rdnr. 51; *ders.*, Prinzipien des Kündigungsrechts, 1987, S. 478; zur Bedeutung *Königs* vgl. auch *Fromm,* Die arbeitnehmerbedingten Kündigungsgründe, 1995, S. 199f.

94 *König,* RdA 1969, S. 8 (14).

95 *König,* RdA 1969, S. 8 (16).

96 *König,* RdA 1969, S. 8 (8).

97 Siehe dazu *Preis,* Prinzipien des Kündigungsrechts, 1987, S. 105.

chen Kündigungen für die Bestimmung des wichtigen Grundes durch die Rechtsprechung wegbestimmend gewesen. Im Rahmen der revisionsrechtlichen Kontrolle von Kündigungen, die auf § 626 BGB gestützt werden, verwendet das *Bundesarbeitsgericht* nur einen eingeschränkten Prüfungsmaßstab[98]. Die Frage, ob ein bestimmter Sachverhalt die Voraussetzungen des wichtigen Grundes nach § 626 BGB erfüllt, liegt in erster Linie im Aufgabenbereich des Tatrichters. Das Revisionsgericht kann danach die Anwendung des unbestimmten Rechtsbegriffs nur daraufhin überprüfen, ob die Vorinstanz den Begriff des wichtigen Grundes selbst verkannt hat, ob Denkgesetze verletzt worden sind und ob alle vernünftigerweise in Betracht zu ziehenden Umstände des Einzelfalls widerspruchsfrei gewürdigt worden sind[99].

b) Die Theorie vom wichtigen Grund an sich

Auf diesen Überlegungen aufbauend verwendet die Rechtsprechung zur näheren Konkretisierung des wichtigen Grundes eine abgestufte Prüfungsreihenfolge in zwei systematisch voneinander getrennten Abschnitten[100]. Zunächst wird untersucht, ob im Sinne der eben skizzierten positiven Obersätze ein bestimmter kündigungsrelevanter Sachverhalt ohne die näheren Umstände der Einzelfalles abstrakt, oder in der Terminologie der Judikatur, „an sich geeignet" ist, einen wichtigen Grund zu bilden. Ist dies zu verneinen, scheidet die außerordentliche Kündigung von vornherein aus. Im Anschluß daran wird dann geprüft, ob der konkrete Sachverhalt auch unter Berücksichtigung aller Umstände des Einzelfalls im Rahmen einer Interessenabwägung die ausgesprochene Kündigung zu rechtfertigen vermag. Das *Bundesarbeitsgericht*[101] fordert die Einhaltung dieser Prüfungsfolge auch von den Instanzgerichten und rügt die nicht genügende Abgrenzung zwischen beiden Prüfungsschritten. Dieser „Lehre vom wichtigen

---

98 *BAG* (Urt. v. 6.8. 1987), AP Nr. 97 zu § 626 BGB [unter II 1 der Gründe]; *BAG* (Urt. v. 26.3.1992), AP Nr. 23 zu § 626 BGB Verdacht strafbarer Handlungen [unter B I der Gründe]; *BAG* (Urt. v. 14.9. 1994), AP Nr. 24 zu § 626 BGB Verdacht strafbarer Handlungen [unter II 3a der Gründe].

99 Siehe aus der Literatur *Preis,* Prinzipien des Kündigungsrechts, 1987, S. 105f.; KR[5]/*Fischermeier,* §626 BGB Rdnr. 83; Soergel[12]/*Kraft,* § 626 Rdnr. 46; MünchKomm[3]/*Schwerdtner,* § 626 Rdnr. 185; ablehnend allerdings *G. Müller,* ZfA 1982, S. 475 (501).

100 *BAG* (Urt. v. 17.5. 1984), AP Nr. 14 zu § 626 BGB Verdacht strafbarer Handlungen [unter II 1a der Gründe]; *BAG* (Urt. v. 2.4. 1987), AP Nr. 96 zu § 626 BGB [unter II 2 der Gründe]; *BAG* (Urt. v. 17.3. 1988), AP Nr. 99 zu § 626 BGB [unter II 3 der Gründe]; *BAG* (Urt. v. 20.1. 1994), AP Nr. 115 zu § 626 BGB [unter II 1 der Gründe]; *BAG* (Urt. v. 2.3. 1989), AP Nr. 101 zu § 626 BGB [unter I 2b aa der Gründe]; *BAG* (Urt. v. 16.10. 1986), AP Nr. 95 zu § 626 BGB [unter II 3 der Gründe]; *BAG* (Urt. v. 13. 12.1984), AP Nr. 81 zu § 626 BGB [unter III 3a der Gründe]; *BAG* (Urt. v. 20.9. 1984), AP Nr. 80 zu § 626 BGB [unter I 2 der Gründe]; *BAG* (Urt. v. 5.11.1992), EzA Nr. 143 zu § 626 BGB n.F. [unter II 2a der Gründe].

101 Siehe etwa *BAG* (Urt. v. 17.3. 1988), AP Nr. 99 zu § 626 BGB [unter II 3 der Gründe].

Grund an sich"[102] hat sich die überwiegende Ansicht im kündigungsrechtlichen Schrifttum angeschlossen[103].

c) Kritische Würdigung

In der Tat ermöglicht dieser Prüfungsansatz im Interesse der Rechtssicherheit eine durchsichtigere Erfassung und Einordnung von generell geeigneten Kündigungsgründen, weil er die Anwendung des wichtigen Grundes überschaubarer gestaltet[104] und damit zu einer genaueren Beurteilung der Erfolgsaussichten im Kündigungsschutzprozeß beiträgt[105]. Die Systematisierung liefert damit die für die Beurteilung des individuellen Einzelfalls notwendige Ausgangsbasis. Zugleich spiegeln sich in ihr die revisionsrechtlichen Grundsätze zur Überprüfung unbestimmter Rechtsbegriffe wider. Die voll revisible Rechtsfrage nach der generellen Eignung als wichtiger Grund wird von der nur beschränkt nachprüfbaren Beurteilung der Einzelfallumstände abgetrennt[106] und trägt damit wesentlich zur Entscheidungsökonomie bei[107]. Überzogen ist insoweit die Kritik, bei der zweigestuften Prüfungsfolge handele es sich lediglich um eine „Scheinobjektivierung" des wichtigen Grundes[108].

Obwohl auch *Schwerdtner* dieser Dichotomie zur Bestimmung des wichtigen Grundes grundsätzlich folgt, bezweifelt er die Tauglichkeit dieser Methode zur Schaffung von Rechtssicherheit im Bereich der außerordentlichen Kündigung[109]. Er sieht diese vielmehr durch die auf der zweiten Stufe notwendig vorzunehmende Interessenabwägung wieder in Frage gestellt. Jedoch ist dies keine spezielle Folge der von der Rechtsprechung des *Bundesarbeitsgerichts*

---

102 So die Terminologie von ErfurtKomm/*Müller-Glöge,* § 626 BGB Rdnr. 33.

103 ErfurtKomm/*Müller-Glöge,* § 626 BGB Rdnr. 34 und 62; AR-Blattei SD/*Feichtinger/Huep,* Kündigung VIII Rdnr. 123; KR[5]/*Fischermeier,* § 626 BGB Rdnr. 84; Soergel[12]/*Kraft,* § 626 Rdnr. 33; RGRK/*Corts,* § 626 Rdnr. 30; MünchKomm[3]/*Schwerdtner,* § 626 Rdnr. 53 und 75; *Dütz,* Arbeitsrecht[4], Rdnr. 387ff.; HeidelbergKomm[3]/*Dorndorf,* § 1 Rdnr. 499ff.; *Oetker,* Anm. I 2 zu *BAG* (Urt. v. 20.9. 1984), SAE 1985, S. 175 (176); *Bernstein,* Anm. S. 1 zu *BAG* (Urt. v. 21.11. 1996), AP Nr. 130 zu § 626 BGB; *Kraft/Raab,* Anm. II 1 zu *BAG* (Urt. v. 17.3.1988), EzA Nr. 116 zu BGB n.F.; *Kraft,* Anm. II 1 zu *BAG* (Urt. v. 5.11.1992), EzA Nr. 143 zu § 626 n.F.; *Willemsen,* Anm. III 1 zu *BAG* (Urt. v. 17.3.1988), EzA Nr. 116 zu § 626 BGB n.F; offenbar auch *Conze,* ZTR 1987, S. 99 (100).

104 *BAG* (Urt. v. 17.5.1984), AP Nr. 14 zu § 626 BGB Verdacht strafbarer Handlungen [unter II 1a der Gründe].

105 KR[5]/*Fischermeier,* § 626 BGB Rdnr. 80.

106 ErfurtKomm/*Müller-Glöge,* § 626 BGB Rdnr. 34.

107 *Willemsen,* Anm. III 1 zu *BAG* (Urt. v. 17.3.1988), EzA Nr. 116 zu § 626 BGB n.F.

108 So aber *Zöllner/Loritz,* Arbeitsrecht[5], § 22 III 2a (S. 282).

109 MünchKomm[3]/*Schwerdtner,* § 626 Rdnr. 75; ähnlich auch MünchArbR/*Wank,* § 117 Rdnr. 37.

favorisierten Prüfung, sondern nur das Resultat der im gesetzlichen Tatbestand angeordneten Interessenabwägung[110].

Allerdings darf nicht übersehen werden, daß die Bestimmung des wichtigen Grundes durch die Rechtsprechung in einem gewissen Widerspruch zum Wortlaut der Norm des § 626 Abs. 1 BGB steht. Das Gesetz selbst unterscheidet nicht zwischen dem wichtigen Grund und einer davon losgelösten Interessenabwägung. Vielmehr ist das Merkmal des wichtigen Grundes mit der gesetzlichen Umschreibung:

„(...) wenn Tatsachen vorliegen, auf Grund derer (...)"

identisch[111]. Es gibt nicht den wichtigen Grund und eine davon zu unterscheidende Unzumutbarkeitsprüfung als zwei selbständige Tatbestandvoraussetzungen[112]. Zudem läßt sich die Ermittlung des wichtigen Grundes auf diese Art und Weise kaum mehr von der Feststellung der Sozialwidrigkeit als Voraussetzung der ordentlichen Kündigung im Rahmen des § 1 Abs. 2 KSchG unterscheiden. Denn auch bei der ordentlichen verhaltensbedingten Kündigung prüft das *Bundesarbeitsgericht* das Erfordernis des Kündigungsgrundes anhand eines zweistufigen Rasters[113].

Kritik wird auch insoweit geübt, als daß in der Rechtsprechung vereinzelt auch aufgehobene Kündigungsnormen als „in der Regel geeignete Gründe" angesehen wurden[114]. Mittlerweise hat aber das *Bundesarbeitsgericht*[115] ausdrücklich klargestellt, daß frühere gesetzliche Regelungen zwar als Anhaltspunkte für die Frage herangezogen werden können, ob ein Sachverhalt „an sich geeignet" ist, einen wichtigen Grund abzugeben. Eine widerlegbare Vermutung für die Eignung bestehe hingegen nicht[116].

Auf ein weiteres Manko in der Theorie des Bundesarbeitsgerichts hat *Hillebrecht*[117] aufmerksam gemacht. Er weist zutreffend darauf hin, daß diese Prü-

---

110 Siehe auch *Stahlhacke/Preis/Vossen,* Kündigungsschutz[7], Rdnr. 448.

111 ErfurtKomm/*Müller-Glöge,* § 626 BGB Rdnr. 35.

112 Unklar daher *Wank,* Festschrift f. Schaub, 1998, S. 761 (765f.); ähnlich vage Wiedemann/*Wank,* TVG[6], § 4 Rdnr. 31 für die außerordentliche Kündigung des Tarifvertrags analog § 626 Abs. 1 BGB.

113 *BAG* (Urt. v. 13.3. 1987), AP Nr. 18 zu § 1 KSchG 1969 Verhaltensbedingte Kündigung [unter II 1, 2 der Gründe]; *BAG* (Urt. v. 17.1.1991), AP Nr. 25 zu § 1 KSchG 1969 Verhaltensbedingte Kündigung [Leitsatz 2]; zustimmend etwa *Dütz,* NJW 1990, S. 2025 (2030); HeidelbergKomm[3]/*Dorndorf,* § 1 Rdnr. 499ff.

114 Staudinger[13]/*Preis,* § 626 Rdnr. 53; siehe auch KR[5]/*Fischermeier,* §626 BGB Rdnr. 87.

115 *BAG* (Urt. v. 15.11.1984), EzA Nr. 95 zu § 626 BGB n.F. [Leitsatz 1 und II 1a der Gründe].

116 Insofern schlägt die von Staudinger[13]/*Preis,* § 626 Rdnr. 53 geübte Kritik fehl.

117 KR[3]/*Hillebrecht,* § 626 BGB Rdnr. 59; zur nicht konsequenten Durchführbarkeit der zweistufigen Prüfung siehe auch *Kraft,* Anm. II 1 zu *BAG* (Urt. v. 5.11.1992), EzA Nr. 143 zu § 626 n.F.

fung anhand von zwei systematisch zu trennenden Abschnitten in manchen Fällen nicht strikt durchzuführen ist. Deshalb können teilweise Überschneidungen der beiden Prüfungsabschnitte möglich sein. So sind Fälle denkbar, in denen die Feststellung der Eignung eines Kündigungssachverhalts als ein „an sich geeigneter Grund" nicht völlig unabhängig von den eigentlich erst in der zweiten Stufe der Interessenabwägung einzustellenden Besonderheiten des Einzelfalls erfolgen kann. Zwischen dem „Grund an sich" und den in der Interessenabwägung zu berücksichtigenden Umständen des Einzelfalls kann danach eine Wechselwirkung in dem Sinne bestehen, daß zur Bejahung des an sich geeigneten Grundes erst ein besonderer Umstand aus der zweiten Prüfungsstufe führen kann. In diesen Ausnahmefällen ist die von der Rechtsprechung des *Bundesarbeitsgerichts* vorgegebene Prüfungsfolge nicht mehr ohne logischen Bruch durchzuführen, die Grenzen der beiden Prüfungsschritte verschwimmen oder lösen sich gänzlich auf.

Hinzu kommt, daß auch die Rechtsprechung selbst in gewissem Maße eine Vermengung der zweistufigen Prüfungsfolge betreibt. Auf der einen Seite soll zuerst ermittelt werden, ob der Kündigungssachverhalt an sich geeignet ist, die Kündigung zu rechtfertigen. Auf der anderen Seite begnügt man sich nicht allein mit einer abstrakten Erheblichkeit, sondern fordert zugleich eine konkrete Beeinträchtigung des Arbeitsverhältnisses aufgrund der jeweiligen Kündigungssituation[118]. Die Ermittlung einer solchen kann aber ohne Beachtung der Einzelfallumstände überhaupt nicht erfolgen. Somit erscheint es höchst bedenklich, ob eine derartige strikte Trennung von Kündigungsgrund an sich und der vorzunehmenden Interessenabwägung überhaupt jemals ohne eine willkürliche Zerschneidung des Kündigungssachverhalts vorgenommen werden kann[119].

d) Anwendbarkeit auf das unkündbare Arbeitsverhältnis

Das *Bundesarbeitsgericht* wendet die von ihm entwickelte Prüfungsmethode ungeachtet dessen, ob die Möglichkeit zur ordentlichen Kündigung besteht, grundsätzlich bei allen Kündigungen aus wichtigem Grund an[120]. So sieht es keinerlei Schwierigkeiten darin, im Falle einer einzelvertraglichen Bezugnahme auf eine tarifvertragliche Unkündbarkeitsklausel nach dem bekannten Muster

---

118 *BAG* (Urt. v. 17.3. 1988), AP Nr. 99 zu § 626 BGB [unter II 3a der Gründe]; so bereits *BAG* (Urt. v. 6.2. 1969), AP Nr. 58 zu § 626 BGB [ohne Gründe]; besonders plastisch: *LAG Düsseldorf* (Urt. v. 5.6. 1998), LAGE Nr. 120 zu § 626 BGB [unter I 1 der Gründe] und *LAG Düsseldorf* (Urt. v. 15.12. 1997), LAGE Nr. 116 zu §626 BGB [unter 1c der Gründe]; siehe auch MünchKomm³/*Schwerdtner,* § 626 Rdnr. 2.

119 In diese Richtung bereits *Adomeit,* Kündigung und Kündigungsschutz, 1962, S. 41.

120 So etwa *BAG* (Urt. v. 17.3. 1988), AP Nr. 99 zu § 626 BGB [unter II 3 der Gründe] für die außerordentliche Kündigung eines Ersatzmitglieds des Betriebsrats; ebenso *Stahlhacke,* Festschrift f. Hanau, 1999, S. 281 (288ff.) für die außerordentliche Änderungskündigung von Mitgliedern des Betriebsrats.

vorab einen wichtigen Kündigungsgrund an sich festzustellen und anschließend eine Interessenabwägung vorzunehmen[121]. Ob jedoch die ohnehin vielfältiger Kritik ausgesetzte Lehre vom wichtigen Grund an sich geeignet ist, die außerordentliche Kündigung des ordentlich unkündbaren Arbeitsverhältnisses zu erfassen, erscheint fragwürdig. In diesem Zusammenhang gewinnt die bereits unter dem Stichwort der Wechselwirkung aufgezeigte, mögliche Durchbrechung der aufgestellten Prüfungsgrundsätze eine besondere Bedeutung. Ist schon im ordentlich noch kündbaren Arbeitsverhältnis eine strikte Trennung der beiden Prüfungsschritte nicht immer möglich, so kann im unkündbaren Arbeitsverhältnis in manchen Konstellationen der wichtige Grund an sich überhaupt nicht ohne einen Blick auf die Umstände des Einzelfalls ermittelt werden. Exemplarisch sei auf den Fall der außerordentlichen betriebsbedingten Kündigung hingewiesen. Nach einstimmiger Auffassung rechtfertigt ein betriebsbedingter Kündigungsgrund regelmäßig nur eine ordentliche fristgebundene Auflösung des Arbeitsverhältnisses nach § 1 Abs. 2 KSchG[122]. Betriebsbedingte Gründe sind demnach schon auf der ersten Stufe des „wichtigen Grundes an sich" als generell ungeeigneter Kündigungsgrund auszuscheiden. Somit fehlt es schon an der ersten Voraussetzung für den Ausspruch einer außerordentlichen Kündigung[123]. Die Rechtsprechung behilft sich damit, daß von diesem Grundsatz im Fall des ordentlich nicht mehr kündbaren Arbeitsverhältnisses eine Ausnahme gemacht werden soll. Der eigentlich erst auf der zweiten Stufe zu beachtende besondere Umstand des Einzelfalls, die Tatsche der ordentlichen Unkündbarkeit, wirkt demnach auf die erste Stufe zurück und läßt den eigentlich ungeeigneten Grund zu einem „Grund an sich" werden. Dies zeigt, daß es Fälle gibt, in denen der „wichtige Grund an sich" und die Einzelfallumstände untrennbar miteinander verbunden sein können und dadurch in einer unauflöslichen Wechselbeziehung zueinander stehen.

Die Problematik des ordentlich unkündbaren Arbeitnehmers hat *Popp* sogar dazu bewogen, die grundsätzliche Verwendung des Begriffs „wichtiger Grund" im Sinne des § 626 Abs. 1 BGB nur für ordentlich kündbare Arbeitsverhältnisse

---

121 Zu entsprechenden Prüfung siehe etwa *BAG* (Urt. v. 11.3. 1999), EzA Nr. 177 zu § 626 BGB [unter B II 1, II 3 der Gründe] für eine vertragliche Inbezugnahme auf den BAT und damit auch auf § 53 Abs. 3 BAT; *BAG* (Urt. v. 5.2. 1998), AP Nr. 143 zu § 626 BGB [unter II 3d: wichtiger Grund an sich, unter II 3g: Interessenabwägung im Rahmen der Zumutbarkeitsprüfung]; übereinstimmend *Walker,* Anm. II 1,2 zu *BAG* (Urt. v. 5.2. 1998), EzA Nr. 2 zu § 626 BGB Unkündbarkeit.

122 KR[5]/*Fischermeier,* § 626 BGB Rdnr. 155; *Löwisch,* KSchG[8], § 1 Rdnr. 301; Staudinger[13]/*Preis,* § 626 Rdnr. 230; Erman[10]/*Belling,* § 626 Rdnr. 80; *Borrmann,* Der Schutz des sozialen Besitzstandes der Arbeitnehmer bei Rationalisierungsmaßnahmen, 1971, S. 15.

123 Soweit ersichtlich hat bisher nur MünchArbR/*Berkowsky,* § 129 Rdnr. 43 auf diesen Widerspruch aufmerksam gemacht.

zu verwenden[124]. Damit wird der Umfang der möglichen Sachverhalte, die im ordentlich kündbaren Arbeitsverhältnis eine außerordentliche Kündigung zu rechtfertigen vermögen, verringert. Im Falle der Unkündbarkeit wird der Kreis der möglichen Kündigungsgründe für eine Kündigung aus wichtigem Grund hingegen erweitert. Betrachtet man die von der Rechtsprechung und Literatur gemachten Ausnahmen zum wichtigen Grund an sich im Rahmen des unkündbaren Arbeitsverhältnisses[125], so ist diese Auffassung durchaus folgerichtig und verdient Zustimmung.

Die Lehre vom wichtigen Grund an sich vermag den wichtigen Grund im unkündbaren Arbeitsverhältnis deshalb nicht widerspruchsfrei zu bestimmen. Ohne eine Durchbrechung der zwei Prüfungsschritte kann die außerordentliche Kündigung nicht gewürdigt werden. Dieser Sonderfall der Unkündbarkeit zeigt jedoch, daß es einen „wichtigen Grund an sich" nicht geben kann.

2. Das Stufenverhältnis von ordentlicher und außerordentlicher Kündigung

a) Der gesetzessystematische Ausgangspunkt

Der gesetzliche Wortlaut des § 626 Abs. 1 BGB weist eine deutliche Verbindungslinie zum ordentlichen Kündigungsrecht auf, die für eine Abgrenzung der Anwendungsbereiche der beiden Kündigungsmöglichkeiten hilfreich sein kann. Indem die Unzumutbarkeit der Vertragsfortführung in der Zukunft auf den Zeitpunkt der regulären Kündigungsfrist für das Arbeitsverhältnis bezogen wird, gibt der Gesetzgeber zu erkennen, daß er das ordentliche Kündigungsrecht als vorrangiges Lösungsinstrumentarium verstanden wissen will. § 626 BGB schreibt schon von seinem Wortlaut her dem ordentlichen Kündigungsrecht die Funktion eines milderen Mittels zu[126]. Das bedeutet, daß eine außerordentliche Kündigung jedenfalls dann unwirksam ist, wenn der Störung des Arbeitsvertrages auch durch den Ausspruch einer ordentlichen Kündigung wirkungsvoll begegnet werden kann. Die außerordentliche Kündigung ist demnach gegenüber der ordentlichen Kündigung subsidiär. § 626 Abs. 1 enthält damit eine positivrechtliche Konkretisierung des ultima-ratio Grundsatzes, der das gesamte Kündigungsschutzrecht durchzieht[127].

Eine neuere Ansicht, als deren Wegbereiter namentlich *Preis* zu nennen ist, knüpft für die Bestimmung des wichtigen Grundes deshalb an den Charakter des außerordentlichen Kündigungsrechts als kündigungsrechtliche Ausnah-

---

124 *Popp,* Handbuch des Arbeitsrechts, VI B Rdnr. 681f.; vgl. dazu KR[4]/*Hillebrecht,* § 626 BGB Rdnr. 59b; KR[5]/*Fischermeier,* § 626 BGB Rdnr. 86.

125 Insbesondere für die betriebs- und krankheitsbedingte Kündigung, siehe unten § 28 I, II.

126 *Oetker,* Anm. zu *BAG* (Urt. v. 18.12. 1996), JZ 1998, S. 206 (208).

127 KR[5]/*Fischermeier,* § 626 BGB Rdnr. 251f., 297; *Stahlhacke/Preis/Vossen,* Kündigungsschutz[7], Rdnr. 454.

meerscheinung und an das schon im Wortlaut des § 626 Abs. 1 BGB angelegte Verhältnis zum ordentlichen Kündigungsrecht an[128]. Dadurch soll eine normativ exaktere Erfassung des wichtigen Grundes möglich sein. Grundsätzlich begrüßt *Preis* die Bemühungen der Rechtsprechung, „mehr Licht in das Dunkel des § 626 Abs. 1 BGB" zu bringen, kommt jedoch zu dem Ergebnis, daß dies nur höchst unbefriedigend gelungen sei[129].

Dem *Bundesarbeitsgericht* sei vor allem anzulasten, daß es die „Verzahnung" und „wechselseitige Verknüpfung" von ordentlichem und außerordentlichem Kündigungsrecht nur höchst unzureichend beachtet[130]. *Preis* stellt daher, der Gesetzessystematik folgend, das zwischen ordentlicher und außerordentlicher Kündigung bestehende Stufenverhältnis in den Mittelpunkt seiner Theorie des wichtigen Grundes[131]. Seiner Meinung nach ist dieses Verhältnis so gewichtig, daß ohne seine Beachtung das gesamte Kündigungsschutzrecht nur unzureichend durchdrungen werden kann. Ordentliches und außerordentliches Kündigungs- recht seien demnach nur Ausprägungen eines abgestuften Schutzsystems zugunsten des von der Kündigung betroffenen Arbeitnehmers[132]. Die gesetzessystematische Beziehung von ordentlicher und außerordentlicher Kündigung wird sogar als so gewichtig gekennzeichnet, daß das eine Recht nicht ohne das andere vorstellbar ist und zwischen beiden deshalb denknotwendig ein „unauflösliches Stufenverhältnis" bestehe[133].

Aus der Stufenfolge von ordentlicher und außerordentlicher Kündigung leitet *Preis* deshalb zutreffend den einfachen Rechtssatz ab, demzufolge eine außerordentliche Kündigung jedenfalls dann als unwirksam zu erachten ist, wenn sie bereits an den rechtlichen Schranken einer ordentlichen Kündigung scheitern würde[134]. Anders ausgedrückt wäre eine ordentliche Kündigung damit erst recht wirksam, wenn schon eine außerordentliche Kündigung ausgesprochen werden dürfte[135]. Dabei beruft er sich ausdrücklich[136] auf ein von *Herschel*[137] verwandtes „argumentum a fortiori", demzufolge bei der außerordentlichen Kündigung,

---

128 Einen Überblick über überholte Ansichten zum Verhältnis von ordentliche und außerordentlicher Kündigung geben *Preis,* Prinzipien des Kündigungsrechts, 1987, S. 481f.; *v.Koppenfels,* Kündigung bei unkündbaren Arbeitnehmern, 1998, S. 51f.

129 Staudinger[13]/*Preis,* § 626 Rdnr. 52.

130 Siehe auch *Benzani,* Anm. 2 zu *BAG* (Urt. v. 12.7.1995), AP Nr. 7 zu § 626 BGB Krankheit.

131 Grundlegend *Preis,* Prinzipien des Kündigungsrechts, 1987, S. 175f., 476; *ders.;* DB 1990, S. 685 (689); *ders.,* Vertragsgestaltung im Arbeitsrecht, 1993, S. 337; *Stahlhacke/Preis/Vossen,* Kündigungsschutz[7], Rdnr. 449; Staudinger[13]/*Preis,* § 626 Rdnr. 6.

132 *Preis,* Vertragsgestaltung im Arbeitsrecht, 1993, S. 337.

133 *Oetker,* Das Dauerschuldverhältnis, 1994, S. 359.

134 Staudinger[13]/*Preis,* § 626 Rdnr. 7; *Preis,* Prinzipien des Kündigungsrechts, 1987, S. 483.

135 *Gentges,* Prognoseprobleme im Kündigungsschutzrecht, 1995, S. 283.

136 Staudinger[13]/*Preis,* § 626 Rdnr. 6; *Preis,* Prinzipien des Kündigungsrechts, 1987, S. 482.

137 *Herschel,* BB 1982, S. 1982, S. 253 (254).

als dem stärkeren Eingriff in die Arbeitnehmersphäre, erst recht die Schranken beachtet werden müssen, die schon für die ordentliche Kündigung gelten.

§ 626 Abs. 1 BGB verlangt als Kündigungsgrund nur das Vorliegen eines wichtigen Grundes. Besondere Kategorien von Gründen lassen sich der gesetzlichen Formulierung hingegen nicht entnehmen[138]. Deswegen tritt *Preis* dafür ein, eine an § 1 Abs. 2 KSchG orientierte Systematisierung der außerordentlichen Kündigungsgründe zu etablieren. Danach kann ein Kündigungsgrund auch im Bereich der außerordentlichen Kündigung nur aus verhaltens-, personen-, oder betriebsbedingten Gründen erfolgen[139]. Die eigentliche Begründung für diese Vorgehensweise liefert indirekt *Löwisch*, der den abschließenden Charakter der in § 1 Abs. 2 KSchG vorgenommenen Aufzählung der Kündigungsgründe betont und insoweit zutreffend von einem „numerus-clausus der Kündigungsgründe“ spricht[140]. Demnach ist es für den Bereich der ordentlichen Kündigung nicht möglich, dem Arbeitnehmer aus anderen Gründen wirksam zu kündigen. Dies gilt in gleicher Weise für die außerordentliche Kündigung. Es läßt sich kein außerordentlicher Kündigungsgrund denken, der sich nicht in die Dreiteilung der in § 1 Abs. 2 KSchG aufgeführten Sozialwidrigkeitsgründe einordnen ließe[141]. Diese Dreiteilung ist im Grunde bereits aus den vorgegebenen Lebensverhältnissen ableitbar und entspricht damit der Natur der Sache[142]. Eine andere Frage ist es jedoch, ob § 626 BGB auch wirklich auf alle drei Kategorien von Kündigungsgründen in gleicher Weise paßt. Insbesondere die betriebsbedingte Kündigung läßt sich nur unter erheblichen Einschränkungen unter den Tatbestand der außerordentlichen Kündigung subsumieren. Darauf wird im nächsten Teil der Abhandlung noch im einzelnen zurückzukommen sein[143].

---

[138] *Belling*, Festschrift f. Kissel, 1994, S. 11 (17).

[139] *Preis*, Prinzipien des Kündigungsrechts, 1987, S. 483; Staundinger[13]/*Preis*, § 626 Rdnr. 55; *Stahlhacke/Preis/Vossen*, Kündigungsschutz[7], Rdnr. 453; ebenso: MünchArbR/*Wank*, § 117 Rdnr. 16; MünchKomm[3]/*Schwerdtner*, § 626 Rdnr. 6; *Kania/Kramer*, RdA 1995, S. 287 (295); *Belling*, Festschrift f. Kissel, 1994, S. 11 (17); *Däubler*, Das Arbeitsrecht 2[11], Rdnr. 1127; *Meyer*, Kündigung wegen Sicherheitsbedenken, 1997, S. 119; *Hromadka/Maschmann*, Arbeitsrecht Bd. I, §10 Rdnr. 111; vorsichtig auch *Ascheid*, Kündigungsschutzrecht, Rdnr. 132 und KR[5]/*Fischermeier*, § 626 BGB Rdnr. 128; ähnlich *Dütz*, Arbeitsrecht[4], Rdnr. 390ff., der allerdings eine Vierteilung in verhaltens-, personen-, betriebsbedingte und objektive Gründe vornimmt; gegen die zusätzliche Kategorie der objektiven Gründe aber zu Recht KR[5]/*Fischermeier*, § 626 BGB Rdnr. 128.

[140] *Löwisch*, KSchG[8], § 1 Rdnr. 60.

[141] *Preis*, Prinzipien des Kündigungsrechts, 1987, S. 483.

[142] Siehe etwa *Gamillscheg*, DRdA 1981, S. 185 (194), der die Aufteilung in personen- und verhaltensbedingte Kündigungsgründe einerseits und betriebsbedingte Kündigungsgründe andererseits darauf zurückführt; zum Begriff *Larenz*, Methodenlehre[6], S. 334.

[143] Dazu unten § 28 I.

b) Folgerungen für die Ermittlung des wichtigen Grundes

Für die rechtliche Beurteilung der Frage, ob ein bestimmter Sachverhalt die Voraussetzungen des wichtigen Grundes erfüllt, ergibt sich aus diesen Vorüberlegungen eine Prüfung in zwei verschiedenen Schritten[144].

Zuerst muß untersucht werden, inwieweit die konkrete Störung des Arbeitsverhältnisses den Arbeitgeber überhaupt zum Ausspruch einer ordentlichen Kündigung berechtigen würde. Dabei muß im Rahmen des § 1 Abs. 2 KSchG zunächst danach gefragt werden, ob ein personen-, verhaltens- oder betriebsbedingter Kündigungsgrund vorliegt. Des weiteren sind an dieser Stelle dann alle Rechtsschranken zu prüfen, die bereits der Wirksamkeit einer ordentlichen Kündigung entgegenstehen würden.

Soweit diese Prüfung positiv ausfällt, ist in einem zweiten Schritt zu ermitteln, ob die Sachverhaltskonstellation derart schwerwiegende Auswirkungen auf das Arbeitsverhältnis hat, daß ihnen nicht mehr mit dem Mittel der ordentlichen, sondern allein mit der außerordentlichen Kündigung begegnet werden kann.

Mittlerweise hat sich diese Position auch im arbeitsrechtliche Schrifttum breitflächig durchgesetzt. Den Ausführungen wird teilweise unter Ablehnung des Prüfungsansatzes des *Bundesarbeitsgerichts* beigepflichtet[145], oder man verwendet das Stufenverhältnis zumindest als ein zusätzliches Kriterium bei der Präzisierung des wichtigen Grundes[146].

c) Bewertung des Lösungsansatzes

Zwar ist zu bedenken, daß das außerordentliche Kündigungsrecht grundsätzlich unabhängig von dem Recht zur ordentlichen Kündigung existiert[147]. Dies ordnet § 13 Abs.1 Satz 2 KSchG für die nach dem KSchG sachlich gebundene ordentliche Kündigung ausdrücklich an. Dadurch wird der Charakter der außerordentlichen Kündigung als eine „für sich stehende, eigenständige Größe“[148] vom KSchG selbst dokumentiert. Der Gesetzessystematik läßt sich so ein erster Hinweis auf die Unterschiedlichkeit der beiden Instrumentarien entnehmen, die als Reaktionsmöglichkeiten für unterschiedliche Störfaktoren geschaffen worden sind. Dennoch ändert diese Verschiedenartigkeit nichts an der Notwendig-

---

144 Staudinger[13]/*Preis,* § 626 Rdnr. 56.

145 So MünchArbR/*Wank,* § 117 Rdnr. 37ff.; *Bezani,* Die krankheitsbedingte Kündigung, 1994, S. 145; *ders.,* Anm. 2 zu BAG (Urt. v. 12.7.1995), AP Nr. 7 zu § 626 BGB Krankheit.

146 ErfurtKomm/*Müller-Glöge,* § 626 BGB Rdnr. 37; KR[5]/*Fischermeier,* § 626 BGB Rdnr. 101; so auch schon KR[4]/*Hillebrecht,* § 626 BGB Rdnr. 189a; MünchKomm[3]/*Schwerdtner,* § 626 Rdnr. 6; *Kittner/Trittin,* KSchR[3] § 626 BGB Rdnr. 33; *Ascheid,* Kündigungsschutzrecht, Rdnr. 92; *Hromadka/Maschmann,* Arbeitsrecht Bd. I, § 10 Rdnr. 113; GK-KR/*Dörner,* § 626 BGB Rdnr. 25.

147 *Löwisch,* KSchG[8], Vorbemerkung zu § 1 Rdnr. 117.

148 *G. Müller,* ZfA 1981, S. 475 (483).

keit eines Abstimmungsbedarfs zwischen den beiden Kündigungsarten. Das außerordentliche Kündigungsrecht kann nicht losgelöst betrachtet werden, sondern ist in seiner Einbettung im Gesamtsystem der Kündigungsmöglichkeiten zu analysieren[149]. Die eigentliche Problematik des § 626 BGB wird dadurch auf die Auflösung des Konkurrenzverhältnisses zur ordentlichen Kündigung reduziert[150]. Ordentliche und außerordentliche Kündigung bedingen sich gegenseitig und stehen in einer Abhängigkeitsbeziehung zueinander[151]. Sie können mit dem Bild zweier „kommunizierender Röhren" verglichen werden[152]. Die Dogmatik des Kündigungsschutzes muß dieser inneren Verbundenheit beider Institute deshalb auch bei der Ermittlung und Abgrenzung ihrer Anwendungsbereiche Rechnung tragen.

Mögen die Unterschiede zwischen der Lehre des *Bundesarbeitsgerichts* und der von *Preis* begründeten Ansicht auf den ersten Blick nur schwer zu erkennen sein, so genügt doch allein der zweite Ansatz der Systematik des Gesetzes und wirkt dadurch der mangelnden Bezogenheit zweier in verschiedene Gesetzen verankerten Regelungen entgegen[153]. Dieser Vorgehensweise ist deshalb grundsätzlich zuzustimmen. Dies findet neben dem herangezogenen Stufenverhältnis seine Begründung zusätzlich darin, daß es dem Arbeitgeber freisteht, ob er bei Vorliegen eines außerordentlichen Kündigungsgrundes fristlos kündigt. Eine dahingehende Verpflichtung besteht nicht. Selbst im Fall von besonders schwerwiegenden Vertragsverletzungen kann der Arbeitgeber statt der außerordentlichen eine ordentliche fristgerechte Kündigung aussprechen[154]. In jeder Befugnis zur außerordentlichen Kündigung ist damit gleichsam als Minus auch die Befugnis zur ordentlichen Kündigung mit enthalten.

d) Anwendbarkeit auf das unkündbare Arbeitsverhältnis

Die neuere Lehre geht von der Erkenntnis aus, daß in den Fällen, in denen eine außerordentliche Kündigung wirksam erfolgen könnte, auch eine ordentlichen Kündigung ausgesprochen werden kann. Sie stellt somit das aus dem ultimaratio Prinzip folgende Stufenverhältnis in den Mittelpunkt der Betrachtung. Komplikationen bei der Anwendung können sich aber dann ergeben, sobald aus diesem Stufenverhältnis eine Stufe herausfällt[155]. Dazu kann es kommen, wenn in einer konkreten Kündigungssituation zwar die Voraussetzungen für den Ausspruch einer ordentlichen Kündigung erfüllt sind, diese aber nicht ausgesprochen werden kann, weil die Regelungen des § 1 KSchG auf das Arbeitsverhält-

---

149 *Oetker,* Das Dauerschuldverhältnis, 1994, S. 359.
150 *Gentges,* Prognoseprobleme im Kündigungsschutzrecht, S. 282.
151 *Ascheid,* Kündigungsschutzrecht, Rdnr. 89.
152 MünchArbR/*Berkowsky,* § 129 Rdnr. 42.
153 Siehe dazu *Preis,* Vertragsgestaltung im Arbeitsrecht, 1987, S. 337.
154 *Ascheid,* Kündigungsschutzrecht, Rdnr. 92.
155 Siehe dazu *Fromm,* Die arbeitnehmerbedingten Kündigungsgründe, 1995, S. 106.

nis keine Anwendung finden. Hier sind zwei Fallkonstellationen zu unterscheiden[156].

Einmal ist denkbar, daß die Regelungen der ordentlichen Kündigungen wegen des Nichtablaufs der sechsmonatigen Wartezeit in § 1 Abs. 1 KSchG noch nicht oder wegen des Eingreifens der Kleinbetriebsklausel nach § 23 Abs. 1 Satz 2 KSchG überhaupt keine Anwendung finden. Hier genießt der Arbeitnehmer noch keinen Kündigungsschutz vor ordentlichen Kündigungen. Er kann aufgrund einer sachlich ungebundenen ordentlichen Kündigung entlassen werden, wobei lediglich die gesetzliche oder tarifvertraglich vereinbarte Kündigungsfrist zu wahren ist. Zudem kann die Situation eintreten, daß der Arbeitnehmer aufgrund gesetzlicher oder tarifvertraglicher Regelung einem Kündigungsverbot unterliegt und ihm gegenüber deshalb nicht mehr ordentlich gekündigt werden kann. In diesen Fällen erscheint es geradezu überflüssig, die außerordentliche Kündigung vorweg an den Rechtsschranken der ordentlichen Kündigung zu messen, denn dieses spezifisch mildere Mittel steht dem Arbeitgeber nicht zur Verfügung.

Dennoch ist die vorrangige Prüfung anhand der Schranken der ordentlichen Kündigung angebracht und fügt sich widerspruchsfrei in das bereits herausgearbeitete systematische Verhältnis von ordentlicher und außerordentlicher Kündigung ein. Auf diese Weise wird verhindert, daß eine außerordentliche Kündigung nur deshalb leichter ausgesprochen werden kann, weil die ordentliche Kündigungsmöglichkeit nicht mehr besteht[157]. Dies muß entgegen den Ausführungen von *Gentges*[158] auch bei ordentlich ungeschützten Arbeitsverhältnissen (§§1 Abs. 1, 23 Abs. 1 Satz 2 KSchG) gelten. Wenn dem Arbeitnehmer schon kein ordentlicher Kündigungsschutz zuteil wird, so muß er vor außerordentlichen Kündigungen jedenfalls in gleichem Umfang geschützt werden, wie seine Kollegen, die unter das KSchG fallen. Auch hier darf es nicht zu einer erleichterten Zulassung der außerordentlichen Kündigung kommen[159]. Dabei spielt es auch keine Rolle, daß auf eine Möglichkeit abgestellt wird, die in praktischer Hinsicht ohne kündigungsschutzrechtliche Bedeutung ist. Es geht allein darum, mit Hilfe der fiktiven Prüfung der ordentlichen Kündigung einen identischen Ausgangspunkt für die Ermittlung des wichtigen Kündigungsgrundes in § 626 Abs. 1 BGB bei allen Arbeitsverhältnissen zu erhalten. Der Ausschluß der ordentlichen Kündigung vermag das zwischen ordentlich gebundener und außerordentlicher Kündigung bestehende Stufenverhältnis nicht aufzuheben[160]. Die beiden Kündigungsinstitute stehen, wie bereits ausgeführt, in einer „unauflöslichen" Beziehung zueinander[161].

---

156 *Gentges,* Prognoseprobleme im Kündigungsschutzrecht, 1995, S. 281.
157 *Preis,* Prinzipien des Kündigungsrechts, 1987, S. 484.
158 *Gentges,* Prognoseprobleme im Kündigungsschutzrecht, 1995, S. 292f.
159 *Preis,* Prinzipien des Kündigungsrechts, 1987, S. 484.
160 *v.Koppenfels,* Kündigung bei unkündbaren Arbeitnehmern, 1998, S. 54; auch *Gentges,*

Auch im unkündbaren Arbeitsverhältnis ist deshalb gemäß dem zweistufigen Prüfungsverfahren zunächst zu fragen, ob der Arbeitgeber überhaupt berechtigt wäre, eine ordentliche Kündigung auszusprechen. Soweit diese Prüfung positiv ausfällt, ist zu bedenken, daß die grundsätzliche Vorrangigkeit des ordentlichen Kündigungsrechts nicht Platz greifen kann. Der Arbeitgeber kann hier also nicht auf das mildere Mittel der ordentlichen Auflösungsmöglichkeit verwiesen werden. Seine Kündigungsabsicht vermag er nicht mit anderen Mitteln als dem außerordentlichen Kündigungsrecht zu verfolgen. An dieser Stelle ist nun zu fragen, ob trotz des tarifvertraglichen Kündigungsausschlusses ein gewichtiger Kündigungsgrund vorliegt, der sich auch gegenüber der besonderen Kündigungsschutzposition des Arbeitnehmers durchzusetzen vermag. Probleme könnten sich allerdings dann ergeben, wenn eine außerordentliche Kündigung ausnahmsweise in einem Fall für zulässig erachtet wird, der im ordentlich noch kündbaren Arbeitsverhältnis nur eine ordentliche Kündigung rechtfertigen würde. Dies trifft etwa auf die betriebs- oder krankheitsbedingte Kündigung in ihrer Anwendung durch die herrschende Auffassung zur Unkündbarkeit zu[162]. Die Probleme ergeben sich aber allein aus der Grundannahme der herrschenden Auffassung, daß ein vollständiger Ausschluß der ordentlichen Kündigung möglich ist. Mit der Zuerkennung eines zumindest partiell zweiseitig-zwingenden ordentlichen Kündigungsrechts würde sich der auftretende Widerspruch allerdings beseitigen lassen.

§ 17 Grundprobleme der Anwendung von § 626 Abs. 1 BGB auf das unkündbare Arbeitsverhältnis

Wie bereits dargelegt, stellt das außerordentliche Kündigungsrecht im unkündbaren Arbeitsverhältnis nach ganz überwiegender Ansicht das allein verbleibende Kündigungsrecht dar. Es ist damit nicht nur das letzte Mittel im Sinne des ultima-ratio Grundsatzes, sondern auch das einzige Mittel für den Arbeitgeber, um auf eingetretene Störungen reagieren zu können[163]. Aufgrund des Fehlens anderer Auflösungsmöglichkeiten wird der bereits herausgestellte Ausnahmecharakter der Vorschrift noch stärker betont[164]. Bei der praktischen Handhabung des § 626 Abs. 1 BGB im Rahmen eines ordentlich nicht mehr kündbaren Arbeitsverhältnisses ergeben sich jedoch eine Reihe grundlegender Probleme, die

---

Prognoseprobleme im Kündigungsschutzrecht, 1995, S. 281 will das Stufenverhältnis auf den Ausschluß der ordentlichen Kündigung durch Tarifvertrag oder Gesetz anwenden; ebenso MünchArbR/*Wank*, § 117 Rdnr. 14.

161 *Oetker,* Das Dauerschuldverhältnis, 1994, S. 359.

162 Siehe unten § 28 I 2.

163 Siehe *BAG* (Urt. v. 8.10. 1957), AP Nr. 15 zu § 626 BGB [unter II d der Gründe].

164 *Preis,* Prinzipien des Kündigungsrechts, 1987, 489.

sowohl die Tatbestandsebene als auch die Rechtsfolgenanordnung der Norm betreffen[165].

Auf der Tatbestandsseite bereitet die Feststellung des Unzumutbarkeitsurteils, das schon nach den gesetzlichen Vorgaben wesentlich von der zukünftigen ordentlichen Bindungsdauer beeinflußt wird und der genaue Anwendungsbereich der Vorschrift im Hinblick auf die unter den Begriff des wichtigen Grundes zu subsumierenden kündigungsrelevanten Sachverhalte erhebliche Schwierigkeiten. Auf der Rechtsfolgenseite stellt sich die Frage, ob wirklich in allen Fallkonstellationen die für den Arbeitnehmer besonders einschneidende, sofortige Lösung des Arbeitsverhältnisses angebracht erscheint.

Zu Recht ist darauf hingewiesen worden, daß die rechtliche Auseinandersetzung mit dem Phänomen der Unkündbarkeit lange Zeit unter einer zu undifferenzierten Betrachtungsweise gelitten hat, bei der nicht hinreichend zwischen Tatbestands- und Rechtsfolgenseite des § 626 Abs. 1 BGB unterschieden worden ist[166]. Deshalb ist es unumgänglich, zunächst eine nach Tatbestand und Rechtsfolge getrennte Sichtung der bestehenden Problemlagen vorzunehmen. Allein diese Vorgehensweise vermag eine umfassende Aufdeckung der bestehenden Ungereimtheiten zu gewährleisten und ein Bild von der Vielschichtigkeit der Probleme zu liefern.

I. Wichtiger Grund und Unkündbarkeit

1. Verhältnis von Bindungsintensität und Gewichtung des Kündigungsgrundes

Die Bestimmung des Verhältnisses von Bindungsintensität und Gewichtung des Kündigungsgrundes bei der außerordentlichen Kündigung kann als die klassische Streitfrage im Rahmen der Unkündbarkeit bezeichnet werden. Für den einzelvertraglichen Kündigungsausschluß hat *Adomeit* diesen Zielkonflikt in der Fragestellung zusammengefaßt, ob die lange Bindungsdauer entweder unter Beachtung des Parteiwillens, den Bestandsschutz des Arbeitnehmers zu vergrößern, kündigungsschutzerweiternd auszulegen ist, oder ob sie mit Rücksicht darauf, daß eher an einem kurzfristigen als an einem langfristigen Vertrag festgehalten werden kann, kündigungsschutzverkürzend berücksichtigt werden muß[167].

Die dieser Fragestellung immanente Problematik liegt in dem Umstand begründet, daß § 626 Abs. 1 BGB für die nähere Präzisierung des wichtigen Grundes einen Wertungsrahmen vorgibt, der auf den Ausschluß der ordentli-

---

165 Erman[10]/*Belling*, § 626 Rdnr. 87; siehe auch Wiedemann/*Wiedemann*, TVG[6], § 1 Rdnr. 539; *Adam*, NZA 1999, S. 846 (846).

166 *Gentges*, Prognoseprobleme im Kündigungsschutzrecht, 1995, S. 288.

167 *Adomeit*, Kündigung und Kündigungsschutz, 1962, S. 40f.

chen Kündigung nicht ohne erhebliche Schwierigkeiten angewendet werden kann. Bereits der Wortlaut der Vorschrift stellt für die Qualifizierung eines kündigungsrelevanten Sachverhalts als wichtigen Grund entscheidend auf die Zumutbarkeit der Fortsetzung des Arbeitsverhältnisses bis zum Ablauf der regulären Kündigungsfrist oder bis zum Zeitpunkt der vereinbarten Beendigung ab[168]. Denknotwendig ist die Frage der Zumutbarkeit der Weiterbeschäftigung folglich von der Beurteilung eines bestimmten Weiterbeschäftigungszeitraums abhängig[169]. Diese Abhängigkeit des wichtigen Grundes von der künftigen Vertragsbindung entsprach auch schon vor der Neufassung des §626 BGB gesicherter Rechtserkenntnis[170]. Besonders prägnant hat schon vor der Novellierung des außerordentlichen Kündigungsrechts *Neumann* dieses Abhängigkeitsverhältnis mit folgender Formel umschrieben[171]:

„Ein wichtiger Grund im Sinne des § 626 BGB liegt vor, wenn dem Kündigenden die Fortsetzung des Arbeitsverhältnisses *und* die Einhaltung der ordentlichen Kündigungsfrist nach Treu und Glauben nicht zugemutet werden kann."

Im neueren Schrifttum wird deshalb zurecht betont, daß die außerordentliche Kündigung für die Feststellung des wichtigen Grundes im Ergebnis eine zweifache Unzumutbarkeitsprüfung verlangt[172]. Zuerst ist zu prüfen, ob es dem Arbeitgeber zuzumuten ist, das Arbeitsverhältnis überhaupt fortzusetzen. Ist diese Frage zu verneinen, bedarf es darüber hinaus zusätzlich der Prüfung, ob im Einzelfall sogar die Einhaltung der regulären Kündigungsfrist ausnahmsweise als unzumutbar anzusehen ist.

Anknüpfend daran wird in der Literatur sogar der Versuch unternommen, sowohl den außerordentlichen als auch den ordentlichen Kündigungsgrund einheitlich auf den Begriff der Unzumutbarkeit der Vertragsfortführung für den Arbeitgeber zurückzuführen. Der außerordentliche Kündigungsgrund setzt sich danach aus der für die ordentliche Kündigung notwendigen Unzumutbarkeit des

---

168 *Preis,* Prinzipien des Kündigungsrechts, 1987, S. 485; KR[5]/*Fischermeier,* § 626 BGB Rdnr. 298; ErfurtKomm/*Müller-Glöge,* § 626 BGB Rdnr. 74; Soergel[12]/*Kraft,* § 626 Rdnr. 44; *Oetker,* Anm. zu *BAG* (Urt. v. 18.12. 1996), JZ 1998, S. 206 (208).

169 *Stahlhacke,* Festschrift f. Hanau, 1999, S. 281 (291).

170 *BAG* (Urt. v. 3. 11. 1955), AP Nr. 4 zu § 626 BGB [Leitsatz 2]; *Molitor,* Die Kündigung[2], S. 298; *Nikisch,* Arbeitsrecht Bd. I[3], § 50 II 1 (S. 724).

171 Staudinger[11]/*Neumann,* § 626 Rdnr. 18.

172 *Hueck/v.Hoyningen-Huene,* KSchG[12], § 1 Rdnr. 123; Staudinger[13]/*Preis,* § 626 Rdnr. 74f; *Wank,* Festschrift f. Schaub 1998, S. 761 (765); *Honstetter,* Die Prognoseentscheidung des Arbeitgebers im Kündigungsrecht, 1994, S. 88; HeidelbergKomm[3]/*Dorndorf,* § 1 Rdnr. 198; *Hanau,* ZfA 1984, S. 453 (560); siehe auch *Boewer,* Festschrift f. D. Gaul, 1992, S. 19 (22); in diese Richtung auch schon *BAG* (Urt. v. 15.12. 1955), AP Nr. 6 zu § 626 BGB [Leitsatz 1 und unter I der Gründe]; wohl auch *BAG* (Urt. v. 20.1. 1994), AP Nr. 1 zu § 626 BGB Einigungsvertrag [unter B II 2 der Gründe]; ebenso *Walker,* Anm. II 1b aa zu *BAG* aaO; vgl. auch *Gentges,* Prognoseprobleme im Kündigungsschutzrecht, 1995, S. 285;

Grundes und zusätzlich aus der sogenannten zeitlichen Unzumutbarkeit zusammen[173]. Den eigentlichen Kündigungsgrund stelle auch in § 1 Abs. 2 KSchG die Unzumutbarkeit der Fortsetzung des Arbeitsverhältnisses dar[174].

Dieser Konzeption ist jedoch zu widersprechen. Der Begriff der Zumutbarkeit sollte nicht auf die ordentliche Kündigung übertragen werden, die diesen Begriff in ihrem Normtext überhaupt nicht aufweist. Auf das Kriterium der Unzumutbarkeit abzustellen, bedeutet der eindeutigen Absicht des historischen Gesetzgebers zuwider zu verfahren[175]. Die in § 1 Abs. 2 KSchG normierten Merkmale würden so durch die des § 626 Abs. 1 BGB ersetzt werden. Vorrangig ist auf die in § 1 Abs. 2 KSchG selbst verankerten Wertungen abzustellen. Danach muß die ordentliche Kündigung entweder durch eine Pflichtverletzung des Arbeitnehmers (verhaltensbedingte Kündigung), durch die Unbrauchbarkeit des Arbeitnehmers für den Betrieb (personenbedingte Kündigung) oder durch den Wegfall der Beschäftigungsmöglichkeit im Betrieb (betriebsbedingte Kündigung) gerechtfertigt sein. Zudem widerspricht diese Lehre dem hier vertretenen Stufenverhältnis von ordentlicher und außerordentlicher Kündigung, das gerade die umgekehrte Vorgehensweise favorisiert und die ordentlichen Kündigungsgründe zur Konkretisierung des wichtigen Grundes heranzieht[176]. Des weiteren bestünde in den Fällen, in denen das ordentliche Kündigungsrecht ausgeschlossen ist, wie im tarifvertraglich unkünd- baren Arbeitsverhältnis, kaum eine Möglichkeit, Differenzierungen in den Anforderungen an den Kündigungsgrund vorzunehmen[177].

Zuzustimmen ist hingegen dem in Rechtsprechung[178] und Literatur[179] aufgestellten Satz, nach dem es für die Bestimmung des wichtigen Grundes ausschlaggebend ist, für welche verbleibende Dauer die Partei am Arbeitsverhältnis festhalten müßte, falls die außerordentliche Kündigung nicht eingreifen würde und damit eine sofortige Lösung nicht möglich wäre. Die Unzumutbarkeit der Vertragsfortsetzung ist danach keine absolute Größe, die bei jedem Kündigungssachverhalt nach identischen Maßstäben zu bestimmen ist. Der Begriff ist nur relativ erfaßbar[180]. Neben anderen materiellen Abwägungskriterien, die in

---

173 So etwa *Hueck/v.Hoyningen-Huene,* KSchG[12], § 1 Rdnr. 123.

174 *Hueck/v.Hoyningen-Huene,* KSchG[12], § 1 Rdnr. 120.

175 *Zöllner/Loritz,* Arbeitsrecht[5], § 23 V 3 (S. 295); im Ergebnis hält auch *Preis,* Prinzipien des Kündigungsrechts, 1987, S. 175 die zeitliche Unzumutbarkeit als Abgrenzungskriterium allein nicht für ausschlaggebend.

176 Siehe oben § 16 III 2.

177 Zutreffend *Zöllner/Loritz,* Arbeitsrecht[5], § 23 V 3 (S. 295).

178 So bereits *RAG* (Urt. v. 27.6. 1934), ArbRS 21, S. 162 (Leitsatz 3 und 165f.); *BAG* (Urt. v. 10.12. 1992), AP Nr. 41 zu Art. 140 GG [unter III 3c ee der Gründe].

179 KR[5]/*Fischermeier,* § 626 BGB Rdnr. 298; KR[5]/*Etzel,* § 15 KSchG Rdnr. 22; MünchKomm[3]/*Schwerdtner,* §626 Rdnr. 44; *v.Koppenfels,* Kündigung bei unkündbaren Arbeitnehmern, 1998, S. 59.

180 Zur Relativität *Preis,* Prinzipien des Kündigungsrechts, 1987, S. 151; *Herschel,* BB

die umfassende Interessenabwägung einfließen, ist er unmittelbar mit dem Zeitfaktor verknüpft. Störfaktoren können deshalb je nach der noch verbleibenden Vertragsdauer unterschiedlich stark ausgeprägte Auswirkungen haben. Die für eine kurze Zeitdauer eher geringfügig zu erachtende Vertragsstörung kann mit Steigen des Zeitfaktors ein so großes Gewicht annehmen, daß dadurch die sofortige Auflösung des Vertrags gerechtfertigt erscheint[181]. Dem Arbeitgeber ist es daher in der Regel eher zuzumuten, einen Vertrag für einen geringen Zeitraum fortzusetzen, als das Ende eines langfristigen Vertrages abzuwarten[182].

Herschel hat daraus die allgemeingültige Rechtsregel abgeleitet, der zufolge die für § 626 Abs. 1 BGB zu fordernde Gewichtigkeit des Kündigungsgrundes in einem umgekehrten Verhältnis zur ordentlichen Bindungsdauer des kündigenden Vertragspartners steht[183]. Je kürzer die Kündigungsfrist ist, um so eher ist auch ihre Einhaltung zumutbar. Umgekehrt ist deren Einhaltung um so eher unzumutbar je länger sie ist. Der wichtige Grund und die ordentliche Bindungsdauer des Kündigenden sind demnach in ihrem Verhältnis zueinander reziproke Größen.

Die strikte Anwendung dieses Rechtssatzes kann bei besonders kündigungsschutzgesicherten Arbeitsverhältnissen zu einem auf den ersten Blick befremdlichen Ergebnis führen[184]. Bei extrem langen Kündigungsfristen oder beim Ausschluß der ordentlichen Kündigung gehört nach den gesetzlichen Vorgaben des § 626 Abs. 1 BGB, der die Berücksichtigung aller Umstände des Einzelfalls anordnet, die besonders lange ordentliche Bindungsdauer selbst zu den bei der Bestimmung des wichtigen Grundes heranzuziehenden Umständen. Die außerordentliche Kündigung müßte in diesen Fällen erheblich leichter zugelassen werden können, als im ordentlich noch kündbaren Arbeitsverhältnis. Damit trägt aber gerade der Umstand, der zu einer besonderen Stabilisierung des Ver-

---

1982, S. 253 (254).

181 *Bydlinski*, Zulässigkeit und Schranken langdauernder Vertragsbedingungen, 1991, S. 14; *Herschel*, Anm. IV 1 zu *BAG* (Urt. v. 28.3.1985), AP Nr. 86 zu § 626 BGB; *Gamillscheg*, Arbeitsrecht, Bd. I[6] Fall Nr. 211 (S. 360).

182 *BAG* (Urt. v. 15.12. 1955), AP Nr. 6 zu § 626 BGB [unter III 5 der Gründe]; zustimmend *A.Hueck*, Anm. 2; *BAG* (Urt. v. 8.10. 1957), AP Nr. 16 zu § 626 BGB [unter IV der Gründe]; *BAG* (Urt. v. 2.4. 1987), AP Nr. 96 zu § 626 BGB [unter A II 4a der Gründe]; Staudinger[13]/*Preis*, § 626 Rdnr. 60; *Galperin*, DB 1964, S. 1114 (1116).

183 *Herschel*, Anm. II 1 zu *BAG* (Urt. v. 12.9.1974), AP Nr. 1 zu § 44 TVAL II; *ders.* Anm. IV 1 zu *BAG* (Urt. v. 28.3.1985), AP Nr. 86 zu § 626 BGB; zustimmend: *Preis*, Prinzipien des Kündigungsrechts, 1987, S. 485; *Kania/Kramer*, RdA 1995, S. 287 (294); Erman[10]/*Belling*, § 626 Rdnr. 9, 87: „anerkannter Rechtssatz"; *Stahlhacke*, Festschrift f. Hanau, 1999, S. 281 (291); *Walker*, Anm. II 2a zu *BAG* (Urt. v. 5.2. 1998), EzA Nr. 2 zu § 626 BGB Unkündbarkeit; vgl. zu *Herschels* Rechtssatz auch: *Schwerdtner*, Festschrift f. Kissel, 1994, S. 1076 (1078f.); *Stahlhacke/Preis/Vossen*, Kündigungsschutz[7], Rdnr. 457; Staudinger[13]/*Preis*, § 626 Rdnr. 61; MünchArbR/*Berkowsky*, § 129 Rdnr. 41f.

184 So bereits *Molitor*, Die Kündigung[2], S. 298.

tragsverhältnisses beisteuern sollte, dazu bei, daß eine außerordentliche Kündigung unter erleichterten Voraussetzungen möglich ist. Zwar ist der unkündbare Arbeitnehmer vor ordentlichen Kündigungen vollständig abgeschirmt, jedoch wäre er vor einer außerordentlichen Kündigung nicht mehr in gleicher Weise geschützt wie bei Vorhandensein der ordentlichen Kündigungsmöglichkeit. Hier besteht die Gefahr, daß die spezielle kündigungsschutzrechtliche Position über eine erleichterte Zulassung der außerordentlichen Kündigung relativiert wird. Die Rechtslage ist hier nach wie vor nicht eindeutig geklärt[185].

2. Der anzuwendende Abwägungsmaßstab

Es geht somit darum, einen geeigneten Bestimmungsmaßstab für die Zumutbarkeitsprüfung zu ermitteln. Nimmt man die gesetzliche Anordnung in § 626 Abs. 1 BGB zur Berücksichtigung aller Umstände ernst, so muß man zwangsläufig auch den Umstand der längeren Kündigungsfrist oder der vereinbarten Unkündbarkeitsstellung in die Betrachtung einfließen lassen. So ist auch weithin anerkannt, daß die lange Bindung selbst[186] und auch speziell die Unkündbarkeit[187] im Rahmen der Zumutbarkeitsprüfung zu berücksichtigen sind. Hält man nun an dem von *Herschel* aufgestellten Rechtssatz fest, so wäre die Auflösung über die außerordentliche Kündigung im unkündbaren Arbeitsverhältnis zwangsläufig gegenüber dem ordentlich noch kündbaren Arbeitsverhältnis erleichtert. Auf diese Weise wird jedoch der besondere Kündigungsschutz, der dem Arbeitnehmer durch die Kündigungsklausel zukommen soll, unterlaufen. Die einseitige Berücksichtigung der langen Bindungsdauer steht in einem offenbaren Widerspruch zum Schutzzweck der Kündigungsvereinbarung[188]. Deshalb könnte man konsequenterweise auch die bezweckte erhöhte Arbeitsplatzsicherheit als einen Umstand in die Interessenabwägung einfließen lassen. An den wichtigen Grund müßten dann so gewichtige Anforderungen zu stellen sein, daß er auch gegenüber der ordentlichen Kündigungsbeschränkung durchzudringen vermag[189].

Im Zusammenhang mit der Bestimmung des wichtigen Grundes sei ferner darauf hingewiesen, daß die Ansicht vertreten wird, im Rahmen der Zumutbarkeitsprüfung bestehe schlechthin ein Interessenüberhang zugunsten des Arbeitnehmers[190]. Dieser Wertungsüberhang müßte dann folgerichtig durch das Institut der ordentlichen Unkündbarkeit noch beträchtlich vergrößert werden. So will

185 *Stahlhacke/Preis/Vossen*, Kündigungsschutz[7], Rdnr. 457.

186 *Bydlinski*, Zulässigkeit und Schranken langdauernder Vertragsbedingungen, 1991, S. 14.

187 *G. Müller*, DB 1958, S. 628 (629); *Galperin*, DB 1964, S. 1114 (1115f.).

188 *Weng*, Kündigung von Arbeitsverhältnissen mit langer Bindungsdauer, 1980, S. 74.

189 *Wenzel*, MDR 1978, S. 15 (16); *BAG* (Urt. v. 3.11. 1955), AP Nr. 4 zu § 626 BGB.

190 Staudinger[13]/*Preis*, § 626 Rdnr. 84; *Preis*, Prinzipien des Kündigungsrechts, 1987, S. 175.

etwa *v.Koppenfels*, dem Kündigungsschutzinteresse des Arbeitnehmers im unkündbaren Arbeitsverhältnis generell den Vorzug geben[191].

Daran ist sicherlich richtig, daß an den Kündigungsgrund im Rahmen des § 626 Abs. 1 BGB besonders strenge Anforderungen zu stellen sind. Dies folgt schon aus dem Charakter des außerordentlichen Kündigungsrechts als einem Ausnahmerecht und dem Umstand, daß in der Regel die ordentliche Kündigung dem Beendigungsinteresse des Arbeitgebers ausreichend Rechnung trägt. Zudem läßt sich diese These anhand eines aus dem Verhältnismäßigkeitsprinzip folgenden allgemeinen Rechtsgrundsatzes verdeutlichen. Je stärker und gravierender durch ein einseitiges Gestaltungsrecht, hier in Form der fristlosen, also ohne Übergangsschutz ausgesprochenen Kündigung, auf die Rechtssphäre des Vertragspartners Einfluß genommen wird, um so bedeutender und wichtiger müssen die Interessen des anderen Teils an der Lossagung sein, um diesen Eingriff zu legitimieren[192]. Dies darf allerdings nicht zu der Folgerung verleiten, das Auflösungsinteresse des Arbeitgebers sei grundsätzlich gegenüber dem Bestandsschutzinteresse des Arbeitnehmers nachrangig. Ein solches Subsidiaritätsverhältnis kann man aus § 626 Abs. 1 BGB nicht herleiten und liegt im übrigen auch der gesetzgeberischen Konzeption des KSchG nicht zugrunde. Zudem ist im unkündbaren Arbeitsverhältnis immerhin zu beachten, daß das außerordentliche Kündigungsrecht nach der Auffassung der herrschenden Meinung für den Arbeitgeber das einzig noch verbleibende Auflösungsinstrumentarium darstellt, das nicht an unerreichbar hohe Voraussetzungen geknüpft werden darf.

Die von § 626 Abs. 1 BGB geforderte Berücksichtigung beider Umstände, der langen Vertragsbindung und des beabsichtigten Schutzes durch die Unkündbarkeit, erscheint daher auf den ersten Blick höchst widersprüchlich, da die Beachtung des einen der Berücksichtigung des anderen zuwiderläuft. *Bydlinski* stellt deshalb durchaus zutreffend fest, daß die langfristige ordentliche Bindungsdauer ein ambivalenter Umstand ist, der sowohl für eine erleichterte als auch für eine erschwerte Auflösungsmöglichkeit ins Feld geführt werden kann[193]. Berücksichtigt man beide Umstände gleichrangig, so müßten sich diese in letzter Konsequenz aufheben. Man könnte deshalb sogar erwägen, eine „Pattstellung" anzunehmen und die beiden gegenläufigen Umstände völlig aus der Reihe der Abwägungsfaktoren auszuscheiden[194]. Den richtigen Ausweg bietet jedoch eine Vorgehensweise, die beide Umstände gleichermaßen in die Beur-

---

[191] *v.Koppenfels*, Kündigung bei unkündbaren Arbeitnehmern, 1998, S. 80f.

[192] Siehe *Preis*, Festschrift f. Dieterich, 1999, S. 429 (453); *ders.* Prinzipen des Kündigungsrechts, 1987, S. 287.

[193] *Bydlinski*, Zulässigkeit und Schranken langdauernder Vertragsbedingungen, 1991, S. 14f.

[194] *Bydlinski*, Zulässigkeit und Schranken langdauernder Vertragsbedingungen, 1991, S. 15, obwohl er im Ergebnis eine an der Vorhersehbarkeit und dem Sphärengedanken orientierte Lösung des Stabilitätsproblems befürwortet.

teilung des wichtigen Grundes einfließen läßt. Nur so wird man dem gesetzlichen Postulat nach einer vertragsbezogenen Interessenabwägung gerecht, die eine umfassende Berücksichtigung aller erheblichen Umstände voraussetzt. Zu diesen Umständen gehören aber sowohl die lange Bindungsdauer als auch der besondere Kündigungsschutz, die das Bestandsschutz- und Auflösungsinteresse gleichermaßen beeinflussen.

Deshalb ist vom Ausgangspunkt her nicht von einer gegenseitigen Neutralisation der beiden Aspekte auszugehen, sondern auf eine bereits von *Molitor* geprägte Abwägungsformel zurückzugreifen[195]. Nach dieser ist das erhöhte Bestandsschutzinteresse des Arbeitnehmers im Hinblick auf die besondere Kündigungsschutzvereinbarung gegen das durch die verlängerte ordentliche Laufzeit erhöhte Beendigungsinteresse des Arbeitgebers abzuwägen. Dabei handelt es sich um nichts anderes als eine um die Besonderheit des gesteigerten Kündigungsschutzes ergänzte spezielle Ausformung, der auch sonst bei § 626 Abs. 1 BGB anzustellenden Abwägung, nach der die Interessen des Arbeitgebers an der sofortigen Beendigung mit den Interessen des Arbeitnehmers an der Aufrechterhaltung des Arbeitsverhältnisses in Einklang zu bringen sind[196]. Diese einfache und ausgewogene Regel wird jedoch in den einschlägigen Lösungskonzeptionen von Rechtsprechung und Literatur zu wenig berücksichtigt.

3. Die „ersetzende" außerordentliche Kündigung

Aus der geschilderten Verknüpfung des Unzumutbarkeitsurteils mit der zukünftigen Vertragsbindung resultiert unmittelbar ein weiteres Folgeproblem, das den Kündigungsgrund bei der außerordentlichen Kündigung betrifft. Nach den eben dargestellten Grundsätzen kann der tarifvertragliche Kündigungsausschluß dazu führen, daß § 626 BGB gegenüber der außerordentlichen Kündigung im noch ordentlich kündbaren Arbeitsverhältnis ein erweiterter Anwendungsbereich zugewiesen wird.

Mit dem Instrument der außerordentlichen Kündigung stellt das Gesetz den Parteien des Arbeitsverhältnisses in erster Linie ein Gestaltungsrecht zur Verfügung, mit dem sie auf schwere Pflichtverletzungen, die zu einer Erschütterung der vertraglichen Grundlage führen, angemessen reagieren können[197]. Die eigentliche Domäne des § 626 BGB ist damit der Ausspruch außerordentlicher Kündigungen aufgrund des Vorliegens verhaltensbedingter Kündigungs-

---

195 *Molitor,* Die Kündigung[2], S. 299; folgend *Preis,* Prinzipien des Kündigungsrechts, 1987, S. 488; *ders.,* Anm. II 1d zu *BAG* (Urt. v. 21.6. 1995), AP Nr. 36 zu § 15 KSchG 1969; ähnlich Staudinger[12]/*Neumann,* § 626 Rdnr. 27 und Erman[10]/*Belling,* § 626 Rdnr. 87.

196 Siehe dazu *Ascheid,* Kündigungsschutz, Rdnr. 137.

197 *Dorndorf,* ZfA 1989, S. 345 (363); *Löwisch,* KSchG[8], Vorbemerkung zu § 1 Rdnr. 107; *Ascheid,* Kündigungsschutzrecht, Rdnr. 110; *Zöllner/Loritz,* Arbeitsrecht[5], § 22 III 2b (S. 282); *Däubler,* Das Arbeitsrecht 2[11], Rdnr. 1135.

gründe[198], die auch in der gerichtlichen Praxis am häufigsten vorkommen[199]. Nur in dieser Konstellation stellt die besonders einschneidende Rechtsfolge der fristlosen Auflösung des Arbeitsverhältnisses ein notwendiges Reaktionsmittel dar. Im Regelfall vermögen hingegen personenbedingte Kündigungsgründe, wie etwa die Kündigung wegen Krankheit[200], oder betriebsbedingte Kündigungsgründe, wie etwa die Betriebsstillegung oder Betriebseinschränkung[201], eine außerordentliche Kündigung nicht zu rechtfertigen. Das entspricht der heute herrschenden Lehre. Hier muß vielmehr auf die schonendere ordentliche Kündigung, die in diesen Fällen nur fristgebunden möglich ist und dem Arbeitnehmer einen Anpassungsschutz gewährt, zurückgegriffen werden. Aus diesem Zusammenhang ergibt sich eine strikte Funktionstrennung[202] von ordentlicher und außerordentlicher Kündigung in dem vom Gesetzgeber vorgesehenen Modellfall[203].

Für die rechtliche Konstruktion der Unkündbarkeitsklauseln erschöpft sich § 626 BGB allerdings nicht in dieser primären Funktion, schweren Vertragsverletzungen begegnen zu können[204]. Die strikte Funktionstrennung von der ordentlichen Kündigung wird aufgehoben. Auch im unkündbaren Arbeitsverhältnis können Störungen der vertraglichen Grundlage auftreten, die den drei Kategorien von verhaltens-, personen- oder betriebsbedingten Kündigungsgründen zugeordnet werden können[205]. Stellt man sich auf den Standpunkt, daß die tarifvertraglichen Kündigungsschutzklauseln nicht etwa dazu führen, daß ganze Kategorien von Kündigungsgründen ausgeschlossen werden, sondern nur die qualitativen Anforderungen an den Kündigungsgrund steigen und sieht man mit der ganz herrschenden Meinung den Ausschluß der ordentlichen Kündigung als wirksam an, so ergibt sich daraus die zwingende Folge, daß § 626 BGB im unkündbaren Arbeitsverhältnis zumindest teilweise die Aufgabe der ordentlichen Kündigung übernehmen muß.

Diese Stellvertreterfunktion der außerordentlichen Kündigung stützt sich auf folgende Überlegung. Grundsätzlich sollen nach der jeweiligen Kündigungsausschlußklausel alle Kündigungsgründe, die im ordentlich noch kündbaren Arbeitsverhältnis lediglich eine ordentliche Kündigung rechtfertigen, keinen Anlaß zum Ausspruch einer Kündigung geben. Nun sind aber, wie bereits erwähnt,

---

198 *Preis*, DB 1988, S. 1444 (1447); Staudinger[13]/*Preis*, § 626 Rdnr. 55; *Stahlhacke/Preis/Vossen*, Kündigungsschutz[7], Rdnr. 453; *Löwisch*, KSchG[8], Vorbemerkung zu § 1 Rdnr. 107; vgl. auch *Maus*, KSchG, § 1 Rdnr. 172.

199 MünchArbR/*Wank*, § 117 Rdnr. 49; *Honstetter*, Die Prognoseentscheidung des Arbeitgebers im Kündigungsrecht, 1994, S. 87,

200 Siehe etwa nur MünchKomm[3]/*Schwerdtner*, § 626 Rdnr. 107.

201 Siehe etwa nur MünchKomm[3]/*Schwerdtner*, § 626 Rdnr. 147.

202 Siehe dazu KR[3]/*Wolf*, Grunds. Rdnr. 5.

203 Vgl. dazu *Wank*, Juristische Begriffsbildung, 1985, S. 84.

204 *Löwisch*, KSchG[8], Vorbemerkung zu § 1 Rdnr. 107.

205 Siehe dazu schon oben § 15.

betriebsbedingte Kündigungsgründe nur geeignet, eine ordentliche Kündigung zu begründen. Dies würde beispielsweise bedeuten, daß im unkündbaren Arbeitsverhältnis eine betriebsbedingte Kündigung überhaupt nicht mehr ausgesprochen werden darf. Um dieses, mit der grundgesetzlich garantierten Unternehmerfreiheit des Arbeitgebers unvereinbare Ergebnis zu vermeiden, behilft sich die Rechtsprechung und die herrschende Lehre mit einer ausnahmsweise zulässigen außerordentlichen Kündigung. Diese tritt gleichsam an die Stelle der ausgeschlossenen ordentlichen Kündigung. Gleiches gilt etwa für Bereiche der krankheitsbedingten Kündigung. Allein deshalb ist es verständlich, warum sich alle höchstrichterlichen und literarischen Stellungnahmen mit der Frage auseinandersetzen, ob und inwieweit beim Ausschluß der ordentlichen Kündigung Sachverhaltskonstellationen zum Ausspruch einer außerordentlichen Kündigung berechtigen, die im normal kündbaren Arbeitsverhältnis nur für den Ausspruch einer ordentlichen Kündigung geeignet wären.

Dieses ist die für das Recht der Unkündbarkeit eigentlich interessante Erscheinungsform des § 626 BGB, die mit dem ursprünglichen Normzweck nicht mehr in unmittelbarem Zusammen- hang steht. Diese Spielart der außerordentlichen Kündigung, die überhaupt nur im Falle des ordentlichen Kündigungsausschlusses auftritt, soll hier zur besseren Abgrenzbarkeit zum „klassischen" Anwendungsbereich der Vorschrift im ordentlich kündbaren Arbeitsverhältnis mit dem Terminus der „ersetzenden" oder „stellvertretenden" außerordentlichen Kündigung gekennzeichnet werden. Auf diese besondere Ausprägung der außerordentlichen Kündigung, die lediglich die außerordentliche Kündigung „ersetzt", hat mittlerweile auch das *Bundesarbeitsgericht* hingewiesen[206].

Die richtige Schlußfolgerung aus dem Ausgangspunkt der herrschenden Auffassung, die das Kündigungsinstrumentarium im unkündbaren Arbeitsverhältnis auf die außerordentliche Kündigung beschränkt, zieht neuerdings *Wiedemann*[207]. Zutreffend differenziert er zwischen zwei verschiedenen Arten der außerordentlichen Kündigung. Er trifft eine Unterscheidung der außerordentlichen Kündigung in die Kündigung aufgrund der Zerstörung des Vertrauensverhältnisses und in die Kündigung aufgrund der Zerstörung des Äquivalenzverhältnisses. Während erstere die hergebrachte Kündigung aus wichtigem Grund nach § 626 BGB darstellt und von *Wiedemann* auch Entlassung genannt wird,

---

206 *BAG* (Urt. v. 5.2. 1998), AP Nr. 143 zu § 626 BGB [unter II 3e der Gründe]; ähnlich auch *Knoll*, Die Sozialauswahl im Arbeitsrecht, 2001, S. 97: „Lückenfunktion".

207 *Wiedemann*, Anm. 2.2 zu *BAG* (Urt. v. 5.2.1998), EWiR § 626 BGB 2/98, S. 537; Wiedemann/ *Wiedemann*, TVG^6, § 1 Rdnr. 539; siehe auch *Kania/Kramer*, RdA 1995, S. 287 (296), die hinsichtlich der analogen Anwendung von § 102 Abs. 5 BetrVG zwischen der außerordentlichen Kündigung, die an die Stelle der ordentlichen Kündigung tritt und der „echten", also der fristlosen außerordentlichen Kündigung unterscheiden wollen.

ist letztere eine typische Erscheinungsform des Unkündbarkeitsrechts. Die erste Spielart weist insoweit keine Besonderheiten hinsichtlich des Kündigungsgrundes auf. Jedoch wird in der zweiten Ausgestaltung der Kündigungsgrund durch anders gelagerte wichtige Gründe gebildet[208]. Die Verschiedenheit der Anwendungsbereiche der außerordentlichen Kündigung begründet seiner Ansicht nach auch die unterschiedliche rechtliche Behandlung, insbesondere die Ausrichtung der ersetzenden außerordentlichen Kündigung an den formellen Kündigungsschranken der ordentlichen Kündigung.

Als vorläufiges Zwischenergebnis bleibt festzuhalten, daß sich § 626 BGB im unkündbaren Arbeitsverhältnis nicht auf seinen hergebrachten Anwendungsbereich beschränkt. Der außerordentlichen Kündigung kommt vielmehr eine Art Doppelfunktion zu. Neben ihrer primären Funktion als ein Reaktionsinstrument auf erfolgte Pflichtverletzungen übernimmt sie darüber hinaus stellvertretend zumindest teilweise auch die Aufgabe des ausgeschlossenen ordentlichen Kündigungsrechts. Hier kommt ihr eine sekundäre Auffangfunktion zu.

II. Fristlose Auflösung und Unkündbarkeit

Auch die Rechtsfolgenanordnung des § 626 Abs. 1 BGB kann dem Rechtsanwender im unkündbaren Arbeitsverhältnis erhebliche Schwierigkeiten bereiten. Die außerordentliche Kündigung wird vom Grundsatz der entfristeten Kündigung beherrscht[209]. Trotzdem wird ganz überwiegend die Gewährung einer Kündigungsfrist als sogenannte soziale Auslauffrist für zulässig erachtet[210].

Bei Vorliegen eines wichtigen Grundes gestattet § 626 Abs. 1 BGB die Kündigung ohne Einhaltung einer Kündigungsfrist. Die Auflösung des Arbeitsverhältnisses erfolgt demnach regelmäßig mit sofortiger Wirkung, also bereits mit dem Wirksamwerden der Kündigung durch Zugang der Kündigungserklärung beim Arbeitnehmer[211]. Soweit mit der außerordentlichen Kündigung auf eine schwere Vertragsverletzung reagiert wird, ist diese einschneidende Rechtsfolge ohne jeglichen Anpassungsschutz angemessen. Der Arbeitnehmer kann hier nicht darauf vertrauen, auch nach einer nachhaltigen Störung der vertraglichen Grundlage eine seinen Dispositionsinteressen dienende Kündigungsfrist nutzen zu können. Wird § 626 BGB in seiner primären Funktion angewandt, ist gegen die sofortige Auflösung nichts einzuwenden. In den Fällen der ersetzen-

---

[208] Wiedemann/*Wiedemann*, TVG[6], § 1 Rdnr. 539.

[209] ErfurtKomm/*Müller-Glöge*, § 626 BGB Rdnr. 228; KR[5]/*Fischermeier*, § 626 BGB Rdnr. 27; KSchR[4]/*Däubler*, § 626 BGB Rdnr. 14; MünchKomm[3]/*Schwerdtner*, § 626 Rdnr. 31.

[210] KR[5]/*Fischermeier*, § 626 BGB Rdnr. 29; *Löwisch*, KSchG[8], Vorbemerkung zu § 1 Rdnr. 109; *Stahlhacke/Preis/Vossen*, Kündigungsschutz[7], Rdnr. 429.

[211] *Zöllner/Loritz*, Arbeitsrecht[5], § 23 III 6a (S. 288); KR[5]/*Fischermeier*, § 626 BGB Rdnr. 27.

den außerordentlichen Kündigung erscheint sie jedoch höchst fragwürdig[212]. Würde man hier eine fristlose Kündigung zulassen, so würde dies nicht nur den tarifvertraglichen Kündigungsschutz ausschalten, sondern geradezu in sein Gegenteil verkehren. Der besonders geschützte Arbeitnehmer müsste vorzeitig entlassen werden, während seine tarifvertraglich ungeschützten, noch ordentlich kündbaren Arbeitskollegen Anspruch auf Einhaltung einer Kündigungsfrist hätten. Hier besteht nicht die Gefahr ordentlich entlasen zu werden, sondern der drohende Nachteil von einer sofortigen Kündigung betroffen zu werden.

Es stellt sich daher die Frage, ob nicht als kompensierendes Element die ersetzende außerordentliche Kündigung zwingend mit einer der ordentlichen Kündigung entsprechenden Kündigungsfrist zu versehen ist. Aber auch diese Vorgehensweise über die Konstruktion einer befristeten außerordentlichen Kündigung, die sich für den Arbeitnehmer gleichsam als ein bequemeres Minus[213] darstellt, führt zu weiteren Folgeproblemen. Einmal wird der tarifvertragliche Sonderkündigungsschutz entwertet. Eine materielle Kündigungsbeschränkung in Form des Kündigungsausschlusses wird zu einer formellen Kündigungsbeschränkung in Gestalt einer Kündigungsfrist herabgemildert. Auf der anderen Seite kollidiert die Gewährung einer Kündigungsfrist mit dem bei der Beurteilung der Zumutbarkeit anzulegenden Prüfungsmaßstab, der auf die sofortige Beendigung des Arbeitsverhältnisses zugeschnitten ist. Dieser fragt gerade danach, ob es dem Kündigenden auch nicht mehr zuzumuten ist, die für die ordentliche Kündigung vorgesehene Frist einzuhalten. Die auf diesen Zeitpunkt bezogene Ermittlung des wichtigen Grundes und die Gewährung einer Kündigungsfrist lassen sich deshalb schwerlich miteinander vereinbaren. Möglicherweise führt die „Vermischung der Auflösungsmöglichkeiten“[214] durch die Zuerkennung einer Kündigungsfrist auch zu einem Konflikt mit dem Grundsatz der Unabdingbarkeit der außerordentlichen Kündigung, der auch unzumutbaren Kündigungserschwerungen nicht zuläßt[215]. So versagt etwa *Oetker* bei solchen außerordentlichen Kündigungsrechten, die einen ausdrücklichen Verbotstatbestand im Hinblick auf Kündigungserschwerungen aufweisen, der Koppelung des Kündigungsrechts mit einer Auslauffrist die Wirksamkeit[216]. Die unter anderem in Analogie zu § 723 Abs. 3 BGB herausgearbeitete Nichtigkeit von Einschränkungen und sonstigen Erschwerungen des §626 BGB weist für die Kündigung von tarifvertraglich unkündbaren Arbeitnehmern in dieselbe

---

212 *Zöllner/Loritz*, Arbeitsrecht[5], § 23 III 6a (S. 288).

213 So in der Terminologie von *Immenga/Mestmäcker*, GWB[2], § 13 Rdnr. 16 zur Frage der Fristbindung des außerordentlichen Kündigungsrechts nach § 13 GWB.

214 Vgl. *Wallmeyer*, Die Kündigung des Arbeitsvertrages aus wichtigem Grund, 1962, S. 146.

215 Siehe oben § 16 II 1b.

216 *Oetker*, Das Dauerschuldverhältnis, 1994, S. 590ff., 711f.

Richtung. Die herrschende Auffassung zur befristeten außerordentlichen Kündigung entscheidet hier freilich anders[217].

III. Die tatbestandliche Regelungslücke des § 626 Abs. 1 BGB

Wie gezeigt, führt die uneingeschränkt strenge Handhabung der normativen Vorgaben des § 626 Abs. 1 BGB sowohl auf der Tatbestandsseite als auch hinsichtlich der Rechtsfolgenbestimmung zu erheblichen Anwendungsschwierigkeiten im unkündbaren Arbeitsverhältnis. Hinzu tritt ein bisher oft vernachlässigtes Problem, das die Beurteilung der Zumutbarkeit anhand der tatbestandlichen Alternativität der Vorschrift betrifft. Der tarifvertragliche Kündigungsausschluß kann nicht ohne weiteres unter diese subsumiert werden.

Für die Bestimmung des Zumutbarkeitsurteil benötigt man notwendigerweise einen festen Bezugspunkt[218]. § 626 Abs. 1 BGB stellt dafür zwei Alternativen zur Verfügung, den Ablauf der regulären ordentlichen Kündigungsfrist und das vereinbarte Ende der Vertragsbeziehung. Beide Varianten können bei tarifvertraglichen Unkündbarkeitsregelungen nicht eingreifen. In seiner ersten Variante geht die Bestimmung des § 626 Abs. 1 BGB erkennbar vom noch ordentlich kündbaren Arbeitsverhältnis aus[219]. Dieser als Regelfall vorgesehene Bezugszeitraum der ordentlichen Kündigungsfrist steht beim Ausschluß des ordentlichen Kündigungsrechts jedoch nicht mehr zur Verfügung. Eine Kündigungsfrist gibt es hier nicht. Auch die Heranziehung der zweiten Alternative führt nicht weiter. Soweit Tarifverträge Altersgrenzen[220] enthalten, die die automatische Auflösung des Arbeitsverhältnisses, häufig nach Vollendung des 65. Lebensjahres, regeln, steht zwar das Ende der vertraglichen Beziehung fest. Man kann angesichts der Rechtsnormqualität des Tarifvertrages in dem Zeitpunkt der zukünftigen Beendigung des Arbeitsverhältnisses allerdings nur schwerlich eine vertraglich vereinbarte Beendigung erblicken[221]. Eine derartige Vereinbarung hinsichtlich des Endes des Arbeitsverhältnisses ist durch die Vertragsparteien gerade nicht erfolgt[222]. Da aber auch für die außerordentliche Kündigung eines ordentlich unkündbaren Arbeitsverhältnisses das Erfordernis eines Bezugszeitraums unbedingt erforderlich ist, enthält § 626 Abs. 1 BGB für die ordentliche Unkündbarkeit insoweit eine Regelungslücke[223]. Der Gesetzge-

---

217 Siehe dazu unten § 22 II 2.

218 *Stahlhacke*, Festschrift f. Hanau, 1999, S. 281 (291).

219 *Stahlhacke*, Festschrift f. Hanau, 1999, S. 281 (292).

220 Siehe etwa Wiedemann/*Wiedemann*, TVG[6], § 1 Rdnr. 517ff.; *Löwisch/Rieble*, TVG, § 1 Rdnr. 439ff.

221 *Bröhl*, Festschrift f. Schaub, 1998, S. 55 (59).

222 So auch KR[5]/*Etzel*, § 15 KSchG Rdnr. 22 für die außerordentliche Kündigung von Betriebsratsmitgliedern.

223 So zutreffend *Stahlhacke*, Festschrift f. Hanau 1999, S. 281 (292) für den gesetzlichen

ber hat diesen Fall schlechtweg übersehen und bei der Neufassung der Vorschrift unberücksichtigt gelassen.

Diese Lücke muß bei der Beurteilung des wichtigen Grundes im unkündbaren Arbeitsverhältnis jedoch unbedingt ausgefüllt werden. Es stehen zwei Möglichkeiten zur Verfügung. Entweder man stellt auf das tatsächliche oder voraussehbare Ende des Arbeitsverhältnisses ab oder man legt die Kündigungsfrist zugrunde, die gelten würde, wenn das ordentliche Kündigungsrecht nicht ausgeschlossen wäre.

IV. Folgerungen für das unkündbare Arbeitsverhältnis: Die möglichen vier Grundpositionen

Für die Bestimmung des wichtigen Grundes in Abhängigkeit von der Bindungsdauer sind demnach zwei Aspekte zu berücksichtigen. Einmal ist der besonderen bestandsschutzsichernden Schutzrichtung der Kündigungsklauseln Rechnung zu tragen, wobei auch das durch die lange ordentliche Vertragsdauer gesteigerte Auflösungsinteresse des Arbeitgebers anhand des Zumutbarkeitsgrundsatzes nicht unbeachtet bleiben darf. Darüber hinaus muß eine Lösung auch eine geeignete Lückenausfüllung der insoweit unvollständigen Regelung des § 626 Abs. 1 BGB beinhalten.

Zur Auflösung dieser auftretenden Konfliktsituation sind vier mögliche Lösungswege denkbar, je nachdem wie man die Bestimmung des wichtigen Grundes in Abhängigkeit von Bindungsdauer oder Sonderkündigungsschutzposition und die Verpflichtung zur Einhaltung einer Kündigungsfrist miteinander kombiniert. Diese sind in ihren wesentlichen Grundzügen auch im arbeitsrechtlichen Schrifttum und in der Rechtsprechung anzutreffen.

1. Bestimmung des wichtigen Grundes anhand der Bindungsdauer und Fristkoppelung der Kündigung

Man kann, der Grundwertung des § 626 Abs. 1 BGB folgend, den Bezugspunkt für die Ermittlung des wichtigen Grundes in dem voraussehbaren Beendigungszeitpunkt des Arbeitsverhältnisses erblicken. Indem auf die tatsächlich verbleibende Vertragsdauer abgestellt wird, ermittelt man den wichtigen Grund anhand einer realen Zumutbarkeitsprüfung. Hält man nun weiter an dem von *Herschel* postulierten Rechtssatz fest, nach dem die verbleibende ordentliche Bindungsdauer und das Gewicht des wichtigen Grundes in einem umgekehrten Verhältnis zueinander stehen[224], so führt dies unweigerlich dazu, daß bei einer besonders langen Bindung der Vertragsparteien eine außerordentliche Kündigung aus ei-

---

Ausschluß der ordentlichen Kündigung nach § 15 KSchG; ebenso KR[5]/*Etzel*, § 15 KSchG Rdnr. 22; ErfurtKomm/*Ascheid*, §15 KSchG Rdnr. 24.

224 Siehe oben § 17 I 1.

nem, im Vergleich zum ordentlich noch kündbaren Arbeitsverhältnis, weniger wichtigen Grund zulässig sein kann. Als Ausgleich für den entwerteten materiellen Kündigungsschutz ist dann jedoch daran zu denken, dem Arbeitnehmer einen Anspruch auf die Einhaltung der ordentlichen Kündigungsfrist zuzugestehen. Diese Lehre von einem weniger gewichtigen Kündigungsgrund bei der außerordentlichen Kündigung beherrschte hauptsächlich die frühe literarische Diskussion um das Problem der Unkündbarkeit[225].

2. Bestimmung des wichtigen Grundes anhand einer fiktiven Zumutbarkeitsprüfung

Das Abstellen auf die verbleibende Laufzeit des Vertrages ist jedoch nicht zwingend. Es besteht ferner die Möglichkeit, den inneren Zusammenhang von wichtigem Grund und der Zumutbarkeit der weiteren Vertragsfortsetzung durch eine fiktive Betrachtungsweise aufzulösen. Dazu ist bei der Beurteilung des wichtigen Grundes nicht auf die tatsächlich noch verbleibende Vertragsdauer, sondern auf die an sich ausgeschlossene ordentliche Kündigung mit ihrer jeweils einschlägigen Kündigungsfrist abzustellen. Durch diese fiktive Zumutbarkeitsprüfung wird verhindert, daß die Bindungsdauer den Kündigungsgrund relativiert. Der Maßstab des wichtigen Grundes kann so nicht zulasten des Arbeitnehmers beeinträchtigt werden. Dieser Weg über die Zugrundelegung der fiktiven Kündigungsfrist ist, soweit ersichtlich, bisher nur in einer vereinzelt gebliebenen Entscheidung des *Landesarbeitsgerichts Berlin* vom 3. Oktober 1983 beschritten worden[226]. Das Gericht sah sich zu dieser Vorgehensweise aufgrund der Gefahr einer „stillschweigenden" Ausdehnung der außerordentlichen Kündigungsgründe veranlaßt. Ob die außerordentliche Kündigung zur Vermeidung einer Schlechterstellung des erfaßten Arbeitnehmerkreises ausnahmsweise mit einer zwingenden Kündigungsfrist zu versehen sei, ließ das Gericht hingegen offen. Hinzuweisen ist auch darauf, daß das *Bundesarbeitsgericht* diesen Prüfungsmaßstab bei der außerordentlichen Kündigung von Betriebsratsmitgliedern nach §§ 15 Abs. 1 KSchG, 626 Abs. 1 BGB auch heute noch zumindest für den Bereich der Beendigungskündigung verwendet[227].

---

225 Dazu ausführlich unten § 21.

226 *LAG Berlin* (Urt. v. 3.10. 1983), DB 1984, S. 671 (Leitsatz 1 und S. 672); das von *Weng*, Kündigung von Arbeitsverhältnissen mit langer Bindung, 1980, S. 2, 74 zitierte Urteil des *ArbG Stuttgart* (Urt. v. 13. 12. 1979), 10 Ca 587/79 [n.v.] legt ebenfalls die fiktive ordentliche Kündigungsfrist zugrunde. Danach ist „ (...) abstrakt von der Fiktion der Möglichkeit des Ausspruchs einer ordentlichen Kündigung (...)" auszugehen.

227 *BAG* (Urt. v. 17.3. 1988), AP Nr. 99 zu § 626 BGB [unter II 1 der Gründe]; *BAG* (Urt. v. 6.3. 1986), AP Nr. 19 zu § 15 KSchG 1969 [unter B II 4a der Gründe]; *BAG* (Urt. v. 18.2. 1993), AP Nr. 35 zu § 15 KSchG 1969 [unter II 3b aa der Gründe]; *BAG* (Urt. v. 2.4. 1987), AP Nr. 96 zu § 626 BGB [unter A II 4 der Gründe]; *BAG* (Urt. v. 8.8. 1968), AP Nr. 57 zu § 626 BGB [unter III der Gründe].

3. Bestimmung des wichtigen Grundes anhand eines strengen Maßstabes und Fristgewährung

Ferner kann man zu dem Schluß gelangen, die unmittelbare Verknüpfung der ordentlichen Vertragsdauer mit den Anforderungen an den wichtigen Grund wird dem Zweck der jeweiligen Kündigungsausschlußklausel nicht gerecht. Das Ergebnis der Zumutbarkeitsprüfung impliziert einen offenen Wertungswiderspruch, der mit dem kündigungsschutzrechtlichen Charakter der Kündigungsbestimmungen nicht zu vereinbaren ist. Durch die Ermittlung der realen Unzumutbarkeit in Abhängigkeit von dem voraussichtlichen Beendigungsdatum entsteht eine „paradoxe Situation" auf die dementsprechend schon wiederholt aufmerksam gemacht worden ist[228]. Der von *Herschel* gefundene Rechtssatz reduziert nach dieser Ansicht die Frage nach der Zumutbarkeit zu einseitig allein auf die Bindungsdauer des Arbeitgebers und betont den Zeitfaktor zu stark[229]. Diese Betrachtung steht danach in einem Widerspruch zu der von § 626 Abs. 1 BGB verlangten Einzelfallbetrachtung. Dieses Dilemma[230] gilt es daher aufzulösen. Der Ausschluß der ordentlichen Kündigung darf bei der Prüfung der Zumutbarkeit der Vertragsfortsetzung nicht zu Ungunsten des kündigungsgeschützten Arbeitnehmers berücksichtigt werden. Deshalb wird insoweit folgerichtig von der neueren Rechtsprechung[231] und manchen Stimmen im arbeitsrechtlichen Schrifttum[232] die strikte Anwendung des Rechtssatzes auf die Kündigung von altersgesicherten und unkündbaren Arbeitsverhältnissen abgelehnt.

Die Situation könnte aufgelöst werden, indem man zwar nicht auf die fiktive Kündigungsfrist abstellt, aber an das Vorliegen des wichtigen Grundes, trotz der Abhängigkeit von der zukünftigen Laufzeit des Vertrages, einen besonders strengen Maßstab anlegt[233]. Neben der zukünftigen Bindungsdauer kommt nach dieser Betrachtungsweise auch dem Umstand der kündigungsschutzrechtlichen Zielsetzung der Kündigungsausschlußklausel bei der im Rahmen des § 626 Abs.1 BGB anzustellenden Einzelfallbetrachtung besondere Bedeutung zu. Da-

---

228 *A. Hueck*, Anm. 2 zu *BAG* (Urt. v. 15. 12. 1955), AP Nr. 6 zu § 626 BGB; *Preis*, Prinzipien des Kündigungsrechts, 1987, S. 485; *ders.* Anm. II 1 zu *BAG* (Urt. v. 21.6. 1995), AP Nr. 36 zu § 15 KSchG 1969; Staudinger[13]/*Preis*, § 626 Rdnr. 60; Erman[10]/*Belling*, § 626 Rdnr. 87; KSchR[3]/*Trittin*, § 626 Rdnr. 64; *Pauly*, ArbuR 1997, S. 94 (96f.); AR-Blattei SD/*Feichtinger*/*Huep*, Kündigung VIII, Rdnr. 143; *Gentges*, Prognoseprobleme im Kündigungsschutzrecht, 1995, S. 288f.

229 *Preis*, Anm. II 1d zu *BAG* (Urt. v. 21.6. 1995), AP Nr. 36 zu § 15 KSchG 1969; Erman[10]/*Belling*, §626 Rdnr. 87 a.E.

230 So die Formulierung von *Preis*, Prinzipien des Kündigungsrechts, 1987, S. 485.

231 *BAG* (Urt. v. 2.4. 1987), AP Nr. 96 zu § 626 BGB [unter A II 4a der Gründe].

232 Staudinger[13]/*Preis*, § 626 Rdnr. 61; *Conze*, ZTR 1987, S. 99 (101, Fn. 30); *Pauly*, ArbuR 1997, S. 94 (96f.)

233 So etwa schon *BAG* (Urt. v. 3.11.1955), EzA Nr. 1 zu § 626 BGB [Leitsatz 3] zu § 16 Abs. 4 TO.A, zu dieser Kündigungsschutzklausel vgl. schon oben § 7 I 2b.

bei ist dann weiterhin an Abstufungen des anzulegenden Maßstabes hinsichtlich personen- und betriebsbedingter Kündigungsgründe einerseits und verhaltensbedingter Kündigungsgründe andererseits zu denken[234]. Diese Vorgehensweise führt zu einer bestandsschutzsichernden Auslegung der in § 626 Abs. 1 BGB normierten Zumutbarkeitsprüfung. Zur Vermeidung von offenen Wertungsdisharmonien ist auch hier in den Fällen, in denen, die ordentliche Kündbarkeit unterstellt, nur ordentlich gekündigt werden könnte, dem Arbeitnehmer ein Anspruch auf Einhaltung der regulären ordentlichen Kündigungsfrist zu gewähren. Diese Variante umschreibt im wesentlichen die Lösung in den neueren Entscheidungen des *Bundesarbeitsgerichts* und der herrschenden Lehre zur Rechtsfigur der Unkündbarkeit[235].

4. Restriktive Bestimmung des wichtigen Grundes ohne Fristkoppelung

Schließlich kann man den von § 626 Abs.1 BGB vorgegebenen Maßstab zur Ermittlung des wichtigen Grundes, der vom Wortlaut entscheidend auf die restliche Vertragsdauer oder auf den Ablauf der einschlägigen Kündigungsfrist abstellt, auch uneingeschränkt streng auf das unkündbare Arbeitsverhältnis anwenden. Dies wird allerdings nur dann verständlich, wenn man das Vorliegen eines Wertungswiderspruchs beziehungsweise eines paradoxen Ergebnisses verneint und einen Abstimmungsbedarf von außerordentlicher Kündigung und Unkündbarkeitskonstruktionen leugnet. Man muß dann allerdings in der Möglichkeit der außerordentlichen Kündigung das notwendige Korrektiv sehen, um einer langen Bindung des Arbeitgebers begegnen zu können. Diese Auffassung zur Funktion des außerordentlichen Kündigungsrechts vertritt heute vor allem noch *Löwisch*[236]. Zwar ist die außerordentliche Kündigung danach leichter als im ordentlich kündbaren Arbeitsverhältnis möglich. Allerdings steht nach diesem Verständnis dem Nachteil erleichterter vorzeitiger Kündigungen der Vorteil, von kurzfristigen ordentlichen Kündigungen verschont zu bleiben, gegenüber. Auch eine Kompensation für eine nach der herrschenden Lehre entwertete materielle Kündigungsbeschränkung ist dann nicht angebracht. Eine in Anlehnung an die ordentliche Kündigung zu bestimmende Fristbindung der außerordentlichen Kündigung wird deshalb konsequent abgelehnt[237].

---

234 So beispielsweise Staudinger[13]/*Preis*, § 626 Rdnr. 62.

235 Siehe unten §§ 22 II, 23 .

236 *Löwisch*, KSchG[8], Vorbemerkung zu § 1 Rdnr. 119; so auch schon *Molitor*, Die Kündigung[2], S. 298f.

237 *Dälken*, Möglichkeiten eines tarifvertraglichen Bestands- und Inhaltsschutzes, 1986, S. 89f.; *Molitor*, Die Kündigung[2], S. 300; *Neumann-Duesberg*, Anm. 2a zu BAG (Urt. v. 3.10. 1957), AP Nr. 1 zu § 70 HGB; *Löwisch/Abshagen*, Anm. I b zu BAG (Urt. v. 6.3. 1986), AR-Blattei Betriebsverfassung IX Nr. 62; so auch noch *Löwisch*, KSchG[7], Vorbemerkung zu § 1 Rdnr. 115; *ders.* DB 1998, S. 877 (880); anders aber *ders.*, KSchG[8], Vorbemerkung zu § 1 Rdnr. 120.

§ 18 Zusammenfassung zum 4. Teil

1. Das ordentlich nicht mehr kündbare Arbeitsverhältnis zeichnet sich durch eine erhebliche Reduzierung der arbeitgeberseitigen Kündigungsmöglichkeiten aus. Dem steht auf Seiten des Arbeitgebers ein konstantes oder unter Umständen sogar gesteigertes Auflösungsinteresse gegenüber.
2. Dem Auflösungsinteresse des Arbeitgebers kann nach ganz herrschender Auffassung allein durch das außerordentliche Kündigungsrecht nach § 626 BGB Rechnung getragen werden. Dieses bildet im unkündbaren Arbeitsverhältnis die immanente Grenze der langfristigen Bindung des Arbeitgebers.
3. Dies folgt nach Auffassung der herrschenden Meinung aus dem Charakter des § 626 BGB als fundamentalem Rechtssatz, der dem unverzichtbaren Selbstschutz beider Vertragsparteien dient. Das außerordentliche Kündigungsrecht weist daher eine zweiseitig-zwingende Geltungsanordnung auf. Diese Sichtweise verdient im Grundsatz Zustimmung. Eine Einschränkung ist aber insoweit zu erwägen, als daß der Schutz des Arbeitgebers auch durch die Zuerkennung eines teilweise zweiseitig-zwingenden ordentlichen Kündigungsrechts verwirklicht werden kann.
4. Die zur näheren Präzisierung des wichtigen Grundes in § 626 Abs. 1 BGB von der Rechtsprechung entwickelte Lehre vom wichtigen Grund an sich, kann auf das ordentlich unkündbare Arbeitsverhältnis nur unter Durchbrechung der beiden Prüfungsschritte angewendet werden. Der Umstand der ordentlichen Unkündbarkeit impliziert eine Wechselwirkung zwischen wichtigem Grund an sich und der Interessenabwägung im Einzelfall. Hingegen läßt sich das von der Literatur betonte Stufenverhältnis von ordentlicher und außerordentlicher Kündigung im Grundsatz widerspruchsfrei auch auf den Fall der ordentlichen Unkündbarkeit anwenden. Allerdings versagt auch diese Prüfungsfolge, wenn ausnahmsweise ein Kündigungssachverhalt eine außerordentliche Kündigung rechtfertigen soll, der im ordentlich unkündbaren Arbeitsverhältnis allein zum Ausspruch einer ordentlichen fristgebundenen Kündigung berechtigen würde. Diese Konfliktsituation kann man interessengerecht durch die Anerkennung eines unabdingbaren Bereichs der ordentlichen Kündigung auflösen.
5. Die Auffassung der herrschenden Meinung führt im unkündbaren Arbeitsverhältnis zu einer Aufhebung der Funktionstrennung von ordentlicher und außerordentlicher Kündigung. Neben die außerordentliche fristlose Kündigung tritt die außerordentliche "ersetzende" Kündigung, die teilweise die Funktion der ausgeschlossenen ordentlichen Kündigung übernimmt.
6. Schwierigkeiten bei der Anwendung des außerordentlichen Kündigungsrechts auf das ordentlich unkündbare Arbeitsverhältnis folgen insbesondere

aus der Verknüpfung des wichtigen Grundes mit der zukünftigen Vertragsbindung, der Rechtsfolge der fristlosen Auflösung des Arbeitsverhältnisses und der tatbestandlichen Regelungslücke des § 626 Abs. 1 BGB im Falle des tarifvertraglichen Kündigungsausschlusses.

7. Für eine Auflösung der bestehenden Wertungswidersprüche gibt es auf der Grundlage der herrschenden Meinung vier mögliche Grundpositionen, anhand derer der wichtige Grund im unkündbaren Arbeitsverhältnis ermittelt werden kann. Der wichtige Grund kann zunächst in Abhängigkeit von der tatsächlichen Bindungsdauer unter gleichzeitiger Zuerkennung einer Fristbindung der außerordentlichen Kündigung bestimmt werden. Weiter ist es denkbar, den wichtigen Grund anhand einer fiktiven Zumutbarkeitsprüfung unter Zugrundelegung der hypothetischen ordentlichen Kündigungsfrist zu bestimmen. Der wichtige Grund kann ferner anhand eines bestandsschutzsichernden strengen Maßstabes ermittelt werden, wobei zur Vermeidung eines Wertungswiderspruchs unter Umständen die Verpflichtung zur Einhaltung der ordentlichen Kündigungsfrist besteht. Schließlich ist eine uneingeschränkt restriktive Bestimmung des wichtigen Grundes ohne Einhaltung einer Kündigungsfrist möglich.

5. Teil: Die wesentlichen Lösungskonzeptionen in Rechtsprechung und Literatur

Die in Rechtsprechung und Literatur zum Problemfeld der tarifvertraglichen Unkündbarkeit entwickelten Lösungskonzepte zeichnen sich durch eine besondere Vielfalt aus. Obwohl das Problem alt und bekannt ist und schon Rechtsprechung und Literatur der Weimarer Zeit beschäftigt hat, reist der Strom von höchstrichterlichen Entscheidungen und literarischer Stellungnahmen zu diesem Thema bis heute nicht ab. Dies belegt den gegenwärtig noch vorhandenen Klärungsbedarf auf dem Gebiet der ordentlichen Unkündbarkeit.

§ 19 Einführender Überblick

I. Rechtsprechung

Obwohl es sich bei dem Institut der ordentlichen Unkündbarkeit, wie gezeigt[1], nicht um ein neues kündigungsbeschränkendes Regelungsinstrumentarium handelt, hat vor allem die Rechtsprechung erst relativ spät begonnen, dieser rechtlichen Erscheinungsform einigermaßen feste Konturen zu verleihen. Das *Reichsarbeitsgericht* erkannte zwar die auftretenden Problemlagen, hat sich jedoch mit einer fest an den gesetzlichen Vorgaben orientierten Rechtsprechung begnügt. Dem folgten zunächst die frühen Judikate des *Bundesarbeitsgerichts*, vor allem unter strikter Ablehnung des in der Literatur vorgeschlagenen Lösungsweges einer außerordentlichen Kündigung aus einem minder wichtigem Grund.

So konnte *Herschel* im Jahre 1974 noch mit guten Gründen feststellen, daß die Kündigung bei Arbeitnehmern, die bis zum Erreichen der Altersgrenze nur bei Vorliegen eines wichtigen Grundes gekündigt werden können, noch nicht genügend erforscht ist[2]. Erst in den achtziger Jahren ist es der Rechtsprechung gelungen, durch die Etablierung der zwingend fristgebundenen außerordentlichen Kündigung den wohl größten Wertungswiderspruch bei der uneingeschränkten Anwendung von Unkündbarkeitsklauseln zu entschärfen. Eine ganze Reihe von weiteren Wertungswidersprüchen, die sich aus der Vereinbarung von Unkündbarkeitsklauseln ergeben können, versucht das *Bundesarbeitsgericht* in einer vielbeachteten Entscheidung vom 5. Februar 1998 aufzulösen[3].

---

[1] Siehe oben § 7.

[2] *Herschel,* Anm. II zu *BAG* (Urt. v. 12.9. 1974), AP Nr. 1 zu § 44 TVAL II.

[3] *BAG* (Urt. v. 5.2. 1998), AP Nr. 143 zu § 626 BGB; siehe oben § 1 II.

II. Schrifttum

Positiver fällt eine erste kurze Bewertung der frühen literarischen Stellungnahmen aus. Hier hat die, vor allem durch die Arbeiten von *Alfred* und *Götz Hueck* geprägte, Theorie vom minder wichtigen Grund wertvolle Vorarbeit geleistet und grundlegende Erkenntnisse mit sich gebracht. Entgegen aller alter und neuer Kritik an dieser Lösungsvariante kann diese Theorie für sich beanspruchen, daß sie ein erstes, in sich stimmiges Lösungskonzept zur rechtlichen Handhabung der ordentlichen Unkündbarkeit entwickelt hat. In der Folgezeit ist vor allem die von *Weng* vorgelegte Auseinandersetzung mit dem Problem im Rahmen seiner Arbeit über die außerordentliche Kündigung von Arbeitsverhältnissen mit langer Bindung erwähnenswert[4]. In neuerer Zeit sind besonders die Festschriftbeiträge von *Schwerdter*[5] und *Bröhl*[6] herauszustellen, die gleichzeitig ein Beispiel für die Vielschichtigkeit von möglichen Lösungskonzeptionen vermitteln[7]. Die bisher umfangreichste Untersuchung stammt von *v.Koppenfels*, die unter Berücksichtigung des Schutzzwecks von Unkündbarkeitsvereinbarungen vor allem ein dogmatisches Wertungsfundament für die Verpflichtung des Arbeitgebers zur Einhaltung einer Kündigungsfrist bei der außerordentlichen Kündigung liefert[8].

Doch kann die Fülle der angebotenen Lösungsvorschläge nicht darüber hinwegtäuschen, daß noch nicht alle mit der Unkündbarkeit verknüpften Problemlagen einer befriedigenden Behandlung zugefügt worden sind. Das Problem der außerordentlichen Kündigung im unkündbaren Arbeitsverhältnis kann damit auch heute noch als ungelöst bezeichnet werden[9].

---

4 *Weng*, Die Kündigung von Arbeitsverhältnissen mit langer Bindung aus wichtigem Grund, 1980.

5 *Schwerdtner*, Die außerordentliche arbeitgeberseitige Kündigung bei ordentlich unkündbaren Arbeitnehmern, Festschrift f. Kissel 1994, S. 1077ff.

6 *Bröhl*, Die Orlando-Kündigung – Zwischenwort zur außerordentlichen Kündigung tariflich unkündbarer Arbeitnehmer, Festschrift f. Schaub, 1998, S. 55ff; hingegen folgt der Beitrag von *Preis/Hamacher*, Die Kündigung der Unkündbaren, Festschrift zum 50-jährigen Bestehen der Arbeitsgerichtsbarkeit in Rheinland-Pfalz, 1999, S. 245ff. im wesentlichen der Rechtsprechung, allerdings wollen sie insbesondere den Kündigungsgrund bei der betriebsbedingten Kündigung sehr viel restriktiver handhaben.

7 Siehe *Höland*, Anm. II zu *BAG* (Urt. v. 5.2.1998), AP Nr. 143 zu § 626 BGB.

8 *v.Koppenfels*, Die außerordentliche arbeitgeberseitige Kündigung bei einzel- und tarifvertraglich unkündbaren Arbeitnehmern, 1998.

9 *Adam*, NZA 1999, S. 846 (847, Fn. 2; 848); *Bröhl*, Festschrift f. Schaub, 1998, S. 55 (59); so schon *Gentges*, Prognoseprobleme im Kündigungsschutzrecht, 1995, S. 288; ähnlich bereits *Gamillscheg*, Arbeitsrecht I[6], Fall 211 (S. 360); in bezug auf die Vereinbarkeit mit Art. 3 Abs. 1 GG und § 1 Abs. 3 KSchG, auch *Reuter*, Anm. zu *BAG* (Urt. v. 14.11. 1984), JuS 1985, S. 738.

§ 20 Die Auffassung des *Reichsarbeitsgerichts*

I. Die wesentlichen Aussagen

Die Rechtsprechung des *Reichsarbeitsgerichts*, seit 1926 ein besonderer Senat des *Reichsgerichts*[10], auf dem Gebiet der ordentlichen Unkündbarkeit läßt sich verkürzt durch eine strenge Bindung an die gesetzlichen Regelungsvorgaben der außerordentlichen Kündigung kennzeichnen. Sie glaubte zur Bewältigung dieser Rechtsfigur noch allein mit dem Instrument der fristlos ausgesprochenen außerordentlichen Kündigung auskommen zu können. Die Judikate zeugen deshalb von einer besonders restriktiven Handhabung des § 626 BGB[11].

Das Gericht erkannte zwar, daß zwischen einer langen ordentlichen Vertragsdauer und den Anforderungen an den wichtigen Grund ein spezifischer Zusammenhang besteht, nach dem für die Frage der Zumutbarkeit entscheidend auf die ordentliche Kündigungsfrist oder die vertraglich vereinbarte Beendigung des Arbeitsverhältnisses abzustellen ist[12]. Allerdings zog das *Reichsarbeitsgericht* aus dieser Erkenntnis keinerlei rechtliche Schlüsse für die Handhabung der außerordentlichen Kündigung im unkündbaren Arbeitsverhältnis. Höchst unklar blieb, welcher Maßstab bei der Bestimmung des wichtigen Grundes anzulegen ist und wie das Kriterium der langen Bindung in die Zumutbarkeitsprüfung einfließen soll.

Zu der Frage, ob die außerordentliche Kündigung auf der Rechtsfolgenseite mit einer Kündigungsfrist zu versehen sei, vertrat das *Reichsarbeitsgericht* hingegen einen differenzierten Standpunkt. Grundsätzlich hielt es in ständiger Rechtsprechung die Gewährung einer Kündigungsfrist für unvereinbar mit dem geltenden Recht. Insbesondere wurde eine Verpflichtung des Arbeitgebers verneint, die außerordentliche Kündigung unter Umständen zwingend mit einer Kündigungsfrist zu versehen. Ein wichtiger Grund konnte danach nur zu einer sofortigen Entlassung führen[13]. Man sah in der Fristbindung der außerordentlichen Kündigung eine zu weitgehende Auslegung, deren Vereinbarkeit mit den geltenden Gesetzen unmöglich erschien[14]. Eine derartige Zwischenlösung wurde folglich strikt abgelehnt.

Bemerkenswert ist insoweit, daß das Gericht sich aufgrund der Interessenwahrung zugunsten des Arbeitnehmers zu einer solchen Vorgehensweise ver-

---

10 Durch das Arbeitsgerichtsgesetz vom 23.12.1926, siehe Staudinger[13]/*Richardi*, Vorbem. zu § 611ff. Rdnr. 470.

11 *Gentges*, Prognoseprobleme im Kündigungsschutzrecht, 1995, S. 289.

12 *RAG* (Urt. v. 27.6. 1934), ArbRS 21, S. 162 (Leitsatz 3 und S. 165f.).

13 *RAG* (Urt. v. 10.5. 1929), ArbRS 6, S. 26 (27); *RAG* (Urt. v. 14. 12. 1932), ArbRS 16, S. 480 (481); *RAG* (Urt. v. 4.2. 1933), ArbRS 17, S. 259 (Leitsatz 1 und S. 261); *RAG* (Urt. v. 13.10. 1937), ArbRS 32, S. 34 (39f.).

14 *RAG* (Urt. v. 28.1. 1933), ArbRS 17, S. 257 (258).

anlaßt sah. Die Begründung dafür wurde insbesondere in der Entscheidung des *Reichsarbeitsgerichts* vom 2. Juni 1937[15] geliefert. Der Gekündigte sollte durch eine gesetzlich nicht vorgesehene Kündigungsfrist nicht in seiner Dispositionsfreiheit eingeschränkt werden dürfen. Zur weiteren Begründung dieser ablehnenden Haltung wurde in der Literatur darauf aufmerksam gemacht, § 626 BGB enthalte mit der Bestimmung des wichtigen Grundes zwar die Anordnung einer Interessenabwägung über das „Ob" der Kündigung, nicht hingegen eine irgendwie geartete Abwägung darüber, „Wie" das Kündigungsrecht ausgeübt werden soll[16]. Auf der Rechtsfolgenseite der außerordentlichen Kündigung bestehe für den Arbeitgeber keinerlei Ermessen.

Zu welchen Wertungswidersprüchen diese Haltung beim Ausschluß der ordentlichen Kündigung führen konnte, soll anhand einer Entscheidung zur Kündigung des Lehrlingsvertrages im Konkurs des Lehrherren aufgezeigt werden[17]. Die Entscheidung befaßte sich zwar mit der gesetzlich angeordneten Unkündbarkeit, steht aber dennoch repräsentativ für die gesamte Rechtsprechung zum Ausschluß der ordentlichen Kündigung. Zwar bejahte das Gericht die grundsätzliche Anwendbarkeit des § 22 Abs. 1 Satz 2 KO auf den Lehrlingsvertrag, sah sich aber mangels einer gesetzlich vorgesehenen Kündigungsfrist genötigt, die fristlos ausgesprochene Kündigung durch den Lehrherren für rechtmäßig zu erachten[18]. Eine entsprechende Anwendung der §§ 621 ff. BGB wurde abgelehnt, allein der Gesetzgeber könne hier Abhilfe schaffen[19].

Somit wurde zwar die Verpflichtung zur Innehaltung einer Kündigungsfrist vom Gericht verworfen. Grundsätzlich anders wurde jedoch die Wirksamkeit einer entsprechenden Parteivereinbarung behandelt. So erkannte das *Reichsarbeitsgericht* den Unterschied zwischen einer vertraglich befristeten Kündigung aus wichtigem Grund und der fristlosen Kündigung nach § 626 BGB an[20]. Für eine vertraglich befristete Kündigung wurde später sogar ausdrücklich herausgestellt, daß in diesem Fall der Kündigungsgrund nicht so schwerwiegend zu sein brauche, wie der Kündigungsgrund bei der fristlosen Kündigung. Entscheidend sei nur die Unzumutbarkeit der Fortsetzung des Arbeitsverhältnisses über die Dauer der vereinbarten Kündigungsfrist hinaus[21].

---

15 *RAG* (Urt. v. 2. 6. 1937), ArbRS 30, S. 87 (91) mit ablehnender Anm. von *A. Hueck* S. 92 (93); ähnlich auch später *RAG* (Urt. v. 16.2 1942), ArbRS 44, S. 121 (127).

16 *Molitor,* Die Kündigung², S. 300; *Neumann-Duesberg,* Anm. 2a zu *BAG* (Urt. v. 3.10. 1957), AP Nr. 1 zu § 70 HGB; vgl. dazu auch *Binder,* DRdA 1970, S. 185 (194, Fn. 76).

17 *RAG* (Urt. v. 13.6. 1931), RAGE 9, S. 32ff.

18 *RAG* (Urt. v. 13.6. 1931), RAGE 9, S. 32 (39f.).

19 *RAG* (Urt. v. 13.6. 1931), RAGE 9, S. 32 (40).

20 *RAG* (Urt. v. 9.1. 1937), ArbRS 29, S. 14 (17); vorher schon *RAG* (Urt. v. 28. 1. 1933), ArbRS 17, S. 257 (Leitsatz 1) und *RAG* (Urt. v. 4.2. 1933), ArbRS 17, S. 259 (Leitsatz 1) wo die befristete außerordentliche Kündigung mangels einer besonderen Vereinbarung abgelehnt worden ist.

21 *RAG* (Urt. v. 20. 9. 1939), ArbRS 37, 255 (Leitsatz 1).

Eine gewisse Abkehr von dem Standpunkt, daß die Einhaltung einer Kündigungsfrist nur bei vertraglicher Regelung zulässig sei, deutet sich dann allerdings in einer Entscheidung vom 16. Januar 1942[22] an. Dort erkannte das *Reichsarbeitsgericht* immerhin die Berechtigung des Arbeitgebers an, beim Ausspruch der außerordentlichen Kündigung eine Kündigungsfrist einzuhalten, stellte diese Möglichkeit aber in das freie Ermessen des Arbeitgebers[23]. Unter ausdrücklicher Aufgabe seiner bisherigen Rechtsprechung, nach der eine außerordentliche Kündigung außer im Falle der Parteivereinbarung immer nur unbefristet erfolgen konnte, stellte das Gericht nun fest, die Gewährung einer Kündigungsfrist sei jedenfalls dann nicht zu beanstanden, wenn durch sie keine schützenswerten Belange des Arbeitnehmers verletzt werden. Das *Reichsarbeitsgericht* ließ es in seiner Entscheidung aber offen, ob der Arbeitgeber diese Kündigungsfrist in manchen Fallgestaltungen auch einhalten muß, daß heißt ob ihm unter Umständen allein die Möglichkeit zu einer fristgebundenen außerordentlichen Kündigung verbleiben kann. Allerdings ging *Alfred Hueck* in seiner Entscheidungsglosse davon aus, daß das Gericht in Zukunft in entsprechenden Fällen von einer Verpflichtung des Arbeitgebers zur Einhaltung einer Kündigungsfrist ausgehen würde[24]. Den Beweis dieser Vermutung blieb das *Reichsarbeitsgericht* jedoch schuldig.

II. Kritische Würdigung

Eine Stellungnahme zur Rechtsprechung des *Reichsarbeitsgerichts* auf dem Gebiet der (tarif-) vertraglichen Unkündbarkeit muß sehr kritisch ausfallen. Es ist dem Gericht nicht gelungen, die auftretenden Probleme auch nur annähernd einer ausgewogenen Lösung zugeführt zu haben. Das starre Festhalten am gesetzlichen Regelungsgebäude ist schon grundsätzlich mit modernen methodologischen Einsichten nicht zu vereinbaren und führt zudem zu völlig unakzeptablen Resultaten.

Dies gilt nicht nur für die völlig identische Bestimmung des wichtigen Grundes im ordentlich noch kündbaren und im nur außerordentlich noch kündbaren Arbeitsverhältnis, sondern auch für die wertungswidersprüchliche Versagung einer unter fest umrissenen Voraussetzungen zulässigen, fristgebunden außerordentlichen Kündigung. Zudem vermag der Rückgriff auf den Gedanken des Dispositionsschutzes des Arbeitnehmers als Argument gegen die Zuerkennung einer Kündigungsfrist nicht zu überzeugen. In der weitaus größten Zahl der Fälle dürfte die Gewährung einer fristgebundenen Kündigung dem Interesse des Arbeitnehmers an Anpassungsschutz sehr viel mehr entgegenkommen.

---

22 *RAG* (Urt. v. 16.1. 1942), ArbRS 44, S. 121 (Leitsatz 5 und S. 127f.).

23 So auch *G. Müller*, Festschrift f. Kahn-Freund, 1980, S. 571 (577).

24 *A. Hueck*, Anm. zu *RAG* (Urt. v. 16.1. 1942), ArbRS 44, S. 121 (130).

Insbesondere diese starre Haltung des *Reichsarbeitsgerichts* wurde in der Literatur aufs heftigste angegriffen und hat zu der Herausbildung der früher weit verbreiteten Lehre vom minder wichtigen Kündigungsgrund geführt.

§ 21 Die Lehre von der außerordentlichen Kündigung aus minder wichtigem Grund

Bevor sich die Darstellung im einzelnen weiter der Rechtsprechung, vor allem den einschlägigen Entscheidungen des *Bundesarbeitsgerichts* widmet, ist es erforderlich, sich näher mit der ersten literarischen Theorie zur Behandlung der tarifvertraglichen Unkündbarkeit, der Lehre von der außerordentlichen Kündigung aus einem „minder wichtigen“[25] oder „relativ wichtigen“[26] Grund auseinander zu setzen. Ohne deren Kenntnis ist vor allem eine weitere Beschäftigung mit der früheren Rechtsprechung kaum möglich.

I. Die Grundgedanken

Die Lehre vom minder wichtigen Kündigungsgrund stellte früher die durchaus herrschende Ansicht in der kündigungsrechtlichen Literatur dar[27]. Bereits 1926 plädierte *Kreller* dafür, im Rahmen der außerordentlichen Kündigung zwei verschiedene Arten von wichtigen Gründen zu unterscheiden[28]. Auch *Heck* sprach sich gegen die Alternative „fristlos wirksam“ oder „gar nicht wirksam“ aus und stützte dabei die Verpflichtung des Arbeitgebers zur Einhaltung einer Kündigungsfrist und die dadurch bewirkte Beschränkung des außerordentlichen Kündigungsrechts unmittelbar auf den Grundsatz von Treu und Glauben nach § 242 BGB[29].

---

25 Siehe *BAG* (Urt. v. 4.6. 1964), AP Nr. 3 zu § 133 b GewO [Leitsatz 1].

26 Siehe Erman[7]/*Küchenhoff*, § 626 Rdnr. 32.

27 *Dersch*, Anm. 3 zu *RAG* (Urt. v. 13. 10. 1937), ArbRS 32, S. 34 (42); *Hueck/Nipperdey*, Arbeitsrecht Bd. I[7], § 59 V 2 (S. 594 mwN aus der älteren Lieratur in Fn. 67); *Nikisch*, Arbeitsrecht Bd. I[3], § 50 IV 4 (S. 746); *A. Hueck*, Anm. 2a zu *BAG* (Urt. v. 4.6. 1964), AP Nr. 3 zu § 133 b GewO; *Adomeit*, Kündigung und Kündigungsschutz, 1962, S. 41; *Köhler*, Unmöglichkeit und Geschäftsgrundlage bei Zweckstörungen im Schuldverhältnis, 1971, S. 63f.; Staudinger[11]/*Neumann*, § 626 Rdnr. 7; Staudinger[12]/*Neumann*, § 626 Rdnr. 111; *Herschel*, Anm. II 1 zu *BAG* (Urt. v. 12.9.1974), AP Nr. 1 zu § 44 TVAL II; *ders.*, Anm. IV 1 zu *BAG* (Urt. v. 28.3.1985), AP Nr. 86 zu § 626 BGB; aber noch *Conze*, ZTR 1987, S. 99 (101) bezeichnet sie als herrschende Lehre; ähnlich auch KR[4]/*Hillebrecht*, § 626 BGB Rdnr. 208.

28 *Kreller*, AcP 1926 (Bd. 125), S. 1 (127f.).

29 *Heck*, Grundriß des Schuldrechts, § 112, 6 (S. 340).

Im neueren Schrifttum wird die Lehre mit Nachdruck vor allem noch von *Zöllner* vertreten[30]. Auch *Rieble* steht dieser Auffassung, wenn auch nicht unter ausdrücklicher Anknüpfung an die bisherige Terminologie, unter verfassungsrechtlichen Gesichtspunkten nahe[31]. Für ihn ist die Relativierung des wichtigen Grundes notwendige Voraussetzung, um einen unverhältnismäßigen Eingriff in die Berufsfreiheit des Arbeitgebers aus Art. 12 GG zu verhindern.

Nach diesem Begründungsansatz sind Fallkonstellationen denkbar, in denen die strikte Anwendung des außerordentlichen Kündigungsrechts allein, zu keinen sachgerechten Ergebnissen führe. Entweder würden schützenswerte Belange des Arbeitgebers über Gebühr beeinträchtigt oder es würden die Bestandsschutzinteressen des Arbeitnehmers nicht genügend berücksichtigt. Die Anhänger dieser Lehre plädieren deshalb bei Arbeitsverhältnissen mit gesteigerter Bindungsintensität, sei es in Form der erhöhten Sach- oder Zeitbindung, für die Etablierung einer dritten eigenständigen Kündigungsart. Zwischen die beiden hergebrachten Formen der ordentlichen und der außerordentlichen Kündigung solle eine notwendig befristete außerordentliche Kündigung aus einem minder wichtigen Grund treten. *Herschel* spricht von einer Kündigung mit einer „veränderten Struktur", die eine Mischform zwischen ordentlicher und außerordentlicher Kündigung darstelle, aber dennoch einen eigenständigen Typus der Kündigung im Arbeitsverhältnis bilde[32].

Als Sachverhaltsgruppen, bei denen dieses Vorgehen angebracht erscheint, seien vor allem der (tarif-) vertragliche Ausschluß der ordentlichen Kündigung oder das Eingreifen langer Kündigungsfristen denkbar. So könne die Situation eintreten, daß dem Arbeitgeber zwar das Festhalten am Vertrag bis zum Ablauf der langen Kündigungsfrist oder bis zum Ausscheiden des Arbeitnehmers aus dem Betrieb wegen Erreichens der Altersgrenze nicht zugemutet werden kann, jedoch auch die sofortige Auflösung des Arbeitsverhältnisses durch den Ausspruch einer fristlosen Kündigung zu einem unangemessenen Eingriff in den Rechtskreis des Arbeitnehmers führen würde[33]. Derartigen Fallgestaltungen könne allein mit dem hergebrachten Dualismus von ordentlicher und außerordentlicher Kündigung nicht beigekommen werden. Würde man es in diesen Fällen dem Arbeitgeber wegen des Fehlens einer gesetzlichen Auflösungsmöglichkeit verwehren, sich von seinem Arbeitnehmer zu trennen, widerspräche

---

30 *Zöllner/Loritz,* Arbeitsrecht[5], § 22 III 6 (S. 288f.); auch schon *Zöllner,* Arbeitsrecht[1], § 22 III 6 (S. 190); *ders.,* Gutachten D, 52. DJT 1978, S. 119f; siehe auch *Schwerdtner,* DB 1979, Beilage Nr. 12, S. 1 (3), obwohl er in späteren Stellungnahmen von diesem Standpunkt wieder abgerückt ist, siehe etwa MünchKomm[3]/*Schwerdtner,* § 626 Rdnr.59.

31 *Rieble,* ArbuR 1993, S. 39 (42f.); im Ergebnis ebenso *Löwisch/Rieble,* TVG, § 1 Rdnr. 562.

32 *Herschel,* Anm. II 1 zu *BAG* (Urt. v. 12.9.1974), AP Nr. 1 zu § 44 TVAL II.

33 *G. Hueck,* Anm. 2a zu *BAG* (Urt. v. 8.10.1957), AP Nr. 16 zu § 626 BGB; *Zöllner/Loritz,* Arbeitsrecht[5], § 23 III 6 (S. 288f.).

dieses Ergebnis den Grundwertungen der §§ 626 BGB, 70 HGB (a.F.), 133b GewO (a.F.). Diesen Bestimmungen sei der Gedanke zu entnehmen, daß die Parteien mit Rücksicht auf ihre persönliche Freiheit und ihre Menschenwürde nicht an einem unzumutbar gewordenen Arbeitsverhältnis festgehalten werden dürfen[34]. Entschiede man anders, würde dies zu einer „unbilligen Härte" führen. Man komme deshalb nicht umhin, das Gesetz frei auszulegen[35]. Deshalb müßten für den wichtigen Grund in § 626 Abs. 1 BGB auch weniger schwerwiegende Gründe als ausreichend anerkannt werden.

Allerdings würde dies dazu führen, daß die außerordentliche Kündigung gerade dann unter erleichterten Voraussetzungen möglich wäre, wenn durch den Ausschluß der ordentlichen Kündigung oder durch die Festsetzung langer Kündigungsfristen eine verstärkte Bindung der Parteien beabsichtigt gewesen ist. Als Kompensation für den Verlust des materiellen Kündigungsschutzes auf Seiten des Arbeitnehmers sei die Kündigung deshalb zwingend mit einer Kündigungsfrist zu versehen. Die geringeren Anforderungen an den wichtigen Grund würden so durch eine Fristgewährung ausgeglichen. Der Arbeitgeber erkaufe sich durch diese Vorgehensweise praktisch die außerordentliche Kündigungsmöglichkeit[36]. Durch diese Korrekturen des § 626 Abs. 1 BGB auf der Tatbestandsebene, Anerkennung eines minder wichtigen Grundes, und auf der Rechtsfolgenseite, Verpflichtung des Arbeitgebers zur Einhaltung einer Kündigungsfrist, sollen die widerstreitenden Interessen von Arbeitnehmer und Arbeitgeber einen angemessenen und schonenden Ausgleich erfahren.

Alfred Hueck hat diese Konstruktion zudem darauf gestützt, daß auch § 105 Abs. 1 des Entwurfs eines Gesetzes über das Arbeitsverhältnis aus dem Jahre 1938 eine ähnliche Kündigungsbestimmung enthielt[37]. Diese lautete[38]:

„(1) Gilt für das Arbeitsverhältnis eine längere als die regelmäßige gesetzliche Kündigungsfrist, so kann jeder Teil mit der regelmäßigen gesetzlichen Frist kündigen, wenn zwar die sofortige Lösung des Arbeitsverhältnisses nicht gerechtfertigt ist, aber dem Kündigenden die Fortsetzung nach dem Sinne der Arbeits- und Betriebsgemeinschaft und der Art des Arbeitsverhältnisses oder im Hinblick auf eine unvorhersehbare Änderung der Verhältnisse nicht bis zum Ablauf der geltenden längeren Kündigungsfrist zugemutet werden kann."

Eine wortgleiche Vorschrift enthielt auch § 178 Abs. 1 des Entwurfs einer Regelung der Arbeit von 1942[39].

---

34 *A. Hueck*, Anm. 1 zu *BAG* (Urt. v. 4.6. 1964), AP Nr. 3 zu § 133 b GewO.

35 *Hueck/Nipperdey*, Arbeitsrecht Bd. I^7, § 59 V 2 (S. 594).

36 So die Bewertung von *Binder*, DRdA 1970, S. 185 (193).

37 *A. Hueck*, Anm. 2a zu *BAG* (Urt. v. 4.6. 1964), AP Nr. 3 zu § 133 b GewO; vgl. auch den Hinweis bei *Nikisch*, Arbeitsrecht Bd. I^3, § 50 IV 4 (S. 746f.).

38 Abgedruckt bei *Ramm*, Entwürfe zu einem Deutschen Arbeitsvertragsgesetz, 1992, S. 243 (270).

39 Abgedruckt bei *Ramm*, Entwürfe zu einem Deutschen Arbeitsvertragsgesetz, 1992, S. 345 (391).

Diese Verknüpfung vom Fehlen ordentlicher Auflösungsmöglichkeiten und den Anforderungen an den wichtigen Grund gilt nach *Zöllner* grundsätzlich für jede Beschränkung des ordentlichen Kündigungsrechts und nicht nur für den Totalausschluß der ordentlichen Kündigung[40]. Je nach dem Grad der Einschränkung der ordentlichen Kündigung würden die qualitativen und quantitativen Erfordernisse des wichtigen Grundes herabgesenkt werden[41]. Es müßten hier auch weniger schwerwiegende Gründe für den Ausspruch einer außerordentlichen Kündigung ausreichen. *Zöllner* zählt dazu etwa auch den Fall des befristeten Arbeitsverhältnisses. Der gänzliche Ausschluß des ordentlichen Kündigungsrechts stelle nur die Stufe mit den geringsten Anforderungen an den wichtigen Grund dar. So soll bereits jede Verlängerung der ordentlichen Kündigungsfrist zu einer Absenkung der Anforderungen an den wichtigen Grund führen. In diesen Fällen soll eine Korrektur der insoweit überschießenden gesetzlichen Regelung des § 626 Abs. 1 BGB erfolgen und eine außerordentliche Kündigung nur befristet ausgesprochen werden dürfen[42]. Methodologisch bedeutet dies nichts anderes als eine teleologische Reduktion der Rechtsfolgenseite des außerordentlichen Kündigungsrechts in den Fällen des gesteigerten Bestandsschutzes.

Dieser Zusammenhang hat in der Literatur zu einer vollkommenden Infragestellung von verbessernden kündigungsschutzrechtlichen Regelungen über das gesetzliche Maß hinaus Anlaß gegeben. Durch die erleichterte Zulassung der außerordentlichen Kündigungsmöglichkeit stelle sich der absolute Schutz vor ordentlichen Kündigungen in Wirklichkeit als ein „Danaergeschenk" dar, weil der verstärkte Kündigungsschutz den Arbeitnehmer nur bedingt zu schützen vermag[43].

II. Würdigung durch Rechtsprechung und herrschende Lehre

Seit ihrem ersten Erscheinen in der Literatur ist die Theorie vom minder wichtigen Kündigungsgrund immer wieder stark angegriffen worden. Die Rechtsprechung[44] hat sie durchweg verworfen, und auch die heute herrschende Lehre steht ihr ablehnend gegenüber[45]. Dabei stehen hauptsächlich die Aspekte der Justitiabilität und der Praktikabilität im Vordergrund.

---

40 *Zöllner,* Gutachten D, 52. DJT 1978, S. 119f

41 Gegen die Relativierung in qualitativer und quantitativer Hinsicht ausdrücklich *Weng,* DB 1977, S. 676 (677, Fn. 23).

42 *Zöllner/Loritz,* Arbeitsrecht[5], § 22 III 6 (S. 288f).

43 *Schwerdtner,* DB 1979, Beilage Nr. 12, S. 1 (3).

44 *BAG* (Urt. v. 3.10. 1957), AP Nr. 1 zu § 70 HGB [unter 3 der Gründe]*; BAG* (Urt. v. 4.6. 1964), AP Nr. 3 zu § 133 b GewO [Leitsatz 1 und unter I der Gründe]; neuerdings wieder *BAG* (Urt. v. 11.3. 1999), EzA Nr. 177 zu § 626 BGB [unter B II 3b der Gründe].

45 *Stahlhacke/Preis/Vossen,* Kündigungsschutz[7], Rdnr. 459; Münch-Komm[3]/*Schwerdtner,*

Zunächst ist die ablehnende Haltung gegenüber dieser Lösungskonzeption vor allem an einem formalen Argument festgemacht worden. Es ist darauf hingewiesen worden, daß das Gesetz neben der ordentlichen und der außerordentlichen Kündigung keine dritte eigenständige Kündigungsart kenne. Besonders deutlich drückt dies das *Bundesarbeitsgericht* in seiner Entscheidung vom 4. Juni 1964 aus[46]:

„Zwischen der ordentlichen und der außerordentlichen Kündigung aus wichtigem Grund gibt es nach geltendem Recht nicht noch eine außerordentliche Kündigung aus einem minder wichtigen Grund."

Die Anerkennung einer kündigungsrechtlichen „Zwischenlösung"[47] oder einer „Zwischenstufe"[48] sei dem Arbeitsrecht fremd und müsse als gesetzeswidrig abgelehnt werden. Es gebe keine wichtigen Gründe mit minderem Gewicht, genauso wenig wie es etwa wichtige Gründe mit schwererem Gewicht gebe[49]. Eine solche Mittellösung füge sich nicht widerspruchslos in das gesetzliche System ein. Selbst wenn die Anwendung der vorhandenen Kündigungs- instrumentarien im Einzelfall einmal zu einem unbilligen Ergebnis führen sollte, so sei dennoch an den gesetzlichen Vorgaben festzuhalten[50]. Gestützt wird dieses Ergebnis auch mit dem Argument fehlender Rechtssicherheit und Rechtsklarheit, die mit der Anerkennung eines minder wichtigen Kündigungsgrundes einhergehen[51]. So hat vor allem *Hillebrecht* auf das Fehlen eines handhabbaren

---

§ 626 Rdnr. 59; anders noch *ders.* DB 1979, Beilage Nr. 12, S. 1 (3); RGRK[12]/*Corts,* § 626 Rdnr. 29; KR[5]/*Fischermeier,* § 626 BGB Rdnr. 306; *Binder,* DRdA 1970, S. 185 (196); *Kania/Kramer,* RdA 1995, S. 287 (294); *Däubler,* Das Arbeitsrecht 2[11], Rdnr. 1140; *Preis,* Prinzipien des Kündigungsrechts, 1987, S. 484; Staudinger[13]/*Preis,* § 626 Rdnr. 63; MünchArbR/*Wank,* § 117 Rdnr. 20; *Frohner,* BlStSozArbR 1977, S. 353 (354); *Conze* ZTR 1987, S. 99 (101); *Säcker,* Anm. zu *BAG* (Urt. v. 20.2. 1975) JZ 1975, S. 740 (742) – Fall Beuys; *Walker,* Anm. VII zu *BAG* (Urt. v. 28.2. 1998), EzA § 626 BGB n. F. Unkündbarkeit Nr. 2; *Weng,* Kündigung von Arbeitsverhältnissen mit langer Bindung, 1980, S. 144, 146; *v.Koppenfels,* Kündigung bei unkündbaren Arbeitnehmern, 1998, S. 62f; *Hüpper,* RdA 1962, S. 249 (249, 253); *Pauly,* ArbuR 1997, S. 94 (97); Wiedemann/*Wiedemann,* TVG[6], § 1 Rdnr. 539; *Adam,* NZA 1999, S. 846 (847, 850); KSchR[4]/*Däubler,* § 626 BGB Rdnr. 53; *Preis/Hamacher,* Festschrift Arbeitsgerichtsbarkeit Rheinland-Pfalz, 1999, S. 245 (250); GK-KR/*Dörner,* § 626 BGB Rdnr. 40.

46 *BAG* (Urt. v. 4.6. 1964), AP Nr. 3 zu § 133 b GewO [Leitsatz 1 und unter I der Gründe]; ebenso *Conze* ZTR 1987, S. 99 (101).

47 So *BAG* (Urt. v. 4.6. 1964), AP Nr. 3 zu § 133 b GewO [unter I der Gründe].

48 So Erman[7]/*Küchenhoff,* § 626 Rdnr. 32.

49 *Hassenpflug,* Die Kündigung von Betriebsratsmitgliedern, 1989, S. 52.

50 *BAG* (Urt. v. 4.6. 1964), AP Nr. 3 zu § 133 b GewO [unter I der Gründe]; *Adam,* NZA 1999, S. 846 (847); vgl. dazu auch *Schwerdtner,* Festschrift f. Kissel 1994, S. 1077 (1082).

51 *BAG* (Urt. v. 3.10. 1957), AP Nr. 1 zu § 70 HGB [unter 3 der Gründe]; *BAG* (Urt. v. 4.6. 1964), AP Nr. 3 zu § 133 b GewO [unter I der Gründe]; KR[4]/*Hillebrecht,* § 626 BGB Rdnr. 209;

Maßstabes hingewiesen, mit dem der minder wichtige Kündigungsgrund von dem eigentlich wichtigen Kündigungsgrund in § 626 Abs. 1 BGB und den Kündigungsgründen in § 1 Abs. 2 KSchG abzugrenzen sei[52]. Man sieht damit Klarheit und Verläßlichkeit bei der Prüfung des Kündigungsgrundes in Frage gestellt. Durch die Etablierung einer dritten, sachlich gebundenen Kündigung minderer Intensität würden deshalb die Probleme nicht gelöst sondern nur verschoben werden. Der vorgeschlagene Weg helfe im zu beurteilenden Einzelfall nicht weiter.

Darüber hinaus führe diese Ansicht zu einer nicht zu rechtfertigenden Verkürzung des (tarif-) vertraglich verankerten Sonderkündigungsschutzes, die den Schutzzweck von Unkündbarkeitsklauseln geradezu in ihr Gegenteil verkehre. Die Anknüpfung an den Satz, nach dem Störungen für eine kurze Zeit eher als über einen längeren Zeitraum ertragen werden können, stelle insoweit nur eine Scheinbegründung für die Zulassung eines minder wichtigen Kündigungsgrundes dar[53]. Auf dem Umweg über die außerordentliche Kündigung würde die an sich ausgeschlossene ordentliche Kündigung wieder aufleben und die Unkündbarkeitsstellung weitgehend entwerten[54]. *Schwerdtner* sieht dadurch das Risiko einer „tendenziellen Gefährdung" des Bestandsschutzes verwirklicht[55].

Abstufungen hinsichtlich des wichtigen Grundes seien deshalb nicht anzuerkennen. Dahinter steht die Befürchtung, daß aus der Zulassung eines minder wichtigen Kündigungsgrundes auch ein minderer materieller Kündigungsschutz resultieren würde und auf diese Weise der besondere Kündigungsschutz entwertet würde. Der Rechtsbegriff des wichtigen Grundes sei deshalb grundsätzlich anhand der gleichen Kategorien zu messen, die auch sonst für die Bestimmung des Rechtsbegriffs ausschlaggebend seien[56].

Speziell für den tarifvertraglichen Ausschluß der ordentlichen Kündigung ist zudem auf eine unzulässige Einschränkung der tarifvertraglichen Regelungsmacht hingewiesen worden. Die einschlägigen Tarifklauseln enthielten nämlich durchweg die Formulierung, daß nur aus „wichtigem Grund" und eben nicht bereits aus einem „minder wichtigen Grund" gekündigt werden kann. Die Herabschraubung des von den Tarifpartnern bezweckten Kündigungsschutzes würde sich deshalb als ein sachlich nicht begründbarer und deshalb unzulässiger Eingriff in die Tarifautonomie darstellen[57].

---

52 KR[4]/*Hillebrecht*, § 626 BGB Rdnr. 209; zustimmend *Conze* ZTR 1987, S. 99 (101).

53 *Däubler*, Das Arbeitsrecht 2[11], Rdnr. 1140.

54 *Binder*, DRdA 1970, S. 185 (195).

55 *Schwerdtner*, Festschrift f. Kissel, 1994, S. 1077 (1083); MünchKomm[3]/*Schwerdtner*, § 626 Rdnr. 59; folgend *Kania/Kramer*, RdA 1995, S. 287 (294).

56 *v.Koppenfels*, Kündigung bei unkündbaren Arbeitnehmern, 1998, S. 62; ebenso *Preis*, Prinzipien des Kündigungsrechts, 1987, S. 484.

57 Vgl. dazu auch *Bröhl*, Festschrift f. Schaub, 1998, S. 55 (58).

III. Eigener Standpunkt

Trotz der Vehemenz mit der die herrschende Rechtsauffassung gegen eine Kündigung aus einem minder wichtigen Grund argumentiert, kann dieser Kritik auch entgegen der neueren, ausführlichen Stellungnahme von *v.Koppenfels*[58] nicht zugestimmt werden[59].

Dies gilt zunächst für den Hinweis darauf, die Zulassung einer dritten Kündigungsform widerspreche dem geltenden Gesetzesrecht, weil das Kündigungsschutzrecht sie nicht kenne und sie dem Arbeitsrecht daher fremd sei. Sicherlich ist daran richtig, daß diese Form der Kündigung nicht positiviert worden ist und das Gesetz zwischen sachlich gebundener ordentlicher Kündigung nach Maßgabe des KSchG und der außerordentlichen Kündigung nach § 626 BGB keine weitere, sachlich gebundene Kündigung minderer Bindungsintensität vorsieht[60]. In diese Richtung zielende Gesetzesvorhaben sind nicht kodifiziert worden. Doch hindert dies den zur Entscheidung berufenen Richter grundsätzlich nicht, die gesetzlichen Vorgaben zu Ende zu denken und zur Vermeidung von offenen Wertungswidersprüchen eine bestehende gesetzliche Lücke zu schließen. Der Auftrag zur Rechtsfortbildung hat neben seiner verfassungsrechtlichen Verankerung in Art. 20 Abs. 3 2. Halbsatz GG, nach der die Rechtsprechung an Gesetz und Recht gebunden ist, durch § 45 Abs. 4 ArbGG im Arbeitsrecht auch eine einfachgesetzliche Ausprägung erfahren[61]. Führt die starre Anwendung des vom Gesetzgeber vorgedachten Regelungsprogramms zu Wertungswidersprüchen, so müssen diese anhand der Kriterien des schonendsten Ausgleichs und der praktischen Konkordanz aufgelöst werden. Eine andere Haltung würde mit dem Verbot der Rechtsverweigerung[62] kollidieren.

Das Argument der fehlenden Positivierung des minder wichtigen Kündigungsgrundes ist demnach nicht haltbar[63]. Um so deutlicher wird dies, wenn man berücksichtigt, daß es mittlerweile der nahezu einhelligen Rechtsauffassung entspricht, die hier so bezeichnete ersetzende außerordentliche Kündigung[64] mit der Verpflichtung des Arbeitgebers zu koppeln, dem Arbeitnehmer zumindest die gesetzlich oder tarifvertraglich einschlägige Kündigungsfrist zu

---

58 *v.Koppenfels,* Kündigung bei unkündbaren Arbeitnehmern, 1998, S. 62f.

59 Ebenso im Ergebnis auch *Bröhl,* Festschrift f. Schaub, 1998, S. 55 (56).

60 So auch *A. Hueck,* Anm. 2a zu *BAG* (Urt. v. 4.6. 1964), AP Nr. 3 zu § 133 b GewO.

61 *A. Hueck,* Anm. 2a zu *BAG* (Urt. v. 4.6. 1964), AP Nr. 3 zu § 133 b GewO; vgl. zu § 45 Abs. 4 ArbGG auch *Adomeit,* Festschrift f. Schaub, 1998, S. 1 (1); *v.Hoyningen-Huene,* Festschrift der Juristischen Fakultät der Universität zu Heidelberg, 1986, S 353 (356).

62 Siehe dazu *Kissel,* Festschrift f. Schaub, 1998, S. 373 (374); *Söllner,* RdA 1985, S. 328 (329f.).

63 Siehe dazu auch *Trieschmann,* Anm. zu *BAG* (Urt. v. 4.6. 1964), ArbuR 1964, S. 319, der dem *BAG* zwar im Ergebnis beipflichtet, das Argument der fehlenden Kodifizierung aber für nicht stichhaltig hält.

64 Siehe oben § 17 I 3.

gewähren. Daß dieses Argument für eine Ablehnung der Lehre nicht durchschlagend ist, wird deshalb auch in den neueren Stellungnahmen der ablehnenden literarischen Auffassung deutlich[65]. Insoweit geht es auf jeden Fall zu weit, wenn *von Koppenfels* feststellt, der Kritik der herrschenden Meinung sei in „allen Punkten" beizupflichten[66] und *Walker* noch in einer neueren Urteilsanmerkung das Argument der fehlenden gesetzlichen Grundlage bemüht[67].

Gleiches gilt für die Behauptung, die Anerkennung einer dritten Kündigungsart gefährde die Rechtssicherheit und Voraussehbarkeit der Kündigungsrechtsprechung. Eine Kündigung aus einem weniger schwerwiegenden Grund kommt auch nach der Lehre vom minder wichtigen Kündigungsgrund nur in eng begrenzten Ausnahmefällen in Betracht[68]. Eine Beeinträchtigung der Rechtssicherheit durch diese Rechtsfigur kann daher schwerlich als Gegenargument gebraucht werden.

Ebenso ist das von der herrschenden Lehre angeführte Bestandsschutzargument Bedenken ausgesetzt. Zwar erscheint die Anerkennung eines minder wichtigen Kündigungsgrundes auf den ersten Blick als eine ungerechtfertigte Aufweichung des (tarif-)vertraglichen Kündigungsschutzes. Doch besteht im Ergebnis zwischen der herrschenden Ansicht und der Lehre vom minder wichtigen Kündigungsgrund kaum Unterschiede. Denn auch die ablehnende Auffassung und vor allem die Rechtsprechung erkennt die Wirksamkeit von außerordentlichen Kündigungen, wie etwa der Kündigung wegen Betriebsstillegung oder der Kündigung wegen langandauernder Krankheit, an, die im ordentlich noch kündbaren Arbeitsverhältnis nur eine ordentliche Kündigung rechtfertigen würden[69]. Wollte man die Bestimmung des wichtigen Grundes genauso wie im ordentlich noch kündbaren Arbeitsverhältnis vornehmen, so würde dies aufgrund der notwendigen Parallelprüfung zwingend dazu führen, daß aus betriebs- oder krankheitsbedingten Kündigungsgründen überhaupt nicht mehr gekündigt werden könnte. §626 BGB würde dann im wesentlichen nur noch in den Fällen der verhaltensbedingten Kündigung aufgrund schwerer Vertragsverletzungen Anwendung finden. Dies würde zu Ergebnissen führen, die auch nach der vorherrschenden Auffassung mit dem Unzumutbarkeitsgrundsatz nicht zu vereinbaren sind.

Die herrschende Auffassung übersieht zudem, daß es für die Qualifizierung des wichtigen Grundes entscheidend auf den Blickwinkel ankommt. Vom Standpunkt des ordentlich noch kündbaren Arbeitsverhältnisses ist für Kündigung des unkündbaren Arbeitnehmers nur ein herabgeminderter wichtiger

---

65 KR^4/*Hillebrecht,* § 626 BGB Rdnr. 209; KR^5/*Fischermeier,* § 626 BGB Rdnr. 306; *Schwerdtner,* Festschrift f. Kissel, 1994, S. 1077 (1083).

66 *v.Koppenfels,* Kündigung bei unkündbaren Arbeitnehmern, 1998, S. 62.

67 *Walker,* Anm. VII zu *BAG* (Urt. v. 5.2. 1998), EzA Nr. 2 zu § 626 BGB Unkündbarkeit.

68 So auch *Pauly,* ArbuR 1997, S. 94 (97).

69 So zutreffend *Bröhl,* Festschrift f. Schaub, 1998, S. 55 (56).

Grund für den Ausspruch der außerordentlichen Kündigung notwendig. Betrachtet man hingegen das ordentlich nicht mehr auflösbare Arbeitsverhältnis, so wird deutlich, daß hier der wichtige Grund infolge der Einzelfallbetrachtung, in die auch der Umstand der Unkündbarkeit einfließt, eben entscheidend von der gesteigerten Bindungswirkung beeinflußt wird. Unter dieser Rahmenbedingung gibt dann der im ordentlich kündbaren Arbeitsverhältnis nur als relativ wichtiger Grund erscheinende Kündigungsgrund sehr wohl einen wichtigen Grund für den Arbeitgeber zur außerordentlichen Kündigung ab. Dieses Perspektivenargument wird von den Vertretern der Gegenposition völlig übersehen, oder zumindest ignoriert.

Zudem trägt auch die Rechtsprechung der schon herausgestellten Wechselwirkung[70] zwischen wichtigem Grund an sich und den Umständen des Einzelfalls Rechnung. Ansonsten käme die Judikatur niemals zu dem Ergebnis, daß der unkündbare Arbeitnehmer etwa im Falle der Betriebsstillegung außerordentlich unter Einhaltung der ordentlichen Kündigungsfrist gekündigte werden könnte.

Die Lehre vom minder wichtigen Grund hat zudem als erste ausgesprochen, was heute, aller Terminologie zum Trotz, als gesicherte Rechtserkenntnis in Rechtsprechung und herrschender Lehre angesehen werden darf. Die außerordentliche Kündigung muß im unkündbaren Arbeitsverhältnis die an sich ausgeschlossene ordentliche Kündigung zumindest teilweise ersetzen[71].

Schließlich kann auch aus der durch das Arbeitsrechtsbereinigungsgesetz erfolgten Neufassung des § 626 Abs. 1 BGB ein Argument gegen die herrschende Lehre gewonnen werden. Der Gesetzeswortlaut verlangt eine Prüfung der Zumutbarkeit in Abhängigkeit von der Frist zur ordentlichen Kündigung oder vom vereinbarten Ende des Arbeitsverhältnisses. Diese Zeiträume können aber erheblich variieren. Abstufungen bei der Bestimmung des wichtigen Grundes in Abhängigkeit von der ordentlichen Vertragsdauer sind demnach auch dem Gesetz nicht fremd. Im Falle der Unkündbarkeit kann dann durchaus eine Situation eintreten, nach der im Vergleich zu einer sehr kurzen Bindungsdauer der wichtige Grund erheblich herabgemildert wird. Die herrschende Gegenmeinung müßte dann folgerichtig auch längere als die kurze vierwöchige gesetzliche Grundkündigungsfrist nach § 622 Abs. 1 BGB bei der Bestimmung des wichtigen Grundes unberücksichtigt lassen.

Somit unterscheiden sich die Lehre vom minder wichtigen Kündigungsgrund und die herrschende Gegenposition im Grundsatz nur in der Bezeichnung. Die Leugnung eines minder wichtigen Kündigungsgrundes ist reine begriffliche Kosmetik und für den Bereich des tarifvertraglichen Kündigungsausschlusses nur mit einem übersteigerten Zugeständnis an die Tarifautonomie der Tarifver-

---

[70] Siehe dazu schon oben § 16 III 1c.

[71] Siehe oben § 17 I 3.

tragsparteien zu erklären. Man möchte den hergebrachten und seit Jahrzehnten in der Tarifpraxis anerkannten Tarifklauseln nicht die volle Wirksamkeit versagen. Kritisch anzumerken bleibt allerdings, daß die Lehre vom minder wichtigen Grund die bereits herausgearbeiteten verschiedenen Anwendungsbereiche des außerordentlichen Kündigungsrechts im unkündbaren Arbeitsverhältnis[72] weder begrifflich noch inhaltlich voneinander unterscheidet. Zudem läßt sich auf einen kaum bemerkten Wertungswiderspruch hinweisen, der auch die im weiteren noch zu behandelnde Rechtsauffassung des *Bundesarbeitsgerichts* beherrscht. Die auf die sofortige Auflösung des Arbeitsverhältnis zugeschnittene Zumutbarkeitsprüfung ist mit der Gewährung einer Kündigungsfrist schwerlich zu vereinbaren. Von der doppelten Zumutbarkeitsprüfung[73], mit deren Hilfe der wichtige Grund in § 626 Abs.1 BGB ermittelt werden kann, wird die zweite Prüfungsstufe, die ausnahmsweise Unzumutbarkeit der Einhaltung der regulären Kündigungsfrist, obsolet. Damit reduziert sich die Frage nach dem Vorliegen eines wichtigen Grundes allein auf die Prüfung, ob es überhaupt zumutbar ist, das Arbeitsverhältnis weiter fortzuführen. Diese Prüfung ist aber gerade typisch für die ordentliche Kündigung[74]. So zeichnet sich an dieser Stelle ab, daß die Ermittlung des Kündigungsgrundes in diesem Fall zwar begrifflich noch als Prüfung des wichtigen Grundes ausgegeben wird, dogmatisch allerdings mit der Feststellung eines ordentlichen Kündigungsgrundes identisch ist.

§ 22 Die Rechtsprechung des *Bundesarbeitsgerichts*

In der Entwicklung der Rechtsprechung des *Bundesarbeitsgerichts* zum Ausschluß der ordentlichen Kündigung lassen sich zwei Phasen unterscheiden. Während die frühen Entscheidungen noch ganz von der Rechtsprechung des *Reichsarbeitsgerichts* geprägt waren, versucht man in der neueren höchstrichterlichen Judikatur seit einer durch die beiden Urteile vom 14. November 1984[75] und vom 28. März 1985[76] eingeleiteten Wende, dem jeweiligen Schutzzweck des ordentlichen Kündigungsausschlusses stärkere Geltung zu verschaffen.

---

72 Siehe oben § 17 I 3.

73 Siehe oben § 17 I 1.

74 Unabhängig davon, ob man den Begriff der Unzumutbarkeit auch auf die ordentliche Kündigung überträgt, vgl. bereits die kritischen Anmerkungen oben § 17 I 1.

75 *BAG* (Urt. v. 14.11. 1984), AP Nr. 83 zu § 626 BGB.

76 *BAG* (Urt. v. 28.3. 1985), AP Nr. 86 zu § 626 BGB.

I. Frühe Entscheidungen

1. Bestimmung des wichtigen Grundes

Die Rechtsprechung des *Bundesarbeitsgerichts* auf dem Gebiet der Unkündbarkeit bewegte sich ursprünglich ganz auf der Linie des *Reichsarbeitsgerichts* und führte dessen Rechtsauffassung mit Rücksicht auf die Einheitlichkeit der Rechtsprechung konsequent weiter fort[77]. Man sah keinen Anlaß von den maßgebenden Wertungsgrundlagen abzurücken und rechtsfortbildende Maßnahmen zu ergreifen, um bestehende Wertungswidersprüche auszuräumen[78].

Immerhin ist der Versuch erkennbar, die an den wichtigen Grund zu stellenden Anforderungen näher zu konkretisieren. So soll bei der Kündigung eines nach § 16 Abs. 4 Satz 2 TO.A[79] unkündbaren Angestellten ein besonders strenger Maßstab anzulegen sein[80] oder die Kündigung eines nach § 50 Abs. 1 BMT-G unkündbaren Arbeiters nur aus besonders schwerwiegenden Gründen durchgreifen können[81]. Ähnlich entschied das Gericht in den Fällen von langfristig abgeschlossenen Verträgen, die über eine Zeitdauer von fünf[82] beziehungsweise zehn Jahren[83] nur aus wichtigem Grund gekündigt werden konnten. Wie zuvor bereits das *Reichsarbeitsgericht*, so lehnte auch das *Bundesarbeitsgericht* in seinen frühen Entscheidungen die von der Literatur vertretene Auffassung von einer außerordentlichen Kündigung aus einem minder wichtigen Kündigungsgrund kategorisch ab[84].

2. Ablehnung einer außerordentlichen fristgebundenen Kündigung

Auch hinsichtlich einer aus dem Schutzgedanken der Unkündbarkeit abzuleitenden Kündigungsfrist stand das Gericht skeptisch gegenüber. Die außerordentliche Kündigung war danach entweder fristlos oder überhaupt nicht wirksam[85]. Immerhin erkannte man schon früh die Zulässigkeit einer freiwillig erfolgten Befristung der außerordentlichen Kündigung aus sozialem Entgegen-

---

77 Siehe *Schwerdtner*, Festschrift f. Kissel, 1994, S. 1077 (1082).

78 Siehe *Trieschmann*, Anm. zu *BAG* (Urt. v. 4.6. 1964), ArbuR 1964, S. 319 (319f.), der zwar insoweit die Rechtsauffassung der Rechtsprechung teilt, angesichts der sonstigen Fälle richterlicher Rechtsfortbildung allein in dem Fehlen einer gesetzlichen Regelung keine ausreichende Grundlage für die ablehnende Haltung sieht.

79 Siehe zu dieser Unkündbarkeitsklausel schon oben, § 7 I 2b.

80 *BAG* (Urt. v. 3.11. 1955), AP Nr. 4 zu § 626 BGB [ohne Gründe].

81 *BAG* (Urt. v. 8.10. 1957), AP Nr. 15 zu § 626 BGB [unter IIe der Gründe].

82 *BAG* (Urt. v. 15.12. 1955), AP Nr. 6 zu § 626 BGB [unter III 5 der Gründe].

83 *BAG* (Urt. v. 17.4. 1956), AP Nr. 8 zu § 626 BGB [Leitsatz 1 und unter I 2 der Gründe].

84 *BAG* (Urt. v. 20.8. 1964), AP Nr. 7 zu § 70 HGB [unter I der Gründe]; *BAG* (Urt. v. 4.6. 1964), AP Nr. 3 zu § 133b GewO [Leitsatz 1 und unter I der Gründe].

85 *BAG* (Urt. v. 20.8. 1964), AP Nr. 7 zu § 70 HGB [unter I der Gründe].

kommen an[86]. Die außerordentliche Kündigung konnte als das „mindere Recht" gegenüber der fristlosen Kündigung wirksam mit einer Kündigungsfrist versehen werden[87]. Jedoch bestand nach Auffassung des Gerichts für den Arbeitgeber keinerlei Rechtspflicht eine solche Kündigungsfrist auch zwingend einzuhalten. Allerdings sollte eine vom Arbeitgeber gewährte Kündigungsfrist, die die Härte der fristlosen Kündigung zugunsten des Arbeitnehmers herabmildert, in der Interessenabwägung im Rahmen des wichtigen Grundes Berücksichtigung finden[88].

Ausführlich nahm das Gericht zu der Problematik einer außerordentlichen, zwingend fristgebundenen Kündigung in seiner Entscheidung vom 4. Juni 1964 Stellung[89]. Bemerkenswerterweise wird hier der Kanon der schon dargestellten, rein formalen Argumente um einen weiteren Gesichtspunkt, der gegen die Zulässigkeit der Einhaltung einer Kündigungsfrist sprechen soll, erweitert. Das Gericht sieht in der Zuerkennung einer Kündigungsfrist durch Richterspruch bei einer fristlos ausgesprochenen Kündigung die Gewährung einer unzulässigen Abfindung[90]. Der Arbeitgeber gebe mit der außerordentlichen Kündigung zu erkennen, daß er den Arbeitnehmer ab sofort nicht mehr beschäftigen wolle. Die richterliche Aufrechterhaltung des Arbeitsverhältnisses bis zum Zeitpunkt des Ablaufs der ordentlichen Kündigungsfrist führe aber dazu, daß Gehalts- oder Lohnansprüche für die Dauer der Kündigungsfrist weiter fortbestehen. Dies sei vom praktischen Ergebnis nichts anderes als die Zubilligung einer Abfindung. Bei der außerordentlichen Kündigung dürfe es aber ausweislich der gesetzgeberischen Anordnung in § 11 Abs. 1 Satz 3 KSchG a.F. (heute § 13 Abs. 1 Satz 3) bei einer unberechtigten fristlosen Kündigung allein auf Veranlassung des Arbeitgebers keine Auflösung des Arbeitsverhältnisses unter Zahlung einer Abfindung geben. Dieses sei nur auf Antrag des gekündigten Arbeitnehmers möglich. Die Gewährung einer Kündigungsfrist käme einer richterlichen Rechts- oder Vertragshilfe bedenklich nahe, die einer ausdrücklichen gesetzlichen Grundlage, wie etwa in den §§ 315 Abs. 3, 319 BGB, bedürfe[91]. Zudem bestünde eine erhebliche Rechtsunsicherheit, wie eine solche Kündigungsfrist zu bemessen sei[92].

---

86 *BAG* (Urt. v. 3.10. 1957), AP Nr. 1 zu § 70 HGB [unter 3 der Gründe]; *BAG* (Urt. v. 8.10. 1957), AP Nr. 15 zu § 626 BGB [unter I der Gründe]; *BAG* (Urt.v. 16.7. 1959), AP Nr. 31 zu § 626 BGB [unter III der Gründe]; *BAG* (Urt. v. 19.1. 1973), AR-Blattei D Kündigung VIII Nr. 42 [unter I 2 der Gründe].

87 So *Neumann-Duesberg*, Anm. 2b zu *BAG* (Urt. v. 3.10. 1957), AP Nr. 1 zu § 70 HGB.

88 *BAG* (Urt. v. 8.10. 1957), AP Nr. 15 zu § 626 BGB [unter IIc der Gründe]; ebenso heute noch im Schrifttum RGRK[12]/*Corts*, § 626 Rdnr. 29.

89 *BAG* (Urt. v. 4.6. 1964), AP Nr. 3 zu § 133b GewO.

90 *BAG* (Urt. v. 4.6. 1964), AP Nr. 3 zu § 133b GewO [unter I der Gründe].

91 So die zustimmenden Ausführungen von *Trieschmann*, Anm. zu *BAG* (Urt. v. 4.6. 1964), ArbuR 1964, S. 319 (320).

92 *BAG* (Urt. v. 19.1. 1973), AR-Blattei D Kündigung VIII Nr. 42 [unter I 2 der Gründe].

3. Kritische Würdigung der frühen Judikate

Zunächst gilt hinsichtlich der frühen Entscheidungen des *Bundesarbeitsgericht* die Kritik an der Rechtsprechung des *Reichsarbeitsgerichts* entsprechend. Es ist dem *Bundesarbeitsgericht* nicht gelungen, der Rechtsfigur der Unkündbarkeit eine feste Struktur zu verleihen. Der bei der Prüfung des wichtigen Grundes anzulegende Maßstab ist in höchstem Maße unbestimmt und deshalb wenig praktikabel[93]. Er stellt im Ergebnis nichts weiter dar, als eine Umschreibung dessen, was gesetzestechnisch schon in dem Begriff „wichtig" angelegt ist.

Des weiteren ist die Berücksichtigung der Kündigungsfrist im Rahmen der bei § 626 BGB vorzunehmenden Interessenabwägung höchst widersprüchlich. Ein Umstand, der wie die Kündigungsfrist nach der Rechtsauffassung des Gerichts für die Wirksamkeit der außerordentlichen Kündigung unbedeutend ist, kann schon nach formallogischen Gesichtspunkten keinen Einfluß auf die Abwägung der Interessen im Rahmen der anzustellenden Unzumut- barkeitsprüfung haben. Entweder ist die Wirksamkeit der Kündigung vom Ausspruch einer Kündigungsfrist abhängig, oder sie ist es nicht. Eine dritte Möglichkeit gibt es insoweit nicht. *Götz Hueck* hat dazu pointiert festgestellt, daß das *Bundesarbeitsgericht* nach dieser Konzeption dem Arbeitgeber gestatte, fristlos zu kündigen, wenn er freiwillig eine Kündigungsfrist ausspricht[94]. Dieses Vorgehen führt unweigerlich zu einer Vermengung von Tatbestand und Rechtsfolge der außerordentlichen Kündigung. Das Vorliegen eines Kündigungsgrundes kann auf diese Weise nicht unabhängig von der Frage nach der Einhaltung einer Kündigungsfrist bestimmt werden.

Auch das von der Rechtsprechung zur Ablehnung einer zwingend zu gewährenden Kündigungsfrist gebrauchte Abfindungsargument vermag die ablehnende Haltung nicht zu begründen. Dies ist kein Argument gegen die Zulassung einer befristeten außerordentlichen Kündigung, sondern nur die Konsequenz aus dem widersprüchlichen Ausgangspunkt der Rechtsprechung[95]. In den zu beurteilenden Fällen liegt gerade eine wirksame außerordentliche Kündigung vor. Die Auflösung des Arbeitsverhältnis durch den erkennenden Richter kommt deshalb überhaupt nicht in Frage[96]. Das Argument der unzulässigen Abfindung impliziert eine unzulässige Umdeutung einer dem Anpassungsschutz dienenden Kündigungsfrist in eine mittelbare Kündigungsbeschränkung und läuft damit auf eine systemwidrige Vermischung der verschiedenen Regelungstypen von Kündigungsbeschränkungen hinaus.

---

93 Vgl. auch die Ausführungen von *Preis,* Prinzipien des Kündigungsrechts, 1987, S. 161, 251 zur Unzulänglichkeit des Begriffs des „strengen Maßstabs".

94 *G. Hueck,* Anm. 2b zu *BAG* (Urt. v. 8.10. 1957), AP Nr. 15 zu § 626 BGB.

95 So besonders deutlich *Schwerdtner,* Festschrift f. Kissel, 1994, S. 1077 (1083).

96 *A. Hueck,* Anm. 2e zu *BAG* (Urt. v. 4.6. 1964), AP Nr. 3 zu § 133b GewO.

II. Neuere Entscheidungen

Seit Mitte der achtziger Jahre läßt sich in der Rechtsprechung eine, wenn auch nie ausdrücklich festgestellte Abkehr von der Rechtsauffassung des *Reichsarbeitsgerichts* feststellen. Das *Bundesarbeitsgericht* bemüht sich um eine klarere Erfassung und um eine dogmatische Durchdringung der außerordentlichen Kündigung von tarifvertraglich unkündbaren Arbeitnehmern. Weiterentwickelt wurden insbesondere die Grundsätze zur Bestimmung des wichtigen Grundes und es wurde im Anschluß an Forderungen in der Literatur die außerordentliche fristgebundene Kündigung ausdrücklich anerkannt.

1. Bestimmung des Kündigungsgrundes: Die Entscheidung vom 14. November 1984

Diese neuere Entwicklung wurde maßgeblich vorangetrieben durch eine Grundsatzentscheidung vom 14. November 1984[97]. Diese Entscheidung enthält wesentliche Aussagen zum Kündigungsgrund bei der außerordentlichen Kündigung tarifvertraglich unkündbarer Arbeitnehmer. Das Gericht befaßte sich mit drei wesentlichen Gesichtspunkten: der Bedeutung des Sinn und Zwecks des tarifvertraglichen Kündigungsausschlusses, dem zeitlichen Bezugspunkt der Interessenabwägung und dem Einfluß der langen Bindung und des Ausschlusses des ordentlichen Kündigungsrechts auf die Interessenabwägung im Rahmen des § 626 Abs. 1 BGB[98].

Zunächst wird kurz auf den Schutzzweck einer tarifvertraglichen Unkündbarkeitsklausel eingegangen. Dieser wird darin gesehen, dem geschützten Arbeitnehmer ein gesteigertes Maß an Sicherheit und eine langfristige Aufrechterhaltung des Arbeitsplatzes zu gewährleisten[99].

Im weiteren geht die Entscheidung der Frage nach, auf welchen zeitlichen Bezugspunkt die von § 626 Abs.1 BGB geforderte Interessenabwägung in den Fällen des tarifvertraglichen Ausschlusses der ordentlichen Kündigung zu beziehen sei. Der Senat lehnt hier unter Bezugnahme auf zwei unveröffentlichte Entscheidungen des *Bundesarbeitsgerichts*[100] das Abstellen auf die fiktive Kündigungsfrist der an sich ausgeschlossenen ordentlichen Kündigung ab und will die Zumutbarkeit der Vertragsfortsetzung anhand der tatsächlichen künftigen Vertragsbindung bestimmen[101]. Für diese Betrachtungsweise führt das Gericht im wesentlichen die folgende Begründungen an. Das Abstellen auf die zukünftige Vertragsbindung sei notwendig, weil die ordentliche Kündigungsfrist

---

[97] *BAG* (Urt. v. 14.11. 1984), AP Nr. 83 zu § 626 BGB.

[98] *BAG* (Urt. v. 14.11. 1984), AP Nr. 83 zu § 626 BGB [Leitsätze 1-3].

[99] *BAG* (Urt. v. 14.11. 1984), AP Nr. 83 zu § 626 BGB [unter II 1a der Gründe].

[100] *BAG* (Urt. v. 2.4. 1981), 2 AZR 1025/78; *BAG* (Urt. v. 22.8. 1980), 7 AZR 589/78.

[101] *BAG* (Urt. v. 14.11. 1984), AP Nr. 83 zu § 626 BGB [unter II 1a der Gründe]; so bereits *BAG* (Urt. v. 27.5. 1983), AP Nr. 12 zu § 12 SchwbG [unter II 2b der Gründe].

wegen des Ausschlusses der ordentlichen Kündigung nicht Platz greifen könne. Deshalb widerspräche die fiktive Prüfung anhand eines Zeitraums, der kündigungsschutzrechtlich ohne Bedeutung sei, der Forderung des § 626 Abs. 1 BGB, eine Interessenabwägung anhand der tatsächlichen Umstände des Einzelfalls durchzuführen. Anders sei hingegen bei der außerordentlichen Kündigung von betriebsverfassungsrechtlichen Funktionsträgern nach § 15 Abs. 1 KSchG, also in den Fällen des gesetzlichen Kündigungsausschlusses, zu entscheiden. Damit bestätigt das Gericht die ständige Rechtsprechung nach der die Frage der Zumutbarkeit in diesen Fällen anhand derjenigen Kündigungsfrist zu ermitteln sei, die ohne den spezialgesetzlichen Kündigungsschutz eingreifen würde[102]. Hier wird die Gefahr einer erleichterten Zulassung der außerordentlichen Kündigung gesehen, die eintreten könnte, wenn auf die tatsächliche Dauer des besonderen gesetzlichen Kündigungsschutzes abgestellt werden würde. Mit Rücksicht auf das in § 78 Satz 2 BetrVG verankerte Benachteiligungsverbot sei deshalb eine fiktive Zumutbarkeitsprüfung geboten. Das *Bundesarbeitsgericht* beurteilt demnach die Frage nach der Zumutbarkeit der Vertragsfortsetzung unterschiedlich, je nachdem, ob dem Ausschluß der ordentlichen Kündigung ein tarifvertragliches oder gesetzliches Kündigungsverbot zugrunde liegt.

Anschließend versucht das Gericht das Verhältnis von langer Bindung und Unkündbarkeitsstellung im Rahmen der Ermittlung des wichtigen Grundes zu klären[103]. Dabei wird keinem Aspekt der absolute Vorrang eingeräumt. Beide Umstände seien jeweils in die Betrachtung einzubeziehen. Aus dem Schutzzweck der Unkündbarkeitsnorm sei im Interesse des Arbeitnehmers der Schluß zu ziehen, daß an den wichtigen Grund besonders strenge Anforderungen zu stellen seien. Jedoch dürfe auch die Tatsache der langen ordentlichen Bindung nicht gänzlich aus der Betrachtung herausfallen. Dies würde dem Arbeitgeber die Möglichkeit einer außerordentlichen Kündigung zu sehr erschweren und deshalb dem Gebot einer umfassenden Interessenabwägung nicht gerecht werden. Beides seien vielmehr Umstände, die entweder zugunsten oder zulasten des Arbeitnehmers in die Interessenabwägung einfließen können. Welcher Umstand im Einzelfall stärker zur Geltung komme, sei unter Berücksichtigung der Intention des Kündigungsausschlusses und des zugrundeliegenden Kündigungsgrundes zu ermitteln. Zur besseren Handhabung entwickelte das *Bundesarbeitsgericht* eine Anwendungsformel und unterscheidet zwischen Vorfällen ohne Wiederholungsgefahr und Dauertatbeständen oder Vorfällen mit Wiederholungsge-

---

102 *BAG* (Urt. v. 17.3. 1988), AP Nr. 99 zu § 626 BGB [unter II 1 der Gründe]; *BAG* (Urt. v. 6.3. 1986), AP Nr. 19 zu § 15 KSchG 1969 [unter B II 4a der Gründe]; *BAG* (Urt. v. 18.2. 1993), AP Nr. 35 zu § 15 KSchG 1969 [unter II 3b aa der Gründe]; *BAG* (Urt. v. 2.4. 1987), AP Nr. 96 zu § 626 BGB [unter A II 4 der Gründe]; *BAG* (Urt. v. 8.8. 1968), AP Nr. 57 zu § 626 BGB [unter III der Gründe].

103 *BAG* (Urt. vom 14.11. 1984), AP Nr. 83 zu § 626 BGB [unter II 1a der Gründe]; siehe bereits *BAG* (Urt. v. 27.5. 1983), AP Nr. 12 zu § 12 SchwbG [unter II 2b der Gründe].

fahr. Bei ersteren wirke sich die längere Vertragsbindung zugunsten des Arbeitnehmers aus, während bei letzteren, mit Rücksicht auf den Ausschluß der ordentlichen Kündigung, die Fortsetzung des Arbeitsverhältnisses unter Umständen eher unzumutbar sein kann, als bei Bestehen der ordentlichen Kündigungsmöglichkeit.

2. Anerkennung der außerordentlichen fristgebundenen Kündigung: Die Entscheidung vom 28. März 1985

Ohne sich mit den älteren, ablehnenden Judikaten auseinander zu setzen, entschied das *Bundesarbeitsgericht* in seiner Entscheidung vom 28. März 1985 erstmals, daß der Arbeitgeber unter bestimmten Umständen dazu verpflichtet sein kann, auch die außerordentliche Kündigung mit einer zwingenden Kündigungsfrist zu versehen. Diese müsse der gesetzlichen oder tarifvertraglichen Kündigungsfrist entsprechen. Das Gericht gelangt zu diesem Ergebnis aufgrund einer zweckorientierten Betrachtung der einschlägigen Tarifnorm. Neben dem besonderen Schutzzweck der tarifvertraglichen Unkündbarkeitsklausel, die einen umfassenden Schutz vor ordentlichen Kündigungen gewährleisen soll, sei dieser darüber hinaus das Verbot der Schlechterstellung der geschützten Arbeitnehmer bei Entlassungen gegenüber ordentlich noch kündbaren Arbeitnehmern zu entnehmen[104]. So könne etwa im Fall der Betriebsstillegung die unbefriedigende Situation eintreten, daß allen tarifvertraglich ungesicherten Arbeitnehmern nur ordentlich unter Wahrung der Kündigungsfrist, dem ordentlich unkündbaren Arbeitnehmer hingegen nach dem Wortlaut der Tarifnorm fristlos aus wichtigem Grund gekündigt werden müsse. Machte man in dieser Weise von der Kündigungsausschlußklausel Gebrauch, würde dem besonders gesicherten Arbeitnehmer jeglicher Dispositions- und Anpassungsschutz verweigert werden. Die tarifvertragliche Regelung hätte dann keinen kündigungsschutzverstärkenden, sondern einen kündigungsschutzverkürzenden Effekt. Dies wird zu Recht als ein Ergebnis angesehen, das in einem offenen Wertungswiderspruch zum Schutzzweck der Kündigungsausschlußklausel steht und deshalb dem Willen der Tarifvertragsparteien eklatant zuwiderläuft. Das Gericht räumt dem ordentlich unkündbaren Arbeitnehmer unter ausdrücklicher Bezugnahme auf die herrschende Meinung in der Literatur deshalb einen Anspruch auf Einhaltung der einschlägigen gesetzlichen oder tarifvertraglichen Kündigungsfrist ein.

Die dogmatischen Bedenken, die das Gericht noch in seinem Urteil vom 7. Juni 1984[105] gegen die Rechtsfigur der außerordentlichen fristgebundenen Kündigung vorgebracht hat, werden jetzt ausdrücklich aufgegeben. Dort wollte man

---

104 *BAG* (Urt. v. 28.3. 1985), AP Nr. 86 zu § 626 BGB [unter B IV 1 der Gründe]; bestätigt von *BAG* (Urt. v. 6.3. 1986), AP Nr. 19 zu § 15 KSchG 1969 [unter B II 3a der Gründe]; zuletzt *BAG* (Urt. v. 13.4. 2000), AP Nr. 162 zu § 626 BGB [unter 3 d cc der Gründe].

105 *BAG* (Urt. v. 7.6. 1984), AP Nr. 5 zu § 22 KO [unter B II 6 der Gründe].

für den Fall der Betriebsstillegung noch mit einer Analogie zu § 15 Abs. 4 KSchG operieren. Nach dieser Vorschrift ist eine betriebsbedingte Kündigung trotz des ordentlichen Kündigungsverbots in § 15 Abs. 1 KSchG bei einer Betriebsstillegung zum Zeitpunkt der Stillegung zulässig. Nach ganz herrschender Auffassung handelt es sich dabei um eine, trotz des ordentlichen Kündigungsausschlusses in § 15 Abs. 1 KSchG, ausnahmsweise zulässige ordentliche Kündigung[106]. § 15 Abs. 1 KSchG enthält nach dieser Konzeption keinen vollständigen, sondern nur einen partiellen Ausschluß ordentlicher Kündigungen. Im Falle der Betriebsstillegung wird der gewährte Schutzrahmen auch für betriebsverfassungsrechtliche Funktionsträger durchbrochen. Wenn auch der Schutzgedanke, der den § 15 Abs. 1-3 KSchG und der tarifvertraglichen Kündigungsschutzklausel zugrunde liegt, verschieden sei, so sei doch die typische Interessenlage beider besonders geschützter Arbeitnehmergruppen vergleichbar.

In seinem Urteil vom 25. März 1985 verwirft das Gericht diesen Gedankengang jedoch wieder. Die analoge Anwendung des Ausnahmetatbestands[107] des § 15 Abs. 4 KSchG könne zwar eine Erklärung dafür liefern, warum bei der Kündigung des tarifvertraglich geschützten Arbeitnehmers die gesetzliche oder tarifvertragliche Kündigungsfrist eingehalten werden muß. Gegen die Analogie spreche jedoch, daß § 15 Abs. 4 KSchG gerade die ordentliche Kündigung regelt, die durch die tarifvertragliche Kündigungsschutzklausel aber generell, also auch für den Fall der Betriebsstillegung, ausgeschlossen ist. Diese Schutzrichtung würde man verkennen, wenn man entgegen dem eindeutigen Wortlaut dennoch eine ordentliche Kündigungsmöglichkeit anerkennen würde. Somit kann der drohenden Benachteiligung des tarifvertraglich gesicherten Arbeitnehmers nur begegnet werden, indem man die verbleibende außerordentliche Kündigung mit der ordentlichen Kündigungsfrist versieht.

Einen weiteren Begründungsansatz, der für die Gewährung einer Kündigungsfrist sprechen soll, liefert das Gericht in seinem Urteil vom 6. März 1986[108]. Die Einhaltung einer Kündigungsfrist sei auch deshalb geboten, weil bei der außerordentlichen Kündigung tarifvertraglich unkündbarer Arbeitnehmer nach der Rechtsprechung nicht fiktiv auf die ordentliche Kündigungsfrist,

---

106 Siehe zur herrschenden Meinung, nach der es sich bei der Kündigung in § 15 Abs. 4 KSchG um eine ordentliche Kündigung handelt, etwa *BAG* (Beschl. v. 18.9. 1997), AP Nr. 35 zu § 103 BetrVG 1972 [unter C II 2a der Gründe]; *Löwisch*, KSchG[8], § 15 Rdnr. 55; *Hueck/v.Hoyningen-Huene*, KSchG[12], § 15 Rdnr. 154f.; KR[5]/*Etzel*, § 15 KSchG Rdnr. 73ff.; *Stahlhacke/Preis/Vossen*, Kündigungsschutz[7], Rdnr. 992; ErfurtKomm/*Ascheid*, § 15 KSchG Rdnr. 38; *Berkowsky*, Die betriebsbedingte Kündigung[3], § 17 Rdnr. 63; *Meyer*, Bestandsschutz der Arbeitsverhältnisse von Betriebsratsmitgliedern, 1980, S. 44; anders aber *Bader*, BB 1978, S. 616 (619): außerordentliche Kündigung; umfassend zum Streitsstand: *Hassenpflug*, Die Kündigung von Betriebsratsmitgliedern, 1989, S. 42ff.

107 Siehe dazu *Hassenpflug*, Die Kündigung von Betriebsratsmitgliedern, 1989, S. 71.

108 *BAG* (Urt. v. 6.3. 1986), AP Nr. 19 zu § 15 KSchG 1969 [unter B II 3a der Gründe].

sondern auf die voraussichtlich verbleibende künftige Vertragsdauer abgestellt wird[109]. So verstanden bedeutet die Einräumung einer Kündigungsfrist nur eine Kompensation auf der Rechtsfolgenseite für einen dem Arbeitgeber ungünstigen Prüfungsmaßstab auf der Tatbestandsseite des § 626 Abs. 1 BGB. Hier wendet das Gericht nicht das dem Schutzzweck der Tarifklausel entnommene Nachteilsverbot an, sondern greift auf einen allgemeinen Ausgleichsgedanken zurück.

3. Kritische Würdigung

a) Kollision mit dem kündigungsschutzrechtlichen Prognoseprinzip

Während die Anerkennung einer außerordentlichen fristgebundenen Kündigung durch die Rechtsprechung in der kündigungsschutzrechtlichen Literatur durchweg Anerkennung gefunden hat, ist die vom *Bundesarbeitsgericht* entwickelte Abwägungsformel zur Berücksichtigung von langer Bindungsdauer und Unkündbarkeitsstellung im Rahmen der Interessenabwägung auf heftige Kritik gestoßen. Die sich aus dieser Formel ergebende Regel, nach der die Auswirkungen beider Aspekte unterschiedlich zu gewichten seien, je nachdem ob es sich um einen Vorfall mit oder ohne Wiederholungsgefahr handelt, trägt in der Tat wenig zu überzeugenden Ergebnissen bei.

Zu Recht wird in der aufgestellten Unterscheidung ein Verstoß gegen die zuerst in der Literatur[110] formulierte und mittlerweile auch von der Rechtsprechung[111] anerkannte Zukunftsbezogenheit aller Kündigungsgründe gesehen. Diese ist zunächst für die krankheitsbedingte Kündigung in Form der negativen Gesundheitsprognose entwickelt worden, beherrscht mittlerweile auch die verhaltensbedingte Kündigung und findet heute ebenso bei der betriebsbedingten Kündigung Berücksichtigung[112]. Die Kündigung ist danach nicht als ein Instrument zu verstehen, das bereits eingetretene Störungen abwickelt, sondern zukünftige Störungen verhindern soll[113]. Unentbehrliche Voraussetzung für die Wirksamkeit einer Kündigung ist die durch die eingetretene Störung drohende zukünftige Beeinträchtigung des Arbeitsverhältnisses[114]. Erforderlich ist eine

---

109 *BAG* (Urt. vom 14.11. 1984), AP Nr. 83 zu § 626 BGB [unter II 1a der Gründe], dazu bereits oben, §17 IV 3.

110 Grundlegend dazu *Herschel*, Festschrift f. G. Müller, 1981, S. 191 (202f.); *Stahlhacke/Preis/Vossen*, Kündigungsschutz[7], Rdnr. 617f.

111 *BAG* (Urt. v. 17.1. 1991), AP Nr. 25 zu § 1 KSchG 1969 Verhaltensbedingte Kündigung [unter II 2c der Gründe]; *BAG* (Urt. v. 16.8. 1991), AP Nr. 27 zu § 1 KSchG 1969 Verhaltensbedingte Kündigung [unter III 3e der Gründe].

112 Ausführlich *Preis*, Prinzipien des Kündigungsrechts, 1987, S. 326ff.

113 *Ascheid*, Kündigungsschutzrecht, Rdnr. 44; ErfurtKomm/*Ascheid*, § 1 KSchG Rdnr. 146.

114 *Hueck/v.Hoyningen-Huene*, KSchG[12], § 1 Rdnr. 130.

auf den Zeitpunkt des Kündigungsausspruches bezogene negative Prognose, die ergeben muß, daß das Arbeitsverhältnis nicht weiter fortgesetzt werden kann[115].

Die Begründung soll einmal in der Wirkung der Kündigung als Gestaltungsrecht liegen, das das Arbeitsverhältnis „ex-nunc", also für die Zukunft auflöst[116]. Doch vermag der Hinweis auf die „ex-nunc" Wirkung allein nicht zu überzeugen[117]. Die mit Rücksicht auf eine sonst undurchführbare Rückabwicklung angeordnete Auflösung nur für die Zukunft und die Vorstellung von der Kündigung als Sanktions- oder Reaktionsmittel für vorangegangenes Verhalten schließen sich nicht denknotwendig aus. Sie stehen in keinem sachlichen Zusammenhang. Für die Anerkennung eines Prognoseprinzips spricht jedoch die positivrechtliche Verankerung der Zukunftsbezogenheit des Kündigungsgrundes sowohl bei der ordentlichen als auch bei der außerordentlichen Kündigung[118]. Für die ordentliche Kündigung ist nach § 1 Abs. 2 KSchG die Prüfung notwendig, ob eine Weiterbeschäftigung des Arbeitnehmers, also die in der Zukunft liegende Vertragsfortführung, noch möglich ist. In Abgrenzung dazu verlangt § 626 Abs. 1 BGB die Prüfung der Unzumutbarkeit der Fortsetzungsmöglichkeit bis zum Ablauf der Kündigungsfrist oder bis zum vereinbarten Ende des Arbeitsverhältnisses. Beide Kündigungsarten setzen damit eine Prognoseentscheidung des Arbeitgebers voraus.

Der von der Rechtsprechung für die außerordentliche Kündigung unkündbarer Arbeitnehmer aufgestellte Rechtssatz verträgt sich mit dieser Sichtweise der Dogmatik des Kündigungsgrundes nicht, weil er in Verkennung des Prognoseprinzips den Schutzcharakter der Unkündbarkeitsnorm fast vollständig vereitelt. In letzter Konsequenz bedeutet das Erfordernis eines Vorfalls ohne Wiederholungsgefahr als Voraussetzung für das Eingreifen der Schutzwirkung der Unkündbarkeit zugunsten des Arbeitnehmers, daß sich die längere Vertragsbindung fast immer zuungunsten des tarifvertraglich geschützten Arbeitnehmers auswirken wird[119]. Nach dem Prognoseprinzip sind aber nur solche Vorfälle kündigungsrelevant, bei denen das Risiko weiterer Vertragsverletzungen zu besorgen ist. Ein Vorfall ohne Wiederholungsgefahr rechtfertigt deshalb selbst im ordentlich noch kündbaren Arbeitsverhältnis im Regelfall keine Kündigung. Selbst schwerwiegende Vorkommnisse, bei denen feststeht, daß sie das Arbeitsverhältnis in Zukunft nicht weiter belasten werden, reichen allein nicht zur Rechtfertigung einer Kündigung aus. Freilich wird in solchen Fällen eine In-

---

115 *Löwisch*, KSchG[8], § 1 Rdnr. 78.

116 *Preis*, Prinzipien des Kündigungsrechts, 1987, S. 332.

117 So zutreffend *Kraft*, ZfA 1994, S. 463 (475), der dem Prognoseprinzip aber generell ablehnend gegenübersteht.

118 *Preis*, Prinzipien des Kündigungsrechts, 1987, S. 332.

119 *Preis*, Prinzipien des Kündigungsrechts, 1987, S. 486; vgl. auch *Stahlhacke/Preis/Vossen*, Kündigungsschutz[7], Rdnr. 458; KSchR[4]/*Däubler*, § 626 BGB Rdnr. 48.

dizwirkung anzunehmen sein[120]. Die von der Rechtsprechung entwickelte Abwägungsformel stellt sich im Ergebnis als eine Leerformel heraus und ist deshalb wenig brauchbar.

Zu begrüßen ist allerdings der Vorschlag der Rechtsprechung, hinsichtlich der Schutzwirkung der Tarifklausel zwischen den verschiedenen Kündigungsgründen zu unterscheiden. Diese Vorgehensweise führt, wie noch zu zeigen sein wird[121], zu sachgerechteren Ergebnissen, als das alleinige Abstellen auf einen besonders strengen Prüfungsmaßstab im Rahmen des § 626 Abs. 1 BGB.

b) Unterscheidung zwischen gesetzlicher und tarifvertraglicher Unkündbarkeit

Des weiteren ist der vom *Bundesarbeitsgericht* vorgeschlagene Lösungsweg nicht haltbar, hinsichtlich des zeitlichen Bezugsrahmens bei der Bestimmung des wichtigen Grundes zwischen gesetzlichem, wie dem Fall des § 15 Abs.1 KSchG, und tarifvertraglichem Kündigungsschutz zu unterscheiden[122]. Sofern dem Verbot ordentlicher Kündigungen eine Tarifnorm zugrunde liegt, soll auf das voraussichtliche Vertragsende abgestellt werden, weil die hypothetische Kündigungsfrist für die Dauer der Zumutbarkeit der Weiterbeschäftigung keine rechtliche Bedeutung habe. Beim gesetzlichen Kündigungsausschluß soll hingegen zur Vermeidung von Benachteiligungen der betriebsverfassungsrechtlichen Amtsinhaber auf die Dauer der ordentlichen Kündigungsfrist eines vergleichbaren Nichtbetriebsratsmitglieds abgestellt werden. Beide benutzten Argumente sind indes austauschbar. Allein die unterschiedliche Ausgestaltung des Kündigungsschutzes in Form einer gesetzlichen beziehungsweise einer kollektivvertraglichen Regelung dürfte kaum die verschiedenartige rechtliche Handhabung rechtfertigen, zumal der tarifvertragliche Kündigungsschutz aufgrund der in § 4 Abs. 1 TVG angeordneten unmittelbaren und zwingenden Wirkung auf das Arbeitsverhältnis wie ein gesetzliches Kündigungsverbot einwirkt[123]. Beiden Kündigungsschutzregeln liegt mit dem umfassenden Schutz der erfaßten Arbeitnehmer vor ordentlichen Kündigungen das gleiche Schutzziel zugrunde. Diese Zielvorgabe müßte folglich auch in beiden Fällen durch eine identische Bestimmung des wichtigen Grundes zu verwirklichen sein. Warum sich aber an der Betrachtungsweise anhand der realen Dauer des Arbeitsverhältnisses etwas ändern soll, wenn die ordentliche Unkündbarkeit auf eine gesetzliche Bestimmung zurückzuführen ist, wird nicht plausibel gemacht. Ebenso unverständlich ist die Bemerkung von *Löwisch* und *Abshagen*, bei einem tarifvertraglichen

---

120 In diese Richtung auch *Herschel,* Festschrift f. G. Müller, 1981, S. 191 (202).

121 Siehe unten § 28 I-III.

122 Soweit ersichtlich wird dieser Widerspruch auch in der Literatur hingenommen, siehe immerhin *Schlaeper,* Anm. 5a zu *BAG* (Urt. v. 6.3. 1986), AP Nr. 19 zu § 15 KSchG 1969, der zwar den unterschiedlichen Ausgangspunkt für zweifelhaft hält, dem Gericht aber im Ergebnis folgt.

123 Siehe oben § 13 I 1b.

Kündigungsausschluß könne nur durch die Betrachtung der verbleibenden Dauer der Zweck des Kündigungsausschlusses erreicht werden[124].

Auch der Hinweis auf das in § 78 Satz 2 BetrVG festgeschriebene Benachteiligungsverbot vermag eine unterschiedliche Behandlung des gesetzlichen Kündigungsverbots mit Hilfe der Fiktion der ordentlichen Kündbarkeit nicht zu rechtfertigen[125]. Dieser Vorschrift sei die Wertung zu entnehmen, daß betriebsverfassungsrechtlichen Funktionsträgern nicht aufgrund ihrer Amtsträgereigenschaft leichter gekündigt werden soll. Diese Wertung der Schutzbestimmung könne nur durch das Abstellen auf den Ablauf der einschlägigen ordentlichen Kündigungsfrist nachgekommen werden[126]. Doch bezeichnenderweise hat das *Bundesarbeitsgericht* und ihm folgend die herrschende Literaturansicht auch dem Schutzgedanken tarifvertraglicher Unkündbarkeitsklauseln ein entsprechendes Nachteilszufügungsverbot entnommen. Damit arbeitet die Rechtsprechung sowohl beim gesetzlichen als auch beim tarifvertraglichen Bestandsschutz mit dem Argument der verbotenen Benachteiligung. Daraus hätte konsequenterweise auch ein identischer Prüfungsmaßstab entwickelt werden müssen. Zudem ist schon die Bezugnahme auf § 78 Satz 2 BetrVG dogmatischen Bedenken ausgesetzt. Für den Bereich von Kündigungen ist § 15 Abs. 1 KSchG lex specialis gegenüber dem Benachteiligungsverbot des § 78 Satz 2 BetrVG[127]. In dieser Sonderkündigungsschutznorm hat das Verbot der Benachteiligung bei Kündigungen eine besondere Ausgestaltung erfahren[128]. Eines Rückgriffs auf die subsidiäre Regelung des § 78 Satz 2 BetrVG bedarf es daher aufgrund des bestehenden Spezialitätsverhältnisses der beiden Vorschriften nicht. Das Verbot der Benachteiligung von Amtsinhabern bei Kündigungen ergibt sich vielmehr ausschließlich aus dem § 15 Abs. 1 KSchG zugrundeliegenden Normzweck. Aber selbst wenn man § 78 Satz 2 BetrVG als Auslegungshilfe heranzieht, ist der Gedanke nicht von der Hand zu weisen, daß durch die Aufstellung eines Sonderrechtssatzes zugunsten betriebsverfassungsrechtlicher Funktionsträger diese gerade entgegen dem ebenfalls in dieser Vorschrift verankerten Besserstellungsverbot gegenüber anderen Arbeitnehmern bevorzugt behandelt würden[129].

---

124 *Löwisch/Abshagen*, Anm. I b zu *BAG* (Urt. v. 6.3. 1986), AR-Blattei Betriebsverfassung IX Nr. 62.

125 In diese Richtung auch *Reuter*, Anm. zu *BAG* (Urt. v. 14.11. 1984), JuS 1985, S. 738.

126 So erneut ausdrücklich *BAG* (Beschl. v. 10.2. 1999), AP Nr. 42 zu § 15 KSchG 1969 [unter B II 3a der Gründe].

127 GK-BetrVG[6]/*Kreutz*, § 78 Rdnr. 4; *Richardi*, BetrVG[7], § 78 Rdnr. 2.

128 *Richardi*, BetrVG[7], § 78 Rdnr. 21.

129 *Preis*, Anm. II 1c zu *BAG* (Urt. v. 21. 6. 1995), AP Nr. 36 zu § 15 KSchG 1969; siehe auch *Stahlhacke/Preis/Vossen*, Kündigungsschutz[7], Rdnr. 999.

Daß auch das *Bundesarbeitsgericht* nicht gänzlich von seinem eigenen Standpunkt überzeugt ist, zeigt ein kurzer Blick in die nachfolgenden Judikate zu diesem Themenkreis. Höchst unklar bleibt zunächst, welcher Bezugsrahmen bei der außerordentlichen Kündigung nach § 15 Abs. 1 KSchG anzulegen ist, wenn das Betriebsratsmitglied auch tarifvertragliche Unkündbarkeit genießt, also gesetzlicher und tarifvertraglicher Sonderkündigungsschutz zusammentreffen[130]. Das *Bundesarbeitsgericht* hat in einem solchen Fall lediglich entschieden, daß die auch bei einem tarifvertraglichen Kündigungsausschluß ausnahmsweise zulässige außerordentliche Kündigung wegen einer Betriebsstillegung die Regelung des § 15 Abs. 4 KSchG verdrängt[131]. Insofern müßte in einem solchen Fall auch auf die zukünftige Vertragsbindung abgestellt werden, weil nun die tarifvertragliche Unkündbarkeit den Beurteilungszeitraum bestimmt.

Höchst widersprüchlich stellt sich die Auffassung der Rechtsprechung auch deshalb dar, weil sie für den Fall der außerordentlichen betriebsbedingten Änderungskündigung eines Betriebsratsmitglieds ausdrücklich die Ansicht aufgegeben hat, im Rahmen des § 15 Abs. 1 KSchG sei die ordentliche Kündbarkeit zu fingieren[132]. Die Feststellung einer fiktiven Kündigungsfrist wirke nach Ansicht des Gerichts gekünstelt, denn das Betriebsratsmitglied ist ordentlich eben nicht kündbar. Ob diese Sichtweise zukünftig auch für die außerordentliche Beendigungskündigung maßgeblich sein soll, wurde ausdrücklich offen gelassen. Inzwischen hat der 2. Senat jedoch seine bisherige Rechtsprechung bestätigt, nach der im Falle der außerordentlichen Beendigungskündigung bei der Beurteilung der Zumutbarkeit der Weiterbeschäftigung eines Betriebsratsmitglieds auf die hypothetische Kündigungsfrist abzustellen sei[133].

Die unterschiedliche Behandlung von gesetzlichem und kollektivem Schutzrecht, Abstellen auf die fiktive Laufzeit der ordentlichen Kündigungsfrist in dem einen, Abstellen auf die reale Laufzeit der gesamten Vertragsbeziehung in dem anderen Fall, kann sachlich nicht begründet werden. Der Rückgriff auf § 78 Satz 2 BetrVG greift, wie gezeigt, zu kurz. Dieser Bestimmung ist keine erkennbare Wertung zu entnehmen, die eine verschiedenartige rechtliche Handhabung rechtfertigt. Dieses Vorgehen impliziert einen offenen Wertungswiderspruch und kollidiert insbesondere mit der Forderung nach der Einheitlichkeit der Rechtsordnung, die es gebietet, wertungsmäßig identische Tatbestände auch rechtlich gleich zu behandeln. Der Grundsatz der „Gleichbehandlung des Gleichartigen (Gleichsinnigen)“, der gerade auf die Vermeidung von Wer-

---

130 Siehe auch *Schlaeper*, Anm. 5a zu *BAG* (Urt. v. 6.3. 1986), AP Nr. 19 zu § 15 KSchG 1969.

131 *BAG* (Urt. v. 18.9. 1997), AP Nr. 35 zu § 103 BetrVG 1972 [Leitsatz 1 und unter C II 2a der Gründe].

132 *BAG* (Urt. v. 21.6. 1995), AP Nr. 36 zu § 15 KSchG 1969 [Leitsatz und unter B II 2a cc der Gründe].

133 *BAG* (Beschl. v. 10.2. 1999), AP Nr. 42 zu § 15 KSchG 1969 [unter B II 3a der Gründe].

tungswidersprüchen gerichtet ist, bindet nicht nur den Gesetzgeber sondern auch den Rechtsanwender[134]. Insoweit wäre das *Bundesarbeitsgericht* gehalten gewesen, diesem Grundsatz durch eine identische Behandlung der beiden Fallgestaltungen Rechnung zu tragen.

§ 23 Die Auffassung der herrschenden Lehre

Die wohl überwiegende Ansicht im arbeitsrechtlichen Schrifttum zur außerordentlichen Kündigung von tarifvertraglich unkündbaren Arbeitnehmern bewegt sich im wesentlichen auf der Linie der Rechtsprechung des *Bundesarbeitsgerichts*, die ihrerseits maßgeblich von literarischen Stellungnahmen beeinflußt worden ist[135]. Dabei können die Ablehnung eines minder wichtigen Kündigungsgrundes und die Anerkennung der fristgebundenen außerordentlichen Kündigung gleichsam als der kleinste gemeinsame Nenner zwischen Theorie und Judikatur bezeichnet werden. Jedoch ergeben sich bei der genaueren Bestimmung des wichtigen Grundes eine Reihe von Abweichungen, die vielfach jedoch nur eine unterschiedliche Terminologie wiederspiegeln. Deshalb sollte nicht verkannt werden, daß trotz der Unterschiede im Detail herrschende Lehre und Rechtsprechung in einer Vielzahl von Fällen zu einer identischen rechtlichen Würdigung gelangen. Die Auffassungen in der Literatur unterscheiden sich untereinander hautsächlich dadurch, daß keine Übereinstimmung darüber besteht, ob der durch die Kündigungsschutzklausel bezweckte erhöhte Bestandsschutz bei allen drei Kategorien von Kündigungsgründen in gleichem Maße anzuerkennen ist, oder ob sich hier Differenzierungen im Sinne eines Stufenmodells ergeben[136].

I. Bestimmung des wichtigen Grundes: der strenge Maßstab

Auch bei den literarischen Stellungnahmen bildet der Schutzzweck der jeweiligen Kündigungsschutznorm den Ausgangspunkt für deren rechtliche Behandlung[137]. So wird betont, daß nach der Schutzrichtung der Kündigungsausschlußklausel ein besonders strenger Maßstab bei der Ermittlung des wichtigen Grundes anzulegen sei und deshalb gesteigerte Anforderungen an den Kündigungsgrund gestellt werden müssen[138]. Dieser im Grundsatz anzulegende Prü-

---

134 *Larenz*, Methodenlehre[6], S. 334; siehe auch *Bydlinski*, Juristische Methodenlehre und Rechtsbegriff[2], S. 455.

135 Siehe etwa nur die Entscheidung zur außerordentlichen fristgebundenen Kündigung, *BAG* (Urt. v.28.3. 1985), AP Nr. 86 zu § 626 BGB [unter B IV 1 der Gründe].

136 Siehe *Pauly*, ArbuR 1997, S. 94 (97).

137 Siehe etwa *Kania/Kramer*, RdA 1995, S. 287 (294f.).

138 KR[5]/*Fischermeier*, § 626 BGB Rdnr. 301; KR[4]/*Hillebrecht*, § 626 BGB Rdnr. 205;

fungsmaßstab könne jedoch nicht immer ohne Einschränkungen verwirklicht werden[139]. Es wird deshalb von einem großen Teil der Literatur auf die von der Rechtsprechung in ihrem Urteil vom 14. November 1984 aufgestellten Abwägungsformel zurückgegriffen. Die lange Bindungsdauer und der Ausschluß der ordentlichen Kündigung sollen deshalb unterschiedliche Berücksichtigung finden, je nachdem, ob es sich um einen Vorfall mit oder ohne Wiederholungsgefahr handelt, beziehungsweise ob durch die Störung der vertraglichen Grundlage ein Dauertatbestand geschaffen worden ist[140].

Als zeitlicher Bezugspunkt für die Ermittlung der Unzumutbarkeit nach § 626 Abs. 1 BGB wird ebenfalls überseinstimmend mit der höchstrichterlichen Judikatur nicht auf die fiktive ordentliche Kündigungsfrist abgestellt. Dadurch würde ein Zumutbarkeitszeitraum bei der Bestimmung des wichtigen Grundes in die Betrachtung einbezogen werden, der in kündigungsrechtlicher Hinsicht bedeutungslos sei. Anhand der voraussichtlichen zukünftigen Vertragsdauer müsse daher die reale Unzumutbarkeit ermittelt werden. Nur in den Fällen gesetzlicher Kündigungsschutznormen, wie etwa § 15 Abs. 1 KSchG, soll ausnahmsweise die fiktive Kündigungsfrist zugrunde gelegt werden[141]. *Fischermeier* spricht sich dafür aus, lediglich dann anders zu entscheiden, wenn die ta-

---

Schleusener, Anm. zu *BAG* (Urt. v. 5.2. 1998), SAE 1998, S. 218 (219f.); *Weng,* DB 1977, S. 676; *ders.,* Die Kündigung von Arbeitsverhältnissen mit langer Bindung, 1980, S. 58, 72; *Trieschmann,* Anm. zu *BAG* (Urt. v. 4.6. 1964), ArbuR 1964, S. 319 (320); AR-Blattei SD/*Feichtinger/Huep,* Kündigung VIII Rdnr. 150; MünchArbR/ *Wank,* § 117 Rdnr. 20; *Däubler,* Das Arbeitsrecht 2[11], Rdnr. 1140; *G. Müller,* DB 1958, S. 628 (629); so wohl auch *Säcker,* Anm. zu *BAG* (Urt. v. 20.2. 1975), JZ 1975, S. 740 (742) – Fall Beuys; vorsichtig, weil die Terminologie ablehnend auch *Preis,* Prinzipien des Kündigungsrechts, 1987, S. 487f.

139 So ausdrücklich KR[5]/*Fischermeier,* § 626 BGB Rdnr. 301.

140 ErfurtKomm/*Müller-Glöge,* § 626 BGB Rdnr. 74; Staudinger[12]/*Neumann,* § 626 Rdnr. 27; KR[4]/*Hillebrecht,* § 626 BGB Rdnr. 205; KR[5]/*Fischermeier,* § 626 BGB Rdnr. 301; RGRK[12]/*Corts,* § 626 Rdnr. 60; *Conze,* ZTR 1987, S. 99 (101); wohl auch *Kania/ Kramer,* RdA 1995, S. 287 (294f.); GK-KR/*Dörner,* § 626 BGB Rdnr. 37, einschränkend Rdnr. 38; AR-Blattei SD/*Feichtinger/Huep,* Kündigung VIII Rdnr. 147, kritisch aber in Rdnr. 148; vorher schon *Moll,* DB 1984, S. 1346 (1349): „allgemeine Ansicht".

141 Erman[10]/*Belling,* § 626 Rdnr. 87; KR[5]/*Fischermeier,* § 626 BGB Rdnr. 302; ErfurtKomm/*Müller-Glöge,* § 626 BGB Rdnr. 74, 76; RGRK[12]/*Corts,* § 626 Rdnr. 62; *Conze,* ZTR 1987, S. 99 (101); MünchArbR/*Berkowsky,* § 117 Rdnr. 20f.; *Schwerdtner,* Festschrift f. Kissel, 1994, S. 1077 (1079f.); AR-Blattei SD/ *Feichtinger/Huep,* Kündigung VIII Rdnr. 145; ohne die letzte Unterscheidung auch *Ascheid,* Kündigungsschutzrecht, Rdnr. 109, 137; *Preis,* Prinzipien des Kündigungsrechts, 1987, S. 488f.; so auch *v.Koppenfels,* Kündigung bei unkündbaren Arbeitnehmern, 1998, S. 64f., allerdings verkennt sie, daß die von ihr angeführte Entscheidung des *BAG* (Urt. v. 8.8.1968), AP Nr. 57 zu § 626 BGB [unter III der Gründe] die außerordentliche Kündigung von Betriebsratsmitgliedern betraf, also gerade nicht den tarifvertraglichen Kündigungsausschluß behandelte. Insoweit kann von einer Änderung der Praxis durch *BAG* (Urt. v. 14.11. 1984), AP Nr. 83 zu § 626 BGB nicht die Rede sein; siehe schon oben § 22 II 1.

rifvertragliche Kündigungsschutzklausel sich dem Wortlaut nach an die Formulierung des § 15 Abs. 1 KSchG anlehnt, also eine Kündigung aus einem wichtigen Grund ohne Einhaltung einer Kündigungsfrist zuläßt[142]. Bei dieser speziellen Ausformung des tarifvertraglichen Sonderkündigungsschutzes soll zur Vermeidung von Wertungswidersprüchen fiktiv auf die Möglichkeit der ordentlichen Kündigung abzustellen sein.

II. Reichweite des Schutzbereichs von Unkündbarkeitsklauseln

Während es die Rechtsprechung bisher mit Rücksicht auf die Entscheidung im Einzelfall vermiedet hat, genauere Differenzierungen zu treffen[143], wird in der Literatur die Frage nicht einheitlich beantwortet, ob der durch die Kündigungsschutzklauseln bezweckte gesteigerte Bestandsschutz bei allen drei Arten von Kündigungsgründen in gleichem Umfang anzuerkennen ist.

1. Verminderter Bestandsschutz bei verhaltensbedingten Kündigungsgründen

Teilweise wird der Hauptanwendungsbereich der tarifvertraglichen Kündigungsschutzklauseln in der Absicherung der erfaßten Arbeitnehmer vor betriebs- und personenbedingten, und bei letzteren insbesondere vor krankheitsbedingten Kündigungen, gesehen[144]. Bei diesen Kündigungsgründen bestehe, wie die gesetzlichen Vorgaben der §§ 1 Abs. 2 KSchG, 626 BGB zeigten, ein Regel-Ausnahme-Verhältnis zwischen den beiden Formen der ordentlichen und außerordentlichen Kündigung. Diese Gründe lassen, so wird zu Recht betont, im ordentlich noch kündbaren Arbeitsverhältnis jeweils nur den Ausspruch einer fristgebundenen ordentlichen Kündigung zu. Die Einhaltung der Kündigungsfrist ist dem Arbeitgeber in diesen Fällen immer zumutbar. Des weiteren sei zu beachten, daß schon bei der ordentlichen krankheitsbedingten Kündigung ein strenger Maßstab anzulegen ist[145]. Aufgrund des Ausschlusses des regelmäßig einschlägigen Beendigungsinstituts werde deutlich, daß diese Kündigungsgründe den Arbeitgeber nur in engen Ausnahmefällen zur Kündigung berechtigen sollen. Die tarifvertraglichen Kündigungsschutzklauseln seien deshalb dahingehend auszulegen, daß der Arbeitnehmer vor derart motivierten Kündigungen besonderen Schutz genießen soll. Aufgrund dessen sei ein dringendes be-

---

142 KR[5]/*Fischermeier,* § 626 BGB Rdnr. 302.

143 Kritisch dazu *Preis,* Prinzipien des Kündigungsrechts, 1987, S. 485.

144 *Pauly,* ArbuR 1997, S. 94 (97); *Kania/Kramer,* RdA 1995, S. 287 (296); *Stahlhacke/Preis/Vossen,* Kündigungsschutz[7], Rdnr. 458; Staudinger[13]/*Preis,* § 626 Rdnr. 62, *Preis,* Prinzipien des Kündigungsrechts,1987, S. 488; vgl. auch AR-Blattei SD/*Feichtinger/Huep,* Kündigung VIII Rdnr. 152; unentschlossen KSchR[3]/*Trittin,* § 626 BGB Rdnr. 68.

145 KR[5]/*Fischermeier,* § 626 BGB Rdnr. 132.

triebliches Erfordernis grundsätzlich nicht geeignet, eine außerordentliche Kündigung zu begründen. Bei der Frage nach der Zumutbarkeit der Vertragsfortführung für den Arbeitgeber müsse deshalb der tarifvertragliche Kündigungsausschluß zugunsten des Arbeitnehmers in die Zumutbarkeitsprüfung einfließen. Nur in eng umgrenzten Ausnahmefällen, in denen der Arbeitnehmer seine Dienste für unabsehbare Zeit nicht mehr erbringen kann, könne eine außerordentliche Kündigung zulässig sein. Dies sei etwa bei einer Betriebsstillegung oder Betriebsteilstillegung, die zu einer Freisetzung von Arbeitnehmern führt, und einer langandauernden Krankheit oder krankheitsbedingten Arbeitsunfähigkeit der Fall[146]. Hingegen komme etwa eine Kündigung wegen einer krankheitsbedingten Leistungsminderung nicht in Betracht[147].

Eine andere Beurteilung des Zwecks des tarifvertraglichen Bestandsschutzes sei jedoch dann angebracht, wenn Kündigungen aufgrund eines bestimmten arbeitnehmerseitigen Verhaltens zur Entscheidung anstehen. Hier gelte die dargestellte Regel-Ausnahme-Beziehung zwischen ordentlicher und außerordentlicher Beendigungsmöglichkeit nicht mehr, sondern verkehre sich zulasten des Arbeitnehmers in ihr Gegenteil[148]. Verhaltensbedingte Kündigungsgründe stammen regelmäßig aus der Sphäre des Arbeitnehmers und sind folglich von ihm steuer- und beeinflußbar. Sie sind auf sein eigenes willensgetragenes Verhalten zurückzuführen und hätten von ihm vermieden werden können. Kündigungsschutzklauseln könnten jedoch nicht den Sinn und Zweck haben, den Arbeitnehmer vor seinem eigenen selbstbestimmten Handeln zu schützen[149]. Bei verhaltensbedingten Kündigungsgründen sei eine Privilegierung des unkündbaren Arbeitnehmers deshalb nicht anzuerkennen. Bei ihnen müsse die lange ordentliche Vertragsbindung grundsätzlich zuungunsten des Arbeitnehmers in der Zumutbarkeitsprüfung Berücksichtigung finden.

2. Gleichwertiger Bestandsschutz bei allen Kategorien von Kündigungsgründen

Nach der wohl überwiegenden Ansicht erstreckt sich der bei der Bestimmung des wichtigen Grundes anzulegende strenge Maßstab auf alle drei Kategorien von Kündigungsgründen[150]. Deshalb soll der verstärkte Bestandsschutz auch verhaltensbedingte Kündigungsgründe erfassen. Begründet wir dies mir der ge-

---

146 *Kania/Kramer,* RdA 1995, S. 287 (295f.)

147 *Preis,* Arbeitsrecht, § 66 VII (S. 719).

148 *Kania/Kramer,* RdA 1995, S. 287 (296).

149 Grundlegend *Preis,* Prinzipien des Kündigungsrechts, 1987, S. 488; Staudinger[13]/*Preis,* § 626 Rdnr. 62.

150 KR[5]/*Fischermeier,* § 626 BGB Rdnr. 301; *Conze,* ZTR 1987, S. 99 (102); *Schwerdtner,* Festschrift f. Kissel, 1994, S. 1077 (1089f.); MünchArbR/*Wank,* § 117 Rdnr. 20; *Gentges,* Prognoseprobleme im Kündigungsschutzrecht, 1995, S. 290.

nerellen Schutzbedürftigkeit der erfaßten Arbeitnehmerschaft. Zudem lasse sich dem Wortlaut der jeweiligen Unkündbarkeitsklausel, der die Kündigungsmöglichkeit allgemein auf wichtige Gründe reduziert, keine andere Auslegung entnehmen[151].

3. Der Kündigungsgrund nach der Konzeption von *Weng*

Einen von der herrschenden Auffassung abweichenden Lösungsansatz vertritt *Weng*[152]. Seine Ansicht weist inhaltlich große Übereinstimmungen mit dem vom Bundesarbeitsgericht geformtem Rechtssatz auf[153]. Auch er bekennt sich zu Beginn seiner Ausführungen für eine nur erschwerte Zulassung der außerordentlichen Kündigung und deshalb für das Anlegen eines besonders strengen Maßstabs zur Bestimmung des wichtigen Grundes[154]. Begründet wird dies aus der Erwägung heraus, daß im Falle der außerordentlichen Kündigung eines unkündbaren Arbeitnehmers, dieser neben dem Verlust seines Arbeitsplatzes auch den Verlust einer durch die Unkündbarkeitsstellung garantierten gesicherten Rechtsposition hinzunehmen habe[155].

Aufbauend darauf wird dann die Auswirkung der langen Bindung für verschiedene Kündigungsgründe untersucht. Dabei unterscheidet *Weng* zwischen den Fällen der fristlosen Kündigung wegen schuldhafter Pflichtverletzungen und den Fällen der außerordentlichen Kündigung aus objektiven in der Person des Arbeitnehmers oder im Betrieb liegenden Gründen[156]. In der ersten Kategorie soll das Vorliegen der langen Bindung für die Bestimmung des wichtigen Grundes keine Rolle spielen[157]. Mit anderen Worten wird in diesen Fällen dem Arbeitgeber die Fortsetzung des Arbeitsverhältnisses nicht deshalb unzumutbar, weil die ordentliche Laufzeit des Vertrags besonders lang ist. Die Kündigung müsse hier als ein Reaktionsmittel verstanden werden, um den Betriebsfrieden wiederherzustellen. Der wichtige Grund hängt deshalb allein von der

---

151 *v.Koppenfels,* Kündigung bei unkündbaren Arbeitnehmern, 1998, S. 85.

152 *Weng,* Kündigung von Arbeitsverhältnissen mit langer Bindung, 1980, S. 58ff.; siehe dazu die umfangreichen Stellungnahmen von *Preis,* Prinzipien des Kündigungsrechts, 1987, S. 486ff. und *v.Koppenfels,* Kündigung bei unkündbaren Arbeitnehmern, 1998, S. 73ff.

153 Da die Abhandlung von *Weng* älter ist (1980), als das einschlägige Urteil des *BAG* vom 14.11. 1984, kann im Sinne *v.Koppenfels,* Kündigung bei unkündbaren Arbeitnehmern, 1998, S. 73 nicht die Rede davon sein, *Weng* führe die Judikatur des *BAG* „konsequent" weiter fort. Erwägenswert ist es eher, gerade umgekehrt eine Beeinflussung der Rechtsprechung durch die Ausführungen von *Weng* anzunehmen.

154 *Weng,* Kündigung von Arbeitsverhältnissen mit langer Bindung, 1980, S. 58.

155 *Weng,* Kündigung von Arbeitsverhältnissen mit langer Bindung, 1980, S. 58

156 *Weng,* Kündigung von Arbeitsverhältnissen mit langer Bindung, 1980, S. 59ff., 69ff.

157 *Weng,* Kündigung von Arbeitsverhältnissen mit langer Bindung, 1980, S. 59, 68.

Schwere der Pflichtverletzungen und nicht von der Laufzeit des Vertrages ab[158]. Bei verhaltensbedingten Kündigungsgründen wird deshalb die lange Bindungsdauer grundsätzlich nicht zuungunsten des Arbeitnehmers in die Prüfung der Zumutbarkeit der Weiterbeschäftigung einfließen. Anders soll jedoch zu entscheiden sein, wenn die Kündigung auf betriebs- oder personenbedingte Gründe gestützt wird. In diesen Fällen liegt eine Störung des Austauschverhältnisses vor, die in ihrer Schwere mit der Dauer der Bindung weiter ansteigt[159]. So verhalte es sich etwa bei der außerordentlichen Kündigung wegen Krankheit oder im Bereich von betriebsbedingten Entlassungen[160]. In diesen Fällen sei ausschlaggebend, daß dem Arbeitgeber mit Rücksicht auf seine fortdauernde wirtschaftliche Belastung eine Fortsetzung des Arbeitsverhältnisses unzumutbar werden kann[161].

Weng verkehrt damit geradezu die Aussage der übrigen Lehre, nach der der Sonderkündigungsschutz speziell in den Bereichen der betriebs- und personenbedingten Kündigungsgründe den Bestandsschutz des Arbeitsverhältnisses verstärken soll.

III. Pflicht zur Einhaltung der Kündigungsfrist

Die herrschende Lehre folgt der Konzeption der Rechtsprechung hinsichtlich der Gewährung einer der ordentlichen Kündigungsfrist entsprechenden Befristung des außerordentlichen Kündigungsrecht in den Fällen, in denen im ordentlich kündbaren Arbeitsverhältnis nur eine ordentliche Kündigung zulässig wäre[162]. Auch das Schrifttum stellt insofern auf den in der Tarifklausel zum Ausdruck kommenden Gedanken des Verbots der Schlechterstellung ab.

Für *Weng* ist die Einhaltung einer Kündigungsfrist gleich aus drei Gründen geboten[163]. Nur durch diese rechtliche Konstruktion könne dem Günstigkeitsprinzip entsprochen werden. Zudem müßte jede andere Beurteilung dem Willen der Tarifvertragsparteien eklatant widersprechen, der gerade auf einen zusätzlichen Schutz der Arbeitnehmer gerichtet ist. Letztlich müßten auch

---

158 *Weng*, Kündigung von Arbeitsverhältnissen mit langer Bindung, 1980, S. 61f.

159 *Weng*, Kündigung von Arbeitsverhältnissen mit langer Bindung, 1980, S. 69.

160 *Weng*, Kündigung von Arbeitsverhältnissen mit langer Bindung, 1980, S. 69f.

161 *Weng*, Kündigung von Arbeitsverhältnissen mit langer Bindung, 1980, S. 70.

162 KR[5]/*Fischermeier*, § 626 BGB Rdnr. 304ff.; KSchR[4]/*Däubler*, § 626 BGB Rdnr. 50, 143; *Stahlhacke/Preis/Vossen*, Kündigungsschutz[7], Rdnr. 429, 539, 552; *Löwisch*, KSchG[8], Vorbemerkung zu § 1 Rdnr. 120, § 1 Rdnr. 192; *Gentges*, Prognoseprobleme im Kündigungsschutzrecht, 1995, S. 289; Erman[10]/ *Belling*, § 626 Rdnr. 87; *Kania/ Kramer*, RdA 1995, S. 287 (295); Staudinger[13]/*Preis*, § 626 BGB Rdnr. 218, 232; *Löwisch/Rieble*, TVG, § 1 Rdnr. 562; GK-KR/*Dörner*, § 626 BGB Rdnr. 41; ablehnend für verhaltensbedingte Gründe allerdings KSchR[4]/ *Däubler*, § 626 BGB Rdnr. 50; anders insoweit KR[5]/*Fischermeier*, § 626 BGB Rdnr. 305.

163 *Weng*, DB 1977, S. 676 (678).

allgemeine Gerechtigkeitsvorstellungen, insbesondere der Gleichbehandlungsgrundsatz herangezogen werden, die eine Schlechterstellung gegenüber den anderen Arbeitnehmern insoweit verbieten.

§ 24 Grundlegende Kritik an der herrschenden Auffassung

I. Die Unanwendbarkeit des strengen Maßstabs

Die überwiegende Auffassung hält zwar an dem Dogma des besonders strengen Prüfungsmaßstabes bei der Bestimmung des wichtigen Grundes fest, doch hindert dies nicht daran, im Ergebnis eine Kündigung nach § 626 BGB aus einem Grund zuzulassen, der bei Bestehen der ordentlichen Beendigungsmöglichkeit niemals den Ausspruch einer außerordentlichen Kündigung gerechtfertigt hätte[164]. Dies betont jüngst auch das *Bundesarbeitsgericht*, wenn es ausführt, daß[165]

„ (...) die außerordentliche Kündigung in derartigen Fällen nur die tariflich ausgeschlossene ordentliche Kündigung ersetzt (...)".

Der vermeintliche Zuwachs an Kündigungsschutz wird durch eine erleichterte Zulassung der außerordentlichen Kündigung zumindest teilweise wieder beseitigt[166]. In seinem Urteil vom 18. Februar 1993 führt das *Bundesarbeitsgericht* insoweit folgerichtig aus, daß eine erleichterte außerordentliche Kündigung mit einer sozialen Auslauffrist sachlich einer ordentlichen Kündigung entspricht[167]. Nach neueren literarischen Stellungnahmen handelt es sich bei der von Rechtsprechung und herrschender Lehre zugelassenen außerordentlichen Kündigung deshalb begrifflich um eine Kündigung aus einem minder wichtigen Grund[168], obwohl diese von der überwiegenden Ansicht zumindest von der Terminologie her ausdrücklich abgelehnt wird. Zwischen der Ausgangsthese, die ordentliche Unkündbarkeit kann einzel- oder tarifvertraglich vereinbart werden, und den erzielten Ergebnissen im konkreten Kündigungsschutzstreit besteht damit eine offensichtliche, nicht zu leugnende Diskrepanz.

Bezeichnend sind in dieser Hinsicht die Ausführungen von *v.Koppenfels*. Einerseits betont sie die Notwendigkeit, mit Rücksicht auf den Sinn und Zweck

---

164 Zutreffend *Bröhl*, Festschrift f. Schaub 1998, S.55 (56); zur außerordentlichen Kündigung wegen Krankheit so ausdrücklich etwa KSchR^3/*Trittin*, § 626 BGB Rdnr. 168.

165 *BAG* (Urt. v. 5.2. 1998), AP Nr. 143 zu § 626 BGB [unter II 3e der Gründe].

166 *Zöllner*, Gutachten D, 52. DJT 1978, S. 120f; *Säcker/Oetker*, Grundlagen und Grenzen der Tarifautonomie, 1992, S. 292.

167 *BAG* (Urt. v. 18.2. 1993), AP Nr. 35 zu § 15 KSchG 1969 [unter II 3b aa (4) der Gründe].

168 *Neuner*, Anm. IV 3 zu *BAG* (Urt. v. 17.9.1998), EzA Nr. 3 zu § 626 BGB Unkündbarkeit; *Nicolai*, ZfA 1999, S. 617 (678, Fn. 231).

der Kündigungsschutzklauseln einen strengen Maßstab bei allen drei Arten von Kündigungsgründen anzulegen[169]. Andererseits muß sie eingestehen, daß die Berücksichtigung zwar theoretisch möglich ist, in der praktischen Umsetzung allerdings zu Schwierigkeiten führt und oftmals überhaupt nicht durchführbar ist. Deshalb bleibe allenfalls die Möglichkeit bestehen, eine Einwirkung der Unkündbarkeit auf der Rechtsfolgenseite der außerordentlichen Kündigung anzuerkennen[170]. Auf der Rechtsfolgenebene wird dann mit erheblichem Begründungsaufwand im Wege einer gesetzesimmanenten Rechtsfortbildung in Form der teleologischen Reduktion eine Befristungspflicht der außerordentlichen Kündigung statuiert[171]. Die einzige Besonderheit gegenüber der ordentlichen Kündigung besteht insoweit darin, als daß immer die jeweils längste gesetzliche, einzelvertragliche oder tarifvertragliche Kündigungsfrist einzuhalten ist[172].

Ein derartiges Vorgehen muß sich jedoch die kritische Anmerkung gefallen lassen, ob für die bloße Einführung einer längeren Kündigungsfrist die Rechtsfigur der Unkündbarkeit überhaupt das richtige Instrument darstellt. Unproblematisch und ohne Rückgriff auf eine teleologische Reduktion der Rechtsfolgenseite des § 626 Abs. 1 BGB kann dieses Ergebnis schon über die in der Tariföffnungsklausel des § 622 Abs. 4 Satz 1 BGB zugelassene Verlängerung der gesetzlichen Grundkündigungsfristen des § 622 Abs. 2 BGB herbeigeführt werden. Um eine formelle Kündigungsbeschränkung in Form langer Kündigungsfristen zu etablieren, bedarf es keines Rückgriffs auf eine materielle Kündigungsbeschränkung. Der eigentliche Zweck der Kündigungsklausel, den materiellen Kündigungsschutz zu erhöhen, wird auf diesem Wege nicht erreicht. Der einzige Grund für die Fristbindung der außerordentlichen Kündigung besteht darin, die Unkündbarkeitsklausel vor dem Verdikt der Nichtigkeit zu schützen. Ansonsten hätte eine entsprechende Bestimmung nur verschlechternde Wirkung für den tarifgebundenen Arbeitnehmer, weil ihm gegenüber nunmehr allein eine fristlose Kündigung möglich wäre. Eine hinter dem gesetzlichen Kündigungsschutz zurückbleibende Regelung im Tarifvertrag wäre aber wegen des Verbots der Unterschreitung des gesetzlichen Schutzstandards unwirksam[173]. Diese „Rechtsfolgenlösung“[174] läßt zudem die Frage nach der konkreten Ausgestaltung der Verstärkung des materiellen Kündigungsschutzes unbeantwortet.

---

169 *v.Koppenfels,* Kündigung bei unkündbaren Arbeitnehmern, 1998, S. 87.

170 *v.Koppenfels,* Kündigung bei unkündbaren Arbeitnehmern, 1998, S. 153ff., 155.

171 *v.Koppenfels,* Kündigung bei unkündbaren Arbeitnehmern, 1998, S. 189ff., 216f.

172 *v.Koppenfels,* Kündigung bei unkündbaren Arbeitnehmern, 1998, S. 218ff., 227f.

173 KSchR[4]/*Däubler,* Einleitung Rdnr. 355; *Löwisch/Rieble,* TVG, § 1 Rdnr. 570; Wiedemann/*Wiedemann,* TVG[6], § 1 Rdnr. 535; *Stahlhacke/Preis/Vossen,* Kündigungsschutz[7], Rdnr. 210; davon abgesehen ist es den Tarifpartner allerdings möglich, im Rahmen des § 622 Abs. 4 BGB auch eine entfristete ordentliche Kündigung zu etablieren.

174 So in der Terminologie des *BAG* (Urt. v. 11.3. 1999), AP Nr. 150 zu § 626 BGB [unter B II 3b der Gründe].

Nicht zu verkennen ist insoweit der Verdienst *v.Koppenfels*, der darin besteht, im einzelnen nachgewiesen zu haben, warum die Umsetzung des so vehement geforderten strengen Maßstabes nicht oder nur völlig unzureichend erfolgen kann. Die sich daraus ergebene offenkundige Sinnlosigkeit des Ausschlusses der ordentlichen Kündigung wird allerdings überhaupt nicht erwähnt, geschweige denn einer kritischen Auseinandersetzung unterzogen.

Im übrigen ist schon die getroffene Unterscheidung von theoretischer und praktischer Ebene bei der Betrachtung der Unkündbarkeitsstellung rechtlich nicht haltbar. Was dogmatisch vertretbar ist, muß auch in der juristischen Praxis Anwendung finden können. Die Diskussion krankt deshalb vor allem daran, daß mit unerschütterlicher Überzeugung an der Ausgangsthese festgehalten wird, durch die vereinbarte Unkündbarkeit könne ein besonders gesteigerter Kündigungsschutz für alle drei Kategorien von Kündigungsgründe geschaffen werden. Man bräuchte dafür eben nur die Anforderungen an den wichtigen Grund besonders hoch zu schrauben. Es gibt aber nur den wichtigen Grund, wie er in § 626 Abs. 1 BGB vorausgesetzt wird. Einen strengen Maßstab kann man hier nicht anlegen, dieses Vorgehen ist in der Terminologie von *v.Koppenfels* schon theoretisch nicht möglich. Der anzulegende Maßstab wird ausschließlich durch die von der Norm geschützten Rechtsgüter und rechtlich geschützten Interessen bestimmt[175]. Das außerordentliche Kündigungsrecht ist aufgrund seiner Verknüpfung mit dem Zumutbarkeitsprinzip bereits das Kündigungsinstitut, an das die Arbeitsrechtsordnung die höchsten Anforderungen zur Durchbrechung einer vertraglich geschaffene Sonderverbindung stellt. Weiter ist darauf hinzuweisen, daß die Forderung nach einem besonders strengen Maßstab bei der außerordentlichen Kündigung von unkündbaren Arbeitnehmern auch zu einer Kollision mit dem arbeitsrechtlichen Gleichbehandlungsgrundsatz[176] geraten kann, wenn für tarifvertraglich ungeschützte Arbeitnehmer weniger strenge Anforderungen an den wichtigen Grund gestellt werden.

Hinsichtlich des Schutzumfangs von tarifvertraglichen Kündigungsschutzklauseln ist zu bedenken, daß pauschale Aussagen darüber, ob die Unkündbarkeit gleichermaßen alle drei Kündigungsgründe umfaßt, kaum möglich sind. Stellt man auf Wortlaut und Sinn und Zweck der Tarifnorm ab, so kann nur auf einen umfassenden Schutzauftrag geschlossen werden. Eine andere Frage ist es allerdings, ob dieser Schutzzweck auch bei allen Kategorien von Kündigungsgründen in gleichem Umfang zu verwirklichen ist. Dabei ist zu beachten, daß den verschiedenen Kündigungsgründen unterschiedliche Zweckrichtungen zugrunde liegen[177]. Die Reichweite der Unkündbarkeitsabrede kann deshalb nicht ohne eine ausführliche Analyse der Interessenlage zwischen Arbeitgeber und Arbeitnehmer bei den einzelnen Kündigungsgründen vorgenommen wer-

---

175 *Preis*, Prinzipien des Kündigungsrechts, 1987, S. 161.

176 Dazu *Zöllner/Loritz*, Arbeitsrecht[5], § 17 I (S. 216), § 17 IV (S. 220ff.).

177 Siehe nur *Stahlhacke/Preis/Vossen*, Kündigungsschutz[7], Rdnr. 620.

den. Die Auswirkung der Unkündbarkeitsklausel auf die drei Arten von Kündigungsgründen wird im 6. Teil der Darstellung untersucht.

II. Gänzliche Derogierung von tarifvertraglichen Kündigungsverboten?

Wenn man, wie *v.Koppenfels* es vorschlägt, den Sinn der Unkündbarkeitsstellung allein in der größt möglichen Verlängerung der jeweiligen Kündigungsfrist erblickt, so liegt zudem noch eine andere Schlußfolgerung nahe. Man könnte erwägen, an die praktische Bedeutungslosigkeit der Unkündbarkeit und der daraus resultierenden offensichtlichen Zweckverfehlung anzuknüpfen und dies zum Anlaß zu nehmen, entsprechende Klauseln nach der Maxime „cessante legis ratione cessat lex ipsa" in kündigungsschutzrechtlicher Hinsicht schlechtweg für unbeachtlich zu erklären. Nach dieser Rechtsregel ist eine Norm dann nicht mehr anzuwenden, wenn ihr ursprünglicher Zweck aufgrund eines Wandels der Normsituation nicht mehr verwirklicht werden kann[178]. Dabei handelt es sich um das die gesamte Norm erfassende Parallelinstitut zur teleologischen Reduktion. Während bei der teleologischen Reduktion lediglich nur ein bestimmter Ausschnitt der von einer Bestimmung erfaßten Fallgruppen für nicht anwendbar erklärt wird, fällt nach dem Grundsatz „cessante legis ratione cessat lex ipsa" die ganze Bestimmung wegen Unmöglichkeit der Zweckerreichung fort[179].

Der Wandel der Normsituation in bezug auf Unkündbarkeitsklauseln kann damit erklärt werden, daß derartige Regelungen in ihrer ursprünglichen Form aus einer Zeit stammen, in der das Arbeitsrecht noch keinen allgemeinen Kündigungsschutz kannte und seit Erlaß des KSchG weithin unverändert in die Tarifverträge des öffentlichen Dienstes und des privaten Sektors übernommen worden sind[180]. Hinzu kommt der ständig voranschreitende Ausbau des bestehenden allgemeinen Kündigungsschutzes durch die Praxis des *Bundesarbeitsgerichts*, der über weite Strecken, wie beispielsweise bei der krankheitsbedingten ordentlichen Kündigung, kaum noch für Verbesserungen zugänglich ist[181]. Die Tatsache, daß eine einzel- oder kollektivvertragliche Verstärkung des bestehenden materiellen Kündigungsschutzes kaum denkbar ist, ist damit gleichsam die Kehrseite einer im Wege der richterlichen Rechtsfortbildung vorangetriebenen Verabsolutierung des gesetzlichen Bestandsschutzes.

---

178 MünchKomm[4]/*Säcker*, Einleitung Rdnr. 129; *Larenz*, Methodenlehre[6], S. 351; vgl. dazu auch *Kramer*, Festschrift f. Höhn, 1995, S. 141 (156f.); zur Frage der Anwendbarkeit dieser Rechtsfigur auf tarifvertragliche Normen siehe Wiedemann/*Wank*, TVG, § 1 Rdnr. 819 mwN.

179 Siehe MünchKomm[4]/*Säcker*, Einleitung Rdnr. 129; *Bydlinski*, Methodenlehre und Rechtsbegriff[2], S. 588, Fn. 418.

180 Siehe dazu schon oben § 7 I 2c, II.

181 Allgemein zur Rechtsfortbildung im Kündigungsschutzrecht *v.Hoyningen-Huene*, Festschrift der Juristischen Fakultät der Universität zu Heidelberg, 1986, S 353 (363).

Allerdings steht die Anwendung der Rechtsregel „cessante legis ratione cessat lex ipsa“ unter dem Vorbehalt, daß unter der gegenwärtigen Rechtslage der entsprechenden Norm kein sinnvoller Regelungsbereich zugeordnet werden kann. Nur in einem solchen Falle kann es zu einer gänzlichen Derogierung der Vorschrift kommen[182]. Wohl nur mit Mühe kann man mit *v.Koppenfels* die Konstituierung der jeweils längsten Kündigungsfrist als einen solchen, heute noch vernünftigen Normzweck ansehen. Dagegen spricht, wie bereits aufgezeigt, die Möglichkeit derartig lange Kündigungsfristen über § 622 Abs .4 BGB einzuführen. Für die betriebsbedingte Kündigung könnte der Zweck der Kündigungsschutzklauseln allenfalls in der bevorzugten Stellung von tarifgebundenen Arbeitnehmern im Rahmen der Sozialauswahl nach § 1 Abs. 3 KSchG gesucht werden. Wie jedoch noch zu zeigen sein wird, vermag der tarifliche Sonderkündigungsschutz auch dort nicht zugunsten der tarifgebundenen Arbeitnehmer durchzuschlagen[183].

III. Kritik an der Fristbindung der außerordentlichen Kündigung – insbesondere die Kollision mit der Kündigungserklärungsfrist

Grundsätzliche Kritik muß auch an der Verbindung der außerordentlichen Kündigung mit der Frist zur ordentlichen Kündigung geübt werden. Sicherlich stellt die Fristbindung der außerordentlichen Kündigungen, in den Fällen, in denen im ordentlich noch kündbaren Arbeitsverhältnis allein der Ausspruch einer ordentlichen Kündigung statthaft wäre, die einzige Möglichkeit dar, schwerste Wertungswidersprüche im Hinblick auf die kündigungs- verstärkende Schutzrichtung von Unkündbarkeitsklauseln zu vermeiden. Gerade der Fall der tarifvertraglichen Unkündbarkeit soll die Schutzfunktion der Kündigungsfrist verdeutlichen, einen zeitlich auf den Ablauf der Frist beschränkten Kündigungsschutz zu gewährleisten[184].

Allerdings muß *Buchner* beigepflichtet werden, wenn er feststellt, daß es dem *Bundesarbeitsgericht* eben nur „mit Mühe gelingt“, dem tarifvertraglich geschützten Personenkreis wenigstens die ordentliche Kündigungsfrist zu erhalten[185]. Vereinzelt wird im Schrifttum auch die Auffassung vertreten, daß die Verknüpfung der außerordentlichen Kündigung mit einer Kündigungsfrist schlechthin nicht möglich sei. Der Arbeitnehmer dürfe neben dem Schutzmechanismus der ordentlichen Unkündbarkeit nicht auch noch die Rechtsvorteile der ordentlichen Kündbarkeit nutzen und sowohl das Erfordernis des wichtigen Grundes mit der zwingenden Interessenabwägung als auch den Anpassungs-

---

182 *Bydlinski,* Methodenlehre und Rechtsbegriff², S. 375, 588.

183 Siehe dazu unten § 37 IV.

184 Staudinger¹³/*Preis,* § 622 Rdnr. 9; ErfurtKomm/*Müller-Glöge,* § 622 BGB Rdnr. 3.

185 *Buchner,* Anm. 1 zu *BAG* (Urt. v. 28.3. 1985), EzA Nr. 96 zu § 626 BGB n. F.

schutz in Form der Kündigungsfrist für sich in Anspruch nehmen[186]. Dieser Meinung ist zuzugeben, daß eine Kumulation von Elementen der ordentlichen und außerordentlichen Kündigung der klaren Systematik des Gesetzes widerspricht. Unter dem Blickwinkel des Schlechterstellungsverbots zugunsten der unkündbaren Arbeitnehmer und dem ansonsten bestehenden Defizit an Wertungswiderspruchsfreiheit ist sie jedoch abzulehnen. Eine Kritik an der Fristbindung der außerordentlichen Kündigung muß daher auf andere Überlegungen gestützt werden.

1. Die zumutbarkeitskonkretisierende Funktion der Kündigungserklärungsfrist nach § 626 Abs. 2 BGB

Wenig Beachtung hat die Frage gefunden, wie die Rechtsfigur der außerordentlichen fristgebundenen Kündigung mit der in § 626 Abs.2 BGB geregelten Ausschlußfrist zu vereinbaren ist. Dabei soll vorerst nur untersucht werden, ob sich Kündigungsfrist und Kündigungserklärungsfrist überhaupt wertungswiderspruchsfrei miteinander kombinieren lassen. Konkrete Anwendungsprobleme sollen an dieser Stelle vorerst ausgespart bleiben[187].

Das außerordentliche Kündigungsrecht wird seiner Form nach beherrscht vom Grundsatz der entfristeten Kündigung[188]. Bei Vorliegen eines wichtigen Grundes kann der Arbeitgeber deshalb ohne Einhaltung einer Kündigungsfrist, also mit sofortiger Wirkung kündigen. Es ist jedoch weithin anerkannt, daß der Arbeitgeber, mit Rücksicht auf das aus dem ultima-ratio-Prinzip folgenden Gebot einer möglichst schonenden Ausübung des Kündigungsrechts, die außerordentliche Kündigung auch mit einer freiwillig gewährten Frist, der sogenannten sozialen Auslauf- oder Schonfrist verbinden kann[189]. Die Erklärung einer Kündigungsfrist soll nichts an der Qualifizierung der Kündigung als außerordentliche Kündigung ändern, solange der Kündigungsgegner lediglich erkennen kann, daß von der Kündigungsbefugnis nach § 626 Abs. 1 BGB Gebrauch gemacht wird[190]. Beim einzel- oder tarifvertraglichen Kündigungsausschluß hat

---

186 *Löwisch,* KSchG[7], Vorbemerkung zu § 1 Rdnr. 115, § 2 Rdnr. 72; *ders.,* DB 1998, S. 877 (880), allerdings ohne eine nähere Begründung zu liefern; anders aber *ders.,* Arbeitsrecht[4], Rdnr. 1273 und *ders.,* KSchG[8], Vorbemerkung zu § 1 Rdnr. 120.

187 Siehe dazu unten § 41 I.

188 MünchKomm[3]/*Schwerdtner,* § 626 Rdnr. 31; KR[5]/*Fischermeier,* § 626 BGB Rdnr. 27; KSchR[4]/*Däubler,* § 626 BGB Rdnr. 14; ErfurtKomm/*Müller-Glöge,* § 626 BGB Rdnr. 228; *Stahlhacke/Preis/Vossen,* Kündigungsschutz[7], Rdnr. 429.

189 KR[5]/*Fischermeier,* § 626 BGB Rdnr. 29; KSchR[4]/*Däubler,* § 626 BGB Rdnr. 16; ErfurtKomm/*Müller-Glöge,* § 626 BGB Rdnr. 229; *Stahlhacke/Preis/Vossen,* Kündigungsschutz[7], Rdnr. 429.

190 *BAG* (Urt. v. 12.9. 1974), EzA Nr. 3 zu § 1 TVG Auslegung [Leitsatz 4]; ErfurtKomm/*Müller-Glöge,* § 626 BGB Rdnr. 231; *Stahlhacke/Preis/Vossen,* Kündigungsschutz[7], Rdnr. 429; MünchKomm[3]/*Schwerdtner,* § 626 Rdnr. 34.

die Rechtsprechung im Anschluß an die Literatur den Arbeitgeber hingegen verpflichtet, die ordentliche Kündigungsfrist einzuhalten, wenn einem vergleichbaren, ordentlich noch kündbaren Arbeitnehmer nur ausschließlich ordentlich gekündigt werden könnte. Ihrem Rechtscharakter nach hat diese Frist nichts mit einer sozialen Auslauffrist gemeinsam[191]. Die Fristbindung ist in einem solchen Fall vielmehr allein Wirksamkeitsvoraussetzung der Kündigung.

Jedoch ist weder die Gewährung einer arbeitgeberseitigen Schonfrist, noch die zwingend zu wahrende ordentliche Kündigungsfrist im Falle der tariflichen Unkündbarkeit mit der normativen Struktur des § 626 BGB in Übereinstimmung zu bringen. Die Fristbindung der außerordentlichen Kündigung kollidiert insbesondere mit dem Institut der Kündigungserklärungsfrist des § 626 Abs. 2 BGB. Die Ausschlußfrist ist auch im Falle der ordentlichen Unkündbarkeit, bei der die Kündigungsmöglichkeiten des Arbeitgebers auf das Vorliegen eines wichtigen Grundes beschränkt sind, zwingend zu beachten[192].

Diese Vorschrift enthält eine unwiderlegbare gesetzliche Vermutung infolge Zeitablaufs[193] und damit eine auf das Zeitmoment reduzierte Ausformung des allgemeinen Verwirkungseinwands[194]. Das Umstandsmoment des allgemeinen Verwirkungseinwands nach § 242 BGB bleibt ausgespart. Erklärt der Arbeitgeber die Kündigung innerhalb der von § 626 Abs. 2 BGB vorgeschriebenen Frist, so kann dies als ein Indiz für das Vorhandensein eines wichtigen Grundes gewertet werden[195]. Andererseits greift aber mit Ablauf der Zweiwochenfrist die nicht zu widerlegende Vermutung ein, daß die Fortsetzung der Vertragsbeziehung für den Arbeitgeber noch zumutbar ist und mithin ein wichtiger Grund nicht vorliegt[196]. Die Ausschlußfrist des § 626 Abs. 2 BGB ist deshalb mit dem Begriff der Zumutbarkeit in § 626 Abs. 1 BGB aufs engste verknüpft. Ihre Einhaltung beziehungsweise ihre Nichtbeachtung trägt erheblich zu einer Konkretisierung des Zumutbarkeitsurteils bei[197]. Damit enthält die Erklärungsfrist, wie

---

191 *Schwerdtner*, Festschrift f. Kissel, 1994, S. 1077 (1091f.).

192 *BAG* (Urt. v. 25.3. 1976), AP Nr. 10 zu § 626 BGB Ausschlußfrist [Leitsatz 1 und unter III 1b der Gründe]; *BAG* (Urt. v. 19.1. 1973), AP Nr. 5 zu § 626 BGB Ausschlußfrist [Leitsatz 1 und unter I 3 der Gründe]; KR[5]/*Fischermeier*, § 626 Rdnr. 322; dazu noch unten § 41 I 2.

193 Allgemein dazu *Oetker*, Das Dauerschuldverhältnis, 1994, S. 304ff.

194 KR[5]/*Fischermeier*, § 626 BGB Rdnr. 313; *BAG* (Urt. v. 9.1. 1986), AP Nr. 20 zu § 626 BGB Ausschlußfrist [unter 2b der Gründe].

195 *Frömling*, Probleme bei der Anwendung der Ausschlußfrist des § 626 Abs. 2 BGB, 1984, S. 9f.

196 *BAG* (Urt. v. 6.7. 1972), AP Nr. 3 zu § 626 BGB Ausschlußfrist [unter I 2 der Gründe]; *Frömling*, Probleme bei der Anwendung der Ausschlußfrist des § 626 Abs. 2 BGB, 1984, S. 1; KR[5]/*Fischermeier*, § 626 BGB Rdnr. 313; *Ascheid*, Kündigungsschutzrecht, Rdnr. 148; KSchR[3]/*Trittin*, § 626 BGB Rdnr. 260; RGRK[12]/*Corts*, § 626 Rdnr. 202.

197 Zu diesem Zusammenhang: *Frömling*, Probleme bei der Anwendung der Ausschlußfrist des § 626 Abs. 2 BGB, 1984, S. 9f.; *BAG* (Urt. v. 17.8. 1972), AP Nr. 4 zu § 626 BGB

Herschel festgestellt hat, eine auf § 626 Abs. 1 BGB bezogene „Aktualisierung des Zumutbarkeitsprinzips“[198]. Die Zumutbarkeit beherrscht nicht nur den wichtigen Grund, sondern das gesamte Rechtsinstitut der außerordentlichen Kündigung.

2. Die Unvereinbarkeit der Fristbindung mit der Kündigungserklärungsfrist

Die Gewährung einer Kündigungsfrist verträgt sich mit diesen Grundsätzen nicht. Das durch die Einhaltung der Kündigungserklärungsfrist zumindest teilweise gewonnene Urteil über die Zumutbarkeit wird durch den Ausspruch einer Auslauffrist wieder verzerrt. Beschäftigt der Arbeitgeber den Arbeitnehmer während der Kündigungsfrist tatsächlich weiter, so spricht dies gegen die Unzumutbarkeit der Vertragsfortführung und damit auch gegen das Vorliegen eines wichtigen Grundes. Die Selbstwiderlegung durch den Kündigenden soll nach der überwiegenden Auffassung in der Literatur um so eher zu bejahen sein, je weiter sich die Auslauffrist der ordentlichen Kündigungsfrist annähert[199]. Diesen Standpunkt teilt mittlerweile auch das *Bundesarbeitsgericht*[200]. *Schwerdtner* spricht sich sogar gegen jegliche Zulässigkeit der Gewährung einer sozialen Auslauffrist ohne gleichzeitige Suspendierung der Arbeitspflicht aus[201].

Eine andere Beurteilung der Fristbindung ist nach der herrschenden Meinung nur dann angebracht, wenn der Arbeitgeber, wie im Falle des tarifvertraglichen Ausschlusses der ordentlichen Kündigung, aus Rechtsgründen verpflichtet ist, eine Kündigungsfrist einzuhalten[202]. Hier erfolgt die Befristung nicht aus sozial motiviertem Verhalten, sondern nur zur Vermeidung einer kündigungsschutzverkürzenden Wirkungsweise der tarifvertraglichen Kündigungsschutzklausel. Muß der Arbeitgeber die außerordentliche Kündigung zwingend mit einer Kündigungsfrist versehen, kann er sich dadurch nicht in Widerspruch zu seinem eigenen Verhalten setzen. Dem Arbeitgeber einen solchen Vorwurf zu machen,

---

Ausschlußfrist [unter II 2 der Gründe].

198 *Herschel*, ArbuR 1971, S. 257 (260).

199 KR[5]/*Fischermeier*, § 626 BGB Rdnr. 29; *Ascheid*, Kündigungsschutzrecht, Rdnr. 97; KSchR[4]/*Däubler*, § 626 BGB Rdnr. 18; *Stahlhacke/Preis/Vossen*, Kündigungsschutz[7], Rdnr. 429; dezidiert dagegen aber *Gentges*, Prognoseprobleme im Kündigungsschutzrecht, 1995, S. 293f.

200 *BAG* (Urt. v. 29.8. 1991), AP Nr. 58 zu § 102 BetrVG 1972 [unter II 2a bb der Gründe]; diese Entscheidung ist von *Gentges*, Prognoseprobleme im Kündigungsschutzrecht, 1995, S. 293 offenbar übersehen worden.

201 MünchKomm[3]/*Schwerdtner*, § 626 Rdnr. 31, 36.

202 *BAG* (Urt. v. 29.8. 1991), AP Nr. 58 zu § 102 BetrVG 1972 [unter II 2a bb der Gründe]; MünchKomm[3]/*Schwerdtner*, § 626 Rdnr. 33.

hieße ihn in eine ausweglose Situation zu versetzen, da er jegliches Kündigungsrecht verlieren würde. Insoweit ist diese Ansicht durchaus folgerichtig.

Ganz erhebliche Bedenken sind allerdings an dem generellen Nebeneinander von Fristbindung und Beachtung der Kündigungserklärungsfrist nach § 626 Abs. 2 BGB zu üben. Wenn der Arbeitgeber durch die Zulassung einer Kündigungsfrist das Ergebnis der Zumutbarkeitsprüfung nicht mehr beeinflussen kann, ist auch die Einhaltung der Ausschlußfrist des § 626 Abs. 2 BGB sinnlos. Diese ist von ihrem Normzweck nur auf die außerordentliche fristlose Kündigung zugeschnitten. Besonders deutlich wird dies im Fall der Stillegung eines Betriebs. Die Ausschlußfrist paßt nicht auf Fallgestaltungen, in denen feststeht, daß ein Arbeitsplatz endgültig wegfallen wird[203]. Für diese Betrachtung spricht als flankierendes Argument auch die Kündigung eines Betriebsratsmitglieds im Falle der Betriebsstillegung. Da es sich bei der Kündigung nach § 15 Abs. 4 KSchG um eine ordentliche Kündigung handelt[204], wird vom Arbeitgeber die Einhaltung der Kündigungserklärungsfrist nach § 626 Abs. 2 BGB nicht verlangt.

Es handelt sich um einen klassischen Fall des Normwiderspruchs, der immer dann vorliegt, wenn zwei verschiedene Regelungen für einen bestimmten Lebenssachverhalt Rechtsfolgen vorsehen, die einander widersprechen und deshalb vom Rechtsanwender nicht gleichzeitig verwirklicht werden können[205]. Die so entstandene Normenkollisionslücke gilt es aufzulösen. Eine der vorgeschriebenen Rechtsfolgen, Einhaltung der ordentlichen Kündigungsfrist oder Wahrung der Kündigungserklärungsfrist, muß deshalb zurücktreten, will man vom Arbeitgeber nicht Unmögliches verlangen. Hält man mit der herrschenden Auffassung an der Fristbindung der außerordentlichen Kündigung mit Rücksicht auf das dem ordentlichen Kündigungsausschluß immanente Schlechterstellungsverbot fest, kann diese Lücke nur durch ein Zurücktreten der Kündigungserklärungsfrist des § 626 Abs. 2 BGB geschlossen werden.

Auch das *Bundesarbeitsgericht* hat mittlerweile die bestehenden Unstimmigkeiten zum Anlaß genommen, im Falle der betriebsbedingten Kündigung auf die Anwendung des § 626 Abs. 2 BGB zu verzichten[206]. In den Fällen der ersetzenden außerordentlichen Kündigung kann deshalb nur auf den allgemeinen Verwirkungseinwand nach § 242 BGB zurückgegriffen werden[207]. Dieser setzt

---

203 *Schleusener,* Anm. zu *BAG* (Urt. v. 5.2. 1998), SAE 1998, S. 218 (221).

204 Siehe dazu oben § 22 II 2.

205 Siehe dazu etwa *Larenz,* Methodenlehre[6], S. 335.

206 *BAG* (Urt. v. 5.2. 1998), AP Nr. 143 zu § 626 BGB [Leitsatz 2].

207 So auch *Bröhl,* Festschrift für Schaub, 1998, S. 55 (68); zu den Vorraussetzungen einer Verwirkung des Kündigungsrechts bei den drei Kündigungsgründen KSchR[4]/*Däubler,* § 242 BGB Rdnr. 10ff.

neben dem Zeitmoment auch die Enttäuschung eines Vertrauenstatbestandes voraus[208].

Vor allem *Schwerdtner* hat versucht, den eben beschriebenen Wertungswiderspruch zwischen Einhaltung einer Kündigungsfrist und der wegen ihrer Unabdingbarkeit weiterhin geltenden Kündigungserklärungsfrist des § 626 Abs. 2 BGB zu beseitigen. Der Ausspruch einer befristeten außerordentlichen Kündigung soll danach in eine fristlose außerordentliche Kündigung, verbunden mit dem Antrag auf Abschluß eines für die Dauer der Kündigungsfrist befristeten Arbeitsverhältnisses umzudeuten sein[209]. Dieses Angebot könne der gekündigte Arbeitnehmer auch ablehnen, wenn aufgrund der befristeten Fortsetzung des Arbeitsverhältnisses seine berechtigten Interessen verletzt würden. Dies sei insbesondere dann der Fall, wenn der Arbeitnehmer kurzfristig Aussicht auf einen neuen Arbeitsplatz hat oder wenn aufgrund der Leistung einer Abfindung aus einem Sozialplan nach § 117 Abs. 2 Nr.1 AFG (heute § 143a Abs. 1 Nr.1 SGB III) der Anspruch des Arbeitnehmers auf Arbeitslosengeld ruhen würde. Im Hinblick auf die Regelung des § 117 Abs. 3 Nr.3 AFG (heute § 143a Abs. 2 Nr.3 SGB III) sei es für den Arbeitnehmer wirtschaftlich vorteilhafter, wenn ihm gegenüber eine fristlose Kündigung erfolgen würde.

Dagegen spricht aber entscheidend der Umstand, daß auch die Fortsetzung des Arbeitsverhältnisses aufgrund einer Befristung mit dem Unzumutbarkeitsgrundsatz kollidieren würde. Die Weiterbeschäftigung des Arbeitnehmers, sei es bis zum Ablauf der ordentlichen Kündigungsfrist oder bis zum Auslaufen der Befristung, ist ein Indiz dafür, daß ein wichtiger Grund für den Ausspruch der außerordentlichen Kündigung gerade nicht vorgelegen hat. Außerdem steht es dem Arbeitnehmer frei, den Arbeitgeber zum Abschluß eines Aufhebungsvertrags zu bewegen, wenn er eine anderweitige Beschäftigung in Aussicht hat[210]. Einen Anspruch auf sofortige Vertragsbeendigung kann ihm, ebenso wie seinen tarifvertraglich ungeschützten Arbeitskollegen, nicht zugestanden werden. Anders läßt sich auch unter Berücksichtigung sozialversicherungsrechtlicher Vorschriften nicht entscheiden. Es ist zunächst höchst bedenklich, allein aufgrund einer drohenden Benachteiligung des tarifvertraglich unkündbaren Arbeitnehmers durch die Bestimmung des § 117 AFG (§ 143a SGB III) Rückschlüsse auf die allgemeine Konstruktion bei der Kündigung eines unkündbaren Arbeitnehmers zu ziehen. Hier bedarf es zusätzlich einer Abstimmung mit anderen gesetzlichen Wertungen. Darüber hinaus können diese Unstimmigkeiten dadurch vermieden werden, daß man die außerordentliche befristete Kündigung nach

---

208 Siehe etwa *Medicus*, Bürgerliches Recht[7], § 15 Rdnr. 137ff. (139).

209 MünchKomm[3]/*Schwerdtner*, § 626 Rdnr. 37; folgend *ArbG Freiburg* (Urt. v. 22.10. 1985), NZA 1986, S. 295; anders allerdings *Schwerdtner*, Festschrift f. Kissel, 1994, S. 1077 (1086); siehe auch *Zöllner/Loritz*, Arbeitsrecht[5], § 23 III 6a,b (S. 289).

210 Zum Aufhebungsvertrag bei altersgesicherten Arbeitnehmern *Bauer*, Arbeitsrechtliche Aufhebungsverträge[5], Rdnr. 322.

§ 143a Abs. 1 Satz 1 SGB III (§ 117 Abs. 2 Satz 1 AFG) beurteilt. Ein Ruhen des Anspruchs auf das Arbeitslosengeld kommt dann deshalb nicht in Betracht, weil das Arbeitsverhältnis gerade nicht ohne Einhaltung einer der ordentlichen Kündigungsfrist entsprechenden Frist beendet wurde[211]. Erkennt man die außerordentliche betriebsbedingte Kündigung des unkündbaren Arbeitnehmers hingegen überhaupt nicht an, sondern plädiert für die alleinige Möglichkeit einer ordentlichen betriebsbedingten Kündigung, wird die spezifische sozialversicherungsrechtliche Problematik ohnehin obsolet.

3. Rückwirkung der Fristgewährung auf die Ermittlung des wichtigen Grundes

Ferner beeinflußt die Fristbindung der außerordentlichen Kündigung auch zwangsläufig den bei der Bestimmung des wichtigen Grundes anzusetzenden Prüfungsmaßstab. So soll nach der bereits skizzierten Auffassung die reale Zumutbarkeit aufgrund der tatsächlichen künftigen Vertragsdauer, also in der Regel anhand der verbleibenden Zeit bis zum Eintritt in den Ruhestand, ermittelt werden. Eine Anknüpfung an die fiktive Kündigungsfrist zur ordentlichen Kündigung wird hingegen als absurd und irrelevant abgelehnt. Hingegen zeigt die Rechtsfigur der außerordentlichen fristgebundenen Kündigung, daß es sich nicht um eine hypothetische Kündigungsfrist handelt, und die Prüfung also durchaus auch auf diesen Zeitraum erstreckt werden könnte[212].

Ist oben[213] noch darauf aufmerksam gemacht worden, daß für eine umfassende Aufdeckung der Problemlagen der außerordentlichen Kündigung im unkündbaren Arbeitsverhältnis eine getrennte Sicht von Tatbestand und Rechtsfolge angebracht ist, so ist hier festzustellen, daß für einen in sich stimmigen Problemlösungsansatz die Bestimmung des wichtigen Grundes nicht isoliert und ohne einen Blick auf mögliche Sinnwidrigkeiten auf der Rechtsfolgenebene vorgenommen werden kann. Durch die Anerkennung einer zwingenden Befristung wird der wichtige Grund in § 626 Abs. 1 BGB wieder relativiert, weil jetzt nicht mehr zu fragen ist, ob es dem Arbeitgeber auch ausnahmsweise unzumutbar ist, die ordentliche Kündigungsfrist einzuhalten. Damit entspricht die Prüfung aber exakt der Bestimmung des Kündigungsgrundes nach der Lehre vom minder wichtigen Kündigungsgrund, die einen wichtigen Grund auch dann anerkennt, wenn zwar die Einhaltung der ordentlichen Kündigungsfrist, nicht jedoch das Abwarten auf das voraussichtliche Vertragsende zumutbar ist. Im Vergleich dazu ist es höchst fragwürdig, wenn die herrschende Auffassung bei § 626 Abs. 1 BGB einen besonders strengen Maßstab fordert, durch die Gewäh-

---

211 So zutreffend bereits *Pieper*, NZA 1986, S. 277 (280).

212 Ebenso für die Kündigung von Betriebsratsmitgliedern *Stahlhacke*, Festschrift f. Hanau, 1999, S. 281 (293).

213 Siehe oben, § 17 Vor I.

rung einer Kündigungsfrist den Kündigungsgrund aber wiederum dem ordentlichen Kündigungsrecht stark annähert. Daran zeigt sich, daß auf der Basis der herrschenden Auffassung, nach der das außerordentliche Kündigungsrecht durch den Ausschluß der ordentlichen Kündigung isoliert werden kann, dem Lösungsmodell des minder wichtigen Grundes der Vorzug zu geben ist[214]. Doch gerät auch diese Konzeption zwangsläufig in einen Widerspruch zu § 626 Abs. 2 BGB. Solange das außerordentliche Kündigungsrecht nur durch den wichtigen Grund gekennzeichnet war, hatte die Lehre vom minder wichtigen Kündigungsgrund durchaus ihre Berechtigung. Seit der Einführung des §626 Abs. 2 BGB durch das Arbeitsrechtsbereinigungsgesetz im Jahre 1969[215] besteht aber nicht mehr nur ein Abstimmungsbedarf des Kündigungsgrundes, sondern auch der Kündigungserklärungsfrist mit den speziellen Besonderheiten der Rechtsfigur der Unkündbarkeit. Insgesamt sprechen die besseren Argumente deshalb in den Fällen der ersetzenden außerordentlichen Kündigung für die Zulassung einer ordentlichen Kündigung.

§ 25 Die Konzeption *Schwerdtners*: das zweistufige Prüfungsverfahren

I. Die Grundgedanken

Innerhalb des Schrifttums nimmt die von *Schwerdtner* entwickelte Position zur Behandlung der Kündigung im unkündbaren Arbeitsverhältnis eine Sonderstellung ein[216]. Zunächst bekräftigt er die ablehnende Haltung der herrschenden Auffassung gegenüber der Anerkennung einer außerordentlichen Kündigung aus einem minder wichtigen Grund. Diese Konstruktion führe nur zu einer Vereitelung des (tarif-) vertraglich etablierten Sonderkündigungsschutzes, stelle aber in der Sache keine geeignete Lösung dar[217]. Vielmehr müsse der vom Bundesarbeitsgericht zur Begründung einer Kündigungsfrist richtigerweise in den Vordergrund gerückte Schutzgedanke der Unkündbarkeitsklausel aufgegriffen und weiterentwickelt werden.

Nach Ansicht *Schwerdtners* ist den Kündigungsschutzklauseln neben ihrem eigentlichen Regelungsgehalt, dem umfassenden Schutz vor ordentlichen Kündigungen, auch ein Schlechterstellungsverbot in bezug auf das außerordentliche Kündigungsrecht zu entnehmen. Die (tarif-) vertraglichen Schutznormen dürf-

---

214 Siehe bereits oben, § 21.

215 BGBl. I, S. 1106ff.

216 *Schwerdtner,* Festschrift f. Kissel, 1994, S. 1077 (1085f.); ausführlich dazu *Höland,* Anm. II 1 zu *BAG* (Urt. v. 5.2. 1998), AP Nr. 143 zu § 626 BGB; vgl. auch *Bröhl,* Festschrift f. Schaub, 1998, S. 55 (60f.).

217 *Schwerdtner,* Festschrift f. Kissel, 1994, S. 1077 (1083, 1085, 1095).

ten in ihrer Umsetzung nicht dazu führen, daß sich die Rechtstellung der unkündbaren Arbeitnehmer bei identischen Kündigungssachverhalten gegenüber den (tarif-) vertraglich ungeschützten Arbeitnehmern verschlechtert[218]. Die mit der tarifvertraglichen Schutznorm bezweckte Besserstellung dürfte sich nicht deshalb in ihr Gegenteil verkehren, weil das außerordentliche Kündigungsrecht nunmehr das alleinige Lösungsmittel darstellt[219]. Dieses Verbot der Nachteilszufügung wird gleichsam als ein tragender Grundsatz des Kündigungsausschlusses anerkannt[220]. Dieser Grundsatz müsse sowohl als Interpretationshilfe als auch als Auslegungssperre der Unkündbarkeitsvereinbarungen herangezogen werden. An diesem hat sich die Bestimmung des wichtigen Grundes in § 626 Abs. 1 BGB und die Wahl der Rechtsfolge zu orientieren.

Auf diesen Überlegungen aufbauend schlägt *Schwerdtner* für die Behandlung der außerordentlichen Kündigung von unkündbaren Arbeitnehmer ein Prüfungsverfahren in zwei gedanklich zu trennenden Schritten vor. Danach hat der Rechtsanwender in einem ersten Prüfungsschritt zunächst zu fragen, ob gegenüber dem unkündbaren Arbeitnehmer, die Möglichkeit der ordentlichen Kündigung unterstellt, nur eine ordentliche Kündigung ausgesprochen werden könnte. Den eigentlichen Kern der Prüfung bildet damit die Frage nach der ausschließlich ordentlichen Kündbarkeit[221]. Stellt sich auf dieser Prüfungsstufe heraus, daß einem ordentlich kündbaren Arbeitnehmer in einer vergleichbaren Situation sogar außerordentlich gekündigt werden könnte, so bestünden keinerlei Bedenken, auch gegenüber einem ordentlich unkündbaren Arbeitnehmer die außerordentliche Kündigung auszusprechen[222]. Führt die Parallelprüfung anhand des Normalfalls der ordentlichen Kündbarkeit allerdings zu dem Ergebnis, daß der konkrete Kündigungssachverhalt nur eine ordentliche Kündigung zu rechtfertigen vermag, so dürfe mit Rücksicht auf den Normzweck der Kündigungsklausel eine außerordentliche Kündigung nicht erfolgen. Von diesem Grundsatz seien jedoch in eng umgrenzten Fällen Ausnahmen anzuerkennen. Diese werden von *Schwerdtner* im darauf folgenden Prüfungsabschnitt behandelt.

Im zweiten Prüfungsschritt stehen die außerordentlichen Kündigungen zur Beurteilung an, die im ordentlich noch kündbaren Arbeitsverhältnis nur eine ordentliche Kündigung rechtfertigen würden. Allein bei diesen Kündigungen

---

218 *Schwerdtner,* Festschrift f. Kissel, 1994, S. 1077 (1085); aus der Rechtsprechung zum Nachteilsverbot etwa *BAG* (Urt. v. 28.3. 1985), AP Nr. 86 zu § 626 BGB [unter B IV 1 der Gründe]; bestätigt von *BAG* (Urt. v. 6.3. 1986), AP Nr. 19 zu § 15 KSchG [unter B II 3a bb der Gründe].

219 MünchKomm[3]/*Schwerdtner,* § 626 Rdnr. 33.

220 So *Kania/Kramer,* RdA 1995, S. 287 (295).

221 So zutreffend die Wertung von *Höland,* Anm. II 1 zu *BAG* (Urt. v. 5.2. 1998), AP Nr. 143 zu § 626 BGB.

222 So besonders plastisch für die verhaltensbedingte Kündigung *Schwerdtner,* Festschrift f. Kissel, 1994, S. 1077 (1089f).

könne es zu der kritischen Situation kommen, daß sich der durch den Kündigungsausschluß bezweckte erhöhte Bestandsschutz durch die Zulassung einer außerordentlichen fristlosen Kündigung in sein Gegenteil zu verkehren droht.

Möglich ist in diesen Fällen deshalb nur der Ausspruch einer befristeten außerordentlichen Kündigung. Dabei soll sich die Länge der Kündigungsfrist an der Kündigungsfrist orientieren, die eingreifen würde, wenn das ordentliche Kündigungsrecht nicht ausgeschlossen wäre. Keineswegs sei dies immer die jeweils längste gesetzliche oder tarifvertragliche Kündigungsfrist[223]. Diese Vorgehensweise ist nach Ansicht *Schwerdtners* bei allen drei Kategorien von Kündigungsgründen angebracht. Während ein Teil der Lehre die Befristung der außerordentlichen Kündigung auf betriebs- und personenbedingte Kündigungsgründe beschränkt[224], wendet *Schwerdtner* sein zweistufiges Prüfungsverfahren hingegen auch bei verhaltensbedingten Kündigungen an[225]. Auch hier kann es folglich dazu kommen, daß eine aufgrund von Fehlverhalten des Arbeitnehmers ausgesprochene Kündigung zwingend mit einer Kündigungsfrist zu versehen ist.

II. Kritische Würdigung

Folgt man der herrschenden Meinung, nach der der Arbeitgeber im unkündbaren Arbeitsverhältnis lediglich auf das außerordentliche Kündigungsrecht zurückgreifen kann, so stellt sich das von *Schwerdtner* entwickelte Prüfungsschema als ein geeignetes Lösungsinstrument dar[226].

Die zweistufige Prüfungsfolge trägt dem bereits herausgearbeiteten und neuerdings auch von *Wiedemann* betonten doppelten Anwendungsbereich des § 626 BGB im unkündbaren Arbeitsverhältnis besondere Rechnung[227]. Der erste Prüfungsschritt behandelt die herkömmliche fristlose Kündigung aus verhaltensbedingten Gründen, während sich der zweite Prüfungsschritt mit der speziellen Erscheinungsform der ersetzenden außerordentlichen Kündigung[228] be-

---

223 *Schwerdtner,* Festschrift f. Kissel, 1994, S. 1077 (1088).

224 Siehe etwa *Pauly,* ArbuR 1997, S. 94 (97); *Kania/Kramer,* RdA 1995, S. 287 (296); *Stahlhacke/Preis/Vossen,* Kündigungsschutz[7], Rdnr. 458; Staudinger[13]/*Preis,* § 626 Rdnr. 62.

225 *Schwerdtner*, Festschrift f. Kissel, 1994, S. 1077 (1089f.); so im Ergebnis auch *Conze,* ZTR 1989, S. 99 (101).

226 Der Konzeption haben sich innerhalb der herrschenden Lehre *Kania/Kramer,* RdA 1995, S. 287 (295) angeschlossen; wohl auch *Höland,* Anm. II 1 zu *BAG* (Urt. v. 5.2. 1998), AP Nr. 143 zu § 626 BGB; auch *Bröhl,* Festschrift f. Schaub, 1998, S. 55 (60) spricht sich dafür aus, soweit er überhaupt der herrschenden Meinung folgt; kritisch aber *Adam,* NZA 1999, S. 846 (848).

227 *Wiedemann,* Anm. 2.2 zu *BAG* (Urt. v. 5.2.1998), EWiR § 626 BGB 2/98, S. 537; Wiedemann/*Wiedemann,* TVG[6], § 1 Rdnr. 539

228 Siehe oben § 17 I 3.

faßt. Der diesem Lösungsansatz zugrundeliegende Gedanke der fiktiven Parallelprüfung im ordentlichen Arbeitsverhältnis klingt bereits bei *Alfred Hueck* an[229]. Nach seiner Ansicht müssen Umstände, die auch in Verträgen mit bestehender ordentlicher Kündigungsmöglichkeit zu einer fristlosen Kündigung berechtigen, bei langfristigen Verträgen ebenfalls den Ausspruch einer außerordentlichen Kündigung rechtfertigen.

Durch den ersten Prüfungsschritt, das Ausscheiden der Fallkonstellationen, die auch im Normalarbeitsverhältnis zur fristlosen Kündigung berechtigen würden, werden zugleich Arbeitnehmer- und Arbeitgeberinteressen einem schonenden Ausgleich zugeführt. Einmal wird durch das Abstellen auf die fiktive Möglichkeit der ordentlichen Kündigung erreicht, daß nicht schon geringfügigere Pflichtverletzungen, die ansonsten nur eine ordentliche Kündigung stützen würden, allein aufgrund der langen ordentlichen Bindung zu einer außerordentlichen Kündigungssituation führen. Man läuft daher nicht Gefahr, eine solche Kündigung nur deshalb zuzulassen, weil das ordentliche Kündigungsrecht ausgeschlossen ist. Dadurch wird das Bestandsschutzinteresse der unter die Kündigungsschutzklauseln fallenden Arbeitnehmer berücksichtigt. Des weiteren wird durch diese Vorgehensweise einer Bindung des Arbeitgebers entgegengewirkt, die im ordentlich noch kündbaren Arbeitsverhältnis die Grenze des Zumutbaren überschreiten würde. Dadurch wird verhindert, daß dem außerordentlichen Kündigungsrecht von seinem hergebrachten Anwendungsbereich im (tarif-)vertraglich geschützten Arbeitsverhältnis kein verringerter Anwendungsbereich zukommt. Diese Ansicht bezieht somit auch das von der Kündigungsbestimmung grundsätzlich nicht berührte außerordentliche Auflösungsinteresse[230] des Arbeitgebers mit in die Betrachtung ein.

Im zweiten Prüfungspunkt, in dem ausnahmsweise der Ausspruch einer außerordentlichen Kündigung unter Einhaltung der ordentlichen Kündigungsfrist zulässig sein soll, wenn dem Arbeitgeber ein Festhalten am Vertrag unzumutbar ist, werden die für das ordentlich nicht mehr kündbare Arbeitsverhältnis problematischen Fälle einer Lösung zugefügt. Auch hier werden die gegensätzlichen Interessen der Arbeitsvertragsparteien aufeinander abgestimmt. Die ausnahmsweise zulässige außerordentliche Kündigung dient dem Beendigungsinteresse des Arbeitgebers, da sie verhindert, daß dieser entgegen dem Unzumutbarkeitsgrundsatz zur Fortsetzung des Arbeitsverhältnisses gezwungen wird, obwohl die andauernde Nichterfüllbarkeit der Vertragsverpflichtungen feststeht. Die dabei zwingend einzuhaltende Kündigungsfrist dient dem Dispositionsschutz des gekündigten Arbeitnehmers. Durch den Rückgriff auf das von ihm postulierte Schlechterstellungsverbot kann *Schwerdtner* zudem ohne Mühe erklären, warum diese Kündigung nur befristet erfolgen kann. Die Befristung hat

---

229 *A. Hueck*, Anm. zu *RAG* (Urt. v. 14.12. 1932), ArbRS 16, S. 480 (482).
230 Speziell dazu *Hüpper*, RdA 1962, S. 249f.

nichts mit der Gewährung einer sozialen Auslauffrist gemeinsam, die der Arbeitgeber etwa nur im Hinblick auf seine Fürsorgepflicht ausspricht, sondern folgt allein aus Sinn und Zweck des Kündigungsausschlusses[231]. Dabei handelt es sich bei dem von *Schwerdtner* betonten Schlechterstellungsverbot um das Auslegungsergebnis einer teleologischen Betrachtung der tarifvertraglichen Kündigungsschutznorm. Die Auslegung einer Bestimmung nach ihrem konkreten Regelungszweck steht auch bei Tarifnormen ganz im Vordergrund der unterschiedlichen Auslegungsmethoden[232].

Allerdings darf nicht übersehen werden, daß die von *Schwerdtner* favorisierte Vorgehensweise in einem gewissen Widerspruch zu einer seiner eigenen Ausgangsthesen steht. Auch er ist mit dem *Bundesarbeitsgericht* der Auffassung, daß hinsichtlich des zeitlichen Bezugsrahmens bei der Ermittlung der Unzumutbarkeit der Vertragsfortsetzung nur auf die reelle, das heißt auf die tatsächliche zukünftige Vertragsdauer abgestellt werden darf[233]. Diese Grundannahme ist allerdings mit dem ersten Prüfungsschritt, dem Ausscheiden der Teilmenge von außerordentlichen Kündigungen, die auch im ordentlich noch kündbaren Arbeitsverhältnis eine außerordentliche Kündigung rechtfertigen würden, nicht zu vereinbaren. Durch die vorgenommene Parallelprüfung wird die ordentliche Kündbarkeit unterstellt und damit auch rechtlich auf die Dauer der Vertragsfortführung bis zum Ablauf der ordentlichen Kündigung abgestellt. Mit der eingangs aufgestellten Forderung nach der Feststellung der realen Unzumutbarkeit ist das Vorgehen auf der ersten Prüfungsstufe deshalb nicht in Einklang zu bringen. Vielmehr geht *Schwerdtner* insoweit differenzierter vor. Im ersten Prüfungsschritt fingiert er die ordentliche Kündbarkeit und legt deshalb die hypothetische Kündigungsfrist zugrunde. Im zweiten Schritt stellt er hingegen auf die tatsächliche Laufzeit des Vertrages ab. Auch hier zeigt sich exemplarisch das Dilemma der herrschenden Auffassung, daß die Geltung eines strengen Prüfungsmaßstabs bei der Beurteilung des wichtigen Grundes nicht wertungswiderspruchsfrei zu bestimmen ist.

---

231 *Schwerdtner,* Festschrift f. Kissel, 1994, S. 1077 (1091); GK-KR/*Dörner,* § 626 BGB Rdnr. 41; unrichtig *Boemke,* Anm. zu *BAG* (Urt. v. 8.6.2000), JuS 2001, S. 411 (412).

232 Wiedemann/*Wank,* TVG[6], § 1 Rdnr. 809f.; *Löwisch/Rieble,* TVG, § 1 Rdnr. 400; *Schaub,* Arbeitsrechtshandbuch[9], § 198 Rdnr. 30.

233 *Schwerdtner,* Festschrift f. Kissel, 1994, S. 1077 (1084).

§ 26 Zusammenfassung zum 5. Teil

1. Das *Reichsarbeitsgericht* wendete auf das ordentliche unkündbare Arbeitsverhältnis nur die fristlose außerordentliche Kündigung an. Insbesondere hat es den literarischen Forderungen nach der Einführung einer zwingend einzuhaltenden Kündigungsfrist widerstanden. Nur im Falle der vereinbarten oder vom Arbeitgeber freiwillig gewährten Kündigungsfrist wurde eine befristete außerordentliche Kündigung als wirksam anerkannt. Diese Rechtsprechung wurde den Besonderheiten des ordentlich unkündbaren Arbeitsverhältnisses in keiner Weise gerecht.
2. Der Lehre vom minder wichtigen Kündigungsgrund ist der richtige Grundgedanke zu entnehmen, nach dem eine lange ordentliche Bindungsdauer den wichtigen Grund zu relativieren vermag. Diese Grundaussage ist seit dem ersten Arbeitsrechtsbereinigungsgesetz auch in § 626 Abs. 1 BGB verankert.
3. Die Rechtsprechung des *Bundesarbeitsgerichts* hat durch die ausnahmsweise Zuerkennung der ordentlichen Kündigungsfrist im ordentlich unkündbaren Arbeitsverhältnis den offensichtlichsten Wertungswiderspruch der uneingeschränkten Anwendung der tarifvertraglichen Schutzklausel beseitigt. Eine Unterscheidung der Schutzintensität von Unkündbarkeitsvereinbarungen hinsichtlich Vorfällen mit oder ohne Wiederholungsgefahr ist abzulehnen. Diese Vorgehensweise verstößt gegen das kündigungsschutzrechtliche Prognoseprinzip. Das unterschiedliche Abstellen auf die fiktive Kündigungsfrist im Falle der gesetzlichen Unkündbarkeit und auf die zukünftige Vertragsdauer im Falle der tarifvertraglichen Unkündbarkeit ist sachlich nicht begründbar. Beide Formen der Kündigungsschutznorm wollen einen umfassenden Schutz vor ordentlichen Kündigungen gewähren. Eine unterschiedliche Behandlung widerspricht deshalb der Forderung nach Wertungseinheitlichkeit.
4. Der von Rechtsprechung und Literatur geforderte strenge Maßstab bei der Bestimmung des wichtigen Grundes läßt sich in seiner Anwendung im Einzelfall nicht durchhalten. Auch nach herrschender Auffassung kommen im unkündbaren Arbeitsverhältnis Kündigungsgründe in Betracht, die im Falle der ordentlichen Kündbarkeit den Ausspruch einer außerordentlichen Kündigung niemals gerechtfertigt hätten.
5. Die Fristbindung der außerordentlichen Kündigung kollidiert mit der zumutbarkeitskonkretisierenden Funktion der Kündigungserklärungsfrist in § 626 Abs. 2 BGB. Ein Nebeneinander von Erklärungsfrist und einer der ordentlichen Kündigung entsprechenden Kündigungsfrist ist denknotwendig ausgeschlossen. Zudem widerspricht die anhand der realen Unzumutbarkeit der Vertragsfortführung vorgenommene Prüfung der mit der Befristungspflicht der außerordentlichen Kündigung verbundenen Rechts-

folge. Die Zulässigkeit einer fristgebundenen außerordentlichen Kündigung zeigt, daß dem Arbeitgeber die Fortsetzung des Arbeitsverhältnisses bis zum Ablauf der ordentlichen Kündigungsfrist gerade nicht unzumutbar ist. Eine auf das Ende der Vertragsdauer bezogene Unzumutbarkeitsprüfung verträgt sich damit nicht. Der dem Institut der außerordentlichen fristgebundenen Kündigung immanente Wertungswiderspruch läßt sich durch die Zuerkennung eines teilweisen unabdingbaren ordentlichen Kündigungsrechts beseitigen.

6. Der zweistufigen Prüfungsfolge von *Schwerdtner* ist vom Ansatz der herrschenden Lehre aus grundsätzlich zuzustimmen. Allerdings steht der erste Prüfungsschritt in Widerspruch zu der aufgestellten Forderung nach einer anhand der tatsächlichen ordentlichen Vertragsbindung zu bestimmenden Unzumutbarkeit.

6. Teil: Der partielle Rückgriff auf das ordentliche Kündigungsrecht

Keiner der von Rechtsprechung und Literatur bisher unternommenen Versuche, den wichtigen Kündigungsgrund im unkündbaren Arbeitsverhältnis genauer zu konkretisieren, vermag völlig zu überzeugen. Der Theorie vom minder wichtigen Kündigungsgrund ist immerhin als einziger Auffassung innerhalb der Lehrmeinungen der richtige Grundgedanke zu entnehmen, daß es sich bei der Zulassung einer Kündigung aus einem minder wichtigen Grund im unkündbaren Arbeitsverhältnis in Wirklichkeit um die Anerkennung eines ordentlichen Kündigungsgrundes handelt.

Es sollte daher der Ansatz der herrschenden Meinung überdacht werden, die Grenzen der Abdingbarkeit des ordentlichen Kündigungsrechts allein vom zweiseitig-zwingenden Charakter des außerordentlichen Kündigungsrechts her zu bestimmen[1]. Fraglich ist, ob die Regelung des § 626 BGB ausreicht, um einer übermäßigen Bindung des Arbeitgebers vorzubeugen und eine unzulässige Einschränkung seines Selbstbestimmungsrechts zu verhindern[2]. Es ist zu überlegen, ob sich die bestehenden Unstimmigkeiten bei der Erfassung des wichtigen Grundes in Abhängigkeit von der Bindungsdauer nicht durch einen partiellen Rückgriff auf die ordentliche Kündigung und das dadurch bedingte Wiederaufleben des ordentlichen Kündigungsgrundes beheben lassen. Die Pflicht zur Einhaltung einer Kündigungsfrist würde sich dann allein aus der gesetzlichen oder tarifvertraglichen Fristenregelung ergeben. Eine wertungswidersprüchliche Kollision mit der Kündigungserklärungsfrist nach § 626 Abs. 2 BGB wäre dadurch ebenfalls vermieden.

§ 27 Ausgangsthese zur Herausarbeitung eines Lösungsansatzes

Die Möglichkeit eines vollständigen Ausschlusses der ordentlichen Kündigung durch (tarif-) vertragliche Regelung gehört nach wie vor zu den fast unwidersprochenen Lehrsätzen des klassischen Arbeitsrechts[3]. Der Versuch, wichtigen Grund, Kündigungserklärungsfrist und Kündigungsfrist in der Rechtsfigur der fristgebundenen außerordentlichen Kündigung zu vereinen, erzeugt indes ein

---

1 So neuerdings auch *Adam*, NZA 1999, S. 846 (849); ähnlich *Gentges*, Prognoseprobleme im Kündigungsschutzrecht, 1995, S. 295; siehe auch *Oetker*, Das Dauerschuldverhältnis, 1994, S. 585.

2 Verneinend *Oetker*, Das Dauerschuldverhältnis, 1994, S. 268.

3 Siehe *Adam*, NZA 1999, S. 846; so entspricht sie etwa nach *Däubler*, Das Arbeitsrecht 2[11], Rdnr. 1280 der allgemeinen Auffassung.

schwer handhabbares System von Widersprüchen. Rechtsprechung und Rechtswissenschaft obliegt jedoch die Aufgabe, das geltende Recht so anzuwenden, daß Wertungswidersprüche möglichst zu vermeiden sind[4], zumal diese, wie *Zöllner* zutreffend betont, zu den schlimmsten Mängeln einer Rechtsordnung zu zählen sind[5].

I. Die partielle Unabdingbarkeit des ordentlichen Kündigungsrechts

Die bestehenden Ungereimtheiten der herrschenden Auffassung lassen den Schluß zu, daß schon die Grundannahme nicht überzeugend ist, nach der das Kündigungsschutzrecht durch den Ausschluß der ordentlichen Kündigung ohne jede Einschränkungen bis zur Grenze des § 626 BGB für Verbesserungen zugänglich ist. Zu wählen ist deshalb eine systematisch orientierte Problemlösung, die weitestgehend auf die Vermeidung von Wertungswidersprüchen gerichtet ist[6]. Es sollte immerhin in Betracht gezogen werden, daß sich die Prämisse von der generellen Abdingbarkeit des ordentlichen Kündigungsrechts möglicherweise als nicht haltbar erweist. Für den Fall des an eine Kündigungsfrist gebundenen außerordentlichen Kündigungsrechts rücken beide Kündigungsarten dergestalt zusammen, daß nicht von vornherein von der alleinigen Unabdingbarkeit des § 626 BGB ausgegangen werden kann, solange auch das ordentliche Kündigungsrecht eine unzumutbare Ewigkeitsbindung des Arbeitgebers verhindern kann[7].

Das durch den Ausschluß des ordentlichen Kündigungsrechts isolierte Institut der außerordentlichen Kündigung ist allein nicht in der Lage, alle weiterhin auftretenden Kündigungskonflikte einer angemessenen Lösung zuzuführen. § 626 Abs.1 BGB paßt nur auf eine Teilmenge, der von § 1 Abs. 2 KSchG erfaßten Kündigungsgründe, insbesondere auf die Gruppe der verhaltensbedingten Kündigungsgründe. Diese gesetzgeberische Wertung muß bei der Reichweite der Abdingbarkeit des ordentlichen Kündigungsrechts korrigierend einwirken. Durch den Ausschluß des ordentlichen Kündigungsrechts wird das empfindliche Gleichgewicht zwischen ordentlicher und außerordentlicher Beendigung des Arbeitsverhältnisses nachhaltig gestört. Entweder muß § 626 BGB zumindest teilweise die Aufgaben des ordentlichen Kündigungsrechts übernehmen, oder man beläßt dem ordentlichen Kündigungsrecht von Beginn an einen festen Anwendungsbereich. Gerade die Figur der ersetzenden außerordentlichen Kündigung zeigt, daß es auch vom Standpunkt der bisherigen Auffassung einen tarifvertraglich nicht abdingbaren Bereich der ordentlichen Kündigung geben muß.

---

4 *Larenz,* Methodenlehre[6], S. 334; für das Arbeitsrecht *Reuter,* RdA 1985, S. 321 (327).

5 *Zöllner,* AcP Bd. 188 (1988), S. 85 (90).

6 *Neuner,* Anm. I zu *BAG* (Urt. v. 17.9.1998), EzA Nr. 3 zu § 626 BGB Unkündbarkeit.

7 Siehe *Bröhl,* Festschrift f. Schaub, 1998, S. 55 (67).

In tarifvertragsrechtlicher Hinsicht wäre dieser Teil des ordentlichen Kündigungsrechts tariffest ausgestaltet.

II. Der Einwand der fehlenden Rechtssicherheit

Der Vorteil einer ständigen Rechtsprechung besteht für die Rechtsunterworfenen grundsätzlich darin, daß eine gewisse Voraussehbarkeit von Entscheidungen gewährleistet wird. Durch eine derartige Beständigkeit der Rechtsanwendung wird Rechtssicherheit vermittelt[8]. Die Rechtsfigur der außerordentlichen fristgebundenen Kündigung des ordentlich unkündbaren Arbeitnehmers kann seit ihrer Anerkennung durch das *Bundesarbeitsgericht* in der Entscheidung vom 28. März 1985[9] zur gefestigten höchstrichterlichen Rechtsprechung gezählt werden. In der Folgezeit hat das *Bundesarbeitsgericht* diese Rechtsfigur weiter ausgebaut und ihr festere Formen verliehen. Insbesondere durch das Urteil vom 5. Februar 1998, in dem viele, der für die ordentliche Kündigung geltenden Kündigungsschranken in analoger Anwendung auf die fristgebundene außerordentliche Kündigung übertragen worden sind, hat die Rechtsprechung diesen Lösungsansatz zu einer Art Gesamtlösung zusammengefaßt[10]. Fraglich ist insoweit, ob man durch die Etablierung eines unabdingbaren Bereichs des ordentlichen Kündigungsrechts nicht vorschnell in die Kontinuität der Rechtsprechung eingreifen und die bestehende Rechtssicherheit gefährden würde.

Gegen diese Sichtweise sprechen aber insbesondere zwei Argumente. Zunächst ist zu bedenken, daß es bei der ersetzenden außerordentlichen Kündigung mittlerweile zu einer für den Arbeitgeber kaum mehr zu durchschauenden Durchmengung von Elementen der ordentlichen und außerordentlichen Kündigung gekommen ist. Die Ausrichtung der außerordentlichen Kündigung an den Rechtsschranken des ordentlichen Kündigungsrechts und die dadurch bedingte Angleichung der beiden Kündigungsarten trägt nicht unerheblich zu einer bestehenden Unsicherheit über Reichweite und rechtliche Anforderungen der Kündigung des unkündbaren Arbeitnehmers bei. *Höland* stellt hier zu Recht die Frage nach der praktischen Vermittelbarkeit eines solchen Rechtsinstituts[11]. Der vermeintliche Rückschritt zu einem Kündigungsschutzsystem, das neben der außerordentlichen fristlosen nur die ordentliche Kündigung kennt, bringt daher den Vorteil der Rechtsklarheit mit sich. Ferner ist zu beachten, daß das Bestehen auf der Anerkennung eines umfassenden Ausschlusses der ordentlichen Kündigung bei den erfaßten Arbeitnehmern fälschlicherweise den Anschein erweckt, einen nahezu umfassenden Kündigungsschutz zu genießen. Ein derartigen Schutz vor Kündigungen kann aber, wie insbesondere die Entscheidung zu

---

8 Siehe dazu etwa *Kissel*, Festschrift f. Schaub, 1998, S. 373 (384f.).

9 *BAG* (Urt. v. 28.3. 1985), AP Nr. 86 zu § 626 BGB [unter B IV 1 der Gründe].

10 So die Bewertung durch Wiedemann/*Wiedemann*, TVG^6, § 1 Rdnr. 539.

11 *Höland*, Anm. IV zu *BAG* (Urt. v. 5.2. 1998), AP Nr. 143 zu § 626 BGB.

einer nicht auf einer Betriebsstillegung beruhenden betriebsbedingten Kündigung belegt[12], auch mit dem Mittel des ordentlichen Kündigungsausschlusses nicht erzielt werden. Insoweit besteht gerade umgekehrt die Gefahr, daß der Arbeitnehmer den tatsächlichen Bestandsschutz seines Arbeitsverhältnisses verkehrt beurteilt und sein darauf gerichtetes Vertrauen im Kündigungsschutzprozeß enttäuscht wird. Dem Einwand der fehlenden Rechtssicherheit kann deshalb mit berechtigten Klarstellungsinteressen sowohl der Arbeitgeber- als auch der Arbeitnehmerseite begegnet werden. Nicht ohne Grund wird den Tarifvertragsparteien von der Vereinbarung der ordentlichen Unkündbarkeit abgeraten[13].

Zudem steht jegliche Rechtsprechung, auch eine ständige, unter dem Vorbehalt der Abänderung der Rechtsauffassung für die Zukunft, wenn nach Ansicht des Gerichts eine Überzeugungskraft der sie stützenden Gründe nicht länger gegeben ist[14]. Die Anerkennung der Theorie eines partiell zweiseitig-zwingenden ordentlichen Kündigungsrechts wäre daher grundsätzlich auch durch die Rechtsprechung des *Bundesarbeitsgerichts* möglich und wünschenswert.

§ 28 Die einzelnen Kündigungsgründe

Die Grundsätze der ersetzenden außerordentlichen Kündigung sind von der herrschenden Meinung im wesentlichen für die praktisch besonders bedeutsame betriebs- und krankheitsbedingte Kündigung entwickelt worden. Auch wenn in der Literatur betont wird, daß entsprechende Überlegungen ebenfalls für verhaltensbedingte Kündigungsgründe zu gelten haben[15], sind entsprechende Fallgestaltungen in der Rechtsprechung bisher nicht relevant geworden[16]. Die sachlichen Defizite in der Argumentation der herrschenden Auffassung sollen im folgenden für die verschiedenen Kategorien von Kündigungsgründen im einzelnen nachgewiesen werden.

I. Betriebsbedingte Kündigungsgründe

Hinsichtlich des Schutzzwecks tarifvertraglicher Unkündbarkeitsabreden, die das Recht zur ordentlichen betriebsbedingten Kündigung ausschließen, können

---

12 *BAG* (Urt. v. 5.2. 1998), AP Nr. 143 zu § 626 BGB [Leitsatz 1 und unter II 3d der Gründe]; dazu unten § 28 I 2b, 5.

13 *Schwerdtner,* Festschrift f. Kissel, 1994, S. 1077 (1092) im Anschluß an *Pieper,* NZA 1986, S. 277 (280).

14 *Kissel,* Festschrift f. Schaub, 1998, S. 373 (381).

15 Siehe nur *Schwerdtner,* Festschrift f. Kissel, 1994, S. 1077 (1089f.).

16 Siehe jetzt aber *BAG* (Urt. v. 11.3. 1999), AP Nr. 150 zu § 626 BGB [Leitsatz 2 und unter B II 3b der Gründe]. Die Entscheidung betraf den Fall eines Verstoßes des Arbeitnehmers gegen vertragliche Nebenpflichten.

zwei Auslegungsvarianten in Betracht kommen[17]. Man könnte in einer entsprechenden Tarifklausel eine Beschäftigungsgarantie für den Arbeitnehmer erblicken. Dem Arbeitgeber wäre es dann selbst bei wirtschaftlichen Schwierigkeiten verwehrt, unternehmerische Entscheidungen zu treffen, die zu einer Schließung des Betriebs oder zu einem sonstigen Wegfall des Arbeitsplatzes des betreffenden Arbeitnehmers führen würden. Ebenfalls ist es denkbar, daß die Unkündbarkeitsklausel zwar die unternehmerische Handlungsfreiheit unangetastet lassen soll, der Arbeitgeber aber bei einem betriebsbedingten Wegfall des Arbeitsplatzes zu einer Lohnfortzahlung an den Arbeitnehmer bis zu dessen Eintritt in den Ruhestand verpflichtet ist. Wie zu zeigen sein wird, sind aber beide Interpretationsmöglichkeiten mit grundlegenden Prinzipien des Kündigungsschutzrechts und einfachgesetzlichen Wertungsvorgaben des Gesetzgebers unvereinbar und folglich abzulehnen.

1. Das Regel-Ausnahme-Verhältnis der herrschenden Meinung

Betriebliche Gründe sind grundsätzlich nicht geeignet, den Ausspruch einer außerordentlichen Kündigung zu rechtfertigen[18]. § 1 Abs. 2 KSchG ist insoweit lex specialis zu § 626 BGB. Das als Ausnahmerecht konzipierte außerordentliche Kündigungsrecht ist von seiner Normstruktur her nicht auf die Bewältigung derartiger Kündigungssachverhalte zugeschnitten. Dafür können im wesentlichen drei Argumente ins Feld geführt werden[19]. Zunächst ergibt sich die Unanwendbarkeit des § 626 BGB aus dem Grundsatz, daß dem Arbeitgeber durch den Ausspruch einer außerordentlichen Kündigung nicht die Gelegenheit gegeben werden darf, sein Wirtschafts- und Betriebrisiko beziehungsweise sein Unternehmerrisiko auf den Arbeitnehmer abzuwälzen[20]. Dazu gehört auch, daß der Arbeitgeber für das Risiko einzustehen hat, die ordentliche Kündigungsfrist ein-

---

17 *Neuner,* Anm. I zu *BAG* (Urt. v. 17.9.1998), EzA Nr. 3 zu § 626 BGB Unkündbarkeit.

18 KR[5]/*Fischermeier,* § 626 BGB Rdnr. 155; *Löwisch,* KSchG[8], § 1 Rdnr. 301; Staudinger[13]/*Preis,* § 626 Rdnr. 230; *Stahlhacke/Preis/Vossen,* Kündigungsschutz[7], Rdnr. 539; Erman[10]/*Belling,* § 626 Rdnr. 80; *Borrmann,* Schutz des sozialen Besitzstandes, 1971, S. 15.

19 *BAG* (Urt. v. 28.3. 1985), AP Nr. 86 zu § 626 BGB [unter B III 2a der Gründe]; *LAG Hamm* (Urt. v. 10.11. 1995), LAGE Nr. 92 zu § 626 BGB [unter 3 der Gründe]; *Kania/Kramer,* RdA 1995, S. 287 (295); *Schwerdtner,* Festschrift f. Kissel, 1994, S. 1077 (1087); MünchKomm[3]/*Schwerdtner,* § 626 Rdnr. 147; *v.Koppenfels,* Kündigung bei unkündbaren Arbeitnehmern, 1998, S. 89; AR-Blattei SD *Adomeit/Spiniti,* Kündigung IX Rdnr. 102; speziell zur Betriebsstillegung: KasselArbR/*Isenhardt,* Kündigung Rdnr. 341.

20 *BAG* (Urt. v. 9.7. 1981), AP Nr. 4 zu § 620 BGB Bedingung [unter II 2a der Gründe]; *Ascheid,* Kündigungsschutzrecht, Rdnr. 141; *Nikisch,* Arbeitsrecht Bd. I[3], § 50 II 2 (S. 726); *Hueck/Nipperdey,* Arbeitsrecht Bd. I[7], § 59 III 2 (S. 583f.); KSchR[4]/*Däubler,* § 626 BGB Rdnr. 160; *Wendeling-Schröder,* Festschrift f. Kehrmann, 1997, S. 321 (325).

zuhalten, selbst wenn dies für ihn unter Umständen mit wirtschaftlichen Nachteilen verbunden sein mag[21]. Die Einhaltung der Kündigungsfrist ist dem Arbeitgeber deshalb nicht im Sinne des § 626 Abs. 1 BGB unzumutbar. Weiter folgt der generelle Vorrang der ordentlichen Kündigung auch aus dem das gesamte Kündigungsschutzrecht durchziehenden ultima-ratio Prinzip, das in § 626 Abs.1 BGB eine positivrechtliche Ausprägung erfahren hat. Danach ist grundsätzlich auf das den Arbeitnehmer schonendere Institut der ordentlichen Kündigung zurückzugreifen, solange den Interessen des Arbeitgebers dadurch genügend Rechnung getragen wird. Schließlich kann auf die gesonderte Ausformung der betriebsbedingten Kündigung in § 1 Abs. 2 und 3 KSchG zurückgegriffen werden. Diese Bestimmungen enthalten insoweit die spezielleren Regelungen für die betriebsbedingte Kündigung. Die betriebsbedingte Kündigung erschöpft sich nicht in der Lösung eines zweiseitigen Interessenkonfliktes zwischen Arbeitgeber und Arbeitnehmer. Ihr liegt ein kollektiver Sachverhalt[22] zugrunde, der alle vergleichbaren Arbeitnehmer und den Arbeitgeber betrifft und diesen nötigt, eine Auswahlentscheidung zu treffen. Der Wegfall eines bestimmten Arbeitsplatzes sagt noch nichts darüber aus, welchem Arbeitnehmer auch tatsächlich gekündigt werden darf. Diese Konkretisierung in personeller Hinsicht muß im Wege der Sozialauswahl getroffen werden. Nach der Wertung des § 1 Abs. 3 KSchG ist eine ohne soziale Auswahl getroffene Kündigung sozial ungerechtfertigt. Die Vorschrift des § 626 BGB enthält hingegen keine derartige Regelung[23]. Auch erscheint es wenig überzeugend, ein der Sozialauswahl vergleichbares Auswahlverfahren gleichsam in die durch § 626 Abs. 1 BGB vorgeschriebene Interessenabwägung hineinzulesen. Diese Abwägung beschränkt sich nach dem eindeutigen Gesetzeswortlaut nur auf die Interessen „beider Vertragsteile", ist also auf den individuellen Konfliktfall zwischen Arbeitgeber und Arbeitnehmer zugeschnitten und regelt nur eine zweiseitige Rechtsbeziehung[24]. Schon daraus kann man ableiten, daß beim Ausspruch einer betriebsbedingten Kündigung allein auf die Regelungen des KSchG zurückgegriffen werden muß.

Ein weiteres, flankierendes Argument gegen die Anwendbarkeit der außerordentlichen Kündigung auf Fälle der betriebsbedingten Kündigung läßt sich aus der Wertung des § 113 Abs. 1 InsO gewinnen[25]. Selbst in der Insolvenz, als dem wirtschaftlichen Zusammenbruch des Unternehmens, steht dem Insolvenzverwalter nach dieser Vorschrift nur ein ordentliches[26] Kündigungsrecht mit einer

---

21 *BAG* (Urt. v. 5.2. 1998), AP Nr. 143 zu § 626 BGB [unter II 3b der Gründe].

22 Siehe dazu *Oetker*, Festschrift f. Wiese, 1998, S. 333 (334).

23 Anders MünchArbR/*Wank*, § 117 Rdnr. 99ff., der § 1 KSchG generell für die Auslegung des § 626 BGB heranzieht und somit auch § 1 Abs. 3 KSchG analog anwendet.

24 Vgl. auch *Oetker*, Festschrift f. Wiese, 1998, S. 333 (334).

25 *Löwisch*, KSchG[8], § 1 Rdnr. 301; unklar KR[5]/*Fischermeier*, § 626 BGB Rdnr. 158.

26 § 113 Abs.1 Satz 1 InsO meint die ordentliche Kündigung, siehe etwa *Bichlmeier/*

dreimonatigen Kündigungsfrist, das den Anforderungen des § 1 Abs. 2 und 3 KSchG genügen muß, zur Verfügung. Daraus folgt zugleich, argumentum a maiore ad minus, daß der Arbeitgeber, der selbst in der schwersten Krise zur Einhaltung einer Kündigungsfrist gezwungen wird, in weniger gewichtigen Fällen, in denen es zum Beispiel nur um den Wegfall eines einzelnen Arbeitsplatzes geht, erst recht keine außerordentliche Kündigung nach § 626 BGB aussprechen darf.

Trotzdem beharrt die herrschende Auffassung auf einem zwischen ordentlicher und außerordentlicher Beendigungsmöglichkeit bestehenden „Regel-Ausnahme-Verhältnis“[27]. So steht zwar auch die ganz überwiegende Ansicht in Rechtsprechung und Literatur auf dem Standpunkt, daß bei Vorliegen von betriebsbedingten Kündigungsgründen grundsätzlich keine außerordentliche Kündigung anzuerkennen ist. Dringende betriebliche Erfordernisse vermögen daher in der Regel nur eine ordentliche Kündigung gemäß § 1 Abs. 2 KSchG zu rechtfertigen. Von diesem Grundsatz soll, wie bereits angedeutet, nur dann eine Ausnahme zu machen sein, wenn die ordentliche Arbeitgeberkündigung einzel- oder tarifvertraglich ausgeschlossen ist. Zu dieser Ausnahme gelangt man deshalb, weil einerseits der Ausschluß der ordentlichen Kündigung als wirksam angesehen wird, andererseits aber auch Übereinstimmung hinsichtlich der Notwendigkeit der betriebsbedingten Kündbarkeit besteht. Dabei wird die Grenze der Vertragsbindung anhand des in § 626 Abs. 1 BGB festgeschriebenen Kriteriums der Unzumutbarkeit bestimmt.

2. Anerkannte Fälle der außerordentlichen betriebsbedingten Kündigung

a) Betriebsstillegung

Die Rechtsprechung hat die Wirksamkeit einer außerordentlichen betriebsbedingten Kündigung zunächst für den Fall der Betriebsstillegung anerkannt[28]. In der Begründung stellt das *Bundesarbeitsgericht* ausdrücklich auf den in § 626 Abs. 1 BGB verankerten Unzumutbarkeitsgrundsatz ab. Es wird ausgeführt, daß die Weiterbeschäftigung des Arbeitnehmers ohne Bestand des Betriebs zu einer

---

Engberding/Oberhofer, Insolvenzhandbuch, 1998, S. 413f.; *Zwanziger*, Das Arbeitsrecht der Insolvenzordnung, 1997, § 113 InsO Rdnr. 4, anders allerdings für § 113 Abs. 1 Satz 1 2.Alt. InsO; *Däubler*, Das Arbeitsrecht 2[11], Rdnr. 1070; *Löwisch*, DB 1998, S. 877 (881).

27 *BAG* (Urt. v. 28.3. 1985), AP Nr. 86 zu § 626 BGB [unter B III 2a der Gründe].

28 *BAG* (Urt. v. 8.10. 1957), AP Nr. 16 zu § 626 BGB [unter IV der Gründe]; bestätigt von *BAG* (Urt. v. 28.3. 1985), AP Nr. 86 zu § 626 BGB [unter B III 2b der Gründe]; *BAG* (Urt. v. 22.7. 1992), EzA Nr. 141 zu § 626 n.F. [Leitsatz 1 und unter II 2c bb der Gründe]; siehe auch *BAG* (Urt. v. 29.8. 1991), AP Nr. 58 zu § 102 BetrVG 1972 [unter II 2a bb der Gründe]; diese Rechtsprechung ist mittlerweile auch vom *BVerfG* (Beschl. v. 8.2. 1999), NZA 1999, S. 597 (598) zumindest zur Kenntnis genommen worden.

unzumutbaren Belastung des Arbeitgebers führen würde, wenn dieser zwar über Jahre hinweg zur Lohnfortzahlung verpflichtet bliebe, dafür aber keinerlei Gegenleistung in Form der Arbeitserbringung durch den Arbeitnehmer zu erwarten hätte. Die nahezu einhellige Auffassung im Schrifttum sich diesem Standpunkt angeschlossen[29].

Im Anschluß an diese Rechtsprechung wird in der arbeitsrechtlichen Instanzrechtsprechung[30] und in der Literatur[31] teilweise versucht, dem Schutzzweck der tarifvertraglichen Kündigungsnormen dadurch Rechnung zu tragen, daß man die außerordentliche betriebsbedingte Kündbarkeit allein auf die Fälle der endgültigen Betriebsstillegung, in denen auch eine Weiterbeschäftigung in einem anderen Betrieb des Unternehmens nicht möglich ist, begrenzt. Ein isolierter Wegfall des Arbeitsplatzes eines tarifvertraglich unkündbaren Arbeitnehmers würde nach dieser Konzeption auch den Ausspruch einer außerordentlichen Kündigung nicht rechtfertigen. Weitergehend wird von *Schwerdtner* zusätzlich die Forderung erhoben, der Betriebsstillegung müsse eine wirtschaftliche Notlage des Arbeitgebers zugrunde liegen[32].

b) Wegfall einzelner Arbeitsplätze

Das *Bundesarbeitsgericht* hat, von solchen Überlegungen unbeeindruckt, eine Unzumutbarkeit der Vertragsfortsetzung für den Arbeitgeber auch dann angenommen, wenn es sich nicht um die Schließung eines ganzen Betriebs, sondern nur um einen sonstigen Wegfall des Arbeitsplatzes handelt[33]. Die Rechtsprechung hat damit einer Beschränkung des Anwendungsbereichs der außerordentlichen betriebsbedingten Kündigung eine Absage erteilt. Diese Grundsatz-

---

29 *Hueck/v.Hoyningen-Huene,* KSchG[12], § 1 Rdnr. 414a; KR[5]/*Fischermeier,* § 626 BGB Rdnr. 158; KR[5]/*Etzel,* § 1 KSchG Rdnr. 597; KSchR[4]/*Däubler*, § 626 BGB Rdnr. 161f.; *Ascheid,* Kündigungsschutzrecht, Rdnr. 141; HeidelbergKomm[3]/*Dorndorf,* § 1 Rdnr. 976; ErfurtKomm/*Müller-Glöge,* § 626 BGB Rdnr. 117; *Stahlhacke/Preis/Vossen,* Kündigungsschutz[7], Rdnr. 539; Erman[10]/*Belling,* § 626 Rdnr. 80; Kassel-ArbR/*Isenhardt,* Kündigung Rdnr. 341; *v.Koppenfels,* Kündigung bei unkündbaren Arbeitnehmern, 1998, S. 133; *Kania/Kramer,* RdA 1995, S. 287 (295).

30 *LAG Hamm* (Urt. v. 11.10. 1995), LAGE Nr. 92 zu § 626 BGB [Leitsatz].

31 *Wendeling-Schröder,* Festschrift f. Kehrmann, 1997, S. 321 (326); *Kania/Kramer,* RdA 1995, S. 287 (295); *Gentges,* Prognoseprobleme, 1995, S. 290; so wohl auch MünchKomm[3]/ *Schwerdtner,* § 626 Rdnr. 147; *Thannheiser,* AiB 1998, S. 601 (603f.); *Preis,* Arbeitsrecht, § 66 VII (S. 718); *Kania/Kramer,* RdA 1995, S. 287 (295); wohl auch *Stahlhacke/Preis/Vossen,* Kündigungsschutz[7], Rdnr. 539.

32 *Schwerdtner,* Festschrift f. Kissel, 1994, S. 1077 (1086); siehe auch MünchKomm[3]/ *Schwerdtner,* Rdnr. 150.

33 *BAG* (Urt. v. 5.2. 1998), AP Nr. 143 zu § 626 BGB [Leitsatz 1]; vorher bereits *Bauer,* Aufhebungsverträge[5], Rdnr. 322; zustimmend Erman[10]/*Belling,* § 626 Rdnr. 80; *Walker,* Anm. II 1 zu *BAG* (Urt. v. 5.2. 1998), EzA Nr. 2 zu § 626 BGB Unkündbarkeit; *Schleusener,* Anm. zu *BAG* (Urt. v. 5.2. 1998), SAE 1998, S. 218 (220); GK-KR/ *Dörner,* § 626 BGB Rdnr. 66.

entscheidung führt zu einer weitest gehenden Aufhebung des Regel-Ausnahme-Verhältnisses von ordentlicher und außerordentlicher betriebsbedingter Kündigung[34]. Eine außerordentliche betriebsbedingte Kündigung sei auch dann zuzulassen, wenn es in einem Betrieb aufgrund einer internen Umorganisation der Arbeitsabläufe lediglich zum Wegfall der Beschäftigungsmöglichkeit für einen einzelnen unkündbaren Arbeitnehmer kommt. In der Terminologie der von der Rechtsprechung zur Bestimmung des wichtigen Grundes herangezogenen Zweistufenprüfung ist ein solcher Umstand als ein dringendes betriebliches Erfordernis geeignet, einen wichtigen Grund an sich zu bilden[35]. Auch in dieser neuen Entscheidung rechtfertigt das Gericht die Wirksamkeit der außerordentlichen Kündigung mit dem Hinweis darauf, daß der Arbeitgeber anderenfalls über einen längeren Zeitraum zur Gehaltszahlung verpflichtet sei, jedoch keinerlei Arbeitsleistung zu erwarten habe. Dies liefe auf die Verpflichtung zur Aufrechterhaltung eines inhaltsleeren Arbeitsverhältnisses hinaus, das für den Arbeitgeber eine unzumutbare Belastung darstellen würde[36].

Obwohl diese Neuerung in der höchstrichterlichen Rechtsprechung grundsätzlich zu begrüßen ist, sprechen dennoch die besseren Argumente dafür, den Vorrang der ordentlichen vor der außerordentlichen Kündigung generell anzuerkennen und trotz Bestehens der ordentlichen Unkündbarkeit den Ausspruch einer ordentlichen betriebsbedingten Kündigung zuzulassen.

3. Unvereinbarkeit der Zumutbarkeitsprüfung mit dem Grundsatz der Gerichtsfreiheit unternehmerischer Entscheidungen

a) Die unternehmerische Entscheidungsfreiheit

Als dringend sind betriebliche Erfordernisse im Sinne des § 1 Abs. 2 KSchG nicht etwa erst dann anzusehen, wenn sie die Grenze der Zumutbarkeit des § 626 Abs. 1 BGB überschritten haben[37]. Schon die vom Gesetzgeber gewählte Formulierung „Erfordernisse“ weist darauf hin, daß betriebsbedingte Kündigungen nur den Grundsätzen der Geeignetheit und Erforderlichkeit genügen müssen[38]. Auf eine Verknüpfung des betriebsbedingten Kündigungsgrundes mit dem Begriff der Zumutbarkeit hat das Gesetz bewußt verzichtet. Der Arbeitgeber darf nicht etwa erst dann betriebsbedingt kündigen, wenn die Fortführung des Arbeitsverhältnisses für ihn unzumutbar geworden ist. Das KSchG hat von seiner gesetzgeberischen Regelungsintention her nicht die Funktion, unterneh-

---

34 *Höland,* Anm. IV zu *BAG* (Urt. v. 5.2.1998), AP Nr. 143 zu § 626 BGB; siehe auch *Groeger,* NZA 1999, S. 850 (851); Erman[10]/*Belling,* § 626 Rdnr. 24.

35 *BAG* (Urt. v. 5.2. 1998), AP Nr. 143 zu § 626 BGB [unter II 3d der Gründe].

36 *BAG* (Urt. v. 5.2. 1998), AP Nr. 143 zu § 626 BGB [unter II 3g der Gründe].

37 ErfurtKomm/*Ascheid,* § 1 KSchG Rdnr. 461.

38 HeidelbergKomm[3]/*Dorndorf,* § 1 Rdnr. 277; *Preis,* Prinzipien des Kündigungsrechts, 1987, S. 305f.

merische Organisationsentscheidungen zu beeinflussen oder gar zu steuern[39]. Es ist nicht Aufgabe des KSchG, wirtschaftlich notwendige Kündigungen zu verhindern oder auch nur zu erschweren[40]. In dieses gesetzgeberische Grundkonzept läßt sich die von der herrschenden Meinung angenommene Ausdehnung des außerordentlichen Kündigungsrechts auf die betriebsbedingte Kündigung nicht ohne dogmatischen Bruch einfügen.

Die Anwendung der bei § 626 Abs. 1 BGB im Rahmen der Zumutbarkeitsprüfung vorzunehmenden Interessenabwägung gerät in einen schwer lösbaren Konflikt mit der, jeder Veränderung des Personalbedarfs vorgelagerten, autonomen Unternehmerentscheidung. Wechselnde Anforderungen an den Personalbedarf eines Betriebes, die zum Wegfall von Beschäftigungsmöglichkeiten führen, treten nicht von alleine ein. Eine Verringerung des Arbeitsplatzvolumens mit Hilfe der betriebsbedingten Kündigung ist immer auf eine Entscheidung des Unternehmers oder der Unternehmensführung zurückzuführen[41]. Diese Entscheidung kann der Arbeitgeber grundsätzlich frei treffen[42]. Ihm kommt danach das Recht zu, den Umfang seiner Arbeitsnachfrage frei zu bestimmen[43]. Es gilt das Prinzip der Freiheit der Unternehmensführung[44] und hinsichtlich der Überprüfbarkeit im Kündigungsschutzprozeß der Grundsatz der Gerichtsfreiheit unternehmerischer Entscheidungen[45]. Die Begründung für die fehlende gerichtliche Prüfungskompetenz liegt in der grundgesetzlich geschützten Unternehmerfreiheit[46]. Der Arbeitgeber hat das Recht, darüber zu entscheiden, welche Größenordnung sein Unternehmen haben soll, oder ob er sein Unternehmen aufgeben möchte.

Zudem können nur auf dieser Basis die dem Betriebsrat bei Betriebsänderungen zukommenden Beteiligungsrechte in den §§ 111ff. BetrVG erklärt werden, die sich zwar auf die wirtschaftliche Abfederung der Nachteile für die Beleg-

---

39 *Moll,* DB S. 1346 (1347).

40 *Preis,* NZA 1995, S. 241; *Schwerdtner,* ZIP 1984, S. 10 (12).

41 *Löwisch,* KSchG[8], § 1 Rdnr. 249; *Preis,* NZA 1995, S. 241 (245); *Bitter,* DB 1999, S. 1214 (1217); *Hueck/v.Hoyningen-Huene,* KSchG[12], § 1 Rdnr. 366; *Groeger,* NZA 1999, S. 850 (852).

42 *Löwisch,* KSchG[8], § 1 Rdnr. 250.

43 *Rieble,* Arbeitsmarkt und Wettbewerb, 1996, Rdnr. 1008; *Löwisch,* DB 1998, S. 877 (879).

44 *Lammermann,* Probleme der betriebsbedingten Kündigung, 1996, S. 26; *Wolter,* Schutz des Arbeitnehmers, 1980, S. 17f.; KR[5]/*Etzel,* § 1 KSchG Rdnr. 540; KSch[4]/*Kittner,* § 1 KSchG Rdnr. 256: „archimedischer Punkt des KSchG"; ErfurtKomm/*Ascheid,* § 1 KSchG Rdnr. 465; *Rieble,* Arbeitsmarkt und Wettbewerb, 1996, Rdnr. 1008f; *B. Preis,* ArbuR 1997, S. 60 (62).

45 Siehe dazu *Reuter,* ORDO Bd. 33 (1982), S. 165 (173); *ders.* Anm. 1 zu *BAG* (Urt. v. 7.12. 1978), AP Nr. 6 zu § 1 KSchG Betriebsbedingte Kündigung 1969.

46 *Hueck/v.Hoyningen-Huene,* KSchG[12], § 1 Rdnr. 371a; *Löwisch,* KSchG[8], Vorbemerkung zu § 1 Rdnr. 20, § 1 Rdnr. 250.

schaft beziehen, nicht jedoch den vorgelagerten Willensbildungsprozeß des Arbeitgebers betreffen[47]. Die betriebsverfassungs- rechtlichen Regelungen zeigen, daß es in bezug auf die unternehmerische Organisationsentscheidung kein erzwingbares Mitbestimmungsrecht gibt. Weiterhin bestünden schon praktische Schwierigkeiten bei der gerichtlichen Würdigung einer Unternehmerentscheidung[48]. So dürfte dem Gericht nicht nur häufig die betriebswirtschaftliche Fachkompetenz fehlen, sondern es wäre zur Feststellung der Rentabilität einer Maßnahme auch dazu gezwungen, eine unsichere Zukunftsprognose über die weitere wirtschaftliche Entwicklung des Unternehmens anzustellen[49].

Der Schutzcharakter des KSchG läßt sich deshalb in bezug auf die betriebsbedingte Kündigung noch genauer spezifizieren. Da der Arbeitgeber nach dem Grundkonzept des KSchG seine Organisationsentscheidung grundsätzlich frei treffen darf, kann man § 1 Abs. 2 KSchG als eine organisationsrechtlich neutrale Arbeitnehmerschutznorm umschreiben.

b) Beschränkte Überprüfbarkeit der Unternehmerentscheidung

In kündigungsschutzrechtlicher Hinsicht hat die Rechtsprechung diesem Prinzip durch ein abgestuftes Prüfungsverfahren mit einer unterschiedlich starken gerichtlichen Kontrolldichte Geltung verschafft[50]. Danach kann weder die wirtschaftliche Notwendigkeit noch die Zweckmäßigkeit einer unternehmerischen Organisationsentscheidung einer gerichtlichen Kontrolle unterzogen werden. Diese ist als feststehendes Datum vom Gericht grundsätzlich hinzunehmen. Sie kann nur daraufhin überprüft werden, ob sie offenbar unsachlich, unvernünftig oder willkürlich erscheint[51]. Dies läuft auf eine gerichtliche Missbrauchskontrolle der Maßnahme hinaus, die die Unternehmerentscheidung weitestgehend unberührt läßt. Hingegen kann das Gericht voll überprüfen, ob eine unternehmerische Entscheidung tatsächlich vorliegt und ob der Arbeitgeber diese innerbetrieblich so umgesetzt hat, daß kein Bedürfnis mehr für die Weiterbeschäftigung

---

47 KR[5]/*Etzel*, § 1 KSchG Rdnr. 542; *Hueck/v.Hoyningen-Huene*, KSchG[12], § 1 Rdnr. 371a; *Schwerdtner*, ZIP 1984, S. 10 (13); *Möhn*, ZTR 1995, S. 356f.

48 *Bitter*, DB 1999, S. 1214 (1218).

49 Kritisch dazu *M. Reuter*, NZA 1989, S. 241 (243).

50 Siehe zusammenfassend *B. Preis*, ArbuR 1997, S. 60 (62).

51 *BAG* (Urt. v. 26.6. 1975), AP Nr. 1 zu § 1 KSchG 1969 Betriebsbedingte Kündigung [Leitsatz 2 und unter 3e der Gründe]; *BAG* (Urt. v. 24.10. 1979), AP Nr. 8 zu § 1 KSchG 1969 Betriebsbedingte Kündigung [Leitsatz 2 und unter II 2 der Gründe]; *BAG* (Urt. v. 10.11. 1994), AP Nr. 65 zu § 1 KSchG Betriebsbedingte Kündigung [unter B I 1 der Gründe]; *BAG* (Urt. v. 5.10. 1995), AP Nr. 71 zu § 1 KSchG Betriebsbedingte Kündigung [unter II 1 der Gründe]; folgend: KR[5]/*Etzel*, § 1 KSchG Rdnr. 540; *Hueck/v.Hoyningen-Huene*, KSchG[12], § 1 Rdnr. 371, 408, 411; auch gegen Mißbrauchskontrolle MünchKomm[3]/*Schwerdtner*, § 622 Anh. Rdnr. 371: nur Prüfung von Verstößen gegen das geltende Recht; ebenso *Möhn*, ZTR 1995, S. 356f.

eines oder mehrerer Arbeitnehmer besteht[52]. Diese Prüfung bedeutet nichts anderes, als daß das Gericht festzustellen hat, ob ein dringendes betriebliches Erfordernis nach § 1 Abs. 2 KSchG auch wirklich vorliegt[53]. Erst hier setzt der Schutz des KSchG ein. Die Unternehmensentscheidung selbst soll nicht beeinflußt werden, das KSchG ist kein Instrument, mit dem man unternehmerisches Handeln steuern kann.

Für die ordentliche betriebsbedingte Kündigung hat sich daher die Erkenntnis durchgesetzt, daß bei Vorliegen eines dringenden betrieblichen Erfordernisses im Sinne des § 1 Abs. 2 KSchG keine zusätzliche Abwägung der Interessen von Arbeitgeber und Arbeitnehmer zu erfolgen hat. Die Abkehr von der Prüfung der Verhältnismäßigkeit im engeren Sinne trägt dem eben dargelegten Gedanken der unternehmerischen Entscheidungsfreiheit Rechnung[54]. Die Anwendung der Interessenabwägung im Einzelfall, die § 626 Abs. 1 BGB vorschreibt, steht dazu in einem eklatanten Widerspruch. Über das Merkmal der Unzumutbarkeit der Vertragsfortführung für den Arbeitgeber wird bei der außerordentlichen Kündigung von unkündbaren Arbeitnehmern ein Kriterium eingeführt, das für die Rechtfertigung einer ordentlichen betriebsbedingten Kündigung vom *Bundesarbeitsgericht* längst aufgegeben worden ist.

c) Keine Überprüfung anhand des Verhältnismäßigkeitsgrundsatzes

Ursprünglich war es Auffassung des *Bundesarbeitsgerichts*, die soziale Rechtfertigung einer betriebsbedingten Kündigung könne nur anhand einer im Einzelfall vorzunehmenden Interessenabwägung ermittelt werden[55]. Die Kündigung war nach dieser Ansicht dann nicht mehr sozial gerechtfertigt, wenn die voraussichtlichen wirtschaftlichen Vorteile für den Arbeitgeber zu den zu erwartenden sozialen Nachteilen des Arbeitnehmers in keinem vernünftigen Verhältnis zueinander standen. Mit dem Postulat einer Willkürkontrolle der unternehmerischen Entscheidung ist jedoch die Forderung nach einer sorgfältigen Abwägung der beiderseitigen Interessen der Vertragsparteien nicht zu vereinbaren. Auf dem Umweg über die Interessenabwägung wird die Gerichtsfreiheit der Unternehmerentscheidung praktisch wieder beseitigt. Sie wird auf diesem Wege einer

---

52 Siehe dazu etwa *BAG* (Urt. v. 29.3. 1990), AP Nr. 50 zu § 1 KSchG Betriebsbedingte Kündigung [unter B II 1 der Gründe]; *BAG* (Urt. v. 10.11. 1994), AP Nr. 65 zu § 1 KSchG Betriebsbedingte Kündigung [unter B I 1 der Gründe]; *BAG* (Urt. v. 5.10. 1995), AP Nr. 71 zu § 1 KSchG 1969 Betriebsbedingte Kündigung [unter II 1 der Gründe].

53 *Rieble,* Arbeitsmarkt und Wettbewerb, 1996, Rdnr. 1010.

54 Siehe auch den kurzen Hinweis bei *B. Preis,* ArbuR 1997, S. 60 (62).

55 *BAG* (Urt. v. 3.5. 1978), AP Nr. 5 zu § 1 KSchG 1969 Betriebsbedingte Kündigung [Leitsatz 3 und unter II der Gründe]; *BAG* (Urt. v. 7.3. 1980), AP Nr. 9 zu § 1 KSchG 1969 Betriebsbedingte Kündigung [Leitsatz 1 und unter I der Gründe]; *BAG* (Urt. v. 17.10. 1980), AP Nr. 10 zu § 1 KSchG 1969 Betriebsbedingte Kündigung [unter 3e der Gründe].

Kontrolle auf ihre wirtschaftliche Zweckmäßigkeit unterzogen[56]. Das *Bundesarbeitsgericht* hat sich deshalb in seiner grundlegenden Entscheidung vom 30. April 1987 gegen eine generelle Interessenabwägung ausgesprochen[57]. Insbesondere sei mit Rücksicht auf die beschränkte Kontrollmöglichkeit der Unternehmerentscheidung nicht mehr zwischen Vor- und Nachteilen der Kündigung für Arbeitgeber und Arbeitnehmer abzuwägen. Nur in eng begrenzten Ausnahmen könne eine „an sich" betriebsbedingte Kündigung durch eine Interessenabwägung doch noch als sozialwidrig angesehen werden. Damit wird ein grundsätzlicher Interessenüberhang zugunsten des Arbeitgebers im Rahmen der ordentlichen betriebsbedingten Kündigung anerkannt. Auch wenn der Sache nach die Interessenabwägung nicht ausdrücklich aufgegeben worden ist, so ist diese trotzdem in der Rechtsprechung des *Bundesarbeitsgericht* obsolet geworden. Es kommt ihr kaum mehr als eine „Alibifunktion" zu[58]. Seit dieser Entscheidung ist keine betriebsbedingte Kündigung mehr allein wegen einer sozialen Härte für den Arbeitnehmer für unwirksam erklärt worden[59]. Die heute überwiegende Auffassung in der Rechtslehre lehnt, insoweit konsequenter, das Merkmal der Interessenabwägung bei der Beurteilung der Wirksamkeit von betriebsbedingten Kündigungen generell ab[60].

Dem Verzicht auf eine zusätzliche Abwägung der beiderseitigen Interessen ist uneingeschränkt zuzustimmen. Der noch teilweise anzutreffenden Gegenansicht[61] kann nicht gefolgt werden. Bei Vorliegen eines dringenden betrieblichen Bedürfnisses räumt das KSchG dem Beendigungsinteresse des Arbeitgebers den Vorrang ein[62]. Soziale Belange berücksichtigt das Gesetz erst auf der Ebene der Sozialauswahl nach § 1 Abs. 3 KSchG[63]. Eine „an sich" betriebsbedingte Kündigung kann also nicht über den Umweg einer Interessenabwägung doch noch zu einer sozial ungerechtfertigten Kündigung werden[64].

---

56 So richtig *Stahlhacke/Preis/Vossen,* Kündigungsschutz[7], Rdnr. 643; ähnlich *Wolter,* Schutz des Arbeitnehmers, 1980, S. 17: „(...) nicht unmittelbar wohl aber mittelbar (...)".

57 *BAG* (Urt. v. 30.4. 1987), AP Nr. 42 zu § 1 KSchG 1969 Betriebsbedingte Kündigung [Leitsätze 1 und 2 und unter IV 1,2 der Gründe].

58 So schon zur Spruchpraxis des *BAG* vor der Entscheidung vom 30. 4. 1987 *Döse-Digenopoulos,* Arbeitsgerichte und betriebsbedingte Kündigung, 1982, S. 46.

59 *Stahlhacke/Preis/Vossen,* Kündigungsschutz[7], Rdnr. 643.

60 KR[5]/*Etzel,* § 1 KSchG Rdnr. 546; *Lammermann,* Probleme der betriebsbedingten Kündigung, 1996, S. 27; HeidelbergKomm[3]/*Dorndorf,* § 1 Rdnr. 286f.; *Löwisch,* KSchG[8], § 1 Rdnr. 258; *Stahlhacke/Preis/Vossen,* Kündigungsschutz[7], Rdnr. 643; *Schwerdtner,* ZIP 1984, S. 10 (12); so bereits *Adomeit,* Kündigung und Kündigungsschutz, 1962, S. 60f.

61 Siehe *Gajewski,* Aktuelle Aspekte des Arbeitsrecht, 1987, S. 311 (314f.); *Mayer-Maly,* ZfA 1988, S. 209 (220); *Däubler,* Bestandsschutz und Beschäftigung, 1999, S. 13 (18f.).

62 *Oetker,* Festschrift f. Wiese, 1998, S. 333 (334).

63 *H.Borrmann,* ArbRGgw Bd. 24 (1987), S. 71 (87f.); *Hueck/v.Hoyningen-Huene,* KSchG[12], § 1 Rdnr. 371c.

64 *Preis,* Prinzipien des Kündigungsrechts, 1987, S. 209.

Findet nun, dem Regel-Ausnahme-Verhältnis der herrschenden Meinung folgend, § 626 Abs. 1 BGB auf das ordentlich unkündbare Arbeitsverhältnis Anwendung, so wird über die erforderliche Feststellung der Unzumutbarkeit der Vertragsfortsetzung wieder eine Interessenabwägung bei der Beurteilung der Wirksamkeit einer betriebsbedingten Kündigung etabliert. Denn die Beurteilung der Zumutbarkeit läuft auf nichts anderes hinaus, als auf eine Abwägung der beiderseitigen Interessen von Arbeitgeber und Arbeitnehmer im Einzelfall[65]. Das *Bundesarbeitsgericht* betont in seiner Entscheidung vom 5. Februar 1998 zwar einerseits die gerichtliche Bindung an die unternehmerische Entscheidung, prüft aber dennoch das Vorliegen eines wichtigen Grundes anhand des Kriteriums der Unzumutbarkeit[66]. Will man aber auch im ordentlich unkündbaren Arbeitsverhältnis dem Postulat von der Unantastbarkeit der unternehmerischen Entscheidung Rechnung tragen, so muß man zwangsläufig auch bei der Kündigung aus wichtigem Grund auf eine Verhältnismäßigkeitsprüfung im engeren Sinne verzichten. Die Norm wäre dann bei der außerordentlichen betriebsbedingten Kündigung um das Tatbestandsmerkmal der Interessenabwägung zu reduzieren. Damit läuft man allerdings Gefahr, sich in Widerspruch zum unabdingbaren Charakter des außerordentlichen Kündigungsrechts zu setzen[67], das gerade auf eine Abwägung im Einzelfall abzielt. Ein solches Vorgehen widerspräche der Bindung an den in § 626 BGB verankerten Unzumutbarkeitsgrundsatz.

Hier zeigt sich die innere Verknüpfung von ordentlicher und außerordentlicher Kündigung in einer für das systematische Verhältnis beider Kündigungsformen grundlegenden Weise. Dem Ausschluß der ordentlichen Kündigung kann auf der Stufe der außerordentlichen Kündigung nur durch eine teleologische Reduktion begegnet werden. Damit würde man sich allerdings über die zweiseitig-zwingende Wirkung des § 626 BGB hinwegsetzen. Anders könnte man nur dann entscheiden, wenn man die betriebsbedingten Kündigungsgründe als mögliche wichtige Gründe aus dem Anwendungsbereich des § 626 BGB ausscheidet[68]. Dieses Vorgehen würde dann allerdings wieder zur Aufrechterhaltung eines sinnlosen Dauerschuldverhältnisses führen.

Das außerordentliche Beendigungsinstitut genügt deshalb den Anforderungen nicht, die an ein Kündigungsrecht gestellt werden müssen, das die unternehmerische Entscheidungsfreiheit unangetastet läßt. Darauf hat neuerdings auch *Löwisch* ausdrücklich aufmerksam gemacht[69]. Seiner Ansicht nach ist das außeror-

---

65 KSchR³/*Trittin,* § 626 BGB Rdnr. 62; *Stahlhacke/Preis/Vossen,* Kündigungsschutz⁷, Rdnr. 448; siehe auch *v.Hoyningen-Huene,* Die Billigkeit im Arbeitsrecht, 1978, S. 95.

66 *BAG* (Urt. v. 5.2. 1998), AP Nr. 143 zu § 626 BGB [unter II 3d und g der Gründe].

67 Siehe dazu schon oben § 16 II 3 bei der Problematik der absoluten Kündigungsgründe.

68 Siehe zu dieser Wechselwirkung *Gentges,* Prognoseprobleme im Kündigungsschutzrecht, 1995, S. 294.

69 *Löwisch,* DB 1998, S. 877 (880); *ders.,* KSchG⁸, Vorbemerkung zu § 1 Rdnr. 120, § 1

dentliche Kündigungsrecht überhaupt nicht in der Lage, „betriebliche Phänomene" einer angemessenen Lösung zuzuführen. Nach *Adam* läuft die Bewältigung von betriebsbedingten Kündigung mit Hilfe der Kündigung aus wichtigem Grund auf eine „konturenlose" Abwägung der gegenseitigen Interessen der Arbeitsvertragsparteien hinaus und ist deshalb abzulehnen[70].

4. Der Rückgriff auf den Rechtsgedanken des § 15 Abs. 4 KSchG im Falle der Betriebsstillegung

a) Die in § 15 Abs. 4 KSchG enthaltene Ordnungsvorstellung

Besonders deutlich wird die Unanwendbarkeit einer Interessenabwägung bei betriebsbedingten Kündigungsgründen im Falle der Betriebsstillegung. Hier kann eine wie auch immer geartete Abwägung der beiderseitigen Interessen immer nur zugunsten des Arbeitgebers ausfallen. Fällt der Betrieb weg oder ist dessen Schließung absehbar, ist eine Fortsetzung des Arbeitsverhältnisses nicht denkbar. Eine entgegen der Aufgabe des Betriebszwecks durch den Arbeitgeber dennoch geforderte Weiterbeschäftigung läuft auf die Aufrechterhaltung einer wirtschaftlich sinnlosen Tätigkeit hinaus. Dies verstößt jedoch in eklatanter Weise gegen die Prinzipien der Wirtschaftsordnung[71]. Dem Arbeitgeber, der Risiko und Lasten der Unternehmensführung trägt, kann die Einschränkung oder die Aufgabe jeglicher unternehmerischer Tätigkeit nicht versagt werden[72]. Insofern gilt der Grundsatz: „Ohne Betrieb kein Arbeitsverhältnis"[73]. Jede andere Entscheidung würde eine persönliche Überforderung des Arbeitgebers darstellen[74].

Die Literatur hat dafür in Zusammenhang mit der rechtlichen Bewertung von tarifvertraglichen Besetzungsregelungen das wiederholt gebrauchte, mittlerweile auch vom *Bundesarbeitsgericht*[75] aufgegriffene Bild des „berühmt-berüchtigten englischen Heizers auf der E-Lok" geschaffen[76]. Danach soll ein in

---

Rdnr. 302; vgl. auch *ders.*, Betriebsbedingte Kündigungen im Widerstreit, 1998, S. 58.

70 *Adam*, NZA 1999, S. 846 (849); vgl. auch schon *ders.*, DZWiR 1999, S. 88.

71 *Wiedemann*, Festschrift f. Riesenfeld, 1983, S. 301 (325f.).

72 Siehe *Zöllner*, Gutachten D, 52. DJT 1978, S. 132.

73 *Hanau*, Anm. 3 zu *LAG Köln* (Urt. v. 6.5. 1987), EWiR 1988 Nr. 1 zu § 22 KO.

74 Vgl. dazu im Zusammenhang zur Unzumutbarkeit *Wiedemann/Wiedemann*, TVG[6], Einleitung Rdnr. 463.

75 *BAG* (Urt. v. 5.2. 1998), AP Nr. 143 zu § 626 BGB [unter II 4d der Gründe]: „Modellfall: Heizer auf der E-Lok.".

76 So *Koller*, ZfA 1978, S. 45; ähnlich *Wiedemann*, 25 Jahre BAG, 1979, S. 635 (655): „(...) der Fall des berüchtigten englischen Heizers auf der E-Lok."; ähnlich *Ganter*, Die tarifliche Regelung betrieblicher Fragen, 1984, S. 133; neuerdings in direktem Zusammenhang mit der tariflichen Unkündbarkeit auch *Bröhl*, Festschrift f. Schaub, 1998, S. 55, (55f., 66): „(...) altbekannten Fall des Heizers auf der E-Lok."; vgl. allgemein zur Bedeutung des englischen Arbeitsrechts für den deutschen Rechtskreis *Mayer-Maly*, In

England geschlossener Tarifvertrag zur Beschäftigungssicherung eine Klausel enthalten, nach der ein Bahnbetreiber verpflichtet ist, den infolge der Ablösung von Dampf- durch Elektromotoren nicht mehr benötigten Heizer weiterhin auf der E-Lok zu beschäftigen, auch wenn dieser dort nicht sinnvoll eingesetzt werden kann[77]. Eine derartige Aufrechterhaltung wirtschaftlich nicht mehr sinnvoll nutzbarer Beschäftigungsverhältnisse wird gemeinhin abgelehnt[78]. Das durch den gegenseitigen Leistungsaustausch gekennzeichnete Äquivalenzverhältnis des Arbeitsverhältnisses würde auf diese Art vollkommen aufgehoben werden. Zudem könnte man sogar erwägen, in der Verpflichtung des Arbeitnehmers zu einer sinnentleerten Tätigkeit einen Verstoß gegen den allgemeinen Persönlichkeitsschutz zu sehen, der durch das Arbeitnehmerschutzprinzip eine besondere Ausprägung erfahren hat[79].

Hier kann flankierend auf die gesetzliche Regelung des § 15 Abs. 4 KSchG zurückgegriffen werden. Für den Prototyp des gesetzlich unkündbaren Arbeitnehmers, den betriebsverfassungsrechtlichen Funktionsträger, durchbricht diese Regelung im Falle der Betriebsstillegung den in § 15 Abs. 1 KSchG aufgestellten Grundsatz der ordentlichen Unkündbarkeit und erachtet den Ausspruch einer ordentlichen Kündigung für zulässig. Die Stillegung des Betriebes ist nach den gesetzlichen Wertungsvorgaben somit kein wichtiger Grund im Sinne des § 626 Abs. 1 BGB, der eine Interessenabwägung notwendig machen würde, sondern ein einfacher Kündigungsgrund, wie ihn § 1 Abs. 2 KSchG voraussetzt. Die Unkündbarkeitsstellung stößt also zumindest dann auf eine Grenze, wenn der Betrieb, gleichsam das Substrat des Arbeitsverhältnisses, wegfällt. Dieser Grundgedanke spiegelt sich in der durch § 15 Abs. 4 KSchG verkörperten gesetzlichen „Modellvorstellung" wieder[80]. Könnte dem Betriebsratsmitglied trotz Stillegung des Betriebes nicht gekündigt werden oder wäre der Arbeitgeber

---

memoriam Sir Otto Kahn Freund, 1980, S. 563ff.

77 Siehe die kurzen Wiedergaben bei *Koller,* ZfA 1978, S. 45 und *Dälken,* Möglichkeiten eines tarifvertraglichen Bestands- und Inhaltsschutzes, 1986, S. 146.

78 *Reuter,* ZfA 1978, S. 1 (35): „Der Heizer auf der E-Lok kann nach deutschem Tarifrecht tarifvertraglich nicht institutionalisiert werden."; *Säcker/Oetker,* Grundlagen und Grenzen der Tarifautonomie, 1992, S. 307; „[Der] Heizer auf der E-Lok greift in unterschiedlicher Form in die Berufsausübung des Arbeitgebers ein."; *Dälken,* Möglichkeiten eines tarifvertraglichen Bestands- und Inhaltsschutzes, 1986, S. 147: „Den Heizer auf der E-Lok möchte niemand."; *Bitter,* DB 1999, S. 1214 (1218): „(...) paßt nicht in das System des KSchG (...)"; *G.Müller,* Die Tarifautonomie in der Bundesrepublik Deutschland, 1990, S. 162: „Der Heizer auf der E-Lok ist nicht vertretbar."; *Beck,* ArbuR 1981, S. 333: „Das abschreckende Beispiel dafür, der Heizer auf der E-Lok (...)"; vgl. auch *Zöller/Loritz,* Arbeitsrecht[5], § 38 I (S. 424): „(...) [muß] ein Heizer (...) auf der E-Lok beschäftigt werden (...)?".

79 *Ganter,* Die tarifliche Regelung betrieblicher Fragen, 1984, S. 133.

80 *Moll,* DB 1984, S. 1346 (1349); zum Modellfall der gesetzlichen Regelung vgl. *Wank,* Juristische Begriffsbildung, 1985, S. 84.

etwa verpflichtet für eine Weiterbeschäftigung nach § 15 Abs. 1 Satz 2 KSchG Sorge zu tragen, so würde dies eine für den Arbeitgeber nicht hinnehmbare Belastung des Unternehmens durch eine volkswirtschaftlich sinnlose Tätigkeit bedeuten[81].

Der besondere Kündigungsschutz endet, wenn eine tatsächliche Beschäftigungsmöglichkeit im Betrieb nicht mehr besteht. Bei der Verwirklichung unternehmerischer Entscheidungen, die sich schon von ihrer Zielsetzung gerade nicht direkt gegen ein einzelnes Betriebsratsmitglied richten, entfällt der durch § 15 Abs. 1 KSchG gewährte Schutz[82]. Von der Ausnahme des Rechtsmißbrauchs abgesehen, ist es nicht denkbar, daß eine betriebsbedingte Kündigung mit dem Ziel verfolgt wird, die Funktionsfähigkeit des Betriebsrats zu beeinträchtigen. Zudem müßte bei einer aus dieser Absicht heraus erfolgten Kündigung schon das Vorliegen einer Unternehmerentscheidung bezweifelt werden.

Der Vorschrift des § 15 Abs. 4 KSchG liegt die verallgemeinerungsfähige Wertung zugrunde, daß der Arbeitgeber sich von Arbeitskräften trennen kann, für deren Tätigkeit er keine Verwendung mehr hat. *Manfred Wolf* entnimmt dieser Vorschrift daher zu Recht eine „Wertung von allgemeiner Bedeutung“[83]. Die Freiheit, Organisationsentscheidungen zu treffen, soll nach der ratio-legis des § 15 Abs. 4 KSchG auch gegenüber dem besonderen Kündigungsschutz der Betriebsratsmitglieder Bestand haben[84]. Dadurch kommt eine besondere Ordnungsvorstellung des Gesetzgebers zum Ausdruck. Unverzichtbare Funktionsvoraussetzung für die Führung eines Unternehmens ist es, die Möglichkeit der Betriebsstillegung auch in kündigungsrechtlicher Hinsicht in Form einer Personalreduzierung durchzusetzen.

b) Übertragung des Rechtsgedankens auf das unkündbare Arbeitsverhältnis

Gleiches muß auch für die einzel- oder kollektivvertraglich vereinbarte Unkündbarkeit gelten. Der tarifvertraglich nicht geregelte Interessenkonflikt bei einer Betriebsstillegung muß unter besonderer Berücksichtigung dieser gesetzgeberischen Wertentscheidung gelöst werden. Eine Unkündbarkeitsklausel ist zumindest dann als sinnlos zu erachten, wenn die Weiterbeschäftigung des ordentlich unkündbaren Arbeitnehmers objektiv unmöglich geworden ist[85]. Teil-

---

81 So *G. Müller,* ZfA 1990, S. 607 (609).

82 *Schleusener,* DB 1998, S. 2368 (2371).

83 *M. Wolf,* Anm. zu *BAG* (Urt. v. 7.6. 1984), SAE 1985, S. 312 (313); ebenso *Dälken,* Möglichkeiten eines tarifvertraglichen Bestands- und Inhaltsschutzes, 1986, S. 124f., 147, der von der „Bedarfsabhängigkeit der Arbeitsplätze“ spricht, diesen Grundsatz aber aus § 15 Abs. 4 KSchG und § 626 Abs.1 BGB herleitet.

84 KR[5]/*Fischermeier,* § 626 BGB Rdnr. 133; siehe auch *Löwisch,* KSchG[8], § 15 Rdnr. 59.

85 *BAG* (Urt. v. 7.6. 1984), AP Nr. 5 zu § 22 KO [unter B II 6 der Gründe]; *v.Koppenfels,* Kündigung bei unkündbaren Arbeitnehmern, 1998, S. 152; *Gajewski,* Aktuelle Aspekte des Arbeitsrechts, 1987, S. 311 (341).

weise enthalten Tarifverträge deshalb auch eine Ausnahmeklausel vom ordentlichen Kündigungsverbot für Betriebsänderungen im Sinne des § 111 BetrVG, wie beispielsweise § 20 Nr.4 des Manteltarifvertrags der Metallindustrie Nordrhein-Westfalen vom 29. Februar 1988[86].

Völlig unverständlich ist es daher, wenn das *Bundesarbeitsgericht* in seinem Urteil vom 8. Oktober 1957 ausführt, es gäbe keinen Rechtssatz des Inhalts, daß selbst die vollständige Schließung eines Betriebs in jedem Fall zu einer Kündigung des unkündbaren Arbeitnehmers berechtige[87]. Der Entscheidung lag folgender Sachverhalt zugrunde, der als das deutsch- rechtliche Gegenstück zum „Heizer auf der E-Lok" begriffen werden kann:

Die Beklagte, eine Betreiberin von Kleinbahnen, stellte den Personenbetrieb wegen Unrentabilität des Betriebes ein. In diesem Zusammenhang kündigte sie unter anderem den vier Klägern unter Einhaltung der ordentlichen tarifvertraglichen Kündigungsfrist. Die vier Kläger waren gemäß § 50 Abs. 1 des Bundesmanteltarifvertrages für Arbeiter gemeindlicher Verwaltungen und Betriebe wegen der Überschreitung einer Beschäftigungszeit von 15 Jahren nur noch aus wichtigem Grund kündbar.

Das Gericht sah die sachgerechte Lösung in einer auf den konkreten Einzelfall bezogenen Interessenabwägung. In diese Abwägung wurden insbesondere die durch die Unkündbarkeit begründete besonders gesicherte Rechtsposition des Arbeitnehmers, dessen anderweitige wirtschaftliche Absicherung und die dem Arbeitgeber voraussichtlich entstehenden finanziellen Lasten einer Weiterbeschäftigung eingestellt. Diese Vorgehensweise widerspricht nicht nur dem Grundsatz der gerichtlichen Unangreifbarkeit unternehmerischer Entscheidungen, sondern provoziert auch die Frage, ob der Arbeitgeber bei einer zu seinen Ungunsten ausfallenden Interessenabwägung wirklich gezwungen werden kann, die gekündigten Arbeitnehmer weiterzubeschäftigen oder gar den Betrieb der Kleinbahn aufrechtzuerhalten[88]. Im Extremfall müßte der Arbeitgeber einen ganzen Betrieb oder einen Betriebsteil für den einzigen unkündbaren Arbeitnehmer aufrechterhalten[89]. Dieser würde gleichsam als „Fossil" im Betrieb eine überhaupt nicht mehr gebrauchte Tätigkeit ausüben[90].

Hingegen hat die höchstrichterliche Rechtsprechung in einer vereinzelt gebliebenen Entscheidung vom 7. Juni 1984 die Schwierigkeiten erkannt, die eine Anwendung der Kündigung aus wichtigem Grund auf den Fall der Be-

---

86 Siehe dazu *Ziepke*, MTV-Kommentar, 1988, § 20 Anm. 25; *Gajewski*, Aktuelle Aspekte des Arbeitsrechts, 1987, S. 311 (339); zu weiteren Ausnahmebestimmungen siehe auch KR[5]/*Fischermeier*, § 626 BGB Rdnr. 71.

87 *BAG* (Urt. v. 8.10. 1957), AP Nr. 16 zu § 626 BGB [Leitsatz und unter IV der Gründe] mit zustimmenden Anmerkungen von *G. Hueck*.

88 Was das *BAG* im Ergebnis jedoch verneinte; kritisch zu dieser Entscheidung *Binder*, Festschrift f. Strasser, 1983, S. 271 (295ff.).

89 Vgl. *Thannheiser*, AiB 1998, S. 601 (603).

90 Siehe dazu *Löwisch*, KSchG[8], § 2 Rdnr. 79.

triebsstillegung mit sich bringt[91]. Die Anerkennung einer außerordentlichen Kündigung verstößt nach Ansicht des Gerichts gegen den Grundsatz, nach dem der Arbeitgeber keine Gründe aus dem Bereich seines Unternehmerrisikos, also von Umständen, die aus seiner Sphäre stammen, zum Ausspruch einer Kündigung nach § 626 BGB nutzen darf. Auch die Zulassung einer Fristbindung der außerordentlichen Kündigung wurde als dogmatisch noch nicht genügend geklärt abgelehnt. Statt dessen wurde der Rechtsgedanke des § 15 Abs. 4 KSchG auf das tarifvertragliche Kündigungsverbot im Wege der Gesetzesanalogie übertragen[92]. Dadurch gelang es, zwei wesentliche Unstimmigkeiten zu überwinden. Man konnte nun zwanglos erklären, warum die Kündigung nur mit einer ordentlichen Kündigungsfrist ausgesprochen werden konnte und vermied vor allem eine Übertragung des außerordentlichen Kündigungsrechts auf eine Kündigungssituation, für deren Bewältigung dieses Rechtsinstitut nicht geschaffen worden ist. Diese Entscheidung ist wegen ihrer überzeugenden Gedankenführung in der Literatur nicht ohne Anhängerschaft geblieben[93].

Teilweise wird im Schrifttum für den Fall der Betriebsstillegung ohne einen Rückgriff auf § 15 Abs. 4 KSchG eine einschränkende Auslegung des tarifvertraglichen Kündigungsverbots gefordert[94]. Die ordentliche betriebsbedingte Kündigung wäre danach ohne weiteres zulässig.

c) Kritik an der Gegenauffassung – insbesondere an der Analogieunfähigkeit von Sondernormen

Völlig ins Leere stößt hingegen ein gegen das Urteil wiederholt vorgebrachtes Gegenargument nach dem die analoge Anwendung des § 15 Abs. 4 KSchG deshalb abzulehnen sei, weil das ordentliche Kündigungsrecht tarifvertraglich vollkommen ausgeschlossen ist[95]. Das eigentliche Problem wird dadurch überhaupt nicht erfaßt, geschweige denn einer sachgerechten Lösung zugeführt. Die ent-

---

91 *BAG* (Urt. v. 7.6. 1984), AP Nr. 5 zu § 22 KO [unter B II 6 der Gründe].

92 Das *BAG* nahm, da es sich nur um die sinngemäße Anwendung einer Gesetzesnorm handelte, dogmatisch zu Unrecht eine Rechtsanalogie an; vgl. dazu *Larenz,* Methodenlehre[6], S. 383f.; Staudinger[13]/*Coing,* Einl. zum BGB Rdnr. 157; falsch daher auch KR[5]/*Fischermeier,* § 626 BGB Rdnr. 304.

93 *M. Wolf,* Anm. zu *BAG* (Urt. v. 7.6. 1984), SAE 1985, S. 312 (313); *Gentges,* Prognoseprobleme im Kündigungsschutzrecht, 1995, S. 290ff., 315f.; *Däubler,* Das Arbeitsrecht 2[11], Rdnr. 1140; *Ziepke,* MTV-Kommentar, 1988, § 20 Anm. 25; wohl auch *Buchner,* Anm. 2 zu *BAG* (Urt. v. 28.3. 1985), EzA Nr. 96 zu §626 BGB n.F. und *Mauer/Schüßler,* BB 2001, S. 466 (470).

94 GK-KR/*Dörner,* § 626 BGB Rdnr. 39; RGRK[12]/*Corts,* § 626 Rdnr. 28; MünchKomm[1]/*Schwerdtner,* § 626 Rdnr. 17.

95 So etwa *Walker,* Anm. I 1 zu *BAG* (Urt. v. 5.2. 1998), EzA Nr. 2 zu § 626 BGB Unkündbarkeit; *Schwerdtner,* Festschrift f. Kissel, 1994, S. 1077 (1085); MünchKomm[3]/*Schwerdtner,* § 626 Rdnr. 147; KR[5]/*Fischermeier,* § 626 BGB Rdnr. 304; *Preis/Hamcher,* Festschrift Arbeitsgerichtsbarkeit Rheinland-Pfalz, 1999, S. 245 (258).

scheidende Frage ist, ob der generelle Kündigungsausschluß auch im Falle einer notwendigen Stillegung des Betriebs Bestand haben kann. Allein der Wortlauf einer Bestimmung kann niemals als Argument gegen eine Analogie ins Feld geführt werden. So zu verfahren hieße, den Sinn der analogen Rechtsanwendung zu verkennen. Die Berufung auf den schlichten Wortlaut der Unkündbarkeitsvereinbarung stellt insofern eine unzulässige „petitio principii" dar und ist als rein formaler Gesichtspunkt für die Argumentation ungeeignet[96].

Vordergründig ist auch die Feststellung, eine Analogie verbiete sich deshalb, weil der Schutzzweck von tarifvertraglichem und gesetzlichem Kündigungsschutz nicht identisch sei[97]. Nicht die Schutzzwecke der Kündigungsverbote gilt es zu vergleichen, sondern vielmehr die Interessenlage beim Wegfall des Betriebs. Wertend gegenüberzustellen sind deshalb der jeweilige Interessengegensatz von Arbeitgeber zu Betriebsratsmitglied, beziehungsweise zu tarifvertraglich gesichertem Arbeitnehmer. Diese Interessenlagen entsprechen sich wertungsmäßig jedoch. In beiden Fällen wäre der Arbeitgeber bei einer Aufrechterhaltung des Kündigungsverbots entweder verpflichtet, den Betrieb fortzuführen oder an den unkündbaren Arbeitnehmer bis zum Erreichen der Altersgrenze den Lohn weiter zu entrichten.

Als wenig tragfähig erweist sich schließlich auch der Hinweis darauf, § 15 Abs. 4 KSchG sei als Ausnahmevorschrift, also als eine Norm, die eine allgemeine Vorschrift durchbricht[98], einer Analogie schlechthin nicht zugänglich[99]. Der klassische Rechtssatz „singularia non sunt extendenda", so zeigt die Methodenlehre, ist in seiner Generalität nicht haltbar[100]. Die analoge Anwendung von Ausnahmevorschriften ist nicht grundsätzlich unzulässig[101]. Gleiches gilt im übrigen auch für Ausnahmebestimmungen in tarifvertraglichen Regelungswerken[102].

---

96 Im Ergebnis genauso *Gentges,* Prognoseprobleme im Kündigungsschutzrecht, 1995, S. 291; ähnlich *v.Koppenfels,* Kündigung bei unkündbaren Arbeitnehmern, 1998, S. 141.

97 *v.Koppenfels,* Kündigung bei unkündbaren Arbeitnehmern, 1998, S. 142.

98 Vgl. *Heller,* Logik und Axiologie der analogen Rechtsanwendung, 1961, S. 88.

99 *v.Koppenfels,* Kündigung bei unkündbaren Arbeitnehmern, 1998, S. 142f.

100 *Larenz,* Methodenlehre[6], S. 355f.; *Bydlinski,* Juristische Methodenlehre und Rechtsbegriff[2], S. 440; *Canaris,* Die Feststellung von Lücken im Gesetz[2], S. 181; MünchKomm[4]/*Säcker,* Einleitung Rdnr. 102; Palandt[60]/*Heinrichs,* Einleitung Rdnr. 45; *BAG* (Urt. v. 11.7. 1968), NJW 1969, S. 74 (Leitsatz 2 und S. 75); siehe auch *Hüpper,* RdA 1962, S. 249 (251) zur Frage der Analogiefähigkeit von Normen, die eine außerordentliche befristete Kündigung vorsehen; vgl. auch *Larenz/Canaris,* Schuldrecht Bd. II/2[13], § 84 II 1e (S. 617); zur klassischen Rechtsparömie siehe *Kramer,* Festschrift f. Höhn, 1995, S. 141 (154ff.).

101 So aber ausdrücklich etwa *BGH* (Urt. v. 2.11. 1988), NJW 1989, S. 460 (461) zu § 56 Abs. 1 Nr. 6 GewO.

102 Siehe etwa Wiedemann/*Wank,* TVG[6], § 1 Rdnr. 789; *Liedmeier,* Auslegung und Fortbildung arbeitsrechtlicher Kollektivverträge, 1991, S. 40 zur Frage der engen Auslegung

So bereitet schon die Feststellung des Ausnahmecharakters einer Vorschrift wegen der unzureichend gelungenen begrifflichen Erfassung erhebliche Schwierigkeiten und kann oftmals nicht ohne eine gewisse Willkür erfolgen[103]. Unbestreitbar enthält § 15 Abs. 4 KSchG einen Ausnahmetatbestand zum generellen Verbot ordentlicher Kündigungen in § 15 Abs. 1 KSchG und ist vom *Bundesarbeitsgericht* auch als Ausnahmevorschrift bezeichnet worden[104].

Wollte man aber allein deshalb § 15 Abs. 4 KSchG als singuläre Norm qualifizieren, würde man übersehen, daß § 1 Abs. 2 KSchG die ordentliche Kündbarkeit als den gesetzlichen Normalfall einstuft. § 15 Abs. 4 KSchG stellt diesen Zustand lediglich für den speziellen Fall der Betriebsstillegung wieder her. Innerhalb der Reichweite ihres Gesetzeszwecks ist daher auch die sinngemäße Anwendung einer Ausnahmevorschrift statthaft[105]. Die klassische Auslegungsregel ist nur insoweit richtig, als daß streng darauf geachtet werden muß, keine systemwidrige Norm, die sich nicht oder nur schwer in die geltende Rechtsordnung einfügt, analog anzuwenden und dadurch einen Fehlgriff des Gesetzgebers möglicherweise noch zu verdoppeln[106]. Davon kann in bezug auf § 15 Abs. 4 KSchG jedoch keine Rede sein[107].

Schließlich wird gegen die entsprechende Anwendung des § 15 Abs. 4 KSchG auf den tarifvertraglichen Kündigungsausschluß eingewandt, daß sich eine Analogie insoweit verbiete, als eine angemessene Lösung auch mit Hilfe der verbleibenden gesetzlichen Regelungen zu erzielen sei. Da aber das Recht zur außerordentlichen Kündigung einen unabdingbaren Charakter aufweist, müsse man die Fälle der betriebsbedingten Kündigung vorrangig durch einen Rückgriff auf § 626 BGB lösen[108]. Solange auf diese Weise vertretbare Ergebnisse zu erzielen seien, fehle es folglich an dem Erfordernis einer Regelungslücke als Voraussetzung der analogen Rechtsanwendung[109]. Doch das außerordentliche Kündigungsrecht ist mit seiner strengen Bindung an den Zumutbarkeitsgrundsatz von seiner Normstruktur her gerade nicht auf die Bewältigung betriebsbedingter Kündigungen zugeschnitten. Wie gezeigt, ist die zwingend

---

tariflicher Ausnahmevorschriften.

103 *F.Müller*, Juristische Methodik[7], Rdnr. 370ff.; folgend *Larenz*, Methodenlehre[6], S. 355; *Heller*, Logik und Axiologie der analogen Rechtsanwendung, 1961, S. 89.

104 *BAG* (Urt. v. 18.2. 1993), AP Nr. 35 zu § 15 KSchG 1969 [unter II 3b aa (4) der Gründe].

105 Palandt[60]/*Heinrichs*, Einleitung Rdnr. 45.

106 *Kramer*, Festschrift f. Höhn, 1995, S. 141 (155f.); *Bydlinski*, Juristische Methodenlehre und Rechtsbegriff[2], S. 440.

107 Im Ergebnis bejaht auch *Gentges*, Prognoseprobleme im Kündigungsschutzrecht, 1995, S. 316 die Voraussetzungen einer Analogiebildung.

108 *v.Koppenfels*, Kündigung bei unkündbaren Arbeitnehmern, 1998, S. 141; auch *Buchner*, Anm. 2 zu *BAG* (Urt. v. 28.3. 1985), EzA Nr. 96 zu § 626 BGB n.F. setzt sich mit dieser Frage auseinander.

109 *v.Koppenfels*, Kündigung bei unkündbaren Arbeitnehmern, 1998, S. 141.

vorgeschriebene Interessenabwägung im Rahmen des § 626 Abs. 1 BGB mit der Freiheit der unternehmerischen Entscheidung nicht in Einklang zu bringen. Ebenso wenig paßt die Anwendung der Ausschlußfrist des § 626 Abs. 2 BGB, die offenkundig nur auf arbeitsvertragliche Pflichtverletzungen zugeschnitten ist, auf den Fall der Betriebsstillegung. Will man dennoch den Ausschluß der ordentlichen Kündigung aufrechterhalten, kommt man nicht daran vorbei, sowohl § 626 Abs. 1 BGB als auch § 626 Abs. 2 BGB teleologisch zu reduzieren. Zudem zeigt die von der herrschenden Auffassung geforderte Fristbindung der außerordentlichen Kündigung eine weitere bestehende Unzulänglichkeit bei einem alleinigen Rückgriff auf die Regelung des § 626 Abs. 1 BGB auf. Steht damit aber fest, daß das noch vorhandene gesetzliche Instrumentarium ohne Maßnahmen der richterlichen Rechtsfortbildung nicht ausreicht, um die betriebsbedingte Kündigung einer angemessenen Lösung zuzuführen, so kann von dem Fehlen einer gesetzlichen Regelungslücke keine Rede mehr sein. Es gibt keinen sachlichen Grund, der von vornherein allein die Lösung über eine außerordentliche fristgebundene Kündigung rechtfertigen würde. Dadurch ist aber auch der Weg zu einer sinngemäßen Anwendung des § 15 Abs. 4 KSchG eröffnet[110].

Die Analogie zu § 15 Abs. 4 KSchG auf Tarifklauseln, die einen Totalausschluß beinhalten, führt dazu, daß trotz des entgegenstehenden Wortlauts und entgegen dem Regelungsziel der Tarifvertragsparteien eine ordentliche Kündigung dennoch möglich ist. Allerdings bezieht sich die analoge Anwendung keinesfalls allein auf die Bindung der Kündigung an die ordentliche Kündigungsfrist. Sie führt auch dazu, daß auf Betriebsstillegungen nun wieder der Maßstab des § 1 Abs. 2 KSchG für ordentliche betriebsbedingte Kündigungen anzuwenden ist. Diese Lösung hat zudem im Interesse des gekündigten Arbeitnehmers den Vorteil der Anwendbarkeit aller weiteren formellen und materiellen Kündigungsschranken der ordentlichen Kündigung, ohne daß auf diese im Wege einer weiteren Analogiebildung zurückgegriffen werden müßte[111]. Dazu gehören vor allem die Regelungen über die Sozialauswahl und die speziellen Mitbestimmungsrechte des Betriebsrats bei ordentlichen Kündigungen.

5. Kündigungsmöglichkeit auch bei einem sonstigen Wegfall des Arbeitsplatzes

Die für den Fall der Betriebsstillegung herausgearbeiteten Grundsätze müssen aber auch in den anderen Fällen der betriebsbedingten Kündigung gelten. Auch hier muß der Arbeitgeber seine unternehmerische Organisationsentscheidung umsetzen und sie in personeller Hinsicht durch entsprechende Kündigungen

---

[110] Im Ergebnis ebenso *Buchner,* Anm. 2 zu *BAG* (Urt. v. 28.3. 1985), EzA Nr. 96 zu § 626 BGB n.F.

[111] *Walker,* Anm. I 1 zu *BAG* (Urt. v. 5.2. 1998), EzA Nr. 2 zu § 626 BGB Unkündbarkeit.

verwirklichen können. Für eine gerichtliche Überprüfung des unternehmerischen Konzepts ist auch hier kein Raum. Zudem ist kein normativer Anknüpfungspunkt ersichtlich, aus dem ableitbar wäre, daß die Gerichtsfreiheit der Unternehmerentscheidung bei der Betriebsstillegung, nicht jedoch bei anderen innerorganisatorischen Umgestaltungen des Betriebsablaufs anzuerkennen ist. Wollte man dem Arbeitgeber tatsächlich verwehren, sich von einem nicht mehr in betriebswirtschaftlicher Weise sinnvoll einsetzbaren Arbeitnehmer zu trennen, würde man das Arbeitsverhältnis systemwidrig in ein sozialrechtliches „Alimentations- oder Versicherungsverhältnis" umfunktionieren[112]. Jede andere Sichtweise müßte dazu führen, daß tarifvertragliche Unkündbarkeitsklauseln eine Festlegung des Unternehmens in organisatorischer Hinsicht bewirken würden[113]. Diese, durch die Etablierung von Bestandsschutzkonzepten mittelbar herbeigeführte Verfestigung der Unternehmensstruktur ist aber mit der gesetzlichen Aufgabenzuweisung an den Kündigungsschutz nicht zu vereinbaren und führt zu einer Zweckentfremdung des Kündigungsschutzes. Der Zusammenhang zwischen Unternehmensrecht und arbeitsrechtlichen Schutzgesetzen wird dadurch verwischt[114]. Zu den Funktionsvoraussetzungen einer freiheitlich verfaßten Wirtschaftsordnung gehört die Möglichkeit, Arbeitnehmer aus betriebsbedingten Gründen kündigen zu können[115]. Dieses Prinzip kann der Gesetzgeber zum Schutz anderer Rechtsgüter durchbrechen, wie etwa in § 15 Abs. 1 KSchG, abschaffen kann er es nicht. Dem Arbeitgeber muß daher auch bei einem nicht auf einer Betriebsstillegung beruhenden Wegfall des Arbeitsplatzes die Möglichkeit der betriebsbedingten Kündigung erhalten bleiben[116]. Es gilt in dieser Hinsicht daher, was *Hanau* treffend mit den Worten „Kein Arbeitsverhältnis ohne Arbeitsplatz" zusammengefaßt hat[117].

Deshalb kann der Gegenansicht nicht gefolgt werden, die in dieser Weiterentwicklung der Kündigungsmöglichkeiten des Arbeitgebers durch das *Bundesarbeitsgericht* bei einem sonstigen Wegfall des Arbeitsplatzes eine zu weitreichende Entwertung des tarifvertraglichen Kündigungsschutzes erblicken[118]. Zudem setzt sich vor allem *Preis* damit in Widerspruch zu seinen eigenen Ausführungen im Umfeld des von ihm entwickelten Stufenverhältnisses von ordentlicher und außerordentlicher Kündigung. Hier geht er davon aus, daß auch bei

---

112 Siehe dazu *Beuthien,* Festschrift f. E. Wolf, 1985, S. 17 (21).

113 So richtig *Moll,* DB 1984, S. 1346 (1349); folgend *Schiefer/Pogge,* Anm. 3 zu *LAG Hamm* (Urt. v. 11.10. 1995), LAGE Nr. 92 zu § 626 BGB.

114 *Moll,* DB 1984, S. 1346 (1349).

115 *Richardi,* Betriebsverfassung und Privatautonomie, 1973, S. 45.

116 Ebenso *Schiefer/Pogge,* Anm. 3 zu *LAG Hamm* (Urt. v. 11.10. 1995), LAGE Nr. 92 zu § 626 BGB.

117 *Hanau,* Anm. 4 zu *LAG Köln* (Urt. v. 6.5. 1987), EWiR 1988 Nr. 1 zu § 22 KO.

118 *Thannheiser,* AiB 1998, S. 601 (603f.); *Preis,* Arbeitsrecht, § 66 VII (S. 718); *Stahlhacke/Preis/Vossen,* Kündigungsschutz[7], Rdnr. 539.

einer auf § 626 BGB gestützten betriebsbedingten Kündigung eine Sozialauswahl in analoger Anwendung von § 1 Abs. 3 KSchG erfolgen muß[119]. Dies setzt aber zwingend die Kündigungsbefugnis des Arbeitgebers auch bei einer nicht auf einer Betriebsstillegung beruhenden Kündigung voraus. Soweit in dieser Rechtsprechung, die für die betriebsbedingte Kündigung eines tarifvertraglich unkündbaren Arbeitnehmers nicht mehr die Stillegung des Betriebs fordert, eine zu extensive Interpretation des § 626 BGB gesehen wird[120], muß diesem Einwand widersprochen werden.

Den herausgearbeiteten Schwierigkeiten bei der Anwendung des § 626 BGB auf die betriebsbedingte Kündigung begegnet man aber auch bei einem sonstigen Wegfall des Arbeitsplatzes sachgerecht allein durch die Zuerkennung des ordentlichen Kündigungsrechts. Eine analoge Anwendung des § 15 Abs. 4 KSchG, der nur auf den Fall der Betriebsstillegung zugeschnitten ist, hilft hier nicht weiter[121].

Man mag diesem Ergebnis entgegenhalten, daß es so zu einem erheblichen Eingriff in die gesicherte Rechtsposition des Arbeitnehmers kommt, die den tarifvertraglichen Sonderkündigungsschutz weitgehend entwertet[122]. Dies trifft sicherlich insoweit zu, als man auf Wortlaut und Zweck der einschlägigen Unkündbarkeitsklausel abstellt. Doch fehlt den Tarifvertragsparteien nach dem hier vertretenen Problemlösungsansatz schon die Regelungsbefugnis zur Etablierung derartiger Tarifbestimmungen. Die Tarifmacht reicht nicht so weit, die unternehmerische Entscheidungsfreiheit durch Kündigungsverbote zumindest mittelbar zu binden.

Kann somit kein über den Standard des § 1 Abs. 2 KSchG hinausreichender Schutz vor betriebsbedingten Kündigungen geschaffen werden, so fragt sich, ob den entsprechenden Tarifvertragsklausel jedenfalls bei der notwendig vorzunehmenden Sozialauswahl nach § 1 Abs. 3 KSchG eine kündigungsschutzerweiternde Bedeutung beigemessen werden kann. Diese könnte darin bestehen, den tarifgebundenen Arbeitnehmer eine bevorzugte Position vor den übrigen Belegschaftsmitgliedern einzuräumen. Inwieweit die Tarifvertragsparteien durch die Vereinbarung von Unkündbarkeitsklauseln in die soziale Auswahl zugunsten der tarifunterworfenen Arbeitnehmer eingreifen können, wird im 7. Teil behandelt.

---

119 *Preis,* Prinzipien des Kündigungsrechts, 1987, S. 484; näher zur Unkündbarkeit und Sozialauswahl nach § 1 Abs. 3 KSchG siehe unten § 37.

120 So ausdrücklich *Stahlhacke/Preis/Vossen,* Kündigungsschutz[7], Rdnr. 539.

121 Richtig *Walker,* Anm. I 1 zu *BAG* (Urt. v. 5.2. 1998), EzA Nr. 2 zu § 626 BGB Unkündbarkeit.

122 So *Thannheiser,* AiB 1998, S. 601 (603f.); *Preis,* Arbeitsrecht, § 66 VII (S. 718).

6. Kündigungsbefugnis auch ohne wirtschaftliche Notlage des Arbeitgebers

Für die Kündigung des Arbeitgebers im unkündbaren Arbeitsverhältnis kann auch nicht als zusätzliches Kriterium das Erfordernis einer wirtschaftlichen Notlage des Arbeitgebers verlangt werden[123]. Zunächst fehlt jeder erkennbare Maßstab, mit dessen Hilfe bestimmt werden könnte, bis zu welcher wirtschaftlichen Belastung es dem Arbeitgeber verwehrt wäre, eine Kündigung auszusprechen. Selbst evident notwendige Umstrukturierungsmaßnahmen könnte der Arbeitgeber nicht mehr umsetzen. Das Erfordernis der wirtschaftlichen Notsituation stellt deshalb einen besonders eklatanten Widerspruch zur Freiheit der Unternehmensführung dar. Es könnte dadurch der Fall eintreten, daß aufgrund der Belastung des Arbeitgebers mit zusätzlichen Lohnkosten andere notwendige Investitionen für den Betrieb nicht oder nur unzureichend getätigt werden. Dies wiederum könnte zu einer bedenklichen Vergrößerung des Kündigungsrisikos anderer Arbeitnehmer führen[124]. Abgesehen von der sozialen Auswahl, räumt des KSchG jedoch keinem Arbeitnehmer das Recht ein, vom Arbeitgeber verlangen zu können, daß an seiner Stelle einem anderer Arbeitnehmer gekündigt wird. Das ultima-ratio-Prinzip des KSchG wird durch die zwingenden Kündigungsschutzrechte der anderen Belegschaftsmitglieder begrenzt[125].

7. Erweiterte Anforderungen an die Weiterbeschäftigungspflicht des Arbeitgebers?

Der Ausspruch einer betriebsbedingten Kündigung setzt voraus, daß der gekündigte Arbeitnehmer nicht an einem anderen Arbeitsplatz in demselben Betrieb oder in einem anderen Betrieb des Unternehmens weiterbeschäftigt werden kann. Diese von § 1 Abs. 2 Satz 2 Nr. 1b KSchG begründetet Verpflichtung zur Weiterbeschäftigung besteht unabhängig davon, ob in dem Betrieb überhaupt ein Betriebsrat existiert oder der Betriebsrat der Kündigung widersprochen hat. Das Recht zur Erhebung dieser Einwendung steht grundsätzlich jedem Arbeitnehmer zu[126]. Entsprechendes gilt für die nach § 1 Abs. 2 Satz 3 KSchG bestehende Verpflichtung, den Arbeitnehmer nach zumutbaren Umschulungs- oder Fortbildungsmaßnahmen auf einem anderen Arbeitsplatz in demselben Unter-

---

123 Dafür *Schwerdtner,* Festschrift f. Kissel, 1994, S. 1077 (1086); siehe auch MünchKomm³/*Schwerdtner,* Rdnr. 150.

124 So zutreffend *Walker,* Anm. II 2c zu *BAG* (Urt. v. 5.2. 1998), EzA Nr. 2 zu § 626 BGB Unkündbarkeit.

125 Siehe dazu *Preis,* NZA 1995, S. 241 (247).

126 *BAG* (Urt. v. 13.9. 1973), AP Nr. 2 zu § 1 KSchG 1969 [Leitsatz 1, 2 und unter II 2dff. der Gründe]; *BAG* (Urt. v. 17.5. 1984); AP Nr. 21 zu § 1 KSchG 1969 Betriebsbedingte Kündigung [Leitsatz 1 und unter B III 3 d der Gründe]; *Löwisch,* KSchG⁸, § 1 Rdnr. 413; *Stahlhacke/Preis/Vossen,* Kündigungsschutz⁷, Rdnr. 760; HeidelbergKomm³/*Dorndorf,* § 1 Rdnr. 895; siehe auch *Zöllner,* Festschrift f. Söllner, 2000, S. 1297 (1300).

nehmen weiterzubeschäftigen. Die Erweiterung des Kündigungsschutzes in § 1 Abs. 2 Satz 2 und 3 KSchG soll zu einer Verstärkung des Kündigungsschutzes aller Arbeitnehmer führen.

Durch den Ausschluß der ordentlichen Kündigung darf der Arbeitnehmer nicht schlechter gestellt werden, als der ordentlich noch Kündbare. Die Sozialwidrigkeitsgründe nach § 1 Abs. 2 Satz 2 Nr. 1b und Satz 3 gelten deshalb nach dem Konzept der herrschenden Auffassung analog bei der außerordentlichen Kündigung eines ordentlich unkündbaren Arbeitnehmers[127].

Das *Bundesarbeitsgericht* hat die Anforderungen für die sich aus diesen Tatbeständen ergebenden Verpflichtungen des Arbeitgebers für die betriebsbedingte Kündigung eines unkündbaren Arbeitsnehmers erheblich verschärft. Der Arbeitgeber müsse versuchen, mit allen zumutbaren Mitteln eine Weiterbeschäftigung des Arbeitnehmers im Betreib oder Unternehmen zu erreichen. Dies sei durch den Arbeitgeber nötigenfalls auch durch die Schaffung eines neuen Arbeitsplatzes im Wege der Umorganisation des Betriebs zu verwirklichen[128]. Der Arbeitgeber habe dabei auch solche Arbeitsplätze zu berücksichtigen, deren Freiwerden innerhalb der einzuhaltenden Kündigungsfrist aufgrund üblicher Fluktuation zu erwarten ist. Bereits das *Landesarbeitsgericht Hamm* hat in einem Urteil vom 11. Oktober 1995 den Arbeitgeber für verpflichtet gehalten, Arbeitsabläufe umzugestalten, Arbeitsaufgaben anders zu verteilen oder anderweitige organisatorische Maßnahmen zu treffen[129]. Für den Arbeitgeber bestehe gegenüber dem ordentlich unkündbaren Arbeitnehmer eine gesteigerten Fürsorgepflicht. Ansonsten würden sich zwischen einer ordentlichen betriebsbedingten und der außerordentlichen betriebsbedingten Kündigung in kündigungsschutzrechtlicher Hinsicht keine Unterschiede ergeben. In der Entscheidung vom 17. September 1998 zählt das *Bundesarbeitsgericht* zu den erweiterten Anforderungen der Weiterbeschäftigungspflicht auch das Freimachen eines vergleichbaren Arbeitsplatzes, an dem ein ordentlich kündbarer Arbeitnehmer beschäftigt ist und an dem der unkündbare Arbeitnehmer nach einer zumutbaren Einarbeitungszeit beschäftigt werden kann[130].

Diese verschärften Anforderungen an die Weiterbeschäftigungspflicht unterliegen jedoch im Hinblick auf die unternehmerische Entscheidungsfreiheit des

---

[127] Siehe *Walker,* Anm. II 2d zu *BAG* (Urt. v. 5.2.1998), EzA Nr. 2 zu § 626 BGB Unkündbarkeit; *v.Koppenfels,* Kündigung bei unkündbaren Arbeitnehmern, 1998, S. 89f.

[128] *BAG* (Urt. v. 5.2.1998), AP Nr. 143 zu § 626 BGB [Leitsatz 1 und unter II 3f der Gründe]; *BAG* (Urt. v. 17.9.1998), AP Nr. 148 zu § 626 BGB [Leitsatz 1 und unter II 6 der Gründe].

[129] *LAG Hamm* (Urt. v. 11. 10. 1995), LAGE Nr. 92 zu § 626 BGB [Leitsatz und unter 3b der Gründe].

[130] *BAG* (Urt. v. 17.9.1998), AP Nr. 148 zu § 626 BGB [unter II 5 der Gründe]; so bereits *Gajewski,* Aktuelle Aspekte des Arbeitsrechts, 1987, S. 311 (341); siehe dazu auch *v.Koppenfels,* Kündigung bei unkündbaren Arbeitnehmern, 1998, S. 89.

Arbeitgebers, die vom *Bundesarbeitsgericht* auch für die Kündigung ordentlich Unkündbarer anerkannt worden ist[131], erheblichen Bedenken. Durch die Prüfung, ob auch durch eine Umorganisation des Betriebs eine Weiterbeschäftigung des Arbeitnehmers erreicht werden kann, wird dem Arbeitgeber die Möglichkeit, darüber zu entscheiden, welche Größenordnung sein Unternehmen haben soll, zumindest teilweise wieder entzogen. Ein Weiterbeschäftigungsanspruch besteht nach § 1 Abs. 2 Satz 2 Nr. 1b KSchG nur dann, wenn ein anderer Arbeitsplatz frei ist oder wenn ein solcher in absehbarer Zeit nach Ablauf der Kündigungsfrist frei wird[132]. Soweit der Wegfall des konkreten Arbeitsplatzes auf einer autonomen Entscheidung des Arbeitgebers beruht, die einer gerichtlichen Mißbrauchskontrolle standhält, ist das neue personelle Konzept des Arbeitgebers hinzunehmen. Vom Arbeitgeber kann nicht über den Umweg einer Neugestaltung der Arbeitsabläufe verlangt werden, den Betrieb im Ergebnis doch mit der bisherigen Anzahl von Arbeitnehmern fortzuführen[133]. Das vom *Bundesarbeitsgericht* geforderte Freimachen eines vergleichbaren Arbeitsplatzes eines ordentlich kündbaren Arbeitnehmers betrifft wiederum die spezielle Problematik, ob das tarifvertragliche Kündigungsverbot zu einer Nichteinbeziehung des geschützten Arbeitnehmers in die Sozialauswahl führt[134].

8. Ausnahme: Temporäres Verbot ordentlicher betriebsbedingter Kündigungen

Festzuhalten bleibt an dieser Stelle, daß ein vollständiger und vor allem zeitlich unbegrenzter Ausschluß der ordentlichen betriebsbedingten Kündigung gegen den Grundsatz der Gerichtsfreiheit der unternehmerischen Entscheidung verstößt. Das verbleibende Recht zur außerordentlichen Kündigung ist wegen der zwingend einzuhaltenden Interessenabwägung nicht geeignet, Entlassungen ans dringlichen betrieblichen Erfordernissen einer angemessenen Lösung zuzuführen. Zeitlich unbegrenzten Unkündbarkeitsklauseln, die eine Anpassung des Unternehmens an die wirtschaftliche Lage schlechthin verhindern, ist die Wirksamkeit zu versagen[135].

Eine andere Beurteilung ist nur dann angebacht, wenn der Ausschluß der betriebsbedingten Kündigungsmöglichkeit von Anfang an nur zeitlich befristet

---

131 *BAG* (Urt. v. 5.2. 1998), AP Nr. 143 zu § 626 BGB [unter II 2bder Gründe].

132 *BAG* (Urt. v. 15.12. 1994), AP Nr. 67 zu § 1 KSchG 1969 Betriebsbedingte Kündigung [Leitsatz]; *Löwisch,* KSchG[8], § 1 Rdnr. 268; HeidelbergKomm[3]/*Dorndorf,* § 1 Rdnr. 904ff.

133 *Walker,* Anm. II 2d zu *BAG* (Urt. v. 5.2.1998), EzA Nr. 2 zu § 626 BGB Unkündbarkeit, im Anschluß an *Schiefer/Pogge,* Anm. III 3 zu *LAG Hamm* (Urt. v. 11. 10. 1995), LAGE Nr. 92 zu § 626 BGB; anderer Auffassung aber *Groeger,* NZA 1999, S. 850 (854f.).

134 Dazu unten im 7. Teil.

135 *Koller,* ZfA 1978, S. 45 (72f.).

vereinbart wird[136], beziehungsweise wenn die ordentliche Kündigung mit einer zeitlichen Verzögerung wirksam wird[137]. In einem solchen Fall des zeitlich limitierten Kündigungsausschlusses wird die unternehmerische Entscheidungsfreiheit nicht auf unabsehbare Dauer gebunden. Als Beispiel kann hier auf den der Beschäftigungssicherung dienenden § 5 des Tarifvertrags zwischen der Volkswagen AG und der Industriegewerkschaft Metall, Bezirksleitung Hannover, vom 1. Januar 1994 verwiesen werden, der zunächst nur ein auf zwei Jahre beschränktes Verbot betriebsbedingter Kündigungen enthält[138]. Kritisch könnte man den Einwand erheben, daß auch hier eine, wenn auch freilich nur zeitlich gebundene, Einschränkung der Unternehmerfreiheit vorliegt, die mit dem Grundsatz der Unantastbarkeit der unternehmerischen Entscheidung ebenso wenig in Einklang zu bringen ist, wie Regelungen der tarifvertraglichen Alterssicherung. Dennoch weist ein temporäres Kündigungsverbot eine entscheidende Besonderheit auf, die der unternehmerischen Entscheidungsfreiheit bereits im Vorfeld Rechnung trägt. Kündigungsausschlüssen dieser Art stehen vielfach, gleichsam als Gegenleistung der Arbeitnehmerseite, Senkungen der Monatsentgelte und Gehälter und eine flexiblere Handhabung der Arbeitszeiten gegenüber[139]. Der arbeitgeberseitige Verzicht auf Rationalisierung während eines überschaubaren Zeitraums ist hier durch eine Senkung der Lohnkosten infolge einer Reduzierung der Arbeitszeit gleichsam „erkauft". Der Arbeitgeber hat seine unternehmerische Entscheidung bereits antizipiert getroffen. In einem solchen Rationalisierungsschutzabkommen manifestiert sich daher, im Gegensatz zur zeitlich unbegrenzten Unkündbarkeit, die unternehmerische Entscheidung selbst. Auch wird durch ein solches Verbot eine Rationalisierung nicht für alle Zukunft ausgeschlossen.

9. Der Ausschluß der außerordentlichen betriebsbedingten Kündigung

Schließlich bleibt noch die bereits aufgeworfene Frage[140] nach der Wirksamkeit eines Verbots außerordentlicher betriebsbedingter Kündigungen zu klären[141].

---

136 So auch *Oetker,* Arbeitsrechtlicher Bestandsschutz, 1996, S. 25f.; ohne diese Differenzierung allerdings *Säcker/Oetker,* Grundlagen und Grenzen der Tarifautonomie, 1992, S. 292; *Löwisch,* DB 1998, S. 877 (881); *ders.,* Betriebsbedingte Kündigungen im Widerstreit, 1998, S. 58; vgl. auch *Zöllner,* Festschrift f. Söllner, 2000, S. 1297 (1316f.).

137 So etwa *Zöllner,* Gutachten D, 52. DJT 1978, S. 120.

138 Abgedruckt in NZA 1994, S. 111 (112).

139 *Oetker,* Arbeitsrechtlicher Bestandsschutz, 1996, S. 24 zum „Bündnis für Arbeit"; *Däubler,* ZTR 1997, S. 289 (290) zum „Lehrerpersonalkonzept" für Mecklenburg-Vorpommern vom 8.12. 1995; *Zachert,* ArbuR 1995, S. 1 (1) für die Tarifverträge im Metallbereich vom März 1994 mit den Regelungsgegenständen Beschäftigungssicherung, Arbeitszeitverkürzung und beschränktem Entgeltverzicht.

140 Siehe § 8 II 2.

141 Umfassend dazu *Wendeling- Schröder,* Festschrift f. Kehrmann, 1997, S. 321 (326ff.).

Ausgehend von dem Dogma der zweiseitig-zwingenden Wirkung des § 626 BGB, versagt die herrschende Ansicht Regelungen, die, wie etwa § 55 Abs. 2 BAT, ein absolutes Verbot von betriebsbedingten Kündigungen enthalten, die Wirksamkeit[142]. Zur Begründung der Nichtigkeit derartiger Klauseln wird darauf abgestellt, daß die Unabdingbarkeit des § 626 BGB nicht nur den vollständigen Ausschluß, sondern auch jegliche unzumutbare Erschwerung des außerordentlichen Kündigungsrechts untersage[143]. Auch der Arbeitgeberkreis der BAT-Kommission erhob unter diesem Gesichtspunkt in seiner Sitzung vom 15. Juni 1977 starke Kritik an der Regelung[144]. Das dem Arbeitgeber zugebilligte Recht zur Herabgruppierung des Arbeitnehmers im Wege der Änderungsklage vermöge zudem die Einschränkung des außerordentlichen Kündigungsrechts nicht hinreichend zu kompensieren[145]. Hingegen sieht die Gegenansicht in der Reduzierung der Kündigungsmöglichkeiten durch umfassende Kündigungsbeschränkungen eine innerhalb der tarifvertraglichen Regelungsmacht liegende Konkretisierung des außerordentlichen Kündigungsrechts. Keine Bedenken werden daher auch an der Wirksamkeit der Klausel des § 55 Abs. 2 BAT geäußert[146].

Von dem hier vertretenen Standpunkt aus bereitet die rechtliche Würdigung von derartigen tarifvertraglichen Bestimmungen keine nennenswerten Schwierigkeiten. Wenn schon der Ausschluß der ordentlichen betriebsbedingten Kündigung gegen den Grundsatz der Gerichtsfreiheit der unternehmerischen Entscheidung verstößt, so muß dies erst recht für eine Kündigungsklausel gelten, die die Organisationsentscheidung nicht an eine zusätzliche Interessenabwägung bindet, sondern die Umsetzung jeglicher personeller Konzepte mit Hilfe von Entlassungen im voraus verbietet. Schon deshalb ist ein Ausschluß der außerordentlichen Beendigungskündigung nicht anzuerkennen.

Auch die Besonderheiten des öffentlichen Dienstes vermögen eine abweichende Beurteilung nicht zu rechtfertigen. So ist etwa der Hinweis wenig überzeugend, es sei häufig Zufall, ob eine bestimmte Verwaltungsaufgabe Beamten

---

142 *Löwisch*, KSchG[8], Vorbemerkung zu § 1 Rdnr. 116; vorsichtig auch *ders.* DB 1998, S. 877 (880); *Kania/Kramer*, RdA 1995, S. 287 (288f.); KR[5]/*Fischermeier*, § 626 BGB Rdnr. 66; *Säcker/Oetker*, Grundlagen und Grenzen der Tarifautonomie, 1992, S. 184, Fn. 52; *Löwisch/Rieble*, TVG, § 1 Rdnr. 561; Wiedemann/*Wiedemann*, TVG[6], § 1 Rdnr. 540; *Preis/Hamacher*, Festschrift Arbeitsgerichtsbarkeit Rheinland-Pfalz, 1999, S. 245 (255, Fn. 42); wohl auch *Schaub*, Arbeitsrechtshandbuch[9], § 123 Rdnr. 84.

143 Wiedemann/*Wiedemann*, TVG[6], § 1 Rdnr. 540; KR[5]/*Fischermeier*, § 626 BGB Rdnr. 66.

144 Siehe dazu im einzelnen *Böhm/Spiertz/Sponer/Steinherr*, BAT, § 55 Rdnr. 4; wiedergegeben oben § 8 II 2.

145 *Säcker/Oetker*, Grundlagen und Grenzen der Tarifautonomie, 1992, S. 184, Fn. 52.

146 *Böhm/Spiertz/Sponer/Steinherr*, BAT, § 54 Rdnr. 4, § 55 Rdnr. 3; *Wendeling-Schröder*, Festschrift f. Kehrmann, 1997, S. 321 (328ff.); *Conze*, ZTR 1987, S. 99 (99f.); *Gamillscheg*, Kollektives Arbeitsrecht Bd. I, 1997, S. 837; *Däubler*, Tarifvertragsrecht[3], Rdnr. 951f.; ähnlich *Stein*, Tarifvertragsrecht, Rdnr. 557.

oder Angestellten übertragen werde. Da bei Beamten die Berechtigung des Staates zur Einräumung einer Lebenszeitstellung gemeinhin anerkannt ist, könne im Grundsatz nichts anderes für die Angestellten im öffentlichen Dienst gelten[147]. Dabei wird jedoch übersehen, daß das Beamtenverhältnis nicht dem Sonderrecht der abhängigen Arbeit unterfällt[148] und daher auch nicht an dessen zweiseitig-zwingende Normen gebunden ist. Man mag der Dichotomie der rechtlichen Ausgestaltung des öffentlichen Dienstes in rechtspolitischer Hinsicht kritisch gegenüberstehen. Dennoch verbietet es sich, allein ans der teilweisen faktischen Übereinstimmung von Beamten- und Angestelltenverhältnis rechtliche Schlußfolgerungen abzuleiten. Soweit das öffentliche Dienstrecht den arbeitsrechtlichen Vorschriften unterstellt wird, ist auch das KSchG anzuwenden und es sind dessen Wertungen zu beachten. Für einen reduzierten Anwendungsbereich des KSchG in sachlicher Hinsicht ergeben sich keinerlei Anhaltspunkte. Dies zeigt bereits § 23 Abs. 1 Satz 1 KSchG, der in den betrieblichen Geltungsbereich des KSchG auch Betriebe und Verwaltungen des öffentlichen Rechts einbezieht[149]. Insoweit bestehen hier keine rechtlichen Unterschiede zur Würdigung von Kündigungen in der privaten Wirtschaft. Der Rechtsanwender kann sich über die rechtspolitisch zweifelhafte Zweigleisigkeit der Beschäftigungsverhältnisse im öffentlichen Dienst nicht aus Zweckmäßigkeitserwägungen hinwegsetzen. Zudem würde dies eine verfassungsrechtlich nicht tragbare Schlechterstellung von Arbeitnehmern außerhalb des öffentlichen Dienstes bedeuten, bei denen die ganz herrschende Ansicht an dem Unabdingbarkeitsdogma festhält und keine Eingriffe in das Recht zur außerordentlichen Kündigung, auch nicht solche mit kündigungsschutzverbesserndem Charakter, zuläßt. So ist auch für den öffentlichen Dienst anerkannt, daß die Organisationsentscheidung des Dienstherrn einer gerichtlichen Überprüfung entzogen ist und nicht auf ihre Zweckmäßigkeit und Notwendigkeit überprüft werden kann[150]. Mit einer verbotenen Tarifzensur oder Inhaltskontrolle des Tarifvertrags hat dies, wie teilweise behauptet wird[151], nichts zu tun. Es geht nur darum, auch im öffentlichen Dienst eine Bindung an das beidseitig-zwingende Gesetzesrecht durchzusetzen.

---

147 *Wendeling-Schröder,* Festschrift f. Kehrmann, 1997, S. 321 (329).

148 Siehe nur *Däubler,* Das Arbeitsrecht 2[11], Rdnr. 1727.

149 Siehe dazu *Löwisch,* KSchG[8], § 23 Rdnr. 1, 6.

150 *BAG* (Urt. v. 26.1. 1995), EzA Nr. 22 zu § 2 KSchG [Leitsatz 3 und unter B II 4a der Gründe]; KR[5]/*Fischermeier,* § 626 BGB Rdnr. 66; *Löwisch,* KSchG[8], § 1 Rdnr. 251, 325; siehe auch *Moll,* DB 1984, S. 1346 (1349).

151 So *Wendeling-Schröder,* Festschrift f. Kehrmann, 1997, S. 321 (328).

II. Personenbedingte Kündigungsgründe – insbesondere die Kündigung wegen Krankheit

Der Anwendungsbereich der ersetzenden außerordentlichen Kündigung erschöpft sich nicht allein in der Kündigung aufgrund dringender betrieblicher Erfordernisse. Die ständig steigende Zahl der Tarifverträge mit Alterssicherungsbestimmungen hat dazu geführt, daß krankheitsbedingte Kündigungen aus wichtigem Grund auch in der Kündigungsschutzpraxis eine immer bedeutendere Rolle spielen[152]. Rechtsprechung und Literatur haben die zur außerordentlichen betriebsbedingten Kündigung entwickelten Grundsätze hinsichtlich Kündigungsgrund und Kündigungsfrist sinngemäß auch auf die außerordentliche personenbedingte Kündigung und damit auch auf die Kündigung wegen Krankheit übertragen[153].

1. Grundsatz: Kein wichtiger Grund an sich

Als wichtiger Grund im Sinne des § 626 Abs. 1 BGB kommen krankheitsbedingte Fehlzeiten oder Leistungsabfall grundsätzlich nicht in Betracht. In der Terminologie der Rechtsprechung bedeutet dies, daß Krankheit schon in der Regel gar nicht geeignet ist, einen wichtigen Grund an sich darzustellen. Krankheitsbedingte Kündigungsgründe scheiden daher schon auf der ersten Stufe der Prüfung des wichtigen Grundes aus. Die sofortige Unzumutbarkeit der Vertragsfortsetzung ist in diesem Fall kaum denkbar. Selbst bei einer ekelerregenden oder stark ansteckenden Krankheit besteht kein Bedürfnis an einer sofortigen Vertragsbeendigung. Die anderslautende frühere Rechtsprechung ist insoweit obsolet geworden[154]. Steht das mildere Mittel der ordentlichen Kündigung zur Verfügung, so kann dem Arbeitgeber die Einhaltung der ordentlichen Kündigungsfrist immer zugemutet werden[155]. Dies gilt insbesondere deshalb, weil § 3 Abs. 1 Satz 1 EFZG die Verpflichtung des Arbeitgebers zur Lohnfortzahlung im Krankheitsfall auf die Dauer von sechs Wochen begrenzt[156]. In vie-

---

152 *Jedzig,* Der Bestandsschutz des Arbeitsverhältnisses im Krankheitsfall, 1984, S. 485; *Preis,* Prinzipien des Kündigungsrechts, 1987, S. 477 spricht der krankheitsbedingten außerordentlichen Kündigung aber nur einen geringen praktischen Anwendungsbereich zu. Diese These wird jedoch zumindest in den letzten Jahren durch die beträchtliche Anzahl der veröffentlichten Judikate widerlegt.

153 Siehe dazu etwa *Bröhl,* Festschrift f. Schaub, 1998, S. 55 (58f.); Staudinger[13]/*Preis,* § 626 Rdnr. 218.

154 Siehe nur *Stahlhacke/Preis/Vossen,* Kündigungsschutz[7], Rdnr. 551.

155 *BAG* (Urt. v. 9.9. 1992), AP Nr. 3 zu § 626 BGB Krankheit [unter II 2b der Gründe]; MünchKomm[3]/ *Schwerdtner,* § 626 Rdnr. 107; *Schwerdtner,* Festschrift f. Kissel, 1994, S. 1077 (1088); AR-Blattei SD/*Adomeit/Spinti,* Kündigung IX Rdnr. 84; KR[5]/*Fischermeier,* § 626 BGB Rdnr. 132; KSchR[4]/*Däubler,* § 626 BGB Rdnr. 142; *Lepke,* Kündigung bei Krankheit[9], S. 118; ErfurtKomm/*Müller-Glöge,* § 626 BGB Rdnr. 129.

156 Staudinger[13]/*Preis,* § 626 Rdnr. 217; *Löwisch,* KSchG[8], § 1 Rdnr. 190; *Stahlhacke/*

len Fällen dürfte daher die Länge der Kündigungsfrist den Zeitraum, in der die Gehaltszahlungsverpflichtung des Arbeitgebers andauert, überschreiten. Zudem wird wiederholt betont, daß ohnehin schon bei der ordentlichen Kündigung wegen Krankheit ein strenger Maßstab anzulegen ist, so daß eine außerordentliche Kündigung nur in eng umgrenzten Ausnahmefällen in Betracht zu ziehen ist[157].

2. Ausnahme bei unkündbaren Arbeitnehmern

Die herrschende Ansicht durchbricht den Grundsatz von der Unanwendbarkeit der außerordentlichen Kündigung, vergleichbar dem Regel-Ausnahme-Verhältnis bei der betriebsbedingten Kündigung, jedoch dann, wenn die ordentliche Kündigung tarif[158]- oder einzelvertraglich ausgeschlossen ist[159]. Auch hier wird die Notwendigkeit eines Lösungsrechts für den Arbeitgeber anerkannt, auch wenn einem vergleichbaren ordentlich noch kündbaren Arbeitnehmer nur ordentlich gekündigt werden könnte. Auch in dieser Situation darf der Kündigungsausschluß nicht dazu führen, daß das Arbeitsverhältnis wegen eines völligen Fehlens des Leistungsaustausches zu einer sinnlosen Hülse denaturiert. Unkündbarkeitsklauseln führen also nicht etwa dazu, daß die geschützten Arbeitnehmer überhaupt nicht mehr krankheitsbedingt entlassen werden können. Einen absoluten Schutz vor Kündigungen wegen Krankheit kann es also auch nach der herrschenden Auffassung durch die Verankerung von tarifvertraglichen Kündigungsschutzklauseln nicht geben.

Zur Vermeidung widersprüchlicher Ergebnisse ist die außerordentliche Kündigung allerdings auch hier mit einer der ordentlichen Kündigung entspre-

---

Preis/Vossen, Kündigungsschutz[7], Rdnr. 551; KSchR[4]/*Däubler,* § 626 BGB Rdnr. 142.

157 *BAG* (Urt. v. 12.7. 1995), AP Nr. 7 zu § 626 BGB Krankheit [unter II 2 der Gründe]; *BAG* (Urt. v. 9.9. 1992), AP Nr. 3 zu § 626 BGB Krankheit [unter II 2b der Gründe]; *BAG* (Urt. v. 18.2. 1993), AP Nr. 35 zu § 15 KSchG 1969 [unter II 3 der Gründe]; KR[5]/*Fischermeier,* § 626 BGB Rdnr. 132;*Conze,* ZTR 1987, S. 99 (102); *v.Koppenfels,* Kündigung bei unkündbaren Arbeitnehmern, 1998, S. 90; *Schwerdtner,* Festschrift f. Kissel, 1994, S. 1077 (1088); *Bezani,* Die krankheitsbedingte Kündigung, 1994, S. 14.

158 Eine Zusammenstellung derartiger Kündigungsklauseln findet sich bei *Lepke,* Kündigung bei Krankheit[9], S. 43ff..

159 *BAG* (Urt. v. 4.2. 1993), EzA Nr. 144 zu § 626 n.F. [Leitsatz 1 und unter II 1b aa der Gründe]; *BAG* (Urt. v. 12.7. 1995), AP Nr. 7 zu § 626 BGB Krankheit [unter II 2 der Gründe]; *BAG* (Urt. v. 9.9. 1992), AP Nr. 3 zu § 626 BGB Krankheit [unter II 2b der Gründe]; KR[5]/*Fischermeier,* § 626 BGB Rdnr. 132; MünchKomm[3]/ *Schwerdtner,* § 626 Rdnr. 109; *Löwisch,* KSchG[8], § 1 Rdnr. 192; *Conze,* ZTR 1987, S. 99 (102); Staudinger[13]/*Preis,* § 626 Rdnr. 218; ErfurtKomm/*Müller-Glöge,* § 626 BGB Rdnr. 129; *Stahlhacke/Preis/Vossen,* Kündigungsschutz[7], Rdnr. 552; KSchR[4]/ *Däubler,* § 626 BGB Rdnr. 143; *Pauly,* ArbuR 1997, S. 94 (97); *Kania/Kramer,* RdA 1995, S. 287 (295f.); RGRK[12]/*Corts,* § 626 Rdnr. 100; *Bezani,* Die krankheitsbedingte Kündigung, 1994, S. 14f., 149.

chenden Kündigungsfrist zu versehen[160]. Ansonsten würde eine dem eigentlichen Regelungszweck der Unkündbarkeitsvereinbarung entgegenstehende Verschlechterung der kündigungsschutzrechtlichen Position eintreten.

Der gegenteiligen Auffassung von *Lepke*, nach der nur die Gewährung einer freiwilligen Auslauffrist zulässig sein soll[161], kann nicht gefolgt werden. Soweit man mit der herrschenden Ansicht die Figur der ersetzenden außerordentlichen Kündigung anerkennt, muß diese unter Berücksichtigung des Schlechterstellungsverbots für unkündbare Arbeitnehmer mit einer Fristbindung ausgestattet werden.

a) Ermittlung des Kündigungsgrundes nach der Rechtsprechung des Bundesarbeitsgerichts

Die Rechtsprechung hat die für die ordentliche krankheitsbedingte Kündigung entwickelte Prüfungsfolge auf die zur Bestimmung des Kündigungsgrundes in § 626 Abs. 1 BGB vertretende Lehre vom wichtigen Grund an sich übertragen[162]. Danach ist auch bei der außerordentlichen krankheitsbedingten Kündigung ein dreistufiges Prüfungsschema einzuhalten[163].

(1) Zunächst ist eine Gesundheitsprognose hinsichtlich des zukünftigen Gesundheitszustands des Arbeitnehmers vorzunehmen. Objektive Umstände müssen den Schluß nahe legen, daß zum Zeitpunkt des Zugangs der Kündigung weitere Erkrankungen zu erwarten sind.

(2) Soweit die anzustellende Gesundheitsprognose negativ ausfällt, ist zu prüfen, ob es dadurch zu einer erheblichen Beeinträchtigung der betrieblichen Inte-

---

160 *BAG* (Urt. v. 4.2. 1993), EzA Nr. 144 zu § 626 n.F. [Leitsatz 2 und unter II 1b cc der Gründe]; *Schwerdtner*, Festschrift f. Kissel, 1994, S. 1077 (1088f.); KR[5]/*Etzel*, § 1 KSchG Rdnr. 401; Erman[10]/*Belling*, § 626 Rdnr. 87; *Stahlhacke/Preis/Vossen*, Kündigungsschutz[7], Rdnr. 552; KSchR[4]/*Däubler*, §626 BGB Rdnr. 143; MünchKomm[3]/*Schwerdtner*, § 626 Rdnr. 109; Staudinger[13]/*Preis*, § 626 Rdnr. 218; *Kania/Kramer*, RdA 1995, S. 287 (296).

161 *Lepke*, Kündigung bei Krankheit[9], S. 126; ihm folgend *Bezani*, Die krankheitsbedingte Kündigung, 1994, S. 146f.; ebenso noch *Löwisch*, KSchG[7], § 1 Rdnr. 177; anders jetzt *ders.*, KSchG[8], Vorbemerkung zu §1 Rdnr. 120, § 1 Rdnr. 192.

162 *BAG* (Urt. v. 9.9. 1992), AP Nr. 3 zu § 626 BGB Krankheit [unter II 2d der Gründe]; *BAG* (Urt. v. 4.2. 1993), EzA Nr. 144 zu § 626 n.F. [unter II 2b der Gründe]; *BAG* (Urt. v. 18.2. 1993), AP Nr. 35 zu § 15 KSchG 1969 [unter II 3 der Gründe]; *Stahlhacke/Preis/Vossen*, Kündigung und Kündigungsschutz[7], Rdnr. 552; ErfurtKomm/*Müller-Glöge*, § 626 BGB Rdnr. 131; *Roos*, Anm. zu *LAG Hamm* (Urt. v. 21.8.1998), AiB 1999, S. 294.

163 Aus der Rechtsprechung zur ordentlichen Kündigung etwa *BAG* (Urt. v. 6.9. 1989), AP Nr. 23 zu § 1 KSchG 1969 Krankheit [unter II 1,2 der Gründe]; aus der Literatur KR[5]/*Etzel*, § 1 KSchG Rdnr. 347; ErfurtKomm/*Ascheid*, § 1 KSchG Rdnr. 243; *Zöllner/Loritz*, Arbeitsrecht[5], § 23 V 3 (S. 296); *Stahlhacke/Preis/Vossen*, Kündigungsschutz[7], Rdnr. 742 sprechen von einem vierstufigen Schema.

ressen in Form von Betriebsablaufstörungen oder erheblicher wirtschaftlicher Beeinträchtigungen kommen wird[164].

(3) Auf der dritten Ebene ist im Wege einer Interessenabwägung zu ermitteln, ob die so enstehenden Beeinträchtigungen vom Arbeitgeber billigerweise noch hinzunehmen sind oder bereits ein solches Ausmaß angenommen haben, daß die Fortsetzung des Arbeitsverhältnisses auch durch die Vornahme von Überbrückungsmaßnahmen nicht mehr zumutbar ist.

Dabei läßt das *Bundesarbeitsgericht* es bei der Beurteilung einer außerordentlichen krankheitsbedingten Kündigung ausdrücklich offen, ob die Prüfungsstufe der erheblichen Beeinträchtigung betrieblicher Interessen in rechtsdogmatischer Hinsicht zum wichtigen Grund an sich oder bereits zur Interessenabwägung im Rahmen der Zumutbarkeitsprüfung bei § 626 Abs. 1 BGB zu rechnen ist.

b) Anerkannte Fallgruppen der außerordentlichen krankheitsbedingten Kündigung

Zum gesetzlich geregelten Normalfall der ordentlichen Kündigung nach § 1 Abs. 2 KSchG sind vier Konstellationen der krankheitsbedingten Kündigung zu zählen[165]. Man unterscheidet die Kündigung wegen langandauernder Krankheit, die Kündigung aufgrund häufiger Kurzerkrankungen, die Kündigung wegen einer dauerhaften Leistungsunfähigkeit und schließlich die Kündigung wegen einer erheblichen krankheitsbedingten Leistungsminderung des Arbeitnehmers.

Eine Reihe von jüngeren Entscheidungen des *Bundesarbeitsgerichts* befassen sich speziell mit der krankheitsbedingten Kündigung im unkündbaren Arbeitsverhältnis. Die Rechtssprechung und die herrschende Lehre lassen dabei immerhin die ersten drei, der für die ordentliche Kündigung entwickelten Arten von krankheitsbedingten Kündigungsgründen, auch bei Bestehen eines ordentlichen Kündigungsverbots für den Ausspruch einer außerordentlichen Kündigung ausreichen.

Als anerkannte Fallgruppen der außerordentlichen krankheitsbedingten Kündigung ist zunächst die dauernde Unfähigkeit des Arbeitnehmers zur Erbringung der arbeitsvertraglich geschuldeten Leistung zu nennen[166]. In der Literatur wird hier auf die Rechtsprechung zur außerordentlichen betriebsbe-

---

164 Dazu etwa *BAG* (Urt. v. 6.9. 1989), AP Nr. 23 zu § 1 KSchG 1969 Krankheit [unter II 2a,b der Gründe]; zusammenfassend KR[5]/*Etzel,* § 1 KSchG Rdnr. 361.

165 *Hueck/v.Hoyningen-Huene,* KSchG[12], § 1 Rdnr. 219; *Stahlhacke/Preis/Vossen,* Kündigungsschutz[7], Rdnr. 741; KR[5]/*Etzel,* § 1 KSchG Rdnr. 348.

166 *BAG* (Urt. v. 4.2. 1993), EzA Nr. 144 zu § 626 n.F. [unter II 1b cc der Gründe]; *BAG* (Urt. v. 12.7. 1995), AP Nr. 7 zu § 626 BGB [unter II 4a der Gründe]; offengelassen von *BAG* (Urt. v. 21.3. 1996), AP Nr. 8 zu § 626 BGB Krankheit [unter II 2 der Gründe]; aus dem Schrifttum ebenso: KR[5]/*Fischermeier,* § 626 BGB Rdnr. 132; KR[5]/*Etzel,* § 1 KSchG Rdnr. 401; *Löwisch,* KSchG[8], § 1 Rdnr. 192; *Preis,* Arbeitsrecht, § 66 VII (S. 719); *Bezani,* Anm. 3 zu *BAG* (Urt. v. 12.7. 1995), AP Nr. 7 zu § 626 BGB.

dingten Kündigung zurückgegriffen. Wie im Falle der Betriebsstillegung muß der Arbeitgeber sich von einem dauerhaft nicht mehr einsetzbaren Arbeitnehmer trennen können[167]. Weiterhin hat die Rechtsprechung auch die Wirksamkeit einer außerordentlichen Kündigung bei häufigen krankheitsbedingten Fehlzeiten anerkannt, die einer andauernden Arbeitsunfähigkeit nahe kommen[168]. Gleiches muß auch im Falle der langandauernden Krankheit mit gravierenden Fehlzeiten gelten, soweit die Unmöglichkeit der Weiterbeschäftigung auf einem anderen freien Arbeitsplatz feststeht[169].

Hingegen sollen nach der herrschenden Meinung tarifvertragliche Kündigungsschutzklauseln den Arbeitnehmer vor einer Kündigung aufgrund einer krankheitsbedingten Minderung seiner Leistungsfähigkeit, also der Unfähigkeit einen Teil seiner vertraglich vereinbarten Leistung zu erbringen, schützen. Gerade diesem Ziel diene die tarifvertragliche Unkündbarkeit zum Zwecke der Alterssicherung[170]. Hier habe der Arbeitgeber ein Nachlassen bei der Bewältigung des Arbeitsvolumens hinzunehmen und kann diesen Umstand nicht für den Ausspruch einer außerordentlichen Kündigung nutzen. Schon das ultima-ratio Prinzip verlange, daß der Arbeitgeber vorrangig andere Maßnahmen wie etwa Umsetzung, menschengerechtere Gestaltung des Arbeitsplatzes oder eine andere Zuweisung der Aufgaben vornimmt[171].

Sehr viel weiter will jedoch *Trittin* den Schutz des unkündbaren Arbeitnehmers vor krankheitsbedingten Kündigungen verstehen[172]. Nach ihrer Auffassung rechtfertigt Krankheit grundsätzlich niemals eine außerordentliche Kündigung, weil diese in der Prüfungsreihenfolge der Rechtsprechung schon keinen Grund an sich abgibt. Daran könne auch eine Interessenabwägung, bei der der Umstand der Unkündbarkeit zu berücksichtigen sei, nichts ändern. Flankierend wird auf das Diskriminierungsverbot des § 612a BGB hingewiesen, das es ver-

---

167 Staudinger[13]/*Preis*, § 626 Rdnr. 218; *Stahlhacke/Preis/Vossen*, Kündigungsschutz[7], Rdnr. 552.

168 *BAG* (Urt. v. 9.9.1992), AP Nr. 3 zu § 626 BGB Krankheit [unter II 2 der Gründe]; zustimmend Staudinger[13]/*Preis*, § 626 Rdnr. 218; *Preis*, Arbeitsrecht, § 66 VII (S. 719); *Löwisch*, KSchG[8], § 1 Rdnr. 192.

169 Erman[10]/*Belling*, § 626 Rdnr. 87; KR[5]/*Fischermeier*, § 626 BGB Rdnr. 132; siehe auch *Hoß*, MDR 1999, S. 777 (784).

170 *BAG* (Urt. v. 12.7. 1995), AP Nr. 7 zu § 626 BGB [Leitsatz und unter II 4b der Gründe]; KSchR[3]/*Trittin*, § 626 BGB Rdnr. 168; *Stahlhacke/Preis/Vossen*, Kündigungsschutz[7], Rdnr. 552; *Preis*, Prinzipien des Kündigungsrechts, § 19 II 3 (S. 488); *Preis*, Arbeitsrecht, § 66 VII (S. 719); *Hoß*, MDR 1999, S. 777 (784); siehe auch *Däubler*, Das Arbeitsrecht 2[11], Rdnr. 1099.

171 *BAG* (Urt. v. 12.7. 1995), AP Nr. 7 zu § 626 BGB [unter II 4b der Gründe].

172 KSchR[3]/*Trittin*, § 626 BGB Rdnr. 168; weniger weitgehend jetzt aber KSchR[4]/*Däubler*, § 626 BGB Rdnr. 143; im übrigen plädiert *Kittner*, Festschrift f. Kissel, 1994, S. 497 (506) sogar für eine weitere Verschärfung der Anforderungen an eine ordentliche krankheitsbedingte Kündigung.

biete, im unkündbaren Arbeitsverhältnis nur deshalb eine außerordentliche Kündigung zuzulassen, weil dem Arbeitnehmer mit der Unkündbarkeitsklausel eine besondere Rechtstellung eingeräumt wurde. Die Inanspruchnahme dieser Kündigungsschutzposition darf für den Arbeitnehmer nicht zu einer Benachteilung gegenüber nicht privilegierten Arbeitnehmern führen. Denkt man diese Argumentation konsequent zu Ende, so führt dies zu einer Ablehnung jeglicher krankheitsbedingter Kündigungen im Bereich der tarifvertraglichen Unkündbarkeit. Selbst besonders häufige krankheitsbedingte Fehlzeiten oder die feststehende dauernde Arbeitsunfähigkeit berechtigen den Arbeitgeber danach nicht zu einer außerordentlichen Kündigung.

3. Eigener Standpunkt

a) Kritik an der Ermittlung des wichtigen Grundes in Anlehnung an die Dreistufenprüfung

Das *Bundesarbeitsgericht* verwendet auch bei der außerordentlichen krankheitsbedingten Kündigung das zur ordentlichen krankheitsbedingten Kündigung entwickelte dreistufige Prüfungsschema. Grundsätzlich ist die Bemühung der Rechtsprechung zu begrüßen, den wichtigen Grund bei § 626 Abs. 1 BGB in Abhängigkeit zur sozialen Rechtfertigung einer ordentlichen Kündigung zu bestimmen. Damit wird dem zwischen ordentlicher und außerordentlicher Kündigung bestehenden Stufenverhältnis Rechnung getragen. Die Rechtsprechung verfährt dabei jedoch nicht mit der nötigen Konsequenz. Das *Bundesarbeitsgericht* gibt trotz Anlehnung an die zur ordentlichen krankheitsbedingten Kündigung entwickelten Grundsätze die Lehre vom wichtigen Grund an sich nicht auf und wendet beide Prüfungsfolgen nebeneinander an. Es kommt dadurch zu einer unübersichtlichen Vermengung von ordentlicher und außerordentlicher Kündigung. Das *Bundesarbeitsgericht* hält einerseits ausdrücklich an dem von § 626 Abs. 1 BGB vorgegebenen Maßstab fest, nach dem die Fortsetzung des Arbeitsverhältnisses bis zum Ablauf der ordentlichen Kündigungsfrist unzumutbar sein muß[173]. Andererseits gibt das Gericht dem Arbeitgeber trotz festgestellter Unzumutbarkeit die Verpflichtung auf, die längste Kündigungsfrist einzuhalten, die ohne den Ausschluß der ordentlichen Kündigung einschlägig wäre[174]. Auf diese Weise gelingt es aber nicht, das nach § 626 Abs. 1 BGB erforderliche Urteil über die Zumutbarkeit der Vertragsfortsetzung wertungswiderspruchsfrei zu bestimmen.

Es ist zudem kaum erkennbar, wie dem durch den Kündigungsausschluß bezweckten erhöhten Bestandsschutz bei der Bestimmung des wichtigen Grundes

---

[173] *BAG* (Urt. v. 9.9. 1992), AP Nr. 3 zu § 626 BGB Krankheit [unter II 2d der Gründe].

[174] *BAG* (Urt. v. 4.2. 1993), EzA Nr. 144 zu § 626 n.F. [Leitsatz 2 und unter II 1b cc der Gründe].

Rechnung getragen werden soll. Das Gericht führt dazu lediglich aus, daß die „hohen Anforderungen" zu berücksichtigen seien, die an die Wirksamkeit einer außerordentlichen Kündigung zu stellen sind[175]. Das Gericht meint der ordentlichen Unkündbarkeit dadurch zur Geltung verhelfen zu können, daß sie die für die ordentliche krankheitsbedingte Kündigung entwickelten Gründsätze einfach nur etwas strenger handhabt.

b) Dogmatische Rechtfertigung der krankheitsbedingten Kündigung

aa) Störung des Äquivalenzverhältnisses

Für eine sachgerechte Beurteilung der Frage, inwieweit der tarifvertragliche Kündigungsschutz den Arbeitnehmer zusätzlich vor dem Ausspruch einer krankheitsbedingten Kündigung zu schützen vermag, bedarf es einer Klärung der grundsätzlichen dogmatischen Rechtfertigung der Arbeitgeberkündigung im Falle der Krankheit.

Mit Hilfe der personenbedingten Kündigung kann der Arbeitgeber der Unbrauchbarkeit des Arbeitnehmers für den Betrieb begegnen. Soweit der Arbeitnehmer dauerhaft die ihm übertragenen Aufgaben nicht mehr zu bewältigen vermag, fällt der wesentliche Inhalt des Arbeitsverhältnisses weg und für den Arbeitgeber muß eine Lösungsmöglichkeit gegeben sein[176]. Die Unbrauchbarkeit des Arbeitnehmers für den Betrieb und die daraus folgende Störung des Synallagmas ist daher das entscheidende Kriterium bei der Beurteilung der Rechtfertigung einer personenbedingten Kündigung. Dies wird besonders bei der krankheitsbedingten Kündigung deutlich. Die Kündigung trägt in diesem Fall der Beeinträchtigung des Arbeitsverhältnisses in seiner Funktion als Austauschverhältnis von Leistung und Gegenleistung Rechnung und wirkt einer dauerhaften und nachhaltigen Störung des Äquivalenzverhältnisses entgegen[177]. Diese Beeinträchtigung ist in allen Fällen Rechtfertigungsgrund für die krankheitsbedingte Kündigung[178]. Je stärker durch krankheitsbedingte Fehlzeiten in dieses Verhältnis eingegriffen wird, desto stärker wirkt das Beendigungsinteresse des Arbeitgebers. Gleiches gilt im Grundsatz auch für die Beurteilung der Zumutbarkeit der Vertragsfortführung im Rahmen der Kündigung wegen Krankheit im unkündbaren Arbeitsverhältnis. Hier ist allein fraglich, ob durch den Kündigungsausschluß das Maß der Unbrauchbarkeit des Arbeitnehmers für

---

175 *BAG* (Urt. v. 18.2. 1993), AP Nr. 35 zu § 15 KSchG 1969 [unter II 3 der Gründe].

176 *Löwisch,* KSchG[8], Vorbemerkung zu § 1 Rdnr. 7; *Stahlhacke/Preis/Vossen,* Kündigungsschutz[7], Rdnr. 620.

177 Siehe etwa *Hueck/v.Hoyningen-Huene,* KSchG[12], § 1 Rdnr. 252b; *Löwisch,* KSchG[8], § 1 Rdnr. 180; *Bezani,* Die krankheitsbedingte Kündigung, 1994, S. 90f.; zum Arbeitsverhältnis als Leistungsaustauschverhältnis *Beuthien,* Festschrift f. E. Wolf 1985, S. 17 (21); vgl. auch *G. Müller,* Festschrift f. Kahn-Freund, 1980, S. 571 (577): „wirtschaftliches Austauschverhältnis".

178 So auch *Stahlhacke/Preis/Vossen,* Kündigungsschutz[7], Rdnr. 743a.

den Betrieb gegenüber der ordentlichen Kündigung noch vergrößert werden kann, der Arbeitgeber also eine noch weitreichendere Äquivalenzstörung hinzunehmen hat.

bb) Belastung mit den Kosten der Lohnfortzahlungspflicht nach dem EFZG

Fraglich ist darüber hinaus, inwieweit auch Wirtschaftlichkeitserwägungen geeignet sind, eine krankheitsbedingte außerordentliche Kündigung zu rechtfertigen, wenn etwa die Kosten, die der Arbeitgeber für die Lohnfortzahlung im Krankheitsfall aufzubringen hat, außergewöhnlich hoch sind. Im Gegensatz zur außerordentlichen betriebsbedingten Kündigung, bei der vor allem die Rechtsprechung an den Gesichtspunkt der Lohnfortzahlungspflicht ohne entsprechende Arbeitsverpflichtung anknüpft[179], erscheint ein Rückgriff auf diesen Gedanken bei der außerordentlichen Kündigung wegen Krankheit nicht in allen denkbaren Konstellationen tragfähig. Bei der Kündigung wegen häufiger Kurzerkrankungen kann es in der Tat zu einer besonders evidenten Belastung des Arbeitgebers mit den Kosten der Lohnfortzahlung kommen, wenn der Arbeitnehmer wiederholt wenige Wochen krank ist und dabei jedesmal erneut in den Genuß der Entgeltfortzahlung kommt[180].

Allerdings kann das Argument der wirtschaftlichen Überforderung des Unternehmers dann nicht eingreifen, wenn, wie bei der langandauernden Krankheit, die Verpflichtung zur Lohnfortzahlung nur einmal für die Dauer von sechs Wochen besteht, danach aber wegfällt. Zu einer möglicherweise über Jahre hinaus weiterfortbestehenden Gehaltszahlungsverpflichtung für den Arbeitgeber kann es in diesen Fällen nicht kommen[181]. Eine untragbare wirtschaftliche Belastung des Arbeitgebers ist damit regelmäßig nicht verbunden.

Diese Frage wird bereits für die ordentliche krankheitsbedingte Kündigung kontrovers diskutiert. Teilweise wird ein Abstellen auf die wirtschaftlichen Belastungen durch die Kosten der Lohnfortzahlung im Krankheitsfall ausdrücklich abgelehnt. Das Vorhandensein eines sozialstaatlich gebotenen gesetzlichen Anspruchs dürfe nicht dazu führen, daß der Arbeitnehmer sein Arbeitsverhältnis verliert. Dies widerspräche sowohl dem Grundsatz der Einheitlichkeit der Rechtsordnung, als auch dem einfachgesetzlich durch § 612a BGB abgesicherten Verbot, allein durch die Inanspruchnahme gesetzlich eingeräumter Rechte benachteiligt zu werden[182]. Dem wird entgegengehalten, daß nicht etwa die Inanspruchnahme des Rechts der Lohnfortzahlung, sondern die dadurch entstehenden extremen Belastungen des Arbeitgebers Rechtfertigungsgrund der Kün-

---

179 Siehe § 28 I 2.

180 Siehe für die ordentliche Kündigung HeidelbergKomm[3]/*Weller/Dordorf,* § 1 Rdnr. 404f.; *Stahlhacke/Preis/Vossen,* Kündigungsschutz[7], Rdnr. 743a.

181 Darauf macht auch *Schleusener,* Anm. zu *BAG* (Urt. v. 5.2. 1998), SAE 1998, S. 218 (220) zutreffend aufmerksam; ebenso KSchR[4]/*Däubler,* § 626 BGB Rdnr. 49.

182 *Stahlhacke/Preis/Vossen,* Kündigungsschutz[7], Rdnr. 743a.

digung seien[183]. Der Existenz des § 3 Abs. 1 Satz 1 EFZG kann man immerhin die Wertung entnehmen, daß der Gesetzgeber zumindest die einmalige Inanspruchnahme der Lohnfortzahlung in kündigungsrechtlicher Hinsicht für bedeutungslos hält. Jedenfalls die erste Lohnfortzahlung für die Dauer von sechs Wochen ist dem Arbeitgeber danach immer zumutbar[184]. Das *Bundesarbeitsgericht* hat es darüber hinaus abgelehnt, dem Recht der Entgeltfortzahlung im Krankheitsfall einen bestandsschutzsichernden Charakter zuzusprechen, weil das EFZG das Bestehen des Arbeitsverhältnisses voraussetze, ohne dessen Existenz selbst schützen zu wollen[185]. Die gleiche Erwägung hat die Rechtsprechung bezeichnenderweise auch für tarifvertragliche Regelungen der Lohnfortzahlungspflicht angestellt und insbesondere auf das Vorhandensein der speziellen Vorschriften über die ordentliche Unkündbarkeit hingewiesen[186]. Daraus kann gefolgert werden, daß es das *Bundesarbeitsgericht* durchaus für möglich hält, bei Vorliegen einer Unkündbarkeitsvereinbarung dem Arbeitgeber noch weitergehende Belastungen mit Entgeltfortzahlungskosten aufzuerlegen, als bei Nichtbestehen einer entsprechenden Regelung. Konkrete Anhaltspunkte, wie diese Belastung näher zu bestimmen ist, liefert die Entscheidung des Gerichts freilich nicht.

Eine weitere Vertiefung dieser spezifischen Problematik soll hier allerdings nicht erfolgen. Selbst wenn man die dem Arbeitgeber entstehenden Kosten für die Rechtfertigung der außerordentlichen Kündigung heranzieht, vermag man damit, wie gezeigt, nicht alle denkbaren Fälle der krankheitsbedingten Kündigung zu erfassen. Die Ermittlung der Zumutbarkeit muß daher bei der außerordentlichen krankheitsbedingten Kündigung nach anderen Maßstäben erfolgen, als bei der außerordentlichen betriebsbedingten Kündigung[187]. In beiden Fällen steht die Störung des Arbeitsverhältnisses in seiner Eigenschaft als Austauschverhältnis im Vordergrund. Bei dem Verbot betriebsbedingter Kündigungen kommt es zudem zu einer möglicherweise über Jahre hinweg andauernden Verpflichtung zur Lohnfortzahlung, wenn der entsprechende Arbeitnehmer nicht mehr sinnvoll einsetzbar ist. Hier tritt der Aspekt der wirtschaftlichen Belastung neben die Störung des Äquivalenzverhältnisses. Gleiches gilt für die außerordentliche Kündigung wegen häufiger Kurzerkrankungen. In den übrigen Fall-

---

183 HeidelbergKomm[3]/*Weller/Dordorf*, § 1 Rdnr. 406.

184 *BAG* (Urt. v. 16.2. 1989), AP Nr. 20 zu § 1 KSchG 1969 Krankheit [unter B III 1c cc der Gründe].

185 *BAG* (Urt. v. 16.2. 1989), AP Nr. 20 zu § 1 KSchG 1969 Krankheit [unter B III 1c aa der Gründe].

186 *BAG* (Urt. v. 6.9. 1989), AP Nr. 23 zu § 1 KSchG 1969 Krankheit [unter III 2c aa der Gründe] nimmt ausdrücklich auf § 4.4 MTV Metallindustrie Nordwürttemberg vom 26.6. 1984 Bezug.

187 So aber *Schiefer/Pogge*, Anm. 2 zu *LAG Hamm* (Urt. v. 11.10. 1995), LAGE Nr. 92 zu § 626 BGB.

gruppen der außerordentlichen Kündigung wegen Krankheit muß hingegen allein auf den Aspekt der Störung des Synallagmas abgestellt werden.

c) Verbesserung des Schutzes vor krankheitsbedingter Kündigung durch den Ausschluß der ordentlichen Kündigung?

Betrachtet man die Judikate, die sich mit der Kündigung ordentlich unkündbarer Arbeitnehmer wegen Krankheit befassen, so fällt auf, daß eine gegenüber dem allgemeinen Kündigungsschutz hinausgehende Sicherung des Arbeitnehmers kaum festzustellen ist. Danach ist bis auf die Kündigung wegen krankheitsbedingter Leistungsminderung auch im ordentlich unkündbaren Arbeitsverhältnis eine Kündigung wegen Krankheit möglich. Dieses Ergebnis ist vor allem darauf zurückzuführen, daß bereits die ordentliche krankheitsbedingte Kündigung an besonders hohe Voraussetzungen gebunden ist. Eine Verbesserung des Kündigungsschutzes bei der außerordentlichen Kündigung erscheint hier kaum noch möglich. Fast nirgends kommt dies derart deutlich zum Ausdruck wie in den Ausführungen von *Preis*[188], nach denen

> „ (...) die Anforderungen an die Rechtfertigung einer ordentlichen Kündigung bereits so streng sind, daß der Arbeitgeber froh sein muß, wenn er mit einer aus diesem Grund erklärten ordentlichen Kündigung vor den Arbeitsgerichten bestehen kann."

Ausbau und Perfektionierung des Prognoseprinzips und des ultima-ratio Grundsatzes haben dazu geführt, daß sich der Bestandsschutz bei Krankheit zunehmend verbessert hat. Für eine Anwendung von Unkündbarkeitsklauseln bleibt hier wenig Raum. Solange in der gerichtlichen Praxis die ordentliche Kündigung wegen Krankheit derart restriktiv gehandhabt wird, ist eine Steigerung des Bestandsschutzes in tatsächlicher Hinsicht kaum realisierbar[189].

Abstrakt wäre eine Verbesserung des Kündigungsschutzes insoweit denkbar, als bei der Bestimmung des wichtigen Grundes auf das Prinzip der Unzumutbarkeit abgestellt werden muß und der Arbeitgeber infolgedessen etwa noch größere Fehlzeiten reaktionslos hinzunehmen hätte. In der Literatur wird daher die besondere kündigungsschutzrechtliche Bedeutung von Unkündbarkeitsklauseln in der bei § 626 Abs. 1 BGB vorzunehmenden Interessenabwägung gesehen. Diese soll dazu führen, daß bei der Beurteilung einer krankheitsbedingten Störung des Arbeitsverhältnisses ein eindeutiger Wertungsüberhang zugunsten des tarifvertraglich geschützten Arbeitnehmers besteht[190].

Bezeichnenderweise wird aber schon bei der ordentlichen krankheitsbedingten Kündigung auf das Kriterium der Zumutbarkeit für den Arbeitgeber abgestellt, wenn auf der dritten Stufe geprüft wird, ob der Arbeitgeber die Weiterbe-

---

188 *Preis*, Prinzipien des Kündigungsrechts, 1987, S. 477.

189 Im Ergebnis auch *v.Koppenfels*, Kündigung bei unkündbaren Arbeitnehmern, 1998, S. 94, 156.

190 So *Bezani*, Die krankheitsbedingte Kündigung, 1994, S. 148.

schäftigung des Arbeitnehmers noch hinzunehmen hat oder die dadurch entstehenden Beeinträchtigungen für ihn unzumutbar geworden sind. Dieses Unzumutbarkeitsurteil ist das Ergebnis einer umfassenden Interessenabwägung, in der auch alle milderen Mittel in Form von Überbrückungsmaßnahmen, krankheitsgerechter Ausstattung des Arbeitsplatzes oder eine auf die Krankheit abgestimmte Anpassung der Arbeitsabläufe berücksichtigt werden. Dem Zumutbarkeitsurteil im Rahmen des § 626 Abs. 1 BGB werden damit aber bereits alle möglichen Abwägungskriterien entzogen. Für einen überschießenden tarifvertraglichen Kündigungsschutz bleibt bei dieser Betrachtungsweise kein Raum mehr[191]. Der Kündigungsgrund bei der ordentlichen Kündigung ist damit im Ergebnis mit dem wichtigen Grund in § 626 Abs.1 BGB identisch. Hier könnte man nur dann anders entscheiden, wenn im Rahmen des § 626 Abs. 1 BGB ein anderer Maßstab für die Beurteilung der Zumutbarkeit gewählt würde, als im Rahmen der Prüfung der ordentlichen krankheitsbedingten Kündigung. Dies könnte dadurch geschehen, daß bei der ordentlichen Kündigung auf die Zumutbarkeit der Vertragsfortführung nach Ablauf der Kündigungsfrist, bei der außerordentlichen Kündigung hingegen auf die Weiterbeschäftigung des Arbeitnehmers bis zum Ablauf der ordentlichen Kündigungsfrist abgestellt wird. Aber damit würde zugleich übersehen werden, daß der Arbeitgeber nach der ganz herrschenden Auffassung auch bei der außerordentlichen krankheitsbedingten Kündigung verpflichtet ist, eine der ordentlichen Kündigungsfrist entsprechende Kündigungsfrist einzuhalten.

Insbesondere ist die Auffassung von *Trittin*[192] in höchstem Maße kritikwürdig. Wollte man es dem Arbeitgeber wirklich verwehren, sich von einem für nicht absehbare Zeit erkrankten oder gar von einem arbeitsunfähig gewordenen Arbeitnehmer zu trennen, würde man dem Arbeitsverhältnis seinen Charakter als Austauschverhältnis völlig entziehen, da es zu einem gegenseitigen Leistungsaustausch in Zukunft überhaupt nicht mehr kommen kann. Die gegenseitigen Hauptleistungspflichten aus dem Arbeitsverhältnis, Arbeitsleistung und Zahlung des Arbeitsentgelts, werden von den Vertragspartnern nicht mehr erfüllt. Das Arbeitsverhältnis würde weitgehend sinnentleert und gleichsam nur noch als leere Hülse weiterexistieren[193]. Einem derartigen absoluten Schutz vor krankheitsbedingten Kündigungen ist deshalb vehement zu widersprechen. Auch wenn nach dieser Ansicht Krankheit niemals als ein wichtiger Grund an sich verstanden werden kann, darf daraus nicht geschlußfolgert werden, eine Kündigung sei nun überhaupt nicht mehr möglich. Man muß dann die Konsequenz ziehen, daß ausnahmsweise auch eine ordentliche Kündigung entgegen dem Kündigungsausschluß möglich ist[194].

---

191 Zutreffend kritisch daher *Zöllner/Loritz*, Arbeitsrecht[5], § 23 V 3 (S. 296f.).

192 KSchR[3]/*Trittin*, § 626 BGB Rdnr. 168.

193 Siehe *Hueck/v.Hoyningen-Huene*, KSchG[12], § 1 Rdnr. 252b.

194 So auch *Bröhl*, Festschrift f. Schaub, 1998, S. 55 (68).

Kaum Beachtung hat die Frage gefunden, ob für personenbedingte Kündigungsgründe, wie die Kündigung wegen Krankheit, überhaupt die Möglichkeit einer Abbedingung des arbeitgeberseitigen Kündigungsrechts bis zur Grenze der Zumutbarkeit besteht. Die herrschende Auffassung bejaht diese Frage mit Rücksicht darauf, daß der allgemeine Kündigungsschutz in seiner Gesamtheit nur einseitig-zwingend ausgestaltet ist, mithin auch ein Ausschluß der ordentlichen personenbedingten Kündigung in Betracht kommt.

Diese Ansicht übersieht jedoch, daß § 626 Abs. 1 BGB für die Beurteilung des wichtigen Grundes auf die sofortige Lösung des Arbeitsverhältnisses abstellt, also auf eine Situation, die bei der krankheitsbedingten Kündigung nicht eintreten kann. In der Terminologie des *Bundesarbeitsgerichts* ist die Krankheit kein wichtiger Grund an sich, weil sie niemals zur fristlosen Kündigung ausreichen würde[195]. Das *Bundesarbeitsgericht* behilft sich hier dadurch, daß von der bestehenden Regel eine Ausnahme für den Fall der ordentlichen Unkündbarkeit anerkannt wird und die zulässige außerordentliche Kündigung mit einer zwingend einzuhaltenden Kündigungsfrist versehen wird. Damit wird aber der in § 626 Abs. 1 BGB festgeschriebene strenge Maßstab für die Beurteilung der Zumutbarkeit wieder aufgeweicht. Die Prüfung entspricht damit aber exakt der Ermittlung des Kündigungsgrundes bei der ordentlichen krankheitsbedingten Kündigung. Der Kündigungsausschluß beachtet zu wenig, daß die außerordentliche Kündigung deshalb höhere Anforderungen an den Kündigungsgrund stellt, weil auf der Rechtsfolgenseite die fristlose Entlassung des Arbeitnehmers steht. Was die Tarifvertragsparteien erreichen wollen, ist vielmehr eine Steigerung der Anforderungen an die krankheitsbedingte ordentliche Kündigung. Dafür ist aber eine Beschränkung der arbeitgeberseitigen Kündigungsmöglichkeiten auf die Kündigung aus wichtigem Grund das falsche Mittel. Auch hier gilt, daß § 626 BGB sowohl in Abs. 1 als auch in Abs. 2 offensichtlich allein Fälle verhaltensbedingter Kündigungen erfaßt. Nur bei diesen ist eine sofortige Lösung von den vertraglichen Verpflichtungen denkbar. Weder bei betriebs- noch bei krankheitsbedingten Kündigungen steht dem Arbeitgeber die Befugnis zu, ohne Einhaltung einer Kündigungsfrist zu kündigen.

Eine Verstärkung des Kündigungsschutzes durch Tarifvertrag ist, wenn überhaupt, allenfalls im Bereich der geminderten Leistungsfähigkeit anzuerkennen. In diese Richtung weist auch die Wertung des § 55 Abs. 2 BAT. Aber auch hier muß letztlich einem zu weitgehenden Bestandsschutz eine Grenze gezogen werden und eine Störung des Äquivalenzverhältnisses durch eine Auflösung des Arbeitsvertrages beseitigt werden können. Ansonsten würde durch den Ausschluß der personenbedingten Kündigung ein sozialrechtliches Alimentations-

---

[195] *Berkowsky*, Anm. zu *BAG* (Urt. v. 21.1.1999), RdA 2000, S. 112 (113); KSchR[4]/*Däubler*, § 626 BGB Rdnr. 142; KSchR[3]/*Trittin*, § 626 BGB Rdnr. 168, der allerdings den unhaltbaren Schluß zieht, auch außerordentlich könne nicht mehr gekündigt werden.

und Versicherungsverhältnis geschaffen werden[196], das mit der Rechtsnatur des Arbeitsverhältnisses als Austauschverhältnis nicht mehr zu vereinbaren wäre.

In einem gewissen Rahmen sind zwar Verbesserungen gegenüber dem hergebrachten Anwendungsbereich der ordentlichen Kündigung wegen Leistungsminderung denkbar. Das *Bundesarbeitsgericht* hat die ordentliche krankheitsbedingte Kündigung einer Schwerbehinderten anerkannt, bei der eine zuletzt erbrachte und auch künftig zu erwartende Minderleistung von zwei Drittel der Normalleistung festgestellt worden ist[197]. Für den Arbeitgeber würde ein Festhalten am Vertrag ansonsten bedeuten, bei Zahlung des vollen Gehalts zu einem Drittel keine Gegenleistung zu erhalten. Wenn feste Prozentangaben auch kaum möglich erscheinen und für den Arbeitgeber schwer nachzuweisen sind, so dürfte wohl selbst unter Berücksichtigung des Schutzzwecks der tarifvertraglichen Kündigungsschutzklausel auf jeden Fall bei einer Minderung der Leistungsfähigkeit um 50% das Auflösungsinteresse des Arbeitgebers überwiegen und trotz Kündigungsausschluß eine Kündigung möglich sein. Die Auffassung, die eine krankheitsbedingte Minderung der Leistungsfähigkeit generell als Kündigungsgrund im ordentlich unkündbaren Arbeitsverhältnis ausscheiden will[198], ist deshalb abzulehnen.

In diese Richtung weist auch ein neueres Urteil des *Landesarbeitsgerichts Niedersachsens*[199]. Danach rechtfertigt die Prognose einer Vielzahl von Krankheitszeiten in der Zukunft auch die außerordentliche krankheitsbedingte Kündigung eines nach den §§ 53 Abs. 3, 55 Abs. 2 BAT unkündbaren Arbeitnehmers im öffentlichen Dienst. Dies sei zumindest dann der Fall, wenn zum Kündigungszeitpunkt davon auszugehen ist, daß der Arbeitnehmer an zwischen 160 und 180 Tagen im Jahr krank sein werde.

d) Außerordentliches oder ordentliches Kündigungsrecht?

Steht somit fest, daß durch den Ausschluß des ordentlichen Kündigungsrechts nur eine sehr geringe Steigerung des Kündigungsschutzes im Bereich der krankheitsbedingten Leistungsminderung möglich ist, so stellt sich die Frage nach der Rechtsnatur der Kündigung. Auch die außerordentliche krankheitsbedingte Kündigung hat letztendlich nur die Funktion, die ordentliche Kündigung im unkündbaren Arbeitsverhältnis zu ersetzen. Dies zeigt neben der zwingenden Fristbindung gerade auch die völlig identische Übernahme der Prüfungsfolge zur ordentlichen krankheitsbedingten Kündigung. Die auf das voraussichtliche Ende der Vertragsbeziehung bezogene Ermittlung des wichtigen Kündigungs-

---

196 Dazu im Zusammenhang zur betriebsbedingten Kündigung bereits oben § 28 I 4.

197 *BAG* (Urt. v. 26.9. 1991), EzA Nr. 10 zu § 1 KSchG Personenbedingte Kündigung [unter A III 3d bb der Gründe].

198 So etwa *Stahlhacke/Preis/Vossen*, Kündigungsschutz[7], Rdnr. 552.

199 *LAG Niedersachsen* (Urt. v. 24.8. 1999), LAGE Nr. 3 zu § 626 BGB Unkündbarkeit [Leitsatz 1 und S. 5].

grundes verträgt sich aber auch hier nur schwerlich mit dem Ausspruch einer fristgerechten Kündigung unter gleichzeitiger Beachtung der Kündigungserklärungsfrist des § 626 Abs. 2 BGB[200]. Auch im Rahmen der krankheitsbedingten Kündigung ist deshalb aus Gründen der Wertungswiderspruchsfreiheit dem Lösungsmodell eines unabdingbaren ordentlichen Kündigungsrecht der Vorzug zu geben[201].

III. Verhaltensbedingte Kündigungsgründe

Schließlich gilt es noch die Auswirkungen der Unkündbarkeit auf die Kündigungsgründe zu untersuchen, die sich im Verhalten des Arbeitnehmers finden. Den bisherigen Ausführungen entsprechend ist deshalb der Frage nachzugehen, ob tatsächlich alle verhaltensbedingten Kündigungsgründe, die jeweils nur eine fristgemäße Kündigung nach sich ziehen würden, vollständig aus dem Kreis der für den Arbeitgeber kündigungsrelevanten Umstände ausgeklammert werden können.

Von ihrer Zweckrichtung her zielt die verhaltensbedingte Kündigung darauf ab, der Gefahr weiterer Vertragsverletzungen durch den Arbeitnehmer in der Zukunft zu begegnen[202]. Ihre Rechtfertigung erlangt die verhaltensbedingte Kündigung deshalb aus der Beeinträchtigung des zwischen Arbeitgeber und Arbeitnehmer für eine gedeihliche Zusammenarbeit notwendigen Vertrauensverhältnisses[203]. Dabei unterscheiden sich ordentliche und außerordentliche verhaltensbedingte Kündigung in den Anforderungen an das vertragswidrige Verhalten, das zu einer Zerrüttung der Vertrauensbeziehung führt. Die ordentliche verhaltensbedingte Kündigung greift dann ein, wenn ein Kündigungssachverhalt noch nicht so gravierende Auswirkungen auf das Arbeitsverhältnis hat, daß eine außerordentliche fristlose Kündigung aus wichtigem Grund gerechtfertigt wäre[204].

Nach einer weit verbreiteten Ansicht soll der Ausschluß der ordentlichen Kündigung vor allen drei Kategorien von Kündigungsgründen, die eine ordentliche Kündigung rechtfertigen würden, gleichermaßen schützen[205]. Damit wären

---

200 Siehe dazu im Zusammenhang zur krankheitsbedingten Kündigung noch unten, § 41 I 3b.

201 Ebenso *Adam,* NZA 1999, S. 846 (849f.); wohl auch *Neuner,* Anm. IV 1, 3 zu *BAG* (Urt. v. 17.9. 1998), EzA Nr. 3 zu § 626 BGB Unkündbarkeit und *Bröhl,* Festschrift f. Schaub, 1998, S. 55 (60, 65ff.).

202 *Stahlhacke/Preis/Vossen,* Kündigungsschutz[7], Rdnr. 620; *Löwisch,* KSchG[8], § 1 Rdnr. 91; KR[5]/*Etzel,* § 1 KSchG Rdnr. 418.

203 Allgemein *Preis,* Prinzipien des Kündigungsrechts, 1987, S. 361f.; siehe auch *Stahlhacke/Preis/Vossen,* Kündigungsschutz[7], Rdnr. 690.

204 *Löwisch,* KSchG[8], § 1 Rdnr. 91.

205 KR[5]/*Fischermeier,* § 626 BGB Rdnr. 301; *Conze,* ZTR 1987, S. 99 (102); *Schwerdtner,* Festschrift f. Kissel, 1994, S. 1077 (1089f.); MünchArbR/*Wank,* § 117 Rdnr. 20;

auch verhaltensbedingte ordentliche Kündigungen vom Schutzzweck einer entsprechenden Unkündbarkeitsklausel erfaßt. Der Arbeitgeber kann nach dieser Auffassung auch bei verhaltensbedingten Störungen des Arbeitsverhältnisses nur bei Vorliegen eines wichtigen Grundes fristlos kündigen.

1. Möglichkeiten eines verstärkten Schutzes vor verhaltensbedingten Kündigungen

a) Ausmaß der Pflichtwidrigkeit und qualifiziertes Verschuldenserfordernis

Auch hier stellt sich allerdings die Frage nach der konkreten Umsetzung des verbesserten Kündigungsschutzes. Dafür sind in der Literatur eine Reihe von Kriterien herausgearbeitet worden, anhand derer die Beurteilung eines vertragswidrigen Verhaltens als geeigneter Kündigungsgrund im unkündbaren Arbeitsverhältnis erfolgen könnte[206].

So ist es zunächst denkbar, hinsichtlich des Ausmaßes einer durch den Arbeitnehmer begangenen arbeitsvertraglichen Pflichtverletzung zu unterscheiden. Für den Ausspruch einer außerordentlichen Kündigung kämen dann nur besonders einschneidende Verhaltensweisen des Arbeitnehmers in Betracht. An Qualität und Quantität der Pflichtverletzung, die zum Anlaß für eine fristlose Kündigung genommen werden, müßten dann erhöhte Anforderungen gestellt werden. Danach könnten etwa nur schwere Straftaten, wie Diebstahl, Betrug, fortgesetzte Beleidigung gegenüber Vorgesetzten und Arbeitskollegen oder wiederholte Unpünktlichkeit den Ausspruch einer Kündigung aus wichtigem Grund rechtfertigen[207]. In dieselbe Richtung gehen Vorschläge, die dem verstärkten Bestandsschutz durch das Erfordernis einer „gravierenden Massierung von Pflichtwidrigkeiten"[208], durch „ständige Verhaltensstörungen im Sinne des Vertragsbruchs"[209] oder für den Bereich des öffentlichen Dienstes durch eine besonders schwere Treuepflichtverletzung[210] Rechnung tragen wollen.

Weiter ist versucht worden, bei der verhaltensbedingten außerordentlichen Kündigung an den Grad des Verschuldens einer begangenen Pflichtverletzung anzuknüpfen[211]. Eine Kündigung des unkündbaren Arbeitsverhältnisses käme dann nur bei solchen Verhaltensweisen in Frage, denen ein gesteigertes Maß hinsichtlich Verschuldensgrad und Verschuldensschwere zugrunde liegt.

Gentges, Prognoseprobleme im Kündigungsschutzrecht, 1995, S. 290.

206 Siehe *v.Koppenfels,* Kündigung bei unkündbaren Arbeitnehmern, 1998, S. 94ff.

207 *v.Koppenfels,* Kündigung bei unkündbaren Arbeitnehmern, 1998, S. 94f.

208 *Schwerdtner,* Festschrift f. Kissel, 1994, S. 1077 (1090).

209 *Gentges,* Prognoseprobleme im Kündigungsschutzrecht, 1995, S. 290.

210 *Conze,* ZTR 1987, S. 99 (102).

211 *v.Koppenfels,* Kündigung bei unkündbaren Arbeitnehmern, 1998, S. 96ff.

b) Kritische Würdigung der Abgrenzungskriterien

Diese vorgeschlagenen Abgrenzungskriterien sind aber dem Einwand höchster Unbestimmtheit ausgesetzt[212]. Generelle Aussagen darüber, welche Qualität ein vertragswidriges Verhalten aufweisen muß, damit es auch die Kündigung eines unkündbaren Arbeitnehmers rechtfertigt, erscheinen kaum möglich. Vorzugswürdig ist es deshalb, auf die bereits durch die höchstrichterliche Rechtsprechung und das Schrifttum konkretisierten Fallgruppen der außerordentlichen verhaltensbedingten Kündigung zurückzugreifen. Diese kasuistische Methode hat einerseits den Vorteil, daß sich pauschalisierende Aussagen über die Anforderungen an die Kündigung aus wichtigem Grund vermeiden lassen. Zudem läßt sich zur Bestimmung des Kündigungsgrundes auf die bereits diskutierte, von *Schwerdtner* entwickelte, zweistufige Prüfungsreihenfolge zurückgreifen[213]. Würde ein entsprechendes Verhalten des Arbeitnehmers, die ordentliche Kündbarkeit unterstellt, sogar eine außerordentliche Kündigung rechtfertigen, so kann der Arbeitgeber auch im ordentlich unkündbaren Arbeitsverhältnis eine fristlose Kündigung aussprechen. Deshalb ist zunächst davon auszugehen, daß grundsätzlich bei allen der für das Normalarbeitsverhältnis anerkannten Fallgruppen eine Kündigung nach § 626 BGB erfolgen kann. Dieses Vorgehen ist deshalb geboten, weil anders als etwa bei den betriebs- oder krankheitsbedingten Kündigungsgründen bei den verhaltensbedingten Kündigungsgründen grundsätzlich auch im ordentlich unkündbaren Arbeitsverhältnis eine außerordentliche Kündigung ausgesprochen werden kann. Die außerordentliche verhaltensbedingte Kündigung ist in diesem Fall keine Zweckschöpfung der Rechtsprechung, um die Fortdauer eines unzumutbaren Arbeitsverhältnisses zu verhindern. Vielmehr handelt es sich bei ihr um den eigentlichen Anwendungsfall der Kündigung aus wichtigem Grund[214]. Soweit die Parallelprüfung allerdings ergibt, daß einem ordentlich kündbaren Arbeitnehmer nur ordentlich gekündigt werden könnte, ist die außerordentliche verhaltensbedingte Kündigung nach dem Schutzzweck des Kündigungsverbots grundsätzlich ausgeschlossen.

Man muß folglich auf der ersten Stufe der Prüfung die Möglichkeit der ordentlichen Kündigung unterstellen, um den Arbeitnehmer gegenüber seinen tarifvertraglich ungesicherten Arbeitskollegen nicht zu benachteiligen. Nur so gelingt es, nicht in allen Fällen der außerordentlichen verhaltensbedingten Kündigung den Umstand der langen Bindungsdauer zum Nachteil des geschützten Arbeitnehmers durchschlagen zu lassen. Die Notwendigkeit dieser Vorgehensweise läßt sich auch veranschaulichen[215]. So ist etwa der Fall denkbar, daß zwei

---

212 So auch *v.Koppenfels*, Kündigung bei unkündbaren Arbeitnehmern, 1998, S. 96, 99.

213 *Schwerdtner*, Festschrift f, Kissel, 1994, S. 1077 (1089f.); siehe oben § 25; so jetzt auch *BAG* (Urt. v. 12.8. 1999), EzA Nr. 8 zu § 626 BGB Verdacht strafbarer Handlungen [unter II 2d bb der Gründe].

214 Siehe nur *Zöllner/Loritz*, Arbeitsrecht[5], § 22 III 2b (S. 282).

215 Siehe dazu *BAG* (Urt. v. 12.8. 1999), EzA Nr. 8 zu § 626 BGB Verdacht strafbarer

Arbeitnehmer eines Betriebs gemeinschaftlich eine Pflichtverletzung begehen. Bei einer Identität der Tatumstände und ansonsten vergleichbarer Interessenlage zwischen Arbeitnehmer und Arbeitgeber könnte die Situation eintreten, daß dem ordentlich unkündbaren Arbeitnehmer allein aufgrund der Berücksichtigung der langen Bindungsdauer fristlos gekündigt werden müßte, während es dem Arbeitgeber aber nicht unzumutbar ist, bei der Kündigung des ordentlich kündbaren Arbeitnehmers nicht wenigstens die Kündigungsfrist einzuhalten. Hier darf allein der Umstand der Alterssicherung nicht zu einer Unterscheidung in kündigungsschutzrechtlicher Hinsicht führen. Eine solche Differenzierung wäre sachwidrig. Der Arbeitgeber würde sich sonst dem Vorwurf einer eklatanten Ungleichbehandlung ausgesetzt sehen. Folge wäre eine herausgreifende Kündigung, die nicht auf einem sachlichen Grund beruht[216]. Keinesfalls kann daher der Auffassung gefolgt werden, die es bei verhaltensbedingten Kündigungen generell ablehnt, im Rahmen der Interessenabwägung auf die fiktive ordentliche Kündigungsfrist abzustellen[217]. Die Zwecksetzung der Unkündbarkeitsklausel verlangt im Gegenteil, daß die ordentliche Kündbarkeit zugunsten des tarifvertraglich gesicherten Arbeitnehmers fingiert wird, um die von § 626 Abs. 1 BGB vorausgesetzte Alternativität der Kündigungsformen wiederherzustellen.

Hierbei sind allerdings zugunsten des tarifvertraglich geschützten Arbeitnehmers keine Einschränkungen anhand des Verschuldenserfordernisses zu machen. Gegen das Abstellen auf das Kriterium des Verschuldens sind erhebliche dogmatische Bedenken anzubringen. Nach zutreffender Ansicht setzt nämlich weder die ordentliche noch die außerordentliche verhaltensbedingte Kündigung ein schuldhaftes Verhalten des Arbeitnehmers voraus[218]. Der gegenteiligen Auffassung, die in der Regel oder grundsätzlich nur schuldhafte vertragswidrige Verhaltensweisen als ausreichenden Kündigungsgrund ansehen will[219], ist nicht zu folgen.

Dies ergibt sich zunächst aus der Ablehnung des Sanktionscharakters der verhaltensbedingten Kündigung. Sie ist kein Reaktionsmittel für ein in der Vergangenheit liegendes Fehlverhalten. Dem kündigungsschutzrechtlichen Prognoseprinzip gemäß, wird durch sie vielmehr die Möglichkeit eröffnet, zukünftigen

---

Handlungen [unter II 2d bb der Gründe].

216 Siehe dazu etwa *Stahlhacke/Preis/Vossen*, Kündigungsschutz[7], Rdnr. 198f.; MünchArbR/*Wank*, § 116 Rdnr. 114f.

217 So ausdrücklich *LAG Hamm* (Urt. v. 24.11. 1988), LAGE Nr. 2 zu § 626 BGB Unkündbarkeit [Leitsatz 3].

218 Für die außerordentliche Kündigung *BAG* (Urt. v. 21.1.1999), EzA Nr. 178 zu § 626 BGB n.F. [Leitsatz und unter II 4a der Gründe]; *Zöllner/Loritz*, Arbeitsrecht[5], § 22 III 2b (S. 282); so bereits *Hueck/Nipperdey*, Arbeitsrecht Bd. I[7], § 59 III 1 (S. 582f.)

219 *Stahlhacke/Preis/Vossen*, Kündigungsschutz[7], Rdnr. 680; ErfurtKomm/*Ascheid*, § 1 Rdnr. 324; KR[5]/*Etzel*, Rdnr. 423; HeidelbergKomm[3]/*Dorndorf*, § 1 Rdnr. 526; noch strenger *Löwisch*, KSchG[8], § 1 Rdnr. 94, der stets ein Verschulden verlangt.

Vertragsverstößen begegnen zu können. Die Zukunftsprognose kann aber auch bei einem schuldlosen Pflichtenverstoß negativ ausfallen. Mit der Anerkennung des Prognoseprinzips wird deshalb auch die Voraussetzung des Verschuldens obsolet[220]. Es würde in der Tat ein „systemfremdes Erfordernis" darstellen[221]. Ferner ist zu bedenken, daß weder § 1 Abs. 2 KSchG noch § 626 Abs. 1 BGB das Verschulden als Voraussetzung in ihrem Wortlaut aufweisen. Die Forderung nach einer schuldhaften Pflichtverletzung würde eine teleologische Reduktion der Vorschriften bedeuten, die aufgrund des Gesetzeszwecks geboten sein müßte[222]. Davon kann aber insbesondere bei § 626 Abs. 1 BGB nicht ausgegangen werden. Dies würde nicht nur dem Prinzip der Unzumutbarkeit zuwiderlaufen, sondern auch allgemeinen zivilrechtlichen Grundsätzen widersprechen[223]. Eine Befreiung von der Leistungspflicht tritt im Falle der Unmöglichkeit unabhängig davon ein, ob die Unmöglichkeit auf einem von einer der Vertragsparteien zu vertretenem Umstand beruht (§ 275 BGB). Das Verschuldenserfordernis spielt nur eine Rolle bei der Beurteilung der Frage, ob den Vertragsparteien Sekundäransprüche erwachsen können. Dieser Grundsatz besitzt auch im Rahmen der außerordentlichen Kündigung Geltung. So setzt der nach § 628 Abs.2 BGB gewährte Schadensersatzanspruch ein schuldhaftes vertragswidriges Verhalten des anderen Vertragsteils voraus[224].

Man kann deshalb keinesfalls den Anwendungsbereich der außerordentlichen Kündigung von unkündbaren Arbeitnehmern auf schuldhaft begangene Pflichtverletzungen begrenzen. Davon geht folgerichtig auch das *Bundesarbeitsgericht* aus. In seinem Urteil vom 21. Januar 1999 läßt das Gericht grobe Beleidigungen des Arbeitgebers oder seiner Vertreter, die nach Form und Inhalt eine erhebliche Ehrverletzung für den Betoffenen darstellen, für den Ausspruch einer fristlosen Kündigung gegenüber einem tarifvertraglich unkündbaren Arbeitnehmer genügen, obwohl dieser infolge einer psychischen Erkrankung ohne die notwendige Verschuldensfähigkeit gehandelt hatte[225]. An keiner Stelle setzt sich die Entscheidung mit der Frage auseinander, ob der Umstand der tarifvertraglichen Ab-

---

220 *Berkowsky*, Anm. zu BAG (Urt. v. 21.1.1999), RdA 2000, S. 112 (114); so auch *v.Koppenfels*, Kündigung bei unkündbaren Arbeitnehmern, 1998, S. 96f.; im Ergebnis, wenn auch nicht in der Begründung, ebenso *Adam*, Anm. II zu *BAG* (Urt. v. 21.1.1999), EzA Nr. 178 zu § 626 BGB n.F.; gegen das Prognoseprinzip bei der verhaltensbedingten Kündigung *Löwisch*, BB 1998, S. 1793 (1795).

221 So ausdrücklich *BAG* (Urt. v. 21.1.1999), EzA Nr. 178 zu § 626 BGB n.F. [unter II 4c der Gründe].

222 Siehe für § 626 Abs. 1 BGB *v.Hoyningen-Huene*, Anm. 3 zu *BAG* (Urt. v. 21.1. 1999), AP Nr. 151 zu § 626 BGB.

223 *Oetker*, Das Dauerschuldverhältnis, 1994, S. 271.

224 Sogenanntes Auflösungsverschulden, siehe KR^5/*Weigand*, § 628 BGB Rdnr. 25f.

225 *BAG* (Urt. v. 21.1.1999), EzA Nr. 178 zu § 626 BGB n.F. [unter II 2 der Gründe].

sicherung des Arbeitnehmers gesondert berücksichtigt werden muß oder Auswirkungen auf das Verschuldenserfordernis hat[226].

2. Erleichterte Zulassung der verhaltensbedingten außerordentlichen Kündigung

Fraglich ist für den Bereich der außerordentlichen verhaltensbedingten Kündigung allerdings, ob auch solche Verhaltensweisen ausnahmsweise eine Kündigung aus wichtigem Grund stützen können, die bei Bestehen der ordentlichen Kündbarkeit nur zu einer fristgerechten Kündigung berechtigen würden und ob eine solche Kündigung wiederum zwingend mit einer Kündigungsfrist gekoppelt werden muß. Dabei ist zunächst zu bedenken, daß Störungen aus dem Verhaltensbereich der Sphäre des Arbeitnehmers entstammen und deshalb grundsätzlich von ihm steuerbar sind, mag auch wie bereits herausgearbeitet, das Verschulden nicht Voraussetzung für den Ausspruch einer verhaltensbedingten Kündigung sein. Aufgabe eines verstärkten tarifvertraglichen Kündigungsschutzes kann es allerdings nicht sein, den Arbeitnehmer vor seinen selbstbestimmten Verhaltensweisen zu schützen[227]. Insoweit wird zu Recht darauf hingewiesen, daß die Vereinbarung einer Unkündbarkeitsklausel für den tariflich gebundenen Arbeitnehmer kein „Freibrief für Vertragsverletzungen" bedeuten darf[228]. Die durch den Ausschluß der ordentlichen Kündigung herbeigeführte lange Bindungsdauer kann daher ausnahmsweise auch dann den Ausspruch einer außerordentlichen Kündigung erforderlich machen, obwohl die entsprechende Vertragsverletzung des Arbeitnehmers ansonsten nur eine ordentliche Kündigung gerechtfertige hätte[229]. Der Zeitfaktor wirkt sich in diesen Fällen negativ auf die Schutzposition des Arbeitnehmers aus.

Soweit *Preis* dieses Ergebnis auf die Wertung des § 55 Abs. 1 BAT zurückführen möchte[230], ist dem allerdings zu widersprechen. § 55 Abs. 1 BAT bestimmt lediglich, daß auch im unkündbaren Arbeitsverhältnis des öffentlichen Dienstes, anders als in bezug auf betriebs- und personenbedingte Kündigungen, eine außerordentliche verhaltensbedingte Kündigung gemäß § 54 BAT, der

---

226 Nur an einer Stelle wird die Unkündbarkeit überhaupt erwähnt, siehe *BAG* (Urt. v. 21.1. 1999), EzA Nr. 178 zu § 626 BGB n.F. [unter II 4c der Gründe]; zustimmend *Berkowsky*, Anm. zu BAG (Urt. v. 21.1.1999), RdA 2000, S. 112.

227 Grundlegend *Preis*, Prinzipien des Kündigungsschutzes, 1987, S. 488; *Stahlhacke/Preis/Vossen*, Kündigungsschutz[7], Rdnr. 458.

228 *Neuner*, Anm. IV 1 zu *BAG* (Urt. v. 17.9. 1998), EzA Nr. 3 zu § 626 BGB Unkündbarkeit, der allerdings auf die Wertungen der §§ 276 Abs. 2, 476 BGB zurückgreifen will, dabei aber übersieht, daß der Arbeitnehmer beispielsweise selbst bei andauernden grob fahrlässigen Vertragsstörungen privilegiert wäre.

229 *Schwerdtner*, Festschrift f. Kissel, 1994, S. 1077 (1090); *Preis*, Prinzipien des Kündigungsschutzes, 1987, S. 489.

230 *Preis*, Prinzipien des Kündigungsschutzes, 1987, S. 488.

wörtlich mit § 626 BGB übereinstimmt, möglich sein soll. Daraus folgt allerdings nicht zwingend, daß eine verhaltensbedingte Kündigung unter Umständen leichter erfolgen kann, als bei Bestehen der ordentlichen Kündigungsmöglichkeit. Damit ist allein klargestellt, daß alle sonst unter den Begriff des wichtigen Grundes fallenden Kündigungssachverhalte auch im nach § 53 Abs. 3 BAT unkündbaren Arbeitsverhältnis zum Ausspruch einer fristlosen Kündigung genügen sollen.

3. Fristbindung der verhaltensbedingten außerordentlichen Kündigung

Steht fest, daß dem Arbeitgeber unter Berücksichtigung der langen Bindungsdauer, eine Lösungsmöglichkeit vom Vertrag nicht abgesprochen werden kann, könnte einem ordentlich kündbaren Arbeitnehmer bei vergleichbarem Kündigungssachverhalt aber nur fristgerecht gekündigt werden, so fragt sich weiter, ob der Arbeitgeber ausnahmsweise verpflichtet ist, die hypothetische ordentliche Kündigungsfrist einzuhalten. Ein Teil der Literatur lehnt die Fristbindung der außerordentlichen verhaltensbedingten Kündigung ausdrücklich ab[231]. Die lange Bindungsdauer des Vertrags wirkt sich danach bei verhaltensbedingten Kündigungsgründen stets zu Lasten des gesicherten Arbeitnehmers aus. Ausgehend von dem der Kündigungsausschlußklausel immanenten Schlechterstellungsverbot vermag diese Ansicht jedoch nicht zu überzeugen. Die Berücksichtigung der langen Bindung würde dann einerseits zur erleichterten Bejahung des wichtigen Grundes führen und andererseits die Fristlosigkeit der Kündigung begründen. Der tarifvertraglich geschützte Arbeitnehmer wäre dadurch gegenüber einem ungesicherten Kollegen benachteiligt. In der Literatur wird der jeweiligen Unkündbarkeitsklausel deshalb zu Recht ein Doppelverwertungsverbot entnommen, nach der die zukünftige Vertragsdauer zwar einen wichtigen Grund zur Kündigung nach § 626 BGB begründen kann, allerdings nicht gleichzeitig die einschneidende Rechtsfolge der sofortigen Abstandsnahme vom Vertrag[232]. Damit wird anerkannt, daß auch die verhaltensbedingte außerordentliche Kündigung als fristgebundene Kündigung auftreten kann. Diese erfüllt im unkündbaren Arbeitsverhältnis die Funktion der ausgeschlossenen ordentlichen Kündigung. Die bestehende Möglichkeit der Fristbindung der außerordentlichen verhaltensbedingten Kündigung ist inzwischen auch vom *Bundesarbeitsgericht* in seiner Entscheidung vom 11. März 1999 anerkannt worden[233]. Dadurch ist der

---

231 KSchG[4]/*Däubler,* § 626 BGB Rdnr. 50; *Kania/Kramer,* RdA 1995, S. 287 (296); wohl auch GK-KR/*Linck,* § 622 BGB Rdnr. 31.

232 So ausdrücklich *Schwerdtner,* Festschrift f. Kissel, 1994, S. 1077 (1090); im Ergebnis ebenso KR[5]/ *Fischermeier,* § 626 BGB Rdnr. 305.

233 *BAG* (Urt. v. 11.3. 1999), AP Nr. 150 zu § 626 BGB [Leitsatz 2 und unter B II 3 der Gründe]; ebenso *BAG* (Urt. v. 12.8. 1999), EzA Nr. 8 zu § 626 BGB Verdacht strafbarer Handlungen [unter II 2d bb der Gründe]; siehe auch *BAG* (Urt. v. 8.6. 2000), AP Nr. 163

Anwendungsbereich der ersetzenden außerordentlichen Kündigung auf alle drei Kategorien von Kündigungsgründen ausgedehnt worden.

4. Außerordentliche oder ordentliche verhaltensbedingte Kündigung

Nach der vordringenden Rechtsauffassung des *Bundesarbeitsgerichts* handelt es sich bei der soeben geschilderten Spielart der verhaltensbedingten Kündigung um eine Kündigung aus wichtigem Grund. Unter Zugrundelegung der herrschenden Auffassung, die von der Möglichkeit eines vollständigen Ausschlusses der ordentlichen Kündigung ausgeht, ist dies konsequent. Allerdings muß auch hier bezweifelt werden, ob die Fristbindung der außerordentlichen Kündigung mit der normativen Struktur des außerordentlichen Kündigungsrechts zu vereinbaren ist. Wie bereits ausgeführt, kollidiert auch bei der verhaltensbedingten Kündigung die Kündigungsfrist mit der zumutbarkeitskonkretisierenden Kündigungsschranke des § 626 Abs. 2 BGB. Spricht der Arbeitgeber eine außerordentliche Kündigung aus, so beruft er sich darauf, es sei ihm unzumutbar, den Arbeitnehmer auch nur für die Dauer der Kündigungszeit weiterzubeschäftigen. Die Einhaltung einer der ordentlichen Kündigungsfrist entsprechenden Frist verträgt sich damit nicht. Der Arbeitgeber würde sich selbst widerlegen, wenn er den Arbeitnehmer trotz vertragswidrigen Verhaltens über die zweiwöchige Frist des § 626 Abs. 2 BGB hinaus weiterbeschäftigen würde. Vorzugswürdig erscheint es deshalb, in den Fällen, in denen die Anerkennung eines außerordentlichen fristgebundenen verhaltensbedingten Kündigungsrechts gefordert wird, vom Vorliegen eines ordentlichen Kündigungsrechts auszugehen[234]. Der auftretende Wertungswiderspruch zur Kündigungserklärungsfrist wird auf diese Weise beseitigt. Man könnte gegen diesen Lösungsansatz einwenden, daß es eine Überforderung des Arbeitgebers darstellen würde, beurteilen zu müssen, wann eine fristlose Kündigung aus wichtigem Grund und wann eine ausnahmsweise ordentliche verhaltensbedingte Kündigung unter Beachtung der entsprechenden Kündigungsfristenregelung ausgesprochen werden kann. Dennoch stellt die hier vertretene Lösung keinen Rückschritt gegenüber der sich mittlerweile auch für die verhaltensbedingten Kündigungsgründe etablierenden ersetzenden außerordentlichen Kündigung dar. Auch bei der Verpflichtung, die außerordentliche Kündigung zwingend mit einer Kündigungsfrist zu versehen, wird dem Arbeitgeber abverlangt, diese besondere Erscheinungsform der außerordentlichen Kündigung zu erkennen.

---

zu § 626 BGB [unter B IV der Gründe]; zustimmend *Löwisch,* KSchG[8], Vorbemerkung zu § 1 Rdnr. 120.

[234] So neuerdings auch *Neuner,* Anm. IV 1, 3 zu *BAG* (Urt. v. 17.9. 1998), EzA Nr. 3 zu § 626 BGB Unkündbarkeit.

§ 29 Die Kündigungsfrist

I. Die ordentliche gesetzliche oder tarifvertragliche Kündigungsfrist

Läßt man mit der hier vertretenen Ansicht auch im unkündbaren Arbeitsverhältnis entgegen dem Kündigungsausschluß das ordentliche Kündigungsrecht zumindest teilweise wieder zu, lebt damit automatisch wieder die jeweilige gesetzliche oder tarifvertragliche Kündigungsfrist auf[235]. Einer speziellen Begründung der Fristbindung mit Hilfe des der Unkündbarkeitsklausel immanenten Schlechterstellungsverbots bedarf es dann nicht mehr. Da der ordentlichen Kündigung eine dem § 626 Abs. 2 BGB vergleichbare Kündigungserklärungsfrist fremd ist, kann es auch nicht mehr zu der beschriebenen Kollision von Kündigungsfrist und positiviertem Verwirkungseinwand kommen. Damit ist eine der wesentlichen Schwierigkeiten bei der Fristbindung der außerordentlichen Kündigung beseitigt. Weiter kann durch dieses Vorgehen den kritischen Stimmen begegnet werden, die mit Rücksicht auf die zweiseitig-zwingende Natur des außerordentlichen Kündigungsrechts in der Fristgewährung einen Widerspruch zum Unabdingbarkeitsgrundsatz erblicken[236].

II. Die Länge der Kündigungsfrist

Fraglich kann mit Rücksicht auf den bestandsschutzsichernden Charakter der Kündigungsausschlußklausel schließlich noch die Länge der einzuhaltenden ordentlichen Kündigungsfrist sein[237]. Für die Fristbindung der außerordentlichen Kündigung sind hier zwei Denkmodelle möglich, die sich beide in Rechtsprechung und Literatur wiederfinden.

Erwägenswert wäre es zunächst, die außerordentliche Kündigung mit der Frist zu koppeln, die eingreifen würde, wenn die Unkündbarkeitsklausel nicht bestünde[238]. Steht man hingegen auf dem Standpunkt, daß mit dem Ausschluß der ordentlichen Kündigung nicht nur eine Gleichstellung des gesicherten Ar-

---

235 Siehe auch *Bröhl*, Festschrift f. Schaub, 1998, S. 55 (69).

236 So vor allem noch *Löwisch*, KSchG[7], Vorbemerkung zu § 1 Rdnr. 116; anders jetzt allerdings *ders.*, KSchG[8], Vorbemerkung zu § 1 Rdnr. 120.

237 Offengelassen von *Bröhl*, Festschrift f. Schaub, 1998, S. 55 (69).

238 So etwa *BAG* (Urt. v. 28.3. 1985), AP Nr. 86 zu § 626 BGB [Leitsatz 1 und unter IV 1d der Gründe]; *BAG* (Urt. v. 5.2. 1998), AP Nr. 143 zu § 626 BGB [Leitsatz 1 und unter II 3c der Gründe]; *BAG* (Urt. v. 11.3. 1999), AP Nr. 150 zu § 626 BGB [Leitsatz 2 und unter B II 3 der Gründe]; KSchR[4]/*Däubler*, § 626 BGB Rdnr. 50; KR[5]/*Fischermeier*, § 626 BGB Rdnr. 304; ErfurtKomm/*Müller-Glöge*, § 626 BGB Rdnr. 232; *Gentges*, Prognoseprobleme im Kündigungsschutzrecht, 1995, S. 289; *Stahlhacke/Preis/Vossen*, Kündigungsschutz[7], Rdnr. 429; *Schwerdtner*, Festschrift f. Kissel, 1994, S. 1077 (1088f.); *Löwisch*, KSchG[8], Vorbemerkung zu § 1 Rdnr. 120; GK-KR/*Linck*, § 622 BGB Rdnr. 31.

beitnehmers mit den übrigen Arbeitnehmern bezweckt ist, sondern eine darüber hinausgehende Verbesserung seiner Rechtsstellung, so müßte auf die jeweils längste gesetzliche oder tarifvertraglich vereinbarte Kündigungsfrist abgestellt werden[239]. Häufig entspricht in der Praxis die Frist nach der ersten Berechnungsmethode auch der längsten möglichen Kündigungsfrist. So tritt nach § 53 Abs. 3 BAT die Unkündbarkeit nach einem Beschäftigungszeitraum von 15 Jahren ein, während die längste Kündigungsfrist nach § 53 Abs. 2 BAT schon nach zwölf Jahren eingreift. Die Fristen können aber auch variieren, wie das Beispiel des § 20 Zi.4 des Tarifvertrags für die Arbeiter, Angestellten und Auszubildenden der metallverarbeitenden Industrie Nordrhein-Westfalens zeigt[240]. Die Unkündbarkeit wird hier schon durch eine Betriebszugehörigkeit von 10 Jahren bei einem Lebensalter von 55 Jahren erreicht. Hingegen kommen die Arbeitnehmer erst nach einer Mindestbeschäftigungszeit von 12 Jahren in den Genuß der längsten Kündigungsfrist von sechs Monaten zum Schluß eines Kalenderjahres.

Diese Überlegungen können auf die ordentliche Kündigung von unkündbaren Arbeitnehmern nicht ohne weiteres übertragen werden. Die außerordentliche Kündigung gehorcht dem Grundsatz der entfristeten Kündigung. Die Fristbindung muß hier im Wege der teleologischen Reduktion auf der Rechtsfolgenseite des § 626 Abs. 1 BGB vorgenommen werden. Die Länge der Kündigungsfrist ist dabei nicht zwingend vorgeschrieben. Nach der hier vertretenen Ansicht ergibt sich die Kündigungsfrist jedoch aus dem nicht abdingbaren Anwendungsbereich der ordentlichen Kündigung. Die Länge der Kündigungsfrist ergibt sich deshalb aus der an die Dauer der Betriebszugehörigkeit geknüpften Vorschrift des § 622 Abs. 2 BGB. Bei einer Regelung der Kündigungsfristen in Tarifverträgen gilt entsprechendes. Für einen pauschalen Rückgriff auf die jeweils längste gesetzliche oder tarifvertragliche Kündigungsfrist ist kein Raum. Die Zuerkennung von längeren Kündigungsfristen für Arbeitnehmer zum Zwecke der Alterssicherung kann nur über die in § 622 Abs. 4 BGB festgeschriebene Tariföffnungsklausel erfolgen.

---

239 So ausdrücklich *Kania/Kramer*, RdA 1995, S. 287 (295); *Preis/Hamacher*, Festschrift Arbeitsgerichtsbarkeit Rheinland-Pfalz, 1999, S. 245 (263): nicht nur Besserstellung, sondern „Beststellung"; ausführlich *v.Koppenfels*, Kündigung bei unkündbaren Arbeitnehmern, 1998, S. 221ff.

240 Beispiel nach *Kania/Kramer*, RdA 1995, S. 287 (295, Fn. 108).

§ 30 Der Kündigungsausschluß und die Grundrechtsbindung des Tarifvertrags

I. Die staatsanaloge Bindung der Tarifparteien an die Grundrechte

Der bisher herausgearbeitete partiell zweiseitig-zwingende Geltungsbereich des ordentlichen Kündigungsrechts ergibt sich aus einer Analyse der konkurrierenden Interessen der Arbeitsvertragsparteien bei den einzelnen Kategorien von Kündigungsgründen. Der Möglichkeit eines Totalausschlusses der ordentlichen Kündigung steht nach der hier vertreten- en Ansicht der Geltungsanspruch des einfachen Gesetzesrechts entgegen.

Man kann weiter die Frage stellen, ob ein gänzlicher Ausschluß des ordentlichen Kündigungsrechts auch die verfassungsrechtlichen Grenzen der Kündigungsbeschränkungen überschreiten würde oder ob, wie *Oetker* es formuliert hat, die „Grundrechtsordnung als Schutzschild"[241] vor einem derartigen Bestandsschutzkonzept fungieren würde. Dies setzt voraus, daß die Tarifvertragsparteien bei ihrer Rechtssetzung neben dem zwingenden Gesetzesrecht auch an die Grundrechte der tarifunterworfenen Mitglieder gebunden sind.

Traditionell entspricht es der Auffassung des *Bundesarbeitsgerichts* und der überwiegenden Ansicht im arbeitsrechtlichen Schrifttum, daß die Tarifvertragsparteien bei der Ausübung der Tarifautonomie an die Grundrechte der Verfassung gebunden sind[242]. Höchst umstritten wird indes die Wirkung der Grundrechte auf den Tarifvertrag beurteilt[243]. Bisher standen sich im wesentlichen die Theorie der unmittelbaren Grundrechtsbindung und die Auffassung von einer mittelbaren Grundrechtsgeltung gegenüber. Diese hergebrachten Ansichten sehen sich aber gerade in jüngster Zeit vielfältiger Kritik ausgesetzt. Die herrschende Lehre zur Grundrechtsbindung führe zu einer sachlich nicht mehr gerechtfertigten Inhaltskontrolle von Tarifverträgen und damit zu einer unzulässigen Tarifzensur[244]. Die Wirkung der Grundrechte sei deshalb auf ein Schutzminimum zu begrenzen. Dafür sei auf die vom *Bundesverfassungsgericht* entwickelte Lehre von den grundrechtlichen Schutzpflichten zurückzugreifen[245]. Eine Beschränkung der tarifvertraglichen Regelungsbefugnis anhand des Verhältnismäßigkeitsgrundsatzes („Übermaßverbot") sei abzulehnen, weil gerade dieser auf eine sachlich nicht gerechtfertigte Inhaltskontrolle von Tarifnormen hinauslaufe. Die Schutzfunktion der Grund- rechte verpflichte die Tarifpartner

---

241 *Oetker,* Arbeitsrechtliche Bestandsschutz, 1996, S. 22, 24.

242 Siehe Wiedemann/*Wiedemann,* TVG^6, Einleitung Rdnr. 198 mwN; *Säcker/Oetker,* Grundlagen und Grenzen der Tarifautonomie, 1992, S. 242.

243 Siehe den kurzen Überblick bei *Schnapp/Kaltenborn,* JuS 2001, S. 937 (941f.).

244 Grundlegend *Dieterich,* Festschrift f. Schaub, 1998, S. 117 (122f.); ferner etwa *Schwarze,* ZTR 1996, S. 1 (2ff.); ErfurtKomm/*Dieterich,* Art. 12 GG Rdnr. 52.

245 *Dieterich,* Festschrift f. Schaub, 1998, S. 117 (124ff.).

deshalb lediglich, das Untermaßverbot nicht zu verletzen. Mittlerweile hat sich auch das *Bundesarbeitsgericht* für die Anerkennung der Schutzfunktion der Grundrechte ausgesprochen und wendet diese bei der Befristungskontrolle tarifvertraglicher Befristungsregelungen an[246].

Es würde den Rahmen dieser Arbeit sprengen, sich im einzelnen mit Geltungsgrund und Geltungswirkung der Grundrechtsbindung der Tarifvertragsparteien auseinander zu setzen. Ebenso wenig kann detailliert auf die neue Lehre vom Untermaßverbot eingegangen werden. Hier soll die bisher herrschende Auffassung zugrundegelegt werden, nach der die Tarifvertragsparteien grundsätzlich in gleicher Weise wie der staatliche Gesetzgeber an die Grundrechte gebunden sind[247]. Diese Bindung läßt sich, jedenfalls für den normativen Teil des Tarifvertrags, aus der Normsetzungsbefugnis der Tarifpartner ableiten[248]. Tarifnormen wirken wie Gesetze und regeln die Rechtsbeziehung zwischen Arbeitnehmer und Arbeitgeber aufgrund ihrer zwingenden und unmittelbaren Wirkung wie staatliches Arbeitsrecht. Bereits aufgrund ihrer Einordnung in die arbeitsrechtliche Normenhierarchie sind Tarifnormen an die höherrangigen Grundrechte gebunden. Die Grundrechtsbindung gilt aber auch sonst. Die Gefahr einer unverhältnismäßigen Einschränkung der Freiheitsrechte durch tarifvertragliche Regelung trifft den einzelnen tarifunterworfenen Arbeitnehmer oder Arbeitgeber in grundsätzlich gleicher Weise wie auch der einzelne Bürger durch den staatlich legitimierten Gesetzgeber in seinen Freiheitsrechten bedroht sein kann. Die „grundrechtstypische Gefährdungslage" besteht bei beiden Formen der Rechtssetzung gleichermaßen[249]. Die Wirkung der Grundrechte beruht allerdings nicht auf Art. 1 Abs. 3 GG[250]. Dieser Artikel bezieht sich auf die Grundrechtsbindung des staatlichen Gesetzgebers. Für die Tarifvertragsparteien besteht deshalb eine staatsanaloge Bindung an die Grundrechte[251]. Gegen eine mittelbare Grundrechtsbindung spricht hingegen entscheidend, daß das Verhältnis von Tarifvertragsparteien zu den Mitgliedern nicht mit dem Verhältnis von

---

246 *BAG* (Urt. v. 25.2. 1998), EzA Nr. 9 zu § 620 BGB Altersgrenze [unter 3a, b der Gründe]; siehe dazu etwa *Waltermann,* Festschrift f. Söllner, 2000, S. 1251 (1275f.); *Neuner,* Anm. I zu *BAG* (Urt. v. 17.9. 1998), EzA Nr. 3 zu § 626 BGB Unkündbarkeit.

247 Siehe etwa *Löwisch/Rieble,* TVG, § 1 Rdnr. 155; *Biedenkopf,* Grenzen der Tarifautonomie, 1964, S. 73; *Bengelsdorf,* ZfA 1990, S. 563 (568); für Art.12 GG auch *Belling,* ZfA 1999, S. 547 (610).

248 *Wiedemann,* Festschrift f. Dieterich, 1999, S. 661 (667); *Säcker/Oetker,* Grundlagen und Grenzen der Tarifautonomie, 1992, S. 242f.; *Wiedemann/Stumpf,* TVG[5], Einl. Rdnr. 57; *Biedenkopf,* Grenzen der Tarifautonomie, 1964, S. 72; *Söllner,* ArbuR 1991, S. 45 (49).

249 So die dem Grundrechtsschutz juristischer Personen entlehnte Formulierung von *Bengelsdorf,* ZfA 1990, S. 563 (568); siehe auch *Reuter,* ZfA 1978, S. 1 (36).

250 So aber noch *Wiedemann/Stumpf,* TGV[5], Einl. Rdnr. 57; anders jetzt Wiedemann/ *Wiedemann,* TVG[6], Einleitung Rdnr. 199; *Waltermann,* Festschrift f. Söllner, 2000, S. 1251 (1274); *Canaris,* JuS 1989, S. 161 (166).

251 *Biedenkopf,* Grenzen der Tarifautonomie, 1964, S. 73.

zwei sich gegenüberstehenden, konkurrierenden Grundrechtsträgern vergleichbar ist[252].

II. Vereinbarkeit des tarifvertraglichen Ausschlusses des ordentlichen Kündigungsrechts mit Art. 12 GG

Besondere Bedeutung erlangt die Grundrechtsbindung des Tarifvertrags vor allem dann, wenn Tarifnormen das Kündigungsrecht des Arbeitgebers betreffen. Art. 12 Abs. 1 GG gewährleistet neben dem Recht, Arbeitsverhältnisse privatautonom zu begründen, auch das Recht, die vertraglichen Verpflichtungen durch Kündigung zu beenden[253].

Soweit Kündigungsregelungen die arbeitgeberseitige Kündigungsfreiheit beschneiden, sind sie an den Grundrechtsschranken des Art. 12 Abs. 1 GG zu messen[254]. Dies gilt nicht nur für gesetzliche Bestimmungen, sondern auch für Beendigungsnormen in Tarifverträgen. Im Rahmen des Art. 12 Abs. 1 GG wird die Einschränkbarkeit anhand des Grundsatzes der Verhältnismäßigkeit bestimmt[255]. Dabei steigt die Intensität der Überprüfung mit der Stärke des Eingriffs in die Berufsfreiheit an. Nach der überwiegenden Ansicht im arbeitsrechtlichen Schrifttum soll dabei auch bei der Kontrolle tarifvertraglicher Berufsregelungen auf die vom *Bundesverfassungsgericht* entwickelte Drei-Stufen-Lehre[256] zurückgegriffen werden[257]. Es ist deshalb von Bedeutung, ob eine Tarifnorm in die Berufswahl oder die Berufsausübung des Arbeitgebers eingreift. Regelungen über den Ausschluß von Kündigungsrechten beziehen sich, wie in der Regel alle Bestimmungen über die Beendigung von Arbeitsverhältnissen, auf die Freiheit des Arbeitgebers zur Berufsausübung[258]. Art. 12 Abs. 1 GG garantiert dem Arbeitgeber grundsätzlich das Dispositionsrecht über die Anzahl der Arbeitsplätze in seinem Unternehmen. Allerdings kann der Gesetzgeber das

---

252 *Waltermann*, Festschrift f. Söllner, 2000, S. 1251 (1274); *Reuter*, ZfA 1978, S. 1 (37).

253 *BAG* (Urt. v. 5.2. 1998), AP Nr. 143 zu § 626 BGB [unter II 2b der Gründe] im Anschluß an *Bröhl*, Festschrift f. Schaub, 1998, S. 55 (66).

254 *Papier*, DVBl. 1984, S. 801 (813); *Preis*, Prinzipien des Kündigungsrechts, 1987, S. 62f.; *Oetker*, Arbeitsrechtlicher Bestandsschutz, 1996, S. 21; *Säcker/Oetker*, Grundlagen und Grenzen der Tarifautonomie, 1992, S. 290; ErfurtKomm/*Dieterich*, Art. 12 GG Rdnr. 34, 40; *Wendt*, DÖV 1984, S. 601 (610); *Otto*, RdA 1984, S. 261 (274); GK-KR/*Preis*, Grundlagen A. Rdnr. 29, 31; für eine Prüfung allein an Art. 2 GG allerdings *Dälken*, Möglichkeiten eines tarifvertraglichen Bestandsschutzes, 1986, S. 83ff.

255 Siehe nur ErfurtKomm/*Dieterich*, Art. 12 GG Rdnr. 25.

256 *BVerfG* (Urt. v. 11.6. 1958), E 7, S. 377 (Leitsatz 6 und S. 405ff.).

257 *Biedenkopf*, Grenzen der Tarifautonomie, 1964, S. 110ff.; *Säcker/Oetker*, Grundlagen und Grenzen der Tarifautonomie, 1992, S. 263 mwN in Fn. 97; *Oetker*, Arbeitsrechtlicher Bestandsschutz, 1996, S. 25.

258 Wiedemann/*Wiedemann*, TVG[6], Einleitung Rdnr. 311; *Säcker/Oetker*, Grundlagen und Grenzen der Tarifautonomie, 1992, S. 290.

grundsätzlich freie Kündigungsrecht aus sozialstaatlich motivierten Schutzgründen beschränken[259].

In Entsprechung der vom *Bundesverfassungsgericht* für gesetzliche Berufsausübungsregelungen geforderten Zwecksetzung[260] genügt es, wenn dem Regelungsziel tarifvertraglicher Normen über die Beendigung von Arbeitsverhältnissen vernünftige Erwägungen hinsichtlich der von Art. 9 Abs. 3 GG garantierten Förderung der Arbeits- und Wirtschaftsbedingungen zugrunde liegen[261]. Als ein legitimes Ziel kommt dabei grundsätzlich auch die Verstärkung des Kündigungsschutzes der tarifgebundenen Arbeitnehmer in Frage[262]. Aber auch tarifvertragliche Kündigungsregelungen dürfen das Kündigungsrecht des Arbeitgebers nicht übermäßig einschränken. Es muß zwischen angestrebtem Regelungsziel und den Beschränkungen der Berufsausübung Verhältnismäßigkeit bestehen. Nach ganz herrschender Auffassung wäre ein Ausschluß oder eine Einschränkung des außerordentlichen Kündigungsrechts nach § 626 BGB nicht mehr verhältnismäßig und für den Arbeitgeber deshalb unzumutbar[263]. Ein tarifvertraglicher Eingriff in das Recht zur fristlosen Kündigung kann auch nicht über die in Art. 9 Abs. 3 GG verankerte Tarifautonomie begründet werden. Das Kündigungsrecht aus wichtigem Grund nach § 626 BGB gehört zum unerläßlichen, nicht abdingbaren Kern der Arbeitsvertragsfreiheit des Arbeitgebers[264]. Sein Ausschluß verstößt daher gegen Art. 12 Abs. 1 GG. Neben der zweiseitig-zwingenden Wirkung des außerordentlichen Kündigungsrechts über die Bindung an den Unzumutbarkeitsgrundsatz, ist das Recht aus § 626 BGB auch über Art. 12 GG verfassungsrechtlich abgesichert.

1. Die Auffassung der herrschenden Meinung

Anders wird jedoch für den tarifvertraglichen Ausschluß des ordentlichen Kündigungsrechts entschieden[265]. Regelungen, die das Recht zur ordentlichen Kündigung beschränken oder auch gänzlich ausschließen, befinden sich nach

---

[259] Maunz/Dürig/*Scholz*, GG, Art. 12 Rdnr. 49f.

[260] *BVerfG* (Urt. v. 11.6. 1958), E 7, S. 377 (Leitsatz 6a und S. 405).

[261] *Säcker/Oetker*, Grundlagen und Grenzen der Tarifautonomie, 1992, S. 273ff.

[262] *Säcker/Oetker*, Grundlagen und Grenzen der Tarifautonomie, 1992, S. 290.

[263] *Zöllner*, Gutachten D, 52. DJT 1978, S. 119; *Säcker/Oetker*, Grundlagen und Grenzen der Tarifautonomie, 1992, S. 291; ErfurtKomm/*Dieterich*, Art. 12 GG Rdnr. 42; *Dieterich*, Festschrift f. Schaub, 1998, S. 117 (128); *Löwisch*, DB 1998, S. 877 (880); *Oetker*, Arbeitsrechtlicher Bestandsschutz, 1996, S. 22ff.; vgl. zur Unzumutbarkeit in diesem Sinne *Belling/Hartmann*, ZfA 1997, S. 87 (94).

[264] *Löwisch/Rieble*, TVG, § 1 Rdnr. 561.

[265] *Oetker*, Arbeitsrechtlicher Bestandsschutz, 1996, S. 24ff.; *Säcker/Oetker*, Grundlagen und Grenzen der Tarifautonomie, 1992, S. 291f.; ErfurtKomm/*Dieterich*, Art. 12 GG Rdnr. 42; GK-KR/*Preis*, Grundlagen A. Rdnr. 34f.; wohl auch *Dieterich*, Festschrift f. Schaub, 1998, S. 117 (128) und *Belling*, ZfA 1999, S. 547 (611f.).

herrschender Auffassung noch im Einklang mit der Berufsfreiheit des Arbeitgebers. Das zwischen ordentlicher und außerordentlicher Kündigung bestehende Stufenverhältnis bedeute nicht, daß dem Arbeitgeber auch zwingend das ordentliche Kündigungsrecht für alle denkbaren Konstellationen erhalten bleiben muß[266]. Teilweise wird sogar jegliche Überprüfbarkeit von tarifvertraglichen Rationalisierungsschutzabkommen, die Kündigungsverbote oder Einschränkungen des Kündigungsrechts aufweisen, an Art. 12 GG verneint[267]. Gefordert wird eine eindeutige Überschreitung des Verhältnismäßigkeitsgrundsatzes[268] oder ein evident unzumutbare tarifliche Regelung[269]. Diese sei aber solange noch nicht ersichtlich, als dem Arbeitgeber nicht das Recht zur außerordentlichen Abstandnahme vom Vertrag entzogen sei. Zudem würde man der Arbeitnehmerseite die Möglichkeit nehmen, durch den Verzicht auf Lohnerhöhungen oder durch die Anerkennung flexibler Arbeitszeiten in den Genuß einer durch den Ausschluß des ordentlichen Kündigungsrechts garantierten, erhöhten Arbeitsplatzsicherung zu kommen[270].

Weniger weite Grenzen werden von manchen Stimmen im Schrifttum allerdings dem staatlichen Gesetzgeber bei der Regelung des ordentlichen Kündigungsrechts gesetzt[271]. Nach dieser Auffassung fallen auch die einseitigen ordentlichen Auflösungsmöglichkeiten grundsätzlich in den unentziehbaren Bereich der Berufsfreiheit des Arbeitgebers. Damit sind zwar Einschränkungen aus sozialstaatlichen Gründen vereinbar. Unverhältnismäßig wäre hingegen ein genereller Ausschluß von ordentlichen Kündigungen. Dem Arbeitgeber müsse auch das fristgerechte Kündigungsrecht aus personen-, verhaltens- und betriebsbedingten Kündigungsgründen im Grundsatz erhalten bleiben.

2. Kritische Würdigung

Betrachtet man die einzelnen Stufen der Verhältnismäßigkeitsprüfung, so sind schon auf der ersten Stufe Zweifel angebracht, ob der tarifvertragliche Ausschluß des ordentlichen Kündigungsrechts überhaupt geeignet ist, die von den Tarifvertragsparteien verfolgte Zwecksetzung zu fördern. Kündigungsausschlußklauseln haben, wie gezeigt, nur einen sehr beschränkten Anwendungsbereich und vermögen die kündigungsschutzrechtliche Stellung des tarif-

---

266 GK-KR/*Preis,* Grundlagen A. Rdnr. 34.

267 So *Singer,* ZfA 1995, S. 611 (634f.).

268 *Oetker,* Arbeitsrechtlicher Bestandsschutz, 1996, S. 25.

269 *Säcker/Oetker,* Grundlagen und Grenzen der Tarifautonomie, 1992, S. 290f.

270 Siehe etwa *Belling,* ZfA 1999, S. 547 (612).

271 *Wendt,* DÖV 1984, S. 601 (610); *Papier,* DVBl. 1984, S. 801 (813); Maunz/Dürig/*Scholz*, GG, Art. 12 Rdnr. 50; *Scholz,* ZfA 1981, S. 265 (282); *Zöllner,* Gutachten D, 52. DJT 1978, S. 120f.; *Löwisch,* KSchG[8], Vorbemerkung zu § 1 Rdnr. 21; vgl. auch GK-KR/*Preis,* Grundlagen A. Rdnr. 29; dagegen aber etwa *Preis,* Prinzipien des Kündigungsrechts, 1987, S. 65f.

gebundenen Arbeitnehmers nur bedingt zu verbessern. Besonders deutlich wird dies beim Ausschluß der ordentlichen betriebsbedingten Kündigung. Nachdem die Beschränkung der außerordentlichen Kündbarkeit auf die Fälle der Betriebsstillegung durch das *Bundesarbeitsgericht* aufgegeben worden ist, schützen derartige Klauseln nicht einmal vor einem sonstigen Wegfall des Arbeitsplatzes[272]. Zu einem anderen Ergebnis kann man nur gelangen, wenn man Kündigungsausschlußklauseln die Kraft zur Herausnahme der erfaßten Arbeitnehmer aus dem Kreis der auswahlrelevanten Arbeitnehmer im Rahmen der Sozialauswahl beimißt. Ohne den weiteren Ausführungen vorgreifen zu wollen[273], würde eine solche Sichtweise zwangsläufig zu einer unmittelbaren Benachteiligung außenstehender Arbeitnehmer führen und diese in ihrem gesetzlich garantierten Kündigungsschutz beschränken. Eine Verstärkung des Bestandsschutzes der tarifvertraglich geschützten Arbeitnehmer könnte nur auf Kosten Dritter verwirklicht werden.

Die Geeignetheit von Unkündbarkeitsvereinbarungen zur Verbesserung des Kündigungsschutzes muß auch deshalb bezweifelt werden, weil es bei einer restriktiven Auslegung der Klauseln sogar zu einer Verschlechterung der gesicherten Arbeitnehmer im Hinblick auf die Fristlosigkeit der außerordentlichen Kündigung und den Verlust sonstiger Schranken der ordentlichen Kündigung kommen würde. Die herrschende Auffassung kann die Unwirksamkeit derartiger Absprachen aufgrund einer unzulässigen Unterschreitung des gesetzlichen Schutzniveaus nur dadurch beseitigen, daß das außerordentliche Kündigungsrecht in manchen Fällen zwingend mit einer der ordentlichen Kündigung entsprechenden Kündigungsfrist zu versehen ist.

Unkündbarkeitsklauseln halten aber auch einer Verhältnismäßigkeitsprüfung im engeren Sinne nur schwerlich stand. So muß auch die herrschende Meinung für die außerordentliche Kündigung abgeschwächte Anforderungen an den wichtigen Grund in § 626 BGB zulassen, um den Arbeitgeber nicht an ein unzumutbar gewordenen Arbeitsverhältnis zu binden. Beleg dafür ist nicht zuletzt die Anerkennung der ersetzenden außerordentlichen Kündigung bei allen drei Kategorien von Kündigungsgründen. Ohne die Funktionsnachfolge der Kündigung aus wichtigem Grund für die an sich ausgeschlossene ordentliche Kündigung wäre eine Verhältnismäßigkeit der Kündigungsklauseln nicht mehr gegeben. Ein unzulässiger Eingriff in Arbeitgeberrechte kann nur durch Erleichterungen bei der außerordentlichen Kündigung hergestellt werden[274]. Im Ergebnis stellen die Korrekturen an Tatbestand und Rechtsfolge des § 626 BGB deshalb

---

272 *BAG* (Urt. v. 5.2. 1998), AP Nr. 143 zu § 626 BGB [Leitsatz 1].

273 Siehe dazu § 37.

274 Siehe dazu *Rieble,* ArbuR 1993, S. 39 (42f.); *Zöllner,* Gutachten D, 52. DJT 1978, S. 119f.; *Löwisch/ Rieble,* TVG, § 1 Rdnr. 562; *Säcker/Oetker,* Grundlagen und Grenzen der Tarifautonomie, 1992, S. 292;

nichts anderes dar, als eine an Art. 12 Abs. 1 GG orientierte verfassungskonforme Auslegung der jeweiligen Tarifnorm.

Im Hinblick auf Art. 12 Abs. 1 GG ist der Lösungsweg der herrschenden Auffassung aber nicht zwingend vorgeschrieben. Neben der Möglichkeit, abgeminderte Anforderungen an die außerordentliche Kündigung zu stellen, bleibt für die Herstellung der Verhältnismäßigkeit auch der Weg über eine teilweise Unwirksamkeit des Kündigungsausschlusses[275], mit der Folge, daß das ausgeschlossene ordentliche Kündigungsrecht wieder auflebt. Betrachtet man die Ergebnisse, die mit Hilfe der außerordentlichen Kündigung im unkündbaren Arbeitsverhältnis erzielt werden, so liegen diese beiden Auslegungsmöglichkeiten eng beieinander. *Bröhl* hat zu Recht darauf hingewiesen, daß es durchaus denkbar gewesen wäre, daß sich auch die Rechtsprechung auf den Standpunkt gestellt hätte, daß die außerordentliche Kündigung auf einen Teilausschnitt der möglichen Kündigungssachverhalte überhaupt nicht paßt und deshalb in diesen Fällen allein auf das ordentliche Kündigungsrecht zurückgegriffen hätte[276]. Anstatt dem Institut der Kündigung aus wichtigem Grund im unkündbaren Arbeitsverhältnis einen größeren Anwendungsbereich zuzumessen, hätte man auf diesem Weg von vornherein dem ordentlichen Kündigungsrecht einen unabdingbaren Bereich belassen.

Allerdings ist zu beachten, daß die partielle Unwirksamkeit der Kündigungsausschlußklausel nur dann zu fordern ist, wenn die Unkündbarkeitsabrede nicht im Wege einer verfassungskonformen Auslegung den Anforderungen an einen Eingriff in die Berufsfreiheit angepaßt werden kann. Die herrschende Auffassung trägt dem durch eine erleichterte Zulassung der außerordentlichen Kündigung, der Verbindung der Kündigung aus wichtigem Grund mit der ordentlichen Kündigungsfrist, dem teilweisen Verzicht auf die Kündigungserklärungsfrist und der analogen Anwendung des § 102 Abs. 3-5 BetrVG und der §§ 1 Abs. 3, 2 Satz 1 KSchG Rechnung[277]. Dieses Vorgehen ist aber wiederum deshalb bedenklich, weil dadurch in den unabdingbaren Bereich der außerordentlichen Kündigung eingegriffen wird. Durch die Verbindung mit den sonstigen Schranken der ordentlichen Kündigung wird zudem der Charakter des § 626 BGB als Ausnahmerecht fast vollständig beseitigt. Im Grunde wendet auch die Rechtsprechung das ordentliche Arbeitgeberkündigungsrecht an, obwohl äußerlich daran festgehalten wird, es handele sich um eine Kündigung aus wichtigem Grund. Der einzige Unterschied besteht dabei in der Terminologie. Faktisch wurde bereits dadurch ein beidseitig-zwingendes ordentliches Kündigungsrecht etabliert.

Für die betriebsbedingte Kündigung ist zusätzlich zu beachten, daß die Bindung des Kündigungsgrundes an den Begriff der Unzumutbarkeit in § 626 BGB

---

275 Gegen diese Möglichkeit aber *Löwisch/Rieble*, TVG, § 1 Rdnr. 562.

276 *Bröhl*, Festschrift f. Schaub, 1998, S. 55 (67).

277 Siehe dazu im einzelnen §§ 22 II 2, 35, 39 I 3 a bb, 39V 3.

mit der durch Art. 12 Abs. 1 GG garantierten Freiheit der Unternehmensführung kollidiert[278]. Mit anderen Worten wäre es dem Arbeitgeber im Rahmen der Beschränkung seiner Berufsfreiheit nicht mehr zuzumuten, bei betriebsbedingten Kündigungsgründen eine auf den Einzelfall zugeschnittene Interessenabwägung vorzunehmen. Für die Fälle der betriebsbedingten Kündigung muß das außerordentliche Kündigungsrecht deshalb noch zusätzlich um das Erfordernis der Unzumutbarkeitsprüfung reduziert werden.

Steht demnach aber fest, daß die Herstellung eines verhältnismäßigen Eingriffs in Art. 12 Abs. 1 GG nur über eine fast vollständige Aufhebung der Normstruktur des § 626 BGB möglich ist, so ist dem Lösungsansatz eines unabdingbaren Bereichs des ordentlichen Kündigungsrechts der Vorzug zu geben. Soweit die verbleibende Kündigungsmöglichkeit nach § 626 BGB nur zu Wertungskonflikten führt, ist der Kündigungsausschluß aufgrund eines unverhältnismäßigen Eingriffs in Art. 12 Abs. 1 GG unwirksam[279]. Dies gilt wegen der Unanwendbarkeit des Zumutbarkeitsprinzips in § 626 BGB auf die betriebsbedingte Kündigung zumindest für den Bereich der ordentlichen Kündigungen aufgrund dringender betrieblicher Erfordernisse.

Zudem läßt sich auch an die Auffassung anknüpfen, die einen generellen Ausschluß des ordentlichen Kündigungsrechts durch gesetzliche Regelung für unvereinbar mit Art. 12 Abs. 1 GG hält[280]. Warum sich an dieser Bewertung etwas ändern soll, wenn der Ausschluß nicht auf Gesetz sondern auf tarifvertraglicher Regelung beruht, ist nicht einzusehen. Bejaht man die staatsanaloge Bindung des Tarifvertrags an die Grundrechte, so können den Tarifvertragsparteien im Hinblick auf das ordentliche Kündigungsrecht keine weitergehenden Befugnisse eingeräumt werden, als dem staatlich legitimierten Gesetzgeber. Ein undifferenzierter Ausschluß des ordentlichen Kündigungsrechts ist dann auch den Tarifvertragsparteien nicht gestattet.

3. Vereinbarkeit des Ergebnisses mit Art. 9 Abs. 3 GG

Die Anerkennung eines partiell zweiseitig-zwingenden ordentlichen Kündigungsrechts könnte allerdings einen unzulässigen Eingriff in die grundgesetzlich durch Art. 9 Abs. 3 GG geschützte Koalitionsbetätigungsfreiheit darstellen, die den Tarifvertragsparteien auch die Schaffung eines Tarifvertragssystems garantiert[281].

---

[278] So auch *Löwisch,* DB 1998, S. 877 (880).

[279] *Bröhl,* Festschrift f. Schaub, 1998, S. 55 (67); so wohl auch *Otto,* RdA 1984, S. 261 (275).

[280] *Wendt,* DÖV 1984, S. 601 (610); *Papier,* DVBl. 1984, S. 801 (813); Maunz/Dürig/*Scholz,* GG, Art. 12 Rdnr. 50; *Scholz,* ZfA 1981, S. 265 (282); *Zöllner,* Gutachten D, 52. DJT 1978, S. 120f.; *Löwisch,* KSchG[8], Vorbemerkung zu § 1 Rdnr. 21; siehe § 30 II 1.

[281] So *Preis/Hamacher,* Festschrift Arbeitsgerichtsbarkeit Rheinland-Pfalz, 1999, S. 256.

Die ganz überwiegende Ansicht hält das ordentliche Arbeitgeberkündigungsrecht für halbseitig-zwingend und damit für verbessernde tarifvertragliche Regelungen zugänglich. Durch die Anerkennung eines teilweisen unabdingbaren ordentlichen Kündigungsrechts werden die Regelungsbefugnisse der Tarifvertragsparteien in bezug auf die Etablierung von Kündigungsschutznormen beschnitten. Damit liegt ein Eingriff in die verfassungsrechtlich garantierte Koalitionsbetätigungsfreiheit vor.

Das *Bundesverfassungsgericht* bestimmt den Schutzbereich des Art. 9 Abs. 3 GG seit dem Aussperrungsbeschluß vom 26. Juni 1991[282] nicht mehr anhand der Kernbereichsformel[283]. Das Gericht führt aus, daß Art. 9 Abs. 3 GG zwar vorbehaltlos gewährleistet ist, aber auch nicht jede Einschränkung von vornherein ausgeschlossen ist. Eine Einschränkung kann durch Grundrechte Dritter und anderer mit Verfassungsrang ausgestatteter Rechte gerechtfertigt werden[284].

Für den Bereich des Kündigungsschutzes besteht eine konkurrierende Grundrechtsposition in der sich aus Art. 12 Abs. 1 GG ergebenden Berufsausübungsfreiheit des Arbeitgebers. Der durch die Anerkennung eines unabdingbaren Bereichs der ordentlichen Arbeitgeberkündigung folgende Eingriff in die durch Art. 9 Abs. 3 GG geschützte Tarifautonomie darf seinerseits nicht unverhältnismäßig sein.

Durch ein partiell zweiseitig-zwingendes ordentliches Kündigungsrecht wird den Tarifvertragsparteien ein nicht unerheblicher Regelungsbereich des Kündigungsschutzrechts entzogen. Dabei ist allerdings zu beachten, daß im Ergebnis kein wesentlicher Unterschied zu der Auffassung besteht, die von einer gänzlichen Abdingbarkeit des ordentlichen Kündigungsrechts ausgeht. Besonders deutlich wird dies in der Entscheidung des *Bundesarbeitsgerichts* zur außerordentlichen betriebsbedingten Kündigung eines unkündbaren Arbeitnehmers aufgrund von innerorganisatorischen Maßnahmen[285]. Die Kündigungsausschlußklausel vermag den Arbeitnehmer auch hier nicht wesentlich mehr zu schützen als den allein unter den Geltungsbereich des KSchG fallenden Arbeitnehmer. Ob die Kündigung des tarifvertraglich abgesicherten Arbeitnehmers durch die erleichterte Zulassung der außerordentlichen Kündigung oder durch den ausnahmsweise zulässigen Ausspruch einer ordentlichen Kündigung erreicht wird, spielt vom praktischen Ergebnis her keine wesentliche Rolle. Mit der gleichen Berechtigung könnte man in der Herabschraubung der Anforderungen an den wichtigen Grund einen unverhältnismäßigen Eingriff in die Ta-

---

282 *BVerfG* (Beschl. v. 26.6. 1991), E 84, S. 212ff.

283 So die bis dahin ständige Rechtsprechung, siehe etwa *BVerfG* (Urt. v. 18.11. 1954). E 4, S. 96 (106); *BVerfG* (Beschl. v. 26.5. 1970), E 28, S. 295 (304); *BVerfG* (Beschl. v. 18.12. 1974), E 38, S. 281 (305).

284 *BVerfG* (Beschl. v. 26.6. 1991), E 84, S. 212 (Leitsatz 3 und S. 228); siehe auch Maunz/Dürig/*Scholz*, Art. 9 Rdnr. 265.

285 *BAG* (Urt. v. 5.2. 1998), AP Nr. 143 zu § 626 BGB.

rifautonomie sehen. Das *Bundesarbeitsgericht* prüft aber bezeichnenderweise an keiner Stelle, ob die außerordentliche Kündigung eines unkündbaren Arbeitnehmers aufgrund eines sonstigen Wegfalls des Arbeitsplatzes gegen Art. 9 Abs. 3 GG verstößt.

Zudem ist zu beachten, daß den Tarifvertragsparteien zwar ein Normsetzungsrecht, aber kein Normsetzungsmonopol eingeräumt ist[286]. Dies gilt auch für den Bereich der Regelung der Arbeitgeberkündigung. Hier bestehen für die Tarifvertragsparteien vielfältige Möglichkeiten für die Verbesserung des Kündigungsschutzes durch autonome Regelungen[287].

Im übrigen ist zu bedenken, daß es den Tarifvertragsparteien unbenommen bleibt, zeitlich beschränkte Ausschlüsse der ordentlichen betriebsbedingten Kündigung zu vereinbaren[288].

Kann die praktische Konkordanz zwischen Berufsausübungsfreiheit des Arbeitgebers und der Tarifautonomie[289] neben der erleichterten Möglichkeit der außerordentlichen Kündigung auch durch einen unabdingbaren Anwendungsbereich der ordentlichen Kündigung erreicht werden, so kann auch die hier vertretene Ansicht keinen unverhältnismäßigen Eingriff in Art. 9 Abs. 3 GG bedeuten.

Insofern kann auch der Auffassung von *Preis* und *Hamacher* nicht gefolgt werden, die in einer am Verhältnismäßigkeitsgrundsatz orientierten Einschränkung der Tarifklauseln eine bedenkliche Aushöhlung der Koalitionsfreiheit erblicken[290]. Ihrer Ansicht nach wirkt die grundrechtlich geschützte Unternehmerfreiheit des Arbeitgebers in zwei Richtungen. Genauso wie die Entscheidung, in Zukunft mit einem verringerten Personalbestand zu arbeiten, sei auch die Entscheidung, ordentlich nicht mehr kündbare Arbeitnehmer zu beschäftigen, als unternehmerisches Konzept anzuerkennen[291]. Zur Verdeutlichung wird ausdrücklich auf den Firmenrationalisierungsvertrag abgestellt[292]. Bei diesem, so wird im Ergebnis zu recht betont, stünden dem temporären Kündigungsausschluß in aller Regel eine Senkung der Lohnkosten gegenüber. Dadurch habe der Arbeitgeber bereits in Ausübung seiner Koalitionsfreiheit eine besonders starke Bindung herbeigeführt. Das Vorliegen einer Unternehmerentscheidung könne daher eine Unzumutbarkeit der Vertragsfortführung nicht begründen. Nichts anderes könne auch für einen Verbandstarifvertrag gelten, der ebenfalls Ausdruck der Wahrnehmung der Tarifautonomie darstelle.

---

286 *BVerfG* (Beschl. v. 24.4. 1996), E 94, S. 268 (284).
287 Siehe dazu oben § 4 III.
288 Siehe oben § 28 I 8.
289 Dazu *Löwisch*, DB 1998, S. 877 (879f.); Maunz/Dürig/*Scholz*, GG, Art. 9 Rdnr. 353.
290 *Preis/Hamacher*, Festschrift Arbeitsgerichtsbarkeit Rheinland-Pfalz, 1999, S. 256f.
291 *Preis/Hamacher*, Festschrift Arbeitsgerichtsbarkeit Rheinland-Pfalz, 1999, S. 255f.
292 *Preis/Hamacher*, Festschrift Arbeitsgerichtsbarkeit Rheinland-Pfalz, 1999, S. 257.

Zwischen dem zeitlich unbeschränkten Verbot ordentlicher Kündigungen aus betriebsbedingten Gründen und einem lediglich befristet wirkenden Kündigungsausschluß besteht jedoch nicht nur ein quantitativer sondern auch ein qualitativer Unterschied. Während im ersten Fall die Unternehmerentscheidung auf nicht absehbare Zeit durch die Unkündbarkeitsklausel gebunden wird, ist im zweiten Fall der Ausschluß der ordentlichen Kündigung durch die Laufzeit des Tarifvertrags oder eine entsprechende Fristenregelung begrenzt[293]. Man muß daher sehr genau unterscheiden, ob eine tarifvertragliche Kündigungsschutzklausel die Möglichkeit der Umsetzung der Unternehmerentscheidung lediglich zeitlich bindet und hinausschiebt oder gänzlich versagt[294]. Zudem begründet nicht die unternehmerische Entscheidung selbst die Unzumutbarkeit der Vertragsfortführung, sondern die Unmöglichkeit der Verwirklichung des dahinter stehenden personellen Konzepts, das der Arbeitgeber im Rahmen seiner Unternehmensführung verfolgt.

Auch unter der Berücksichtigung des besonderen Schutzes, den bereits vorhandene tarifliche Bestimmungen genießen, kann nicht anders entschieden werden. Das *Bundesverfassungsgericht* räumt diesen Rechtspositionen einen anderen Stellenwert ein, wenn es ausführt, daß bereits bestehende tarifvertragliche Regelungen einen stärkeren Schutz genießen, als die Tarifautonomie in solchen Bereichen, die von den Koalitionen bisher nicht geregelt worden sind[295]. Zwar gehören Unkündbarkeitsklauseln zum klassischen Repertoire tarifvertraglicher Regelungen. Dies ändert jedoch nichts an dem bestehenden Abstimmungsbedarf solcher Regelungen mit dem vorhandenen Kündigungsschutzrecht und der durch Art. 12 Abs. 1 GG gewährleisteten Unternehmerfreiheit des Arbeitgebers. Mit dieser Rechtsprechung kann jedoch die zögerliche Haltung des *Bundesarbeitsgerichts* erklärt werden, das im Grunde nur noch begrifflich an der Bezeichnung der außerordentlichen Kündigung festhält.

§ 31 Ansätze zu einer Theorie der Unabdingbarkeit des ordentlichen Kündigungsrechts in der Literatur

Auch in der kündigungsschutzrechtlichen Literatur haben die unbefriedigenden Ergebnisse der herrschenden Auffassung und die schwere Handhabbarkeit des wichtigen Grundes, vor allem bei der außerordentlichen betriebsbedingten Kündigung, in jüngster Zeit zu vehementer Kritik geführt. Dem hier vertretenen Lösungsansatz vergleichbar, wird versucht, die bestehenden Schwierigkeiten durch eine Anlehnung an das ordentliche Kündigungsrecht zu beseitigen. Es bleibt ab-

---

293 Siehe etwa § 5 des Tarifvertrags zwischen der Volkswagen AG und der Industriegewerkschaft Metall vom 1. Juni 1994, NZA 1994, S. 111 (112); dazu schon oben § 8 I 1.

294 Siehe auch *Löwisch*, Betriebsbedingte Kündigungen im Widerstreit, 1998, S. 58.

295 *BVerfG* (Beschl. v. 24.4. 1996), E 94, S. 268 (Leitsatz 4).

zuwarten, ob sich diese Auffassungen in Lehre und Rechtsprechung durchzusetzen vermögen. *Adam* fordert die Gerichte ausdrücklich zu einer Abänderung ihrer Rechtsprechung auf, wobei die bisherige Rechtsentwicklung als verfehlt angesehen wird[296]. Nach seiner Überzeugung würde die Aufgabe der bisherigen Tarifpraxis allerdings an dem Widerstand der Gewerkschaften scheitern. Allein die Rechtsprechung sei daher in der Lage einer weiteren uneingeschränkten Verwendung von Unkündbarkeitsklauseln entgegen zu wirken.

I. Die Ansicht von *Bröhl:* Die außerordentliche ordentliche Kündigung tarifvertraglich unkündbarer Arbeitnehmer

1. Die wesentlichen Aussagen der Auffassung *Bröhls*

Bröhl, Mitglied des Kündigungsschutzsenats des *Bundesarbeitsgerichts,* vertritt eine mit der hier vorgeschlagenen Lösung im Ergebnis übereinstimmende Ansicht zur Kündigung im tarifvertraglich unkündbaren Arbeitsverhältnis[297]. Auch seiner Auffassung nach vermögen tarifvertragliche Unkündbarkeitsklauseln nicht einen generellen Ausschluß des ordentlichen Kündigungsrechts herbeizuführen. Ausnahmsweise sei trotz Kündigungsausschluß, eine „außerordentliche ordentliche Kündigung tarifvertraglich Unkündbarer" zuzulassen, die *Bröhl* im Anklang an eine androgyne Romanfigur von Virginia Wolf mit der eher unkonventionellen Terminologie der „Orlando-Kündigung" kennzeichnet[298]. Auch nach seiner Überzeugung stellt § 626 BGB im unkündbaren Arbeitsverhältnis kein ausreichendes Lösungsinstrumentarium dar. Der Ausschluß der arbeitgeberseitigen ordentlichen Kündigung sei immer dann unwirksam, wenn die verbleibende Lösungsmöglichkeit über § 626 BGB zu Wertungswidersprüchen führt[299]. Als typische Kündigungsgründe nennt er etwa die Betriebsstillegung, den sonstigen Wegfall des Arbeitsplatzes und die Kündigung wegen Krankheit[300].

Allerdings unterscheidet sich sein Lösungsansatz in der Argumentationsführung erheblich. Tarifvertraglichen Kündigungsausschlußklauseln sei danach insoweit die Wirksamkeit zu versagen, als sie vom Arbeitgeber etwas Unmögliches beziehungsweise etwas evident Unzumutbares verlangten und auf diese Weise zu einer nicht hinnehmbaren Ewigkeitsbindung führen würden[301]. Um ei-

---

[296] *Adam,* DZWiR 1999, S. 88 (88).

[297] *Bröhl,* Festschrift f. Schaub, 1998, S. 55 (65ff.).

[298] *Bröhl,* Festschrift f. Schaub, 1998, S. 55 (72); siehe dazu auch *Höland,* Anm. II 2 zu *BAG* (Urt. v. 5.2. 1998), AP Nr. 143 zu § 626 BGB.

[299] Zusammenfassend *Bröhl,* Festschrift f. Schaub, 1998, S. 55 (73).

[300] *Bröhl,* Festschrift f. Schaub, 1998, S. 55 (60).

[301] *Bröhl,* Festschrift f. Schaub, 1998, S. 55 (66f.); ebenso neuerdings *Mauer/Schüßler,* BB 2001, S. 466 (470f.).

ner solchen übermäßigen Bindung zu begegnen, könne jedes Dauerschuldverhältnis und damit auch das Arbeitsverhältnis nicht nur fristlos aus wichtigem Grund, sondern auch ordentlich unter Einhaltung einer Kündigungsfrist gekündigt werden[302]. Zur Begründung greift *Bröhl* dabei ausdrücklich auf einen von *Oetker*[303] entwickelten Gedankengang zurück. Demzufolge sei auch dann, wenn das geltende Recht für ein bestimmtes Dauerschuldverhältnis keine Möglichkeit der ordentlichen Kündigung vorsieht, ein solches im Wege der Rechtsanalogie zu positivierten ordentlichen Kündigungsrechten anzuerkennen, um eine mit dem Selbstbestimmungsrecht des Vertragspartners unvereinbare Ewigkeitsbindung auszuschließen.

Bröhls Thesen lassen sich abschließend wie folgt zusammenfassen. Der Ausschluß der ordentlichen Kündigung sei insoweit partiell rechtsunwirksam, als die bestehenbleibende Kündigungsmöglichkeit des Arbeitgebers nach § 626 BGB zu keiner, die Interessen beider Vertragsparteien angemessen berücksichtigenden Lösung führen würde. Der Ausschluß der ordentlichen Kündigung sei dann im Wege einer verfassungskonformen, an Art. 12 Abs. 1 GG zu messenden Auslegung auf das zumutbare Maß zu reduzieren. Die Grenze eines noch wirksamen Ausschlusses der ordentlichen Kündigung sei dann erreicht, wenn die Lösungsmöglichkeit über § 626 BGB nur zu Wertungswidersprüchen führen würde.

Das *Bundesarbeitsgericht* ist insoweit in seiner Entscheidung vom 5. Februar 1998 nicht der Auffassung von *Bröhl* gefolgt und beharrt weiterhin auf § 626 BGB als alleinigem Kündigungsrecht im ordentlich unkündbaren Arbeitsverhältnis[304].

2. Kritische Würdigung

Diesen Überlegungen kann jedoch nicht in jeder Hinsicht beigepflichtet werden[305]. Dabei übersieht *Bröhl* zunächst, daß *Oetker* die Anerkennung eines ungeschriebenen ordentlichen Kündigungsrechts gerade davon abhängig macht, daß das Fehlen der ordentlichen Kündigungsmöglichkeit nicht einer bewußten Entscheidung des Gesetzgebers entspringt oder daß das ordentliche Kündigungsrecht nicht durch vertragliche Abrede ausdrücklich ausgeschlossen worden ist[306]. Schon deshalb verbietet es sich, Rückschlüsse aus diesen Ausführun-

---

302 *Bröhl,* Festschrift f. Schaub, 1998, S. 55 (66).

303 *Oetker,* Das Dauerschuldverhältnis, 1994, S. 273ff.; dazu auch *Höland,* Anm. II 2 zu *BAG* (Urt. v. 5.2. 1998), AP Nr. 143 zu § 626 BGB.

304 *BAG* (Urt. v. 5.2. 1998), AP Nr. 143 zu § 626 BGB; siehe auch *Höland,* Anm. III zu *BAG* (Urt. v. 5.2. 1998), AP Nr. 143 zu § 626 BGB.

305 Kritik an der Ansicht *Bröhls* auch bei *Adam,* NZA 1999, S. 846 (848f.); *ders.,* DZWiR 1999, S. 88 (88).

306 *Oetker,* Das Dauerschuldverhältnis, 1994, S. 273, 708f.

gen auf den tarifvertraglichen Ausschluß der ordentlichen Kündigung zu ziehen, bei dem das Fehlen der ordentlichen Kündigungsmöglichkeit auf eine bewußte Übereinkunft der Tarifpartner zurückzuführen ist. Zudem behandelt *Oetker* das ordentliche fristgebundene Kündigungsrecht in seiner Ausprägung als ungebundenes Recht, das für seine Rechtfertigung keines sachlichen Grundes bedarf[307]. Nur in dieser Ausgestaltung ist überhaupt eine analoge Übertragung auf nicht ausdrücklich geregelte Fälle möglich. Während das außerordentliche Kündigungsrecht dem jedem Dauerschuldverhältnis immanenten Zumutbarkeitsprinzip Rechnung trägt, hat das ordentliche ungebundene Kündigungsrecht die Funktion, einer Ewigkeitsbindung der Parteien entgegen zu wirken[308]. Dieser funktionale Zusammenhang paßt allerdings nicht für das sachlich gebundene Kündigungsrecht nach Maßgabe des KSchG. Das arbeitsrechtliche Bestandsschutzkonzept legt gerade im Gegenteil einen anderen Schluß nahe. Ohne einen rechtfertigenden Grund nach § 1 Abs. 2 KSchG muß der Arbeitgeber auch eine Ewigkeitsbindung hinnehmen, das heißt er muß bei Fehlen eines Kündigungsgrundes den Arbeitgeber in der Tat bis zu dessen altersbedingtem Ausscheiden aus dem Arbeitsverhältnis weiterbeschäftigen. Zur Verhinderung einer Ewigkeitsbindung kann nicht auf ein ungeschriebenes ordentliches Kündigungsrecht zurückgegriffen werden. *Bröhls* Argumentation ist insoweit nicht schlüssig. Ein nicht positiviertes Kündigungsrecht ist nur dann anzuerkennen, wenn ein gesetzliches Bestandsschutzkonzept fehlt. Im Mittelpunkt muß deshalb vielmehr die Frage stehen, ob der durch § 1 Abs. 2 KSchG gewährleistete Bestandsschutz zweiseitig-zwingend ausgestaltet ist. Die Beantwortung dieser Frage hat aber nichts mit der Anerkennung eines ungeschriebenen ordentlichen Kündigungsrechts gemeinsam.

Kritisch ist weiterhin anzumerken, daß *Bröhl* die Anforderungen an den ordentlichen Kündigungsgrund am Maßstab der Zumutbarkeit messen will[309]. Dadurch wird wieder auf ein Kriterium abgestellt, das nach der Gesetzessystematik zum außerordentlichen Kündigungsrecht zu zählen ist[310]. Auf die Unzulänglichkeiten bei der Handhabung des Zumutbarkeitsurteils, etwa bei der betriebsbedingten Kündigung, ist bereits hingewiesen worden[311].

Die Ausführungen lassen auch eine konkrete Stellungnahme zu der entscheidenden Frage nach dem Geltungsgrund einer außerordentlichen ordentlichen Kündigung vermissen. Es wird nicht ausgeführt, daß die Zuerkennung einer derartigen Kündigungsform nichts anderes darstellt als die Anerkennung eines

---

[307] *Oetker*, Das Dauerschuldverhältnis, 1994, S. 272.

[308] Zusammenfassend *Oetker*, Das Dauerschuldverhältnis, 1994, S. 708f.

[309] *Bröhl*, Festschrift f. Schaub, 1998, S. 55 (68, 73).

[310] Siehe *Preis*, Prinzipien des Kündigungsrechts, 1987, S. 163, 169.

[311] Siehe § 28 I 3; gegen das Merkmal der „evidenten Unzumutbarkeit" auch *Preis/Hamacher*, Festschrift Arbeitsgerichtsbarkeit Rheinland-Pfalz, 1999, S. 245 (257), allerdings vom Standpunkt der herrschenden Meinung aus..

zweiseitig-zwingenden ordentlichen Kündigungsrechts, das der Einflußnahme durch die Tarifparteien entzogen ist.

Schließlich liefert auch die von *Bröhl* gewählte Formulierung „außerordentliche ordentliche Kündigung“ Anlaß zu Kritik. *Adam* bezeichnet sie gar als „Wortungetüm“[312]. Die Bezeichnung kann allzu leicht zu der Schlußfolgerung verleiten, bei der ordentlichen Kündigung handele es sich um eine eigentümliche, nur im unkündbaren Arbeitsverhältnis auftretende Form der ordentlichen Kündigung. Die ordentliche Kündigung ist jedoch gerade keine besondere Erscheinungsform des Unkündbarkeitsrechts, sondern die in § 1 Abs. 2 KSchG positivierte Kündigungsmöglichkeit. Hingegen sieht *Bröhl* in der außerordentlichen ordentlichen Kündigung eine dritte Form der Kündigung neben ordentlicher und außerordentlicher Kündigung[313]. Mit der Anerkennung einer solchen Kündigungsform wird aber den dogmatischen Grundlagen der ordentlichen Kündigung nicht ausreichend Rechnung getragen. Eine außerordentliche ordentliche Kündigung ist dem Kündigungsschutzrecht fremd[314]. Nach alledem kann den Ausführungen *Bröhls* zwar im Ergebnis, nicht aber in den Begründungen gefolgt werden.

II. Der nicht abdingbare Bereich des ordentlichen Kündigungsrechts nach der Ansicht von *Adam*

1. Die wesentlichen Aussagen

Neuerdings vertritt auch *Adam* eine Theorie der Unabdingbarkeit des ordentlichen Kündigungsrechts, die er mit der Frage nach einem „Abschied vom Unkündbaren“ überschreibt[315]. Er spricht sich für eine völlige Aufgabe der Rechtsfigur des unkündbaren Arbeitsverhältnisses aus[316]. Am Anfang seiner Argumentation steht die These, daß es widersprüchlich sei, einerseits im ordentlichen Kündigungsrecht das mildere Mittel zur Beendigung von Arbeitsverhältnissen gegenüber dem außerordentlichen Kündigungsrecht zu erblicken, andererseits aber für die Verbesserung der Rechtsstellung des Arbeitnehmers gerade den Ausschluß der weniger einschneidenden ordentlichen Kündigung zuzulassen[317]. Das ordentliche Kündigungsrecht enthält nach seiner Ansicht eine ausgewogene Regelung, die den Interessen von Arbeitgeber und Arbeitnehmer bei der Beendigung von Arbeitsverhältnissen optimal Rechnung trägt. Ein Eingriff

---

[312] *Adam,* NZA 1999, S. 846 (849).
[313] *Bröhl,* Festschrift f. Schaub, 1998, S. 55 (72).
[314] Ebenso *Adam,* NZA 1999, S. 846 (849).
[315] *Adam,* NZA 1999, S. 846 (846).
[316] *Adam,* DZWiR 1999, S. 88.
[317] *Adam,* NZA 1999, S. 846 (847).

könne deshalb nur zu Nachteilen für den Arbeitnehmer führen[318]. Er führt zutreffend aus, daß § 626 BGB in erster Linie ein Gestaltungsrecht ist, das von seiner Normstruktur auf die Bewältigung von verhaltensbedingten Kündigungsgründen, die eine sofortige Lösung eines Vertragsteils erforderlich machen, zugeschnitten ist. Hingegen paßt die Anwendung der Zumutbarkeitsformel weder auf die betriebsbedingte Kündigung noch auf den Regelfall der personenbedingten Kündigung, die Kündigung wegen Krankheit[319].

Die Grenzen eines ordentlichen Kündigungsausschlusses will *Adam* deshalb nicht mehr allein an Hand des zweiseitig-zwingenden § 626 BGB ziehen, sondern andhand der allgemeinen Vorschriften. Zu diesen zählt er insbesondere § 138 Abs. 1 BGB und die Grundsätze über die wirtschaftliche Unmöglichkeit[320]. In den Fällen, in denen die Weiterbeschäftigung eines Arbeitnehmers nach diesen Grundsätzen nicht in Frage kommt, sei der Ausschluß der ordentlichen Kündigung als unwirksam zu erachten. Eine Unkündbarkeitsklausel, die einen vollständigen Ausschluß des ordentlichen Kündigungsrechts aufweist, sei in Anwendung von § 140 BGB umzudeuten. Die Klausel sei dann so zu verstehen, daß sie nur eine Einschränkung, nicht jedoch einen vollständigen Ausschluß des ordentlichen Kündigungsrechts enthalte.

2. Kritische Würdigung

Zu begrüßen ist die Anknüpfung von *Adams* Argumentationsführung an den ultima-ratio Grundsatz. Nach diesem stellt sich das ordentliche Kündigungsrecht als die Kündigungsmöglichkeit dar, das die weniger einschneidenden Rechtsfolgen aufweist. Es ist deshalb als das vorrangige Beschränkungsinstrumentarium anzusehen[321]. Dafür sprechen vor allem die formellen Kündigungsbeschränkungen, denen das ordentliche Kündigungsrecht nach der Gesetzeslage unterliegt. All diese zusätzlichen Kündigungsschutzbestimmungen drohen durch einen vollständigen Ausschluß des ordentlichen Kündigungsrechts verloren zu gehen. Um einer solchen unbefriedigenden Wirkungsweise von Unkündbarkeitsklauseln zu begegnen, behilft sich auch die Rechtsprechung mit einer Übertragung der ordentlichen Kündigungsschranken auf das außerordentliche Kündigungsrecht[322]. Insoweit sieht *Adam* durchaus folgerichtig in der unbeschränkten Zulassung des ordentlichen Kündigungsausschlusses einen Widerspruch zum ultima-ratio Grundsatz des geltenden Kündigungsschutzrechts. Überzeugend ist auch seine Feststellung, bei der insoweit nicht ausschließbaren ordentlichen Kündigung handelt es sich keineswegs um eine neuartige Form des

[318] *Adam*, NZA 1999, S. 846 (849).
[319] *Adam*, NZA 1999, S. 846 (849).
[320] *Adam*, NZA 1999, S. 846 (849).
[321] *Preis*, Prinzipien des Kündigungsrechts, 1987, S. 482.
[322] Siehe vor allem *BAG* (Urt. v. 5.2. 1998), AP Nr. 143 zu § 626 BGB.

ordentlichen Kündigungsrechts, die nur im unkündbaren Arbeitsverhältnis von Bedeutung wäre. Vielmehr geht es dabei allein um den nicht abdingbaren Bereich der ordentlichen Kündigung[323]. Diese Auffassung korrespondiert mit der hier vertretenen Ansicht eines partiell zweiseitig-zwingenden ordentlichen Kündigungsrechts.

Wenig vermag allerdings die Bestimmung der Grenze der Einschränkbarkeit des ordentlichen Kündigungsrechts über die Generalklausel des § 138 Abs. 1 BGB und über den Begriff der wirtschaftlichen Unmöglichkeit zu überzeugen. Dabei ist nicht die grundsätzliche Anknüpfung der Beurteilung einer übermäßigen Bindung an den Begriff der guten Sitten zu kritisieren, sondern vielmehr die völlige Unbestimmtheit mit der *Adam* anhand dieses Kriteriums die Einschränkung der ordentlichen Kündigung bestimmen will. Die Ausführungen lassen an dieser Stelle eine notwendige Konkretisierung vermissen. Aber auch der Rückgriff auf die wirtschaftliche Unmöglichkeit bringt gegenüber der herkömmlichen Auffassung keine nennenswerten Neuerungen mit sich. Gerade in den Fällen, in denen ein einzelner Arbeitsplatz eines unkündbaren Arbeitnehmers wegfällt, bringt das Abstellen auf die wirtschaftliche Unmöglichkeit keinerlei Vorteile gegenüber der Prüfung der Zumutbarkeit der Weiterbeschäftigung. Vielmehr hätte der dem KSchG immanente Grundsatz der Gerichtsfreiheit der Unternehmerentscheidung herangezogen werden müssen. Die Pflicht zur Weiterbeschäftigung des Arbeitnehmers bis zur Grenze der wirtschaftlichen Unmöglichkeit ist mit diesem Grundsatz nicht zu vereinbaren.

Schließlich ist auch die von *Adam* vorgeschlagene Konversion eines entsprechenden vollständigen Kündigungsausschlusses über § 140 BGB in einen partiellen Ausschluß des ordentlichen Kündigungsrechts abzulehnen. Es ist schon höchst fraglich, ob diese Vorschrift über privatrechtliche Rechtsgeschäfte den Besonderheiten des Tarifvertrags in seiner Ausformung als Normenvertrag gerecht wird. Allenfalls ist an eine Anwendung im Bereich von einzelvertraglich vereinbarten Kündigungsklauseln zu denken. Aber selbst wenn man sich über diese Bedenken hinwegsetzt, ist § 140 BGB mit seinem Erfordernis einer gänzlichen Nichtigkeit des Rechtsgeschäfts auf den Fall des generellen Ausschlusses der ordentlichen Kündigung jedenfalls nicht unmittelbar anwendbar. Folgt man der Ausgangsthese eines partiell zweiseitig-zwingenden ordentlichen Kündigungsrechts liegt in dem Totalausschluß der ordentlichen Kündigung gerade kein vollständig nichtiges Rechtsgeschäft. Eher noch ist an die Anwendung des § 139 BGB zur Teilnichtigkeit zu denken. Sachgerechter dürfte das von seiner Rechtsfolge her richtige Ergebnis deshalb über den Grundsatz der gesetzeskonformen Auslegung zu erzielen sein. Unkündbarkeitsklauseln sind deshalb insoweit unwirksam, als sie gegen den unabdingbaren Charakter des § 1 Abs. 2 KSchG als gegenüber dem Tarifvertrag höherrangiges Recht verstoßen. Einer

---

323 *Adam*, NZA 1999, S. 846 (849).

Anwendung des § 140 BGB bedarf es nicht. Die jeweilige Kündigungsschutzklausel ist deshalb im Wege einer geltungserhaltenden Reduktion auf die Fälle zu beschränken, in den der Ausschluß des ordentlichen Kündigungsrechts nicht gegen dessen zwingenden Charakter verstößt[324].

III. Weitere vereinzelte Rückgriffe auf das ordentliche Kündigungsrecht

Neben diesen beiden Lösungsansätzen, die dem ordentlichen Kündigungsrecht im Ergebnis einen breiten, nicht abdingbaren Anwendungsbereich zumessen, finden sich in der Literatur vereinzelt noch weitere Ansichten, die vornehmlich für Fälle der betriebsbedingten Kündigung das ordentliche Lösungsrecht für unverzichtbar halten.

Soweit ersichtlich, hat wohl als erster *Schwerdtner* bei Kündigungsgründen, die ausschließlich der Sphäre des Arbeitgebers entstammen, das ordentliche Kündigungsrecht als die einzige Möglichkeit der Kündigung angesehen[325]. Dazu rechnete er vor allem den Fall der Betriebsstillegung. In späteren Stellungnahmen hat er freilich diesen Rechtsstandpunkt wieder verworfen[326].

Wie bereits an anderer Stelle ausgeführt, hält auch *Löwisch* zumindest bei Betriebsstillegungen oder anderen wesentlichen Betriebsänderungen allein die Anwendung des ordentlichen Kündigungsrechts für sachgerecht[327]. Der Verweis auf § 626 BGB vermag nach seiner Auffassung weder Arbeitnehmer- noch Arbeitgeberinteressen hinreichend zu befriedigen. Nach dem hier vertretenen Lösungsansatz geht diese Beschränkung des ordentlichen Kündigungsausschlusses jedoch nicht weit genug[328].

Berkowsky tritt bei einer einzelvertraglichen Unkündbarkeit für eine teleologische Reduktion der Kündigungsklausel ein, soweit der unkündbare Arbeitnehmer betriebsbedingt entlassen werden soll[329]. Eine ordentliche betriebsbedingte Kündigung soll dann wieder möglich sein. Der erweiterte Kündigungsschutz soll hingegen für die verhaltens- und personenbedingte Kündigung vollständig erhalten bleiben.

Schließlich wertet *Schleusener* die jüngste Rechtsprechung des *Bundesarbeitsgerichts* als Indiz dafür, daß in Fällen, in denen die außerordentliche

---

324 So jedenfalls in bezug auf den Grundsatz der sozialen Auswahl auch *Berkowsky*, Die betriebsbedingte Kündigung[4], § 8 Rdnr. 95.

325 MünchKomm[1]/*Schwerdtner*, § 626 Rdnr. 17; von *BAG* (Urt. v. 7.6. 1984), AP Nr. 5 zu § 22 KO [unter B II 6 der Gründe] zumindest erwogen; ähnlich auch RGRK[12]/*Corts*, § 626 Rdnr. 28.

326 Zu den sehr verschiedenen Lösungsansätzen von *Schwerdtner* siehe bereits oben § 1 II.

327 *Löwisch*, DB 1998, S. 877 (880, 883); *ders.*, KSchG[8], Vorbemerkung zu § 1 Rdnr. 120.

328 Ebenso *Adam*, NZA 1999, S. 846 (848).

329 MünchArbR/*Berkowsky*, § 129 Rdnr. 44; folgend GK-KR/*Dörner*, § 626 BGB Rdnr. 39; vgl. auch *v.Koppenfels*, Kündigung bei unkündbaren Arbeitnehmern, 1998, S. 143ff.

Kündigung der ordentlichen Kündigung weitestgehend angeglichen wird, kaum noch vom Vorliegen einer außerordentlichen Kündigung gesprochen werden kann[330]. Der einzige Unterschied der beiden Kündigungsrechte bestehe noch in der Gewichtung des Kündigungsgrundes. Er schlägt daher vor, nicht länger von einer außerordentlichen fristgebundenen Kündigung, sondern von einer ordentlichen Kündigung aus einem wichtigem Grund zu sprechen. Ähnlich wie bereits die von *Bröhl* versuchte Begriffsbestimmung ist auch die Einführung einer neuen Form der ordentlichen Kündigung durch *Schleusener* abzulehnen. Sie verschleiert die Tatsache, daß es sich dabei einzig und allein um die ordentliche Kündigung nach Maßgabe des § 1 Abs. 2 KSchG handelt[331].

Wenn diese Ansichten auch nicht ausdrücklich auf den gesetzlichen Geltungsanspruch der ordentlichen Kündigung abstellen und dieser im unkündbaren Arbeitsverhältnis nur einen relativ kleinen Anwendungsbereich zuweisen, so läßt sich ihnen dennoch der richtige Grundgedanke eines in beide Richtungen zwingenden ordentlichen Kündigungsrechts entnehmen.

§ 32 Zusammenfassung zum 6. Teil

1. Der durch den Ausschluß der ordentlichen Kündigung vermittelte Bestandsschutz vermag den tarifvertraglich gesicherten Arbeitnehmer nur sehr bedingt vor Arbeitgeberkündigungen zu schützen. Der mögliche Sonderkündigungsschutz ist gekennzeichnet durch ein Zurücktreten der tatsächlichen Wirkungen hinter der mit dem Ausschluß des ordentlichen Kündigungsrechts bezweckten Verstärkung des Kündigungsschutzes.
2. Evident ist die Zweckverfehlung für die Kategorie der betriebsbedingten Kündigungsgründe. Der tarifvertragliche Kündigungsschutz vermag weder eine zeitlich unbegrenzte Beschäftigungsgarantie noch die Verpflichtung des Arbeitgebers zur Lohnfortzahlung ohne Arbeitsleistung bis zum Rentenalter zu begründen. Es gibt nicht zwei unterschiedliche Formen der betriebsbedingten Kündigung, die sich hinsichtlich der Anforderungen an den Kündigungsgrund unterscheiden. Maßgeblich ist allein der Kündigungsgrund des dringenden betrieblichen Erfordernisses, wie ihn § 1 Abs. 2 KSchG voraussetzt. Es ist nicht möglich, eine Steigerung der Anforderungen über den Begriff der Zumutbarkeit herbeizuführen. Eine über die Willkürkontrolle hinausgehende Prüfung der Unternehmerentscheidung kann auch nicht mit Hilfe von Unkündbarkeitsklauseln erreicht werden. Sie widerspricht dem Grundsatz der Justizfreiheit unternehmerischer Entscheidungen und § 1 Abs. 2 KSchG in seiner Ausgestaltung als organisations-

[330] *Schleusener,* Anm. zu *BAG* (Urt. v. 5. 2. 1998), SAE 1998, S. 218 (222).
[331] Im Ergebnis ebenfalls ablehnend *Adam,* NZA 1999, S. 846 (849).

rechtlich neutrale Schutznorm. Dem Arbeitgeber muß es möglich sein, sowohl im Falle der Betriebsstillegung als auch bei einem sonstigen Wegfall eines Arbeitsplatzes eine ordentliche betriebsbedingte Kündigung auszusprechen.

3. Als unbedenklich sind zeitlich limitierte Ausschlüsse des ordentlichen betriebsbedingten Kündigungsrechts einzustufen. Ein Verstoß gegen die Freiheit der Unternehmerentscheidung liegt darin regelmäßig nicht begründet. Dem zeitlich befristeten Ausschluß des Kündigungsrechts stehen in aller Regel Einsparungen im Bereich der Lohnkosten und eine Flexibilisierung der wöchentlichen Arbeitszeiten gegenüber. Der Arbeitgeber hat seine Unternehmerentscheidung daher bereits antizipiert getroffen.

4. Auch im praktisch bedeutsamsten Fall der personenbedingten Kündigung, der Kündigung wegen Krankheit, ist eine Steigerung des Kündigungsschutzes gegenüber dem ordentlichen Kündigungsrecht kaum möglich. Das Maß der Unbrauchbarkeit des Arbeitnehmers für den Betrieb kann zwar in engen Grenzen erhöht werden, jedoch ist ein gänzlicher Ausschluß der Kündigung für die Fälle der krankheitsbedingten Arbeitsunfähigkeit und der krankheitsbedingten Minderung der Leistungsfähigkeit nicht anzuerkennen. Das folgt aus dem Charakter des Arbeitsverhältnisses als Leistungsaustauschverhältnis, das zwar zeitlich begrenzten Störungen der Äquivalenz von Arbeitspflicht und Lohnzahlung ausgesetzt werden kann, das jedoch bei einer unverhältnismäßigen Einschränkung der Arbeitsleistung systemfremd in ein sozialrechtliches Versorgungsverhältnis umgedeutet werden würde. Im Gegensatz zur betriebsbedingten Kündigung erscheint es bei der außerordentlichen krankheitsbedingten Kündigung nicht von vornherein abwegig, den Kündigungsgrund mit Hilfe der Zumutbarkeitsformel zu bestimmen. Die völlig identische Übernahme der Prüfungsfolge der ordentlichen krankheitsbedingten Kündigung zeigt, daß auch nach der Rechtssprechung kein grundlegender Unterschied zwischen ordentlicher und außerordentlicher krankheitsbedingter Kündigung besteht. Die drohende Kollision der Fristbindung der außerordentlichen Kündigung mit dem in § 626 Abs. 2 BGB positiviertem Verwirkungseinwand spricht dafür, in all den Fällen, in denen bisher der Ausspruch einer außerordentlichen krankheitsbedingten Kündigung anerkannt worden ist, ein ordentliches Kündigungsrecht zuzulassen.

5. Hinsichtlich der Kündigungsgründe, die, das ordentliche Kündigungsrecht unterstellt, auch im ordentlich kündbaren Arbeitsverhältnis eine außerordentliche verhaltensbedingte fristlose Kündigung rechtfertigen würden, besteht im ordentlich unkündbaren Arbeitsverhältnis kein Unterschied. Diese Kündigungsgründe erfüllen auch gegenüber einem tarifvertraglich unkündbaren Arbeitnehmer die Anforderungen an den wichtigen Grund in § 626 Abs. 1 BGB. Es ist nicht möglich, die verhaltensbedingte Kündigung

anhand der Kriterien des besonders schwerwiegenden oder schuldhaft begangenen vertragswidrigen Verhaltens zu bestimmen. Eine Steigerung gegenüber den Erfordernissen an eine außerordentliche verhaltensbedingte Kündigung im ordentlich kündbaren Arbeitsverhältnis ist abzulehnen. Hingegen kann unter Berücksichtigung der langen Bindungsdauer ein vertragswidriges Verhalten ein solches Gewicht annehmen, daß eine Kündigung aus einem Grund möglich sein muß, der bei Bestehen der ordentlichen Kündigung nur den Ausspruch einer ordentlichen Kündigung gerechtfertigt hätte. Nach einer vordringenden Auffassung ist auch diese außerordentliche Kündigung zwingend mit einer der ordentlichen Kündigungsfrist entsprechenden Frist zu koppeln. Die außerordentliche ersetzende Kündigung ist damit für alle drei Kategorien von Kündigungsgründen anerkannt worden. Aus Gründen der Wertungswiderspruchsfreiheit zu § 626 Abs. 2 BGB ist auch in dieser zweiten Fallgruppe von verhaltensbedingten Kündigungsgründen ausnahmsweise auf das ordentliche Kündigungsrecht zurückzugreifen.

6. Mit der Anerkennung eines unabdingbaren Teilbereichs der ordentlichen Kündigung für alle drei Kategorien von Kündigungsgründen ergibt sich die Einhaltung der jeweiligen Kündigungsfrist aus der gesetzlichen oder tarifvertraglichen Kündigungsfristenregelung. Keinesfalls ist der Arbeitgeber gehalten, die jeweils längste gesetzliche oder tarifvertragliche Kündigungsfrist einzuhalten.

7. Eine Überprüfung der Unkündbarkeitsklauseln anhand von Art. 12 Abs. 1 GG ergibt, daß zumindest die ordentliche betriebsbedingte Kündigung nicht durch die Kündigung aus wichtigem Grund ersetzt werden kann. Das in § 626 Abs. 1 BGB verankerte Zumutbarkeitsprinzip kann auf Kündigungen aufgrund von betrieblichen Begebenheiten nicht angewendet werden. Darin liegt kein unzulässiger Eingriff in die durch Art. 9 Abs. 3 GG gewährleistete Tarifautonomie. Es bleibt den Tarifparteien unbenommen, zeitlich befristete Ausschlüsse der ordentlichen betriebsbedingten Kündigung zu vereinbaren.

8. Eine außerordentliche ordentliche Kündigung im unkündbaren Arbeitsverhältnis ist nicht anzuerkennen. Im Bereich des arbeitsrechtlichen Kündigungsschutzes gibt es kein ungeschriebenes ordentliches Kündigungsrechts zur Verhinderung einer unzumutbaren Ewigkeitsbindung. Die Zulassung der ordentlichen Kündigung trotz ordentlichen Kündigungsausschlusses beruht allein auf dem teilweise unabdingbaren Gehalt des ordentlichen Kündigungsrechts nach § 1 Abs. 2 KSchG. Die Verankerung einer dritten Form der arbeitgeberseitigen Kündigung ist abzulehnen.

9. Die Grenze der Abdingbarkeit des ordentlichen Kündigungsrechts kann nicht mit Hilfe eines unbestimmten Rückgriffs auf § 138 Abs. 1 BGB und das Kriterium der wirtschaftliche Unmöglichkeit bestimmt werden. Die

partielle Nichtigkeit einer Tarifnorm oder einer arbeitsvertraglichen Kündigungsabrede ist nicht über § 140 BGB im Wege der Umdeutung zu erzielen. Eine Reduktion des Kündigungsausschlusses kommt allein über eine am höherrangigen Gesetzesrecht vorgenommene gesetzeskonforme Auslegung der Tarifnorm zustande.

7. Teil: Unkündbarkeitsklauseln und die Pflicht zur sozialen Auswahl nach § 1 Abs. 3 KSchG

§ 33 Einführung

Die Auswirkung von Unkündbarkeitsklauseln auf die Pflicht des Arbeitgebers zur sozialen Auswahl stellt den wichtigsten Fall der Drittwirkung von Kündigungsausschlüssen dar[1].

Die der betriebsbedingten Kündigung zugrundeliegende unternehmerische Entscheidung ist hinzunehmen, und bis zur Grenze des Mißbrauchs nicht auf ihre Zweckmäßigkeit zu überprüfen. Wie gezeigt[2], können tarifvertragliche Unkündbarkeitsklauseln nach dem hier vertretenen Lösungskonzept den Maßstab für den Kündigungsgrund bei der betriebsbedingten Kündigung nicht in Abweichung von § 1 Abs. 2 KSchG regeln. Eine Bindung des Arbeitgebers an den Arbeitsvertrag bis zu der Grenze der Zumutbarkeit ist nicht anzuerkennen.

Für eine wirksame betriebsbedingte Kündigung reicht jedoch allein das Vorliegen eines dringenden betrieblichen Erfordernisses nicht aus. Es wird vom Arbeitgeber zusätzlich verlangt, die Grundsätze der sozialen Auswahl nach § 1 Abs. 3 KSchG zu beachten. In gesetzessystematischer Hinsicht regeln § 1 Abs. 2 und § 1 Abs. 3 KSchG daher einen einheitlichen Kündigungstatbestand[3]. § 1 Abs. 3 KSchG kommt damit unmittelbar kündigungsschutzrechtliche Bedeutung zu[4]. Unterzieht man die unternehmerische Entscheidung, der Grundkonzeption des KSchG gemäß, nur einer Grenzkontrolle auf Mißbrauch, so sieht *Hanau* in der Sozialauswahl durchaus zutreffend die „einzige Hürde vor betriebsbedingten Kündigungen"[5]. Aber auch die Worte *Schwerdtners*, der die Sozialauswahl als „schmutziges Geschäft" kennzeichnet[6], charakterisieren plastisch die für den einzelnen Arbeitnehmer schicksalhafte Bedeutung der sozialen Auswahl. Gerade das Ergebnis der Sozialauswahl entscheidet über Beibehaltung oder Verlust des Beschäftigungsverhältnisses, an dieser Stelle wird bestimmt, welcher Arbeitnehmer seinen Arbeitsplatz tatsächlich einbüßen muß.

Wenn die Tarifparteien die Anforderungen an den betriebsbedingten Kündigungsgrund nicht verschärfen können, so fragt sich jedoch, ob Unkündbarkeitsvereinbarungen nicht wenigstens im Rahmen der Sozialauswahl nach § 1 Abs. 3 KSchG eine bestandsschutzsichernde Wirkung zugunsten der tarifgebundenen

---

1 Zu weiteren siehe oben § 5 II.
2 Siehe oben § 28 I 3.
3 *Linck*, Die soziale Auswahl bei betriebsbedingter Kündigung, 1990, S. 40.
4 *Lück*, Probleme der Sozialauswahl, 1993, S. 4.
5 *Hanau*, Deregulierung des Arbeitsrechts, 1997, S. 26.
6 *Schwerdtner*, ZIP 1984, S. 10 (15).

Arbeitnehmer beizumessen ist. So sieht etwa *Spilger* in der Herausnahme des Unkündbaren aus der Sozialauswahl den eigentlichen Schutzzweck der Tarifnorm verwirklicht[7]. Die gleiche Frage stellt sich im übrigen auch für einen individualvertraglich ausgehandelten Ausschluß der ordentlichen Kündigung, wenngleich dieser in der arbeitsrechtlichen Praxis eher eine untergeordnete Rolle spielt.

Lange Zeit ist überhaupt nicht erkannt worden, daß autonom gesetzte materielle Kündigungsbeschränkungen in ein Spannungsverhältnis zum Grundsatz der Sozialauswahl treten können[8]. Wohl als erster hat *Gift* die Bedeutung von (tarif-) vertraglichen Kündigungsbeschränkungen für den Kündigungsschutz nicht privilegierter Arbeitnehmer herausgestellt[9]. Mittlerweile ist das Problem bekannt und hat sich in jüngster Zeit immer mehr zu einem „arbeitsrechtlichen Dauerbrenner" entwickelt[10].

I. Fallgruppen der Sozialauswahl

Beschränkt man den Vergleichsrahmen allein auf die Arbeitnehmer, die entweder den allgemeinen Kündigungsschutz oder einen tarifvertraglichen Sonderkündigungsschutz genießen, so kann es bei der Sozialauswahl zum Aufeinandertreffen folgender Arbeitnehmergruppen kommen. Bei der ersten Fallgruppe, dem Vergleich von ordentlich noch kündbaren Arbeitnehmern, handelt es um den von § 1 Abs. 3 KSchG beschriebenen gesetzlichen Normalfall. § 1 Abs. 3 KSchG findet unmittelbar Anwendung. Der tarifliche Sonderkündigungsschutz spielt keine Rolle. Die zweite Konstellation, in der die Kündigung entweder gegenüber einem ordentlich noch kündbaren oder einem ordentlich unkündbaren Arbeitnehmer erklärt werden muß, beschreibt den Ausgangspunkt der hier zu behandelnden Streitfrage. Es kollidieren dabei gesetzlicher und tarifvertraglicher Kündigungsschutz unterschiedlicher Arbeitnehmer. Es fragt sich, ob der ordentliche Kündigungsausschluß einer Anwendung von § 1 Abs. 3 KSchG entgegensteht. Schließlich gibt es noch die dritte Möglichkeit, bei der sich das dringende betriebliche Erfordernis nach § 1 Abs. 2 KSchG nur auf Arbeitsplätze von ordentlich unkündbaren Arbeitnehmern bezieht. Dabei tritt eine Konfliktsituation innerhalb der vom tariflichen Sonderkündigungsschutz erfaßten Ar-

---

7 KR[5]/*Spilger*, § 622 BGB Rdnr. 114.

8 *Weller*, RdA 1986, S. 222 (229); siehe auch *Gamillscheg*, Anm. 1c zu *BAG* (Urt. v. 11.3. 1976), EzA Nr. 1 zu § 95 BetrVG; so wurde etwa bei *Wiedemann/Stumpf*, TVG[5], § 1 Rdnr. 232 das Problem noch gänzlich ausgespart, während es jetzt bei Wiedemann/ *Wiedemann*, TVG[6], § 1 Rdnr. 538 einer ausführlichen Kommentierung unterzogen wird.

9 *Gift*, RdA 1969, S. 72ff.; siehe dazu auch *Weng*, Kündigung von Arbeitsverhältnissen mit langer Bindung, 1980, S. 170 Fn. 1.

10 So *Pauly*, Anm. zu *LAG Brandenburg* (Urt. v. 29.10. 1998), ArbuR 1999, S. 285; siehe auch *Kempen/Zachert*, TVG[3], Grundlagen Rdnr. 213.

beitnehmergruppe selbst ein. Hier kommt allenfalls eine Sozialauswahl in analoger Anwendung von § 1 Abs. 3 KSchG in Betracht.

Neuerdings grenzt das *Bundesarbeitsgericht* diese Fallgruppen auch terminologisch scharf voneinander ab und unterscheidet zwischen den beiden Spielarten der „echten" und „unechten" Sozialauswahl[11]. Zur echten Sozialauswahl wird nur der Vergleich zwischen ordentlich kündbaren oder zwischen ordentlich unkündbaren Arbeitnehmern gezählt. Hingegen soll das Aufeinandertreffen von ordentlich kündbaren und unkündbaren Arbeitnehmern nur einen Fall der unechten Sozialauswahl darstellen.

II. Grundgedanken der Sozialauswahl – Die Doppelfunktion des § 1 Abs. 3 KSchG

Die hier aufgeworfene Fragestellung kann nicht ohne eine genaue Herausarbeitung der vom Gesetzgeber mit dem Gebot einer umfassenden Sozialauswahl verfolgten Zwecksetzung behandelt werden.

Die Grundsätze der sozialen Auswahl sind als Ausgleich dafür zu begreifen, daß dem Arbeitnehmer aus einem nicht seiner Verantwortungssphäre entstammenden Umstand ordentlich gekündigt werden kann[12]. Bei einer personen- und verhaltensbedingten Kündigung steht der zu Kündigende durch die Verwirklichung des jeweiligen Kündigungstatbestandes fest. Einer weiteren Individualisierung bedarf es nicht. Dies gilt hingegen nicht bei einer betriebsbedingten Kündigung als der Reaktion auf einen verringerten Arbeitkräftebedarf. Das Vorhandensein eines dringenden betrieblichen Erfordernisses läßt für sich genommen noch keine Rückschlüsse darauf zu, welchem konkreten Arbeitnehmer gegenüber die Kündigung ausgesprochen werden darf. Der Wegfall eines bestimmten Arbeitsplatzes betrifft zunächst die Belegschaft als Kollektiv. Dies leuchtet unmittelbar ein, soweit in einem Betrieb eine gewisse Anzahl Arbeitsplätze von gleicher Beschaffenheit vorhanden ist, von denen nur einer nach dem unternehmerischen Konzept nicht mehr benötigt wird[13]. Die Notwendigkeit einer Konkretisierung kann aber auch im Falle der Betriebsstillegung von Bedeutung sein, etwa wenn Arbeitnehmer in Wellen entlassen werden oder ein gewisser Bedarf an Abwicklungsarbeiten besteht und entschieden werden muß,

---

[11] *BAG* (Urt. v. 17.9. 1998), EzA Nr. 3 zu § 626 BGB Unkündbarkeit [unter II 5 der Gründe].

[12] *Oetker,* Festschrift f. Wiese, 1998, S. 333 (333f.); *Wenning-Morgenthaler,* BlStSozArbR 1985, S. 193; *Pollmann,* Die Sozialauswahl bei der betriebsbedingten Kündigung, 1996, S. 74.

[13] Siehe *Pollmann,* Die Sozialauswahl bei der betriebsbedingten Kündigung, 1996, S. 5; *Lammermann,* Aktuelle Probleme im Rahmen der betriebsbedingten Kündigung, 1996, S. 96.

welche Arbeitnehmer bis zuletzt beschäftigt werden sollen[14]. Das Auffinden desjenigen Arbeitnehmers, dem letztendlich gekündigt werden darf, erfolgt in einem bestimmten Auswahlverfahren unter Berücksichtigung sozialer Gesichtspunkte in Gestalt der Sozialauswahl nach § 1 Abs. 3 KSchG. Mit ihr wird festgelegt, auf wen der Arbeitgeber letztlich die Folgen der Umsetzung seiner Unternehmerentscheidung abwälzen darf. Hinsichtlich der Auswahlentscheidung des Arbeitgebers besitzt die Sozialauswahl deshalb zunächst eine Konkretisierungs- oder Individualisierungsfunktion[15].

Allein darin erschöpft sich Sinn und Zweck der Sozialauswahl jedoch nicht. Aus Sicht der Arbeitnehmerschaft kommt der sozialen Auswahl darüber hinaus auch die Aufgabe zu, den Arbeitnehmer zu ermitteln, den die Kündigung unter Berücksichtigung sozialer Gesichtspunkte in Form der Sozialdaten am wenigsten berührt. Das mit der Kündigung notwendig verbundene „soziale Übel" soll möglichst minimiert werden[16]. Das Gesetz räumt damit allen vergleichbaren Arbeitnehmern eine rechtlich geschützte Chance ein, im Betrieb zu verbleiben[17] und ist damit als ein „Gebot der relativen Gerechtigkeit"[18] zu begreifen. Insoweit wird zu Recht betont, § 1 Abs. 3 KSchG enthalte eine spezielle Ausprägung des allgemeinen arbeitsrechtlichen Gleichbehandlungsgrundsatzes. Die einfachgesetzliche Positivierung dieses Grundsatzes ist deshalb notwendig, weil das ansonsten individualrechtlich ausgestaltete Kündigungsschutzrecht bei der betriebsbedingten Kündigung einen kollektiven Bezug aufweist[19]. Der sozialen Auswahl kommt deshalb auch eine soziale Schutzfunktion zu[20]. Damit kann die Pflicht zur sozialen Auswahl als eine einfachgesetzliche Kodifizierung der aus Art. 12 Abs. 1 GG in Verbindung mit dem Sozialstaatspostulat des Art. 20 Abs. 1 GG fließenden grundrechtlichen Schutzpflicht angesehen werden[21]. Gerade dieser Schutzauftrag spielt eine entscheidende Rolle bei der Würdigung von

---

14 *Löwisch,* KSchG[8], § 1 Rdnr. 321.

15 MünchArb/*Berkowsky,* § 135 Rdnr. 7; *Pollmann,* Die Sozialauswahl bei der betriebsbedingten Kündigung, 1996, S. 5.

16 So treffend HeidelbergKomm[3]/*Dorndorf,* § 1 Rdnr. 267.

17 *Rieble,* Arbeitsmarkt und Wettbewerb, 1033.

18 *Reuter,* Anm. zu *BAG* (Urt. v. 15.12. 1994), JuS 1995, S. 943; siehe auch *Löwisch,* KSchG[8], Vorbemerkung zu § 1 Rdnr. 10, § 1 Rdnr. 329; *Wenning-Morgenthaler,* BlStSozArbR 1985, S. 193 (193).

19 *Preis,* Prinzipien des Kündigungsrechts, 1987, S. 380; MünchArbR/*Berkowsky,* § 130 Rdnr. 97; MünchArbR/*Wank,* § 116 Rdnr. 113; zur kollektiven Dimension des § 1 Abs.3 KSchG vgl. auch *Fastrich,* RdA 1999, S. 24 (26).

20 MünchArbR/*Berkowsky,* § 135 Rdnr. 7f.; *Neuner,* Anm. II zu *BAG* (Urt. v. 17.9.1998), EzA Nr. 3 zu § 626 BGB Unkündbarkeit.

21 *Oetker,* Festschrift f. Wiese 1998, S. 333 (333); *ders.,* RdA 1997, S. 9 (18); *D. Gaul,* NZA 1992, S. 673 (675); siehe auch *Tech,* Günstigkeitsprinzip, 1987, S. 170; zum Sozialstaatsprinzip und § 1 Abs. 4 KSchG Wiedemann/*Wiedemann,* TVG[6], Einleitung Rdnr. 342; *Wiedemann,* Festschrift f. Dieterich, 1999, S. 661 (666).

Unkündbarkeitsklauseln[22], droht er doch bei einer Herausnahme von tarifvertraglich unkündbaren Arbeitnehmern aus dem Kreis der in die Sozialauswahl einzubeziehenden Arbeitnehmer vehement in seiner Funktion zu Lasten der übrigen Belegschaft beeinträchtigt zu werden.

§ 34 Unkündbarkeitsklauseln und die Prüfungsfolge bei der Sozialauswahl

I. Die drei Prüfungsschritte der Sozialauswahl

Eine ordnungsgemäße Sozialauswahl wird in drei Prüfungsschritten vollzogen[23]. Als erstes ist zu ermitteln, welche Arbeitnehmer des Betriebs überhaupt in die soziale Auswahl einzubeziehen sind. Dies ist nur dann der Fall, wenn zwischen den Arbeitnehmern eine arbeitsplatzbezogene Vergleichbarkeit oder Austauschbarkeit besteht[24]. Soweit diese Frage nach der Substituierbarkeit der Arbeitnehmer geklärt ist, muß zwischen ihnen eine Rangfolge anhand der Sozialdaten vorgenommen werden. Es ist festzustellen, welcher Arbeitnehmer von der Kündigung am wenigsten hart getroffen wird. Zum Schluß sind diejenigen Arbeitnehmer auszuscheiden, deren Weiterbeschäftigung im Hinblick auf § 1 Abs. 3 Satz 2 KSchG in einem berechtigten betrieblichen Interesse liegt.

Die tarifvertraglichen Kündigungsklauseln erlangen ihre besondere Bedeutung bereits auf der ersten Prüfungsstufe bei der Reichweite des relevanten Personenkreises für die Sozialauswahl. Fast überwiegend wird das Problem unter dem Stichwort „Vergleichbarkeit und Bestandsschutz" erörtert[25]. Für den tarifvertraglichen Bestandsschutz ist deshalb entscheidend, ob die geschützten Arbeitnehmer überhaupt mit den übrigen Arbeitnehmern vergleichbar sind oder bereits hier aus der Sozialauswahl auszuscheiden sind. Aber selbst wenn man die Vergleichbarkeit bejaht, ist damit noch nicht zwingend entschieden, daß den sondergeschützten Arbeitnehmern auch tatsächlich gekündigt werden kann. So ist es denkbar, im Rahmen der zweiten Prüfungsstufe der tarifvertraglichen Regelung eine Indizwirkung beizumessen und den tarifvertraglich geschützten Arbeitnehmer ohne eine konkrete Prüfung im Einzelfall generell für schutzbedürf-

---

[22] *Berkowsky,* Die betriebsbedingte Kündigung, § 8 Rdnr. 7; MünchArbR/*Berkowsky,* § 135 Rdnr. 8; *Pauly,* ArbuR 1997, S. 94 (98).

[23] *Löwisch,* KSchG[8], § 1 Rdnr. 331; *Schaub,* Arbeitsrechtshandbuch[9], § 132 Rdnr. 4; *Künzl,* ZTR 1996, S. 385 (385); *Stahlhacke/Preis/Vossen,* Kündigungsschutz[7], Rdnr. 659a; *Pollmann,* Die Sozialauswahl bei der betriebsbedingten Kündigung, 1996, S. 107f.

[24] Dazu etwa *Gajewski,* Aktuelle Aspekte des Arbeitsrechts, 1987, S. 311 (316f.).

[25] Siehe etwa *Oetker,* Festschrift f. Wiese, 1998, S. 333 (336).

tiger zu halten[26] oder dem Kriterium des Altersschutzes besonderes Gewicht zu verleihen[27]. Teilweise wird sogar erwogen die Unkündbarkeitsstellung als ein berechtigtes betriebliches Bedürfnis im Sinne des § 1 Abs.3 Satz 2 KSchG anzuerkennen[28].

Klärungsbedürftig ist daher, ob die Tarifvertragsparteien den auswahlrelevanten Personenkreis durch tarifliche Regelung einengen können und ob es in ihrer Tarifmacht liegt, unkündbare Arbeitnehmer vorab mit einem erhöhten Grad von Schutzbedürftigkeit auszustatten. Zu welchen unerträglichen Ergebnissen die Herausnahme tariflich abgesicherter Arbeitnehmer aus der Sozialauswahl führen kann, soll das nachfolgende Beispiel verdeutlichen[29].

Die in § 4.4 MTV für die Metallindustrie Nordwürttemberg/Nordbaden geregelte Unkündbarkeitsklausel räumt Arbeitnehmern bereits nach der Vollendung des 53. Lebensjahres und einer Betriebszugehörigkeit von mindestens drei Jahren den Status der ordentlichen Unkündbarkeit ein. Nimmt man diese tariflich abgesicherten Arbeitnehmer im Falle einer betriebsbedingten Kündigung aus dem auswahlrelevanten Personenkreis heraus, kann es etwa zu der mißlichen Situation kommen, daß ein 52jähriger Arbeitnehmer, der eine 10, 20 oder 30-jährige Betriebszugehörigkeit aufweist und darüber hinaus auch eine Anzahl von unterhaltspflichtigen Personen zu versorgen hat, vor einem Arbeitnehmer gekündigt werden muß, der gerade die Unkündbarkeitsvoraussetzungen nach § 4.4 MTV erfüllt.

Es ist offensichtlich, daß die Kündigung gegenüber dem nicht altersgesicherten Arbeitnehmer in einem solchen Fall dem Sinn und Zweck der Sozialauswahl eklatant widerspricht. Es fragt sich, ob die durch § 1 Abs.3 KSchG dem Rechtsanwender auferlegte Schutzpflicht nicht konterkariert wird, wenn die Grundsätze der sozialen Auswahl durch tarifvertragliche Regelungen gleichsam „auf den Kopf"[30] gestellt werden können. Die verbesserte Kündigungsschutzposition erhöht hier die Gefahr der Kündigung für außenstehende Arbeitnehmer[31]. Diese Ungereimtheit resultiert insbesondere daraus, daß Unkündbarkeitsklauseln nur einen Teilausschnitt aus den im Rahmen des § 1 Abs. 3 KSchG einzustellenden Sozialdaten als Voraussetzungen für die Unkündbarkeit aufweisen. Insbesondere spielen die gesetzlichen Unterhaltspflichten nach den §§ 1360ff., 1569ff., 1601ff. BGB keine Rolle. Häufig enthalten Kündigungsausschlußklauseln auch

---

26 In diese Richtung zielt der Gedanke von *Gajewski*, Aktuelle Aspekte des Arbeitsrechts, 1987, S. 311 (341) zur Frage der Austauschkündigung.

27 So *Wenning-Morgenthaler*, BlStSozArbR 1985, S. 193 (194).

28 *Lammermann*, Probleme der betriebsbedingten Kündigung, 1996, S. 117; *Pauly*, ArbuR 1997, S. 94 (98).

29 Dazu *Löwisch*, KSchG[8], § 1 Rdnr. 348; *ders.*, DB 1998, S. 877 (881); *Hueck/v.Hoyningen-Huene*, KSchG[12], § 1 Rdnr. 456; *Linck*, Die soziale Auswahl bei betriebsbedingter Kündigung, 1990, S. 38; *Weller*, RdA 1986, S. 222 (229); siehe auch den Hinweis bei *BAG* (Urt. v. 8.8. 1985), AP Nr. 10 zu § 1 KSchG 1969 Soziale Auswahl [unter III 2c cc der Gründe].

30 *Schwerdtner*, Festschrift f. Kissel 1994, S. 1077 (1093).

31 Vgl. *Reuter*, ZfA 1995, S. 1 (55).

eine Überbetonung des Merkmals des Lebensalters zu Lasten der Dauer der Betriebszugehörigkeit, wie etwa das eben anhand des § 4.4 MTV für die Metallindustrie Nordwürttemberg/Nordbaden gebrauchte Beispiel zeigt[32].

Bei der Konkurrenz von tariflichem Sonderkündigungsschutz und allgemeinem Kündigungsschutz handelt es sich auch nicht etwa um einen krassen Ausnahmefall[33], wie etwa das Urteil des *Landesarbeitsgerichts Brandenburg*[34] aus der jüngsten Rechtsprechung belegt. Aber selbst wenn diese Feststellung zuträfe, ist kein Grund ersichtlich, warum sich daraus nicht auch Rückschlüsse auf eine generelle Einschränkung des tarifvertraglichen Kündigungsschutzes ergeben sollten[35]. Empirische Tatsachen in bezug auf die Häufigkeit des Auftretens von Rechtsproblemen in der Praxis können niemals dogmatische Einsichten vermitteln. Derartige Ausführungen entbinden deshalb nicht von der Notwendigkeit einer Auseinandersetzung mit den widersprüchlichen Folgen eines tarifrechtlichen Eingriffs in das System der gesetzlichen Sozialauswahl. Für juristische Doktrin sind solche vermeintlichen Extremsituationen gerade umgekehrt Prüfsteine im Hinblick auf Sachgerechtigkeit und innere Folgerichtigkeit[36]. Insofern läuft das von *Berkowsky*[37] gebrauchte Argument leer, dieses Problem sei schon deshalb praktisch bedeutungslos, weil es sich vor allem in größeren Unternehmen und Betrieben kaum darstellen ließe. Geht man von dieser Prämisse aus, kann man erhebliche Zweifel an der Praktikabilität des Instituts der Sozialauswahl in seiner Gesamtheit erheben.

Im übrigen kann eine fast noch widersprüchlichere Wirkung durch die Unkündbarkeit gewerkschaftlicher Vertrauensleute eintreten[38]. Hier sind die Voraussetzungen des Kündigungsausschlusses von jeglichen Sozialdaten nach § 1 Abs. 3 KSchG abgekoppelt und nur von der persönlichen Eigenschaft des gewerkschaftlichen Mandats des Vertrauensmanns abhängig. Nicht einmal

---

32 Siehe zu eben dieser Tarifnorm auch *D.Gaul/Eschler/Bohnen*, Aktuelle Aspekte des Arbeitsrechts, 1987, S. 3 (14).

33 So aber *Künzl*, ZTR 1996, S. 385 (389); ähnlich *Herschel*, ArbuR 1977, S. 137 (143); zweifelnd an der praktischen Relevanz auch *Bröhl*, Festschrift f. Schaub, 1998, S. 55 (69).

34 *LAG Brandenburg* (Urt. v. 29.10. 1998), ArbuR 1999, S. 284 (284f.); siehe auch schon *Sächsisches Landesarbeitsgericht* (Urt. v. 28.3. 1996), LAGE Nr. 18 zu § 1 KSchG Soziale Auswahl.

35 Anders jedoch *Künzl*, ZTR 1996, S. 385 (389).

36 In diese Richtung zutreffend daher *Adam*, NZA 1999, S. 846 (848).

37 MünchArbR/*Berkowsky*, § 129 Rdnr. 27.

38 Siehe dazu etwa *ArbG Kassel* (Urt. v. 5.8. 1976), DB 1976, S. 1675; *Gamillscheg*, ZfA 1977, S. 239 (249, Fn. 32); Wiedemann/*Wiedemann*, TVG[6], Einleitung Rdnr. 450; *Herschel*, AuR 1977, S. 137ff.; für die Anerkennung derartiger Kündigungsausschlüsse etwa KR[5]/*Spilger*, § 622 BGB Rdnr. 114; *LAG Düsseldorf* (Urt. v. 25.8. 1995), LAGE Nr. 11 zu Art. 9 GG [Leitsätze 1, 2].

Kriterien wie die Dauer der Betriebszugehörigkeit oder das Lebensalter spielen eine Rolle.

II. Sozialauswahl und gesetzlicher Sonderkündigungsschutz

Den Meinungsstand zur Behandlung von Unkündbarkeitsklauseln im Rahmen der Sozialauswahl kann man auf die Frage reduzieren, ob dem Ausschluß der ordentlichen Kündigung durch Tarifvertrag die gleiche kündigungsschutzrechtliche Wirkung zuzuerkennen ist, wie gesetzlich verankerten Verboten der ordentlichen Kündigung.

Nach einhelliger Auffassung in Rechtsprechung[39] und Literatur[40] sind Arbeitnehmer, bei denen die Möglichkeit der ordentlichen Kündigung von Gesetzes wegen ausgeschlossen ist, nicht in die Sozialauswahl einzubeziehen. Dazu gehören insbesondere betriebsverfassungsrechtliche Funktionsträger, die den besonderen Kündigungsschutz nach § 15 Abs. 1 KSchG genießen, aber auch etwa Personen, die dem Schutz des § 9 Abs. 1 MuSchG oder § 15 Abs. 2 BBiG unterfallen. Das Verhältnis von Sonderkündigungsschutz zu allgemeinem Kündigungsschutz richtet sich nach dem Prinzip der verdrängenden Spezialität. Systematisch sind gesetzliche Kündigungsverbote als leges speciales gegenüber § 1 Abs. 3 KSchG einzustufen[41].

Davon erfaßte Arbeitnehmer sind deshalb schon auf der ersten Stufe der Prüfung aus dem auswahlrelevanten Personenkreis auszuscheiden[42]. Die Einbeziehung in die Sozialauswahl setzt voraus, daß dem jeweiligen Arbeitnehmer auch aus demselben dringenden betrieblichen Erfordernis gekündigt werden kann. Gegenüber sondergesetzlich geschützten Arbeitnehmern ist dem Arbeitgeber aber der Ausspruch der ordentlichen Kündigung verwehrt. Die notwendige Voraussetzung der Vergleichbarkeit ist deshalb nicht gegeben. Eine weitere Be-

---

39 *BAG* (Urt. v. 17.6. 1999), NZA 1999, S. 1157 (1161); *BAG* (Urt. v. 8.8. 1985), AP Nr. 10 zu § 1 KSchG 1969 Soziale Auswahl [unter A III 2c cc der Gründe].

40 *Hueck/v.Hoyningen-Huene,* KSchG[12], § 1 Rdnr. 453; GK-KR/*Kiel,* § 1 KSchG Rdnr. 691; *Löwisch,* KSchG[8], § 1 Rdnr. 347; KR[5]/*Etzel,* § 1 KSchG Rdnr. 678; *Lück,* Probleme bei der Sozialauswahl, 1993, S. 50; *Oetker,* Festschrift f. Wiese, 1998, S. 333 (338); *Trittin,* ArbuR 1995, S. 51 (52); *Gajewski,* Aktuelle Aspekte des Arbeitsrechts, 1987, S. 311 (319); *Lammermann,* Probleme der betriebsbedingten Kündigung, 1996, S. 109f.; *Pollmann,* Sozialauswahl bei der betriebsbedingten Kündigung, 1996, S. 16f.; *Stahlhacke/Preis/Vossen,* Kündigungsschutz[7], Rdnr. 662; Heidelberg-Komm[3]/*Dorndorf,* § 1 Rdnr. 1054; *Bitter/Kiel,* RdA 1994, S. 333 (354).

41 GK-KR/*Kiel,* § 1 KSchG Rdnr. 691; *Linck,* Die soziale Auswahl bei betriebsbedingter Kündigung, 1990, S. 37, 41; *Lammermann,* Probleme der betriebsbedingten Kündigung, 1996, S. 110; *Bitter/Kiel,* RdA 1994, S. 333 (354); Heidelberg-Komm[3]/*Dorndorf,* § 1 Rdnr. 1054.

42 So für § 15 Abs. 1 KSchG ausdrücklich *BAG* (Urt. v. 17.6. 1999), NZA 1999, S. 1157 (1161).

gründung kann man mittelbar auch § 13 Abs. 3 KSchG entnehmen. Danach unterfällt eine Kündigung, die an einem sonstigen Wirksamkeitsmangel leidet, schon gar nicht den Regeln über die soziale Rechtfertigung einer Kündigung nach dem 1. Abschnitt des KSchG. Ein solcher Wirksamkeitsmangel ergibt sich aus dem jeweiligen sondergesetzlichen Kündigungsverbot in Verbindung mit § 134 BGB. Damit entfällt aber eine Wirksamkeitsprüfung der Kündigung anhand von § 1 KSchG[43] und folglich auch anhand der Grundsätze über die soziale Auswahl nach § 1 Abs. 3 KSchG

§ 35 Meinungsstand zum Konkurrenzverhältnis von Unkündbarkeitsklauseln und § 1 Abs. 3 KSchG

I. Fehlen eines echten Konkurrenzverhältnisses (herrschende Auffassung)

Die herrschende Auffassung qualifiziert tarifvertragliche Unkündbarkeitsklauseln in kündigungsschutzrechtlicher Hinsicht genau wie gesetzlich verankerte Kündigungsverbote[44]. Zu einer Wertungskollision mit § 1 Abs. 3 KSchG kann es danach nicht kommen, obgleich etwa *Weller* zugeben muß, daß ein gewisses „Unbehagen" nicht zu beseitigen ist[45] und auch *Herschel* für eine Korrektur krasser Härtefälle über die Generalklausel des § 242 BGB eintritt[46].

---

43 Zu § 15 Abs. 1 KSchG siehe etwa *v.Altrock*, Aktuelle Aspekte des Arbeitsrechts, 1987, S. 293 (298).

44 KR[5]/*Etzel*, § 1 KSchG Rdnr. 678; *Ascheid*, RdA 1997, S. 333 (335); *Weller*, RdA 1986, S. 222 (230); *Herschel*, ArbuR 1977, S. 137 (143); MünchKomm[3]/*Schwerdtner*, § 622 Anh. 394; *Schwerdtner*, Festschrift f. Kissel 1994, S. 1077 (1093); *Gift*, RdA 1969, S. 72 (77); *Färber*, NZA 1985, S. 175 (180); *Künzl*, ZTR 1996, S. 385 (389); *Trittin*, ArbuR 1995, S. 51 (52); *Seidel*, ZTR 1996, S. 449 (453); *Gajewski*, Aktuelle Aspekte des Arbeitsrechts, 1987, S. 311 (319, 337ff.); *Wendeling-Schröder*, WissR Bd. 27 (1994), S. 167 (170); *dies.*, Festschrift f. Kehrmann, 1997, S. 321 (323f.); *Schaub*, NZA 1987, S. 217 (223); *ders.*, RdA 1981, S. 371 (375); *Däubler*, Tarifvertragsrecht[3], Rdnr. 949; *Kempen/Zachert*, TVG[3], Grundlagen Rdnr. 213; ErfurtKomm/*Ascheid*, § 1 KSchG Rdnr. 513; *Stahlhacke/Preis/Vossen*, Kündigungsschutz[7], Rdnr. 662; *Jobs*, DB 1986, S. 538 (539); *Lingemann/Grothe*, NZA 1999, S. 1072 (1076); KSchR[4]/*Kittner*, § 1 KSchG Rdnr. 443; HeidelbergKomm[3]/*Dorndorf*, § 1 Rdnr. 1055; *Meisel*, ZfA 1985, S. 213 (235); KSchR[4]/*Däubler*, Einleitung Rdnr. 365; *Buchner*, ZGR 1984, S. 180 (190, 201f.); *Lück*, Probleme der Sozialauswahl nach § 1 Abs. 3 KSchG, 1993, S. 56ff.; *Dälken*, Möglichkeiten eines tarifvertraglichen Bestandsschutzes für Arbeitsverhältnisse, 1986, S. 93; *Pollmann*, Die Sozialauswahl bei der betriebsbedingten Kündigung, 1996, S. 20ff.; *Lammermann*, Aktuelle Probleme im Rahmen der betriebsbedingten Kündigung, 1996, S. 96; *v.Koppenfels*, Kündigung bei unkündbaren Arbeitnehmern, 1998, S. 116f.; *Zwanziger*, DB 2000, S. 2166 (2168); wohl auch *Stein*, Tarifvertragsrecht, Rdnr. 555.

45 *Weller*, RdA 1986, S. 222 (230).

46 *Herschel*, ArbuR 1977, S. 137 (143) zur Sonderkonstellation von Kündigungsklauseln

Die herrschende Ansicht wird mit einer ganzen Reihe von Argumenten untermauert. Eine Einbeziehung tarifvertraglich unkündbarer Arbeitnehmer in den Kreis der auswahlrelevanten Personen wird mangels horizontaler Vergleichbarkeit abgelehnt. Danach verleihen tarifvertragliche Kündigungsbeschränkungen genau wie gesetzliche Kündigungsverbote den Status der ordentlichen Unkündbarkeit. Sie seien als selbständige Arbeitnehmerschutznormen zu qualifizieren[47]. Damit seien auch Kündigungen aus dringenden betrieblichen Erfordernissen ausgeschlossen, die Regelungen des § 1 Abs. 2 und 3 KSchG von ihrem sachlichen Anwendungsbereich schon gar nicht einschlägig. Eine Auswahl könne der Arbeitgeber jedoch nur bei solchen Arbeitnehmern vornehmen, gegenüber denen ihm die Möglichkeit der ordentlichen Kündigung offen steht. § 1 Abs. 3 KSchG setze schon tatbestandlich als geringste Anforderung an die Vergleichbarkeit das Merkmal der ordentlichen Kündbarkeit voraus[48]. Die Möglichkeit des Ausschlusses des ordentlichen Kündigungsrechts ergebe sich aus dem einseitig-zwingenden Charakter des KSchG in seiner Ausformung als Arbeitnehmerschutzrecht[49]. Dieses sei anerkanntermaßen für begünstigende Abreden zugunsten der Arbeitnehmerschaft zugänglich und erfasse daher auch Regelungen, die durch Verringerung der Auswahlmöglichkeiten in die Auswahlentscheidung des Arbeitgebers nach § 1 Abs. 3 KSchG eingreifen. Teilweise wird auch auf das Prinzip der Vertragsfreiheit abgestellt oder direkt das arbeitsrechtliche Günstigkeitsprinzip herangezogen[50]. Etwaige Folgewirkungen für andere Arbeitnehmer seien dabei unbeachtlich. Es sei zudem widersprüchlich, begünstigende Tarifnormen auch bei der ordentlichen betriebsbedingten Kündigung anzuerkennen, deren Wirkung aber durch die Einbeziehung der geschützten Arbeitnehmer in die Sozialauswahl wieder zu beseitigen[51].

Zudem wird darauf aufmerksam gemacht, daß zwischen der Pflicht zur sozialen Auswahl und dem tarifvertraglichen Kündigungsschutz kein echtes Konkurrenzverhältnis bestehe[52]. Der Tarifvertrag mit der spezielleren Regelung ver-

---

zugunsten gewerkschaftlicher Vertrauensleute; gegen ihn *Gamillscheg,* ZfA 1977, S. 239 (249, Fn. 32); ähnlich schon *Gift,* RdA 1969, S. 72 (77) bei besonders krassem Mißverhältnis in der Sozialauswahl.

47 *v.Koppenfels,* Kündigung bei unkündbaren Arbeitnehmern, 1998, S. 139.

48 So insbesondere *Zöllner,* Festschrift f. G. Müller, 1981, S. 665 (684, Fn. 64); *Däubler,* Tarifvertragsrecht[3], Rdnr. 949; *Lück,* Probleme der Sozialauswahl nach § 1 Abs. 3 KSchG, 1993, S. 56; *Ascheid,* Kündigungsschutzrecht, Rdnr. 348.

49 KR[5]/*Etzel,* § 1 KSchG Rdnr. 680; *Lammermann,* Probleme der betriebsbedingten Kündigung, 1996, S. 114f.; *Lück,* Probleme der Sozialauswahl nach § 1 Abs. 3 KSchG, 1993, S. 56f.

50 So etwa *Stahlhacke/Preis/Vossen,* Kündigungsschutz[7], Rdnr. 662.

51 MünchKomm[3]/*Schwerdtner,* § 622 Anh. Rdnr. 394; *Lammermann,* Probleme der betriebsbedingten Kündigung, 1996, S. 116; *Stein,* Tarifvertragsrecht, Rdnr. 555.

52 *Weller,* RdA 1986, S. 222 (230); *Pollmann,* Sozialauswahl bei der betriebsbedingten Kündigung, 1996, S. 20f.; *Kempen/Zachert,* TVG[3], Grundlagen Rdnr. 213.

dränge den allgemeinen Kündigungsschutz daher vollständig. Wollte man hier anders entscheiden, würde sich dies als ein ungerechtfertigter Eingriff in eine verdiente Rechtsposition darstellen oder nach den Worten *Kittners* gar als eine unzulässige Enteignung[53]. Unkündbarkeitsklauseln regelten auch gar nicht die Beziehung zu anderen Arbeitnehmern, sondern beträfen allein das Verhältnis zwischen geschützten Arbeitnehmern und Arbeitgeber. Deshalb müsse hier anders entschieden werden, als bei betriebsverfassungsrechtlichen Auswahlrichtlinien nach § 95 Abs. 1 BetrVG oder bei tariflichen Auswahlrichtlinien, die lediglich eine Gewichtung der Sozialfaktoren regeln und damit unmittelbar das Verhältnis der einzelnen Arbeitnehmer untereinander bestimmen[54]. Der Arbeitgeber sei auch nicht gehalten, die Zahl der auswahlrelevanten Arbeitnehmer unverändert zu lassen. Der Grundsatz der Sozialauswahl habe für den Arbeitgeber deshalb nur einen negativen Inhalt[55]. Er müsse nur eine Auswahlentscheidung treffen, die der sozialen Schutzbedürftigkeit Rechnung trägt, für einen Auswahlspielraum müsse er jedoch nicht sorgen[56]. Auswirkungen in Form der Verschlechterung der kündigungsschutzrechtlichen Position nichtprivilegierter Arbeitnehmer seien daher lediglich mittelbarer Natur. Da die Änderung der Rechtslage der außenstehenden Arbeitnehmer nicht unmittelbar auf den Willen der Tarif- oder der Arbeitsvertragsparteien zurückzuführen sei, liege ein bloßer Rechtsreflex[57] vor, der die Wirksamkeit der Unkündbarkeitsabrede nicht zu beeinträchtigen vermag[58]. Im Bereich des einzelvertraglichen Kündigungsausschlusses wird das Vorliegen eines unzulässigen Vertrages zu Lasten Dritter verneint. Entsprechende Regelungen enthielten nur einen nicht zu beanstandenden Vertrag mit Lastwirkung gegenüber Dritten[59].

Nach Ansicht *Färbers* ist die Einbeziehung des unkündbaren Arbeitnehmers in die Sozialauswahl auch deshalb nicht praktikabel, weil sie den Arbeitgeber

---

53 KSchR[4]/*Kittner,* § 1 KSchG Rdnr. 445.

54 *Weller,* RdA 1996, S. 222 (230).

55 *Herschel,* ArbuR 1977, S. 137 (143).

56 *Schaub,* NZA 1987, S. 217 (223); *Lück,* Probleme der Sozialauswahl nach § 1 Abs. 3 KSchG, 1993, S. 57.

57 Zum Begriff siehe etwa *Habersack,* Vertragsfreiheit und Drittinteressen, 1992, S. 55f.

58 *Weller,* RdA 1986, S. 222 (230); *Pollmann,* Sozialauswahl bei der betriebsbedingten Kündigung, 1996, S. 21; KR[5]/*Etzel,* § 1 KSchG Rdnr. 680; *Wendeling-Schröder,* Festschrift f. Kehrmann 1996, S. 321 (324); *Lück,* Probleme der Sozialauswahl nach § 1 Abs. 3 KSchG, 1993, S. 58; Wiedemann/*Wiedemann,* TVG[6], § 1 Rdnr. 538; *Weng,* Kündigung von Arbeitsverhältnissen mit langer Bindung, 1980, S. 161f.; *Stahlhacke/Preis/Vossen,* Kündigungsschutz[7], Rdnr. 662; *LAG Brandenburg* (Urt. v. 29.10. 1998), ArbuR 1999, S. 284 (285); *v.Koppenfels,* Kündigung bei unkündbaren Arbeitnehmern, 1998, S. 139.

59 *Kania/Kramer,* RdA 1995, S. 287 (288); *Stahlhacke/Preis/Vossen,* Kündigungsschutz[7], Rdnr. 662; *LAG Brandenburg* (Urt. v. 29.10. 1998), ArbuR 1999, S. 284 (285).

vor eine unlösbare Situation stellen würde[60]. Dem tarifgesicherten Arbeitnehmer könne aufgrund seines Sonderkündigungsschutzes nicht gekündigt werden und der nichtprivilegierte Arbeitnehmer kann im Kündigungsschutzprozeß die mangelnde soziale Rechtfertigung der Kündigung rügen. Folge wäre, daß der Arbeitnehmer seine unternehmerische Entscheidung nicht durchzusetzen vermag. Die einzige Lösung bestehe deshalb darin, den Arbeitnehmer mit dem besseren Kündigungsschutz aus der Sozialauswahl auszuklammern.

Schließlich wird auch auf den Gesichtspunkt des Vertrauensschutzes abgestellt[61]. Es sei zu berücksichtigen, daß der Arbeitnehmer in der Erlangung der Unkündbarkeit oftmals die wichtigste Errungenschaft bei der Gestaltung seines Arbeitsverhältnisses erblickt. Insbesondere bei einzelvertraglich vereinbarten Kündigungsausschlüssen müsse der Umstand beachtet werden, daß der gesicherten Rechtsposition häufig Einbußen bei der Entlohnung oder der Verzicht auf bessere Verdienstmöglichkeiten bei anderen Arbeitgebern gegenüberstehen. Die generelle Einbeziehung dieser Arbeitnehmer in den Kreis der Sozialauswahl würde daher in nicht zu rechtfertigender Weise das verdiente Vertrauen enttäuschen und den Arbeitgeber dem Vorwurf des widersprüchlichen Verhaltens nach dem Grundsatz des „venire contra factum proprium" aussetzen.

Die herrschende Auffassung erkennt tariflichen Kündigungsverboten demnach die gleiche Wirkungsweise wie gesetzlichen Kündigungsverboten zu. Der nicht tarifgeschützte Arbeitnehmer ist immer vor dem unkündbaren Arbeitnehmer zu entlassen.

Hingegen tritt *Kiel* für eine differenzierte Betrachtung ein[62]. Grundsätzlich stehe der tarifvertragliche Kündigungsschutz einer Einbeziehung der unkündbaren Arbeitnehmer in die Sozialauswahl entgegen. Dies folge nicht wie bei gesetzlichen Kündigungsverboten aus dem Grundsatz der Spezialität, sondern unmittelbar aus Art. 9 Abs. 3 GG. Wolle man hier anders entscheiden, würde seiner Auffassung nach der intendierte Schutz vor betriebsbedingten Kündigungen nicht erreicht werden können. Andererseits seien aber auch die Grundrechte der von einer Einengung des Auswahlkreises betroffenen außenstehenden Arbeitnehmer und der Gleichheitssatz des Art. 3 Abs. 1 GG zu berücksichtigen. Tarifvertragliche Kündigungsverbote haben danach das Lebensalter und die betriebliche Seniorität zu berücksichtigen und müssen diese beiden sozialen Gesichtspunkte auch in ein angemessenes Verhältnis setzen. Deshalb seien nur besonders extrem gefaßte Kündigungsklauseln, wie etwa § 4.4 des Manteltarifvertrags Nordwürttemberg/Nordbaden, der die Unkündbarkeit bereits bei einer

---

60 *Färber,* NZA 1985, S. 175 (179).

61 *Wendeling-Schröder,* WissR Bd. 27 (1994), S. 167 (170f.) im Anschluß an *Gamillscheg,* Anm. 1c zu *BAG* (Urt. v. 11.3. 1976), EzA Nr. 1 zu § 95 BetrVG; siehe auch *ders.,* Kollektives Arbeitsrecht Bd. I, 1997, S. 690.

62 GK-KR/*Kiel,* § 1 KSchG Rdnr. 695ff.

Betriebszugehörigkeit von nur drei Jahren und einem Lebensalter von 53 Jahren eingreifen lasse, partiell unwirksam.

II. Gegenteilige Auffassungen

1. Keine Verdrängung der Grundsätze der Sozialauswahl

Nach der Gegenansicht kann die Ausblendung einzel- oder tarifvertraglich unkündbarer Arbeitnehmer aus der Sozialauswahl, wie in dem aufgeführten Beispielsfall, zu evidenten Wertungswidersprüchen führen, die mit dem in § 1 Abs. 3 KSchG festgelegten Verteilungsmaßstab bei anstehenden betriebsbedingten Kündigungen nicht zu vereinbaren sind[63].

In diesem Fall dürfe nicht allein auf den Status der ordentlichen Unkündbarkeit abgestellt werden. Die Kündigungsklauseln müßten in einer solchen Situation zurücktreten und dürften einer Einbeziehung in den Kreis der auswahlrelevanten Personen nicht entgegenstehen. Diese Ansicht verneint folglich die tarifliche Regelungsbefugnis der Koalitionen, die von § 1 Abs. 3 KSchG vorgegebenen Grundsätze zugunsten der tarifgebundenen Arbeitnehmer zu durchbrechen.

Die Verkürzung der kündigungsschutzrechtlichen Position der außenstehenden Arbeitnehmer könne nicht einfach nur als unbeachtlicher Rechtsreflex qualifiziert werden. Es sei verfehlt, die Regelungen über die betriebsbedingte Unkündbarkeit allein auf das Verhältnis von geschütztem Arbeitnehmer zum Arbeitgeber zu reduzieren. Durch Kündigungsausschlußnormen werde der Kündigungsschutz anderer Arbeitnehmer direkt verschlechtert, es bestehe daher gerade umgekehrt ein unmittelbares Konkurrenzverhältnis zwischen gesetzlicher und tariflicher Regelung[64]. Dieses Konkurrenzverhältnis könne aber nicht durch

---

63 AR-Blattei SD/*Linck*, Kündigungsschutz I B, Rdnr. 30f.; *Hueck/v.Hoyningen-Huene*, KSchG[12], § 1 Rdnr. 457; MünchArbR/*Berkowsky*, § 135 Rdnr. 99; *Oetker*, Festschrift f. Wiese, 1998, S. 333 (341f.); *Ehler*, BB 1994, S. 2068 (2069); *Rieble*, WissR Bd. 27 (1994), S. 40 (54f.); *ders.*, Arbeitsmarkt und Wettbewerb, Rdnr. 1033; anders aber *ders.*, NJW 1991, S. 65 (68); *Säcker/Oetker*, Grundlagen und Grenzen der Tarifautonomie, 1992, S. 187f.; *Löwisch*, KSchG[8], § 1 Rdnr. 348f.; *ders.*, DB 1998 S. 877 (881); *Löwisch/Rieble*, TVG, § 1 Rdnr. 565; *Bauer*, DB 1994, S. 274 (277); *ders.*, Arbeitsrechtliche Aufhebungsverträge[5], Rdnr. 322; *Reuter*, ORDO Bd. 33 (1982), S. 165 (S. 196f.); *Linck*, Die soziale Auswahl bei betriebsbedingter Kündigung, 1990, S. 41f.; *Neuner*, Anm. II zu *BAG* (Urt. v. 17.9.1998), EzA Nr. 3 zu § 626 BGB Unkündbarkeit; *Frischmann*, ZTR 1996, S. 344 (346f., 348); *Bröhl*, Festschrift f. Schaub, 1998, S. 55 (69); wohl auch *Kania/Kramer*, RdA 1995, S. 287 (289) und *Bitter/Kiel*, RdA 1994, S. 333 (354); für den einzelvertraglichen Ausschluß auch *Tech*, Günstigkeitsprinzip, 1987, S. 169ff.

64 *Linck*, Die soziale Auswahl bei betriebsbedingter Kündigung, 1990, S. 40; *Rieble*, Arbeitsmarkt und Wettbewerb, 1996, Rdnr. 1033.

den Spezialitätsgrundsatz, wie er bei gesetzlichen Regelungen Anwendung findet, aufgelöst werden. Es sei daher der gesetzliche Geltungsanspruch des § 1 Abs. 3 KSchG entscheidend. § 1 Abs. 3 KSchG ist jedoch mit zwingender Geltung ausgestattet und nicht etwa tarifdispositiver Natur, was jedoch Voraussetzung für die Setzung einer benachteiligenden Regelung wäre[65]. Der Gesetzgeber müßte in einem solchen Fall ausdrücklich eine Tariföffnungsklausel verankern, was jedoch ausweislich des Wortlauts in § 1 Abs. 3 KSchG nicht geschehen ist[66]. Die Herausnahme tariflich geschützter Arbeitnehmer aus dem Auswahlkreis verstoße daher gegen die allgemeine Normenhierarchie.

Oetker hat versucht, das Zurücktreten des tarifvertraglichen Kündigungsschutzes mit der durch das Arbeitsrechtliche Beschäftigungsförderungsgesetz vom 25. September 1996[67] erfolgten Beschränkung der Sozialdaten auf die Kriterien der Dauer der Betriebszugehörigkeit, des Lebensalters und der Unterhaltspflichten zu begründen[68]. Ausgangspunkt seiner Überlegungen ist § 1 Abs. 4 KSchG, der eine Gewichtung der drei in § 1 Abs. 3 KSchG festgeschriebenen Sozialdaten in Tarifverträgen nur einer gerichtlichen Kontrolle auf grobe Fehlsamkeit unterwirft. Daraus folgert er, daß die Tarifvertragsparteien bei der Regelung der Sozialauswahl, zu der er auch den Ausschluß der ordentlichen Kündigungsrechts zählt, nicht befugt seien, als Sozialdaten allein Lebensalter und Betriebszugehörigkeit zu berücksichtigen. Es müßten immer alle drei Sozialfaktoren in die soziale Auswahl eingestellt werden. Diese Anforderungen erfüllten tarifvertragliche Kündigungsausschlußklauseln jedoch nicht, da als Unkündbarkeitsvoraussetzungen regelmäßig ein bestimmtes Lebensalter und eine bestimmte Mindestbeschäftigungszeit ausreichen.

Teilweise wird in der Herausnahme tariflich geschützter Arbeitnehmer aus der Sozialauswahl auch ein direkter Verstoß gegen das aus der negativen Koalitionsfreiheit des Art. 9 Abs. 3 GG fließende Diskriminierungsverbot gesehen[69]. Unkündbarkeitsklauseln führten dazu, daß im Falle von betriebsbedingten Kündigungen vorrangig anders- oder nichtorganisierte Arbeitnehmer entlassen werden müssen. Durch die Zulässigkeit derartiger Regelungen würde deshalb ein nicht hinzunehmender Beitrittsdruck der außenstehenden Arbeitnehmer erzeugt.

2. Auswirkungen auf der Rechtsfolgenseite

Besteht somit zwar Einigkeit dahingehend, daß es zur Vermeidung von Wertungswidersprüchen nicht zu einer Ausklammerung tarifrechtlich geschützter

---

65 *Linck*, Die soziale Auswahl bei betriebsbedingter Kündigung, 1990, S. 41f.

66 *Kania/Kramer*, RdA 1995, S. 287 (289).

67 BGBl. I S. 1476ff; kritisch zur Neuregelung *Däubler*, Das Arbeitsrecht 2[11], Rdnr. 1055; *Buschmann*, ArbuR 1996, S. 285 (288).

68 *Oetker*, Festschrift f. Wiese, 1998, S. 333 (341).

69 MünchArbR/*Löwisch*, § 238 Rdnr. 77f.; *Löwisch/Rieble*, TVG, § 1 Rdnr. 566.

Arbeitnehmer aus der Sozialauswahl kommen darf, so wird jedoch die Frage nach der dogmatischen Umsetzung dieser Erkenntnis unterschiedlich beurteilt.

a) Unwirksamkeitslehre

Teilweise wird die Ansicht vertreten, der hier beschriebene tarifvertragliche Eingriff in die Grundsätze der sozialen Auswahl zu Lasten eines schutzwürdigen Arbeitnehmers zöge die Nichtigkeit einer entsprechenden Tarifnorm nach sich[70]. Diese „Unwirksamkeitslehre“[71] sieht in der erleichterten Zulassung einer außerordentlichen Kündigung die Gefahr einer Benachteiligung der tarifgebundenen Arbeitnehmer und deshalb einen offenen Wertungswiderspruch zur bestandsschutzsichernden Zielsetzung der Tarifnormen[72]. Hingegen ist für *Rieble* diese Rechtsfolge das Ergebnis einer verfassungskonformen Einschränkung der Unkündbarkeit[73]. Die Lösung wird daher in einer partiellen Rechtsunwirksamkeit der Tarifklausel gesehen. Deshalb sei in den Fällen, in denen die Unkündbarkeit zu einer unsozialen Auswahl führt, eine geltungserhaltende Reduktion der Kündigungsschutzklausel vorzunehmen. Sie ist dann nur insoweit zu berücksichtigen, als nicht privilegierte Arbeitnehmer durch ihre Anwendung nicht schlechter gestellt werden. Für die betriebsbedingte Kündigung ist dann wieder der Weg der ordentlichen Kündigung eröffnet, für verhaltens- und personenbedingte Kündigungen behält die Tarifklausel hingegen ihre Wirksamkeit und damit auch ihren bestandsschutzsichernden Charakter.

Zu beachten ist, daß es sich bei der Reduktion der Unkündbarkeitsklauseln keinesfalls um eine teleologische Reduktion handelt, denn die Einbeziehung der sondergeschützten Arbeitnehmer in die Sozialauswahl widerspricht gerade Sinn und Zweck derartiger Regelungen. Dogmatisch gesehen liegt ein Fall der gesetzeskonformen Einschränkung vor[74], die sich am höherrangigen Gesetzesrecht orientiert.

---

70 MünchArbR/*Berkowsky*, § 135 Rdnr. 103; *Berkowsky*, Die betriebsbedingte Kündigung[4], § 8 Rdnr. 95; *Löwisch/Rieble*, TVG, § 1 Rdnr. 568; *Bröhl*, Festschrift f. Schaub, 1998, S. 55 (69); für den einzelvertraglichen Kündigungsausschluß auch *Tech*, Günstigkeitsprinzip, 1987, S. 169; allgemein *Pieper*, NZA 1986, S. 277 (279) zur partiellen Unwirksamkeit bei der betriebsbedingten Kündigung.

71 Terminologie im Anschluß an *Wendeling-Schröder*, WissR Bd. 27 (1994), S. 167 (169); *dies.*, Festschrift f. Kehrmann, 1997, S. 321 (323).

72 MünchArbR/*Berkowsky*, § 135 Rdnr. 102; *Berkowsky*, Die betriebsbedingte Kündigung[4], § 8 Rdnr. 94.

73 *Rieble*, WissR Bd. 27 (1994), S. 40 (55); ähnlich *Löwisch*, DB 1998, S. 877 (881), der allerdings von einer verfassungskonformen Auslegung des § 1 Abs. 3 KSchG spricht.

74 So ausdrücklich *Oetker*, Festschrift f. Wiese, 1998, S. 333 (341f.) und *D. Gaul*, NZA 1992, S. 673 (675) obgleich offen gelassen wird, ob dem unkündbaren Arbeitnehmer ordentlich oder lediglich außerordentlich gekündigt werden kann.

b) Zulassung der außerordentlichen betriebsbedingten Kündigung

Der herrschenden Auffassung zur ersetzenden außerordentlichen Kündigung folgend, steht ein Großteil der Autoren auf dem Standpunkt, daß gegenüber dem ordentlich unkündbaren, jedoch sozial weniger schützenswerten Arbeitnehmer eine außerordentliche fristgebundene Kündigung aus einem betriebsbedingten Kündigungsgrund nach § 626 BGB anzuerkennen ist[75]. Die ordentlich unkündbaren Arbeitnehmer sind dann trotz ihres Kündigungsausschlusses in die soziale Auswahl einzubeziehen. Die Einbeziehung in die Sozialauswahl setzt zwar die betriebsbedingte Kündbarkeit voraus[76]. Nach dieser Auffassung reicht dafür offenbar auch die außerordentliche betriebsbedingte Kündbarkeit aus. Der Umstand, daß gegenüber diesen Arbeitnehmern eine außerordentliche Kündigung mit obligatorischer Kündigungsfrist möglich ist, genügt den Vertretern dieser Ansicht für die Anerkennung der Vergleichbarkeit[77]. Eine Nichtigkeitsanordnung hinsichtlich der tarifvertraglichen Kündigungsschutzklausel sei nicht notwendig, da durch die Zulassung einer erleichterten außerordentlichen Kündigung dem Sinn und Zweck der Sozialauswahl ohne weiteres ausreichend Rechnung getragen werden kann[78].

c) Die Ansicht von Frohner

Einen für den Arbeitgeber in höchstem Maße nachteiligen Lösungsansatz verfolgt *Frohner*[79]. Er ist der Auffassung, daß der Arbeitgeber bei dem Zusammentreffen von ordentlich unkündbarem Arbeitnehmer und sozial schützenswerterem, jedoch nicht privilegiertem Arbeitnehmer überhaupt keine Kündigung aussprechen darf. Dem ersten Arbeitnehmer gegenüber könne eine Kündigung wegen der fehlenden ordentlichen Kündigungsmöglichkeit nicht ausgesprochen werden. Eine dennoch erfolgte Kündigung sei wegen Verstoßes gegen die sichernde Tarifnorm nach §§ 4 Abs. 1 TVG, 134 BGB nichtig. Aber auch die Zulassung einer außerordentlichen Kündigung mit schwächeren Anforderungen an den Kündigungsgrund sei nicht anzuerkennen, weil sie der kündigungsschutzsichernden Zielrichtung der Tarifnorm widerspräche. Hinsichtlich des sozial schwächeren Arbeitnehmer verbietet sich eine Kündigung mit Rücksicht auf die Regelung des § 1 Abs. 3 KSchG. Dieser Arbeitnehmer könnte die trotzdem er-

---

75 *Säcker/Oetker*, Grundlagen und Grenzen der Tarifautonomie, 1992, S. 187f.; *Linck*, Die soziale Auswahl bei betriebsbedingter Kündigung, 1990, S. 44f.; AR-Blattei SD/*Linck*, Kündigungsschutz I B, Rdnr. 32; *Hueck/v.Hoyningen-Huene*, KSchG[12], § 1 Rdnr. 458; *Bauer*, Arbeitsrechtliche Aufhebungsverträge[5], Rdnr. 322.

76 *Oetker*, Festschrift f. Wiese, 1998, S. 333 (335).

77 *Säcker/Oetker*, Grundlagen und Grenzen der Tarifautonomie, 1992, S. 328f.

78 So insbesondere *Säcker/Oetker*, Grundlagen und Grenzen der Tarifautonomie, 1992, S. 187f.

79 *Frohner*, BlStSozArbR 1977, S. 353 (354).

folgte, sozial nicht gerechtfertigte Kündigung mit der Kündigungsschutzklage angreifen[80].

III. Die Ansicht der Rechtsprechung

1. Entscheidungen des *Bundesarbeitsgerichts*

Eine umfassende Behandlung, mit einer abschließenden Klärung dieses Fragekomplexes durch eine höchstrichterliche Entscheidung liegt bisher nicht vor[81]. In einer neueren Entscheidung vom 17. September 1998 stellt das *Bundesarbeitsgericht* lapidar fest, daß bei einer zwischen einem ordentlich noch kündbaren und einem unkündbaren Arbeitnehmer zu treffenden Auswahlentscheidung grundsätzlich zugunsten des Unkündbaren ein Arbeitsplatz freizumachen ist[82]. Allerdings wird die Möglichkeit erörtert, bei „besonders gelagerten Fallgestaltungen“ von diesem Grundsatz auch Ausnahmen zu machen. Unter welchen Voraussetzungen in dieser Weise zu verfahren sei, wird allerdings offen gelassen. Das Gericht erkennt damit den Vorrang des tariflich geschützten Arbeitnehmers an und geht gleichzeitig von der vollen Wirksamkeit einer entsprechenden Privilegierung durch eine Kündigungsausschlußklausel aus. Kritisch muß aber auffallen, daß die Entscheidung eine tragfähige Begründung vermissen läßt. Auch fehlt jeglicher Hinweis, noch eine Auseinandersetzung mit den in der Literatur geäußerten Bedenken. Mit dieser Entscheidung schließt das Gericht wertungsmäßig an sein Urteil vom 17. Mai 1985 an. Hier stellt das Gericht fest, daß dem ordentlich unkündbaren Arbeitnehmer ein Arbeitsplatz zu den bisherigen Arbeitsbedingungen zumindest dann zuzuerkennen ist, wenn dieser von einem ordentlich kündbaren Arbeitnehmer besetzt wird, der nach einer Herabgruppierung um eine Vergütungsstufe ebenfalls weiter beschäftigt werden kann[83]. Der ordentlich kündbare Arbeitnehmer könne bei einer aus diesem Grunde erfolgten ordentlichen Änderungskündigung die Fehlerhaftigkeit der Sozialauswahl deshalb nicht rügen, weil eine Vergleichbarkeit mit dem unkündbaren Arbeitnehmer nicht gegeben sei. Mit diesem Argument beruft sich das Bundesarbeitsgericht ausdrücklich auf die schon damals gängige Auffassung in der Literatur[84].

---

80 Hingegen sieht *Färber,* NZA 1985, S. 175 (179) gerade darin ein Argument gegen die Einbeziehung des Unkündbaren in die Sozialauswahl.

81 Insoweit immer noch zutreffend AR-Blattei SD/*Linck,* Kündigungsschutz I B Rdnr. 28; siehe auch GK-KR/*Kiel,* § 1 KSchG Rdnr. 693; *ArbG Cottbus* (Urt. v. 17.5. 2000), AP Nr. 48 zu § 1 KSchG 1969 Soziale Auswahl [unter 2 der Gründe].

82 *BAG* (Urt. v. 17.9. 1998), AP Nr. 148 zu § 626 BGB [unter II 5 der Gründe]; siehe dazu auch *Groeger,* NZA 1999, S. 850 (854).

83 *BAG* (Urt. v. 17.5. 1985), AP Nr. 3 zu § 55 BAT [Leitsatz 1 und unter III 2 aa,bb der Gründe]; speziell dazu auch *Böhm/Spiertz/Sponer/Steinherr,* BAT, § 55 Rdnr. 26.

84 KR /*Becker,* § 1 KSchG Rdnr. 349.

Jedoch sollte nicht unerwähnt bleiben, daß sich das *Bundesarbeitsgericht* kurze Zeit später, wenngleich in einem obiter dictum, zu der Auswirkung der Unkündbarkeit auf die Sozialauswahl durchaus kritisch geäußert hat. In dem Urteil vom 8. August 1985 hatte sich der 2. Senat unter anderem mit der Frage auseinanderzusetzen, ob tarifvertragliche Regelungen der Unkündbarkeit nicht zugleich auch als Richtlinien über die personelle Auswahl bei betriebsbedingten Kündigungen qualifiziert werden können[85]. Dabei geht das Gericht auch auf das Verhältnis der wichtigsten drei Sozialdaten, dem Lebensalter, der Dauer der Betriebszugehörigkeit und der Belastung durch Unterhaltsverpflichtungen ein. Dazu führt das *Bundesarbeitsgericht* aus, daß ein wertungsmäßiger Vorrang der Kriterien Lebensalter und Dauer der Betriebszugehörigkeit vor demjenigen der Unterhaltsverpflichtungen nicht begründbar ist. Insbesondere die Überbetonung des Auswahlkriteriums des Lebensalters durch die tarifliche Unkündbarkeit verleiht diesem Merkmal ein Gewicht, das mit den tatsächlichen Gegebenheiten des Arbeitsmarktes nicht mehr konform ginge. Erst recht gelte diese Feststellung für die völlige Vernachlässigung des Kriteriums der Unterhaltspflicht[86]. Diese, unter ausdrücklicher Bezugnahme auf Vertreter der ablehnenden Gegenauffassung in der Literatur[87] gemachten Ausführungen werden vom *Bundesarbeitsgericht* in seiner Entscheidung vom 17. September 1998 mit keinem Wort erwähnt. Hier wäre wegen der grundsätzlichen Bedeutung der Frage vor dem Hintergrund der Reichweite des tarifvertraglichen Kündigungsschutzes eine breitere Stellungnahme des Gerichts wünschenswert gewesen.

2. Arbeitsrechtliche Instanzrechtsprechung

Soweit ersichtlich hat sich zuerst das *Sächsische Landesarbeitsgericht* in seinem Urteil vom 28. März 1996 mit der Kollision von Sozialauswahl und autonomen Kündigungsschutz befaßt, wobei dem Rechtsstreit aber nur eine individualvertraglich eingeräumte Unkündbarkeitsstellung zugrunde lag[88]. Das Gericht vertritt hier die Auffassung, vertragliche Kündigungsverbote verleihen genau wie gesetzliche Kündigungsverbote den Status der ordentlichen Unkündbarkeit. Beziehen sich derartige Kündigungsbeschränkungen auch auf das arbeitgeberseitige Recht zur betriebsbedingten Kündigung, müssen die sonderkündigungs- geschützten Arbeitnehmer wegen ihrer mangelnden Vergleichbar-

---

85 *BAG* (Urt. v. 8.8. 1985), AP Nr. 10 zu § 1 KSchG 1969 Soziale Auswahl [unter A III 2 d aa der Gründe]; siehe dazu auch *Bitter/Kiel*, RdA 1994, S. 333 (354); Wiedemann/*Wiedemann*, TVG[6], § 1 Rdnr. 538.

86 *BAG* (Urt. v. 8.8. 1985), AP Nr. 10 zu § 1 KSchG 1969 Soziale Auswahl [unter A III 2 c cc der Gründe].

87 *Herschel/Löwisch*, KSchG[6], § 1 Rdnr. 223.

88 *Sächsisches Landesarbeitsgericht* (Urt. v. 28.3. 1996), LAGE Nr. 18 zu § 1 KSchG Soziale Auswahl, S. 2.

keit aus dem Auswahlkreis herausgenommen werden. Anders sei nur dann zu entscheiden, wenn die Unkündbarkeit gerade mit Hinblick darauf vereinbart wird, den Kreis der auswahlrelevanten Personen zu verkleinern. In einem solchen Fall müsse von einer unzulässigen Aushebelung der Grundsätze über die soziale Auswahl ausgegangen werden, die aber einem Umgehungsverbot unterliege. Bei derartigen Fallgestaltung müsse durch die Unwirksamkeit der jeweiligen Klausel der Sozialauswahl Geltung verschafft werden. Bemerkenswerterweise fordert das *Sächsische Landesarbeitsgericht* darüber hinaus zusätzlich noch das Erfordernis einer Rechtfertigung für die Gewährung der Unkündbarkeit, um eine „funktionswidrige Nutzung" der Vertragsfreiheit auszuschalten. Dabei wird im Anschluß an die Entscheidung des *Großen Senats des Bundesarbeitsgericht* zur Zulässigkeit befristeter Arbeitsverhältnisse das Vorliegen eines sachlichen Grundes verlangt[89]. Das Gericht stellt demnach eine subjektive und eine objektive Grenze für die Vereinbarung kündigungsschutzrechtlicher Positionen in bezug auf § 1 Abs. 3 KSchG auf. In subjektiver Hinsicht darf kein Fall der Gesetzesumgehung vorliegen, in objektiver Hinsicht muß die Unkündbarkeit auf einen sachlichen Grund gestützt werden.

Mit einer recht ähnlichen Begründung hat jüngst auch das *LAG Brandenburg* die Wirksamkeit des Ausschlusses der ordentlichen Kündigung in bezug auf die Sozialauswahl festgestellt[90]. Danach sind gesetzliche, tarifvertragliche und einzelvertragliche Kündigungs- verbote gleich zu behandeln[91]. Begrenzt werde die vertragliche Regelungsbefugnis allein durch den Einwand des Rechtsmißbrauchs und das Erfordernis eines legitimen Interesses für die Einräumung eines entsprechenden Kündigungsschutzes. Eine Besonderheit enthält allerdings die der Entscheidung zugrundeliegende Kündigungsbeschränkung. Die Beschäftigungsklausel ist in einer öffentlich-rechtlichen Vereinbarung zwischen dem Arbeitgeber und dem Land Brandenburg in Form eines öffentlich-rechtlichen Vertrages enthalten und entfaltet ihre Wirkung analog § 328 BGB auch zugunsten der Arbeitnehmer (sogenannter „Kausche-Vertrag"). Zwar räumt das Gericht ein, eine derartige rechtliche Gestaltung sei nicht die „klassische" Form der Unkündbarkeit, jedoch sei sie mit dieser durchaus vergleichbar und daher auch wertungsmäßig gleich zu behandeln[92]. Ein Verstoß gegen die bundesgesetzliche Regelung des § 1 Abs. 3 KSchG sei auch hier nicht erkennbar, es werde lediglich indirekt in die Verbleibechance der anderen Arbeitnehmer eingegriffen.

---

89 *BAG GS* (Urt. v. 12.10. 1960), AP Nr. 16 zu § 620 BGB Befristeter Arbeitsvertrag [Leitsatz 1 und unter C 2,3 der Gründe].

90 *LAG Brandenburg* (Urt. v. 29.10. 1998), ArbuR 1999, S. 284f.

91 *LAG Brandenburg* (Urt. v. 29.10. 1998), ArbuR 1999, S. 284 [Leitsatz 1 und S. 285]; anders insoweit noch das *ArbG Senftenberg* in der Vorinstanz.

92 Kritisch dazu die Anm. von *Pauly,* ArbuR 1999, S. 285 (286).

In einer neueren Entscheidung ist das *Arbeitsgericht Cottbus* mit einer bemerkenswerten Argumentation der herrschenden Auffassung entgegengetreten[93]. Das Gericht will die Kollision zwischen tarifvertraglichem und gesetzlichem Kündigungsschutz über das Rangverhältnis der Normen lösen. Der autonome Bestandsschutz dürfe nicht durch tarifliche Regelungen verkürzt werden. Es sei der „Grundsatz der Systemkonformität" zu beachten, nach dem tarifliche Bestimmungen nicht gegen zwingendes Arbeitsrecht verstoßen dürfen. Rechtsfolge einer solchen Auslegung sei es, daß Kündigungsverbote zwar gegenüber dem Arbeitgeber volle Wirksamkeit entfalten, gegenüber einem sozial schutzbedürftigeren, nicht tarifgebundenen Arbeitnehmer jedoch zurücktreten. Bei genauerer Betrachtung bedeutet dies nichts anderes als eine nur relative Unwirksamkeit von Kündigungsverboten in Analogie zu § 135 BGB. Durch diese dogmatische Konstruktion gelingt es, sowohl den bezweckten Sonderkündigungsschutz als auch den allgemeinen Kündigungsschutz optimal zu verwirklichen.

IV. Eigene Stellungnahme

Die von der herrschenden Auffassung vorgebrachten Argumente sind in ihrer Gesamtheit nicht haltbar. Sie verkennen entweder die wesentlichen Regelungsprinzipien der Sozialauswahl oder tragen diesen nur sehr unvoll-ständig Rechnung.

1. Das Vergleichbarkeitsargument

Mit der Feststellung, die tarifvertraglich geschützten Arbeitnehmer seien deshalb nicht in die Sozialauswahl einzubeziehen, weil ihnen gegenüber keine ordentliche Kündigung ausgesprochen werden darf und deshalb die von § 1 Abs. 3 KSchG geforderte Vergleichbarkeit nicht besteht, argumentiert die herrschende Auffassung an der eigentlichen Problematik vorbei. Eine Stellungnahme zu der vorgelagerten Frage nach der abstrakten Möglichkeit eines umfassenden Ausschlusses der ordentlichen betriebsbedingten Kündigung, die auch auf die soziale Auswahl nach § 1 Abs. 3 KSchG ausstrahlt, wird damit umgangen.

Zwar ist es richtig, daß zwischen ordentlicher Unkündbarkeit und Vergleichbarkeit ein unmittelbarer Wirkungszusammenhang besteht. Gefragt werden muß aber vielmehr, ob die Freiheit zur tarifvertraglichen Regelung auch die Rechtsmacht zur Verdrängung des durch § 1 Abs. 3 KSchG vorgegebenen Verteilungsmaßstabs umfaßt. Die gelieferte Begründung, für einen Vorrang der tariflichen Regelung genüge insoweit allein der Hinweis auf die fehlende Vergleichbarkeit, ist daher nicht stichhaltig. § 1 Abs. 3 KSchG ist nach dieser Gedan-

---

[93] *ArbG Cottbus* (Urt. v. 17.5. 2000), AP Nr. 48 zu § 1 KSchG 1969 Soziale Auswahl [Leitsatz und unter 2 der Gründe]; ablehnend *Zwanziger,* DB 2000, S. 2166ff.

kenführung deshalb nicht zwingend, weil dem allgemeinen Kündigungsschutz insgesamt nur einseitig-zwingend Wirkung zugemessen wird. Gefragt werden muß aber umgekehrt, ob das ordentliche Kündigungsrecht nicht deshalb einem Einschränkungsverbot unterliegt, weil die Regelung des § 1 Abs. 3 KSchG dies gebietet. Das Vergleichbarkeitsargument ist zirkulär und stellt eine unzulässige „petitio principii" dar.

Noch unverständlicher sind in diesem Zusammenhang die Ausführungen von *Lück*. Einerseits lehnt er es ab, die Frage nach der Einbeziehung ordentlich unkündbarer Arbeitnehmer in die Sozialauswahl über die Vergleichbarkeit zu lösen, weil hier Kündigungsverbote keine Rolle spielten[94]. Andererseits betont er, eine Auswahl könne der Arbeitgeber nur zwischen ordentlich kündbaren Arbeitnehmern treffen[95].

Schließlich kann zur Begründung des Vorrangs auch nicht auf § 1 Abs. 1 TVG verwiesen werden[96]. Das Gesetz zählt hier nur Instrumente der Normsetzung auf, nicht jedoch deren Grenzen im konkreten Einzelfall. Diese müssen mit Hilfe des zwingenden Gesetzesrechts abgesteckt werden.

2. Unzulässige Differenzierung zwischen direktem Eingriff und Rechtsreflex

Mit der Gegenansicht ist auch das Argument der herrschenden Auffassung zu verwerfen, die Herausnahme tariflich abgesicherter Arbeitnehmer aus der Sozialauswahl erzeuge nur einen rechtlich bedeutungslosen Reflex. Die betriebsbedingte Kündigung ist in § 1 Abs.2 und Abs.3 KSchG normiert. Die beiden Absätze bilden einen einheitlichen Tatbestand der betriebsbedingten Kündigung. Eine tarifliche Regelung kann sich schon gesetzessystematisch niemals allein darauf beschränken, nur Kündigungen aus dringenden betrieblichen Erfordernissen nach § 1 Abs. 2 KSchG auszuschließen. Ungeschriebene Voraussetzung eines Kündigungsausschlusses ist immer auch die Ausklammerung des geschützten Arbeitnehmers aus der Sozialauswahl. Nur so ist eine Kündigungsschutznorm überhaupt nur sinnvoll. Im übrigen erklärt auch § 13 Abs. 3 KSchG bei einem wirksamen Ausschluß des ordentlichen Kündigungsrechts § 1 Abs. 3 KSchG für unanwendbar. Damit kann man tarifvertraglichen Kündigungsverboten aber nicht allein eine mittelbare Auswirkung auf die Sozialauswahl beimessen. Sie greifen vielmehr genau wie eine Klausel, die ausdrücklich bestimmen würde, daß tarifvertraglich erfaßte Arbeitnehmer nicht bei der Sozialauswahl zu berücksichtigen sind, unmittelbar in die gesetzliche Regelung des § 1

---

[94] *Lück*, Probleme der Sozialauswahl nach § 1 Abs.3 KSchG, 1993, S. 54f.

[95] *Lück*, Probleme der Sozialauswahl nach § 1 Abs.3 KSchG, 1993, S. 56.

[96] So im Ergebnis aber *Wendeling-Schröder*, Festschrift f. Kehrmann, 1997, S. 321 (322), die zu Unrecht davon ausgeht, die Regelungen der §§ 53ff. BAT werden unstreitig von der Tarifmacht umfaßt.

Abs. 3 KSchG ein. Eine solche Herausnahmeklausel wäre aber unstreitig nach dem Gesichtspunkt der Gesetzesumgehung unwirksam[97]. Allein die für die Tarifnorm gewählte Formulierung kann deshalb kein Anhaltspunkt für deren rechtliche Einordnung sein. Daß auch den Tarifvertragsparteien die latenten Folgewirkungen ihrer Unwirksamkeitsklauseln auf die Sozialauswahl nicht gänzlich unerkannt geblieben sind, beweist etwa § 11 Nr. 16c des Manteltarifvertrags für das Schreiner- und Glashandwerk Baden-Württemberg vom 1. Januar 1986[98]. Diese Vorbehaltsklausel erkennt auch die betriebsbedingte Kündigung unkündbarer Arbeitnehmer an:

„ (...) wenn nach übereinstimmender Auffassung von Arbeitgeber und Betriebsrat (...) einem sozial schwächer gestellten Arbeitnehmer der Arbeitsplatz unter Beachtung von § 1 Abs. 3 KSchG erhalten werden muß."

Gegen die herrschende Meinung streitet ferner der Umstand, daß selbst geringfügige Einflußnahmen auf die Grundsätze der Sozialauswahl einer gerichtlichen Kontrolle unterliegen. Dies gilt nach § 1 Abs. 4 KSchG sowohl für betriebsverfassungs- und personalvertretungsrechtliche, als auch für tarifvertragliche Auswahlrichtlinien. § 1 Abs. 4 KSchG begrenzt den Umfang der gerichtlichen Prüfung von Auswahlrichtlinien allerdings nur auf grobe Fehlerhaftigkeit. Eine solche ist insbesondere dann anzunehmen, wenn die in den Richtlinien enthaltenden Bestimmungen über die Gewichtung der Sozialdaten zueinander jegliche Ausgewogenheit vermissen lassen[99] oder evident unzulänglich sind[100]. Allerdings ist diese Bewertungskontrolle von der vorgelagerten Rechtmäßigkeitskontrolle scharf zu unterscheiden[101]. Werden in Auswahlrichtlinien nicht alle wesentlichen Sozialfaktoren berücksichtigt, etwa durch eine fehlende Bewertung des Lebensalters im Rahmen der sozialen Auswahl, so sind diese schon aufgrund ihrer Gesetzeswidrigkeit unwirksam, ohne daß es auf die Bewertung der übrigen Auswahlkriterien zueinander ankäme. Eine Prüfung auf grobe Fehlerhaftigkeit kann überhaupt nur dann vorgenommen werden, wenn alle Hauptfaktoren der Sozialauswahl Einfluß gefunden haben. Dies läßt sich allerdings nicht unmittelbar aus dem Wortlaut des § 1 Abs. 4 KSchG schlußfolgern, der im

---

97 *Berkowsky,* Die betriebsbedingte Kündigung[4], § 8 Rdnr. 98.

98 Abgedruckt bei *Linck,* Die soziale Auswahl bei betriebsbedingter Kündigung, 1990, S. 42, Fn. 99; eine vergleichbare Regelung enthält auch § 11 Nr. 15, 16 des Manteltarifvertrages für die Holzindustrie und Kunststoffverarbeitung von Baden-Württemberg vom 28.3. 1992, *Pollmann,* Die Sozialauswahl bei betriebsbedingten Kündigungen, 1996, S. 22f; siehe auch *Weller,* RdA 1986, S. 222 (230).

99 So *Löwisch,* KSchG[7], § 1 Rdnr. 341.

100 So *Ascheid,* RdA 1997, S. 333 (341f.); nach *Wiedemann,* Festschrift f. Dieterich, 1999, S. 661 (676) handelt es sich um eine (begrenzte) Inhaltskontrolle.

101 *Ascheid,* RdA 1997, S. 333 (341); siehe auch *Rieble,* NJW 1991, S. 65 (69).

Gegensatz zu der bis zum 31. Dezember 1998 geltenden Fassung[102], den Tarifpartnern die Befugnis einräumt, zu bestimmen

„(...) welche sozialen Gesichtspunkten nach Abs. 3 Satz 1 zu berücksichtigen sind (...)".

Allerdings ist der Gesetzgeber bei der Neufassung des § 1 Abs.4 KSchG davon ausgegangen, daß eine grobe Fehlerhaftigkeit auf jeden Fall dann vorliegt, wenn nicht die drei wesentlichen Sozialfaktoren Einfluß auf die Richtlinien gefunden haben[103].

Ferner müssen die rangniedrigeren Auswahlrichtlinien § 1 Abs. 3 KSchG als zwingendes Recht beachten[104]. Bezüglich der tariflichen Regelungsmacht ergibt sich demnach folgendes. Nur hinsichtlich der Bewertung der einzelnen Sozialfaktoren untereinander erkennt das KSchG den Tarifpartnern eine Zwecksetzungsprärogative zu. Hingegen können einzelne Sozialfaktoren durch tarifvertragliche Regelung nicht gänzlich ausgeblendet oder vernachlässigt werden. Überträgt man diese gesetzliche Wertung auf die herkömmlichen Unkündbarkeitsklauseln, so halten diese wegen ihrer völligen Unbeachtlichkeit der Unterhaltsverpflichtungen nicht einmal einer Rechtmäßigkeitskontrolle stand.

In diese Richtung zielt auch die bereits erwähnte Argumentation von *Oetker*, die auf die durch das arbeitsrechtliche Beschäftigungsförderungsgesetz festgeschriebene Beschränkung der Sozialdaten abstellt[105]. Diese, allein auf die Gesetzesänderung hinweisende Ansicht, ist jedoch mit Wiederherstellung der alten Fassung des § 1 Abs. 3 KSchG überholt. Zudem wäre eine Übertragung dieses Gedankens ohne weiteres auch nur auf den Neuabschluß von Unkündbarkeitsklauseln möglich. In bezug auf Kündigungsbeschränkungen, die unter Geltung der alten Rechtslage vereinbart worden sind und Arbeitnehmern bereits eine Unkündbarkeitsstellung verschafft haben, müßte geklärt werden, inwieweit diese tariflich erworbenen Rechte nachträglich durch die gesetzliche Neufassung wieder entzogen werden könnten.

3. Das Vertrauensschutzargument

In ähnlicher Weise ist auch das von *Wendeling-Schröder* gebrauchte Argument des Vertrauensschutzes[106] nicht geeignet, die Wirksamkeit von Unkündbarkeitsklauseln zu begründen. Es fragt sich, warum das Vertrauen des tariflich abgesicherten Arbeitnehmers an seiner Unkündbarkeit stärker geschützt sein soll, als das Vertrauen der übrigen Belegschaftsmitglieder an der Gültigkeit der Rege-

---

102 BGBl. I, S. 3843ff.

103 *Stahlhacke/Preis/Vossen,* Kündigungsschutz[7], Rdnr. 678a.

104 *Ascheid,* RdA 1997, S. 333 (341); *Pollmann,* Die Sozialauswahl bei betriebsbedingter Kündigung, 1996, S. 127.

105 Ähnlich die Argumentation von *Oetker,* Festschrift f. Wiese, 1998, S. 333 (341).

106 *Wendeling-Schröder,* WissR Bd. 27 (1994), S. 167 (170f.).

lung über die soziale Auswahl, unter deren Geltung sie den Arbeitsvertrag geschlossen haben. Auch der ungeschützte Arbeitnehmer vertraut gerade darauf, daß ihm bei Wegfall eines Arbeitsplatzes nur dann gekündigt werden darf, wenn er sozial weniger schützenswert ist. Eine Vorrangstellung des durch tarifliche Regelung erzeugten Vertrauenstatbestandes ist dogmatisch nicht begründbar. Der Außenstehende kann genauso darauf vertrauen, allein durch die Tätigkeit einer fremden Gewerkschaft nicht seinen Arbeitsplatz zu verlieren[107]. Mit ansteigender Dauer der Betriebszugehörigkeit und des Lebensalters hat auch der nicht tariflich abgesicherte Arbeitnehmer im Hinblick auf die Regelung des § 1 Abs. 3 KSchG ein schützenswertes Vertrauen auf eine bevorzugte Behandlung bei betriebsbedingten Kündigungen gebildet[108]. Ein Rückgriff auf den Gedanken des enttäuschten Vertrauens allein auf Seiten der tarifgebundenen Arbeitnehmer zur Begründung einer Vorrangstellung in der Sozialauswahl verbietet sich daher.

4. Keine gänzliche Versagung des Arbeitgeberkündigungsrechts

Abzulehnen ist auch die Ansicht von *Frohner*, nach der die Möglichkeit der betriebsbedingten Arbeitgeberkündigung in einem solchen Fall gänzlich entfallen soll[109]. Dies würde zu einer unerträglichen Schwächung der Rechtsstellung des Arbeitgebers führen. Dieser könnte das ihm durch § 1 Abs. 2 KSchG eingeräumte Kündigungsrecht dann überhaupt nicht mehr ausüben. Folge wäre die faktische ordentliche Unkündbarkeit eines weitaus größeren Arbeitnehmerkreises, als der von den speziellen Kündigungsschutznormen erfaßte[110]. Ein solches Ergebnis ist deshalb mit der Grundwertung des KSchG nicht in Einklang zu bringen, nach der die Freiheit und die Umsetzung der unternehmerischen Entscheidung im Grunde unangetastet bleiben soll. Ein gänzlicher Verlust des ordentlichen Kündigungsrechts verträgt sich damit nicht. Anderenfalls wäre der Arbeitgeber gezwungen, an der bisherigen Organisationsform seines Betriebs festzuhalten. Dies verstößt jedoch gegen § 1 Abs. 2 KSchG in seiner Eigenschaft als organisationsrechtlich neutrale Schutznorm. So muß auch *Frohner* eingestehen, daß die völlige Versagung der Arbeitgeberkündigung vor allem in kleinen und mittleren Betrieben zu einer bedenklichen wirtschaftlichen Belastung des Arbeitgebers führen kann. Im Hinblick darauf ist die Wirksamkeit von besonders extrem gefaßten Kündigungsschutzklauseln, die schon an eine Be-

---

107 Vgl. auch *Adomeit,* Das Arbeitsrecht und unsere wirtschaftliche Zukunft, 1985, S. 20.

108 Siehe *Preis,* Prinzipien des Kündigungsrechts, 1987, S. 373.

109 Ebenso *Linck,* Die soziale Auswahl bei betriebsbedingter Kündigung, 1990, S. 43; *Säcker/Oetker,* Grundlagen und Grenzen der Tarifautonomie, 1992, S. 187; *Löwisch,* KSchG[8], § 1 Rdnr. 348; MünchArbR/*Berkowsky,* § 135 Rdnr. 100; *Wenning-Morgenthaler,* BlStSozArbR 1985, S. 193 (194); *Tech,* Günstigkeitsprinzip, 1987, S. 168f.

110 *Weng,* Kündigung von Arbeitsverhältnissen mit langer Bindung, 1980, S. 167.

triebszugehörigkeit von nur drei Jahren anknüpfen, auch nach seiner Auffassung höchst fragwürdig. Darüber hinaus hat *Löwisch* zutreffend daraufhingewiesen, daß ein umfassendes Kündigungsverbot, wie es *Frohner* vorschwebt, dem Willen der Tarifvertragsparteien widerspricht[111].

5. Die Forderung *Gamillschegs*

Selbst *Gamillscheg*, der sonst für eine uneingeschränkte Anwendung des Günstigkeitsprinzips im Verhältnis von Gesetzesrecht und autonom begründeter Schutznorm eintritt, will, zumindest was den tarifvertraglichen Kündigungsschutz betrifft, eine Durchbrechung dieses Prinzips anerkennen[112]. Zutreffend soll die Geltung des Günstigkeitsgrundsatzes dann zurücktreten, wenn Tarifnormen in den gesetzlich garantierten Schutzstatus anderer Arbeitnehmer eingreifen. Zur Vermeidung widersprüchlicher Ergebnisse hat Gamillscheg die Tarifvertragsparteien weiterhin angehalten, bei der Abfassung von zukünftigen Unkündbarkeitsklauseln auch Sozialfaktoren außerhalb von Lebensalter und Dauer der Betriebszugehörigkeit stärker zu berücksichtigen[113]. Für ihn ist dieses Vorgehen Ausfluß aus dem besonderen rechtlichen Näheverhältnis der einzelnen Arbeitnehmer untereinander, das durch die Etablierung von Kündigungsschutzklauseln geschaffen wird und das mit herkömmlichen arbeitsrechtlichen Kategorien nur unzureichend zu erfassen ist. Er sieht hierin Ausprägungen eines allgemeinen Phänomens, das ihn dazu veranlaßt, neben dem individuellen und dem kollektiven Arbeitsrecht eine dritte Dimension des Arbeitsrechts zu verankern. Diese betrifft die Beziehung der Arbeitnehmer zu anderen Arbeitnehmern und wird von ihm mit dem Begriff der Solidarität im Arbeitsrecht als Ausdruck der gegenseitigen Rücksichtnahme und Interessenbegrenzung umschrieben[114]. Er bejaht deshalb die Frage, ob es denkbar ist

> „ (...) daß eine zwischen Arbeitgeber und Arbeitnehmer geplante Verbesserung der Stellung des letzteren mit Rücksicht auf andere Arbeitnehmer unterbleiben muß.“ [115].

Gamillscheg ist insoweit in seiner Einschätzung zuzustimmen, daß die Regeln der Sozialauswahl weit über das ansonsten individualrechtliche und damit streng arbeitsvertragsbezogene Grundkonzept des KSchG hinausgreift. § 1 Abs. 3 KSchG kann insoweit als gesetzliche Fixierung des Solidaritätsgedankens im Kündigungsschutzrecht begriffen werden.

---

111 *Löwisch*, KSchG[8], § 1 Rdnr. 348.

112 *Gamillscheg*, Kollektives Arbeitsrecht Bd. I, 1997, S. 690.

113 *Gamillscheg*, Anm. 1c zu *BAG* (Urt. v. 11.3. 1976), EzA Nr. 1 zu § 95 BetrVG; ebenso etwa *Pollmann*, Die Sozialauswahl bei betriebsbedingten Kündigungen, 1996, S. 22.

114 Grundlegend *Gamillscheg*, Festschrift f. Fechner, 1973, S. 135 (152f.); *ders.*, Anm. 1b zu BAG (Urt. v. 11.3. 1976), EzA Nr. 1 zu § 95 BetrVG; sehr kritisch dazu allerdings *Pfarr/Kittner*, RdA 1974, S. 284 (294f.).

115 *Gamillscheg*, Festschrift f. Fechner, 1973, S. 135 (137).

So wünschenswert aber die Forderung nach der Einbeziehung weiterer Sozialdaten in die Unkündbarkeit mit Rücksicht auf die von § 1 Abs. 3 KSchG vorgegebenen Wertungen auch sein mag, führt die Realisierung doch zu höchst befremdlichen Ergebnissen. Man denke nur an die Berücksichtigung des Kriteriums der Unterhaltsverpflichtung bei den Voraussetzungen für die ordentliche Unkündbarkeit. Ein solches Verfahren hätte zur Folge, daß beim Wegfall von Pflichten zur Unterhaltsgewährung die einmal erlangte Unkündbarkeitsstellung auch wieder verloren gehen könnte. Es würde ein Wechsel von einer bis dahin statischen Unkündbarkeit zu einer dynamischen Unkündbarkeit eintreten, die klaren Grenzen von „erworbener“ und „erhoffter“ Unkündbarkeit[116] würden aufgelöst werden. Aber selbst wenn man sich über diese Bedenken hinwegsetzt, würde durch eine vorab festgelegte Gewichtung der Sozialdaten eine Entscheidung im Einzelfall dennoch unmöglich gemacht werden. Auch hier bestünde die Gefahr, eine unsoziale Auswahl herbeizuführen. Dies läßt sich an folgendem Beispiel belegen.

Eine Kündigungsklausel setzt für das Erreichen der Unkündbarkeit eine Betriebszugehörigkeit von 15 Jahren, ein Lebensalter von 55 Jahren und das Bestehen einer Unterhaltsverpflichtung voraus. Danach müßte einem Arbeitnehmer, der 20 Jahre beschäftigt ist, sich im 52. Lebensjahr befindet und zwei unterhaltspflichtige Kinder zu versorgen hat vor einem Arbeitnehmer gekündigt werden, der genau die Voraussetzungen der Kündigungsschutznorm erfüllt.

Daraus kann man den verallgemeinerungswürdigen Schluß ziehen, daß jede schematische Behandlung der Sozialauswahl, bei der der Ausschluß der ordentlichen Kündigung an feststehende Grenzwerte gebunden ist, im Einzelfall zu einer evident ungerechten Kündigung führen kann. Verstärkt wird der Effekt einer unsozialen Auswahl vor allem von Unkündbarkeitsklauseln, die die ordentliche Kündigung bereits nach einer besonders knapp bemessenen Zeitdauer der Betriebszugehörigkeit eingreifen lassen. Ein derartiges Denken in festen Zeitabschnitten stößt sich an § 1 Abs. 3 KSchG, als einer besonderen Ausformung des Gleichbehandlungsgrundsatzes[117].

Danach kann auch der vermittelnden Ansicht von *Kiel*[118] nicht gefolgt werden. Auf die Unterscheidung zwischen besonders krassen Fällen der Unkündbarkeit und ausgewogenen Kündigungsklauseln, die Lebensalter und Dauer Betriebszugehörigkeit angemessen berücksichtigen, kann es nicht entscheidend ankommen. Auch hier wird der Einfluß von Unterhaltspflichten aus der Betrachtung ausgeblendet. Zudem spielt es in der praktischen Auswirkung auf die drittbetroffenen Arbeitnehmer keine Rolle, ob die Verkürzung ihrer kündigungsschutzrechtlichen Position aufgrund von verhältnis- oder unverhältnismä-

---

116 So die Terminologie von *Gamillscheg,* Festschrift f. Fechner, 1973, S. 135 (147).

117 Vgl. allgemein zum Zweifel an Zahlen in bezug auf den Gleichheitssatz *Großfeld,* Zeichen und Zahlen im Recht², 1995, S. 76f.

118 Siehe oben § 8 I a.E.

ßigen Unkündbarkeitsklauseln eintritt. Hinzu kommt, daß es weitgehend an einem praktikablen Maßstab fehlt, anhand dessen die Gewichtung der Betriebsseniorität zu bestimmen wäre. Der gesetzliche Kündigungsschutz außenstehender Arbeitnehmer wird dadurch zur Disposition der Sozialpartner gestellt. Allein von ihrem Geschick bei der Abfassung von tarifvertraglichen Kündigungsverboten und ihrem Gespür für eine sachwidrige Regelung hinge es ab, ob der Drittbetroffene einen Verlust an Arbeitsplatzsicherheit hinzunehmen hätte.

6. Der Schutzauftrag und die wettbewerbsberuhigende Funktion des § 1 Abs. 3 KSchG

Gewichtig erscheint ferner der Einwand, daß durch die tarifvertragliche Begrenzung des Auswahlkreises die Schutzfunktion der Sozialauswahl unterlaufen wird[119]. Solange der Arbeitgeber die Dringlichkeit des betrieblichen Erfordernisses in § 1 Abs. 2 KSchG nachweist, erkennt das Gesetz die Freiheit der unternehmerischen Entscheidung an. Der Arbeitnehmer kann sich gegen die Kündigung nicht zur Wehr setzen. Er kann nur rügen, der Arbeitgeber habe soziale Gesichtspunkte nicht ausreichend berücksichtigt. Den Schutzmechanismus bei der betriebsbedingten Kündigung gewährleistet deshalb in erster Linie die soziale Auswahl nach § 1 Abs. 3 KSchG. Erst hier beginnt der eigentliche Kündigungsschutz. Die Anerkennung der Dispositionsfähigkeit dieser Regelung zugunsten einer autonom vereinbarten Einengung des vergleichbaren Personenkreises verkürzt diesen gesetzlichen Kündigungsschutz und führt zu einem Verbleibewettbewerb der einzelnen Arbeitnehmer untereinander. Nicht mehr die soziale Schutzbedürftigkeit, sondern die günstigere einzel- oder tarifvertraglich ausgehandelte Sonderkündigungsschutzstellung wäre für den Verbleib im Betrieb ausschlaggebend. Der Schutz des sozial Schwächeren wäre nicht mehr garantiert. Aufgabe des KSchG ist es aber auch, den Wettbewerb der beschäftigten Arbeitnehmer um den Erhalt ihrer Arbeitsplätze zurückzudrängen[120]. Es soll kein Unterbietungswettbewerb stattfinden. Der einzelne Arbeitnehmer soll nicht gezwungen werden, bei betriebsbedingten Kündigungen unter Aufgabe von für ihn günstigen Rechtspositionen gleichsam um seinen Arbeitsplatz zu feilschen. Mit Ausnahme des § 1 Abs. 3 Satz 2 KSchG schließt das KSchG aber auch den unter sozialen Gesichtspunkten nicht vertretbaren Leistungswettbewerb unter den Arbeitnehmern aus. Zutreffend entnimmt *Rieble* daher dem Gebot der sozialen Auswahl die Wertung, daß das für den Arbeitnehmer in der Regel existenzwichtige Arbeitsverhältnis nicht zum „Spielball des Wettbewerbs" werden soll[121]. Diesem Gedanken vom Ansatzpunkt vergleichbar ist die Auffassung, die

---

119 *Berkowsky,* Die betriebsbedingte Kündigung[4], § 8 Rdnr. 100; *Tech,* Günstigkeitsprinzip, 1987, S. 170; *Löwisch,* DB 1998, S. 877 (880, 883).

120 *Rieble,* Arbeitsmarkt und Wettbewerb, 1996, Rdnr. 1013f.

121 *Rieble,* Arbeitsmarkt und Wettbewerb, 1996, Rdnr. 1014.

der sozialen Auswahl die Aufgabe zuweist, einen Schutz vor überobligatorischem Verhalten des Arbeitnehmers zu gewährleisten[122]. So gesehen ist dem KSchG auch eine Beruhigungs- und Friedensfunktion immanent. Kein Arbeitnehmer soll fürchten müssen, daß hinter seinem Rücken ausgehandelte Vertragskonditionen zu einer Schwächung seiner eigenen Kündigungsschutzposition führen[123]. Rückt man diesen Aspekt näher in den Vordergrund, so kann man daraus ein weiteres Argument gewinnen, das gegen die Möglichkeit eines autonomen Eingriffs in das gesetzliche Auswahlsystem spricht. Ließe man eine individuelle Verbesserung des Kündigungsschutzes durch eine hervorgehobene Stellung im Rahmen der sozialen Auswahl zu, würde ein Verdrängungswettbewerb der Arbeitnehmerschaft einsetzen, den das KSchG durch § 1 Abs. 3 gerade verhindern will.

Eine andere Betrachtungsweise rechtfertigt auch nicht die nach § 1 Abs. 3 Satz 2 KSchG mögliche Korrektur der Sozialauswahl. Nach der durch das arbeitsrechtliche Beschäftigungsförderungsgesetz erfolgten Neufassung dieser Bestimmung zählte zu den berechtigten Interessen ausdrücklich die Sicherung einer ausgewogenen Personalstruktur des Betriebs. Diese Gesetzesänderung wurde teilweise zum Anlaß genommen, ein weiteres Argument für die herrschende Meinung zu gewinnen. Es wurde angeführt, daß das Gesetz die Sozialauswahl nunmehr gänzlich unter den Vorbehalt der betrieblichen Interessen gestellt habe. Dadurch sei es möglich geworden, die Sozialauswahl im Interesse des Erhalts einer ausgewogenen Altersstruktur des Betriebs zu beeinflussen. Die Unkündbarkeit sollte deshalb als ein berechtigtes betriebliches Interesse angesehen werden können[124].

Durch das arbeitsrechtliche Korrekturgesetz ist inzwischen die alte Rechtslage wieder hergestellt worden[125]. Die allein auf die Wortlautänderung des § 1 Abs. 3 KSchG abstellende Argumentation ist schon deshalb obsolet[126]. Indes war diese Auffassung nicht einmal unter der Herrschaft des arbeitsrechtlichen Beschäftigungsförderungsgesetzes stichhaltig. Die Beantwortung der Frage, ob ein berechtigtes betriebliches Interesse vorliegt, steht allein dem Arbeitgeber zu. Hingegen kann sich der Arbeitnehmer nicht deshalb auf eine unsoziale Auswahl berufen, weil er anführt, § 1 Abs. 3 Satz 2 KSchG stehe seiner Einbeziehung in

---

122 *Dorndorf*, ZfA 1989, S. 345 (367).

123 Ähnlich auch *Neuner*, Anm. II zu *BAG* (Urt. v. 17.9.1998), EzA Nr. 3 zu § 626 BGB Unkündbarkeit.

124 So *Pauly*, ArbuR 1997, S. 94 (98); so auch schon vor Inkrafttreten des arbeitsrechtlichen Beschäftigungsförderungsgesetzes *Lammermann*, Aktuelle Probleme im Rahmen der betriebsbedingten Kündigung, 1996, S. 117.

125 Dazu *Löwisch*, BB 1999, S. 102f.

126 Davon ging auch *Pauly*, ArbuR 1997, S. 94 (98) aus, der eine Änderung der Rechtslage bei einer Verfassungswidrigkeit des Beschäftigungsförderungsgesetztes für möglich hielt.

die Sozialauswahl entgegen[127]. Deshalb war und ist eine tarifliche Festlegung der berechtigten betrieblichen Interessen nicht möglich[128]. § 1 Abs. 3 Satz 2 KSchG steht der hier vertretenen Ansicht folglich nicht entgegen.

7. Gesetzlicher Geltungsanspruch der Sozialauswahl

Bei der Würdigung tariflicher Bestimmungen erlangt der Umstand Bedeutung, daß der Tarifvertrag gegenüber dem Gesetzesrecht die rangniedrigere Rechtsquelle darstellt. Bei Rechtsquellen von unterschiedlichem Rang fordert jedoch das Prinzip der rangkonformen Auslegung[129], eine am höherrangigem Recht orientierte Abstimmung. Bei Tarifverträgen folgt daraus der Grundsatz der gesetzeskonformen Auslegung[130]. Danach ist von mehreren möglichen Auslegungsvarianten diejenige zu wählen, die der Verwirklichung der gesetzgeberischen Zwecksetzung am nächsten kommt[131].

Richtig ist deshalb, daß man das Verhältnis von Tarifvertrag und Gesetzesrecht nicht nach dem Grundsatz „lex specialis derogat legi generali" auflösen kann. Das Spezialitätsprinzip kann immer nur das Verhältnis von Normen gleichrangiger Rechtsquellen beschreiben[132]. Für die Bestimmung der tariflichen Regelungsmacht ist deshalb auf den gesetzlichen Geltungsanspruch des § 1 Abs.3 KSchG abzustellen. Klärungsbedürftig ist insoweit, ob es sich bei den Grundsätzen über die soziale Auswahl um einseitig- oder zweiseitig-zwingendes oder gar um tarifdispositives Gesetzesrecht handelt. Ein Rückgriff auf das Günstigkeitsprinzip, wie es vereinzelt vorgeschlagen wird[133], verbietet sich auch hier, weil dieser Grundsatz als Konfliktnorm für die Bestimmung des Verhältnisses von Tarifvertrag und Gesetzesrecht schon generell ungeeignet ist[134]. Folgerichtig steht auch bei der herrschenden Ansicht die Frage nach der Geltung von § 1 Abs.3 KSchG am Anfang der Argumentation.

a) Keine tarifdispositive Ausgestaltung der Sozialauswahl

Zunächst wird eine tarifdispositive Ausgestaltung der sozialen Auswahl nahezu einhellig abgelehnt[135], obwohl etwa *Däubler* zu bedenken gibt, daß durch den

---

127 *Ascheid,* RdA 1997, S. 333 (338).

128 Gegen *Pauly* ausdrücklich auch *Löwisch,* DB 1998, S. 877 (881, Fn. 53).

129 Dazu Wiedemann/*Wiedemann,* TVG⁶, § 1 Rdnr. 801.

130 Wiedemann/*Wiedemann,* TVG⁶, § 1 Rdnr. 802; *Löwisch/Rieble,* TVG, § 1 Rdnr. 416.

131 *Liedmeier,* Die Auslegung und Fortbildung arbeitsrechtlicher Kollektivverträge, 1991, S. 104f.

132 *Preis,* Arbeitsrecht, § 19 IV (S. 175).

133 *Stahlhacke/Preis/Vossen,* Kündigungsschutz⁷, Rdnr. 662.

134 Siehe oben § 12 IV 1b.

135 *Linck,* Die soziale Auswahl bei betriebsbedingter Kündigung, 1990, S. 41f.; *Rieble,* Arbeitsmarkt und Wettbewerb, 1996, Rdnr. 1033; *Kania/Kramer,* RdA 1995, S. 287 (289); *Hueck/v.Hoyningen-Huene,* KSchG¹², § 1 Rdnr. 457; allgemein dazu auch *Däubler,*

1996 eingeführten § 1 Abs. 4 KSchG der zwingende Gehalt des § 1 Abs. 3 KSchG „etwas relativiert" worden sei[136]. Hingegen bejaht etwa *Biedenkopf* die Zulässigkeit einer tariflichen Regelung der Kriterien bei der Auswahl der Arbeitnehmer im Falle der Verkleinerung des Arbeitsplatzvolumens[137], ohne freilich die hier behandelte Fragestellung vor Augen zu haben.

Für eine tarifdispositive Geltung hätte es der Verankerung einer ausdrücklichen tariflichen Öffnungsklausel durch den Gesetzgeber bedurft[138]. Aber auch das Vorliegen einer verdeckten Tarifdispositivität der Norm, also einer beidseitigen Abdingbarkeit ohne festgeschriebene Möglichkeit der Öffnung zugunsten tariflicher Regelung, wird verneint[139]. Für diese im Ergebnis richtige Schlußfolgerung fehlt allerdings durchgängig eine tragfähige Begründung. *Canaris* hat indes überzeugend herausgearbeitet, daß tarifdispositive Normen als spezifisches Charakteristikum einen hohen Grad von rechtstechnischer Ausgestaltung aufweisen[140]. Hingegen steht der rechtsethische, also von besonderen Gerechtigkeitsvorstellungen geprägte Gehalt dieser Vorschriften eher im Hintergrund. Erkennt man die Geltung von verdecktem tarifdispositivem Gesetzesrecht grundsätzlich an, so folgt daraus die dringende Notwendigkeit, eine solche nur dort anzuerkennen, wo gesetzliche Regelungen überwiegend rechtstechnischer Natur sind.

Dies trifft aber keinesfalls auf § 1 Abs. 3 KSchG zu. Der hohe Gerechtigkeitsgehalt dieser Arbeitnehmerschutzvorschrift ist evident. Zwar ist die Prozedur der Sozialauswahl, also die Gewichtung der einzelnen sozialen Faktoren durch den Arbeitgeber im Einzelfall, ein Akt, der eher rechtstechnische Züge aufweist. Folgerichtig weist § 1 Abs. 4 KSchG den Gerichten bei der Überprüfung von Auswahlrichtlinien nur die Kompetenz zu, eine Grenzkontrolle auf grobe Fehlsamkeit vorzunehmen. Keinesfalls können die Auswahlrichtlinien aber die Hauptfaktoren der Sozialauswahl frei bestimmen. Zudem spricht gegen die Anerkennung einer verdeckten Tarifdispositivität die Wertung des § 622 Abs. 4 Satz 2 BGB. Diese Vorschrift zeigt, daß selbst geringe Eingriffe in kündigungsschutzrechtliche Positionen Außenstehender, wie etwa die tarifvertragliche Verkürzung der gesetzlichen Grundkündigungsfristen, für ihre Anwendung auf nichttarifgebundene Arbeitnehmer einer vertraglichen Inbezugnahme bedürfen. Erst recht kann eine Verschlechterung des materiellen

Tarifvertragsrecht[3], Rdnr. 932.

136 KSchR[4]/*Däubler,* Einleitung Rdnr. 365.

137 *Biedenkopf,* Grenzen der Tarifautonomie, 1964, S. 208; ähnlich *Simitis,* Referat zum 52. DJT, 1978, S. 31.

138 *Kania/Kramer,* RdA 1995, S. 287 (289).

139 *Rieble,* Arbeitsmarkt und Wettbewerb, 1996, Rdnr. 1033; *Löwisch/Rieble,* TVG, § 1 Rdnr. 567.

140 *Canaris,* Festschrift f. Dietz, 1973, S. 199 (218); *Wiedemann/Stumpf,* TVG[5], Einl. Rdnr. 126.

Kündigungsschutzes nicht in das Belieben der Tarifvertragsparteien gestellt werden.

§ 1 Abs. 3 KSchG ist demnach einer verdeckten Tarifdispositivität nicht zugänglich. Auf eine tarifdispositive Geltung der Sozialauswahl kann ein Eingriff in den Kündigungsschutz Dritter deshalb nicht gestützt werden.

b) Einseitig- oder zweiseitig-zwingende Geltung

Da die Literatur auf dem Rechtsstandpunk steht, § 1 KSchG sei insgesamt als einseitig-zwingende Arbeitnehmerschutznorm ausgelegt, die für Verbesserungen zugunsten der Arbeitnehmer zugänglich ist, müsse gleiches auch in bezug auf § 1 Abs. 3 KSchG gelten[141].

Die Möglichkeit des tariflichen Eingriffs in die Sozialauswahl allein unter Hinweis auf den einseitig-zwingenden Charakter des § 1 KSchG zu rechtfertigen, greift indes zu kurz. Der Ermittlung des Geltungsanspruchs einer staatlichen Norm im Verhältnis zum Tarifvertrag hat stets eine umfassende Auslegung der gesetzlichen Vorschrift voranzugehen. Der Schutzcharakter der Sozialauswahl besitzt für den einseitig-zwingenden Geltungsanspruch des § 1 Abs. 3 KSchG zwar eine gewisse Vermutungswirkung, kann aber von der Pflicht zu einer genauen Normanalyse nicht entbinden, wenn die Frage nach der Abdingbarkeit im Einzelfall Schwierigkeiten aufwirft[142].

Stellt man allein auf die Beziehung des Arbeitnehmers zum Arbeitgeber ab, so bestehen keine Zweifel an der Wirksamkeit einer entsprechenden Tarifnorm. Durch diesen Blickwinkel wird aber die kündigungsverschlechternde Wirkung auf andere, nicht tarifgebundene Arbeitnehmer aus der Betrachtung ausgeblendet. Die herkömmliche Anwendung des Instituts des einseitig-zwingenden Gesetzesrechts scheint hier auf eine Grenze zu stoßen. Die Möglichkeit einer verbessernden Regelung ist danach scheinbar nur davon abhängig, ob man die Perspektive des tariflich erfaßten oder des ungeschützten Arbeitnehmers für ausschlaggebend hält[143]. Es steht außer Zweifel, daß die Vertreter der vorherrschenden Auffassung nur den Blickwinkel des von der Unkündbarkeitsklausel erfaßten Arbeitnehmers für entscheidend erachten.

Durch eine solche Betrachtung wird man jedoch der Besonderheit des § 1 Abs. 3 KSchG nicht gerecht. Diese besteht darin, daß die soziale Auswahl nicht eine individualschützende Norm im herkömmlichen Sinne konstituiert, die allein das Verhältnis von Arbeitgeber und Arbeitnehmer betrifft. Entgegen dem Kündigungsschutz bei personen- und verhaltensbedingten Kündigungen, ist das Gesetz nicht mehr allein zweiseitig orientiert, sondern trägt dem Gedanken der

---

141 KR[5]/*Etzel*, § 1 KSchG Rdnr. 680; *Lammermann*, Probleme der betriebsbedingten Kündigung, 1996, S. 114f.; *Lück*, Probleme der Sozialauswahl nach § 1 Abs. 3 KSchG, 1993, S. 56f.

142 Dazu schon oben § 12 IV 2 b,c.

143 Zu diesem „Perspektivenargument" *Reuter*, ORDO Bd. 33 (1982), S. 165 (193).

gegenseitigen sozialen Verbundenheit der Arbeitnehmer eines Betriebs Rechnung[144]. Da eine Kündigung aus dringenden betrieblichen Erfordernissen einen kollektiven Bezug aufweist, regelt § 1 Abs. 3 KSchG deshalb folgerichtig ein dreiseitiges Rechtsverhältnis[145]. Kündigungsschutz vor einer betriebsbedingten Kündigung ist immer Schutz zu Lasten des sozial stärkeren Arbeitnehmers. *Preis* sieht demnach durchaus folgerichtig in der Regelung der Sozialauswahl eine immanente Grenze des Verhältnismäßigkeitsgrundsatzes im Kündigungsrecht hinsichtlich der Wahl milderer Mittel durch den Eingriff in Rechte Dritter[146]. Würde eine betriebsbedingte Kündigung einen anderen, nicht gekündigten Arbeitnehmer sozial weniger hart treffen, so ist der gekündigte Arbeitnehmer bei Vorliegen der arbeitsplatzbezogenen Austauschbarkeit berechtigt, die Sozialwidrigkeit der Kündigung nach § 4 Satz 1 KSchG dahingehend zu rügen, daß ein Eingriff in die Rechtsphäre eines Dritten eine mildere und deshalb vorrangig zu ergreifende Maßnahme dargestellt hätte. Die durch § 1 Abs. 3 KSchG verwirklichte Schutzpflicht bezieht sich gleichermaßen auf jeden Arbeitnehmer eines Betriebs, der nach den §§ 1 Abs. 1, 23 Abs. 1 Satz 2 KSchG unter den Geltungsbereich des allgemeinen Kündigungsschutzes fällt[147].

Der tarifliche Kündigungsschutz kann dieses immanente Prinzip nicht umkehren. Es gilt diesen Drittbezug auch bei der Frage der Ausdehnung des KSchG zu beachten. Soll die Sozialauswahl ihren gesetzlichen Regelungszweck, eine schonende und sozial gerechte Auswahl herbeizuführen, befriedigend erreichen, kann man die rechtlichen Beziehungen nicht einfach auf das Verhältnis Arbeitgeber zu sondergeschütztem Arbeitnehmer reduzieren. Man darf die Auswirkungen auf die übrigen Arbeitnehmer nicht einfach aus der Betrachtung ausblenden. Auch das Sozialstaatsprinzip kann zur Auslegung herangezogen werden. Durch dieses soll die Herstellung einer gerechten Ordnung für alle Normunterworfenen herbeigeführt werden[148]. Sieht man § 1 Abs. 3 KSchG richtigerweise als eine Konkretisierung des Sozialstaatsprinzips an, wird deutlich, daß sich damit eine Besserstellung tariflich gebundener Arbeitnehmer von vornherein nicht verträgt.

Zur Auflösung des beschriebenen Konflikts bieten sich zwei Lösungen an. Beharrt man auf der Ausgangshypothese, daß § 1 KSchG in seiner Gesamtheit einseitig-zwingender Natur ist, so bedarf es unter Zugrundelegung der herrschenden Auffassung einer Rückbesinnung auf den, dem gesetzlichen Kündigungsschutz innewohnenden Grundsatz, demzufolge zwar Verbesserungen, nicht aber Verschlechterungen der individuellen Rechtsposition des einzelnen Arbeitnehmers zulässig sind. In diese Betrachtung sind dann aber zwingend

---

[144] *Gift*, RdA 1969, S. 72 (76); siehe auch *Dorndorf*, ZfA 1989, S. 345 (368).
[145] MünchArbR/*Berkowsky*, § 135 Rdnr. 8.
[146] *Preis*, Prinzipien des Kündigungsrechts, 1987, S. 318f.
[147] *Löwisch*, DB 1998, S. 877 (879).
[148] *Rüthers*, Festschrift f. E. Wolf, 1985, S. 565 (580).

auch die Auswirkungen auf außenstehende Arbeitnehmer einzubeziehen. Ob die Verschlechterung der kündigungsschutzrechtlichen Position unmittelbare oder nur reflexartige Folgen einer anderweitig gewährten Begünstigung sind, darf dann keine Rolle mehr spielen. Dann ist nicht mehr allein die Perspektive des tarifgebundenen Arbeitnehmers maßgebend. Will man hingegen einen derartigen „kollektiven Günstigkeitsvergleich“[149] vermeiden und allein auf den tarifunterworfenen Arbeitnehmer abstellen, muß man dem Drittbezug der sozialen Auswahl durch die Anerkennung eines zweiseitig-zwingenden Gesetzesrechts Geltung verschaffen[150].

Als dogmatisch überzeugend und dem bisher entwickelten Lösungskonzept besser entsprechend stellt sich allerdings die zweite Alternative dar. Bisher wurde herausgearbeitet, daß Tarifverträge den Kündigungsgrund nicht im Widerspruch zu § 1 Abs. 2 Satz 1 KSchG verstärken können. Daraus wurde ein zweiseitig-zwingender Geltungsanspruch der ordentlichen Kündigung in bezug auf betriebsbedingte Kündigungen abgeleitet. Neben die Unabdingbarkeit des § 1 Abs. 2 Satz 1 KSchG tritt nun auch die zweiseitig-zwingende Wirkung des § 1 Abs. 3 KSchG. Insbesondere die Ansicht von *Säcker* und *Oetker*, die zwar ausdrücklich für die Geltung einer zweiseitig-zwingenden Sozialauswahl eintreten, dieses Gebot aber hinreichend durch die Anerkennung einer außerordentlichen Kündigung gegenüber dem tarifgebundenen Arbeitnehmer abgesichert sehen, ist in sich widersprüchlich. Es besteht kein Grund, der Forderung nach einer unabdingbaren Sozialauswahl nicht auch durch die Anerkennung eines ebenso unabdingbaren ordentlichen Kündigungsrechts zu begegnen. Allerdings entspringt die beidseitig-zwingende Wirkung in diesem Fall nicht aus dem ausnahmsweise für unverzichtbar gehaltenen Schutzbedürfnis des Arbeitgebers, wie etwa bei der Unabdingbarkeit des § 626 BGB. Vielmehr gebietet der Schutz der anders- oder nichtorganisierten Arbeitnehmer diese Schlußfolgerung.

Tarifvertraglich ordentlich unkündbare Arbeitnehmer sind deshalb trotz der entgegenstehenden Tarifklausel in die Sozialauswahl einzubeziehen. Ergibt die zu § 1 Abs. 3 KSchG entwickelte Prüfung, daß der tariflich geschützte Arbeitnehmer sozial weniger schützenswert ist als die anderen vergleichbaren Arbeitnehmer, so kann ihm nach § 1 Abs. 2 KSchG gekündigt werden. Eine in Anlehnung an die Begriffsbildung des *Bundesarbeitsgerichts* vorgenommene Differenzierung in echte und unechte Sozialauswahl[151] erübrigt sich damit. Das

---

149 Siehe etwa *Säcker/Oetker,* Grundlagen und Grenzen der Tarifautonomie, 1992, S. 179.

150 So etwa die Ansicht von *Säcker/Oetker,* Grundlagen und Grenzen der Tarifautonomie, 1992, S. 292 in Fn. 224, 328 und *Neuner,* Anm. II zu *BAG* (Urt. v. 17.9.1998), EzA Nr. 3 zu § 626 BGB Unkündbarkeit; gegen den zweiseitig-zwingenden Charakter von § 1 Abs. 3 KSchG aber ausdrücklich *Stein,* Tarifvertragsrecht, Rdnr. 555.

151 Zur Begriffsbildung siehe *BAG* (Urt. v. 17.9. 1998), EzA Nr. 3 zu § 626 BGB Unkündbarkeit [unter II 5 der Gründe].

Kündigungsschutzrecht unterscheidet nicht zwischen einem Konzept der eigentlichen und uneigentlichen sozialen Auswahl.

c) Keine analoge Anwendung des § 15 Abs. 5 KSchG

Die Befugnis des Arbeitgebers zu einer trotz Unkündbarkeitsabrede zulässigen ordentlichen Kündigung ist oben unter anderem mit einer Analogie zu § 15 Abs. 4 KSchG begründet worden[152]. Daraus ergibt sich im Rahmen der Sozialauswahl das Folgeproblem, ob zugunsten des unkündbaren Arbeitnehmers nicht auch eine Analogie zu § 15 Abs.5 KSchG zu erwägen ist. Danach müßte der tarifvertraglich ordentlich unkündbare Arbeitnehmer bei der Stillegung einer Betriebsabteilung in eine andere Betriebsabteilung übernommen werden.

Zu einer Kollision mit Bestandsschutzinteressen von Arbeitnehmern, die nur den allgemeinen Kündigungsschutz nach dem KSchG genießen, kann es dann kommen, wenn an einem vergleichbaren Arbeitsplatz in einer anderen Betriebsabteilung ein solcher Arbeitnehmer beschäftigt wird. Schon für die unmittelbare Anwendung des § 15 Abs. 5 KSchG ist die Befugnis des Arbeitgebers zur Freikündigung dieses Arbeitsplatzes umstritten. Während teilweise von einem absoluten Vorrang der betriebsverfassungsrechtlichen Funktionsträger ausgegangen wird[153], verlangt man in der Literatur wohl überwiegend eine vom Einzelfall abhängige Interessenabwägung[154]. Dieser einseitigen Ausrichtung auf den besonderen Bestandsschutz wird entgegengehalten, daß im Falle einer Freikündigung zugunsten des Betriebsratsmitglieds kein dringendes betriebliches Erfordernis vorliege, das jedoch für den Ausspruch eine Kündigung gegenüber dem schwächer geschützten Arbeitnehmer Voraussetzung sei. Zwischen Mandatsträger und dem zu kündigenden Arbeitnehmer müsse deshalb eine echte Sozialauswahl nach § 1 Abs. 3 KSchG vorgenommen werden[155].

Ohne diesen Streit abschließend zu entscheiden, spricht gegen die Übertragung des § 15 Abs. 5 KSchG auf den ordentlich unkündbaren Arbeitnehmer, daß dieser, anders als der nach § 15 Abs. 1 KSchG aufgrund gesetzlicher Anordnung nur aus wichtigem Grund kündbare betriebsverfassungsrechtliche Funktionsträger, nach der hier vertretenen Ansicht gerade nicht aus dem auswahlrelevanten Personenkreis des § 1 Abs. 3 KSchG hinausfällt. Der tarifvertragliche Ausschluß der ordentlichen Kündigung führt deshalb auch im Falle der Stillegung einer Betriebsabteilung nicht zu einer generellen Vorrangstellung des

---

[152] Siehe oben § 28 I 4.

[153] *ArbG Mainz* (Urt. v. 4.12. 1985), DB 1986, S. 754; *Löwisch,* KSchG[8], § 15 Rdnr. 65; HeidelbergKomm[3]/*Dorndorf,* § 15 Rdnr. 156; MünchArbR/*Berkowsky,* § 153 Rdnr. 74.

[154] *Hueck/v.Hoyningen-Huene,* KSchG[12], § 15 Rdnr. 170a; KR[5]/*Etzel,* § 15 KSchG Rdnr. 126; *Stahlhacke/Preis/Vossen,* Kündigungsschutz[7], Rdnr. 994a; *Gajewski,* Aktuelle Aspekte des Arbeitsrechts, 1987, S. 309 (338f.); so wohl auch *Schaub,* Arbeitsrechtshandbuch[9], § 144 Rdnr. 35.

[155] *Schleusener,* DB 1998, S. 2368 (2369f.)

geschützten Arbeitnehmers in der Sozialauswahl. Zudem wäre es höchst widersprüchlich, die Frage nach der Einbeziehung in den Auswahlkreis davon abhängig zu machen, ob der betriebsbedingten Kündigung die Schließung einer Betriebsabteilung oder ein sonstiger Wegfall des Arbeitsplatzes zugrunde liegt.

d) Exkurs: Sonderkündigungsschutz gewerkschaftlicher Vertrauensleute

Identisch muß auch der Kündigungsausschluß für gewerkschaftliche Vertrauensleute behandelt werden[156]. Auch hier kann keine in Abweichung von § 1 Abs. 3 KSchG, dem Gebot der sozialen Auswahl zuwiderlaufende Verschiebung des Auswahlkreises erfolgen. Dies gilt um so mehr, als bei diesen Kündigungsklauseln die Unkündbarkeit in der Regel vom Vorliegen bestimmter Sozialdaten völlig unabhängig ist. Für gewerkschaftliche Repräsentanten im Betrieb kann deshalb kein dem § 15 Abs. 1 KSchG entsprechender Sonderkündigungsschutz geschaffen werden. Die Sorge vor gewerkschaftsfeindlich motivierten Kündigungen des Arbeitgebers rechtfertigen keine andere Beurteilung. Hier gewährleistet bereits Art. 9 Abs. 3 Satz 2 GG einen hinreichenden Schutz der gewerkschaftlichen Interessenvertretung. Derartige Kündigungen sind aufgrund der unmittelbaren Drittwirkung[157] der Koalitionsbetätigungsfreiheit ohne weiteres unwirksam[158].

Deshalb kann auch zum Schutz gewerkschaftlicher Vertrauensleute das ordentliche betriebsbedingte Kündigungsrecht nicht wirksam ausgeschlossen werden[159]. Ob ein Sonderkündigungsrecht auch wegen eines Verstoßes gegen Art. 9 Abs. 3 GG, wegen eines eventuellen Widerspruchs zum Grundsatz der Gegnerunabhängigkeit oder aufgrund eines ungerechtfertigten Eingriffs in die Beteiligungsrechte des Betriebsrats unwirksam ist, braucht deshalb an dieser Stelle nicht entschieden zu werden[160].

8. Einzelvertraglicher Bestandsschutz

a) Einzelvertragliche Unkündbarkeit

Die für den tarifvertraglichen Kündigungsausschluß entwickelten Grundsätze gelten auch für die einzelvertraglich vereinbarte Unkündbarkeit. Auch die Parteien des Einzelarbeitsverhältnisses können die Sozialauswahl nicht abweichend

---

156 So auch *Struck*, Tarifverträge zugunsten gewerkschaftlicher Vertrauensleute, 1981, S. 24.; Wiedemann/*Wiedemann*, TVG[6], Einl. Rdnr. 450; *Löwisch/Rieble*, TVG, § 1 Rdnr. 551.

157 Dazu etwa Staudinger[13]/*Richardi*, Vorbem. zu §§ 611ff. Rdnr. 532; Maunz/Dürig/*Scholz*, GG, Art. 9 Rdnr. 171.

158 *Löwisch/Rieble*, TVG, § 1 Rdnr. 551; im Ergebnis ebenso Wiedemann/*Wiedemann*, TVG[6], Einl. Rdnr. 450; MünchKomm[4]/*Reuter*, Vor § 21 Rdnr. 101.

159 *Struck*, Tarifverträge zugunsten gewerkschaftlicher Vertrauensleute, 1981, S. 241f.

160 Siehe dazu etwa *Schaub*, Arbeitsrechtshandbuch[9], § 191 Rdnr. 16.

von § 1 Abs. 3 KSchG durch die Verwendung von sozialen Auswahlgesichtspunkten in Kündigungsklauseln regeln. Individualvertragliche Kündigungsabreden enthalten zudem häufig nicht einmal einen Teilausschnitt der in § 1 Abs. 3 KSchG zu beachtenden Gesichtspunkte.

Allerdings ist der herrschenden Meinung insofern zuzustimmen[161], als in einer derartigen Abrede keinesfalls ein Vertrag zu Lasten Dritter gesehen werden kann[162]. Ein solcher liegt erst dann vor, wenn ein am Vertragsschluß unbeteiligter Dritter unmittelbar verpflichtet wird[163]. Dies ist aber trotz der offensichtlichen Vergrößerung der Kündigungsgefahr der außenstehenden Arbeitnehmer nicht der Fall. Vielmehr kommt einer individualvertraglichen Kündigungsausschlußklausel eine Lastwirkung für Dritte zu. Aber auch eine solche ist nicht etwa generell rechtlich unbedenklich. *Habersack* hat im einzelnen nachgewiesen, daß es bei bestimmten Fallgruppen der Lastwirkung zwar nicht zu einer völligen Unwirksamkeit der Abrede, wohl aber zu einer auf die Interessen des am Vertragsschluß nicht beteiligten Dritten abgestimmten Inhaltskontrolle kommen muß[164]. Die dem Vertrag als Mittel der Privatautonomie innewohnende Richtigkeitsgewähr gilt wegen der Ausrichtung auf die Interessen der Vertragspartner nicht für die Interessen unbeteiligter Dritter[165]. Nur in den Fällen, in denen der zu regelnde Bereich eine typische Interessenpolarität aufweist, vermag der Vertragsmechanismus die inhaltliche Richtigkeit der Vereinbarung zu gewährleisten[166]. Er versagt namentlich dort, wo der Vertrag einen inhaltlichen Drittbezug aufweist[167]. So vertritt *Habersack* etwa bei der Einschränkung von Abschluß- und Inhaltschancen die Auffassung, daß ein Schutz der davon betroffenen Dritten zumindest dann angebracht ist, wenn deren Abschluß- und Inhaltschancen spürbar verringert werden[168].

Dieser Gedanke der Spürbarkeit der Lastwirkung läßt sich sinngemäß auf den hier zu beurteilenden Sachverhalt übertragen. Der Verweis auf die bloße Reflex- oder Lastwirkung für Dritte vermag daher keinesfalls die nur akzidentielle und damit unbeachtliche Beschränkung des Kündigungsschutzes Außenstehender zu rechtfertigen. Die Verbleibechancen der außenstehenden Arbeitnehmer werden durch entsprechende Klauseln empfindlich beeinträchtigt. Die Sozialauswahl, die wie bereits erörtert, ein dreiseitiges Rechtsverhältnis begründet,

---

161 *Kania/Kramer*, RdA 1995, S. 287 (288); *Stahlhacke/Preis/Vossen*, Kündigungsschutz[7], Rdnr. 662; ErfurtKomm/*Ascheid*, § 1 KSchG Rdnr. 58; *LAG Brandenburg* (Urt. v. 29.10. 1998), ArbuR 1999, S. 284 (285).

162 So aber *Hueck/v.Hoyningen-Huene*, KSchG[12], § 1 Rdnr. 459.

163 *Oetker*, Anm. zu *BAG* (Urt. v. 18.12. 1996), JZ 1998, S. 206 (206) im Anschluß an MünchKomm[3]/*Gottwald*, § 328 Rdnr. 139.

164 *Habersack*, Vertragsfreiheit und Drittinteressen, 1992, S. 57ff. (69).

165 *Habersack*, Vertragsfreiheit und Drittinteressen, 1992, S. 66, zusammenfassend S. 76.

166 *Habersack*, Vertragsfreiheit und Drittinteressen, 1992, S. 66f.

167 *Habersack*, Vertragsfreiheit und Drittinteressen, 1992, S. 64f.

168 *Habersack*, Vertragsfreiheit und Drittinteressen, 1992, S. 72f.

kann deshalb nicht dem Willen der Parteien des Arbeitsvertrags unterliegen. Einzelvertragliche Kündigungsschutzklauseln verhindern deshalb nicht die Einbeziehung unkündbarer Arbeitnehmer in die soziale Auswahl. Nach der hier vertretenen Ansicht eines unabdingbaren § 1 Abs. 3 KSchG ergibt sich diese Folge bereits daraus, daß die Parteien des Arbeitsvertrags an das zwingende Gesetzesrecht gebunden sind[169]. Ein Abweichen davon zieht die Unwirksamkeit einer entsprechenden Vereinbarung nach sich. Einer weiteren Begründung der Unbeachtlichkeit solcher Klauseln mit Hilfe einer an der Gewichtung des Eingriffs gemessenen Inhaltskontrolle bedarf es dann nicht.

b) Sozialauswahl und Befristung des Arbeitsverhältnisses

Eine über den gesetzlichen Schutzstandard hinausreichende Stabilisierung des Arbeitsverhältnisses kann zeitlich limitiert auch durch eine Befristung nach § 620 Abs.1 BGB herbeigeführt werden. Es entspricht der einhelligen Meinung, daß mit der Befristungsabrede regelmäßig ein beidseitiger Ausschluß der ordentlichen Kündigung verbunden ist[170]. Durch die Befristung wird deshalb ein besonderer Schutz vor betriebsbedingten Kündigungen gewährleistet[171]. Dem Nachteil nur auf absehbare Zeit beschäftigt zu sein, steht der Vorteil eines verstärkten Kündigungsschutzes gegenüber. Eine betriebsbedingte Kündbarkeit, als Voraussetzung für eine Berücksichtigung in der Sozialauswahl, liegt daher nach der ganz herrschenden Meinung nicht vor. Auch hier bleibt allein das außerordentliche Kündigungsrecht bestehen, das im Falle von betriebsbedingten Kündigungen entsprechend der Kündigung von einzel- oder tarifvertraglich unkündbaren Arbeitnehmern zur Vermeidung von Nachteilen mit einer der ordentlichen Kündigung entsprechenden Frist zu koppeln ist. Auf diesen Überlegungen aufbauend, wird mangels ordentlicher Kündbarkeit nach § 1 Abs. 2 KSchG eine Herausnahme der befristet beschäftigten Arbeitnehmer aus der Sozialauswahl nach § 1 Abs. 3 KSchG befürwortet[172]. Betont wird, daß die aufgrund einer Befristungsabrede bestehende Unkündbarkeit auf § 620 Abs. 1

---

169 Zur Bindung der Arbeitsvertragsparteien an das zwingende Gesetzesrecht *Preis,* Vertragsgestaltung im Arbeitsrecht, 1993, S. 109, 305; Staudinger[13]/*Richardi,* § 611 Rdnr. 306.

170 *BAG* (Urt.v. 19.6. 1980), AP Nr. 55 zu § 620 Befristeter Arbeitsvertrag [unter 1b der Gründe]; *Kania/Kramer,* RdA 1995, S. 287 (293); *Stahlhacke/Preis/Vossen,* Kündigungsschutz[7], Rdnr. 36; Staudinger[13]/*Preis,* § 620 Rdnr. 27; MünchArbR/*Wank,* § 113 Rdnr. 130; Beispiel bei *Bauer,* JuS 1999, S. 356 (361).

171 *Hueck/v.Hoyningen-Huene,* KSchG[12], § 1 Rdnr. 455.

172 *Oetker,* Festschrift f. Wiese, 1998, S. 333 (338); *Ascheid,* RdA 1997, S. 333 (335): „(...) wohl unstreitig (...)"; *Linck,* Die soziale Auswahl bei betriebsbedingter Kündigung, 1990, S. 37f.; AR-Blattei SD/*Linck,* Kündigungsschutz I B, Rdnr. 27; *Hueck/v.Hoyningen-Huene,* KSchG[12], § 1 Rdnr. 455; *Pollmann,* Die Sozialauswahl bei der betriebsbedingten Kündigung, 1996, S. 17; MünchArbR/*Berkowsky,* § 135 Rdnr. 98; KSchR[4]/*Kittner,* § 1 KSchG Rdnr. 443.

BGB und damit auf einer gesetzlichen Regelung beruhe und daher folglich auch wie ein gesetzliches Kündigungsverbot behandelt werden müsse[173].

Diese Schlußfolgerung der herrschenden Meinung ist indes keineswegs zwingend. Wie bereits an anderer Stelle erörtert[174], kann der Befristungsregelung des § 620 Abs. 1 BGB unmittelbar nur eine Aussage bezüglich der Abdingbarkeit des sachlich ungebundenen, nur mit der Kündigungsfrist nach § 622 BGB verknüpften ordentlichen Kündigungsrechts entnommen werden. Daß die Befristung des Arbeitsverhältnisses auch den gänzlichen Ausschluß des nach § 1 Abs. 2 KSchG gebundenen ordentlichen Kündigungsrechts zur Folge hat, wird zwar gemeinhin angenommen, unterliegt aber bei näherer Betrachtung den gleichen Bedenken wie ein tarif- oder einzelvertraglicher Kündigungsausschluß.

Verleiht man dem ordentlichen Kündigungsrecht nach der hier vertretenen Lösungskonzeption hinsichtlich der betriebsbedingten und Teilen der personenbedingten Kündigung zweiseitig-zwingende Wirkung, so muß dies auch für einen Kündigungsausschluß mittels Befristungsabrede gelten. So kommt auch die herrschende Auffassung, will sie wertungskonsistent bleiben, nicht daran vorbei, bei der durch Befristung herbeigeführten ordentlichen Unkündbarkeit, das Rechtsinstitut der ersetzenden außerordentlichen Kündigung anzuwenden. Zur Verdeutlichung seinen zwei Anwendungsfälle der betriebsbedingten Kündigung herausgegriffen. Im Zuge einer Betriebsstillegung muß auch dem nur befristet beschäftigten Arbeitnehmer gekündigt werden können. Eine außerordentliche Kündigung, ohne die Einhaltung einer Anpassungsschutz gewährleistenden Kündigungsfrist, ist hier ebenso wie beim tarifvertraglichen Kündigungsausschluß nicht denkbar. Entsprechendes gilt für den Wegfall eines einzelnen Arbeitsplatzes. Kommt für eine Kündigung nur ein Arbeitnehmer in Frage und befindet sich dieser in einem zeitlich limitierten Arbeitsverhältnis, so kann auch hier nur eine an den Schranken der ordentlichen Kündigung zu messende Beendigung des Vertragsverhältnisses erfolgen. Auch in dieser Situation greift das Schlechterstellungsverbot, das der Befristungsabrede ebenso immanent sein muß, wie einer tariflichen oder einzelvertraglichen Unkündbarkeitsklausel. Unklar bleibt allein, ob bei einem mehrere Arbeitnehmer betreffenden Arbeitsplatzwegfall die Befristung vor einer Einbeziehung in die Sozialauswahl schützt.

Aus Gründen der Sachgerechtigkeit kommt man nicht umhin, hier eine zu den Ausführungen zum tariflichen und individualvertraglichen Kündigungsausschluß parallele Wertung vorzunehmen. Die Herausnahme befristet Beschäftigter kann zu einer ähnlichen krasses unsozialen Auswahl führen. So müßte etwa einem 45jährigem, zweifachen Familienvater mit 15jähriger Be-

---

173 *Linck*, Die soziale Auswahl bei betriebsbedingter Kündigung, 1990, S. 38; *Pollmann*, Die Sozialauswahl bei der betriebsbedingten Kündigung, 1996, S. 17; MünchArbR/ *Berkowsky*, § 135 Rdnr. 98; *Hueck/v.Hoyningen-Huene*, KSchG[12], § 1 Rdnr. 455.

174 Siehe oben § 12 V 1.

triebszugehörigkeit vor einem erst acht Monate beschäftigtem, 25jährigem Arbeitnehmer gekündigt werden, der sich in einem befristetem Arbeitsverhältnis befindet. Die Qualifizierung des durch Befristung herbeigeführten Kündigungsausschlusses als gesetzliches Verbot ordentlicher Kündigungen vermag an diesem Ergebnis nichts zu ändern. Dem durch § 15 Abs. 1 KSchG oder anderen arbeitsrechtlichen Schutznormen verankerten Kündigungsverboten liegt stets ein vom Gesetzgeber und deshalb nicht auf seine Zweckmäßigkeit zu kontrollierender Schutzzweck zugrunde. Ein solcher läßt sich aber für befristet angestellte Arbeitnehmer nicht finden. Für die Gleichbehandlung spezialgesetzlicher Kündigungsbeschränkungen und einer auf § 620 Abs. 1 BGB basierenden Befristung besteht deshalb kein sachlicher Grund. Der Schutz des Arbeitnehmers, der in einem befristeten Arbeitsverhältnis steht, wird ausreichend über die zur Abwehr einer Umgehung des zwingenden Kündigungsschutzrechts entwickelten Grundsätze über das Erfordernis eines besonderen Befristungsgrundes gewährleistet.

Wohl als einzige Stimme in der Literatur hält *Löwisch* die Herausnahme befristet beschäftigter Arbeitnehmer aus dem nach § 1 Abs. 3 KSchG relevanten Personenkreis für unvertretbar, weil dadurch ungerechtfertigterweise in die Verbleibechance der Stammbelegschaft eingegriffen wird[175]. In bezug auf die Gleichstellung mit gesetzlichen Kündigungsverboten gibt er außerdem zu bedenken, daß § 620 Abs. 1 BGB lediglich dispositives Recht enthält. Er tritt daher für eine Einbeziehung der befristet beschäftigten Arbeitnehmer in die Sozialauswahl ein. Freilich läßt er es offen, wie diesen Arbeitnehmer letztendlich zu kündigen ist, ob außerordentlich unter Einhaltung der ordentlichen Kündigungsfrist oder ordentlich betriebsbedingt. Auch Oetker erwägt, die Befristungsabrede im Hinblick auf § 1 Abs. 3 KSchG einer Korrektur zu unterziehen, gibt aber zu bedenken, daß dies dem mit der Befristungsabrede regelmäßig verbundenen Stabilisierungsinteresse der Vertragsparteien zuwiderläuft[176]. Allenfalls beim ausdrücklich vereinbarten Vorbehalt des Rechts zur ordentlichen Kündigung könne man sich über diesen geäußerten Parteiwillen hinwegsetzen.

Unter Zugrundelegung der hier vertretenen Ansicht eines zumindest teilweisen zweiseitig-zwingenden ordentlichen Kündigungsrechts, ist die bisher ganz überwiegende Auffassung zur Herausnahme von befristet beschäftigten Arbeitnehmern aus der Sozialauswahl nicht mehr haltbar. Die Befristungsabrede steht daher einer Einbeziehung solcher Arbeitnehmer in die Sozialauswahl nicht entgegen.

---

175 *Löwisch*, KSchG[8], § 1 Rdnr. 349.

176 *Oetker*, Festschrift f. Wiese, 1998, S. 333 (338f.).

§ 36 Die Sozialauswahl zwischen ordentlich unkündbaren Arbeitnehmern

Wie bereits angedeutet, muß die Konkurrenzsituation zwischen sozialer Auswahl und tariflicher Unkündbarkeit schließlich noch um eine weitere Konstellation ergänzt werden. Steht man mit der höchstrichterlichen Rechtsprechung und der neueren kündigungsschutzrechtlichen Literatur auf dem Standpunkt, daß auch bei einem nicht auf einer Betriebsstillegung beruhenden sonstigen Wegfall des Arbeitsplatzes eine betriebsbedingte Kündigung des unkündbaren Arbeitsverhältnisses möglich sein muß, so ergibt sich daraus zwangsläufig die Notwendigkeit eine Auswahlentscheidung zu treffen, wenn allein unkündbare Arbeitnehmer von der Kündigung betroffen werden können[177]. Aber auch wenn man den Anwendungsbereich der außerordentlichen betriebsbedingten Kündigung allein auf die Fälle der Betriebsstillegung beschränkt, besteht Anlaß für die Etablierung eines bestimmten Auswahlverfahrens. Es trifft nicht zu, daß eine Sozialauswahl in einem solchen Fall kaum denkbar ist [178]. Soweit eine etappenweise Stillegung erfolgt oder ein Bedarf an Abwicklungs- arbeiten besteht, muß auch eine soziale Auswahl stattfinden[179].

I. Die vordringende Auffassung: Sozialauswahl nach § 1 Abs. 3 KSchG analog

Wie bereits ausgeführt, behandelt das *Bundesarbeitsgericht* auch diese Fallgestaltung als eine Frage der „echten“ Sozialauswahl, denn auch hier erfolge die Auswahlentscheidung zwischen vergleichbaren Arbeitnehmern. Allerdings kann § 1 Abs. 3 KSchG hier keine direkte Anwendung finden. Ausweislich der Gesetzessystematik bezieht sich diese Regelung nur auf die ordentliche Kündigung[180]. Eine unmittelbare Anwendung der Grundsätze über die soziale Auswahl auf die außerordentliche Kündigung muß deshalb unterbleiben. Der Zwang auch hier eine Auswahlentscheidung zu treffen, erzeugt eine Gesetzeslücke.

Zur Ausfüllung dieser Lücke stehen drei Alternativen zur Verfügung[181]. Der Arbeitgeber könnte in seiner Entscheidung ungebunden sein. Danach könnte er

---

177 Siehe dazu den Beispielsfall bei *Knoll,* Die Sozialauswahl im Arbeitsrecht, 2001, S. 81.

178 So aber MünchKomm[3]/*Schwerdtner,* § 626 Rdnr. 149, Anh. § 622 Rdnr. 394.

179 *Löwisch,* KSchG[8], § 1 Rdnr. 321; dazu schon oben § 34.

180 *Schleusener,* Anm. zu *BAG* (Urt. v. 5.2. 1998), SAE 1998, S. 218 (221).

181 Vgl. zu diesen drei Möglichkeiten *Reuter,* Anm. zu *BAG* (Urt. v. 15.12. 1994), JuS 1995, S. 943 für den Fall einer Auswahlentscheidung bei einer unternehmensbezogenen Weiterbeschäftigungsmöglichkeit auf die die Betriebsbezogenheit der Auswahlentscheidung nach § 1 Abs. 3 KSchG nicht unmittelbar angewendet werden kann; daneben wird in der Literatur auch diskutiert, auf den arbeitsrechtlichen Gleichbe-

die Auswahl hinsichtlich des zu kündigenden Arbeitnehmers frei treffen. Dafür spricht ein Umkehrschluß zu § 1 Abs. 3 KSchG, der die Sozialauswahl bei der außerordentliche Kündigung gerade nicht regelt. Andererseits hat der Gesetzgeber das Problem der ersetzenden außerordentlichen betriebsbedingten Kündigung und ihrer Besonderheiten bei der Regelung der Sozialauswahl nicht vor Augen gehabt. An diesen Fall wurde im Gesetzgebungsverfahren ersichtlich nicht gedacht. Es liegt deshalb keine bewußte Regelungslücke des KSchG vor. Zudem würde ein solches Verfahren auch der bestandsschutzsichernden Zielrichtung des vereinbarten Kündigungsschutzes widersprechen. Die unkündbaren Arbeitnehmer müßten auch eine willkürliche und sozial nicht vertretbare Entscheidung des Arbeitgebers hinnehmen. Es besteht deshalb auch die Möglichkeit, dem Arbeitgeber bei seiner Auswahl aufzugeben, zumindest die Vorgaben des § 315 Abs. 1 BGB (analog) zu beachten[182]. Der Arbeitgeber hätte die personelle Konkretisierung der betriebsbedingten Kündigung dann nach billigem Ermessen vorzunehmen[183]. Eine Nichtbefolgung hätte zur Konsequenz, daß die Kündigung als unbillig angesehen werden müßte und ihr deshalb die Wirksamkeit zu versagen wäre. Allerdings wäre ein solches Vorgehen in höchstem Maße unbestimmt und stets dem Vorwurf ausgesetzt, soziale Belange seien nicht hinreichend berücksichtigt worden. Vor diesem Hintergrund erscheint deshalb eine analoge Anwendung des § 1 Abs. 3 KSchG als die sachgerechteste Lösung, wenn man weiterhin an der Zulässigkeit eines Totalausschlusse der ordentlichen Kündigung festhalten will. Sie trägt der Ersetzungsfunktion der außerordentlichen Kündigung im Rahmen des Ausschlusses der ordentlichen Kündigung am wirkungsvollsten Rechnung.

So tritt auch das *Bundesarbeitsgericht* in seiner Entscheidung vom 5. Februar 1998 für eine analoge Rechtsanwendung der Grundsätze der sozialen Auswahl auf die außerordentliche betriebsbedingte Kündigung ein[184]. Es dürfe nicht außer Acht gelassen werden, daß die außerordentliche Kündigung in einem solchen Fall nur die ordentliche Kündigung ersetze. Soweit die Kündigungsschranken der ordentlichen Kündigung dem unkündbaren Arbeitnehmer zum Vorteil gereichen, müßten diese deshalb in § 626 BGB hineingelesen werden. Diese Auffassung setzt sich auch in der Literatur immer mehr durch[185]. Bleiben

---

handlungsgrundsatz zurückzugreifen, der um soziale Gesichtspunkte zu ergänzen sei, *Knoll,* Die Sozialauswahl im Arbeitsrecht, 2001, S. 90ff.

182 Zur Anwendung des § 315 BGB im Arbeitsrecht siehe etwa *Preis,* Vertragsgestaltung im Arbeitsrecht, 1993, S. 205ff.; speziell zu Fällen der unbilligen Kündigung nach § 315 BGB analog HeidelbergKomm[3]/*Dorndorf,* § 13 Rdnr. 126ff.

183 So auch *BAG* (Urt. v. 15.12. 1994), NZA 1995, S. 413 (Leitsatz 1, S. 416) für die unternehmensbezogene Sozialauswahl.

184 *BAG* (Urt. v. 5.2. 1998), AP Nr. 143 zu § 626 BGB [unter II 3e der Gründe].

185 *Stahlhacke/Preis/Vossen,* Kündigungsschutz[7], Rdnr. 661; GK-KR/*Kiel,* § 1 KSchG Rdnr. 698; KSchR[4]/ *Däubler,* § 626 BGB Rdnr. 50, 161; Heidelberg-Komm[3]/*Dorndorf,* § 1 Rdnr. 1019; MünchArbR/*Berkowsky,* § 117 Rdnr. 100, 103; Erman[10]/*Belling,* § 626

nach einer Umstrukturierungsmaßnahme in einem Betrieb nur einige Arbeitsplätze erhalten, so muß denjenigen unkündbaren Arbeitnehmern gekündigt werden, die unter Berücksichtigung sozialer Auswahlkriterien entsprechend § 1 Abs. 3 KSchG am wenigsten schutzwürdig sind[186]. Für *Preis* ergibt sich dieser Ergebnis bereits aus dem zwischen den beiden Kündigungsformen bestehenden Stufenverhältnis[187].

II. Eigener Standpunkt: Direkte Anwendung von § 1 Abs. 3 KSchG

Nach der hier vertretenen Ansicht bereitet auch die Handhabung dieser Fallgruppe keine nennenswerten Schwierigkeiten. Unter der Herrschaft einer unabdingbaren Sozialauswahl ist eine Einbeziehung aller vergleichbarer Arbeitnehmer, ohne Rücksicht auf einen tarifvertraglichen Kündigungsausschluß, in den auswahlrelevanten Personenkreis vorzunehmen. Dies muß auch dann gelten, wenn für die betriebsbedingte Kündigung nur tariflich unkündbare Arbeitnehmer in Frage kommen. § 1 Abs. 3 KSchG findet hier unmittelbare Anwendung[188]. Einer Analogie bedarf es mangels Regelungslücke dann nicht. Eine Differenzierung hinsichtlich den zwei Fällen der echten und der unechten sozialen Auswahl ist insofern abzulehnen.

Zudem gerät die analoge Anwendung der Grundsätze über die Sozialauswahl in einen schwer lösbaren Konflikt zu § 13 Abs. 1 Satz 1 KSchG. § 1 Abs. 3 bildet zusammen mit § 1 Abs. 2 KSchG den Gesamttatbestand der ordentlichen betriebsbedingten Kündigung[189]. Die Regeln der Sozialauswahl enthalten eine materielle Kündigungsbeschränkung der ordentlichen Kündigung. Durch die analoge Anwendung auf § 626 BGB wird eine zusätzliche materiell-rechtliche Voraussetzung in das außerordentliche Kündigungsrecht hineingelesen. Nach § 13 Abs.1 Satz 1 KSchG soll das außerordentliche Kündigungsrecht aber gerade von den durch das KSchG normierten materiellen Kündigungsschranken

---

Rdnr. 87; *Höland,* Anm. III 2 zu *BAG* (Urt. v. 5.2. 1998), AP Nr. 143 zu § 626 BGB; *Walker,* Anm. IV zu *BAG* (Urt. v. 5.2. 1998), EzA zu § 626 BGB n. F. Unkündbarkeit Nr. 2; *Schleusener,* Anm. zu BAG (Urt. v. 5.2. 1998), SAE 1998, S. 218 (221); *Neumann,* Festschrift f. Dieterich, 1999, S. 415 (424); *Fitting/Kaiser/Heither/Engels,* BetrVG[20], § 102 Rdnr. 17h; *Preis/Hamacher,* Festschrift Arbeitsgerichtsbarkeit Rheinland-Pfalz, 1999, S. 245 (249, 264); wohl auch *Neuner,* Anm. II zu *BAG* (Urt. v. 17.9. 1998), EzA Nr. 3 zu § 626 BGB Unkündbarkeit; zuletzt ausführlich *Knoll,* Die Sozialauswahl im Arbeitsrecht, 2001, S. 81ff.; allgemein kritisch zur analogen Anwendung ordentlicher Kündigungsschranken auf § 626 BGB aber *Thannheiser,* AiB 1998, S. 601 (603); dagegen auch *Wisskirchen/Ettwig,* BDA-Rechtsprechungsmitteilung v. 20.5. 1998, S. 3, die darin für den Arbeitgeber eine „unnötige Pflicht" erblicken.

186 KSchR[4]/*Däubler,* § 626 BGB Rdnr. 161.

187 *Preis,* Prinzipien des Kündigungsrechts, 1987. S. 484.

188 So im Ergebnis auch *Bröhl,* Festschrift f. Schaub 1998, S. 55 (63, 69).

189 Siehe oben § 33.

freigehalten werden[190]. Mit dieser gesetzgeberischen Entscheidung ist zwar, wie gezeigt, das generelle Stufenverhältnis von ordentlicher zu außerordentlicher Kündigung aus systematischen Erwägungen vereinbar[191]. Das Errichten einer zusätzlichen materiell-rechtlichen Schranke ist mit dieser Wertung jedoch nicht in Einklang zu bringen. Der Regelung des § 13 Abs. 1 Satz 1 KSchG ist deshalb zugleich der Gedanke zu entnehmen, daß allein das KSchG die betriebsbedingte Kündigung regeln soll. Diesem Ausschließlichkeitsanspruch wird eine außerordentliche Kündigung mit einer analogen Sozialauswahl nicht gerecht. Das Stufenverhältnis von ordentlicher und außerordentlicher Kündigung kann nur dort gelten, wo sich § 1 Abs. 2 KSchG und § 626 BGB von ihrem Anwendungsbereich auf die drei Kategorien von Kündigungsgründen überschneiden, also vornehmlich bei verhaltensbedingten Kündigungen. § 13 Abs. 1 Satz 1 KSchG sperrt deshalb nicht die Überprüfung der außerordentlichen Kündigung an den Rechtsschranken, die bereits für die ordentliche verhaltensbedingte Kündigung gelten würden. Nur für diese Kündigungskategorie ist das Stufenverhältnis der beiden Beendigungsinstitute normprägend[192]. Ist dies, wie nach dem hier vertretenen Lösungskonzept zur betriebsbedingten Kündigung, nicht der Fall, kann auch eine Überprüfung der außerordentlichen Kündigung an den Rechtsschranken der ordentlichen Kündigung nicht erfolgen. Ist schon das ordentliche Kündigungsrecht mit einer zweiseitig-zwingenden Wirkung ausgestattet, stellt es insoweit die einzige Stufe dar. Eine Übertragung auf das außerordentliche Kündigungsrecht ist dann bereits denknotwendig ausgeschlossen.

Der Grenzfall der sozialen Auswahl zwischen tariflich unkündbaren Arbeitnehmern belegt zudem anschaulich, daß durch den Ausschluß des ordentlichen Kündigungsrechts keine absolut wirkende Schutzposition des erfaßten Arbeitnehmers geschaffen werden kann. Selbst nach der herrschenden Meinung endet dieser Schutz dort, wo ein vergleichbarer tarifvertraglich unkündbarer Arbeitnehmer sozial schützenswerter ist. Auch hier muß auf die gesetzliche Grundlage des § 1 Abs.3 KSchG zurückgegriffen werden. Die höchste Schutzbedürftigkeit kann also auch hier letztlich allein mit Hilfe der Sozialauswahl ermittelt werden. Den durch die Unkündbarkeitsvoraussetzungen vorgegebenen Wertungen hinsichtlich Dauer der Betriebszugehörigkeit und Lebensalter mißt das *Bundesarbeitsgericht* dabei nicht einmal präjudizierende Wirkung bei. Hier wird noch einmal besonders deutlich, daß der Schutz vor betriebsbedingten Kündigungen immer nur zu Lasten anderer Arbeitnehmer erlangt werden kann. Der Ausschluß der ordentlichen Kündigung betrifft also keinesfalls allein das Verhältnis von Arbeitnehmer zu Arbeitgeber.

---

190 *Löwisch,* KSchG^{8}, § 13 Rdnr. 1.

191 Siehe oben § 16 III 2c.

192 So in der Terminologie von *Preis,* Prinzipien des Kündigungsrechts, 1987, S. 175.

§ 37 Zusammenfassung zum 7. Teil

1. Die Überbetonung der Kriterien Betriebszugehörigkeit und Lebensalter unter gleichzeitiger Unbeachtlichkeit der Unterhaltsverpflichtungen in den üblichen tariflichen Kündigungs- verboten führt zu einer nicht hinnehmbaren Aufweichung des Kündigungsschutzes nicht- oder andersorganisierten Arbeitnehmer, wenn bei einer betriebsbedingten Kündigung mehrere Arbeitsplätze von einer Kündigung bedroht werden. Die dadurch bedingte Begrenzung des Auswahlkreises hat einen unzulässigen Eingriff in die Konkretisierungsfunktion des Sozialauswahl zur Folge.
2. Der Vorrang der tariflich geschützten Arbeitnehmer kann nicht über das Merkmal der fehlenden Vergleichbarkeit begründet werden. Der Hinweis auf die nur reflexartige, lediglich mittelbare Wirkung der tariflichen Kündigungsverbote vermag an diesem Ergebnis nichts zu ändern. Diese Argumentation widerspricht der Schutzfunktion und hebelt die wettbewerbsunterdrückende Wirkungsweise der Sozialauswahl aus. Die Herausnahme tariflich unkündbarer Arbeitnehmer aus dem auswahlrelevanten Personenkreis stellt eine objektiv funktionswidrige Umgehung der Grundsätze über die soziale Auswahl dar. Dies gilt auch für den Sonderkündigungsschutz gewerkschaftlicher Vertrauensleute, bei dem soziale Auswahlgesichtspunkte für die Erlangung der Unkündbarkeit überhaupt keine Rolle spielen.
3. Die Sozialauswahl ist mit einem zweiseitig-zwingenden gesetzlichen Geltungsanspruch ausgestattet. Eine Verbesserung der individuellen Kündigungsschutzposition tarifunterworfener Arbeitnehmer ist deshalb nicht anzuerkennen. Die Kehrseite wäre stets die Erhöhung des Kündigungsrisikos für Außenstehende und damit eine Verschlechterung ihres zwingenden Kündigungsschutzes.
4. § 1 Abs. 3 KSchG setzt der tariflichen Regelungsbefugnis der Koalitionen schon im Vorfeld eine Schranke und bildet in kollektivrechtlicher Hinsicht eine unmittelbare Grenze der Tarifautonomie. Außerhalb des von § 1 Abs. 4 KSchG vorgegebenen Regelungsbereichs kann kein Tarifvertrag die Sozialauswahl abweichend von § 1 Abs. 3 KSchG beeinflussen. § 1 KSchG unterliegt insoweit einem Einschränkungsverbot, als durch entgegenstehende tarifliche Regelung in die gesetzlichen Vorgaben der Sozialauswahl eingegriffen wird.
5. Das Tatbestandsmerkmal des dringenden betrieblichen Erfordernisses in § 1 Abs. 2 Satz 1 KSchG und die Sozialauswahl in § 1 Abs. 3 KSchG bilden einen einheitlichen, zusammengehörenden Kündigungstatbestand, der in seiner Gesamtheit nicht der Disposition der Tarifvertragsparteien unterliegt.

6. Durch die Vereinbarung einer individualvertraglichen ordentlichen Unkündbarkeit kann der Kreis der auswahlrelevanten Personen nicht verkleinert werden. Die mit einer Befristungsabrede einhergehenden Stabilisierungsinteressen der Arbeitsvertragsparteien rechtfertigen ebenfalls keine Herausnahme der befristet beschäftigten Arbeitnehmer aus der Sozialauswahl. Die Befristung kann einem gesetzlichen Kündigungsverbot nicht gleichgestellt werden. § 620 Abs. 1 BGB kann keine andere Wertung entnommen werden. Diese Vorschrift bezieht sich nur auf das ungebundene ordentliche Kündigungsrecht. Für Befristungen besteht deshalb ein Abstimmungsbedarf mit dem nach dem KSchG gebundenen ordentlichen Kündigungsrecht.
7. Diese Grundsätze gelten auch, wenn im Rahmen von betriebsbedingten Kündigungen nur ordentlich unkündbare Arbeitnehmer für den auswahlrelevanten Personenkreis zur Verfügung stehen. Wegen der Unwirksamkeit des Ausschlusses der ordentlichen betriebsbedingten Kündigung kommt auch § 1 Abs. 3 KSchG unmittelbar zur Geltung. Einer analogen Anwendung der Vorschrift bedarf es nicht. Die vom *Bundesarbeitsgericht* vorgeschlagene Unterscheidung von echter und unechter Sozialauswahl nach § 1 Abs. 3 KSchG ist abzulehnen.

8. Teil: Die Auflösung sonstiger Wertungswidersprüche

§ 38 Der Wegfall sonstiger Kündigungsbeschränkungen

Neben den spezifischen Problemen der Unkündbarkeit im Hinblick auf Kündigungsgrund, Kündigungsfrist und Sozialauswahl existieren eine Reihe weiterer, zum Teil noch unaufgelöster Wertungswidersprüche[1]. Diese Widersprüche geraten gerade in jüngster Zeit verstärkt in die Diskussion und haben auch das *Bundesarbeitsgericht* wiederholt beschäftigt. Sie beziehen sich einmal auf die Anwendbarkeit der Kündigungserklärungsfrist des § 626 Abs. 2 BGB, besonders in Fällen der außerordentlichen krankheits- und betriebsbedingten Kündigung. Hauptproblem ist dabei, wann der Lauf der zweiwöchigen Frist beginnt. Darüber hinaus resultieren sie im wesentlichen daraus, daß die durch den Kündigungsausschluß weggefallenen sonstigen Kündigungsschranken der ordentlichen Kündigung, beispielsweise in Form von Verfahrensbindungen (§102 BetrVG), den nur aus wichtigem Grund kündbaren Arbeitnehmer in seiner kündigungsschutzrechtlichen Stellung beschneiden. Eine Sonderstellung nimmt die außerordentliche Änderungskündigung von ordentlich unkündbaren Arbeitnehmern ein. Dabei ist insbesondere fraglich, ob für den Unkündbaren die Möglichkeit der Überprüfung der außerordentlichen Änderungskündigung in analoger Anwendung des § 2 KSchG besteht.

Bei diesen Anschlußfragen zur tarifvertraglichen Unkündbarkeit kommt insbesondere der schon an anderer Stelle[2] erwähnte Gedanke von *Schwerdtner*[3] zum Tragen, der den Grund für die Schwierigkeiten im Umgang mit der außerordentlichen ersetzenden Kündigung in der andauernden Bestrebung zur Angleichung an das ordentliche Kündigungsrecht erblickt. Es besteht das andauernde Bedürfnis, die kündigungsschutzrechtlichen Sonderbestimmungen des Tarifvertrags mit den gesetzlichen Regelungsvorgaben abzustimmen und das Recht der außerordentlichen Kündigung im Wege der Rechtsfortbildung zu erweitern[4].

Wohl diese Grundschwierigkeit des Ausschlusses der ordentlichen Kündigung vor Augen, hat schon *Güntner* sehr früh seine Auffassung von der Bedeutung und dem Sinn und Zweck der Reduzierung der arbeitgeberseitigen

---

1 Dazu zusammenfassend *Bröhl,* Festschrift f. Schaub, 1998, S. 55 (61ff.); *Höland,* Anm. III zu *BAG* (Urt. v. 5.2. 1998), AP Nr. 143 zu § 626 BGB; speziell zu § 626 Abs. 2 BGB aber schon *Weng,* Kündigung von Arbeitsverhältnissen mit langer Bindung, 1980, S. 85ff.; siehe auch *Adam,* NZA 1999, S. 846.

2 Siehe oben § 1 II.

3 *Schwerdtner,* Festschrift f. Kissel, 1994, S. 1077 (1094).

4 Siehe auch *Jedzig,* Der Bestandsschutz des Arbeitsverhältnisses im Krankheitsfall, 1984, S. 419.

Kündigungsmöglichkeit auf die Kündigung aus wichtigem Grund dargelegt[5]. Zur einschlägigen Unkündbarkeitsklausel § 9 Nr. 2 des Manteltarifvertrags für die Metall-Industrie in Nordwürttemberg/Nordbaden vom 20. Oktober 1973 vertrat er in der Schlichtungsstelle die Meinung, tragender Gedanke dieser Klausel könne es nur sein, die an den Kündigungsgrund zu stellenden Voraussetzungen zu erhöhen. Hingegen sollten dem Arbeitnehmer nicht die sonstigen Rechtsvorteile der ordentlichen Kündigung entzogen werden. Dies ist für ihn zwingende Folge einer sinngemäßen Gesetzesauslegung[6]. Er spricht sich daher vehement dagegen aus, in dieser Regelung ein striktes Verbot ordentlicher Kündigungen zu erblicken, sondern gibt zu bedenken, daß der verwendete Kündigungsbegriff in einem doppelten Sinne verstanden werden müßte. Dieser kumuliert gleichsam ordentliche und außerordentliche Kündigung miteinander. Der Zweck einer Unkündbarkeitsklausel würde dann darin bestehen, die Anforderungen an den Kündigungsgrund dem Erfordernis des wichtigen Grundes in § 626 Abs. 1 BGB anzugleichen, im übrigen dem Arbeitnehmer aber alle Rechtsvorteile einer ordentlichen Kündigung zu belassen. Dieser Gedanke weist insofern eine deutliche Parallele zum kündigungsausschlußimmanenten Schlechterstellungsverbot auf, aus dem die herrschende Auffassung insbesondere die Pflicht zur Einhaltung der ordentlichen Kündigungsfrist ableitet. Zudem geht auch die herrschende Auffassung immer stärker dazu über, Elemente der ordentlichen Kündigung auf die außerordentliche Kündigung unkündbarer Arbeitnehmer zu übertragen. Im Ergebnis bedeutet dies nichts anderes als eine Vermischung beider Kündigungsformen im Sinne von *Güntner*.

Bereits an dieser Stelle kann eine kritische Bestandsaufnahme nur zu der schon bei der befristeten außerordentlichen Kündigung festgestellten Schlußfolgerung führen. Die pauschale Abbedingung des ordentlichen Kündigungsrechts zieht neben den erhöhten Anforderung an den Kündigungsgrund, die sich aber bei näherer Betrachtung nur als bedingt kündigungschutzverbessernd auswirken, zusätzlich etliche kontraproduktive Rechtsfolgen nach sich, welche die gängige Tarifpraxis in höchstem Maße fragwürdig erscheinen lassen. Diese „unerträglichen Folgen“[7] des Kündigungsausschlusses gilt es aufzulösen. Eine sichere und einfache Lösung besteht auch hier in der Anerkennung eines teilweise unabdingbaren ordentlichen Kündigungsrechts. Dadurch lassen sich die beschriebenen Widersprüche problemlos überwinden. Die herrschende Auffassung geht freilich einen anderen Weg. Entweder wird den geänderten Anforde-

---

5 *Güntner,* RdA 1974, S. 153 (160); siehe auch MünchKomm[3]/*Schwerdtner,* § 626 Rdnr. 149; *Frohner,* BlStSozArbR 1977, S. 353 (353); *Winterfeld,* Anm. 2 zu (Urt. v. 29.8. 1991), EzA Nr. 82 zu § 102 BetrVG.

6 Dogmatisch überzeugender wäre es allerdings von einer sinngemäßen Auslegung der Tarifnorm zu sprechen, weil sich diese Rechtsauffassung aus einer zweckorientierten Betrachtung der Kündigungsschutzklausel selbst ergeben soll.

7 So *Adam,* NZA 1999, S. 846.

rungen an die außerordentliche Kündigung durch eine Aufweichung des außerordentlichen Kündigungsrechts begegnet, so etwa bei § 626 Abs. 2 BGB, oder man überträgt die Kündigungsschranken der ordentlichen Kündigung im Analogieweg auf die außerordentliche Kündigung, so etwa im Rahmen des § 102 Abs. 3-5 BetrVG.

§ 39 Die verschiedenen Wertungswidersprüche im einzelnen

Im nachfolgenden werden die einzelnen, bisher noch nicht behandelten Wertungswidersprüche und ihre Behandlung durch Judikatur und Rechtslehre dargestellt. Es wird dabei gezeigt, wie auch diese sich sachgerecht nur durch die Anerkennung eines beidseitig unabdingbaren Bereichs der ordentlichen Kündigung vermeiden lassen.

I. Die Kündigungserklärungsfrist nach § 626 Abs. 2 BGB

§ 626 Abs.2 BGB enthält zwingendes Recht, an das die Tarifvertragsparteien gebunden sind. Für die außerordentliche Kündigung tariflich unkündbarer Arbeitnehmer hat dies zur Konsequenz, daß nunmehr jegliche Arbeitgeberkündigung der Fristenkontrolle nach § 626 Abs. 2 BGB unterliegt. Für den Arbeitgeber bedeutet dies eine weitere Einschränkung seiner Kündigungsbefugnis, die so weit reichen kann, daß ihm sein Kündigungsrecht nunmehr völlig entzogen werden kann.

1. Mögliche sinnwidrige Rechtsfolgen einer uneingeschränkten Anwendung

a) Auf Seiten des Arbeitgebers

Grundsätzlich steht die zumutbarkeitskonkretisierende Funktion der Kündigungserklärungsfrist der Verpflichtung zur Einhaltung einer Kündigungsfrist entgegen. Daraus läßt sich ein zwingendes Argument gegen die Anerkennung der ersetzenden außerordentlichen Kündigung gewinnen[8]. Ein Nebeneinander von Erklärungs- und Kündigungsfrist ist denknotwendig ausgeschlossen. Der Arbeitgeber wäre gezwungen, sich selbst zu widerlegen, wenn er sowohl der zwingenden Regelung des § 626 Abs. 2 BGB nachkommen müßte als auch gleichzeitig verpflichtet wäre, den gekündigten Arbeitnehmer über die zweiwöchige Frist hinaus weiter zu beschäftigen.
Setzt man sich, wie es die herrschende Lehre und das *Bundesarbeitsgericht* es tun, über diese Bedenken hinweg, so bereitet die Anwendung des § 626 Abs. 2 BGB auf die Kategorien der betriebsbedingten und der krankheitsbedingten au-

---

[8] Siehe oben, § 24 III.

ßerordentlichen Kündigung dennoch erhebliche Schwierigkeiten. Dies gilt insbesondere hinsichtlich der Frage, ab welchem Zeitpunkt nach der Feststellung der kündigungsrelevanten Umstände die Frist für die Erklärung der Kündigung zu laufen beginnt[9]. Bei der betriebsbedingten Kündigung kann es dabei zu folgender, schwer zu bewältigenden Situation kommen[10].

Ein Unternehmen kündigt einem die Unkündbarkeisvoraussetzungen erfüllenden Arbeitnehmer betriebsbedingt mit ordentlicher Kündigungsfrist, ohne die von § 102 Abs. 1 Satz 1 BetrVG für jede Art der Kündigung vorgeschriebene Anhörung des Betriebsrats vorgenommen zu haben. Der gekündigte Arbeitnehmer macht daraufhin die Unwirksamkeit der Kündigung nach § 102 Abs. 1 Satz 3 BetrVG als sonstigen Unwirksamkeitsgrund im Sinne des § 13 Abs. 3 KSchG geltend[11]. Zugleich beruft er sich darauf, daß ihm nunmehr mit Rücksicht auf § 626 Abs. 2 BGB überhaupt nicht mehr gekündigt werden kann. Der Arbeitgeber habe durch die Versäumung der betriebsverfassungsrechtlichen Informationspflicht innerhalb der Kündigungserklärungsfrist keine wirksame Kündigung erklärt. Das Recht zur außerordentlichen Kündigung sei aber nun infolge Zeitablaufs unwiderleglich verwirkt.

In der Tat bewirkt der ungenutzte Fristablauf, daß der Kündigungssachverhalt für eine erneute außerordentliche Kündigung verbraucht ist. Das Recht zur außerordentlichen Kündigung erlischt aufgrund der nicht zu widerlegenden Vermutungswirkung des § 626 Abs. 2 BGB. Eine Kündigung zu einem späteren Termin kann dann nur bei Vorliegen eines neuen wichtigen Grundes erfolgen[12]. Deshalb wäre es auch unerheblich, ob der Arbeitgeber die versäumte Mitwirkung des Betriebsrats später noch nachholt. Die Versäumung der Kündigungserklärungsfrist und das Fehlen eines wichtigen Grundes werden identisch behandelt. Zwar bleibt es dem Arbeitgeber nach dem ungenutzten Ablauf der Frist grundsätzlich unbenommen, aus demselben Kündigungsgrund eine ordentliche Kündigung auszusprechen[13]. Doch setzt das denknotwendig das Bestehen der ordentlichen Kündigungsmöglichkeit voraus, die im Falle des alters- oder rationalisierungsgeschützten Arbeitnehmers nicht mehr besteht.

---

9 Siehe allgemein KR[5]/*Etzel,* § 1 KSchG Rdnr. 568.

10 Auf diese Situation hat zuerst *Schwerdtner,* Festschrift f. Kissel, 1994, S. 1077 (1088) hingewiesen; der Fall ist nachgebildet *BAG* (Urt. v. 5.10. 1995), RzK I 6g Nr. 26; dazu *Bröhl,* Festschrift f. Schaub, 1998, S. 55 (57); bereits *Weng,* Kündigung von Arbeitsverhältnissen mit langer Bindung, 1980, S. 92, 98 hat darauf aufmerksam gemacht, daß dem Arbeitgeber durch die strikte Anwendung des § 626 Abs. 2 BGB jegliches Kündigungsrecht verloren gehen kann.

11 Dazu GK-BetrVG[6]/*Kraft,* § 102 Rdnr. 77; *Löwisch,* KSchG[8], § 13 Rdnr. 54; *Stahlhacke/Preis/Vossen,* Kündigungsschutz[7], Rdnr. 1182; § 102 Abs. 1 Satz 3 BetrVG weist insoweit einen eigenen Unwirksamkeitsgrund im Sinne einer lex perfecta auf, siehe *Oetker,* Festschrift f. Kraft, 1998, S. 429 (431).

12 *Zöllner/Loritz,* Arbeitsrecht[5], § 22 III 4a (S. 285); *Löwisch,* KSchG[8], Vorbemerkung zu § 1 Rdnr. 114.

13 *Stahlhacke/Preis/Vossen,* Kündigungsschutz[7], Rdnr. 474; KR[5]/*Fischermeier,* § 626 BGB Rdnr. 315.

Soweit die fehlerhafte oder unvollständige Mitteilung der Kündigungsgründe an den Betriebsrat gemäß § 102 Abs. 1 Satz 2 BetrVG mit der Versäumung der Anhörungspflicht teleologisch vergleichbar ist[14], ergibt sich aus der damit verbundenen Nichtigkeitsanordnung der außerordentlichen Kündigung ein möglicher weiterer Grund für die Versäumung der Ausschlußfrist. Ähnliche Folgen eines unwirksamen Kündigungsversuchs können sich auch dann ergeben, wenn der Arbeitgeber es versäumt hat, die bei Massenentlassungen geltenden besonderen Verfahrenserfordernisse nach den §§ 17ff. KSchG zu beachten[15]. Auch die Nichteinhaltung der nach § 17 Abs. 1 Satz 1 KSchG vorgeschriebenen Massenentlassungsanzeige stellt einen sonstigen Unwirksamkeitsgrund dar, den der gekündigte Arbeitnehmer unabhängig von der Klagefrist des § 4 Satz 1 KSchG geltend machen kann[16]. Ist der Arbeitgeber der Anzeigepflicht nicht innerhalb der Frist des § 626 Abs. 2 BGB nachgekommen, so kann er die außerordentliche Kündigung nicht mehr auf den bereits zum Anlaß für die erste Kündigung genommenen betriebsbedingten Kündigungsgrund stützen.

Die strikte Anwendung des § 626 Abs. 2 BGB kann also dazu führen, daß dem Arbeitgeber jegliches Kündigungsrecht abgeschnitten wird. Das ordentliche Kündigungsrecht ist, nach der herrschenden Auffassung, wirksam ausgeschlossen, das außerordentliche ist verwirkt. Macht man damit ernst, so ist der Arbeitgeber trotz Reduzierung des Arbeitsplätzebedarfs oder Stillegung des Betriebs zur Fortführung eines inhaltsleeren Arbeitsverhältnisses bis zum Pensionsalter des Arbeitnehmers verpflichtet. Anhand dieser Beispielsfälle läßt sich die besonders einschneidende Rechtsfolge bei Versäumung des § 626 Abs. 2 BGB demonstrieren, deren Wirkungsweise treffend mit der eines Fallbeils verglichen wird[17]. Insbesondere das Fehlen der ordentlichen Kündbarkeit führt hier dazu, daß sich der Arbeitgeber entgegen § 626 Abs. 1 BGB wegen eines Verfahrensverstoßes an einem für ihn unzumutbaren Arbeitsverhältnis festhalten lassen muß. In Anlehnung an den Sachverhalt des Urteils des *Bundesarbeitsgerichts* vom 5. Oktober 1995[18] hat *Bröhl*[19] dafür das dem „Heizer auf der E-Lok" entlehnte Bild des „Bibliothekars ohne Bibliothek" geschaffen.

b) Auf Seiten des Arbeitnehmers

Neben dieser für den Arbeitgeber nachteiligen Rechtsfolge, die in einem krassen Widerspruch zum Unzumutbarkeitsgrundsatz tritt und nach der hier vertretenen Lösungskonzeption mit der Gerichtsfreiheit unternehmerischer Entschei-

---

[14] *Oetker,* Festschrift f. Kraft, 1998, S. 429 (440ff., 449).

[15] *Schwerdtner,* Festschrift f. Kissel, 1994, S. 1077 (1088); *Schleusener,* Anm. zu *BAG* (Urt. v. 5.2. 1998), SAE 1998, S. 218 (220).

[16] *Löwisch,* KSchG[8], § 17 Rdnr. 59.

[17] So *Gamillscheg,* Kollektives Arbeitsrecht Bd. I, 1997, S. 837.

[18] *BAG* (Urt. v. 5.10. 1995), RzK I 6g Nr. 26.

[19] *Bröhl,* Festschrift f. Schaub, 1998, S. 55 (57).

dungen nicht zu vereinbaren ist, kann die Anwendung des § 626 Abs. 2 BGB auch für den unkündbaren Arbeitnehmer zu einer Schwächung seiner Kündigungsschutzposition führen. So müßte etwa der Arbeitgeber, der seinen Betrieb stillegen will, dem unkündbaren Arbeitnehmer innerhalb von zwei Wochen, nachdem er seinen Stillegungsbeschluß gefaßt hätte, kündigen. Dadurch wäre der tariflich geschützte Arbeitnehmer schlechter gestellt, als seine Kollegen, bei denen noch die Möglichkeit zur ordentlichen Kündigung besteht[20]. Diesen könnte der Arbeitgeber den jeweiligen Kündigungsfristen gemäß, abgestuft nach der Länge der Fristen mit Wirkung zur tatsächlichen Stillegung kündigen. Dem Unkündbaren würde deutlich früher gekündigt werden, will der Arbeitgeber nicht Gefahr laufen, sein außerordentliches Kündigungsrecht zu verlieren. Bereits hier zeichnet sich ab, daß der Gesetzgeber bei § 626 Abs. 2 BGB offenbar nur verhaltensbedingte Kündigungsgründe vor Augen gehabt hat, nicht hingegen die Anwendung auf Kündigungen wegen einer Arbeitsplatzreduzierung[21].

2. § 626 Abs. 2 BGB und der Unabdingbarkeitsgrundsatz

a) Die herrschende Auffassung

Auch § 626 Abs. 2 BGB unterfällt dem Unabdingbarkeitsgrundsatz des außerordentlichen Kündigungsrechts. Die Vorschrift des § 626 Abs. 2 BGB darf autonom weder gänzlich ausgeschlossen werden, noch kann eine Abänderung der Länge der Kündigungserklärungsfrist vereinbart werden. Dies gilt gleichermaßen für individualvertragliche wie für kollektivvertragliche Abreden[22]. Weitgehend geklärt dürfte heute sein, daß auch aus verfassungsrechtlichen Gesichtspunkten kein Abweichen von § 626 Abs. 2 möglich ist[23], mag auch die „Starr-

---

20 *BAG* (Urt. v. 5.2. 1998), AP Nr. 143 zu § 626 BGB [unter II 4a der Gründe]; *Bröhl*, Festschrift f. Schaub, 1998, S. 55 (61).

21 *Zöllner/Loritz*, Arbeitsrecht[5], § 22 III 4a (S. 285f.).

22 *BAG* (Urt. v. 12.4.1978), AP Nr. 13 zu § 626 BGB Ausschlußfrist [Leitsatz 2]; KR[5]/*Fischermeier*, § 626 BGB Rdnr. 317f.; Wiedemann/*Wiedemann*, TVG[6], § 1 Rdnr. 551; *Finken*, Die Ausschlußfrist des § 626 Abs.2 BGB, 1988, S. 43ff., 48ff.; *Stahlhacke/Preis/Vossen*, Kündigungsschutz[7], Rdnr. 473; Soergel[12]/*Kraft*, § 626 Rdnr. 86; *Böhm/Spiertz/Sponer/Steinherr*, BAT, § 54 Rdnr. 80; gegen eine tarifvertragliche Verlängerung der Frist auch *Däubler*, Das Arbeitsrecht 2[11], Rdnr. 1150; *ders.*, Tarifvertragsrecht[3], Rdnr. 933 und *Herschel*, Anm. I 1 zu *BAG* (Urt. v. 11.3.1976), AP Nr. 9 zu § 626 BGB Ausschlußfrist

23 Zur Diskussion um die Verfassungsmäßigkeit von § 626 Abs.2 BGB siehe *Küchenhoff*, ArbuR 1971, S. 1 (3), der die Ausschlußfrist für verfassungswidrig hält; hingegen hat das *BAG* (Urt. v. 28.10. 1971), AP Nr. 1 zu § 626 BGB Ausschlußfrist [Leitsatz 1 und unter II der Gründe] die Vereinbarkeit mit dem Grundgesetz festgestellt; bestätigt durch *BAG* (Urt. v. 6.7.1972), AP Nr. 3 zu § 626 BGB Ausschlußfrist [Leitsatz 1a und unter I 1 der Gründe]; ebenso Soergel[12]/*Kraft*, § 626 Rdnr. 85; *Stahlhacke/Preis/Vossen*, Kündigungsschutz[7], Rdnr. 472; KR[5]/*Fischermeier*, § 626 BGB Rdnr. 312; Staudinger[12]/

heit und Uniformität“[24] der gesetzlichen Regelung in Einzelfällen zu unangemessenen Ergebnissen führen und die Vorschrift deshalb rechtspolitisch höchst zweifelhaft erscheinen. Die Normierung der Kündigungserklärungsfrist des § 626 Abs. 2 BGB dient der Rechtsklarheit und der Rechtssicherheit und ist daher sachlich gerechtfertigt. Härtefälle können über § 242 BGB unter dem Gesichtspunkt des Rechtsmißbrauchs in Grenzen korrigiert werden[25].

Über die gesetzliche Verpflichtung des Arbeitgebers, die außerordentliche Kündigung innerhalb der zweiwöchigen Frist des § 626 Abs.2 BGB zu erklären, können sich die Tarifvertragsparteien auch im Falle der Unkündbarkeit nicht hinwegsetzen. Begrenzen sie das arbeitgeberseitige Kündigungsrecht auf die Kündigung aus wichtigem Grund, so ist der Arbeitgeber dennoch an die Ausschlußfrist des § 626 Abs. 2 BGB gebunden[26], mag eine Klausel auch keine § 626 Abs. 2 BGB entsprechende Regelung aufweisen. Das bedeutet, daß es für die Anwendung des § 626 Abs. 2 BGB unerheblich ist, ob neben dem außerordentlichen auch das ordentliche Kündigungsrecht zur Verfügung steht. Zur Begründung wird einmal auf die fehlende Tariföffnungsklausel hingewiesen, ohne die der Vorrang einer tarifvertraglichen Regelung nicht begründet werden kann[27]. Zudem soll die Schutzfunktion des § 626 Abs. 2 BGB einer tarifdispositiven Geltung entgegenstehen[28]. So haben sich beispielsweise die Tarifpartner im öffentlichen Dienst an diese Vorgaben gehalten. § 54 Abs. 2 BAT enthält eine mit § 626 Abs. 2 BGB identische Vorschrift[29].

An diesen Erklärungsversuchen der Unabdingbarkeit ist sicher richtig, daß § 626 Abs.2 BGB den Arbeitgeber daran hindern soll, sich eine Kündigung für

---

Neumann, § 626 Rdnr. 71; siehe dazu ausführlich *Weng,* Kündigung von Arbeitsverhältnissen mit langer Bindung, 1980, S. 82ff.; für eine Abschaffung von § 626 Abs. 2 BGB aus rechtspolitischer Sicht aber *Zöllner/Löritz,* Arbeitsrecht[5], § 22 III 4a (S. 287).

24 So die Einschätzung der Vorschrift durch *Hanau,* Festschrift der Rechtswissenschaftlichen Fakultät zur 600-Jahr-Feier der Universität Köln, 1988, S. 183 (200).

25 *Stahlhacke/Preis/Vossen,* Kündigungsschutz[7], Rdnr. 490; Staudinger[12]/*Neumann,* § 626 Rdnr. 71.

26 *BAG* (Urt. v. 25.3. 1976), AP Nr. 10 zu § 626 BGB Ausschlußfrist [Leitsatz 1 und unter III 1b der Gründe]; *BAG* (Urt. v. 19.1. 1973), AP Nr. 5 zu § 626 BGB Ausschlußfrist [Leitsatz 1 und unter I 3 der Gründe]; KR[5]/*Fischermeier,* § 626 Rdnr. 311, 322; Staudinger[12]/*Neumann,* § 626 Rdnr. 72; MünchKomm[3]/ *Schwerdtner,* § 626 Rdnr. 231.

27 Gegen eine verdeckte Tarifdispositivität *Finken,* Die Ausschlußfrist des § 626 Abs. 2 BGB, 1988, S. 49; *Martens,* Anm. 3 zu *BAG* (Urt. v. 12.2.1973), AP Nr. 6 zu § 626 BGB Ausschlußfrist; *Hölters,* Anm. II zu *BAG* (Urt. v. 19.1. 1973), AP Nr. 5 zu § 626 BGB Ausschlußfrist.

28 KR[5]/*Fischermeier,* § 626 BGB Rdnr. 318; MünchArbR/*Wank,* § 117 Rdnr. 138.

29 § 54 Abs. 2 BAT stimmt seit der Neufassung des § 626 BGB mit § 626 Abs. 2 BGB überein, siehe dazu *Böhm/Spiertz/Sponer/Steinherr,* BAT, § 54 Rdnr. 2; siehe auch die Tarifnorm des § 23 Abs. 3 TOK bei *BAG* (Urt. v. 25.3. 1976), AR-Blattei D Kündigung VIII Nr. 55 [unter III 1a der Gründe].

den passenden Moment gleichsam „aufzusparen"[30] und sie so als Druckmittel zu benutzen, während der Arbeitnehmer darauf vertraut, sein Verhalten werde vom Arbeitgeber nicht zum Anlaß zu einer Kündigung genommen. Aber darin allein erschöpft sich die Funktion der Kündigungserklärungsfrist nicht. Vielmehr konkretisiert sie einen Fundamentalsatz der Rechtsordnung, nach dem keine Partei daran gehindert werden darf, ein unzumutbares Rechtsverhältnis durch einseitige Erklärung zu beenden. § 626 Abs. 2 BGB bezweckt deshalb auch, dem Arbeitgeber einen festgeschriebenen Zeitrahmen zu garantieren, innerhalb dessen er die Umstände, die für und wider eine Kündigung sprechen, abwägen kann. Er soll sich nicht zu „hektischer Eile" genötigt fühlen[31] und eine angemessene Überlegungsfrist eingeräumt bekommen. Die Ausschlußfrist des § 626 Abs. 2 BGB kann daher keinesfalls als reine Arbeitnehmerschutznorm begriffen werden, die Verbesserungen zugunsten der Arbeitnehmer ohne weiteres zugänglich ist.

b) Kein unzulässiger Eingriff in die Tarifautonomie

Wenn hingegen *Birk* in dem Verbot einer tarifvertraglichen Einflußnahme auf die Kündigungserklärungsfrist einen unzulässigen Eingriff in die Tarifautonomie erblickt[32], so kann dem nicht gefolgt werden. Er tritt dafür ein, § 626 Abs. 2 BGB trotz Fehlens eines gesetzlich verankerten Tarifvorrangprinzips und trotz Verneinung einer verdeckten Tarifdispositivität im Wege einer „benigna interpretatio"[33] dahingehend fortzuentwickeln, daß die Vorschrift einer Abänderung durch die Tarifvertragsparteien nicht entgegensteht. Diese Auffassung widerspricht aber schon dem ganz herrschenden Verständnis von Gesetzesrecht und tariflicher Regelungsbefugnis. Wird das Vorliegen einer offenen und einer verdeckten Tarifdisponibilität verneint, so spricht allein dieser Umstand gegen die Abdingbarkeit des § 626 Abs. 2 BGB zumindest in Richtung einer für den Arbeitnehmer nachteiligen Abweichung. Auch der rechtsvergleichende Hinweis auf andere Rechtsordnungen[34] vermag kein anderes Ergebnis zu rechtfertigen. Dieser kann allenfalls Anregung für eine Änderung der gesetzlichen Regelung de lege ferenda sein. Eine wohlwollende Auslegung de lege lata kann darauf

---

30 *BAG* (Urt. v. 28.10. 1971), AP Nr. 1 zu § 626 BGB Ausschlußfrist [unter II der Gründe]; *BAG* (Urt. v. 25.2. 1983), AP Nr. 14 zu § 626 BGB Ausschlußfrist [unter II 2b der Gründe]; *Löwisch*, KSchG[8], Vorbemerkung zu § 1 Rdnr. 110; *V. Schmidt*, Anm. I 2 b aa zu *BAG* (Urt. v. 21.10.1983), AP Nr. 16 zu § 626 BGB Ausschlußfrist.

31 *BAG* (Urt. v. 15.11. 1995), AP Nr. 73 zu § 102 BetrVG 1972 [unter II 5 der Gründe].

32 *Birk*, Anm. II 2 zu *BAG* (Urt. v. 12.4. 1978), EzA Nr. 64 zu § 626 BGB n.F.; ebenfalls für tarifdispositive Geltung *Wiedemann/Stumpf*, TVG[5], § 1 Rdnr. 233; so im Ergebnis auch *Hanau*, Festschrift der Rechtswissenschaftlichen Fakultät zur 600-Jahr-Feier der Universität Köln, 1988, S. 183 (200).

33 Siehe dazu im positiven Recht § 2084 BGB.

34 *Birk*, Anm. II 2 zu *BAG* (Urt. v. 12.4. 1978), EzA Nr. 64 zu § 626 BGB n.F.

hingegen nicht gestützt werden. Hier ist schon deshalb Vorsicht geboten, weil andere Rechtsordnungen der Vermeidung einer unzumutbaren Ewigkeitsbindung nicht nur über das Unabdingbarkeitsdogma der außerordentlichen Kündigung begegnen. Beispielsweise löst das französische Recht diesen Konflikt über den ordre public und nicht etwa über das Prinzip der Unzumutbarkeit[35]. Nach Art. 6 Code Civil steht die Freiheit zur vertraglichen Regelung neben der Einschränkung durch die guten Sitten zusätzlich unter dem Vorbehalt des ordre public[36].

Aber auch eine Öffnung der Kündigungserklärungsfrist zum Nachteil des Arbeitgebers ist aufgrund einer am Gesetzeszweck orientierten Auslegung abzulehnen. Wegen der unmittelbaren Verknüpfung des § 626 Abs. 2 BGB mit dem durch § 626 Abs. 1 BGB gesetzlich fixierten Zumutbarkeitsprinzips erstreckt sich die beidseitig-zwingende Wirkung des außerordentlichen Kündigungsrechts auch auf die Erklärungsfrist des § 626 Abs. 2 BGB. Abzulehnen sind deshalb auch die Literaturstimmen, die eine Abänderung der Ausschlußfrist zumindest zugunsten des Arbeitnehmers für zulässig erachten[37]. Die Berufung auf das Günstigkeitsprinzip[38] versagt hier ebenso wie im Falle des § 626 Abs. 1 BGB. Sowohl die Verlängerung als auch die Verkürzung der Ausschlußfrist kann sich für eine der Arbeitsvertragsparteien nachteilig auswirken. Eine Verlängerung kann zu einer Benachteiligung des Arbeitnehmers führen, weil der Arbeitgeber seinen endgültigen Kündigungsentschluß noch weiter hinausschieben und so den Arbeitnehmer über eine unangemessen lange Zeit im unklaren lassen könnte. Hingegen würde eine Verkürzung der Frist eine wohl nicht mehr hinnehmbare Beschränkung des arbeitgeberseitigen Kündigungsrechts darstellen, weil dieser sein außerordentliches Kündigungsrecht sehr schnell verlieren würde und ihm keine ausreichende Überlegungszeit eingeräumt würde. Eine Reduzierung der Frist kann sich zudem auch für den Arbeitnehmer kündigungsverschlechternd auswirken, wenn etwa der Arbeitgeber dadurch genötigt wird, seinen Kündigungsentschluß deutlich früher zu fassen und das Kündi-

---

35 Siehe dazu *Bröhl,* Festschrift f. Schaub, 1998, S. 55 (67); vgl. für das deutsche Recht die Kollisionsnorm des Art. 6 EGBGB; vgl. Satz 1: „(...) mit wesentlichen Grundsätzen des deutschen Rechts offensichtlich unvereinbar (...)". Zu den wesentlichen Grundsätzen des deutschen Rechts kann man ohne weiteres auch das Prinzip der Lösung von Dauerschuldverhältnissen bei Vorliegen der Unzumutbarkeit zählen, das als „allgemeiner Rechtssatz" gewohnheitsrechtliche Geltung aufweist, siehe *Oetker,* Das Dauerschuldverhältnis , 1994, S. 266; *Fromm,* DB 1988, S. 601 spricht von einer „alten gesetzgeberischen Tradition".

36 Siehe etwa *Hübner/Constantinesco,* Einführung in das französische Recht[3], S. 148.

37 *Gamillscheg,* Kollektives Arbeitsrecht Bd. I, 1997, S. 837; *Frömling,* Probleme bei der Ausschlußfrist des § 626 Abs. 2 BGB, 1984, S. 37ff.

38 So ausdrücklich *Gamillscheg,* Kollektives Arbeitsrecht Bd. I, 1997, S. 837; *Frömling,* Probleme bei der Ausschlußfrist des § 626 Abs. 2 BGB, 1984, S. 41.

gungsgeschehen nicht noch einmal in Ruhe überdenken kann[39]. Ein anderes Ergebnis mag auch der Hinweis auf § 225 BGB und die in dieser Vorschrift enthaltende Wertung nicht zu rechtfertigen[40]. Verjährungsfristen sind mit der materiell-rechtlichen Ausschlußfrist des § 626 Abs. 2 BGB nicht vergleichbar[41]. Eine Übertragung des Rechtsgedankens des § 225 BGB im Wege der Analogie auf die Kündigungserklärungsfrist bei der fristlosen Kündigung steht der unterschiedliche Gesetzeszweck der Regelungen entgegen.

Solange der Gesetzgeber genauere Vorgaben zur Ermittlung der Unzumutbarkeit macht, sei es durch die Verknüpfung des Zumutbarkeitsurteils mit der Frist zur ordentlichen Kündigung in § 626 Abs. 1 BGB oder durch eine Zeitbegrenzung zur Ausübung des außerordentlichen Kündigungsrechts in § 626 Abs. 2 BGB, sind die Tarifvertragsparteien an diese Wertungen gebunden. Ein Art. 9 Abs. 3 GG widersprechender Eingriff in die Tarifautonomie kann darin nicht gesehen werden. Eine Berufung auf den Gedanken der Günstigkeit verbietet sich hier[42].

3. Die Anwendung von § 626 Abs. 2 BGB in Einzelfällen

Im Hinblick auf die nach § 626 Abs. 2 Satz 2 BGB für die Kündigung maßgebenden Tatsachen hat sich die Unterscheidung von echten Dauergründen beziehungsweise Dauertatbeständen und abgeschlossenen Kündigungsgründen mit Fortwirkung durchgesetzt[43]. Bei den Dauergründen wird ein kündigungsrelevanter Umstand dauernd durch weitere Verhaltensweisen aktualisiert und stört so die Fortsetzung des Arbeitsverhältnisses fortlaufend. In der zweiten Fallgruppe entfaltet ein einmaliger, in sich abgeschlossener Vorgang vertragsstörende Wirkung für die Zukunft. Während krankheitsbedingte Kündigungsgründe den Dauertatbeständen zugeordnet werden, wird die Qualifizierung bei betriebsbedingten Kündigungsgründen nicht einheitlich vorgenommen.

---

39 KR[5]/*Fischermeier,* § 626 BGB Rdnr. 318; MünchArbR/*Wank,* § 117 Rdnr. 138.

40 So aber *Herschel,* Anm. I 1 zu *BAG* (Urt. v. 11.3.1976), AP Nr. 9 zu § 626 BGB Ausschlußfrist.

41 MünchKomm[3]/*Schwerdtner,* § 626 Rdnr. 229.

42 So ausdrücklich auch Staudinger[12]/*Neumann,* § 626 Rdnr. 73.

43 *BAG* (Urt.v. 22.1.1998), AP Nr. 38 zu § 626 BGB Ausschlußfrist [unter B II 1a der Gründe]; *BAG* (Urt. v. 25.2.1983), AP Nr. 14 zu § 626 BGB Ausschlußfrist [unter II 1d der Gründe]; *Stahlhacke/Preis/Vossen,* Kündigungsschutz[7], Rdnr. 479; KR[5]/*Fischermeier,* § 626 BGB Rdnr. 323f., 328; *Böhm/Spiertz/Sponer/Steinherr,* BAT, § 54 Rdnr. 83.

a) Betriebsbedingte Kündigungsgründe

aa) Bisherige Behandlung in Rechtsprechung und Lehre

Um der Gefahr einer allzu frühzeitigen Kündigung ordentlich unkündbarer Arbeitnehmer zu begegnen, läßt es das *Bundesarbeitsgericht* in den Fällen der Betriebsstillegung für die Fristwahrung nach § 626 Abs. 2 BGB genügen, daß der Arbeitgeber die Kündigung zu dem Termin ausspricht, zu dem der betroffene Arbeitnehmer tatsächlich nicht mehr weiterbeschäftigt werden kann[44]. Anders ausgedrückt bedeutet dies in einer oft zu lesenden Formulierung, daß die Ausschlußfrist nicht vor Ablauf des Zeitraums beginnt, in dem eine Weiterbeschäftigung des Arbeitnehmers noch möglich ist[45]. Der Arbeitgeber ist jedoch nicht gehalten, so lange zu warten, bis für den jeweiligen Arbeitnehmer keine sinnvolle Tätigkeit mehr vorhanden ist, sondern kann bereits früher zu dem Termin kündigen, an dem die Beschäftigungsmöglichkeit voraussichtlich entfällt[46]. Der Arbeitgeber müßte sonst möglicherweise sehr lange Kündigungsfristen über den Zeitpunkt der Beschäftigungsmöglichkeit hinaus einhalten und würde in dieser Zeitspanne keine Gegenleistung erhalten.

Das *Bundesarbeitsgericht* hat es aber trotzdem bisher abgelehnt, bei einem betriebsbedingten Wegfall des Arbeitsplatzes von einen Dauertatbestand auszugehen[47]. Mit dem definitiven Wegfall der Beschäftigungsmöglichkeit beginnt die Frist des § 626 Abs. 2 BGB zu laufen.

Das Gericht vertritt damit eine mittlere Linie. Der Arbeitgeber darf weder den Stillegungsentschluß als relevanten Zeitpunkt für den Fristbeginn zugrundelegen, noch ist er gezwungen bis zur endgültigen Einstellung aller Arbeiten im Betrieb abzuwarten[48]. Auf diese Weise gelingt es, den Arbeitnehmer, der einen gesonderten Bestandsschutz genießt, gemäß der Zwecksetzung der kündigungsschützenden Norm vor einer Benachteiligung zu schützen. Er ist dadurch nicht länger schlechter gestellt als die übrigen Belegschaftsmitglieder. Der durch die

---

44 *BAG* (Urt. v. 28.3. 1985), AP Nr. 86 zu § 626 BGB [unter B II 2 der Gründe] für den kraft Tarifvertrag Unkündbaren; *BAG* (Urt. v. 21.6. 1995), EzA Nr. 43 zu § 15 KSchG n.F. [unter B II 3b der Gründe] für das nach § 15 Abs.1 KSchG unkündbare Betriebsratsmitglied; ebenso *Stahlhacke/Preis/Vossen,* Kündigungsschutz[7], Rdnr. 481; *Gajewski,* Aktuelle Aspekte des Arbeitsrechts, 1987, S. 311 (341).

45 *BAG* (Urt. v. 22.7. 1992), EzA Nr. 141 zu § 626 BGB n.F. [unter II 3 der Gründe] für einen kraft Arbeitsvertrag Unkündbaren; *BAG* (Urt. v. 5.10. 1995), RzK I 6g Nr. 26; KR[5]/*Fischermeier,* § 626 BGB Rdnr. 329.

46 *BAG* (Urt. v. 22.7. 1992), EzA Nr. 141 zu § 626 BGB n.F. [unter II 3 der Gründe]; KR[5]/*Fischermeier,* § 626 BGB Rdnr. 329; *Buchner,* Anm. 2 zu *BAG* (Urt. v. 28.3. 1985), EzA Nr. 96 zu § 626 BGB n.F.; so schon zur alten Rechtslage vor Einführung des § 626 Abs.2 BGB *BAG* (Urt. v. 8.10. 1957), AP Nr. 16 zu § 626 BGB [unter II der Gründe].

47 *BAG* (Urt. v. 25.3. 1976), AR-Blattei D Kündigung VIII Nr. 55 [unter III 1b der Gründe].

48 *Herschel,* Anm. II zu *BAG* (Urt. v. 28.3. 1985), AP Nr. 86 zu § 626 BGB.

Anwendung des § 626 Abs. 2 BGB implizierte Wertungswiderspruch kann so beseitigt werden. Damit sind allerdings keinesfalls die möglicherweise fatalen Folgen eines fehlerhaften Kündigungsversuchs auf Seiten des Arbeitgebers behoben.

bb) Die Neuerungen durch das Urteil des Bundesarbeitsgerichts vom 5. Februar 1998

Zur Vermeidung sinnwidriger Ergebnisse, die dem Unzumutbarkeitsgrundsatz eklatant widersprechen, ist in der Literatur die Forderung aufgestellt worden, bei betriebsbedingten Kündigungsgründen aufgrund von Betriebsstillegungen vom Vorliegen eines echten Dauergrundes auszugehen[49]. Die außerordentliche Kündigung würde dadurch praktisch nie verfristen können. Das *Bundesarbeitsgericht* ist in seiner Entscheidung vom 5. Februar 1998 über diese Anregungen freilich noch hinausgegangen. Der 2. Senat sah insofern die bestehenden Schwierigkeiten, die bei einer fehlerhaften Betriebsratsanhörung den Ausspruch einer erneuten Kündigung unmöglich machen, als so gewichtig an, daß er entgegen seiner bisherigen Rechtsprechung nunmehr von einem Dauerstörtatbestand ausgeht[50]. Im Hinblick auf § 626 Abs. 2 BGB besteht nach Auffassung des Gerichts kein sachlicher Unterschied zwischen betriebsbedingten Kündigungsgründen und der krankheitsbedingten Kündigung wegen einer andauernden Unfähigkeit zur Erbringung der Arbeitsleistung.

Das *Bundesarbeitsgericht* begrenzt diese restriktive Handhabung der Ausschlußfrist nicht auf die Fälle der Betriebsstillegung, sondern dehnt sie auf den Wegfall eines Arbeitsplatzes aufgrund innerorganisatorischer Umgestaltung des Arbeitsablaufs aus und stellt damit auf das jeweilige Einzelarbeitsverhältnis ab. Konkreter wird das Urteil in seinem 2. Leitsatz, in dem festgestellt wird, daß in einem solchen Fall überhaupt kein Platz für die Anwendung von § 626 Abs. 2 BGB ist[51]. Dies hat mit einer restriktiven Interpretation der Vorschrift, wie sie in den Urteilsgründen anklingt, nichts mehr gemeinsam. Praktisch hat das Gericht ausgesprochen, daß die Kündigungserklärungsfrist generell bei betriebsbedingten Kündigungsgründen nicht mehr anzuwenden ist. Dies kann dogmatisch nicht anders gedeutet werden, als eine teleologische Reduktion des § 626 Abs. 2 BGB[52]. Die Fälle der außerordentlichen betriebsbedingten Kündigung sind danach generell aus dem Anwendungsbereich der Norm auszuscheiden. Zu einer

---

49 *Schwerdtner,* Festschrift f. Kissel, 1994, S. 1077 (1088)

50 *BAG* (Urt. v. 5.2. 1998), AP Nr. 143 zu § 626 BGB [unter II 4 der Gründe].

51 So bereits *Weng,* Kündigung von Arbeitsverhältnissen mit langer Bindung, 1980, S. 85, 89ff., 99, der die Ausschlußfrist nicht auf betriebs- und personenbedingte Kündigungsgründe anwenden will.

52 Dafür im Ergebnis auch *Preis/Hamacher,* Festschrift Arbeitsgerichtsbarkeit Rheinland-Pfalz, 1999, S. 245 (267f); *Mauer/Schüßler,* BB 2001, S. 466 (470).

Zumutbarkeitsvermutung infolge Zeitablaufs[53] kann es deshalb bei betriebsbedingten außerordentlichen Kündigungen nicht mehr kommen.

Auf der Grundlage der herrschenden Meinung, die von der Wirksamkeit des Ausschlusses der ordentlichen Kündigung ausgeht und sich mit der Rechtsfigur der ersetzenden außerordentlichen Kündigung behilft, ist dieser Vorstoß der Judikatur zu begrüßen und hat folglich auch in der Literatur Zustimmung gefunden[54]. Nur so gelingt es die Bedenken auszuräumen, die gegen eine strikte Anwendung des § 626 Abs. 2 BGB bei einer fehlerhaften oder gänzlich unterbliebenen Betriebsratsanhörung bestehen. Dem Arbeitgeber wird so auch bei Kündigungen aufgrund dringender betrieblicher Erfordernisse auf jeden Fall ein Lösungsrecht vorbehalten.

Teilweise ist diese Neuerung in der höchstrichterlichen Rechtsprechung auch auf Ablehnung gestoßen. Es wird eingewandt, daß der Arbeitgeber, der durch seine Unternehmerentscheidung die Bedingung für den betriebsbedingten Kündigungsgrund schafft, genau absehen kann, wann der Arbeitsplatz des betroffenen Arbeitnehmers entfällt[55]. Zudem sei es höchst zweifelhaft, aus dem speziellen Verfahrensablauf der Betriebsratsbeteiligung nach §102 Abs. 1 BetrVG ein generelles Argument gegen die Anwendbarkeit des § 626 Abs. 2 BGB zu gewinnen[56]. Damit werde unabhängig vom konkreten Einzelfall die durch die Ausschlußfrist gewährte Rechtssicherheit aufs Spiel gesetzt. Die Arbeitgeberkündigung werde nicht mehr anhand eines „Zeitfensters" kontrolliert. Es müsse immerhin Berücksichtigung finden, ob überhaupt ein Betriebs- oder Personalrat besteht.

Diese Bedenken sich indes nicht durchschlagend. Es wird unzutreffend davon ausgegangen, daß der Arbeitgeber auch bei einer etappenweisen Schließung des Betriebs genau absehen kann, zu welchem Zeitpunkt ein bestimmter Arbeitsplatz entfällt. Auch wenn es zunächst den Anschein hat, der unkündbare Arbeitnehmer könne nicht mehr sinnvoll eingesetzt werden, so besteht immerhin die Möglichkeit, daß sich diese Einschätzung später aufgrund einer Prognosekorrektur ändert. Dem Arbeitgeber, der einem unkündbaren Arbeitnehmer die Chance der Weiterbeschäftigung offen hält, darf dieses Zuwarten nicht zum Nachteil gereichen[57]. Sobald für den Arbeitgeber aber ohne jeden Zweifel fest-

---

53 Siehe *Oetker,* Das Dauerschuldverhältnis, 1994, S. 304.

54 Zustimmend auch *Neumann,* Festschrift f. Dieterich, 1999, S. 415 (424); *Schleusener,* Anm. zu *BAG* (Urt. v. 5.2. 1998), SAE 1998, S. 218 (220f.); *Walker,* Anm. V zu *BAG* (Urt. v. 5.2. 1998), EzA Nr. 2 zu § 626 BGB Unkündbarkeit; KR[5]/*Fischermeier,* § 626 BGB Rdnr. 329; Wiedemann/*Wiedemann,* TVG[6], § 1 Rdnr. 539; *Neuner,* Anm. IV 3 zu *BAG* (Urt. v. 17.9.1998), EzA Nr. 3 zu § 626 BGB Unkündbarkeit; Erman[10]/*Belling,* § 626 Rdnr. 87; KSchR[4]/*Däubler,* § 626 BGB Rdnr. 216.

55 *Stahlhacke/Preis/Vossen,* Kündigungsschutz[7], Rdnr. 481.

56 *Höland,* Anm. III 3 zu *BAG* (Urt. v. 5.2. 1998), AP Nr. 143 zu § 626 BGB.

57 KR[5]/*Fischermeier,* § 626 BGB Rdnr. 327, 329; im Ergebnis auch *Buchner,* Anm. 2 zu *BAG* (Urt. v. 28.3. 1985), EzA Nr. 96 zu § 626 BGB n.F.

steht, daß er den Arbeitnehmer tatsächlich nicht mehr weiterbeschäftigen kann, wird er sich schon aus Eigeninteresse davor hüten, die Frist zur Erklärung der außerordentlichen Kündigung zu versäumen. Die Gefahr einer beliebigen Hinauszögerung und einer damit verbundenen Umgehung des § 626 Abs. 2 BGB zum Nachteil des Arbeitnehmers besteht also nicht.

Es ist zwar richtig, daß das *Bundesarbeitsgericht* die Unanwendbarkeit des § 626 Abs. 2 BGB aufgrund einer möglichen Kollision mit der Betriebsratsanhörung nach § 102 Abs. 1 BetrVG ableitet, ohne danach zu unterscheiden, ob eine solche wegen Nichtexistenz eines Betriebsrats überhaupt eintreten kann. Dennoch ist dem *Bundesarbeitsgericht* im Ergebnis beizupflichten. § 626 Abs. 2 BGB geht vom Vorliegen eines „punktuellen Ereignisses" aus, das die Unzumutbarkeit der Vertragsfortführung begründet[58]. In Fällen des betriebsbedingten Kündigungsgrundes steigt jedoch das Maß der Unzumutbarkeit mit der Fortdauer der nicht vorhandenen Beschäftigungsmöglichkeit weiter an. Weiter ist zu bedenken, daß § 626 Abs. 2 BGB mit dem Abstellen auf das Zeitmoment lediglich den allgemeinen Verwirkungseinwand näher konkretisiert. Stillschweigend geht das Gesetz davon aus, der nach Ablauf der zweiwöchigen Frist noch nicht gekündigte Arbeitnehmer habe insofern ein schutzwürdiges Vertrauen gebildet, ihm werde trotz Vorliegens eines wichtigen Grundes nicht mehr gekündigt werden. Ein solches Vertrauen kann allerdings bei einem Arbeitnehmer, der weiß, daß sein Arbeitsplatz weggefallen ist oder der Betrieb geschlossen wird, nicht angenommen werden[59]. Der Einwand, der Arbeitnehmer könne unter Umständen damit rechnen, man habe für ihn eine Auffanglösung gefunden[60], vermag daher nicht zu überzeugen.

cc) Grundsätzliche Unabwendbarkeit der Kündigungserklärungsfrist auf die Kategorie der betriebsbedingten Kündigungsgründe

Allerdings stellt die mit Hilfe einer teleologischen Reduktion erreichte Nichtanwendbarkeit der Ausschlußfrist einen Einbruch in das zu § 626 BGB entwickelte und gefestigte System des außerordentlichen Kündigungsrechts dar. Von seiner Ausgangsthese, der Unabdingbarkeit des § 626 Abs. 2 BGB, muß sich das *Bundesarbeitsgericht* ebenso verabschieden, wie von der Vorstellung, durch tarifliche Kündigungsschutzklauseln könne eine über das KSchG hinausgehende Sicherung der Arbeitnehmer vor betriebsbedingten Kündigungen geschaffen werden.

Indes liegen die eigentlichen Schwierigkeiten bei der Anwendung des § 626 Abs. 2 BGB auch nicht in der bisherigen Rechtsprechungspraxis begründet, die

---

58 *Schleusener,* Anm. zu *BAG* (Urt. v. 5.2. 1998), SAE 1998, S. 218 (221).

59 *Walker,* Anm. V zu *BAG* (Urt. v. 5.2. 1998), EzA Nr. 2 zu § 626 BGB Unkündbarkeit; *Schleusener,* Anm. zu *BAG* (Urt. v. 5.2. 1998), SAE 1998, S. 218 (221); *Buchner,* Anm. 2 zu *BAG* (Urt. v. 28.3. 1985), EzA Nr. 96 zu § 626 BGB n.F.

60 So KSchR[4]/*Däubler,* § 626 BGB Rdnr. 216.

bei betriebsbedingten Kündigungsgründen nicht vom Vorliegen eines Dauerstörtatbestands ausgegangen ist. Sie finden sich vielmehr bereits auf einer vorgelagerten Ebene. Für die Bewältigung betrieblicher Phänomene ist das Instrumentarium der außerordentlichen Kündigung gänzlich ungeeignet. Dies gilt sowohl für die Normstruktur des § 626 Abs. 1 BGB als auch für § 626 Abs. 2 BGB. Auf die Ungereimtheiten, die bei einer parallelen Anwendung von § 626 Abs. 2 BGB und ordentlicher Kündigungsfrist auftreten, ist schon an anderer Stelle ausführlich eingegangen worden[61]. Aber selbst die einfache Anwendung der Kündigungserklärungsfrist ist, wie es mittlerweile auch das *Bundesarbeitsgericht* zutreffend festgestellt hat, nicht zu bewerkstelligen[62]. Für betriebsbedingte Kündigungen stellt das außerordentliche Kündigungsrecht mit seiner Ausrichtung auf den Unzumutbarkeitsgrundsatz kein geeignetes Lösungsrecht dar. Der hier nicht passen wollende § 626 Abs. 2 BGB bestätigt diese Erkenntnis nur erneut.

In methodologischer Hinsicht bedarf es daher einer reduzierenden Interpretation des § 626 Abs. 2 BGB aus teleologischen Gesichtspunkten[63]. Die telelogische Reduktion hat als Mittel der gesetzesimmanenten Rechtsfortbildung die Aufgabe, den insoweit überschießenden Gesetzeswortlaut um einzelne Sachverhaltsgruppen, die zwar vom abstrakten Tatbestand einer Norm, nicht jedoch von deren Zweck erfaßt werden, zu korrigieren[64]. § 626 BGB unterscheidet anders als § 1 Abs. 2 KSchG nicht zwischen einzelnen Kategorien von Kündigungsgründen. Trotzdem kann man daraus nicht den Schluß ziehen, die Vorschrift ist gleichermaßen auf alle drei Kündigungsgründe anwendbar. Stellt man sich auf den Standpunkt, daß bei betriebsbedingten Kündigungsgründen ein Operieren mit Zumutbarkeitskriterien nicht in Betracht kommt, so fällt diese Kategorie von Kündigungsgründen aus dem Anwendungsbereich der Norm heraus. Man kann deshalb weder § 626 Abs. 1 BGB noch § 626 Abs. 2 BGB anwenden, weil beide Bestimmungen vom Unzumutbarkeitsgrundsatz beherrscht werden. Dieses Ergebnis ergibt sich zudem aus einer systematischen Gesamtschau der bestehenden gesetzlichen Regelungen des Kündigungsschutzes. § 1 Abs. 2 und 3 KSchG ist mit seinen spezifischen Kündigungsschranken, Vorliegen eines dringenden betrieblichen Erfordernisses, Vornahme einer auf den Betrieb ausgerichteten Sozialauswahl, Einhaltung der gesetzlichen oder tariflichen Kündigungsfrist, bei betriebsbedingten Kündigungen das speziellere Lösungsrecht für den Arbeitgeber. Die Herausnahme dieser Kündigungsgründe aus dem Anwendungsbereich des außerordentlichen Kündigungsrechts und der Regelung des

---

61 Siehe oben § 24 III.

62 So auch *Bröhl*, Festschrift f. Schaub, 1998, S. 55 (61).

63 Diesen Weg hat bereits *Weng*, Kündigung von Arbeitsverhältnissen mit langer Bindung, 1980, S. 95f. vorgeschlagen; er weist zusätzlich auf die ältere Regelung des § 123 Abs. 2 GewO hin, die diesem Gedanken vom Grundsatz her bereits Rechnung getragen hat.

64 Siehe MünchKomm[4]/*Säcker*, Einleitung Rdnr. 129; *Larenz*, Methodenlehre[6], S. 391f.

§ 626 Abs. 2 BGB erfolgt daher auch aufgrund einer systematischen Restriktion der Vorschrift, die dem inneren Zusammenhang des Kündigungsschutzsystems Rechnung trägt. Das Vorliegen eines dringenden betrieblichen Erfordernisses als Voraussetzung für das Bestehen eines Kündigungsgrundes kann nicht allein deshalb verneint werden, weil der Arbeitgeber die Zeitspanne der Kündigungserklärungsfrist ungenutzt verstreichen läßt. Für das Eingreifen des Gedankens der Verwirkung ist hier kein Platz, weil der Arbeitgeber sich zu seinem eigenen Verhalten nicht in Widerspruch setzt.

Dieses Ergebnis verträgt sich im übrigen auch mit den Intentionen des Gesetzgebers, der die Kündigungserklärungsfrist ausweislich der Gesetzesmaterialien zur Konkretisierung des Verwirkungseinwands im Fall der sofortigen, also fristlosen Kündigung geschaffen hat[65].

b) Krankheitsbedingte Kündigungsgründe

Die Kündigungserklärungsfrist unterwirft das arbeitgeberseitige Kündigungsrecht auch bei der zweiten praktisch bedeutsamen Fallgruppe der außerordentlichen ersetzenden Kündigung, der Kündigung wegen Krankheit, einer zusätzlichen Beschränkung. Der unabdingbare Charakter der Vorschrift zwingt den Arbeitgeber auch hier zu einer Beachtung des § 626 Abs. 2 BGB und wirkt sich erschwerend auf den Ausspruch von Kündigungen aus[66].

aa) Der Beginn der Kündigungserklärungsfrist nach Rechtsprechung und Literatur

Die krankheitsbedingte Unfähigkeit des Arbeitnehmers, die geschuldete Arbeitsleistung zu erbringen, ist im Hinblick auf § 626 Abs. 2 BGB als ein nicht abgeschlossener Dauerstörtatbestand zu qualifizieren[67]. Bei diesem entstehen durch das Fortdauern der Krankheit die kündigungsrelevanten Tatsachen ständig neu.

Davon geht mittlerweile auch das *Bundesarbeitsgericht* aus[68]. Die ständige Aktualisierung des Kündigungsgrundes bei Dauertatbeständen hat zur Folge,

---

65 Dazu *Weng,* Kündigung von Arbeitsverhältnissen mit langer Bindung, 1980, S. 95f.

66 So auch *Jedzig,* Der Bestandsschutz des Arbeitsverhältnisses im Krankheitsfall, 1984, S. 415.

67 KR[5]/*Fischermeier,* § 626 BGB Rdnr. 326; MünchKomm[3]/*Schwerdtner,* § 626 Rdnr. 221; *Lepke,* Kündigung bei Krankheit[9], S. 127, der allerdings das Vorliegen eines „echten“ Dauergrundes verneint; *Bezani,* Die krankheitsbedingte Kündigung, 1994, S. 149; anders allerdings *ders.*, Anm. 3 zu BAG (Urt. v. 21.3.1996), AP Nr. 8 zu § 626 BGB Krankheit; *Schaub,* Arbeitsrechtshandbuch[9], § 125 Rdnr. 28; *Böhm/Spiertz/Sponer/Steinherr,* BAT, § 54 Rdnr. 84; wohl auch *Jedzig,* Der Bestandsschutz des Arbeitsverhältnisses im Krankheitsfall, 1984, S. 416.

68 *BAG* (Urt. v. 21.3.1996), AP Nr. 8 zu § 626 BGB Krankheit [unter II 1b bb der Gründe]; offengelassen noch von *BAG* (Urt. v. 4.2.1993), EzA Nr. 144 zu § 626 BGB n.F. [unter II 5b der Gründe].

daß die Kündigungserklärungsfrist erst zu dem Zeitpunkt beginnt, an dem der vertragsstörende Zustand wegfällt[69]. Trotz der Einordnung des krankheitsbedingten Kündigungsgrundes in die Kategorie der Dauertatbestände lassen Rechtsprechung und Literatur den Lauf der Ausschlußfrist uneinheitlich beginnen.

Das *Bundesarbeitsgericht* läßt es für eine Fristwahrung nach § 626 Abs. 2 BGB genügen, daß die krankheitsbedingte Arbeitsunfähigkeit in dem Zeitraum der letzten zwei Wochen vor dem Ausspruch der außerordentlichen Kündigung noch bestanden hat[70]. Der wichtige Grund zur außerordentlichen Kündigung kann nach der Rechtsprechung demnach während des Andauerns der krankheitsbedingten Kündigung nicht wegen Eingreifens der Ausschlußfrist entfallen.

Demgegenüber will eine im Schrifttum stark vertretene Ansicht die Kündigungserklärungsfrist beginnen lassen, sobald der Arbeitgeber sichere Kenntnis von der langandauernden Krankheit oder der dauernden krankheitsbedingten Arbeitsunfähigkeit hat[71]. Dies wird insbesondere damit begründet, daß nicht etwa die krankheitsbedingten Fehlzeiten, sondern die negative Gesundheitsprognose der eigentliche Kündigungsgrund sei. Enthalte diese keinen Anhaltspunkt für eine Verbesserung der gesundheitlichen Situation in absehbarer Zukunft, sei der Störtatbestand damit abgeschlossen und dauere lediglich fort[72].

bb) Eigener Lösungsansatz

Ausgangspunkt für eine sachgerechte Lösung kann auch hier nur die Überlegung sein, daß der Umstand der ordentlichen Unkündbarkeit für den Arbeitgeber nicht dazu führen darf, ein inhaltsleeres Beschäftigungsverhältnis weiter fortsetzen zu müssen. Die Annahme eines Dauerstörtatbestands durch das *Bundesarbeitsgericht* wirkt dieser Gefahr entgegen. Auch hier gilt, daß die Unzumutbarkeit der Vertragsfortführung mit der Dauer der Abwesenheit des Arbeit-

---

69 *BAG* (Urt. v. 17.8. 1972), AP Nr.4 zu § 626 BGB Ausschlußfrist [Leitsatz 2 und unter II 2c der Gründe] zu einem sich länger hinziehenden vertragswidrigen Verhalten des Arbeitnehmers; *BAG* (Urt. v. 25.2. 1983), AP Nr. 14 zu § 626 BGB Ausschlußfrist [unter II 1 der Gründe] zum eigenmächtigen Urlaubsantritt; Staudinger[13]/*Preis*, § 626 Rdnr. 279; KR[5]/*Fischermeier*, § 626 BGB Rdnr. 325; MünchArbR/*Wank*, §117 Rdnr. 134; MünchKomm[3]/*Schwerdtner*, § 626 Rdnr. 221; *Löwisch*, KSchG[8], Vorbemerkung zu § 1 Rdnr. 114.

70 *BAG* (Urt. v. 21.3. 1996), AP Nr. 8 zu § 626 BGB Krankheit [unter II 1b der Gründe]; zustimmend KR[5]/*Fischermeier*, § 626 BGB Rdnr. 327; *Stahlhacke/Preis/Vossen*, Kündigungsschutz[7], Rdnr. 481; ebenso für die dauernde Leistungsunfähigkeit MünchKomm[3]/*Schwerdtner*, § 626 Rdnr. 221.

71 *Bezani*, Die krankheitsbedingte Kündigung, 1994, S. 149f.; *ders.*, Anm. 2 zu BAG (Urt. v. 21.3. 1996), AP Nr. 8 zu § 626 BGB Krankheit; *Lepke*, Kündigung bei Krankheit[9], S. 127; KSchR[4]/*Däubler*, § 626 BGB Rdnr. 215.

72 *Bezani*, Anm. 3 zu BAG (Urt. v. 21.3. 1996), AP Nr. 8 zu § 626 BGB Krankheit.

nehmers ansteigt[73]. Die Gegenansicht wird zudem den Bestandsschutzinteressen des unkündbaren Arbeitnehmers nicht hinreichend gerecht. Stellt man auf den Zeitpunkt der sicheren Kenntnis ab, könnten Prognoseänderungen nur unzureichend Berücksichtigung finden. Der intendierte verstärkte Kündigungsschutz würde hinter dem eines ordentlich kündbaren Arbeitnehmers zurücktreten[74]. Entsprechend den Überlegungen zum betriebsbedingten Kündigungsgrund, kann auch bei einer langen krankheitsbedingten Fehlzeit vom Arbeitnehmer nicht angenommen werden, er bleibe von einer Kündigung verschont. Den Arbeitgeber hier aufgrund von Vertrauensgesichtspunkten frühzeitig zur Kündigung zu bewegen, verbietet sich deshalb. Er darf durch sein Zuwarten keinen Nachteil erleiden und mit der Weiterbeschäftigungspflicht des für ihn unbrauchbaren Arbeitnehmers belastet werden. Auf der Grundlage der herrschenden Ansicht zur außerordentlichen ersetzenden Kündigung kann zur Vermeidung von Wertungswidersprüchen nur vom Vorliegen eines Dauerstörtatbestands ausgegangen werden, der für die gesamte Dauer der Krankheit anhält. Nur so schmälert man den tariflichen Arbeitnehmerschutz nicht unzulässigerweise gegenüber dem Standard des allgemeinen Kündigungsschutzes. Die Ausführungen des *Bundesarbeitsgerichts* sind insofern ein Schritt in die richtige Richtung.

Überzeugender wäre es allerdings, wie im Fall der betriebsbedingten Kündigung, den Arbeitgeber von der Verpflichtung zur Einhaltung der Kündigungserklärungsfrist völlig zu befreien[75]. Für beide Konstellationen gelingt ein Festhalten an der Vorschrift nur mit Mühe. Im Grunde halten das *Bundesarbeitsgericht* und die ihm folgenden Literaturstimmen schon jetzt nur noch rein formal an der Geltung der Ausschlußfrist fest. Solange der krankheitsbedingte Zustand andauert, wird der Lauf der Frist nicht in Gang gesetzt. Sobald der Arbeitnehmer wieder genesen ist und eine Gesundheitsprognose nicht mehr negativ ausfällt, besteht kein wichtiger Grund im Sinne des § 626 Abs. 1 BGB[76]. Die Kündigungserklärungsfrist wird bei dieser Art der Handhabung faktisch obsolet. Insoweit müßte auf der Grundlage der herrschenden Meinung der Arbeitgeber auch bei der außerordentlichen krankheitsbedingten Kündigung durch eine teleologische Reduktion von der Verpflichtung zur Einhaltung der Kündigungserklärungsfrist befreit werden[77].

---

73 KR[5]/*Fischermeier*, § 626 BGB Rdnr. 327.

74 *BAG* (Urt. v. 21.3.1996), AP Nr. 8 zu § 626 BGB Krankheit [unter II 1b bb der Gründe].

75 Angedeutet in *BAG* (Urt. v. 21.3.1996), AP Nr. 8 zu § 626 BGB Krankheit [unter II 1b cc der Gründe].

76 *Zöllner/Loritz*, Arbeitsrecht[5], § 22 III 4a (S.286); dagegen zu Unrecht *Bezani*, Die krankheitsbedingte Kündigung, 1994, S. 149; zum Wegfall des wichtigen Grundes nach Ende der Krankheit siehe auch *Lepke*, Kündigung bei Krankheit[9], S. 127; zur Gesundheitsprognose *Stahlhacke/Preis/Vossen*, Kündigungsschutz[7], Rdnr. 744.

77 Folgerichtig daher *Weng*, Kündigung von Arbeitsverhältnissen mit langer Bindung,

c) Zusammenfassende Würdigung zur Anwendbarkeit der Kündigungserklärungsfrist

Die rein formale Bindung des Arbeitgebers an § 626 Abs. 2 BGB trägt sicherlich der unabdingbaren Natur der Vorschrift Rechnung. Dem Interessenkonflikt zwischen Arbeitnehmer und Arbeitgeber wird sie aber bei der krankheitsbedingten Kündigung genauso wenig gerecht wie bei der betriebsbedingten Kündigung. Ihre Regelungsaufgabe, für Rechtssicherheit und Rechtsklarheit zu sorgen, kann sie nicht befriedigend erfüllen. Wie bereits untersucht[78], wird der ihr zugedachte Zweck durch die Koppelung der außerordentlichen Kündigung mit der ordentlichen Kündigungsfrist gänzlich ad absurdum geführt. Beide Aspekte zusammengenommen rechtfertigen daher den Schluß, sowohl die betriebs- als auch die krankheitsbedingten Kündigungsgründe allein dem ordentlichen Kündigungsrechts zu unterstellen. Dadurch ist gewährleistet, daß die nötige Durchschaubarkeit der gesetzlichen Kündigungsregeln nicht verloren geht und die unterschiedlichen Regelungsmechanismen des Kündigungsschutzes die notwendige Harmonisierung erfahren.

Das in diesen Fällen unabdingbare ordentliche Kündigungsrecht ist dann nicht an der zweiwöchigen Kündigungserklärungsfrist des § 626 Abs.2 BGB zu messen. Der Arbeitgeber kann in diesem Fall, trotz eventueller Unwirksamkeit der Kündigung nach § 102 Abs. 1 BetrVG, die Anhörung des Betriebsrats oder die vollständige Unterrichtung über die der Kündigung zugrundeliegenden Tatsachen nachholen, ohne durch die unwiderlegliche Vermutungswirkung des § 626 Abs. 2 BGB gehindert zu sein. Das Hinauszögern der Kündigung durch den Arbeitgeber wird allerdings durch den allgemeinen Verwirkungseinwand nach § 242 BGB begrenzt. Dieser setzt neben dem Erfordernis eines Zeitmoments zusätzlich das Vorliegen eines besonderen Vertrauenstatbestands und ein Umstandsmoments vor[79]. Verwirkt wird das Kündigungsrecht, wenn der Kündigungsberechtigte die Kündigung über einen längeren Zeitraum nicht ausgesprochen hat (Zeitmoment) und er dadurch beim Kündigungsgegner den Anschein erweckt hat, er werde auch in Zukunft nicht mehr kündigen (Vertrauenstatbestand). Durch dieses Verhalten muß eine Situation geschaffen worden sein, in der es dem Arbeitnehmer nicht mehr angesonnen werden kann, eine dennoch erfolgte Kündigung durch den Arbeitgeber hinzunehmen (Umstandsmoment)[80]. Feste Zeitangaben verbieten sich wegen der Vielfältigkeit der möglichen Fallgestaltungen und der unterschiedlichen Schutzwürdigkeit des gebildeten Vertrauens. Hier sind Zeiträume von zwei bis sechs Monaten denkbar[81].

1980, S. 89ff., 95f., 99.

78 Siehe oben § 24 III.

79 MünchArbR/*Wank*, § 116 Rdnr. 164.

80 *BAG* (Beschl. v. 9.1.1986), AP Nr. 20 zu § 626 BGB Ausschlußfrist [unter 2 b aa der Gründe].

81 MünchArbR/*Wank*, § 116 Rdnr. 164 mwN.

Der Arbeitgeber muß die unterbliebene Mitwirkung des Betriebsrats deshalb in unmittelbarem Anschluß an die Feststellung der Unwirksamkeit der Kündigung durch das Gericht nachholen[82]. Bei einer Betriebsstillegung und einer langandauernden Krankheit kann der Arbeitgeber den Ausspruch der Kündigung hingegen hinausschieben. Zu einem selbstwidersprüchlichen Verhalten des Arbeitgebers kann es deshalb nicht kommen, weil der Arbeitnehmer, der in einem in Stillegung begriffenen Betrieb oder der während des Fortdauerns einer Krankheit weiterbeschäftigt wird, regelmäßig kein schützenswertes Vertrauen auf eine dauerhafte weitere Fortführung der Vertragsbeziehung in der Zukunft bilden kann[83]. Daher kann sich der Arbeitnehmer etwa auch in den Fällen der langandauernden Erkrankung kaum jemals auf den allgemeinen Verwirkungseinwand berufen.

II. Gefahr einer Verkürzung von Beteiligungsrechten des Betriebs- und Personalrats

1. Problemgehalt und Lösungsmöglichkeiten

Der Ausschluß des ordentlichen Kündigungsrechts kann sich für den unkündbaren Arbeitnehmer auch deshalb nachteilig auswirken, weil er eine Verkürzung der Beteiligungsrechte des Betriebsrats bei Kündigungen nach sich zieht[84]. § 102 BetrVG, die Zentralnorm des kollektiven Kündigungsschutzes, unterscheidet im Hinblick auf den Umfang der Mitbestimmungsrechte des Betriebsrats bei Kündigungen in seinen Absätzen 1 bis 6 danach, ob der Arbeitgeber eine ordentliche oder eine außerordentliche Kündigung ausgesprochen hat. Die Rechte sind für beide Kündigungsformen unterschiedlich stark normiert.

Die Anhörungs- und Mitteilungspflicht des Arbeitgebers nach § 102 Abs. 1 BetrVG erstreckt sich auf beide Kündigungsarten. Die Mitteilungspflicht bezieht sich unter anderem auch darauf, daß der Arbeitgeber bei der Kündigung eines unkündbaren Arbeitnehmers die außerordentliche Kündigung ihrer Art nach genau bezeichnet[85]. Der Arbeitgeber muß deshalb über die Nennung des Zeitpunkts der Kündigung hinaus deutlich machen, welche Kündigungsform er der Entlassung zugrundelegt[86]. Hingegen ist für die ordentliche Kündigung in § 102 Abs. 2 BetrVG eine längere Äußerungsfrist vorgesehen. Die bestands-

---

[82] Siehe auch *Bröhl*, Festschrift f. Schaub, 1998, S. 55 (68).

[83] Zur Verwirkung bei der personen- und betriebsbedingten ordentlichen Kündigung im Ergebnis ebenso KSchR[4]/*Däubler*, § 242 BGB Rdnr. 13f.

[84] MünchKomm[3]/*Schwerdtner*, § 626 Rdnr. 149.

[85] HeidelbergKomm[3]/*Höland*, § 1 Anhang 1 Rdnr. 11; *Fitting/Kaiser/Heither/Engels*, BetrVG[20], § 102 Rdnr. 16.

[86] *BAG* (Urt. v. 29.8.1991), EzA Nr. 82 zu § 102 BetrVG 1972 [Leitsatz 1 und unter II 1 der Gründe]; ebenso KSchR[4]/*Kittner*, § 102 BetrVG Rdnr. 100.

schutzsichernden Wirkungen des Widerspruchsrechts nach dem Katalog des § 102 Abs. 3 BetrVG, die einmal zur Sozialwidrigkeit der Kündigung nach § 1 Abs. 2 Satz 2 Nr. 1 KSchG führen können und die Weiterbeschäftigungspflicht des Arbeitgebers nach § 102 Abs. 5 BetrVG begründen, gelten schließlich nur beim Ausspruch einer ordentlichen Kündigung.

Die ersetzende außerordentliche Kündigung ist trotz der zwingend einzuhaltenden Kündigungsfrist ihrem Rechtscharakter nach als außerordentliche Kündigung einzustufen. Unproblematisch ist auf die Kündigung eines ordentlich unkündbaren Arbeitnehmers das Anhörungsverfahren des § 102 Abs. 1 BetrVG anzuwenden[87]. Hingegen sind die weiterreichenden Befugnisse des Betriebsrats in § 103 Abs.3 BetrVG, also die Widerspruchsrechte in den Fällen der betriebsbedingten Kündigung, jedenfalls nicht unmittelbar auf die außerordentliche Kündigung des unkündbaren Arbeitnehmers anwendbar. Gleiches gilt für den Weiterbeschäftigungsanspruch des Arbeitnehmers nach § 102 Abs. 5 BetrVG. Der damit unweigerlich verbundene Verlust von kollektivrechtlichem Verfahrensschutz bei betriebsbedingten Kündigungen widerspricht aber gerade dem durch die Kündigungsschutzklausel bezweckten Ziel der Verbesserung des Kündigungsschutzes[88]. Speziell in der Situation, in der die außerordentliche Kündigung nur eine Stellvertreterfunktion für die ausgeschlossene ordentliche Kündigung übernimmt, wäre die Unbeachtlichkeit dieser Vorschriften ein Rückschritt hinter den Schutzstandard des allgemeinen Kündigungsschutzes. Problematisch dürfte zudem auch sein, ob dem Betriebsrat überhaupt seine durch das BetrVG garantierten Mitbestimmungsrechte durch Tarifvertrag entzogen werden können[89]. So wäre es dem Betriebsrat etwa verwehrt, einer falschen Sozialauswahl oder einem Verstoß gegen eine Auswahlrichtlinie nach § 95 Abs. 1 BetrVG zu widersprechen. Ein solches Ergebnis wäre mit Sinn und Zweck der Unkündbarkeitsklausel nicht zu vereinbaren.

Allerdings hilft es nicht weiter, in dem Widerspruch nur eine qualifizierte Form des Bedenkens nach § 102 Abs. 2 Satz 3 zu erblicken, und damit auch im Falle der außerordentlichen Kündigung eines unkündbaren Arbeitnehmers ein Widerspruchsrecht des Betriebsrats zu konstruieren[90]. So ist schon die vorgenommene sachliche Ausdehnung des Begriffs Bedenken höchst fragwürdig. Ein Widerspruch ist nicht nur eine gesteigerte Art von Bedenken sondern

---

87 *Kania/Kramer*, RdA 1995, S. 287 (296).

88 Bei der Unkündbarkeit leitender Angestellten ist insoweit nur eine Benachteiligung im Hinblick auf die kürzere Äußerungsfrist nach § 31 Abs. 2 Satz 4 SprAuG denkbar.

89 Siehe *Eich*, DB 1976, S. 1677 (1678) zur Unkündbarkeit gewerkschaftlicher Vertrauensleute; vgl. auch das Vorbringen der Revision in *BAG* (Urt. v. 4.2. 1993), EzA Nr. 144 zu § 626 BGB n.F. [unter II 2c bb der Gründe].

90 So etwa *BAG* (Urt. v. 4.2.1993), EzA Nr. 144 zu § 626 BGB n.F. [unter II 2c bb der Gründe]; *Kania/ Kramer*, RdA 1995, S. 287 (296).

vielmehr ein aliud. Zudem ist damit auch noch nicht die Geltung des Weiterbeschäftigungsanspruchs nach § 102 Abs. 5 BetrVG erklärt.

Es setzt sich daher immer mehr die Auffassung durch, daß zur Vermeidung von Wertungswidersprüchen eine Gleichstellung von ordentlicher und außerordentlicher Kündigung durch eine analoge Anwendung des § 102 Abs. 3-5 BetrVG zu erfolgen hat[91]. Jede andere Betrachtungsweise würde zu einer nicht gerechtfertigten Schlechterstellung des Unkündbaren führen. Bei der Abfassung des § 102 BetrVG war dem Gesetzgeber die Besonderheit der fristgebundenen außerordentlichen Kündigung entweder nicht bekannt oder zumindest wurde übersehen, sie insoweit den Regelungen der ordentlichen Kündigung zu unterwerfen. Dieses Regelungsdefizit begründet eine planwidrige Gesetzeslücke. Da die außerordentliche Kündigung in diesen Fällen nur an die Stelle des ausgeschlossenen ordentlichen Kündigungsrechts tritt, besteht nicht nur eine vergleichbare sondern eine identische Interessenlage zwischen den beiden Kündigungsarten. Es muß aber strikt darauf geachtet werden, daß eine analoge Anwendung des § 102 Abs. 3-5 BetrVG nur auf die ersetzende außerordentliche Kündigung erfolgt. Kündigt der Arbeitgeber fristlos, also aus einem Grund, der bei Bestehen der ordentlichen Kündigungsmöglichkeit ebenfalls eine Kündigung nach § 626 BGB gerechtfertigt hätte, so ist für eine Analogiebildung kein Raum[92].

Einen darüber hinausreichenden kollektiven Verfahrensschutz kann man aus dem Ausschluß der ordentlichen Kündigung allerdings nicht ableiten. Die außerordentliche Kündigung eines unkündbaren Arbeitnehmers ist daher keinesfalls an die Zustimmung des Betriebsrats gebunden. Man kann die Unkündbarkeit nicht mit den besonderen Kündigungsverboten betriebsverfassungsrechtlicher Funktionsträger gleichstellen und deshalb etwa § 103 BetrVG entsprechend anwenden. Das *Bundesarbeitsgericht* hat es insoweit zu Recht abgelehnt,

---

91 *BAG* (Urt. v. 5.2. 1998), AP Nr. 143 zu § 626 BGB [unter II 5 der Gründe]; *Schleusener,* Anm. zu *BAG* (Urt. v. 5.2. 1998), SAE 1998, S. 218 (221); *Walker,* Anm. VI zu *BAG* (Urt. v. 5.2. 1998), EzA Nr. 2 zu § 626 BGB Unkündbarkeit; *Stahlhacke/Preis/Vossen,* Kündigungsschutz[7], Rdnr. 1275; *Höland,* Anm. 4 zu *BAG* (Urt. v. 5.2.1998), AP Nr. 143 zu § 626 BGB; *Bröhl,* Festschrift f. Schaub, 1998, S. 55 (62f.); KSchR[4]/*Däubler,* § 626 BGB Rdnr. 161; Wiedemann/*Wiedemann,* TVG[6], § 1 Rdnr. 539; KR[5]/*Fischermeier,* § 626 BGB Rdnr. 306; KR[5]/*Etzel,* § 102 BetrVG Rdnr. 198a, 199f; *Fitting/Kaiser/Heither/Engels,* BetrVG[20], § 102 Rdnr. 17h; *Neuner,* Anm. IV 3 zu *BAG* (Urt. v. 17.9. 1998), EzA Nr. 3 zu § 626 BGB Unkündbarkeit; *Preis/Hamacher,* Festschrift Arbeitsgerichtsbarkeit Rheinland-Pfalz, 1999, S. 245 (250); siehe auch *Schwerdtner,* Festschrift f. Kissel, 1994, S. 1077 (1094); MünchKomm[3]/*Schwerdtner,* § 626 Rdnr. 109; in bezug auf § 102 Abs. 5 BetrVG auch *BAG* (Urt. v. 4.2. 1993), EzA Nr. 144 zu § 626 BGB n.F. [unter II 2c bb der Gründe]; *Kania/Kramer,* RdA 1995, S. 287 (296) und KSchR[4]/*Kittner,* § 102 BetrVG Rdnr. 167, 248.

92 Mit dieser Differenzierung auch *Kania/Kramer,* RdA 1995, S. 287 (296) und KSchR[4]/*Kittner,* § 102 BetrVG Rdnr. 248.

die außerordentliche Kündigung eines kraft Tarifvertrag unkündbaren Betriebsratsmitglieds wegen Stillegung des Betriebs oder einer Betriebsabteilung dem Zustimmungserfordernis nach § 103 Abs. 1 BetrVG zu unterwerfen[93]. In einem solchen Fall tritt das außerordentliche Kündigungsrecht nur an die Stelle der ansonsten nach § 15 Abs. 4 und 5 KSchG möglichen ordentlichen Kündigung, bei der insoweit allein die Vorschrift des § 102 BetrVG eingreift. Notwendig ist daher allein die Anhörung des Betriebsrats und die Erfüllung der Mitteilungspflicht[94].

Eine andere Wertung kann aber im Rahmen der Personalvertretungsgesetze geboten sein[95]. Dort ist das ordentliche Kündigungsrecht oftmals an die Zustimmung des Personalrats gebunden, so etwa in § 77 Abs. 1 Nr.2i des Hessischen PersVG[96], während bei der außerordentlichen Kündigung lediglich ein Anhörungserfordernis besteht. Der durch die Zulassung des außerordentlichen Kündigungsrechts drohende Schlechterstellung des Unkündbaren kann auch hier nur durch eine analoge Anwendung der jeweiligen Zustimmungserfordernisse begegnet werden[97].

2. Würdigung einer analogen Anwendung des § 102 Abs. 3-5 BetrVG

Auch die Verkürzung der Beteiligungsrechte des Betriebsrats bietet ein anschauliches Beispiel für die weitreichenden negativen Folgewirkungen eines unbedachten ordentlichen Kündigungsausschlusses. Nachdem die Rechtsprechung dazu übergegangen ist, die Rechtsschranken des ordentlichen Kündigungsrechts, wie etwa die Regelung über die Sozialauswahl, auf die außerordentliche Kündigung Unkündbarer zu übertragen, ist auch die analoge Anwendung der Vorschriften über die Beteiligungsrechte des Betriebsrats bei ordentlichen Kündigungen nach § 102 Abs. 3-5 BetrVG konsequent und verdient Zustimmung. Die Voraussetzungen einer analogen Rechtsanwendung liegen vor. Da die außerordentliche Kündigung nur an die Stelle der ausgeschlossenen ordentlichen Kündigung tritt, gebietet die Forderung nach der Gleichbehandlung des Gleichartigen diese Rechtsfortbildung. Auch hier muß das Schlechterstellungsverbot, das der Tarifklausel stillschweigend zugrunde liegt, beachtet werden.

---

93 *BAG* (Beschl. v. 18.9.1997), AP Nr. 35 zu § 103 BetrVG 1972 [unter C II 2a der Gründe]; so auch HeidelbergKomm[3]/*Dorndorf*, § 15 Rdnr. 129a; *Stahlhacke/Preis/ Vossen*, Kündigungsschutz[7], Rdnr. 968a; *Schaub*, Arbeitsrechtshandbuch[9], § 143 Rdnr. 38.

94 HeidelbergKomm[3]/*Dorndorf*, § 15 Rdnr. 131.

95 Ein denkbarer Sachverhalt findet sich bei *Bröhl*, Festschrift f. Schaub, 1998, S. 55 (57).

96 Siehe *Walker*, Anm. VI zu *BAG* (Urt. v. 5.2. 1998), EzA Nr. 2 zu § 626 BGB Unkündbarkeit.

97 *Bröhl*, Festschrift f. Schaub, 1998, S. 55 (62f.).

Ferner spricht für dieses Ergebnis die Erwägung, daß dem Betriebsrat für vergleichbare Kündigungssachverhalte nicht seine unabdingbaren Mitwirkungsrechte entzogen werden können. Die Rechte nach § 102 BetrVG sind zudem wegen ihres Schutzzwecks auch zugunsten des Arbeitnehmers zwingend ausgestaltet, sie dürfen mithin nicht zu seinen Lasten ausgeschlossen oder eingeschränkt werden[98]. Dies gilt sowohl für tarifvertragliche Regelungen als auch für Bestimmungen in Betriebsvereinbarungen. Allerdings entfernt sich die herrschende Auffassung durch diese Vorgehensweise immer mehr vom gesetzlichen Modellfall der außerordentlichen Kündigung. Für den Arbeitgeber besteht nicht nur die Pflicht, eine Kündigungsfrist einzuhalten und bei der betriebsbedingten Kündigung unkündbarer Arbeitnehmer eine Sozialauswahl analog § 1 Abs. 3 KSchG vorzunehmen, sondern er muß auch die etwaigen Widersprüche des Betriebsrats nach § 102 Abs. 3 BetrVG akzeptieren. So wird in kleinen Schritten eine Kündigungsform eigener Art geschaffen, die der begrifflichen Einordnung nach zwar als außerordentliche Kündigung aufgefaßt wird, die ihrem materiellen Gehalt nach aber immer mehr zu einer ordentlichen Kündigung denaturiert. Eine streng an den gesetzlichen Vorgaben orientierte Lösung kann jedoch auch hier durch die Anerkennung eines unabdingbaren Bereichs des ordentlichen Kündigungsrechts erzielt werden. Einer analogen Anwendung der § 102 Abs. 3-5 BetrVG bedarf es dann nicht[99]. Auch an dieser Stelle sei betont, daß es sich dabei nicht etwa um eine Kündigung sui generis in Form einer außerordentlichen ordentlichen Kündigung handelt[100].

III. Belastung des Arbeitnehmers mit dem Makel der außerordentlichen Kündigung

Teilweise wird in der für den Arbeitgeber nach der Konzeption der herrschenden Meinung zur Unkündbarkeit allein möglichen außerordentlichen Kündigung auch deshalb ein Nachteil zu Lasten des Arbeitnehmers erblickt, weil mit der Kündigung aus wichtigem Grund typischerweise ein Unwerturteil verbunden sei. Der Verdacht auf das Vorliegen eines schweren Pflichtenverstoßes führe dazu, daß der Ausspruch einer außerordentlichen Kündigung mit einem Makel behaftet werde[101].

---

98 KR[5]/*Etzel,* § 102 BetrVG Rdnr. 244a; ErfurtKomm/*Schaub,* § 1 TVG Rdnr. 116; *Fitting/Kaiser/Heither/Engels,* BetrVG[20], § 1 Rdnr. 215.

99 Im Ergebnis auch *Bröhl,* Festschrift f. Schaub, 1998, S. 55 (69); so wohl auch *Löwisch,* KSchG[8], Vorbemerkung zu § 1 Rdnr. 120.

100 So aber *Bröhl,* Festschrift f. Schaub, 1998, S. 55 (72).

101 *Berkowsky,* Anm. zu *BAG* (Urt. v. 21.1. 1999), RdA 2000, S. 112 (113f.); *Bröhl,* Festschrift f. Schaub, 1998, S. 55 (64); *Schwerdtner,* Festschrift f. Kissel, 1994, S. 1077 (1090); *v.Koppenfels,* Kündigung bei unkündbaren Arbeitnehmern, 1998, S. 156; MünchArbR/*Berkowsky,* § 129 Rdnr. 42; *Ernst,* Aufhebungsverträge zur Beendigung

Für die Beantwortung der Frage, ob darin ein zusätzliches Argument gegen die herrschende Ansicht gewonnen werden kann, bedarf es einer getrennten Betrachtung von rechtlicher und tatsächlicher Ebene. Seit der dogmatischen Verankerung des kündigungsschutzrechtlichen Prognoseprinzips dürfte anerkannt sein, daß dem Ausspruch jeglicher Kündigung nicht die Aufgabe einer Sanktion für zurückliegende Ereignisse beigemessen werden kann, sondern der Vermeidung vertragsstörender Wirkungen in der Zukunft dient[102]. Deshalb kann auch der außerordentlichen Kündigung kein Strafcharakter beigemessen werden[103]. Davon zu unterscheiden ist freilich die faktische Wirkung, die eine außerordentliche Kündigung auf das soziale Umfeld und das berufliche Fortkommen des gekündigten Arbeitnehmers haben kann[104]. Gerade im gesetzlich vorgeschriebenen Normalfall, in dem die außerordentliche Kündigung nach § 626 Abs. 1 BGB fristlos erfolgt, liegt der Schluß auf begangene Vertragsverletzungen seitens des Arbeitnehmers nahe. Besonders leicht kann ein neuer Arbeitgeber dies an dem gegenüber der ordentlichen Kündigung ungewöhnlichen Kündigungstermin erkennen[105]. Der mit der außerordentlichen Kündigung verbundene Makel kann selbst dann angenommen werden, wenn sich die Kündigung in einem späteren Kündigungsschutzstreit als unwirksam erweist[106].

Diese Folgerung verbietet sich jedoch dann, wenn die außerordentliche Kündigung im unkündbaren Arbeitsverhältnis nur die Funktion der ausgeschlossenen ordentlichen Kündigung übernimmt. Allerdings steht keinesfalls si-

---

von Arbeitsverhältnissen, 1993, S. 206; *Hüpper,* RdA 1962, S. 249 (253); siehe auch *Canaris,* Festschrift f. Dietz, 1973, S. 199 (215) und *Preis,* Prinzipien des Kündigungsrechts, 1987, S. 477, der von der „faktisch diskriminierenden Wirkung" der außerordentlichen Kündigung spricht; so auch für die fristlose Kündigung eines leitenden Angesellten *BAG* (Urt. v. 31.10. 1972), AR-Blattei D Kündigung VIII Nr. 41 [unter II 2 der Gründe], das Gericht ließ es allerdings ausdrücklich offen, ob dies auch für den besonderen Fall gilt, in dem die Kündigung nicht aus einem personen- oder verhaltensbedingten Kündigungsgrund erfolgt; ablehnend allerdings MünchKomm[3]/*Schwerdtner,* § 626 Rdnr. 76, da die außerordentliche Kündigung verschuldensunabhängig sei komme ihr kein schlechthin diskriminierender Charakter zu.

102 Zur Legitimation des Prognosegedankens im Kündigungsschutzrecht grundlegend *Herschel,* Festschrift f. G. Müller, 1981, S. 191 (202f.); *Preis,* Prinzipien des Kündigungsrechts, 1987, S. 332f.; *Stahlhacke/Preis/Vossen,* Kündigungsschutz[7], Rdnr. 617f.; gegen das Prognoseprinzip gerade bei der verhaltensbedingten Kündigung aber etwa *Löwisch,* BB 1998, S. 1793 (1795).

103 ErfurtKomm/*Müller-Glöge,* § 626 BGB Rdnr. 2; *Adam,* Anm. I zu *BAG* (Urt. v. 21.1. 1999), EzA Nr. 178 zu § 626 BGB n.F.; *Schwerdtner,* Festschrift f. Kissel, 1994, S. 1077 (1090); allgemein zur verhaltensbedingten Kündigung HeidelbergKomm[3]/ *Dorndorf,* § 1 Rdnr. 290.

104 Ähnlich *v.Koppenfels,* Kündigung bei unkündbaren Arbeitnehmern, 1998, S. 156;

105 *Canaris,* Festschrift f. Dietz, 1973, S. 199 (215); *Preis,* Prinzipien des Kündigungsrechts, 1987, S. 477.

106 *BAG* (Urt. v. 31.10.1972), AR-Blattei D Kündigung VIII Nr. 41 [unter II 2 der Gründe].

cher fest, daß ein neuer Arbeitgeber die Zweiteilung der Kündigung aus wichtigem Grund in eine ersetzende außerordentliche und eine fristlose Kündigung in ihrer kündigungsschutzrechtlichen Bedeutung vollends erfaßt[107], mag dies auch bei den an der Kündigung unmittelbar beteiligten Personen anders sein. Zudem kann der Arbeitnehmer einem nicht hinzunehmenden Begründungszwang ausgeliefert werden. Man würde ihm die Last aufbürden, bei Zweifeln die Unterschiede beider außerordentlichen Kündigungsformen näher erklären zu müssen[108]. Zwar sind nach dem Lösungskonzept der herrschenden Meinung beide Spielarten der außerordentlichen Kündigung strikt zu trennen und erfahren eine unterschiedliche Behandlung[109]. Dennoch können tatsächliche Auswirkungen der eben beschriebenen Art nicht gänzlich ausgeschlossen werden, mögen sie auch nicht gewollt sein und dem Sinn und Zweck einer Kündigungsklausel nicht entsprechen („semper aliquid haeret"). So sind Fälle denkbar, bei denen sich der Arbeitgeber allein durch die Qualifizierung der ausgesprochenen Kündigung als außerordentliche Beendigung des Arbeitsverhältnisses von seinem gefaßten Einstellungsentschluß abhalten läßt. In diesem Zusammenhang stellt deshalb *Berkowsky* zutreffend fest, daß ein Bedarf an gesellschaftlicher Aufklärung besteht[110]. Dies setzt allerdings stillschweigend die Annahme voraus, daß im Arbeitsleben die beiden verschiedenartigen Anwendungsbereiche der außerordentlichen Kündigung noch nicht mit der erforderlichen Sorgfalt voneinander abgegrenzt werden.

Aus dem Umstand, daß die außerordentliche Kündigung den unkündbaren Arbeitnehmer möglicherweise mit einem Makel belastet, kann deshalb zumindest ein flankierendes Argument gegen den völligen Ausschluß des ordentlichen Kündigungsrechts hergeleitet werden.

IV. Die Auflösungssperre des § 13 Abs. 1 Satz 3 KSchG

1. Der positivrechtliche Normbefund

Weitere Unwägbarkeiten können sich auf Seiten des Arbeitgebers daraus ergeben, daß nach Ausschluß der ordentlichen Kündigung für den Arbeitgeber keine Möglichkeit mehr besteht, eine gerichtliche Auflösung des Arbeitsverhältnisses herbeizuführen[111].

---

107 So zutreffend *Bröhl*, Festschrift f. Schaub, 1998, S. 55 (64); das *BAG* (Urt. v. 31.10. 1972), AR-Blattei D Kündigung VIII Nr. 41 [unter II 2 der Gründe] begrenzt die diskriminierende Wirkung der außerordentlichen Kündigung freilich auf die Fälle, in denen die Kündigung fristlos erfolgt ist.

108 MünchArbR/*Berkowsky*, § 129 Rdnr. 42.

109 Siehe etwa Wiedemann/*Wiedemann*, TVG[6], § 1 Rdnr. 539.

110 *Berkowsky*, Anm. zu *BAG* (Urt. v. 21.1. 1999), RdA 2000, S. 112 (114).

111 Siehe etwa *Trappehl/Lambrich*, RdA 1999, S. 243 (245); *Bröhl*, Festschrift f. Schaub, 1998, S. 55 (63f.).

Unter engen Voraussetzungen läßt das KSchG eine Durchbrechung des arbeitsrechtlichen Bestandsschutzes[112] zugunsten einer Abfindungslösung zu und gestattet dem Arbeitsgericht durch gestaltende Entscheidung[113] auf den Fortbestand der Vertragsbindung Einfluß zu nehmen, obwohl die ergangene Kündigung nicht sozial gerechtfertigt ist beziehungsweise ein wichtiger Grund nicht vorliegt. Das Gesetz unterscheidet in den Auflösungstatbeständen der §§ 9 Abs. 1, 13 Abs. 1 Satz 3 KSchG dabei hinsichtlich der Art der Kündigung und danach, welche Partei das Arbeitsverhältnis auflösen möchte. Stellt das Gericht nach erhobener Kündigungsschutzklage fest, daß eine ordentliche Kündigung mangels Kündigungsgrundes nicht sozial gerechtfertigt ist, so gestattet § 9 Abs. 1 Satz 1 KSchG die gerichtliche Auflösung des Arbeitsverhältnisses unter Zahlung einer Abfindung (§ 10 KSchG), wenn dem Arbeitnehmer die Fortsetzung des Arbeitsverhältnisses nicht zuzumuten ist und er einen entsprechenden Antrag stellt. Das gleiche Recht steht dem Arbeitgeber nach § 9 Abs. 1 Satz 2 KSchG zu, wenn eine den Zwecken des Betriebs dienliche weitere Zusammenarbeit mit dem Arbeitnehmer nicht mehr erwartet werden kann. Diese Form der Auflösung stellt den in der Praxis bedeutendsten Fall dar[114]. Hingegen steht das Auflösungsrecht nach § 9 KSchG bei einer unwirksamen außerordentlichen Kündigung gemäß § 13 Abs. 1 Satz 3 KSchG allein dem Arbeitnehmer zu. Die gleiche Möglichkeit ist dem Arbeitgeber aufgrund der Wortlautbeschränkung des § 13 Abs. 1 Satz 3 KSchG auf den Arbeitnehmer verwehrt. § 13 Abs. 1 Satz 3 KSchG enthält für die Kündigung aus wichtigem Grund nur eine partielle Rechtsverweisung auf § 9 KSchG. Die ganz herrschende Auffassung erblickt in dieser Differenzierung zwischen ordentlicher und außerordentlicher Kündigung in den §§ 9, 13 KSchG eine bewußte legislative Entscheidung, die es verbiete, dem Arbeitgeber bei einer mangels wichtigen Grundes unwirksamen außerordentlichen Kündigung ein Auflösungsrecht zuzuerkennen[115]. Da insofern keine

---

112 § 9 Abs. 1 Satz 1 und 2 KSchG regelt nach herrschendem Verständnis eine Ausnahme vom Bestandsschutzkonzept des KSchG, siehe KSchR[4]/*Kittner,* § 9 KSchG Rdnr. 2; KR[5]/*Spilger,* § 9 KSchG Rdnr. 9; *Hueck/v.Hoyningen-Huene,* KSchG[12], § 9 Rdnr. 5a; *Stahlhacke/Preis/Vossen,* Kündigungsschutz[7], Rdnr. 1186; HeidelbergKomm[3]/*Hauck,* § 9 Rdnr. 2.

113 Da die sozialwidrige Kündigung den Bestand des Arbeitsverhältnisses unberührt gelassen hat, handelt es sich dabei folgerichtig nicht um ein Feststellungs- sondern ein Gestaltungsurteil, so bereits *Hueck/ Nipperdey,* Arbeitsrecht Bd. I[7], § 64 IX 1 (S. 660); *Schaub,* Arbeitsrechtshandbuch[9], § 141 Rdnr. 1.

114 *Däubler,* Das Arbeitsrecht 2[11], Rdnr. 1178a.

115 *BAG* (Urt. v. 26.10. 1979), AP Nr. 5 zu § 9 KSchG [Leitsatz 1 und unter A II 1 der Gründe]; *BAG* (Urt. v. 15.3. 1978), AP Nr. 45 zu § 620 BGB Befristeter Arbeitsvertrag [unter III der Gründe] gegen eine Analogie zu § 9 Abs.1 Satz 2 KSchG bei einem befristeten Arbeitsvertrag; *LAG Berlin* (Urt. v. 14.1. 1985), LAGE Nr. 21 zu § 626 BGB [Leitsatz 2], aber mißverständlich, weil eine analoge Anwendung von § 13 Abs.1 Satz 3 abgelehnt wird; *Stahlhacke/Preis/Vossen,* Kündigungsschutz[7], Rdnr. 1209; Heidelberg-

planwidrige Gesetzeslücke vorliege, kann nach dieser Auffassung eine Auflösung des Arbeitsverhältnisses durch einen Antrag des Arbeitgebers auch nicht auf eine analoge Anwendung des § 9 Abs. 1 Satz 2 gestützt werden.

Bei einer einzel- oder tarifvertraglichen Unkündbarkeit kann folglich allein der Arbeitnehmer das Arbeitsverhältnis durch gerichtliches Urteil auflösen lassen. Dem Arbeitgeber, dem nach herrschender Auffassung nur noch das Recht zur außerordentlichen Kündigung verbleibt, wird dieses Recht aufgrund der Wortlautbeschränkung des § 13 Abs. 1 Satz 3 KSchG versagt. Er kann kein auflösendes Gestaltungsurteil herbeiführen. Diese Auffassung wird ganz überwiegend in der arbeitsrechtlichen Instanzrechtsprechung vertreten[116]. Dahinter steht die Überlegung, daß es ansonsten zu einer Umgehung des tarifvertraglichen Kündigungsschutzes kommen könnte[117]. Die Anforderungen, die an den Auflösungsgrund des § 9 Abs. 1 Satz 2 KSchG gestellt werden, sind weniger streng als die Voraussetzungen des wichtigen Grundes in § 626 Abs. 1 BGB. Das ergibt sich daraus, daß bei Vorliegen eines wichtigen Grundes der Arbeitgeber das Arbeitsverhältnis bereits fristlos kündigen kann, ohne zur Zahlung einer Abfindung verpflichtet zu sein[118].

2. Auflösungsrecht des Arbeitgebers trotz Kündigungsausschlusses?

Teilweise wird in der Wortlautbeschränkung des § 13 Abs. 1 Satz 3 KSchG und der restriktiven Interpretation der Vorschrift durch die herrschende Auffassung eine zu weitreichende Beschneidung der Arbeitgeberrechte gesehen. Der Modellfall der gesetzlichen Regelung des § 13 Abs. 1 Satz 3 KSchG erfasse nicht alle Fälle einer vom Arbeitgeber ausgesprochenen außerordentlichen Kündigung[119]. Da der Gesetzgeber nur typisierte Wirklichkeitsausschnitte bei Erlaß einer Regelung vor Augen habe, sei die gesetzliche Bestimmung bei besonders gelagerten Ausnahmefällen durch eine Analogie zu § 9 Abs. 1 Satz 2 KSchG zu korrigieren.

Komm³/*Hauck*, § 9 Rdnr. 9; HeidelbergKomm³/ *Dorndorf*, §13 Rdnr. 50, 70; allgemein auch *Däubler*, Das Arbeitsrecht 2¹¹, Rdnr. 1180; *Schaub*, Arbeitsrechtshandbuch⁹, §141 Rdnr. 14.

116 *LAG Hamm* (Urt. v. 24.11. 1988), LAGE Nr. 2 zu § 626 BGB Unkündbarkeit [Leitsatz 1 und unter 2a, b der Gründe]; *LAG Berlin* (Urt. v. 3.10.1983), DB 1984, S. 671 [Leitsatz 5]; *LAG Köln* (Urt. v. 22.6. 1989), LAGE Nr. 14 zu § 9 KSchG [Leitsatz 2 und unter 3d der Gründe]; *LAG Hamm,* (Urt. v. 3.10. 1990), LAGE Nr. 19 zu § 9 KSchG [Leitsatz 1, 2 und unter 3 a bb der Gründe]; *LAG Niedersachsen* (Urt. v. 10.11. 1994), LAGE Nr. 23 zu § 9 KSchG [unter 4c der Gründe].

117 *Trappehl/Lambrich,* RdA 1999, S. 243 (245f.).

118 HeidelbergKomm³/*Hauck*, § 9 Rdnr. 45; zum Maßstab in § 9 Abs.1 Satz 1 KSchG vgl. *Preis,* Prinzipien des Kündigungsrechts, 1987, S. 178f.

119 *Trappehl/Lambrich,* RdA 1999, S. 243 (244).

a) Bejahende Ansichten in der Literatur

Dies wird zum einen generell für den Ausschluß des ordentlichen Kündigungsrechts vertreten[120]. Die Unkündbarkeitsabrede sei allerdings bei der gerichtlichen Entscheidung über den Auflösungsantrag des Arbeitgebers gesondert zu berücksichtigen. Durch dieses Korrektiv könne eine Aushöhlung des einzel- oder tarifvertraglichen Kündigungsschutzes vermieden werden. Die Betrachtungsweise des historischen Gesetzgebers mit ihrer formalen Anknüpfung an die Kündigungsform sei abzulehnen. Dies ergebe sich bereits daraus, daß dem Arbeitgeber nach herrschender Auffassung trotz des Ausspruchs einer unwirksamen außerordentlichen Kündigung dann ein Auflösungsrecht gewährt wird, wenn er hilfsweise eine ordentliche Kündigung ausgesprochen hat und die außerordentliche Kündigung in eine gleichfalls unwirksame ordentliche Kündigung im Wege der Kündigungskonversion umgedeutet werden kann[121]. Ein derartiger Mittelweg sei in höchstem Maße widersprüchlich[122].

Manche Stimmen in der kündigungsschutzrechtlichen Literatur verlangen zusätzlich zur ordentlichen Unkündbarkeit ein weiteres Moment. Dem Arbeitgeber sei dann ein Auflösungsrecht zuzuerkennen, wenn sich der Arbeitnehmer in einer besonders herausragenden Stellung befindet. Dies sei insbesondere bei leitendenden Angestellten der Fall, die eine besondere Vertrauensposition innehaben[123]. Für die Richtigkeit der Auffassung in bezug auf leitende Angestellte wird unter anderem auf die Wertung des § 14 Abs. 2 Satz 2 KSchG abgestellt[124]. Mit dem Grundgedanken dieser Regelung, dem leitenden Angestellten gerade keinen Bestandsschutz sondern lediglich einen Abfindungsanspruch zu gewähren, sei es unvereinbar, daß nach der gerichtlichen Feststellung der Unwirksamkeit einer außerordentlichen Kündigung dem Arbeitgeber keine Möglichkeit verbleibe, sich von dem leitenden Angestellten zu trennen.

b) Analoge Anwendung des § 9 Abs. 1 Satz 2 KSchG bei der ersetzenden außerordentlichen Kündigung

Ob die Regelung des § 13 Abs. 1 Satz 3 KSchG auch für die Fälle des tarifvertraglichen Ausschlusses der ordentlichen Kündigung uneingeschränkte Geltung

---

120 *Schäfer*, BB 1985, S. 1994 (1996f.); wohl auch *Grunsky*, Anm. II 1 zu *BAG* (Urt. v. 26.10. 1979), AP Nr. 5 zu § 9 KSchG; dagegen aber *Trappehl/Lambrich*, RdA 1999, S. 243 (245f).

121 *Schäfer*, BB 1985, S. 1994f.; zur herrschenden Auffassung *BAG* (Urt. v. 26.10. 1979), AP Nr. 5 zu § 9 KSchG [Leitsatz 1]; HeidelbergKomm[3]/*Hauck*, § 9 Rdnr. 9; *Stahlhacke/Preis/Vossen*, Kündigungsschutz[7], Rdnr. 1210.

122 *Grunsky*, Anm. II 1 zu *BAG* (Urt. v. 26.10. 1979), AP Nr. 5 zu § 9 KSchG.

123 *Fromm*, DB 1988, S. 601 (604); *Trappehl/Lambrich*, RdA 1999, S. 243 (246ff.); dafür auch *Schäfer*, BB 1985, S. 1994 (1995); in diese Richtung wohl auch *Bröhl*, Festschrift f. Schaub, 1998, S. 55 (63f.).

124 *Trappehl/Lambrich*, RdA 1999, S. 243 (249).

beanspruchen kann, muß unter Berücksichtigung von Sinn und Zweck der Auflösungssperre ermittelt werden. Der Versagung der Auflösungsmöglichkeit für den Arbeitgeber in § 13 Abs. 1 Satz 3 KSchG liegt der Gedanke zugrunde, daß die nicht auf einen objektiven Kündigungsgrund gestützte außerordentliche Kündigung in der Regel mit einer besonders nachhaltigen Vertragsverletzung durch den Arbeitgeber verbunden ist[125]. Die mit dem Ausspruch einer unwirksamen außerordentlichen Kündigung aufgestellte fälschliche Behauptung, der Arbeitnehmer habe sich vertragswidrig verhalten, stellt ihrerseits eine Verletzung der vertraglichen Pflichten dar.

In den Fällen der außerordentlichen ersetzenden Kündigung vermag aber in der Tat die formale Anknüpfung an die Kündigungsnorm des § 626 BGB nicht zu überzeugen. In dieser Situation kündigt der Arbeitgeber gerade nicht fristlos. Der Normzweck der Anwendungssperre des § 13 Abs. 1 Satz 3 KSchG kann hier nicht eingreifen, weil in dem Ausspruch einer fristgebundenen außerordentlichen Kündigung regelmäßig keine schwerwiegende Vertragsverletzung zu sehen ist[126]. Die gerichtliche Auseinandersetzung über die Wirksamkeit einer außerordentlichen fristgebundenen Kündigung, die beispielsweise auf einem betriebsbedingten Kündigungsgrund beruht, kann ebenso wie im ordentlich unkündbaren Arbeitsverhältnis dazu führen, daß eine gedeihliche Zusammenarbeit zwischen den Arbeitsvertragsparteien nicht mehr zu erwarten ist. Die Situation im Kündigungsschutzprozeß kann in beiden Fallgestaltungen identisch sein. Die ratio legis des § 9 Abs. 1 Satz 2 KSchG[127] trifft somit auf beide Fälle gleichermaßen zu. Daß dem Gesetzgeber zur Zeit der Neufassung des § 13 (früher § 11) KSchG[128] bereits Unkündbarkeitsklauseln wie § 16 Abs. 4 TO.A oder § 53 Abs. 3 BAT bekannt waren, kann dann keine entscheidende Rolle spielen[129]. Zu dieser Zeit war die außerordentliche Kündigung des unkündbaren Arbeitnehmers noch nicht soweit herausgebildet, wie es durch die jüngste Rechtsprechung des *Bundesarbeitsgerichts* geschehen ist. Die Ersetzungsfunktion der außerordentlichen Kündigung ist erst mit dieser Rechtsentwicklung anerkannt worden. Die starre Ausrichtung auf den Willen des historischen Gesetzgebers würde dazu führen, daß auch das Rechtsinstitut der außerordentlichen fristgebundenen Kündigung abgelehnt werden müßte. Es ist deshalb, auf der Grund-

---

125 *BAG* (Urt. v. 26.10. 1979), AP Nr. 5 zu § 9 KSchG [unter A II 1 der Gründe]; *LAG Hamm* (Urt. v. 24.11. 1988), LAGE Nr. 2 zu § 626 BGB Unkündbarkeit [unter 2a der Gründe]; HeidelbergKomm³/*Dorndorf,* § 13 Rdnr. 50; siehe auch *Trappehl/Lambrich,* RdA 1999, S. 243f.

126 Siehe dazu auch allgemein *Grunsky,* Anm. II 1 zu *BAG* (Urt. v. 26.10. 1979), AP Nr. 5 zu § 9 KSchG, der zutreffend davon ausgeht, daß nicht in jeder unwirksamen außerordentlichen Kündigung generell eine Pflichtverletzung zu sehen ist.

127 Dazu etwa HeidelbergKomm³/*Hauck,* § 9 Rdnr. 1.

128 Durch das Arbeitsrechtsbereinigungsgesetz vom 1.9. 1969, BGBl. I S. 1106ff.

129 So aber *LAG Hamm* (Urt. v. 24.11. 1988), LAGE Nr. 2 zu § 626 BGB Unkündbarkeit [unter 2a der Gründe].

lage der herrschenden Auffassung zur tarifvertraglichen Unkündbarkeit, vom Vorliegen einer verdeckten Regelungslücke auszugehen, die sehr wohl durch richterliche Rechtsfortbildung geschlossen werden kann[130].

Insofern wäre es folgerichtig und würde der Rechtsfigur der ersetzenden außerordentlichen Kündigung zu noch weiterer Widerspruchsfreiheit verhelfen, wenn man dem Arbeitgeber das Antragsrecht zur Auflösung des Arbeitsverhältnisses in analoger Anwendung des § 9 Abs. 1 Satz 2 KSchG zubilligen würde. Das Gericht wäre dann allerdings dazu verpflichtet, bei der Würdigung des Auflösungsgrundes den Umstand gesondert zu berücksichtigen, daß mit der Unkündbarkeitsabrede eine besondere Arbeitsplatzsicherheit bezweckt ist[131].

c) Direkte Anwendung des § 9 Abs. 1 Satz 2 KSchG für den unabdingbaren Bereich des ordentlichen Kündigungsrechts

Vom Standpunkt eines partiell unabdingbaren ordentlichen Kündigungsrechts fällt die Bewältigung der Auflösungssperre des § 13 Abs. 1 Satz 3 KSchG leichter. Soweit man anerkennt, daß es sich in den Fällen der außerordentlichen Kündigung wertungsmäßig um eine ordentliche Kündigung handelt, ist kein Grund ersichtlich, warum dem Arbeitgeber nicht in unmittelbarer Anwendung des § 9 Abs. 1 Satz 2 KSchG ein Auflösungsrecht zuzusprechen ist. Fraglich bleibt dann allerdings, ob die Unwirksamkeit eines vollständigen ordentlichen Kündigungsausschlusses auch dazu führt, daß für leitende Angestellte die Regelung des § 14 Abs. 2 KSchG Anwendung findet und der Auflösungsantrag des Arbeitgebers trotz der Unkündbarkeitsabrede keiner Begründung bedarf. Dafür ist auf die Zweckbestimmung des Kündigungsausschlusses für den leitenden Angestellten abzustellen. Diese wird fast immer darin bestehen, nicht nur die ordentliche Kündigung auszuschließen, sondern gerade den leitenden Angestellten vor einem voraussetzungslos möglichen Auflösungsantrag zu schützen. Dem Arbeitgeber kann deshalb trotz der partiellen Nichtigkeit des ordentlichen Kündigungsausschlusses nicht das Auflösungsrecht nach § 14 Abs. 2 Satz 2 KSchG zuerkannt werden. Um den leitenden Angestellten den gewährten Bestandsschutz nicht vollständig zu versagen, muß in diesen Fällen auf eine Analogie zu § 9 Abs. 1 Satz 2 KSchG zurückgegriffen werden[132]. Anders ist allerdings dann zu entscheiden, wenn in dem Arbeitsvertrag des leitenden Angestellten lediglich auf die tariflichen Kündigungsfristen Bezug genommen wird. Der Verweis auf den Tarifvertrag erfaßt dann nicht automatisch auch die darüber hinausgehende Unkündbarkeitsregelung. Ein Auflösungsantrag des Arbeitgebers nach § 14 Abs. 2 Satz 2 KSchG bedarf in einem solchen Fall keiner Begründung[133].

---

130 Zutreffend *Trappehl/Lambrich,* RdA 1999, S. 243 (249).

131 Insoweit zutreffend *Schäfer,* BB 1985, S. 1994 (1996).

132 Ebenso *Fromm,* DB 1988, S. 601 (604); *Trappehl/Lambrich,* RdA 1999, S. 243 (246ff.).

133 *LAG Hamm* (Urt. v. 25.11.1999) – 4 Sa 448/99 n.v.

Bei diesem Themenkomplex handelt es sich allerdings um ein Sonderproblem der Unkündbarkeit leitender Angestellter, das in seiner gesamten Bandbreite, insbesondere unter Berücksichtigung der typischen besonderen Vertrauensstellung, hier nicht weiter vertieft werden kann

V. Die außerordentliche Änderungskündigung von ordentlich unkündbaren Arbeitnehmern

1. Grundlagen

Während der Dauer des Arbeitsverhältnisses kann ein Bedürfnis zur Anpassung der durch den Inhalt des Arbeitsvertrags festgelegten Arbeitsbedingungen an geänderte betriebliche Rahmenbedingungen auftreten. Ebenso bedürfen Veränderungen, die die Person oder das Verhalten des Arbeitnehmers betreffen, unter Umständen eine Abänderung der Arbeitsbedingungen[134]. Der Arbeitgeber kann zu diesem Zweck eine Änderungskündigung aussprechen, indem er das Arbeitsverhältnis kündigt und in diesem Zusammenhang dem Arbeitnehmer die Fortsetzung des Arbeitsverhältnisses zu geänderten Arbeitsbedingungen anbietet. § 2 KSchG räumt dem Arbeitnehmer dabei einen Schutz vor sozial ungerechtfertigten Änderungskündigungen ein. Der Arbeitgeber kann nicht einseitig die Arbeitsbedingungen zu Lasten des Arbeitnehmers abändern, wenn ihm kein rechtfertigender Grund zur Seite steht. Nach erfolgter Änderungskündigung kann der Arbeitnehmer das Angebot zur Änderung der Arbeitsbedingungen unter dem Vorbehalt annehmen, daß die Änderung der Arbeitsbedingungen nicht sozial ungerechtfertigt ist. Der Arbeitnehmer soll durch diese Regelung vor der Gefahr eines vollständigen Verlustes seines Arbeitsplatzes geschützt werden, wenn er das Änderungsangebot ausschlägt und im Kündigungsschutzprozeß die soziale Rechtfertigung bejaht werden sollte[135]. Damit gewährleistet der allgemeine Kündigungsschutz neben dem durch § 1 KSchG vermittelten Bestandsschutz für den Arbeitnehmer durch § 2 KSchG auch einen Vertragsinhaltsschutz[136].

---

[134] Zur verhaltens- und personenbedingten Änderungskündigung siehe etwa *Stahlhacke/Preis/Vossen,* Kündigungsschutz[7], Rdnr. 780df.

[135] HeidelbergKomm[3]/*Weller/Hauck,* § 2 Rdnr. 3; *Stahlhacke/Preis/Vossen,* Kündigungsschutz[7], Rdnr. 771; *Löwisch,* KSchG[8], § 2 Rdnr. 1; *Schaub,* Arbeitsrechtshandbuch[9], § 137 Rdnr. 14.

[136] Grundlegend zu dieser Unterscheidung *Bötticher,* Festschrift f. Erich Molitor, 1962, S. 123 (123f.); siehe dazu auch *Lieb,* II. Anm. II 1 zu *BAG* (Urt. v. 7.6. 1973), AP Nr. 1 zu § 626 BGB Änderungskündigung; zum heutigen Verständnis der Vorschrift in diesem Sinne *Hromadka,* NZA 1996, S. 1 (3); *Löwisch,* KSchG[8], Vorbemerkung zu § 1 Rdnr. 16, § 2 Rdnr. 1; *Hueck/v.Hoyningen-Huene,* KSchG[12], § 2 Rdnr. 2; HeidelbergKomm[3]/*Weller/Hauck,* § 2 Rdnr. 2.

2. Anerkennung der außerordentlichen Änderungskündigung

Die in § 2 KSchG geregelte Änderungskündigung bezieht sich von ihrer systematischen Stellung jedoch unmittelbar nur auf die ordentliche Änderungskündigung des Arbeitgebers. Daneben besteht aber auch ein Bedürfnis für die Zulassung einer außerordentlichen Änderungskündigung. Praktische Relevanz hat diese insbesondere in den Fällen, in denen die ordentliche Kündigung nur mit sehr langen Fristen ausgesprochen werden kann und namentlich dort, wo das ordentliche Kündigungsrecht entweder kraft Gesetz oder durch vertragliche beziehungsweise tarifvertragliche Regelung ausgeschlossen ist[137].

Bei ordentlich unkündbaren Arbeitnehmern ist dem Arbeitgeber in aller Regel auch das Mittel der ordentlichen Änderungskündigung nach dem Schutzzweck der Unkündbarkeitsabrede entzogen. Der Kündigungsausschluß bezweckt auch eine Erhaltung des status quo des tarifvertraglich geschützten Arbeitnehmers[138]. Der Arbeitnehmer genießt hier einen über § 2 KSchG hinausgehenden Inhaltsschutz seines Arbeitsverhältnisses. Enthält eine Unkündbarkeitsklausel keine Ausnahmeregelung, so erfaßt der Kündigungsausschluß grundsätzlich neben der ordentlichen Beendigungskündigung auch die ordentliche Änderungskündigung[139]. Anders ist die Rechtslage nur, wenn der entsprechende Tarifvertrag unter besonderen Voraussetzungen oder auch generell das ordentliche Änderungskündigungsrecht des Arbeitgebers festschreibt[140]. Dies kann etwa für Versetzungen innerhalb desselben Betriebs oder bei anstehenden Betriebsänderungen der Fall sein.

Eine Änderung des Arbeitsvertrags kann der Arbeitgeber daher, soweit eine individualvertragliche Vereinbarung mit dem Arbeitnehmer nicht zustande kommt, dann nur durch den Ausspruch einer außerordentlichen Änderungskündigung herbeiführen[141]. Die Existenz des Rechtsinstituts der außerordentlichen Änderungskündigung ist allgemein anerkannt[142]. Sie verdankt ihre Herkunft im

---

137 *Löwisch,* NZA 1988, S. 633 (640).

138 *Löwisch,* NZA 1988, S. 633; *ders.*, KSchG[8], § 2 Rdnr. 73; GK-KR/*Künzl,* § 2 KSchG Rdnr. 41.

139 *ArbG* Osnabrück (Urt. v. 5.8. 1988), RzK I 8f. Nr. 7; Stahlhacke/*Preis/Vossen,* Kündigungsschutz[7], Rdnr. 770; *Löwisch,* NZA 1988, S. 633 (633, 640); *ders.*, DB 1998, S. 877; GK-KR/*Preis,* Grundlagen J. Rdnr. 11; für den vertraglichen Ausschluß der ordentlichen Kündigung *Bötticher,* Festschrift f. Erich Molitor, 1962, S. 123 (123f.).

140 Zu solchen Ausnahmen siehe *Weng,* Kündigung von Arbeitsverhältnissen mit langer Bindung, 1980, S. 100, Fn.2; *Löwisch,* NZA 1988, S. 633; *ders.*, KSchG[8], § 2 Rdnr. 8.

141 *Stahlhacke/Preis/Vossen,* Kündigungsschutz[7], Rdnr. 431.

142 *BAG* (Urt. v. 7.6. 1973), AP Nr. 1 zu § 626 BGB Änderungskündigung [Leitsatz 1 und unter I der Gründe]; *Ratajzak,* Die Änderungskündigung des Arbeitgebers, 1984, S. 6; *Weng,* Kündigung von Arbeitsverhältnissen mit langer Bindung, 1980, S. 100f.; *v.Koppenfels,* Kündigung bei unkündbaren Arbeitnehmern, 1998, S. 50; *Moll,* DB 1984, S. 1346 (1346); KR[5]/*Rost,* § 2 KSchG Rdnr. 30; KR[5]/ *Fischermeier,* § 626 Rdnr. 198; *Stahlhacke/Preis/Vossen,* Kündigungsschutz[7], Rdnr. 431; Erfurt-Komm/*Müller-Glöge,*

wesentlichen dem weit verbreiteten tarifvertraglichen Ausschluß der ordentlichen Kündigung. Mit dem in den siebziger Jahren einsetzenden Anstieg von Unkündbarkeitsvereinbarungen in Tarifverträgen ist die praktische Bedeutung der außerordentlichen Änderungskündigung bis heute stetig gestiegen[143].

3. Mögliche Benachteiligungen des tarifvertraglich geschützten Arbeitnehmers

Der ratio legis des § 2 KSchG entsprechend, den Arbeitnehmer vor einer sozial nicht gerechtfertigten Fortführung des Arbeitsverhältnisses zu geänderten Bedingungen zu schützen, wird bei der Änderungskündigung sowohl der Prüfungsgegenstand als auch der Prüfungsmaßstab gegenüber der Beendigungskündigung modifiziert[144]. Es wird nicht die Beendigung des Arbeitsverhältnisses durch Kündigung einer gerichtlichen Prüfung unterzogen, sondern die dem Arbeitnehmer vom Arbeitgeber angebotenen Veränderungen der Arbeitsbedingungen. Das führt nach der überwiegenden Auffassung auch dazu, daß an die soziale Rechtfertigung einer Änderungskündigung nicht die gleichen strengen Anforderungen zu stellen sind, wie bei der Beurteilung einer Beendigungskündigung.

Diese Modifizierungen gelten im Grundsatz auch für die außerordentliche Änderungskündigung. Jedoch ist zu beachten, daß die außerordentliche Änderungskündigung im Gegensatz zur ordentlichen Änderungskündigung keine ausdrückliche Regelung im KSchG erfahren hat. § 13 Abs. 1 Satz 2 KSchG klammert nicht nur § 1 KSchG bei der Überprüfung einer außerordentlichen Kündigung aus, sondern erklärt auch § 2 KSchG für unanwendbar. Aus dieser Nichterwähnung der außerordentlichen Kündigung können dem tarifvertraglich unkündbaren Arbeitnehmer, dem gegenüber der Ausspruch einer ordentlichen Änderungskündigung nicht mehr möglich ist, Rechtsnachteile entstehen. Es sind zwei Benachteiligungen denkbar.

a) Analoge Anwendung des § 2 Satz 1 KSchG

Folgt man dem Wortlaut des § 13 Abs. 1 Satz 1 KSchG, so muß der tarifvertraglich geschützte Arbeitnehmer gegen eine außerordentliche Änderungskündigung im Wege der normalen Kündigungsschutzklage nach § 4 Satz 1 KSchG innerhalb von drei Wochen nach Zugang der Kündigung vorgehen. Der Weg über die spezielle Änderungsschutzklage ist ihm hingegen abgeschnitten. Dar-

---

§ 626 BGB Rdnr. 234; *Schaub,* Arbeitsrechtshandbuch[9], § 137 Rdnr. 10.

[143] Siehe bereits *Weng,* Kündigung von Arbeitsverhältnissen mit langer Bindung, 1980, S. 100; *Löwisch/Knigge,* I. Anm. zu *BAG* (Urt. v. 7.6. 1973), AP Nr. 1 zu § 626 BGB Änderungskündigung; *Schwerdtner,* 25 Jahre BAG, 1979, S. 555 (558); aus heutiger Sicht *Stahlhacke/Preis/Vossen,* Kündigungsschutz[7], Rdnr. 431.

[144] *Zöllner/Loritz,* Arbeitsrecht[5], § 23 X 1 (S. 312).

aus folgt, daß der unkündbare Arbeitnehmer im Kündigungs- schutzprozeß dem Risiko ausgesetzt ist, seinen Arbeitsplatz gänzlich zu verlieren, wenn er im gerichtlichen Verfahren unterliegt. Die Möglichkeit der Annahme der geänderten Arbeitsbedingungen unter dem Vorbehalt der sozialen Rechtfertigung ist ihm nicht eröffnet.

Eine vereinzelte Auffassung nimmt diesen Nachteil für den tarifvertraglich geschützten Arbeitnehmer in Kauf, will dem erhöhten Vertragsinhaltsschutz allerdings durch einen strengen Prüfungsmaßstab Rechnung tragen[145]. Eine Analogie zu § 2 KSchG sei aufgrund des klaren Gesetzeswortlauts in § 13 Abs. 1 Satz 2 KSchG abzulehnen. Zudem könne dem Gesetzgeber nicht unterstellt werden, er habe bei der Einführung des § 2 KSchG in das KSchG[146] die Problematik der unkündbaren Arbeitnehmer schlechtweg übersehen[147]. Das Fehlen eines Verweises in § 13 Abs. 1 Satz 2 KSchG sei deshalb als eine bewußte Entscheidung des Gesetzgebers zu werten. Vom Vorliegen einer unbewußten Regelungslücke könne folglich nicht ausgegangen werden.

Die ganz herrschende Meinung widerspricht dieser Auffassung zu Recht und wendet auch auf die außerordentlichen Änderungskündigung die §§ 2, 4 Satz 2 und 8 entsprechend an[148]. Es sei davon auszugehen, daß der Gesetzgeber das Bedürfnis für einen klarstellenden Hinweis auf § 2 KSchG in § 13 Abs. 1 Satz 2 KSchG nicht zur Kenntnis genommen habe. Der Gesetzgeber habe unberücksichtigt gelassen, daß zum Zeitpunkt der Einführung der Änderungskündigung bereits viele Tarifverträge einen besonderen Schutz vor ordentlichen Kündigungen enthielten[149]. Dagegen läßt sich allerdings einwenden, daß 1969 gerade in der Privatwirtschaft noch keine Unkündbarkeitsklauseln etabliert waren[150]. Sie fanden sich allein in den Tarifwerken des öffentlichen Dienstes. Diese sahen, vergleichbar § 55 Abs. 2 BAT, jedoch spezielle Regelungen der Änderungskün-

---

145 So vor allem *Löwisch/Knigge*, I. Anm. 1, 3 zu *BAG* (Urt. v. 7.6. 1973), AP Nr. 1 zu § 626 BGB Änderungskündigung; *Löwisch*, NZA 1988, S. 633 (640); *ders.*, KSchG[8], § 2 Rdnr. 74; *Adomeit*, DB 1969, S. 2179.

146 Durch das 1. Arbeitsrechtsbereinigungsgesetz, in Kraft getreten am 25.8. 1969, BGBl. I, S. 1106ff.

147 *Löwisch*, KSchG[8], § 2 Rdnr. 74.

148 *BAG* (Urt. v. 19.6. 1986), AP Nr. 16 zu § 2 KSchG 1969 [Leitsatz 1 und unter A III 1, 2 der Gründe]; *BAG* (Urt. v. 17.5. 1984); AP Nr. 3 zu § 55 BAT [Leitsatz 3 und unter II 4b cc der Gründe]; *Ratajzak*, Die Änderungskündigung des Arbeitgebers, 1984, S. 7f.; MünchKomm[3]/*Schwerdtner*, § 622 Anh. Rdnr. 530; *Schwerdtner*, 25 Jahre BAG, S. 555 (558); ErfurtKomm/*Müller-Glöge*, § 626 BGB Rdnr. 235; *Stahlhacke/ Preis/Vossen*, Kündigung und Kündigungsschutz[7], Rdnr. 434; HeidelbergKomm[3]/*Weller/Hauck*, § 2 Rdnr. 13; *Boewer*, BB 1996, S. 2618; ausführlich *Weng*, Kündigung von Arbeitsverhältnissen mit langer Bindung, 1980, S. 113ff.; für erweiternde Auslegung des § 13 Abs.1 Satz 2 KSchG *Schaub*, RdA 1970, S. 230 (233).

149 *Schwerdtner*, 25 Jahre BAG, S. 555 (558).

150 Siehe oben § 7 II.

digung vor. Der Gesetzgeber konnte demnach mit guten Gründen von einem praktisch nur äußerst geringen Anwendungsbereich der außerordentlichen Änderungskündigung ausgehen[151].

Dennoch ist der herrschenden Auffassung im Ergebnis uneingeschränkt zuzustimmen. Mag auch ein Bedürfnis für die Einführung der außer- ordentlichen Änderungskündigung im Jahre 1969 nicht bestanden haben, so kann nicht bestritten werden, daß in der Folgezeit ein Wandel der Normsituation eingetreten ist. Will man den unkündbaren Arbeitnehmer in einem wesentlichen Bereich des Kündigungsschutzes allein aufgrund des Fehlens der ordentlichen Kündigungsmöglichkeit nicht evident benachteiligen, so muß auch für die außerordentliche Änderungskündigung das der Kündigungsschutzklausel immanente Schlechterstellungsverbot eingreifen. Jede andere Wertung würde der Teleologie des Kündigungsschutzes eklatant widersprechen[152]. Man muß daher aus § 2 KSchG den allgemeingültigen Rechtssatz ableiten, daß im Rahmen der Änderungskündigung der Arbeitnehmer die Möglichkeit haben soll, die soziale Rechtfertigung des Änderungsangebots durch die vorbehaltliche Annahme einer gerichtlichen Überprüfung zuzuführen, ohne Gefahr zu laufen, seinen Arbeitsplatz zu verlieren[153]. Dieser Grundsatz beansprucht aber gleichermaßen für die ordentliche wie für die außerordentliche Änderungskündigung Geltung. Mit der gleichen Berechtigung müßte man sonst auch eine analoge Anwendung der ordentlichen Kündigungsfrist, des § 1 Abs. 3 KSchG und des § 102 Abs. 3-5 BetrVG auf die außerordentliche Kündigung ablehnen, die ebenfalls ausdrücklich nur die ordentliche Kündigung betreffen. Eine bewußte Ausklammerung des Schutzes der unkündbaren Arbeitnehmer durch den Gesetzgeber kann deshalb nicht unterstellt werden. Insofern darf nicht am Wortlaut des § 13 Abs. 1 Satz 2 KSchG gehaftet werden[154]. Um einer Diskriminierung vorzubeugen, ist auch der ordentlich unkündbare Arbeitnehmer berechtigt analog § 2 Satz 1 KSchG das außerordentliche Änderungsangebot des Arbeitgebers unter dem Vorbehalt der sozialen Rechtfertigung abzulehnen. Er kann analog § 4 Satz 2 KSchG Änderungsschutzklage erheben, mit der Feststellung dahingehend, daß die Änderung der bestehenden Arbeitsbedingungen sozial ungerechtfertigt ist[155]. Für die Fälle der ersetzenden außerordentlichen Kündigung folgt dieses Ergebnis im übrigen schon daraus, daß die außerordentliche Änderungskündigung nach der herrschenden Auffassung nur die Aufgabe hat, die Funktion der ausgeschlossenen ordentlichen Kündigung zu übernehmen.

---

151 Siehe *Weng*, Kündigung von Arbeitsverhältnissen mit langer Bindung, 1980, S. 114.

152 MünchKomm³/*Schwerdtner*, § 622 Anh. Rdnr. 530.

153 HeidelbergKomm³/*Weller/Hauck*, § 2 Rdnr. 14.

154 So zutreffend HeidelbergKomm³/*Weller/Hauck*, § 2 Rdnr. 14; siehe allgemein dazu auch MünchKomm³/*Schwerdtner*, § 622 Anh. Rdnr. 540.

155 *BAG* (Urt. v. 17.5. 1984); AP Nr. 3 zu § 55 BAT [unter II 4b cc der Gründe]

b) Analoge Anwendung des § 2 Satz 2 KSchG

Fraglich ist allerdings, zu welchem Zeitpunkt bei der außerordentlichen Änderungskündigung die Annahme unter Vorbehalt vom unkündbaren Arbeitnehmer erklärt werden muß. Die analoge Anwendung des § 2 Satz 2 KSchG kann dabei zu einer wertungswidersprüchlichen Situation führen. Nach § 2 Satz 2 KSchG muß der Arbeitnehmer den Vorbehalt innerhalb der Kündigungsfrist, spätestens jedoch innerhalb von drei Wochen gegenüber dem Arbeitgeber erklären. Da die Kündigung aus wichtigem Grund jedoch regelmäßig fristlos erfolgt, steht die überwiegende Auffassung auf dem Standpunkt, der Arbeitnehmer müsse zwar nicht sofort, wohl aber unverzüglich, also gemäß § 121 Abs. 1 Satz 1 BGB ohne schuldhaftes Zögern, die Annahmeerklärung abgeben[156].

Dieses Ergebnis ist aber nur dann sachgerecht, wenn eine fristlose Kündigung nach § 626 BGB ausgesprochen wird, wie etwa in dem Fall der Leitentscheidung vom 19. Juni 1986, in dem es um ein außerordentliche verhaltensbedingte Änderungskündigung aufgrund eines groben Vertrauensbruchs ging[157]. Etwas anderes muß hingegen gelten, wenn die außerordentliche Änderungskündigung nur die ordentliche Änderungskündigung im unkündbaren Arbeitsverhältnis ersetzt und deshalb zwingend mit einer Kündigungsfrist zu versehen ist. Auch hier darf der unkündbaren Arbeitnehmer keiner Benachteiligung ausgesetzt werden. Es muß deshalb auch in diesen Fällen genügen, wenn der unkündbare Arbeitnehmer die Annahme innerhalb der Kündigungsfrist und spätestens innerhalb von drei Wochen erklärt. Eine teleologische Reduktion des § 2 Satz 2 KSchG für alle Fälle der außerordentlichen Kündigung[158] ist hingegen abzulehnen. Es besteht kein Bedürfnis dafür, dem Arbeitnehmer, dem gegenüber eine außerordentliche fristlose Änderungskündigung aus verhaltensbedingten Kündigungsgründen ausgesprochen wurde, eine dreiwöchige Überlegungszeit einzuräumen.

Im übrigen muß auch § 8 KSchG analog auf die außerordentliche Änderungsklage angewendet werden[159]. Diese Bestimmung vervollständigt § 2 KSchG auf der Rechtsfolgenseite[160]. Soweit die gerichtliche Überprüfung der sozialen Rechtfertigung der Änderung der Arbeitsbedingungen negativ ausfällt, gilt die Änderungskündigung als von Anfang an rechtsunwirksam. Dem unkündbaren Arbeitnehmer steht nach § 159 BGB ein schuldrechtlicher Ausgleichsanspruch zu, der ihn berechtigt, vom Arbeitgeber zu verlangen, so gestellt zu werden, wie er stünde, wenn die sozial ungerechtfertigte Änderungskündigung nicht erfolgt

---

156 *BAG* (Urt. v. 19.6. 1986), AP Nr. 16 zu § 2 KSchG 1969 [Leitsatz 2 und unter A III 2 der Gründe]; ErfurtKomm/*Müller-Glöge*, § 626 BGB Rdnr. 236; *Stahlhacke/Preis/Vossen*, Kündigungsschutz[7], Rdnr. 434; HeidelbergKomm[3]/*Weller/Hauck*, § 2 Rdnr. 15

157 *BAG* (Urt. v. 19.6. 1986), AP Nr. 16 zu § 2 KSchG 1969.

158 So erwogen von MünchKomm[3]/*Schwerdtner*, § 622 Anh. Rdnr. 531.

159 HeidelbergKomm[3]/*Hauck*, § 8 Rdnr. 10; siehe auch *Löwisch*, KSchG[8], § 8 Rdnr. 8.

160 *Löwisch*, KSchG[8], § 8 Rdnr. 1.

wäre[161]. Der Arbeitgeber ist dann verpflichtet, die früherer Arbeitsbedingungen wiederherzustellen.

c) Direkte Anwendung des § 2 KSchG für den unabdingbaren Bereich des ordentlichen Kündigungsrechts

Vom Standpunkt der herrschenden Auffassung ist die Zuerkennung der rechtsschutzintensiveren Änderungsschutzklage für den nur aus wichtigem Grund kündbaren Arbeitnehmer durchaus folgerichtig. Die analoge Anwendung der §§ 2, 4 Satz 2 und 8 KSchG ist aus Gründen der Sachgerechtigkeit geboten. Soweit man dem ordentlichen Kündigungsrecht mit der hier vertretenen Ansicht jedoch einen partiell unabdingbaren Anwendungsbereich zuerkennt, bedarf es keines analogen Rückgriffs auf die speziellen Vorschriften zur Änderungskündigung. Mit dem Verbot eines vollständigen Ausschlusses der ordentlichen Kündigung geht zwangsläufig auch ein Verbot des Ausschlusses der ordentlichen Änderungskündigung einher. Dies gilt zumindest für die ordentliche betriebs- und die krankheitsbedingte Kündigung. Die Bestimmungen der §§ 2, 4 Satz 2, 8 KSchG finden dann unmittelbare Anwendung. Zu einer Benachteiligung des unkündbaren Arbeitnehmers durch das Fehlen der besonderen Rechtsschutzformen bei der außerordentlichen Änderungskündigung kann es dann nicht mehr kommen.

§ 40 Zusammenfassung zum 8. Teil

1. Die materiell-rechtliche Ausschlußfrist zur Geltendmachung des außerordentlichen Kündigungsrechts in § 626 Abs. 2 BGB ist sowohl einer einzel- als auch einer tarifvertraglichen Disposition entzogen. Der zweiseitig-zwingende Charakter der Kündigung aus wichtigem Grund erfaßt auch die Kündigungserklärungsfrist. Dies folgt aus der unmittelbaren Verknüpfung des § 626 Abs. 2 BGB mit dem Kriterium der Unzumutbarkeit in § 626 Abs. 1 BGB.
2. Um einer für den Arbeitgeber nicht hinzunehmenden Unzumutbarkeitsbindung und einer Verkürzung des Kündigungsschutzes tariflich abgesicherter Arbeitnehmer entgegen zu wirken, wendet die neuere Rechtsprechung die Regelung des § 626 Abs. 2 BGB auf die außerordentliche betriebsbedingte Kündigung nicht mehr an. Im Rahmen der krankheitsbedingten Kündigung behilft sie sich damit, daß vom Vorliegen eines Dauertatbestandes ausgegangen wird. Praktisch wird dies dazu führen, daß die Ausschlußfrist durch den Arbeitgeber nicht mehr versäumt werden kann.

---

161 *Löwisch*, KSchG[8], § 8 Rdnr. 3; zu § 159 BGB siehe *Medicus*, Allgemeiner Teil des BGB[7], Rdnr. 839.

3. Die sehr restriktive Interpretation der Vorschrift zeigt, daß sie auf diese Kategorien von Kündigungsgründen überhaupt nicht paßt. Dem Arbeitgeber darf nicht etwa deshalb das Kündigungsrecht abgeschnitten werden, weil er dem Arbeitnehmer nicht unmittelbar nach Kenntnis der relevanten Tatsachen kündigt.
4. Neben der grundsätzlichen Kritik an dem Nebeneinander von Kündigungsfrist und Kündigungserklärung kann daraus ein weiteres Argument gegen die Anwendbarkeit der außerordentlichen Kündigung auf die Fälle der betriebsbedingten und krankheitsbedingten Kündigung gewonnen werden.
5. Der Ausschluß der ordentlichen Kündigung darf nicht dazu führen, daß der gesicherte Arbeitnehmer seinen durch § 102 BetrVG garantierten kollektiven Verfahrensschutz verliert. Es sind deshalb, soweit man der herrschenden Auffassung zur Unkündbarkeit folgt, auf das außerordentliche Kündigungsrecht, das an die Stelle der ausgeschlossenen ordentlichen Kündigung tritt, die Beteiligungsrechte des § 102 Abs. 3-5 BetrVG analog anzuwenden. Dies folgt nicht nur aus dem der Kündigungsschutzklausel immanenten Schlechterstellungsverbot, sondern auch aus der Überlegung, daß dem Betriebsrat für vergleichbare Kündigungssachverhalte nicht seine unabdingbaren Mitwirkungsrechte entzogen werden dürfen. Vorzugswürdig ist die Zuerkennung eines ordentlichen Kündigungsrechts. Die Beteiligungsrechte des Betriebsrats finden dann unmittelbare Anwendung.
6. Soweit die außerordentliche Kündigung im unkündbaren Arbeitsverhältnis nur die ordentliche Kündigung ersetzt, kann ihr keine diskriminierende Wirkung beigelegt werden. Aber auch in den sonstigen Fällen der fristlosen außerordentlichen Kündigung kollidiert der Gedanke einer Makelwirkung der Kündigung aus wichtigem Grund mit dem kündigungs- schutzrechtlichen Prognoseprinzip. Es kann allerdings nicht ausgeschlossen werden, daß für den tarifvertraglich geschützten Arbeitnehmer Nachteile in tatsächlicher Hinsicht mit dem Ausspruch einer außerordentlichen Kündigung verbunden sind. Aus der faktischen Belastung kann zumindest ein flankierendes Argument gegen die alleinige Anwendung des § 626 BGB auf das unkündbare Arbeitsverhältnis gewonnen werden.
7. Durch den Ausschluß der ordentlichen Kündigung verliert der Arbeitgeber sein Antragsrecht zur Auflösung des Arbeitsverhältnisses nach § 9 Abs. 1 Satz 2 KSchG vollständig. Soweit es um die Würdigung einer unwirksamen ersetzenden außerordentlichen Kündigung geht, greift der Sinn und Zweck der Anwendungssperre des § 13 Abs. 1 Satz 3 KSchG nicht ein. Dem Arbeitgeber muß in diesen Fällen durch eine analoge Anwendung des § 9 Abs. 1 Satz 2 KSchG ein Auflösungsrecht gewährt werden. Für die Theorie eines teilweise unabdingbaren ordentlichen Kündigungsrechts folgt dies bereits aus der Nichtanwendbarkeit des § 13 Abs. 1 Satz 3 KSchG.

8. Der Ausschluß der ordentlichen Kündigung führt auch dazu, daß die besondere Rechtsschutzform des § 2 KSchG für den unkündbaren Arbeitnehmer nicht mehr eingreift. Dadurch läuft der Arbeitnehmer im Falle eines Kündigungsschutzprozesses erhöhte Gefahr, bei Unterliegen seinen Arbeitsplatz völlig zu verlieren. Die herrschende Auffassung wendet deshalb auf die außerordentliche Änderungskündigung § 2 Satz 1 KSchG analog an. Konsequent wäre es insofern, auch bei der außerordentlichen ersetzenden Kündigung § 2 Satz 2 KSchG analog auf das unkündbare Arbeitsverhältnis zu übertragen. Wendet man auf die Fälle der ersetzenden außerordentlichen Kündigung ausnahmsweise die ordentliche Kündigung an, so findet § 2 KSchG direkte Anwendung. Der tarifvertraglich abgesicherte Arbeitnehmer ist dann auch nicht gezwungen, den Vorbehalt gegen das Änderungsangebot des Arbeitnehmers unverzüglich auszusprechen, sondern kann die Fristenregelung des § 2 Satz 2 KSchG nutzen.

9. Teil: Zusammenfassung der wesentlichen Ergebnisse

1. Zum wesentlichen Regelungsinhalt fast aller Tarifverträge in der privaten Wirtschaft und im öffentlichen Dienst gehören Bestimmungen, die den gesetzlichen Kündigungsschutz der tarifgebundenen Arbeitnehmer verstärken. Je nach der spezifischen Eigenart einer tariflichen Kündigungsschutznorm geschieht dies in Gestalt von Formbindungen, Zeitbindungen, Verfahrensbindungen, faktische Bindungen und Sachbindungen der Arbeitgeberkündigung. Tarifvertragliche Sachbindungsnormen enthalten einen teilweisen oder in der Regel vollständigen Ausschluss des ordentlichen arbeitgeberseitigen Kündigungsrechts. Der Arbeitgeber soll nur bei Vorliegen eines wichtigen Grunde nach § 626 Abs. 1 BGB zur außerordentlichen Kündigung berechtigt sein. Durch eine Erhöhung der Sachbindung der Kündigung versuchen die Tarifvertragsparteien, den materiellen Kündigungsschutz über den durch das KSchG gewährleisteten Schutzstandard hinaus zu verbessern.
2. Tarifvertragliche Kündigungsschutzklauseln, die das Arbeitgeberkündigungsrecht auf die Kündigung aus wichtigem Grund beschränken, haben ihren Ursprung in einer Zeit, in der das staatliche Arbeitsrecht noch keinen allgemeinen Kündigungsschutz aufwies. Wesentliches Regelungsziel war die Verdrängung des freien, sachlich ungebundenen ordentlichen Kündigungsrechts des Arbeitgebers. Für die Errichtung eines tarifvertraglichen Bestandsschutzkonzepts wurde das freie Kündigungsrecht den materiellen Schranken des außerordentlichen Kündigungsrechts unterworfen. Auch nach der Kodifizierung eines allgemeinen Kündigungsschutzes durch das KSchG wurden Unkündbarkeitsvereinbarungen in die Tarifverträge des öffentlichen Dienstes und der Privatwirtschaft übernommen. Dabei wurde es versäumt für eine Abstimmung der Kündigungsausschlußklauseln mit den Kündigungsschranken der ordentlichen Kündigung zu sorgen.
3. Die durch Art. 9 Abs. 3 GG gewährleistete Tarifautonomie umfaßt grundsätzlich auch die Regelungsbefugnis der Tarifpartner zu einer Verstärkung des allgemeinen Kündigungsschutzes. Dabei kann die Reichweite von verbessernden Regelungen nicht durch einen unbestimmten Rückgriff auf das Günstigkeitsprinzip ermittelt werden. Ebenso wenig kann auf die Erwähnung der Beendigungsnormen in den §§ 1 Abs. 1, 4 Abs. 1 TVG abgestellt werden. Entscheidend ist der gesetzliche Geltungsanspruch des allgemeinen Kündigungsschutzes, der unter Heranziehung des Arbeitnehmerschutzprinzips zu bestimmen ist. Die ganz herrschende Auffassung folgert daraus die tarifvertragliche Kompetenz zu einem vollständigen Ausschluß der ordentlichen Kündigung. Diesem Normbefund ist in seiner Pauschalität zu widersprechen. Das Arbeitnehmerschutzprinzip bedarf einer Korrektur,

wenn die individuelle Verbesserung des Kündigungsschutzes zu Lasten Dritter erfolgt. Dies ist dann der Fall, wenn durch die Herausnahme unkündbarer Arbeitnehmer aus der Sozialauswahl der Kündigungsschutz Außenstehender verschlechtert wird. Das Arbeitnehmerschutzprinzip verlangt zudem die Beachtung der Rechtsfolgen, die sich aus einem Totalausschluß der ordentlichen Kündigung für den tarifgebundenen Arbeitnehmer ergeben. Neben den erhöhten Anforderungen an den Kündigungsgrund bestehen diese in dem Verlust sonstiger Kündigungsschranken des ordentlichen Kündigungsrechts.

4. Dem Beendigungsinteresse des Arbeitgebers im unkündbaren Arbeitsverhältnis kann nach ganz herrschender Meinung nur durch die Kündigung aus wichtigem Grund nach § 626 BGB Rechnung getragen werden. Allein dieses Lösungsrecht soll die immanente Grenze der langfristigen Bindung des Arbeitgebers bilden. Um einer Benachteilung des tarifvertraglich geschützten Arbeitnehmers vorzubeugen, ist das Instrument der ersetzenden außerordentlichen Kündigung für alle drei Kategorien von Kündigungsgründen geschaffen worden. Dieses Kündigungsrecht übernimmt teilweise die Funktionsnachfolge des an sich ausgeschlossenen ordentlichen Kündigungsrechts. Neben der zwingenden Fristbindung dieser außerordentlichen Kündigung ist das Kündigungsrecht auch im Hinblick auf die Sozialauswahl und die Beteiligungsrechte des Betriebsrats der ordentlichen Kündigung angeglichen.

5. Entgegen der immer noch herrschenden Auffassung ist ein vollkommener Ausschluß der ordentlichen Kündigung nicht anzuerkennen. Aus Gründen der Sachgerechtigkeit und Wertungswiderspruchsfreiheit im Kündigungsschutzrecht ist dem ordentlichen Kündigungs- recht partiell zweiseitig-zwingende Wirkung beizumessen. Tarifnormen, die das ordentliche Arbeitgeberkündigungsrecht vollständig ausschließen, sind wegen Verstoßes gegen höherrangiges Recht unwirksam. Sie entfalten nur insoweit Wirksamkeit, als sie nicht gegen den unabdingbaren Bereich des ordentlichen Kündigungsrechts verstoßen. Die außerordentliche Kündigung aus wichtigem Grund ist nicht geeignet, alle auftretenden Kündigungssachverhalte einer angemessenen Lösung zuzuführen. Der Anerkennung einer ersetzenden außerordentlichen Kündigung ist ebenfalls zu widersprechen. In dogmatischer Hinsicht handelt es sich dabei um eine ordentliche Kündigung, die als solche gekennzeichnet werden sollte. Dies ergibt sich zunächst daraus, daß auch nach der herrschenden Auffassung im unkündbaren Arbeitsverhältnis Kündigungsgründe für den Ausspruch einer Kündigung aus wichtigem Grund anerkannt werden, die bei Bestehen der ordentlichen Kündigungsmöglichkeit niemals den Ausspruch einer Kündigung nach § 626 BGB gerechtfertigt hätten. Zudem gerät die Fristbindung der außerordentlichen Kündigung in einen nicht zu bewältigen Wertungskonflikt mit der Kündi-

gungserklärungsfrist des § 626 Abs. 2 BGB. Dieser kommt eine zumutbarkeitskonkretisierende Funktion bei der Bestimmung des wichtigen Grundes zu. Das durch die Beachtung der Erklärungsfrist gewonnene Urteil über die Unzumutbarkeit der Vertragsfortführung wird durch die Einhaltung der ordentlichen Kündigungsfrist wieder zerstört. Der Arbeitgeber zeigt dadurch, daß ihm die Fortsetzung des Vertragsverhältnisses bis zum Ablauf der Kündigungsfrist gerade nicht unzumutbar ist. Durch die Fristbindung der außerordentlichen Kündigung wird auch das Abstellen auf das voraussichtliche Ende der Vertragsbeziehung bei der Bestimmung des Zumutbarkeitsurteils obsolet, weil der Arbeitgeber im Gegensatz zur gesetzlich vorgeschriebenen Rechtsfolge in § 626 Abs. 1 BGB nicht fristlos kündigen kann, sondern die ordentliche Kündigungsfrist beachten muß. Neben diesen grundsätzlichen Wertungswidersprüchen der ersetzenden außerordentlichen Kündigung spricht auch eine Analyse der verschiedenen Kündigungsgründe dafür, dem ordentlichen Kündigungsrecht einen partiell zweiseitig-zwingenden Geltungsbereich zuzuerkennen.

6. Die Unanwendbarkeit der außerordentlichen Kündigung gilt zunächst für den gesamten Bereich von Kündigungen aus betriebsbedingten Gründen. Durch den tarifvertraglichen Ausschluß der ordentlichen betriebsbedingten Kündigung kann weder eine zeitlich unbegrenzte Beschäftigungsgarantie noch die Verpflichtung des Arbeitgebers zur Lohnfortzahlung ohne Arbeitsleistung bis zum Rentenalter begründet werden. Auf das in § 626 Abs. 1 BGB enthaltene Kriterium der Unzumutbarkeit der Vertragsfortführung darf bei der betriebsbedingten Kündigung nicht abgestellt werden. Dies liefe auf eine Interessenabwägung im Einzelfall hinaus, bei der abgewogen werden müßte, welche wirtschaftlichen Belastungen dem Arbeitgeber durch die Weiterbeschäftigung eines unkündbaren Arbeitnehmers zugemutet werden können. Dies widerspräche der grundgesetzlich geschützten Freiheit der Unternehmerentscheidung, die auch durch einen tarifvertraglichen Kündigungsausschluß nicht beschränkt werden kann. Der Kündigungsgrund im betriebsbedingten Bereich ist nicht mit dem konturenlosen Begriff der Zumutbarkeit, sondern anhand der in § 1 Abs. 2 Satz 1 festgeschriebenen Tatbestandsmerkmale zu bestimmen. Auch im unkündbaren Arbeitsverhältnis reicht das Vorliegen eines dringenden betrieblichen Erfordernisses für den Ausspruch einer betriebsbedingten Kündigung aus. Dem steht auch die Wertung des § 15 Abs. 1 KSchG nicht entgegen. Der Kündigungsschutz von betriebsverfassungsrechtlichen Funktionsträgern vor ordentlichen betriebsbedingten Kündigungen wird dadurch erreicht, daß diese von gesetzeswegen nicht in die Sozialauswahl einzubeziehen sind. Die Tarifvertragspartein können den Auswahlkreis des § 1 Abs. 3 KSchG hingegen nicht begrenzen. Für den Fall der Betriebsstillegung folgt die Kündigungsbefugnis des Arbeitgebers zusätzlich aus der in § 15 Abs. 4 KSchG enthal-

tenen gesetzlichen Wertung. Dieser Vorschrift liegt der verallgemeinerungsfähige Rechtsgedanke zugrunde, daß der Arbeitnehmer nicht verpflichtet werden kann, ein wirtschaftlich sinnloses Arbeitsverhältnis fortzusetzen. Die Kündigungsmöglichkeit des Arbeitgebers im unkündbaren Arbeitsverhältnis ist nicht auf den Fall der Betriebsstillegung zu beschränken. Er kann auch dann wirksam kündigen, wenn der Arbeitsplatz des unkündbaren Arbeitnehmers weggefallen ist. Es besteht weder eine über die gesetzlichen Anforderungen hinausgehende Verpflichtung, für eine Weiterbeschäftigung des unkündbaren Arbeitnehmers zu sorgen, noch ist das betriebsbedingte Kündigungsrecht von einer wirtschaftlichen Notsituation des Arbeitgebers abhängig. Die zweitseitig-zwingende Geltungsanordnung der ordentlichen betriebsbedingten Kündigung ist auch geboten, um einen unverhältnismäßigen Eingriff in die Berufsausübungsfreiheit des Arbeitgebers nach Art. 12 Abs. 1 GG zu vermeiden. Die darin liegende Beschränkung der Tarifautonomie stellt keinen unzulässigen Eingriff in Art. 9 Abs. 3 GG dar. Die Koalitionsbetätigungsfreiheit ist dadurch gewahrt, daß die Tarifvertragsparteien zeitlich limitierte Verbote der ordentlichen betriebsbedingten Kündigung vereinbaren können. Diese verstoßen nicht gegen den Grundsatz der Gerichtsfreiheit unternehmerischer Entscheidungen.

7. Auch einem undifferenzierten Ausschluß der ordentlichen krankheitsbedingten Kündigung, als dem wichtigsten Fall der personenbedingten Kündigung, ist die Wirksamkeit zu versagen. In engen Grenzen ist eine Verbesserung des gesetzlichen Schutzstandards möglich, wie im Bereich der krankheitsbedingten Minderung der Leistungsfähigkeit. Die synallagmatische Beziehung von Arbeitspflicht und Arbeitsentgeltpflicht kann aber nicht zeitlich unbegrenzt aufgehoben werden. Dies widerspricht dem Wesen des Arbeitsverhältnisses als Leistungsaustauschvertrag. Zudem zeigt bereits die Überprüfung der ordentlichen krankheitsbedingten Kündigung anhand des Zumutbarkeitsgrundsatzes, daß für eine Steigerung des Kündigungsschutzes wenig Raum bleibt. Für die krankheitsbedingte Kündigung ist im unkündbaren Arbeitsverhältnis allein auf das ordentliche Kündigungsrecht zurückzugreifen. Dies ergibt sich zum einen aus dem Umstand, daß es nicht gelingt, den wichtigen Kündigungsgrund in Abhängigkeit von der voraussichtlichen Bindungsdauer unter gleichzeitiger Zuerkennung einer der ordentlichen Kündigung entsprechenden Kündigungsfrist zu bestimmen. Die Unzumutbarkeit der Vertragsfortführung in § 626 Abs. 1 BGB ist auf die sofortige Beendigung des Arbeitsverhältnisses zugeschnitten. Zudem kollidiert die Fristbindung der außerordentlichen Kündigung auch in dieser Situation mit der zumutbarkeitskonkretisierenden Funktion der Kündigungserklärungsfrist in § 626 Abs. 2 BGB.
8. Verhaltensbedingte Kündigungsgründe können auch im unkündbaren Arbeitsverhältnis eine fristlose Kündigung aus wichtigem Grund rechtfertigen.

Das ist immer dann anzunehmen, wenn bei Vorliegen eines vergleichbaren Kündigungssachverhalts auch einem ordentlich kündbaren Arbeitnehmer fristlos nach § 626 BGB gekündigt werden könnte. Durch das Abstellen auf die ordentliche Kündigungsfrist ist die ordentliche Kündbarkeit zu fingieren. Eine restriktivere Handhabung des außerordentlichen Kündigungsrechts ist abzulehnen. Unter Berücksichtigung der langen Bindungsdauer kann ein vertragswidriges Verhalten eine Kündigung aus einem Grund erforderlich machen, der bei Bestehen der ordentlichen Kündbarkeit nur den Ausspruch einer ordentlichen Kündigung gerechtfertigt hätte. Die von der neueren Rechtsprechung für die verhaltensbedingte ersetzende außerordentliche Kündigung vorgenommene Fristbindung ist abzulehnen. Der Kündigungsausschluß muß in einem solchen Fall zurücktreten. Ausnahmsweise ist dann eine ordentliche verhaltensbedingte Kündigung möglich.

9. Eine außerordentliche ordentliche Kündigung im unkündbaren Arbeitsverhältnis ist abzulehnen. Das Kündigungsschutzrecht kennt kein ungeschriebenes ordentlichen Kündigungsrecht, um einer unzumutbaren Ewigkeitsbindung des Arbeitgebers zu begegnen. Die Geltung des ordentlichen Kündigungsrecht beruht allein auf der partiell zweiseitig-zwingenden Rechtsnatur des § 1 Abs. 2 KSchG.

10. § 1 Abs. 3 KSchG bildet eine unmittelbare Schranke der Tarifautonomie und begrenzt die Regelungsbefugnis der Tarifvertragsparteien. Eine Herausnahme der tarifvertraglich geschützten Arbeitnehmer aus der Sozialauswahl würde einen unzulässigen Eingriff in die Konkretisierungs- und Schutzfunktion des § 1 Abs. 3 KSchG darstellen. Die Sozialauswahl ist deshalb mit einer zweiseitig-zwingenden Geltungsanordnung ausgestattet. Dadurch wird verhindert, daß durch eine Verbesserung der individuellen Kündigungsschutzpositionen von tarifunterworfenen Arbeitnehmern der durch das KSchG garantierte Bestandsschutz Außenstehender verschlechtert wird. Einer analogen Anwendung des § 1 Abs. 3 KSchG für den Fall des Zusammentreffens von mehreren unkündbaren Arbeitnehmern bedarf es nicht. Wegen der Unwirksamkeit eines entsprechenden Ausschlusses des ordentlichen betriebsbedingten Kündigungsrechts findet § 1 Abs. 3 KSchG unmittelbare Anwendung. Es ist nicht zwischen den beiden Formen der echten und unechten Sozialauswahl zu unterscheiden.

11. Der Rückgriff auf das ordentliche Kündigungsrecht in den Fällen der ersetzenden außerordentlichen Kündigung vermeidet die schwierige Anwendung der Kündigungserklärungsfrist im Einzelfall, insbesondere bei Vorliegen von betriebs- und krankheitsbedingten Kündigungsgründen. Die Rechtsprechung behilft sich damit, daß sie vom Vorliegen eines Dauertatbestands ausgeht. Die formale Bindung des Arbeitgebers an § 626 Abs. 2 BGB trägt zwar der unabdingbaren Geltung der Kündigung aus wichtigem Grund Rechnung, zeigt aber, daß die Anwendung der Kündigungserklä-

rungsfrist auf diese Kategorien von Kündigungsgründen überhaupt nicht zugeschnitten ist. Durch die Anerkennung eines partiell zweiseitig-zwingenden ordentlichen Kündigungsrechts kann auch dem Verlust sonstiger Schranken des ordentlichen Kündigungsrechts im unkündbaren Arbeitsverhältnis begegnet werden. Einer analogen Übertragung der §§ 102 Abs. 3-5 BetrVG; 2 Satz 1 KSchG auf das außerordentliche Kündigungsrecht bedarf es nicht. Dem Arbeitgeber ist ein Antragsrecht zur Auflösung des Arbeitsverhältnisses nach § 9 Abs. 1 Satz 2 KSchG zuzuerkennen. Die Anwendungssperre des § 13 Abs. 1 Satz 3 KSchG steht dem nicht entgegen.

Literaturverzeichnis

Adam, Roman F.: Abschied vom „Unkündbaren"?, NZA 1999, S. 846-850.

ders.: Besprechung von „Tarifautonomie für ein neues Jahrhundert, Festschrift für Günter Schaub zum 65. Geburtstag", DZWiR 1999, S. 88.

ders.: Anmerkung zu BAG-Urteil vom 21.1.1999, EzA Nr. 178 zu § 626 BGB n.F.

Adomeit, Klaus: Teilzeitbeschäftigung und Gleichbehandlung, Festschrift für Wolfgang Zöllner zum 70. Geburtstag, Köln 1998, Band II, S. 669-686.

ders.: Rechtsfortbildung und Billigkeitskontrolle im Arbeitsrecht, Festschrift für Günter Schaub, München 1998, S. 1-5.

ders.: Das Arbeitsrecht und unsere wirtschaftliche Zukunft, München 1985.

ders.: Über einige Schwierigkeiten ein Arbeitsrechtler zu sein, Festschrift für Marie Luise Hilger und Hermann Stumpf, München 1983, S. 1-15.

ders.: Änderungskündigung – neu geregelt, DB 1969, S. 2179-2181.

ders.: Kündigung und Kündigungsschutz im Arbeitsverhältnis, Düsseldorf 1962.

Adomeit, Klaus / Spinti, Henning: Der Kündigungsgrund, AR-Blattei, SD Kündigung IX, 1992.

von Altrock, Volker: Zum Parteivorbringen im erstinstanzlichen Kündigungsschutzprozeß um eine ordentliche Kündigung, in: Aktuelle Aspekte des Arbeitsrechts, Berlin 1987, S. 293-310.

Ascheid, Reiner: Beschäftigungsförderung durch Einbeziehung kollektivvertraglicher Regelungen in das Kündigungsschutzgesetz, RdA 1997, S. 333-343.

ders.: Kündigungsschutzrecht, Stuttgart 1993.

Bader, Peter: Zur Zustimmungsbedürftigkeit der Kündigung von Betriebsratsmitgliedern bei Betriebsstillegungen, BB 1978, S. 616-619.

Bader, Peter / Bram, Rainer / Dörner, Hans-Jürgen / Wenzel, Leonhard: Kommentar zum Kündigungsschutzgesetz und zu den §§ 620-628 BGB, Stand Juni 1999.

Barth, Karl: BAT Handbuch für die tägliche Praxis, München 1994.

Battis, Ulrich: Bundesbeamtengesetz, 2. Auflage, München 1997.

Bauer, Jobst-Hubertus: Einführung in die Vertragsgestaltung im Arbeitsrecht, JuS 1999, S. 356-361.

ders.: Arbeitsrechtliche Aufhebungsverträge, 5. Auflage, München 1997.

ders.: Aktuelle Probleme des Personalabbaus im Rahmen von Betriebsänderungen (Teil II), DB 1994, S. 274-278.

Bauer, Jobst-Hubertus / Haußmann, Katrin: Tarifverträge über gewerkschaftliche Vertrauensleute, NZA 1998, S. 854-856.

Beck, Thorsten: Rationalisierungsschutz und Grenzen der Tarifmacht (I. Teil), ArbuR 1981, S. 333-344.

Belling, Detlev W.: Die Verantwortung des Staates für die Normsetzung durch die Tarifpartner, ZfA 1999, S. 547-615.

ders.: Die Kündigung wegen verdachtsbedingtem Vertrauenswegfalls, RdA 1996, S. 223-240.

ders.: Die Verdachtskündigung, Festschrift für Otto Rudolf Kissel, München 1994, S. 11-50.

ders.: Das Günstigkeitsprinzip im Arbeitsrecht, Dissertation, Berlin 1984.

Belling, Detlev W. / Christian Hartmann: Die Unzumutbarkeit als Begrenzung der Bindung an den Tarifvertrag, ZfA 1997, S. 87-144.

Bengelsdorf, Peter: Aufhebungsvertrag und Abfindungsvereinbarungen, München 1992.

ders.: Tarifliche Arbeitszeitbestimmung und Günstigkeitsprinzip, ZfA 1990, S. 563-606.

Berger-Delhey, Ulf: Die Kündigung vor Dienstantritt, DB 1989, S. 380f.

Berkowsy, Wilfried: Anmerkung zu BAG-Urteil vom 21.1.1999, RdA 2000, S. 112-115.

ders.: Die betriebsbedingte Kündigung, 3. Auflage, München 1994.

Bernstein, Rainer: Anmerkung zu BAG-Urteil vom 21.11.1996, AP Nr. 130 zu § 626 BGB.

Beuthien, Volker: Löst sich das Arbeitsrecht in Gesellschaftsrecht auf?, Festschrift für Ernst Wolf zum 70. Geburtstag, Köln 1985, S. 17-34.

Bezani, Thomas: Anmerkung zu BAG Urteil vom 21.3.1996, AP Nr. 8 zu § 626 BGB Krankheit.

ders.: Anmerkung zu BAG Urteil vom 12. 7. 1995, AP Nr. 7 zu § 626 BGB Krankheit.

ders.: Die krankheitsbedingte Kündigung, Dissertation Köln 1994.

Bichlmeier, Wilhelm / Engberding, Antonius / Oberhofer, Hermann: Insolvenzhandbuch, Frankfurt am Main 1998.

Biedenkopf, Kurt Hans: Grenzen der Tarifautonomie, Karlsruhe 1964.

Binder, Martin: Die Beendigung arbeitsvertraglicher Bindungen bei Eintritt dauernder Leistungsunmöglichkeit, Festschrift für Rudolf Strasser, Wien 1983, S. 271ff.

ders.: Beendigung langdauernder arbeitsrechtlicher Bindungen nach österreichischem und deutschem Recht, DRdA 1970, S. 185-206.

Birk, Rolf: Die Tarifautonomie in rechtsvergleichender Sicht, RdA 1995, S. 71-76.

Bispinck, Reinhard: 50 Jahre Tarifvertragsgesetz – Stationen der Tarifpolitik von 1949 bis 1999, in: WSI Tarifhandbuch 1999, Frankfurt am Main 1999, S. 113-122.

Bitter, Walter: Der kündigungsrechtliche Dauerbrenner: Unternehmerfreiheit ohne Ende? – Darlegungs- und Beweislast bei der sog. freien Unternehmerentscheidung im Rahmen der betriebsbedingten Kündigung, DB 1999, S. 1214-1219.

Bitter, Walter / Kiel, Heinrich: 40 Jahre Rechtsprechung des Bundesarbeitsgerichts zur Sozialwidrigkeit von Kündigungen, RdA 1994, S. 333-358.

Blomeyer, Wolfgang: Die Zulässigkeit von Tarifverträgen zugunsten gewerkschaftlicher Vertrauensleute, DB 1977, S. 101-103.

Boemke; Burkhard: Schuldvertrag und Arbeitsverhältnis, München 1999.

ders.: Anmerkung zu BAG-Urteil vom 8.6.2001, JuS 2001, S. 411f.

ders.: Privatautonomie im Arbeitsvertragsrecht, NZA 1993, S. 532-538.

Boewer, Dietrich: Streitgegenstand und Prüfungsmaßstab bei der Änderungskündigung, BB 1996, S. 2618-2622.

ders.: Das Prinzip der Verhältnismäßigkeit in der Rechtsprechung des Bundesarbeitsgerichts zu § 1 Abs. 2 KSchG, Festschrift für Dieter Gaul, Neuwied 1992, S. 19-39.

Böhm, Walter / Spiertz, Hans / Sponer, Wolfdieter / Steinherr, Franz: Bundesangestelltentarif BAT, Kommentar zu §§ 51-74, Heidelberg, 3. Auflage.

Böhm, Wolfgang: § 623 BGB: Risiken und Nebenwirkungen, NZA 2000, S. 561-564.

Borrmann, Friedrich Karl: Der Schutz des sozialen Besitzstandes der Arbeitnehmer bei Rationalisierungsmaßnahmen, Dissertation, Göttingen 1971.

Borrmann, Helga: Zur Bedeutung der wirtschaftlichen Lage des Arbeitgebers für die soziale Rechtfertigung einer betriebsbedingten Kündigung, Das Arbeitsrecht der Gegenwart, Band 24, 1987, S. 71-89.

Bötticher, Eduard: Bestandsschutz und Vertragsinhaltsschutz im Lichte der Änderungskündigung, Festschrift für Erich Molitor zum 75. Geburtstag, Berlin 1962, S. 123-141.

ders.: Zum Regierungsentwurf des Kündigungsschutzgesetzes, RdA 1951, S. 81-87.

Bredemeier, Jörg / Neffke, Reinhard: BAT/BAT-O, Kommentar, München 1999.

Bröhl, Knut: Die Orlando-Kündigung – Zwischenwort zur außerordentlichen ordentlichen Kündigung tariflich unkündbarer Arbeitnehmer, Festschrift für Günter Schaub, München 1998, S. 55-73.

Brox, Hans / Rüthers, Bernd: Arbeitsrecht, 13. Auflage, Stuttgart 1997.

Buchner, Herbert: Anmerkungen zu BAG-Urteil vom 28. 3. 1985, EzA Nr. 96 zu § 626 BGB n. F.

ders.: Die Anpassung des Kündigungsrechts an die Insolvenzsituation de lege lata und de lege ferenda, ZGR 1984, S. 180-214.

ders.: AR-Blattei D, Tarifvertrag V Inhalt.

Buschmann, Rudolf: Gemeine Marktwirtschaft, ArbuR 1996, S. 285-291.

Bydlinski, Franz: Juristische Methodenlehre und Rechtsbegriff, 2. Auflage, Wien 1991.

ders.: Zulässigkeit und Schranken „ewiger" und extrem langdauernder Vertragsbindungen, Wien 1991.

Canaris, Claus-Wilhelm: Grundrechtswirkungen und Verhältnismäßigkeitsprinzip in der richterlichen Anwendung und Fortbildung des Privatrechts, JuS 1989, S. 161-172.

ders.: Die Feststellung von Lücken im Gesetz, 2. Auflage, Berlin 1983.

ders.: Tarifdispositive Normen und richterliche Rechtsfortbildung, Gedächtnisschrift für Rolf Dietz, München 1973, S. 199-224.

Chong-Bock, Lee: Der Vorrang der Tarifautonomie gegenüber Gesetz, Richterrecht und Betriebsvereinbarung, Dissertation, Köln 1982.

Clemens, Horst: Anmerkung zu BAG-Urteil vom 16.10. 1987, AP Nr. 2 zu § 53 BAT.

Clemens, Horst / Scheuring, Ottheinz / Steingen, Werner / Wiese, Friedrich: Bundesangestellten Tarifvertrag Kommentar, Teil I Band 3, §§ 39-60, Stand: 157. Ergänzungslieferung 12/99, Stuttgart.

Conze, Peter: Die Rechtsstellung der unkündbaren Arbeitnehmer im öffentlichen Dienst – am Beispiel von § 55 BAT, ZTR 1987, S. 99-107.

ders.: Anmerkung zu BAG Urteil vom 14. Mai 1987, AP Nr. 12 zu § 1 TVG Tarifverträge: Lufthansa.

Dälken, Johannes: Möglichkeiten eines tarifvertraglichen Bestands- und Inhaltsschutzes für Arbeitsverhältnisse gegen Rationalisierungsmaßnahmen, Dissertation, Münster 1986.

Däubler, Wolfgang: Bestandsschutz und Beschäftigung, in : Arbeitsrecht im 21. Jahrhundert, Schriftenreihe der Otto-Brenner-Stiftung, Band 75, 1999, S. 13-26.

ders.: Das Arbeitsrecht 2, 11. Auflage, Reinbek 1998.

ders.: Beschäftigungspakt für Lehrer an öffentlichen Schulen (Teil I), Rechtsprobleme für Arbeitnehmer und Beamten, ZTR 1997, S. 289-296.

ders.: Abschaffung der Tarifautonomie mit Hilfe des Günstigkeitsprinzips?, ArbuR 1996, S. 347-354.

ders.: Tarifvertragsrecht, 3. Auflage, Baden-Baden 1993.

ders.: Seniorität im Arbeitsrecht, Festschrift für Albert Gnade, Köln 1992, S. 95-110.

Däubler, Wolfgang / Hege, Hans: Tarifvertragsrecht, 2. Auflage, Baden-Baden 1981.

Deckers, Stefan: Die Geltendmachung der Unwirksamkeit von „sonstigen" Kündigungen (§ 13 KSchG), RdA 1998, S. 326-330.

Dersch, Hermann: Anmerkung zu *RAG* (Urt. v. 13.10. 1937), ArbRS 32, S. 34 (41f.).

Dey, Steffen Heinrich: Der Grundsatz der Verhältnismäßigkeit im Kündigungsrecht, Dissertation, Frankfurt am Main, 1989.

Dichmann, Werner: Beschäftigungsprobleme durch Bestandsschutz: Analyse und Lösungswege, in: Wandel der Arbeitswelt als Herausforderung des Rechts, Köln 1988, S. 228-248.

Dietz, Rolf: Das neue Kündigungsschutzgesetz, NJW 1951, S. 941-946.

Dorndorf, Eberhard: Vertragsdurchsetzung als Funktion des Kündigungsschutzes, ZfA 1989, S. 345-376.

Dörner, Hans-Jürgen: Die Einschätzungsprärogative des Gesetzgebers und die grundrechtlich geschützte Tarifautonomie, Festschrift für Wolfgang Däubler, Frankfurt am Main 1999, S. 31-39.

Döse-Digenopoulos, Annegret: Arbeitsgerichte und betriebsbedingte Kündigungen, Dissertation, Köln 1982.

Dreschers, Martin: Die Entwicklung des Rechts des Tarifvertrags in Deutschland – Eine rechtshistorische Untersuchung über den Verlauf der Durchsetzung des Kollektivvertragsgedankens, Dissertation, Frankfurt am Main 1994.

Dütz, Wilhelm: Arbeitsrecht, 4. Auflage, München 1999.

ders.: Kirchliche Festlegung arbeitsvertraglicher Kündigungsgründe?, NJW 1990, S. 2025-2031.

Ehler, Karl: Unbeachtlichkeit tarifrechtlicher Kündigungsschutzregelungen bei der personellen Konkretisierung der Sozialauswahl, BB 1994, S. 2068f.

Ehmann, Horst: Die Persönlichkeit als Grundlage des Arbeitsrechts, Festschrift für Günther Wiese, Neuwied 1998, S. 99-119.

ErfurtKomm: Erfurter Kommentar zum Arbeitsrecht, München 1998.

Erman, Walter: Handkommentar zum Bürgerlichen Gesetzbuch, 1. Band (§§ 1-853), 7. Auflage, Münster 1981, 10. Auflage, Münster 2000.

Ernst, Falk: Aufhebungsverträge zur Beendigung von Arbeitsverhältnissen, Dissertation, Köln 1993.

Esser, Josef / Schmidt, Eike: Schuldrecht Band I, Allgemeiner Teil, Teilband 1 – Entstehung, Inhalt und Beendigung von Schuldverhältnissen, 7. Auflage, Heidelberg 1992.

GK-BetrVG: Gemeinschaftskommentar zum Betriebsverfassungsgesetz: Band II: §§ 74-132, 6. Auflage, Neuwied 1998.

Färber, Peter: Die horizontale und vertikale Vergleichbarkeit von Arbeitnehmern im Rahmen der Sozialauswahl, NZA 1985, S. 175-180.

Fastrich, Lorenz: Betriebliche Gerechtigkeit als Erweiterung der Gerechtigkeitsfrage um den kollektiven Bezug, RdA 1999, S. 24-32.

Feichtinger, Peter /Huep, Tobias: AR-Blattei SD, Kündigung VIII Außerordentliche Kündigung, 1998.

Fenn, Herbert: Formulararbeitsverträge, gesamteinheitliche Arbeitsbedingungen und das AGB, Festschrift für Alfred Söllner, München 2000, S. 333-365.

Fenske, Antje: Das Verbot der Altersdiskriminierung im US-amerikanischen Arbeitsrecht, Dissertation, Berlin 1998.

Fikentscher, Wolfgang: Schuldrecht, 9. Auflage, Berlin 1997.

Firsching, Karl / von Hoffmann, Bernd: Internationales Privatrecht, 5. Auflage München 1997.

Fischermeier, Ernst: Die betriebsbedingte Kündigung nach den Änderungen durch das Arbeitsrechtliche Beschäftigungsförderungsgesetz, NZA 1997, S. 1089-1100.

Fitting, Karl / Kaiser, Heinrich / Heither, Friedrich / Engels, Gerd: Betriebsverfassungsgesetz, 20. Auflage, München 2000.

Floretta, Hans: Die Konstruktion des allgemeinen Kündigungsschutzes im österreichischen Arbeitsrecht und Grundgedanken in diesem Rechtsinstitut, In Memoriam Sir Otto Kahn- Freund, München 1980, S. 433- 444.

Franz, Wolfgang / Rüthers, Bernd: Arbeitsrecht und Ökonomie, RdA 1999, S. 32-38.

Frischmann, Georg: Tarifliche Unkündbarkeit nach dem BAT in der außeruniversitären Forschung, ZTR 1996, S. 344-349.

Frohner, Siegfried: Zum Verhältnis von tariflichen Alterssicherungsbestimmungen und gesetzlichen Kündigungsschutznormen, BlStSozArbR 1977, S. 353f.

Frömling, Albrecht: Probleme bei der Anwendung der Ausschlußfrist des § 626 Abs. 2 BGB, Dissertation, Göttingen 1984.

Fromm, Erwin: Die arbeitnehmerbedingten Kündigungsgründe, Dissertation, Berlin 1995.

ders.: Auflösung der Arbeitsverhältnisses eines unkündbaren Angestellten in besonders herausragender Funktion gegen dessen Willen?, DB 1988, S. 601-604.

Gajewki, Peter: Die betriebsbedingte Kündigung, in: Aktuelle Aspekte des Arbeitsrechts, Berlin 1987, S. 311-342.

Galperin, Hans: Der wichtige Grund zur außerordentlichen Kündigung, DB 1964, S. 1114-1118.

Gamillscheg, Franz: Kollektives Arbeitsrecht Band I, München 1997.

ders.: Arbeitsrecht I, Individualarbeitsrecht, 6. Auflage, München 1983.

ders.: Der zweiseitig-zwingende Charakter des § 626 BGB, ArbuR 1981, S. 105-109.

ders.: Anregungen zu einem künftigen Kündigungsgesetz in Österreich, DRdA 1981, S. 185-200.

ders.: Kündigung und Versetzung der Vertreter der Arbeitnehmer - Eine rechtsvergleichende Übersicht, ZfA 1977, S. 239-310.

ders.: Anmerkung zu BAG-Urteil vom 11. März 1976, EzA Nr. 1 zu § 95 BetrVG.

ders.: Die Solidarität als Rechtsbegriff, Festschrift für Erich Fechner, Tübingen 1973, S. 135-153.

Ganter, Alexander: Die tarifvertragliche Regelung betrieblicher Fragen, Umfang und Wirkung der Betriebsnormen, Dissertation, Tübingen 1984.

Gaul, Dieter: Wechselbeziehungen zwischen Direktionsrecht und Sozialauswahl, NZA 1992, S. 673-679.

Gaul, Dieter / Eschler, Arno / Bohner, Michael: Das Gleichbehandlungsgebot und seine Mißdeutungen, in: Aktuelle Aspekte des Arbeitsrechts, Berlin 1987, S. 3-35.

Gentges, Peter: Prognoseprobleme im Kündigungsschutzrecht, Dissertation, Baden-Baden 1995.

Gernhuber, Joachim: Das Schuldverhältnis, Tübingen 1989.

Giesen, Richard: Die Sozialauswahl bei betriebsbedingten Kündigungen nach geltendem Recht, ZfA 1997, S. 145-182.

Gift, Emil: Vertragliche Kündigungsbeschränkungen, RdA 1969, S. 72-77.

GK-KR: Großkommentar zum Kündigungsrecht, München 2000.

Grimmer, Klaus: Erweiterung betrieblicher Mitbestimmungsrechte bei der außerordentlichen Kündigung (Ein Problem der Konkretion von Generalklauseln und der Rechtssetzungskompetenz), ArbuR 1971, S. 179-184.

Gröbing, Karl: Der Bundes-Angestelltentarifvertrag, ArbuR 1961, S. 334-340.

Groeger, Axel: Probleme der außerordentlichen betriebsbedingten Kündigung ordentlich unkündbarer Arbeitnehmer, NZA 1999, S. 850-855.

Großfeld, Bernhard: Zeichen und Zahlen im Recht, 2. Auflage Tübingen 1995.

Grunsky, Wolfgang: Das Arbeitsverhältnis im Konkurs- und Vergleichsverfahren, 3. Auflage Köln 1994.

ders.: Anmerkung zu BAG-Urteil vom 26.10. 1979, AP Nr. 5 zu § 9 KSchG.

Güntner, Hans: Neues Tarifvertragsrecht, RdA 1974, S. 153-160.

Habersack, Mathias: Vertragsfreiheit und Drittinteressen, Eine Untersuchung zu den Schranken der Privatautonomie unter besonderer Berücksichtigung der Fälle typischerweise gestörter Vertragsparität, Dissertation, Berlin 1992.

Haedicke, Maximilian: Der bürgerlich-rechtliche Verfügungsbegriff, JuS 2001, S. 966-973.

Häfele, Wolfgang: Die Zulassung befristeter Arbeitsverhältnisse durch § 1 BeschFG 1985, Dissertation, München 1988.

Hagen, Werner: Das Rationalisierungsabkommen der Metallindustrie, BB 1970, S. 129-134.

Hamer, Wolfgang: BAT und BAT-O, Basiskommentar, Köln 1997.

Hanau, Peter: Verfassungsrechtlicher Kündigungsschutz, Festschrift für Thomas Dieterich, München 1999, S. 201-214.

ders.: Deregulierung des Arbeitsrechts – Ansatzpunkte und verfassungs-rechtliche Grenzen, Berlin 1997.

ders.: Reformbedarf im Arbeitsvertragsrecht, ZRP 1996, S. 349-354.

ders.: Freiheit und Gleichheit bei der Gestaltung des Arbeitsrechts, Festschrift der Rechtswissenschaftlichen Fakultät zur 600-Jahr-Feier der Universität zu Köln, Köln 1988, S. 183-208.

ders.: Anmerkung zu LAG Köln, Urteil vom 6. Mai 1987, EWiR 1988 Nr. 1 zu § 22 KO.

ders.: Die Rechtsprechung des Bundesarbeitsgerichts im Jahre 1983, ZfA 1984, S. 453-605.

Hanau, Peter / Kania, Thomas: Ungleichbehandlung von Arbeitern und Angestellten in den Tarifverträgen des öffentlichen Dienstes, Baden-Baden 1994.

Hassenpflug, Gisela: Die Kündigung von Betriebsratsmitgliedern wegen Stillegung eines Betriebs oder Betriebsabteilung, Dissertation, Frankfurt am Main 1989.

Hattenhauer, Hans: Die geistesgeschichtlichen Grundlagen des deutschen Rechts, 4. Auflage, Heidelberg 1996.

Heck, Philipp: Grundriß des Schuldrechts, Tübingen 1929.

HeidelbergKomm: Heidelberger Kommentar zum Kündigungsschutzgesetz, 3. Auflage, Heidelberg 1999.

Heidsieck, Volker: Anmerkung zu BAG-Urteil vom 18.10.2000, BB 2001, S. 419f.

Heinze, Meinhard: Die arbeitsvertragliche Abmahnung, Freundesgabe für Alfred Söllner zum 60. Geburtstag, Gießen 1990, S. 63-94.

Heller, Peter: Die fristlose Entlassung als äußerste betriebliche Sanktion (ultima ratio) bei Pflichtverstößen im Arbeitsverhältnis und ihre Beschränkung durch Betriebsbußen als mildere Mittel, Dissertation, München 1974.

Heller, Theodor: Logik und Axiologie der analogen Rechtsanwendung, Berlin 1961.

Henssler, Martin: Tarifautonomie und Gesetzgebung, ZfA 1998, S. 1-40.

Herschel, Wilhelm: Anmerkung zu BAG-Urteil vom 28.3.1985, AP Nr. 86 zu § 626 BGB.

ders.: Unmöglichkeit der Dienstleistung und Kündigung, insbesondere bei Krankheit, BB 1982, S. 253f.

ders.: Gedanken zur Theorie des arbeitsrechtlichen Kündigungsgrundes, Festschrift für Gerhard Müller, Berlin 1981, S. 191-207.

ders.: Zur Absicherung gewerkschaftlicher Vertrauensleute durch Firmentarifvertrag (Zum Urteil des Arbeitsgerichts Kassel vom 5.8. 1976), ArbuR 1977, S. 137-143.

ders.: Anmerkung zu BAG-Urteil vom 11.3. 1976, AP Nr. 9 zu § 626 Ausschlußfrist.

ders.: Anmerkung zu BAG-Urteil vom 12.9. 1975, AP Nr. 1 zu § 44 TVAL II.

ders.: Wichtiger Grund und Erklärungsfrist bei außerordentlicher Kündigung, ArbuR 1971, S. 257-264.

ders.: Vereinbarte Kündigungssperre, DB 1960, S. 1215f.

ders.: Beschränkung der Befugnis zur außerordentlichen Kündigung, Zugleich ein Beitrag zur absoluten und relativen Unzumutbarkeit, Festschrift für Arthur Nikisch, Tübingen 1958, S. 49-62.

Herschel, Wilhelm / Löwisch, Manfred: Kündigungsschutzgesetz, 6. Auflage Heidelberg 1984.

Hofmann, Bernhard: Die wechselseitige Beeinflussung des Beamtenrechts und des Rechts der Tarifkräfte im öffentlichen Dienst, ZTR 1992, S. 54-62.

Hölters, Wolfgang: Anmerkung zu BAG Urteil vom 19.1.1973, AP Nr. 5 zu § 626 BGB Ausschlußfrist.

Hönn, Günther: Kompensation gestörter Vertragsparität, München 1982.

Honstetter, Johannes A.: Die Prognoseentscheidung des Arbeitgebers im Kündigungsrecht, Dissertation, Frankfurt am Main, 1994.

Höpfner, Bernhard: Die normativen Wirkungen kollektivvertraglicher Inhaltsnormen, Verdrängung oder Vernichtung entgegenstehender einzelvertraglicher Regelungen?, Dissertation, Frankfurt am Main 1995.

Hoß, Axel: Die krankheitsbedingte Kündigung, MDR 1999, S. 777-784.

von Hoyningen-Huene, Gerrick: Anmerkung zu BAG-Urteil vom 21.1. 1999, AP Nr. 151 zu § 626 BGB.

ders.: Betriebsverfassungsrecht, 4. Auflage, München 1998.

ders.: Die Billigkeit im Arbeitsrecht, München 1978.

ders.: Rechtsfortbildung im Arbeitsrecht als Vorreiter oder Vorbild?, Richterliche Rechtsfortbildung – Erscheinungsformen, Auftrag und Grenzen, Festschrift der Juristischen Fakultät zur 600-Jahr-Feier der Ruprecht-Karls-Universität Heidelberg, Heidelberg 1986, S. 353-377.

Hromadka, Wolfgang: Möglichkeiten und Grenzen der Änderungskündigung, NZA 1996, S. 1-14.

ders.: Tarifdispositives Recht und Tarifautonomie, „KAPOVAZ" per Tarifvertrag?, Festschrift für Otto Rudolf Kissel, S. 417-431, München 1994.

ders.: Anmerkung zu BAG-Urteil vom 15.11.1995, AP Nr. 20 zu § 1 TVG Tarifverträge: Lufthansa.

Hromadka, Wolfgang / Maschmann, Frank: Arbeitsrecht 1, Individualarbeitsrecht, Berlin 1998.

dies.: Arbeitsrecht 2, Kollektivarbeitsrecht, Berlin 1999.

Hübner, Ulrich / Constantinesco, Vlad: Einführung in das französische Recht, 3. Auflage, München 1994.

Hueck, Alfred: Anmerkung zu BAG-Urteil vom 4.6.1964, AP Nr.3 zu § 133b GewO.

ders.: Anmerkung zu RAG-Urteil vom 16.1.1942, ArbRS 44, S. 130.

ders.: Anmerkung zu RAG-Urteil vom 2.6.1937, ArbRS 30, S. 92f.

ders.: Anmerkung zu RAG-Urteil vom 14.12. 1932, ArbRS 16, S. 480-482.

Hueck, Alfred / Nipperdey, Hans Carl: Lehrbuch des Arbeitsrechts, Erster Band, 7. Auflage, Berlin 1963.

dies.: Lehrbuch des Arbeitsrechts, Zweiter Band, Kollektives Arbeitsrecht, Erster Halbband, 7. Auflage, Berlin 1966.

Hueck, Alfred / von Hoyningen-Huene, Gerrick: Kündigungsschutzgesetz, 12. Auflage, München 1997.

Hueck, Götz: Anmerkung zu BAG-Urteil vom 8.10.1957, AP Nr. 15 zu § 626 BGB.

ders.: Anmerkung zu BAG-Urteil vom 8.10.1957, AP Nr. 16 zu § 626 BGB.

Hüpper, Bernd-Hagen: Die Pflicht zur Einhaltung einer Kündigungsfrist bei außerordentlicher Kündigung, RdA 1962, S. 249-256.

Immenga, Ulrich / Mestmäcker, Ernst-Joachim: GWB Kommentar, 2. Auflage, München 1992.

Jadeson, S.: Das Arbeitsrecht der Vereinigten Staaten, München 1952.

Jedzig, Joachim: Der Bestandsschutz des Arbeitsverhältnisses im Krankheitsfall, Rechtsvergleichende, historische Untersuchung der Situation in Deutschland, in Österreich und der Schweiz, Dissertation, Heidelberg 1984.

Jickeli, Joachim: Der langfristige Vertrag, Baden-Baden 1996.

Jobs, Friedhelm: Soziale Auswahl bei betriebsbedingter Kündigung, DB 1986, S. 538-542.

Jung, Jörg: Die Zweispurigkeit des öffentlichen Dienstes, Eine Untersuchung über die Veränderung der Personalstruktur im öffentlichen Dienst und die Verankerung des Berufsbeamtentums im Grundgesetz, Dissertation, Berlin 1971.

Käppler, Renate: Tarifvertragliche Regelungsmacht, NZA 1991, S. 745-754.

Kaskel, Walter: Zur Lehre vom Tarifbruch, NZfA 1922, S. 398-418.

Kasseler Handbuch zum Arbeitsrecht: Band 1, Arbeitsverhältnis und Inhalt des Arbeitsverhältnis, Neuwied 1997.

Kegel, Gerhard / Schuring, Klaus: Internationales Privatrecht, 8. Auflage, München 2000.

Kempen, Otto Ernst / Zachert, Ulrich: Tarifvertragsgesetz, Kommentar für die Praxis, 3. Auflage, Köln 1997.

Kiel, Heinrich: Die anderweitige Beschäftigungsmöglichkeit im Kündigungsschutz, Dissertation, Frankfurt am Main 1990.

Kissel, Otto Rudolf: Gedanken zur Vertragsfreiheit, Festschrift für Alfred Söllner, München 2000, S. 491-505.

ders.: Standortfaktor Arbeitsrecht, Frankfurt am Main 1999.

ders.: Zur Funktion der Rechtsprechung, Festschrift für Günter Schaub, München 1998, S. 373-388.

Kittner, Michael: Der freie Arbeitsvertrag - Grenzen und Gefährdung seiner Leistungsfähigkeit, Festschrift für Otto Rudolf Kissel, München 1994, S. 497-519.

Kliemt, Michael: Formerfordernisse im Arbeitsvertrag, Dissertation, Heidelberg 1995.

Knoll, Michael: Die Sozialauswahl im Arbeitsrecht, Dissertation, Frankfurt am Main 2001.

Koch, Harald: Möglichkeiten und Grenzen der ökonomischen Analyse des Rechts am Beispiel von Kündigung und Anfechtung, Festschrift für Konrad Zweigert, Tübingen 1981, S. 851-877.

Köhler, Helmut: Unmöglichkeit und Geschäftsgrundlage bei Zweckstörungen im Schuldverhältnis, Dissertation, München 1971.

Koller, Ingo: Die Zulässigkeit von Rationalisierungsschutzabkommen in Tarifverträgen, ZfA 1978, S. 45-74.

König, Wilhelm: Zur näheren Bestimmung des wichtigen Grundes bei der außerordentlichen Kündigung durch den Arbeitgeber, RdA 1969, S. 8-16.

von Koppenfels, Katharina: Die außerordentliche arbeitgeberseitige Kündigung bei einzel- und tarifvertraglich unkündbaren Arbeitnehmern, Dissertation, Berlin 1998.

KR^5: Gemeinschaftskommentar zum Kündigungsschutzgesetz und zu sonstigen kündigungsrechtlichen Vorschriften, 5. Auflage, Neuwied 1998.

KR^4: Gemeinschaftskommentar zum Kündigungsschutzgesetz und zu sonstigen kündigungsrechtlichen Vorschriften, 4. Auflage, Neuwied 1996.

KR^3: Gemeinschaftskommentar zum Kündigungsschutzgesetz und zu sonstigen kündigungsrechtlichen Vorschriften, 3. Auflage, Neuwied, 1989.

Kraft, Alfons: Bestandsschutz des Arbeitsverhältnisses; Lohn ohne Arbeit – Überlegungen zur Reduzierung der Regelungsdichte des Arbeitsrecht und zur Wiederherstellung der Äquivalenz im Arbeitsverhältnis, ZfA 1994, S. 463- 485.

ders.: Anmerkung zu BAG-Urteil vom 5.11.1992, EzA Nr. 143 zu § 626 n.F.

ders.: Die Rechtsstellung gewerkschaftlicher Vertrauensleute im Betrieb, ZfA 1976, S. 243-272.

Kraft, Alfons /Raab, Thomas: Anmerkung zu BAG-Urteil vom 17.3.1988, EzA Nr. 116 zu BGB n.F.

Kramer, Ernst A.: Lateinische Parömien zur Methode der Rechtsanwendung, Festschrift für Ernst Höhn, Bern 1995, S. 141-158.

Kreller, Hans: Zum Entwurf eines Allgemeinen Arbeitsvertragsgesetzes, AcP 1926 (Bd. 125), S. 1-150.

Kröger, Klaus: Einwirkungen des Arbeitsrechts auf das Beamtenrecht, NJW 1975, S. 953-957.

KSchR[4]: Kündigungsschutzrecht – Kommentar für die Praxis zu Kündigungen und anderen Formen der Beendigung des Arbeitsverhältnisses, 4. Auflage, Köln 1999.

KSchR[3]: Kündigungsschutzrecht – Kommentar für die Praxis zum Kündigungsschutzgesetz und zu den anderen Kündigungsvorschriften, 3. Auflage, Köln 1997.

Küchenhoff, Günther: Verfassungswidrigkeit des § 626 Abs.2 BGB n. F., ArbuR 1971, S. 1-4.

Künzl, Reinhard: Probleme der Sozialauswahl bei betriebsbedingter Kündigung, ZTR 1996, S. 385ff.

Lammermann, Rolf: Aktuelle Probleme im Rahmen der betriebsbedingten Kündigung unter besonderer Berücksichtigung der betrieblichen und sozialen Auswahl, Dissertation, Bielefeld 1996.

Larenz, Karl: Methodenlehre der Rechtswissenschaft, 6. Auflage, Berlin 1991.

ders.: Allgemeiner Teil des deutschen Bürgerlichen Rechts, 7. Auflage, München 1989.

Larenz, Karl / Canaris, Claus-Wilhelm: Lehrbuch des Schuldrechts, Zweiter Band Besonderer Teil 2. Halbband, 13. Auflage, München 1994.

Lepke, Achim: Kündigung bei Krankheit, 9. Auflage, Stuttgart 1995.

Lieb, Manfred: Zur Befristung von Beschäftigungsverhältnissen, Festschrift für Marie Luise Hilger und Hermann Stumpf, München 1983, S. 409-427.

ders.: II. Anmerkung zu BAG-Urteil vom 7.6. 1973, AP Nr. 1 zu § 626 BGB Änderungskündigung.

Liedmeier, Norbert: Die Auslegung und Fortbildung arbeitsrechtlicher Kollektivverträge, Dissertation, Berlin, 1992.

Linck, Rüdiger: Die soziale Auswahl bei betriebsbedingter Kündigung, Dissertation, Köln 1990.

ders.: AR-Blattei SD, Kündigungsschutz I B, Sozialauswahl, 1997.

Lingemann, Stefan / Grothe, Maren: Betriebsbedingte Kündigung im öffentlichen Dienst, NZA 1999, S. 1072-1078.

Löwisch, Manfred: Kündigungsschutzgesetz, 8. Auflage, Heidelberg 2000.

ders.: Der arbeitsrechtliche Teil des sogenannten Korrekturgesetzes, BB 1999, S. 102-107.

ders.: Tarifliche Regelung von Arbeitgeberkündigungen, DB 1998, S. 877-883.

ders.: Wilhelm Herschel und die Wurzeln von Ultima-ratio-Grundsatz und Prognoseprinzip, BB 1998, S. 1793-1795.

ders.: Betriebsbedingte Kündigung und Unternehmerfreiheit, in: Betriebsbedingte Kündigungen im Widerstreit, Schriftenreihe der Otto Brenner Stiftung (73), Frankfurt am Main 1998, S. 45-73.

ders.: Kündigungsschutzgesetz, 7. Auflage, Heidelberg 1997.

ders.: Arbeitsrecht, 4. Auflage, Düsseldorf 1996.

ders.: Schutz der Selbstbestimmung durch Fremdbestimmung – Zur verfassungs rechtlichen Ambivalenz des Arbeitnehmerschutzes, ZfA 1996, S. 293-318.

ders.: Die Änderung von Arbeitsbedingungen auf individualrechtlichem Wege, insbesondere durch Änderungskündigung, NZA 1988, S. 633-644.

Löwisch, Manfred / Abshagen, Wolfgang: Anmerkung zu BAG-Urteil vom 6.3. 1986, AR- Blattei Betriebsverfassung IX Nr. 62.

Löwisch, Manfred / Knigge, Arnold: I. Anmerkung zu BAG-Urteil vom 7.6. 1973, AP Nr. 1 zu § 626 BGB Änderungskündigung.

Löwisch, Manfred / Rieble, Volker: Tarifvertragegesetz Kommentar, München 1992

Lück, Peter: Probleme der Sozialauswahl nach § 1 Abs.3 KSchG, Dissertation, Frankfurt am Main 1993.

Lück, Wolfgang: Betriebswirtschaftliche Perspektiven der Rationalisierung (Teil I), DB 1984, S. 997-1001.

Martens, Klaus-Peter: Das tarifliche Günstigkeitsprinzip und der Günstigkeitsvergleich, Festschrift für Albrecht Zeuner, Tübingen 1994, S. 101-119

ders.: Anmerkung zu BAG, Urteil von 12.2.1973, AP Nr. 6 zu § 626 BGB Ausschlußfrist.

Mauer, Reinhold / Schüßler, Antje: Kündigung unkündbarer Arbeitnehmer, BB 2001, S. 466-471.

Maunz, Theodor / Dürig, Günter: Grundgesetz Kommentar,
-Band I, Art. 1-11 (Lieferung 1-36, Stand Oktober 1999, Art. 9: Lieferung 35, Stand Februar 1999)
-Band II, Art. 12-21 (Lieferung 1-36, Stand Oktober 1999, Art. 12: Lieferung 19, Stand September 1981).

Maus, Wilhelm: Kündigungsschutzgesetz Kommentar, Baden-Baden 1973.

ders.: Tarifvertragsgesetz Kommentar, Göttingen 1956.

Mayer-Maly, Theodor: Betriebliche Erfordernisse, ZfA 1988, S. 209-220.

ders.: Österreichisches Arbeitsrecht Band I, Individualarbeitsrecht, Wien 1987.

ders.: Die exemplarische Bedeutung des englischen Arbeitsrechts, In Memoriam Sir Otto Kahn-Freund, München 1980, S. 563-569.

Medicus, Dieter: Allgemeiner Teil des BGB, 7. Auflage Heidelberg 1997.

Meier-Krenz, Ulrich: Die Erweiterung von Beteiligungsrechten des Betriebsrats durch Tarifvertrag, Dissertation, Frankfurt am Main 1988.

Meisel, Peter G.: Neue Entwicklung in der Rechtsprechung des Bundesarbeitsgerichts zur sozialen Rechtfertigung einer Kündigung, ZfA 1985, S. 213-247.

Melcher, Kurt / Schilling, Emil: Kommentar zur Tarifordnung A für Gefolgschaftsmitglieder im öffentlichen Dienst, Nachdruck der 1. Auflage mit Nachtrag, Berlin 1940.

Meyer, Franz-Josef: Bestandsschutz der Arbeitsverhältnisse von Betriebsratsmitgliedern, Dissertation, Frankfurt am Main 1980.

Meyer, Uwe: Die Kündigung des Arbeitsverhältnisses wegen Sicherheitsbedenken, Dissertation, Berlin 1997.

Minz, Hubert / Conze, Peter: Plädoyer für eine grundlegende Reform des öffentlichen Dienstrechts, ZTR 1995, S. 243-250.

Möhn, Heinz-Josef: Zur Überprüfbarkeit der unternehmerischen Entscheidung im Rahmen einer betriebsbedingten Kündigung, ZTR 1995, S. 356f.

Müller, Friedrich: Juristische Methodik, 7. Auflage, Berlin 1997.

Müller, Gerhard: Die Tarifautonomie in der Bundesrepublik Deutschland, Rechtliche und ethische Grundlagen, Berlin 1990

ders.: Die Notwendigkeit der tatsächlichen Beschäftigungsmöglichkeit eines Arbeitnehmers im Betrieb als Voraussetzung der Zugehörigkeit zum dortigen Betriebsrat und damit zusammenhängenden Fragen, ZfA 1990, S. 607-629.

ders.: Gedanken zum arbeitsrechtlichen Kündigungsrecht, ZfA 1982, S. 475ff.

ders.: Komponenten des Arbeitsverhältnisses, In Memoriam Sir Otto Kahn-Freund, München 1980, S. 571-592.

ders.: Die allgemeine Rechtsprechung des Bundesarbeitsgerichts zur außerordentlichen Kündigung aus wichtigem Grund, DB 1958, S. 628-630.

MünchArbR: Münchener Handbuch zum Arbeitsrecht
-Band 1: Individualarbeitsrecht I (§§ 1-110), München 1993.
-Band 2: Individualarbeitsrecht II (§§ 111-232), München 1993.
-Band 3: Kollektives Arbeitsrecht, (§§ 233-383), München 1993.

MünchKomm[1]: Münchner Kommentar zum Bürgerlichen Gesetzbuch, 1. Auflage: Band 3, Schuldrecht Besonderer Teil 1. Halbband (§§ 433-656), München 1980.

MünchKomm[3]: Münchner Kommentar zum Bürgerlichen Gesetzbuch, 3. Auflage: Band 4, Schuldrecht Besonderer Teil II (§§607-704), München 1997.

MünchKomm[4]: Münchner Kommentar zum Bürgerlichen Gesetzbuch,
4. Auflage:
-Band 1, Allgemeiner Teil (§§ 1-240), München 2001.
-Band 2, Schuldrecht Allgemeiner Teil (§§ 241-432), München 2001.

Molitor, Erich: Die Kündigung, 2. Auflage, 1951.

Moll, Wilhelm: Die außerordentliche betriebsbedingte (Änderungs-) Kündigung zwischen unternehmerischer Organisationsfreiheit und Arbeitsplatzschutz, DB 1984, S. 1346-1350.

Neuhausen, Ludger: Der im voraus erklärte Verzicht eines Arbeitnehmers auf Kündigungsschutz – Vertragsgestaltungen zwischen Berufsfreiheit und Kündigungsschutz, Dissertation, Frankfurt am Main 1992.

Neumann, Dirk: Urteilskünste, Festschrift für Thomas Dieterich, München 1999, S. 415-428.

Neumann-Duesberg: Anmerkung zu BAG-Urteil vom 3.10. 1957, AP Nr. 1 zu § 70 HGB.

ders.: Anmerkung zu BAG-Urteil vom 10.1.1956, AP Nr. 3 zu § 242 BGB Verwirkung.

Neuner, Jörg: Anmerkung zu BAG-Urteil vom 17.9.1998, EzA Nr. 3 zu § 626 BGB Unkündbarkeit.

Nicolai, Andrea: Die Entwicklung der höchstrichterlichen Rechtsprechung im Arbeitsrecht im Jahre 1998, ZfA 1999, S. 617-736.

Nikisch, Arthur: Inhalt und Grenzen des tariflichen Günstigkeitsprinzips, DB 1963, S. 1254-1257.
ders.: Arbeitsrecht, Erster Band, 3. Auflage, Tübingen 1961.

Oetker, Hartmut: Der auswahlrelevante Personenkreis im Rahmen von § 1 Abs. 3 KSchG, Festschrift für Günther Wiese, Neuwied 1998, S. 333-355.

ders.: Die zivilrechtliche Unwirksamkeit der Kündigung wegen einer Verletzung der Mitteilungspflichten im Rahmen der Betriebsratsanhörung nach § 102 BetrVG – eine geglückte richterliche Rechtsfortbildung?, Festschrift für Alfons Kraft, Neuwied 1998, S. 429-449.

ders.: Anmerkung zu Bundesarbeitsgericht Urteil vom 18.12. 1996, JZ 1998, S. 206-209.

ders.: Arbeitsrechtlicher Bestandsschutz und Grundrechtsordnung, RdA 1997, S. 9-21.

ders.: Kündigungsschutz außerhalb des Kündigungsschutzgesetzes? ArbuR 1997, S. 41-53.

ders.: Der arbeitsrechtliche Bestandsschutz unter dem Firmament der Grundrechtsordnung – Einblicke in das arbeitsrechtliche Nervenzentrum, 1996.

ders.: Das Dauerschuldverhältnis und seine Beendigung, Tübingen 1994.

ders.: Anmerkung zu BAG-Urteil vom 20.9.1984, SAE 1985, S. 175.

Otto, Hansjörg: Schranken der Kündigungsfreiheit außerhalb des allgemeinen Kündigungsschutzes, Festschrift für Günther Wiese, Neuwied 1998, S. 353-375.

ders.: Grünes Licht für die Wiedereinstellung bei betriebsbedingten Entlassungen?, Festschrift für Alfons Kraft zum 70. Geburtstag, Neuwied 1998, S. 451-475.

ders.: Der Handlungsspielraum der Tarifvertragsparteien bei der Regelung der Vertragsverhältnisse zwischen den Rundfunkanstalten und ihren programmgestaltenden Mitarbeitern nach dem Beschluß des Bundesverfassungsgerichts vom 13. Januar 1982, RdA 1984, S. 261-280.

ders.: Personale Freiheit und soziale Bindung, München 1978.

ders.: Besprechung von Karl-Peter Lämmerhirdt, Die auf Druck am Arbeitsverhältnis nicht beteiligter Dritter erfolgende Kündigung des Arbeitgebers, AcP Bd. 174 (1974), S. 502-505.

ders.: Das Recht der Angestellten und Arbeiter im öffentlichen Dienst, Herne/ Berlin 1973.

Palandt, Otto: Bürgerliches Gesetzbuch, 60. Auflage, München 2001.

Papier, Hans-Jürgen: Art. 12 GG - Freiheit des Berufs und Grundrecht der Arbeit, DVBl. 1984, S. 801-814.

Pauly, Holger: Anmerkung zu LAG Brandenburg, Urteil vom 29.10.1998, ArbuR 1999, S. 285f.

ders.: Unkündbarkeitsvereinbarungen in Arbeitsverträgen – Kündigung trotz Ausschlusses der Kündigung? ArbuR 1997, S. 94-99.

Peterson, Florence: Die amerikanischen Gewerkschaften, München 1957.

Picker, Eduard: Die Anfechtung von Arbeitsverträgen – Theorie und Praxis der höchstrichterlichen Judikatur. Zugleich eine Auseinandersetzung mit der sogenannten Kündigungstheorie, ZfA 1981, S. 1-63.

Pfarr, Heide M. / Kittner, Michael: Solidarität im Arbeitsrecht, RdA 1974, S. 284-295.

Pieper, Ulrich: Die „außerordentliche fristgebundene Kündigung aus wichtigem Grund" und ihre Folgen bei der Anwendung des § 117 AFG, NZA 1986, S. 277-280.

Plander, Harro: Der Betriebsrat als Hüter des zwingenden Rechts, Baden-Baden 1982.

Pollmann, Michael: Die Sozialauswahl bei der betriebsbedingten Kündigung – Ein Vergleich der Auswahlkriterien von Beendigungs- und Änderungskündigung, Dissertation, Münster 1996.

Preis, Bernd: Betriebsbedingte Kündigung zwischen Arbeitsplatzschutz und unternehmerischer Entscheidungsfreiheit, ArbuR 1997, S. 60-71.

Preis, Ulrich: Verhältnismäßigkeit und Privatrechtsordnung, Festschrift für Thomas Dieterich, München 1999, S. 429-462.

ders.: Arbeitsrecht, Praxis-Lehrbuch zum Individualarbeitsrecht, Köln 1999.

ders.: Aktuelle Tendenzen im Kündigungsschutzrecht, NZA 1997, S. 1073-1089.

ders.: Der Kündigungsschutz außerhalb des Kündigungsschutzgesetzes, NZA 1997, S. 1256ff.

ders.: Autonomie Unternehmerentscheidung und „dringendes betriebliches Erfordernis", NZA 1995, S. 241-250.

ders.: Anmerkung zu BAG, Urteil vom 21. 6. 1995, AP Nr. 36 zu § 15 KSchG 1969.

ders.: Grundfragen der Vertragsgestaltung im Arbeitsrecht, Neuwied 1993.

ders.: Die verhaltensbedingte Kündigung (Teil II), DB 1990, S. 685-689.

ders.: Neuere Tendenzen im arbeitsrechtlichen Kündigungsschutz (II), DB 1988, S. 1444-1451.

ders.: Prinzipien des Kündigungsrechts bei Arbeitsverhältnissen, Dissertation München 1987.

Preis, Ulrich / Gotthardt, Michael: Schriftformerfordernis für Kündigungen, Aufhebungsverträge und Befristungen nach § 623 BGB, NZA 2000, S. 348-361.

Preis, Ulrich / Kramer, Michael: Das neue Kündigungsfristengesetz, DB 1993, S. 2125-2131.

Preis, Ulrich / Steffan, Ralf: Zum Schicksal kollektivvertraglicher Regelungen beim Betriebsübergang, Festschrift für Alfons Kraft, Neuwied 1998, S. 477-491.

Preis, Ulrich / Hamacher, Anno: Die Kündigung der Unkündbaren, Arbeitsrecht und Arbeitsgerichtsbarkeit, Festschrift zum 50-jährigen Bestehen der Arbeitsgerichtsbarkeit in Rheinland-Pfalz, 1999, S. 245-269.

Ramm, Thilo (Hrsg.): Entwürfe zu einem Deutschen Arbeitsvertragsgesetz, Frankfurt am Main 1992.

Ratajczak, Thomas: Die Änderungskündigung des Arbeitgebers, Dissertation Heidelberg 1984.

Reuter, Dieter: Die Wandlung des Arbeitnehmerbegriffs – Befund und Konsequenzen –, Festschrift für Thomas Dieterich, München 1999, S. 473-495.

ders.: Das Verhältnis von Tarif- und Betriebsautonomie – Eine Nachlese zum arbeitsrechtlichen Thema des 61. Deutschen Juristentags, Festschrift für Günter Schaub, München 1998, S. 605-637.

ders.: Die Praxis des Arbeitsrechts – eine Archillesferse der Sozialen Marktwirtschaft, ORDO Bd. 48 (1997), S. 437-464 .

ders.: Ein Plädoyer für das institutionelle Rechtsdenken, Festschrift für Ernst-Joachim Mestmäcker, Baden-Baden 1996, S. 271-291.

ders.: Möglichkeiten und Grenzen einer Auflockerung des Tarifkartells, ZfA 1995, S. 1-94.

ders.: Anmerkung zu BAG Urteil vom 15. 12. 1994, JuS 1995, S. 943f.

ders.: Anmerkung zu BAG Urteil vom 14. 11. 1984, JuS 1985, S. 738f.

ders.: Rechtsfortbildung im Arbeitsrecht – Ein Beitrag zum Problem der Einheit oder Vielheit der Rechtsanwendungsmethoden, RdA 1985, S. 321-328.

ders.: Gibt es eine arbeitsrechtliche Methode?, Festschrift für Marie Luise Hilger und Hermann Stumpf, 1983, S. 573ff.

ders.: Reichweite und Grenzen der Legitimität des Bestandsschutzes von Arbeitsverhältnissen, ORDO Bd. 33 (1982), S. 165-199.

ders.: Grundlagen des Kündigungsschutzes – Bestandsaufnahme und Kritik, 25 Jahre Bundesarbeitsgericht, München 1979, S. 405-427.

ders.: Anmerkung zu BAG Urteil vom 7.12. 1978, AP Nr. 6 zu § 1 KSchG 1969 Betriebsbedingte Kündigung.

ders.: Zulässigkeit und Grenzen tarifvertraglicher Besetzungsregelungen, ZfA 1978, S. 1-44.

Reuter, Martin: Zur Kontrolldichte bei der Überprüfung der betriebsbedingten Kündigung, NZA 1989, S. 241-245.

RGRK: Das Bürgerliche Gesetzbuch mit besonderer Berücksichtigung der Rechtsprechung des Reichsgerichts und des Bundesgerichtshofs, Band II, Teil 3/2 (§§ 621-630, §§ 651a-k), 12. Auflage, Berlin 1997.

Richardi, Reinhard: Arbeitsrecht als Sonderprivatrecht oder Teil des allgemeinen Zivilrechts, Festschrift für Alfred Söllner, München 2000, S. 957-972.

ders.: Staatskontrolle oder freie Tarifverträge – zur Einführung der Tarifautonomie durch das Tarifvertragsgesetz vom 9. April 1949, Festschrift für Thomas Dieterich, München 1999, S. 497-504.

ders.: Betriebsverfassungsgesetz und Wahlordnung, 7. Auflage, München 1998.

ders.: Empfiehlt es sich, die Regelungsbefugnisse der Tarifparteien im Ver-hältnis zu den Betriebsparteien neu zu ordnen?, Gutachten B für den 61. Deutschen Juristentag, München 1996.

ders.: Betriebsverfassung und Privatautonomie, Berlin 1973.

ders.: Kollektivgewalt und Individualwille bei der Gestaltung des Arbeitsverhältnisses, München 1968.

Richardi, Reinhard / Annuß, Georg: Der neue § 623 BGB – Eine Falle im Arbeitsrecht?, NJW 2000, S. 1231-1235.

Rieble, Volker: Arbeitsmarkt und Wettbewerb – Der Schutz von Vertrags- und Wettbewerbsfreiheit im Arbeitsrecht, Berlin 1996.

ders.: Personalabbau in Forschungseinrichtungen – Kündigungsschutz und Sozialplan, WissR Bd. 27 (1994), S. 40-62.

ders.: § 102 Abs. 6 BetrVG – eine funktionslose Vorschrift?, ArbuR 1993, S. 39-47.

ders.: Beschäftigungspolitik durch Tarifvertrag, ZTR 1993, S. 54-61.

ders.: Der Entscheidungsspielraum des Arbeitgebers bei der Sozialauswahl nach § 1 Abs. 3 KSchG und seine arbeitsgerichtliche Kontrolle. NJW 1991, S. 65-72.

Rolfs, Christian: Schriftform für Kündigungen und Beschleunigung des arbeitsgerichtlichen Verfahrens, NJW 2000, S. 1227-1231.

Roos, Bernd: Anmerkung zu LAG Hamm, Urteil vom 21.8.1998, AiB, S. 294f.

Rüthers, Bernd: Arbeitsrecht und ideologische Kontinuitäten?, NJW 1998, S. 1433-1440.

ders.: Die unbegrenzte Auslegung, 5. Auflage, Heidelberg 1997.

ders.: Über die Zweckverfehlung arbeitsrechtlichen Sozialschutzes oder: Wann wirkt der Sozialschutz arbeitnehmerfeindlich?, Festschrift f. Ernst Wolf zum 70. Geburtstag, Köln 1985, S. 565-580.

Säcker, Franz Jürgen: Gesetz und Tarifvertrag als komplementäre Instrumente der Regelung sozialer Sicherung, in: Sozialrecht und Tarifrecht, Wiesbaden 1984, S. 64-99.

ders.: Anmerkung zu BAG-Urteil vom 20.2. 1975, JZ 1975, S. 740-742.

Säcker, Franz Jürgen / Oetker, Hartmut: Grundlagen und Grenzen der Tarifautonomie – erläutert anhand aktueller tarifpolitischer Fragen –, München 1992.

Schäfer, Jürgen: Auflösungsanspruch des Arbeitgebers bei unwirksamer außerordentlicher Kündigung, BB 1985, S. 1994-1997.

Schaub, Günter: Arbeitsrechtshandbuch, 9. Auflage, München 2000.

ders.: Die betriebsbedingte Kündigung in der Rechtsprechung des Bundesarbeitsgerichts, NZA 1987, S. 217-223

ders.: Aktuelle Fragen zum Kündigungsschutzrecht unter besonderer Berücksichtigung der betriebsbedingten Kündigung, RdA 1981, S. 371-376.

ders.: Der Kündigungsschutz bei Änderungskündigungen, RdA 1970, S. 230-237.

Schellhaß, Horst-Manfred: Ein ökonomischer Vergleich finanzieller und rechtlicher Kündigungserschwernisse, ZfA 1984, S. 139-171.

Schiefer, Bernd: Gesetz zur Korrektur in der Sozialversicherung und zur Sicherung der Arbeitnehmerrechte, DB 1999, S. 48-51.

Schiefer, Bernd / Pogge, Beate: Anmerkung zu LAG Hamm-Urteil vom 11.10 1995, LAGE Nr. 92 zu § 626 BGB.

Schlaeper, Thomas: Anmerkung zu BAG-Urteil vom 6.3. 1986, AP Nr. 19 zu § 15 KSchG 1969.

Schlemmer, Dieter: Verantwortung und Partnerschaft – Markierungen der Tarifpolitik in der chemischen Industrie, Festschrift für Karl Molitor, München 1988, S. 309-331.

Schleusener, Axel Aino: Anmerkung zu BAG, Urteil vom 5.2.1998, SAE 1998, S. 218-222.

ders.: Die Freikündigung eines Arbeitsplatzes zugunsten eines Betriebsratsmitglieds bei Stillegung eines Betriebsteils, DB 1998, S. 2368-2371.

ders.: Die Zulässigkeit qualitativer Besetzungsregelungen in Tarifverträgen, Dissertation, Berlin 1997.

Schmidt, Gustav: Ausschluß der Kündigung, AR-Blattei D, Kündigung VII Kündigungsausschluß, 1978.

Schmidt, Ingrid: Altersgrenzen, Befristungskontrolle und die Schutzpflicht der Gerichte, Festschrift für Thomas Dieterich, München 1999, S. 585-600.

Schmidt, Volker: Anmerkung zu BAG-Urteil vom 21.10.1983, AP Nr. 16 zu § 626 BGB Ausschlußfrist.

Schnapp, Friedrich E. / Kaltenborn, Markus: Grundrechtsbindung nichtstaatlicher Institutionen, JuS 2001, S. 937-943.

Schnorr von Carolsfeld, Ludwig: Arbeitsrecht, 2. Auflage Göttingen 1954.

Scholz, Rupert: Die Berufsfreiheit als Grundlage und Grenze arbeitsrechtlicher Regelungssysteme, ZfA 1981, S. 265-302.

Schomburg, Gerhard: Zeitliche Grenzen für Ausspruch und Abwehr der Arbeitgeberkündigung – Die Beseitigung von Unstimmigkeiten durch richterliche Rechtsfortbildung und Vorschläge für eine gesetzliche Neuregelung, Dissertation, Ammersbek 1989.

Schrank, Franz: Der Fortbestand des Arbeitsverhältnisses als Schutzobjekt der Rechtsordnung, Wien 1982.

Schwarze, Roland: Die Grundrechtsbindung der Tarifnormen aus der Sicht grundrechtlicher Schutzpflichten, ZTR 1996, S. 1-8

Schwerdtner, Peter: Die außerordentliche arbeitgeberseitige Künigung bei ordentlich unkündbaren Arbeitnehmern, Festschrift für Otto Rudolf Kissel, München 1994, S. 1075-1095.

ders.: Offene Probleme des Kündigungsschutzes bei betriebsbedingter Kündigung, Anmerkung zum Urteil des BAG vom 24.3. 1983, ZIP 1984, S. 10-22.

ders.: Vorwort zu Martin Coen, Das Recht auf Arbeit und der Bestandsschutz des gekündigten Arbeitsverhältnisses, Dissertation Köln 1979.

ders.: Kündigungsrechtliche und betriebsverfassungsrechtliche Probleme der Änderungskündigung, 25 Jahre Bundesarbeitsgericht, München 1979, S. 555-581.

ders.: Die Garantie des Rechts auf Arbeit – Ein Weg zur Knechtschaft? ZfA 1977, S. 47-86.

Seidel, Lore: Sozialauswahl und ausgewogene Altersstruktur, ZTR 1996, S. 449-455.

Simitis, Spiros: Sind im Interesse einer gerechteren Verteilung der Arbeitsplätze Begründung und Beendigung von Arbeitsverhältnissen neu zu regeln?, Referat zum 52. Deutschen Juristentag, München 1978.

Singer, Reinhard: Tarifvertragliche Normenkontrolle am Maßstab der Grundrechte?, ZfA 1995, S. 611-638.

Sinzheimer, Hugo: Der korporative Arbeitsnormenvertrag, I. Teil, Leipzig 1907.

Soergel, Hans Theodor: Bürgerliches Gesetzbuch, Schuldrecht III/1 (§§ 516-651), 12. Auflage, Stuttgart 1997.

Söllner, Alfred: Grundriß des Arbeitsrechts, 12. Auflage, München 1998.

ders.: „From status to contract" – Wandlungen in der Sinndeutung des Arbeitsrechts, Festschrift für Wolfgang Zöllner, Köln 1998, Band II, S. 949-963.

ders.: Die Bedeutung des Art. 12 GG für das Arbeitsrecht, ArbuR 1991, S. 45-52.

ders.: Zur Verfassungs- und Gesetzestreue im Arbeitsrecht, RdA 1985, S. 328-336.

Spilger, Andreas Michael: Tarifvertragliches Betriebsverfassungsrecht – Rechtstatsachen und Rechtsfragen tarifvertraglicher Regelungen von Betriebsratsrechten, Dissertation, Berlin 1987.

Stahlhacke, Eugen: Außerordentliche betriebsbedingte Änderungskündigung von Betriebsratsmitgliedern, Festschrift für Peter Hanau, Köln 1999, S. 281-294.

ders.: Grundrechtliche Schutzpflichten und allgemeiner Kündigungsschutz, Festschrift für Günther Wiese, Neuwied 1998, S. 513-533.

ders.: Der Streitgegenstand der Kündigungsschutzklage und ihre Kombination mit der allgemeinen Feststellungsklage, Festschrift für Otfried Wlotzke, München 1996, S. 173-189.

Soltwedel, Rüdiger et al.: Regulierungen auf dem Arbeitsmarkt der Bundes-republik, Tübingen 1990.

Stahlhacke, Eugen / Preis, Ulrich / Vossen, Reinhard: Kündigung und Kündigungsschutz im Arbeitsverhältnis, 7. Auflage München 1999.

Stark, Ernst: Verfassungsfragen einer Arbeitsplatzsicherung durch Tarifvertrag, Dissertation München 1989.

von Staudinger, Julius: Kommentar zum Bürgerlichen Gesetzbuch
-11. Auflage: Zweites Buch, Recht der Schuldverhältnisse, 3. Teil (§§ 611-704), Berlin 1958.
-12. Auflage: Zweites Buch, Recht der Schuldverhältnisse (§§ 620-651k), Berlin 1991.
-13. Bearbeitung: Erstes Buch, Allgemeiner Teil (§§ 134-163), Berlin 1996; Zweites Buch, Recht der Schuldverhältnisse (§§ 611-615), Berlin 1999; Zweites Buch, Recht der Schuldverhältnisse (§§ 620-630), Berlin 1995.

von Stebut, Dietrich: Der soziale Schutz als Regelungsproblem des Vertragsrechts, Berlin 1982.

Stein, Axel: Die Konkurrenz von Gesetz und Tarifvertrag, ArbuR 1998, S. 1-14.

ders.: Tarifvertragsrecht, Stuttgart 1997.

Struck, Dieter: Die rechtliche Zulässigkeit von Tarifverträgen zugunsten gewerkschaftlicher Vertrauensleute, Dissertation, Frankfurt am Main 1981.

Tech, Karsten: Günstigkeitsprinzip und Günstigkeitsbeurteilung im Arbeitsrecht, Dissertation, Kiel 1987.

Thannheiser, Achim: Unkündbarkeit schützt vor Kündigung nicht, AiB 1998, S. 601-604.

Trappehl, Bernhard / Lambrich, Thomas: Auflösungsantrag des Arbeitgebers nach außerordentlicher Kündigung?, RdA 1999, S. 243-251.

Trieschmann, Günther: Anmerkung zu BAG-Urteil vom 4.6.1964, ArbuR 1964, S. 319f.

Trittin, Wolfgang: Kein verminderter Kündigungsschutz für ältere Arbeitnehmer, ArbuR 1995, S. 51-53.

Trittin, Wolfgang / Backmeister, Thomas: Arbeitsgerichtsbeschleunigungsgesetz, DB 2000, S. 618-622.

Übersicht über das Recht der Arbeit: 4. Auflage 1991, 5. Auflage 1994, 6. Auflage 1997, Bonn.

Ulmer, Peter: Kündigungsschranken im Handels- und Gesellschaftsrecht, Festschrift für Philipp Möhring, München 1975, S. 295-317.

Wacke, Gerhard: Öffentliches Dienstrecht – Erläuterungen zu den Tarif- und Dienstordnungen für Angestellte und Arbeiter des öffentlichen Dienstes und zu dem Arbeitsordnungsgesetz für die öffentlichen Verwaltungen und Betriebe, Berlin 1939.

Walker, Wolf-Dietrich: Anmerkung zu BAG, Urteil vom 5.2. 1998, EzA Nr. 2 zu § 626 BGB Unkündbarkeit.

ders.: Anmerkung zu BAG-Urteil vom 20.1. 1994, AP Nr. 1 zu § 626 BGB Einigungsvertrag.

Wallmeyer, Josef: Die Kündigung des Arbeitsvertrages aus wichtigem Grund, Stuttgart 1962.

Waltermann, Raimund: Zu den Grundfragen der Rechtssetzung durch Tarifvertrag, Festschrift für Alfred Söllner, München 2000, S. 1251-1277.

ders.: Beschäftigungspolitik durch Tarifvertrag?, NZA 1991, S. 754-760.

Wank, Rolf: Kündigung und Wegfall der Geschäftsgrundlage bei Tarifverträgen, Festschrift für Günter Schaub, München 1998, S. 761-796.

ders.: Tendenzen der BAG-Rechtsprechung zum Kündigungsrecht, RdA 1993, S. 79-88.

ders.: Arbeiter und Angestellte – zur Unterscheidung im Arbeits- und Sozialversicherungsrecht, Berlin 1992.

ders.: Arbeitnehmer und Selbständige, München 1988.

ders.: Die juristische Begriffsbildung, München 1985.

ders.: Anmerkung zu BAG Urteil vom 15.3.1984, AP Nr. 2 zu § 1 KSchG 1969 Soziale Auswahl.

ders.: Das Recht auf Arbeit im Verfassungsrecht und im Arbeitsrecht, 1980.

Weisemann, Ulrich: Rat-Abkommen-Metall: Ein aktueller Tarifvertrag mit Konzernbezug, BB 1995, S. 198-201.

Weismann, Stefan-Friedrich: Das Arbeitsrecht im Spannungsfeld zwischen Arbeitsplatzbesitzern und Arbeitslosen, Dissertation, Würzburg 1988.

Weller, Bernhard: Betriebliche und tarifvertragliche Regelungen, die sich auf die soziale Auswahl nach § 1 Abs. 3 KSchG auswirken, RdA 1986, S. 222-231.

Wendeling-Schröder, Ulrike: Zur Rechtsstellung tarifvertraglich „unkündbarer" Arbeitnehmer in Großforschungseinrichtungen, Festschrift für Karl Kehrmann, Köln 1997, S. 321-334.

dies.: Nochmals: Personalabbau in Forschungseinrichtungen, WissR Bd. 27 (1994), S. 167-174.

Wendt, Rudolf: Berufsfreiheit als Grundrecht der Arbeit, DÖV 1984, S. 601-610.

Weng, Rudolf: Die Kündigung von Arbeitsverhältnissen mit langer Bindung aus wichtigem Grund, Dissertation, Freiburg 1980.

ders.: Außerordentliche Kündigung altersgesicherter Arbeitnehmer, DB 1977, S. 676-678

Wenning-Morgenthaler, Martin: Soziale Auswahl und tarifvertragliche „Unkündbarkeit", BlStSozArbR 1985, S. 193-195.

Wenzel, Leonhard: Der Kündigungsschutz des Arbeitnehmers (VIII), Teil 6: Die außerordentliche Kündigung, MDR 1978, S. 15-19.

Wiedemann, Herbert: Tarifvertragsgesetz Kommentar, 6. Auflage, München 1999.

ders.: Normsetzung durch Vertrag, Festschrift für Thomas Dieterich, München 1999, S. 661-682.

ders.: Anmerkung zu BAG-Urteil vom 5.2. 1998, EWiR § 626 BGB 2/98, S. 537f.

ders.: Unternehmensautonomie und Tarifvertrag, Festschrift für Stefan Riesenfeld, Heidelberg 1983, S. 301-327.

ders.: Leistungsprinzip und Tarifvertragsrecht, 25 Jahre Bundesarbeitsgericht, München 1979, S. 635-660.

ders.: Das Arbeitsverhältnis als Austausch- und Gemeinschaftsverhältnis, Karlsruhe 1966.

Wiedemann, Herbert / Stumpf, Hermann: Tarifvertragsgesetz Kommentar, 5. Auflage, München 1977.

Winterfeld, Rosemarie: Anmerkung zu BAG-Urteil vom 29.8. 1991, EzA Nr. 82 zu § 102 BetrVG.

Wlotzke, Otfried: Einschränkungen des Kündigungsschutzes durch Anhebung der Schwellenzahl und Veränderungen bei der Sozialauswahl, BB 1997, S. 414-419.

ders.: Das Günstigkeitsprinzip, Heidelberg 1957.

Wolf, Manfred: Anmerkung zu BAG-Urteil vom 7.6. 1984, SAE 1985, S. 312f.

Wolter, Jürgen: Der Schutz des Arbeitnehmers vor betriebsbedingter Kündigung, Dissertation, Berlin 1980.

WSI-Tarifhandbuch 1999, Frankfurt am Main 1999.

Zachert, Ulrich: Rechtsfragen zu den aktuellen Tarifverträgen über Arbeitszeitverkürzung und Beschäftigungssicherung, ArbuR 1995, S. 1-13.

ders.: Die Wirkung des Tarifvertrags in der Krise: das Beispiel Bundesrepublik Deutschland, in: Die Wirkung des Tarifvertrags in der Krise, Ein Vergleich des Verhältnisses von autonomem Tarifrecht mit staatlichem Recht und anderen arbeitsrechtlichen Schutzebenen in verschiedenen europäischen Länder, Baden-Baden 1991, S. 17-49.

Ziepke: Kommentar zum Manteltarifvertrag für die Arbeiter, Angestellten und Auszubildenden in der Eisen-, Metall-, Elektro-, und Zentralheizungsindustrie Nordrhein-Westfalens vom 29. 2. 1988, 3. Auflage, Düsseldorf 1988.

Zöllner, Wolfgang: Gerechtigkeit im Arbeitsverhältnis, Festschrift für Alfred Söllner, München 2000, S. 1297-1322.

ders.: Arbeitsrecht und soziale Marktwirtschaft, ZfA 1994, S. 423-437.

ders.: Zivilrechtswissenschaft und Zivilrecht im ausgehenden 20. Jahrhundert, AcP Bd. 188 (1988), S. 85-100.

ders.: Die politische Rolle des Privatrechts, JuS 1988, S. 329-336.

ders.: Auswahlrichtlinien für Personalmaßnahmen, Festschrift für Gerhard Müller, Berlin 1981, S. 665-688.

ders.: Die Stellung des Arbeitnehmers in Betrieb und Unternehmen, 25 Jahre Bundesarbeitsgericht, München 1979, S. 745-771.

ders.: Sind im Interesse einer gerechteren Verteilung der Arbeitsplätze Begründung und Beendigung von Arbeitsverhältnissen neu zu regeln?, Gutachten D für den 52. Deutschen Juristentag, München 1978.

ders.: Arbeitsrecht, 1. Auflage, München 1978.

ders.: Privatautonomie und Arbeitsrecht – Bemerkung zu Parität und Richtigkeitsgewähr beim Arbeitsvertrag, AcP Bd. 176 (1976) S. 221-246.

ders.: Die Rechtsnatur der Tarifnormen nach deutschem Recht, Wien 1966.

Zöllner, Wolfgang / Loritz, Karl-Georg: Arbeitsrecht, 5. Auflage, München 1998.

Zunft, Manfred: Superseniority – Eine Untersuchung zum besonderen Kündigungsschutz der Arbeitnehmervertreter in den Vereinigten Staaten von Amerika, Dissertation, Göttingen 1982.

Zwanziger, Bertram: Tarifliche Unkündbarkeit und Sozialauswahl – zugleich Stellungnahme zu ArbG Cottbus, DB 2000, S. 1817ff. –, DB 2000, S. 2166-2168.

ders.: Das Arbeitsrecht der Insolvenzordnung, 1997.

Zivilrechtliche Schriften
Beiträge zum Wirtschafts-, Bank- und Arbeitsrecht

Herausgegeben von Peter Kreutz und Dieter Reuter

Band 1 Sabine Koch: Eigenkapitalleistungen und eigenkapitalersetzende Leistungen des Kommanditisten in der gesetzestypischen Kommanditgesellschaft. 1992.

Band 2 Knut Weigle: Die leitenden Angestellten zwischen Sprecherausschuß und Betriebsrat. 1993.

Band 3 Stephan Worpenberg: Die konzerninterne Arbeitnehmerüberlassung. 1993.

Band 4 Carsten Führling: Sonstige Unternehmensverträge mit einer abhängigen GmbH. 1993.

Band 5 Heike Grote-Seifert: Das englische Arbeitskampfrecht unter besonderer Berücksichtigung der Entwicklung seit 1979. Zugleich: Vergleichende Analyse der Rechtslage in Deutschland und England. 1994.

Band 6 Uwe Theobald: Gesamthaftungsverhältnisse. Die Gesamtschuld als Ausgleichsmodell bei der mehrfachen Drittsicherung einer Forderung. 1994.

Band 7 Kay-Uwe Jacobs: Die Wahlvorstände für die Wahlen des Betriebsrats, des Sprecherausschusses und des Aufsichtsrats. 1995.

Band 8 Horst-Jürgen Michallek: Die Verteilung des wirtschaftlichen Risikos der Nothilfe. Eine rechtsvergleichende Studie. 1995.

Band 9 Sibylle Kessal-Wulf: Die Innenverbände. Am Beispiel Publikumsgesellschaft, Franchising, Mitarbeiterbeteiligung und Betriebsverband. 1995.

Band 10 Britta Holdorf-Habetha: Der Übergang von gewerblich genutztem Vermögen im Wege der Erbfolge im Einkommensteuerrecht. 1996.

Band 11 Sönke-Peter Nehlsen: Nutzungsausfallersatz. Ein notwendiges Übel? Versuch einer dogmatischen Begründung und Alternativlösungen. 1997.

Band 12 Sebastian Graf von Wallwitz: Tarifverträge und die Wettbewerbsordnung des EG-Vertrages. Wettbewerbsbeschränkende Tarifverträge und das Kartellverbot des Artikel 85 EGV. 1997.

Band 13 Hans-Joachim Arnold: Die Bilanzierung des Geschäfts- oder Firmenwertes in der Handels-, Steuer- und Ergänzungsbilanz. 1997.

Band 14 Volker Hoes: Die Überschuldung Privater als Problem von Ungleichgewichten. 1997.

Band 15 Dörte Christiansen: Betriebszugehörigkeit. Die Zuordnung von Arbeitnehmern aus betriebsverfassungsrechtlicher Sicht. 1998.

Band 16 Axel Boysen: Betriebsverband und Arbeitsverhältnis am Beispiel der Gruppenarbeit. Ein Beitrag zur Entwicklung der arbeitsrechtlichen Dogmatik im Wandel der Industriearbeit. 1998.

Band 17 Kristoffer Blydt-Hansen: Die Rechtsstellung der Destinatäre der rechtsfähigen Stiftung Bürgerlichen Rechts. 1998.

Band 18 Per Christiansen: Über die reale Seite der Verbände. Die Bedeutung der tatsächlichen Zweckverfolgung in einem Verband für dessen Legitimität, Existenz und Kontinuität. 1999.

Band 19 Annette Grotkamp: Die Bedeutung des Gesamtbetriebsrats und die Abgrenzung seiner Zuständigkeit zu den Einzelbetriebsräten im Rahmen des Strukturwandels in der deutschen Wirtschaft. 1999.

Band 20 Oliver Ebert: Die Kosten der Einigungsstelle gemäß § 76 a BetrVG 1972 unter besonderer Berücksichtigung der Honorierung von Einigungsstellenmitgliedern. 1999.

Band 21 Christoph Nawroth: Die steuerliche Anerkennung von Familienpersonengesellschaften bei fehlerhaftem Gesellschaftsvertrag. Zur Anwendung der Lehre von der fehlerhaften Gesellschaft im Steuerrecht. 1999.

Band 22 Kai Litschen: Die juristische Person im Spannungsfeld von Norm und Interesse. Am Beispiel der Gesellschafterhaftung in der GmbH. 1999.

Band 23 Eva Günther-Gräff: Kündigung und Kündigungsschutz von Absatzmittlungsverträgen. Dargestellt am Beispiel des Handelsvertreters, des Vertragshändlers und des Franchisenehmers. 1999.

Band 24 Martin Steiner: Entgelte der Kreditinstitute. Regelungen beim Girovertrag mit rechtsvergleichender Darstellung des anglo-amerikanischen Rechts. 2000.

Band 25 Sven Claussen: Grenzen der Insichgeschäfte im Gesellschaftsrecht. 2000.

Band 26 Sönke Peters: Der gesellschaftsrechtliche Grundsatz der Einheitlichkeit der Mitgliedschaft. 2000.

Band 27 Gabriele Komp: Die juristische Person als Geschäftsführungsorgan einer Kapitalgesellschaft. Betrachtungen zu §§ 76 Abs. 3 S. 1 AktG und 6 Abs. 2 S. 1 GmbHG. 2000.

Band 28 Gunnar Mayer: Das außerdienstliche Verhalten von Arbeitnehmern. Ein Beitrag zu Geschichte, Grundlagen und Erscheinungsformen außerdienstlicher Verhaltenspflichten. 2000.

Band 29 Michael Mönke: Die Sicherung der Bauunternehmer nach § 648 a BGB. Unter besonderer Berücksichtigung der Vereinbarkeit der Regelung mit den Prinzipien des Zivilrechts. 2000.

Band 30 Oliver May: Die Zulässigkeit der Regelung von Lohn und Arbeitszeit in Betriebsvereinbarungen. 2001.

Band 31 Robert Pape: Die tarifvertragliche Unkündbarkeit. Zugleich ein Beitrag zu den Grenzen der Tarifautonomie im Kündigungsschutzrecht und zum partiell zweiseitig-zwingenden Charakter des § 1 Abs. 2 und 3 KSchG. 2002.

FSC
www.fsc.org
MIX
Papier | Fördert gute Waldnutzung
FSC® C083411

Kolibri 360 GmbH
Ferdinand-Jühlke-Straße 7
99095 Erfurt, Deutschland
produktsicherheit@kolibri360.de

Druck:
CPI Druckdienstleistungen GmbH
im Auftrag der
Kolibri 360 GmbH
Ferdinand-Jühlke-Str. 7
99095 Erfurt